国家出版基金资助项目
中国社会科学院重大课题

郭沫若年谱长编

（1892—1978年）

第四卷

林甘泉 蔡 震 主编

中国社会科学出版社

目　录

（第四卷）

1953年（癸巳）61岁 …………………………………………………（1443）

1954年（甲午）62岁 …………………………………………………（1475）

1955年（乙未）63岁 …………………………………………………（1516）

1956年（丙申）64岁 …………………………………………………（1567）

1957年（丁酉）65岁 …………………………………………………（1618）

1958年（戊戌）66岁 …………………………………………………（1666）

1959年（己亥）67岁 …………………………………………………（1723）

1960年（庚子）68周岁 ………………………………………………（1772）

1961年（辛丑）69周岁 ………………………………………………（1811）

1962年（壬寅）70岁 …………………………………………………（1865）

1953 年 (癸巳) 61 岁

1月1日　新中国开始执行发展国民经济的第一个五年计划。

2月22日　北京大学文学研究所成立,郑振铎为所长,何其芳为副所长。

3月1日　《中华人民共和国全国人民代表大会及地方各级人民代表大会选举法》公布施行。随后,开展第一次全国人口普查工作,在全国范围内进行普选。

3月5日　斯大林逝世。3月7日,周恩来率中国代表团赴莫斯科参加吊唁活动。

5月15日　中苏两国政府签订《关于苏维埃社会主义共和国联盟政府援助中华人民共和国中央人民政府发展中国国民经济的协定》,规定苏联援助中国新建和改建91个工业项目。加上1950年已确定的50项和1954年增加的15项,共156项,列入"一五"计划。

6月15日　中共中央政治局召开会议,确定党在过渡时期的总路线和总任务:在一个相当长的时期内,基本上实现国家工业化和对农业、手工业、资本主义工商业的社会主义改造。

12月16日　中共中央通过《关于发展农业生产合作社的决议》,农业生产合作社从试办阶段进入发展阶段。到1956年底,加入合作社的农户达到全国农户总数的96.3%。

年底　从1949年5月开始的全国新解放区的剿匪斗争基本结束,巩固了新生的人民政权。

1月

4日　在莫斯科作《〈屈原〉新版后记》一。主要说明"几处比较重要的修改":第一幕中把靳尚出场的一节删去,收场原是宋玉出场,改为屈原再出场。第二幕将屈原"以求清白的对话"改为积极提出"正面主张",以"表明他的耿直"。第三幕把公子兰与上官大夫、令尹子椒意见的"对立"改成"他们都是同一意见","反对屈原的革新与通俗",同时在婵娟下场前补充了一段说话,使其"形象刻画得更清楚些"。第四幕序幕加入钓者所唱的一首歌,"借以表明当时的社会思想"。第五幕第二场加入靳尚入场一节,使观众早知道郑詹尹献给屈原的酒是毒酒,以"增加心理上的紧张",也"更形象地显示出靳尚的性格",婵娟死时"加入相当长的一段话",并说"这是导演特别强调非加入不可的"。

初收人民文学出版社1953年5月版《屈原》,后收《沫若文集》第3卷,现收《郭沫若全集·文学编》第6卷。

5日 在莫斯科克里姆林宫,与宋庆龄出席"加强国际和平"斯大林国际奖金授予印度公众领袖、全印和平理事会主席赛福丁·克其鲁的典礼,并为大会主席团成员。(7日《人民日报》)

◎ 与宋庆龄等应邀出席苏联对外文化协会委员会为欢迎参加世界人民和平大会的各国代表团举行的招待会和音乐会。(7日《人民日报》)

10日 作《序俄语译本郭沫若选集》。(郭沫若纪念馆馆藏文物)

上旬 往莫斯科皇宫医院,探望患肝病的法捷耶夫。(《悼念法捷耶夫同志》,《人民文学》1956年6月号)

13日晚,与宋庆龄在克里姆林宫斯大林办公室受到斯大林接见。在斯大林去世后回忆斯大林"完全像对待家里人一样","和我们握了手"。"对着我们讲了将近两小时的话","他对于中国人民是有着衷心的关切的。他向我们问到解放后的中国人民的生活感情、中国妇女的工作概况、初级教育和高等教育的发展程度、汉字改革的问题,为少数民族创制文字的问题"。"他希望中国妇女能够发挥伟大的潜在力量。他希望中国青年除重视技术科学之外,也要注重教育的学习,博得做人民教师的光荣。""他对于和平运动也特别关心,叫我们从事和平运动的人要努力争取有发动侵略战争危险的那些国家的人民广泛地来从事维护和平的事业。"(15日《人民日报》;《参加斯大林葬礼的回忆》,1954年3月5日《人民日报》)

◎ 在中央人民政府委员会第二十次会议上,被确定为中华人民共和国宪法起草委员会委员,毛泽东为该委员会主席。(15日《人民日报》)

14日 在莫斯科雅罗斯拉夫尔火车站,与我国驻苏联大使张闻天等送宋庆龄返回北京。(16日《人民日报》)

15日 与出席世界和平大会的中国代表钱三强等一行四人离莫斯科

乘飞机返国。(17日《人民日报》)

17日 下午，飞抵北京，受到彭真、陈叔通等人的欢迎。(18日《人民日报》)

18日 往干面胡同访竺可桢。(《竺可桢全集》第13卷，上海科技教育出版社2007年12月版)

19日 在中国科学院与竺可桢等人谈维也纳和平会议情况。(《竺可桢全集》第13卷，上海科技教育出版社2007年12月版)

◎ 下午，出席中国科学院本年第五次院务常务会议。讨论通过中国科学院1953年工作计划。作为会议主席传达周恩来总理的报告。

周恩来的报告主要讲1953年的三大任务：一、继续加强抗美援朝。二、开始执行国家建设的第一个五年计划。三、召开全国人民代表大会。(《中国科学院史事汇要》1953年)

20日 复信上海吴淞中学教师应义律，对其捡寄的一册不知姓名的文人日记手稿作答，说此系郑伯奇在日本留学期间所写的日记，现已代为转交失主，原信在应义律处。(龚济民、方仁念《郭沫若年谱》，天津人民出版社1992年版)

24日 上午，与周恩来、彭真等往车站，欢迎宋庆龄返抵北京。(25日《人民日报》)

◎ 晚，与陈叔通、刘贯一等举行宴会，欢迎出席世界和平大会之后来我国参观访问的阿根廷、澳大利亚、缅甸、印尼等国代表。席间致辞，表示中国人民愿与各国人民共同努力以争取实现世界和平大会的决议。(25日《人民日报》)

25日 作为出席世界人民和平大会的中国代表团副团长，就此次大会与亚洲的关系问题答新华社记者问。问答摘要载26日《人民日报》。

26日 出席中国人民保卫世界和平委员会扩大常务委员会会议，报告了世界人民和平大会的成就。报告摘要载27日《人民日报》。

◎ 出席印度驻华大使赖嘉文为庆祝印度共和国成立三周年举行的招待会。(27日《人民日报》)

29日 作《〈屈原〉新版后记》二。说明剧本中引用屈原原作《橘颂》《礼魂》《惜诵》的节录，"把它们翻译成口语，这样在舞台上念出来更容易使人听懂，也使剧本更统一"，"翻译主要采取了意译，在解释上和前人有些不同的地方"。

初收人民文学出版社1953年5月版《屈原》，后收《沫若文集》第3卷，现收《郭沫若全集·文学编》第6卷。

◎ 致信张逸生，说："《屈原》剧本，我又有些修改，另纸抄录，请你照改。如弄不清楚，请你到我处面谈。"（据原信手迹）

张逸生演员，导演。1942年在《屈原》剧中饰钓者。1953年中国青年艺术剧院演出《屈原》时任副导演。郭沫若称其为"一字之师"（见《瓦石札记》）。

2月

4日 下午，出席中国人民政治协商会议第一届全国委员会第四次会议。作关于世界人民和平大会的经过和成就的报告，全文载7日《人民日报》《光明日报》。介绍会议盛况：到会国家85个，代表1880人，中国代表团代表59人。会议讨论的问题：（1）关于民族独立与国际安全。（2）关于停止现行战争，首先是朝鲜战争。（3）关于缓和国际紧张局势。大会的收获有：为和平运动制定了共同的行动纲领，提出十大要求。其中最具特殊意义的几项为：要求美国、苏联、中国、英国、法国五大国政府，立即开始协商缔结和平公约，这是这次大会的核心建议。另外，要求立即停止现行战争。立即禁止细菌战等亦是本次会议的重要共识。

政协会议至7日闭幕，毛泽东主席到会发表三点意见，要求加强抗美援朝斗争、学习苏联和反对官僚主义。（8日《人民日报》）

7日 晚，往中南海怀仁堂，出席周恩来总理欢迎朝鲜访华铁道艺术团的宴会。（8日《人民日报》）

8日 下午，出席周恩来总理为新任苏联驻华特命全权大使潘友新举行的欢迎酒会。（9日《人民日报》）

11日 下午，出席中央人民政府委员会第二十二次会议，讨论《中华人民共和国全国人民代表大会及地方各级人民代表大会选举法》，发言表示同意。被选为中央选举委员会委员，刘少奇为主席。（12日《人民日报》）

◎ 作《屈原简述》，发表于《人民文学》6月号。略论屈原的身世、思想及其在文学上的贡献。分三部分，一、叙屈原的时代及身世。二、述屈原悲剧的一生以及热爱祖国、热爱人民的"一片真诚"。三、称赞其"诗才特别优越"。强调屈原能获得人民的同情，"主要原因是由于他是热爱自己的祖国和人民的"，"屈原的热爱人民更明显地表现在他的诗的形式上"。他的大部分作品作于失意之后，"悲愤、沉痛、抑郁、奔放，有时像狂风暴雨快要来的一样，有时就竟直像狂风暴雨"。"屈原的诗的形式主要是从民间歌谣体发展出来的，所使用的词汇也多是人民的语言。"屈原诗歌的另一个特点，即他的想象力，"他把宇宙中的森罗万象都看成是有生命的存在，而且都可以用来替他服务"。最后概括了屈原诗歌的总特点和其在文学史上的地位，"感情的真挚、构思的奇特、气魄的雄浑、词藻的丰富、韵调的铿锵、形式的自由，使他在中国诗史和世界诗史上放射着永久的光芒"。

初收人民文学出版社1953年6月第1版《〈屈原赋〉今译》，后收《沫若文集》第2卷，现收《郭沫若全集·文学编》第5卷。

◎ 聘请中国科学院访苏代表团团员陈荫谷、于道文、张渤川、薛公绰、李世俊、梁思成、曹言行为院专门委员。(《中国科学院史事汇要》1953年)

13日 晚，主持北京各界庆祝《中苏友好同盟互助条约》签订三周年大会。(14日《人民日报》)

14日 下午，与朱德等出席苏联大使潘友新为庆祝《中苏友好同盟互助条约》签订三周年举行的酒会。(16日《人民日报》)

15日 日文译本《诉于日本国民——新的爱国主义》(平野义太郎翻译)由日本京都三一书房出版发行。收录郭沫若1950年至1952年间关于保卫世界和平及文化、教育与科学方面的论文、报告、演讲等共19篇。

16日 今文译《九章》讫，并作《解题》，载《人民文学》4月号。认为《九章》中《橘颂》以外的八篇，"都是失意以后的自述，和《离骚》是一脉相通的"。在翻译过程中，"深深体会到屈原的才华和他沉痛的心境"，并自信译文"相当忠实"，"也得到了不少前人未到的发现"，认为"既是译文而不是注疏"，那就必须使"译文也成为艺术品"，"应该允许译者有部分的自由，有时候他不能逐字逐句地硬译，他可以统摄原意，另铸新辞"。

初收人民文学出版社 1953 年 6 月版《屈原赋今译》，后收《沫若文集》第 2 卷，现收《郭沫若全集·文学编》第 5 卷。

17 日　下午，在大院胡同寓所接待来访的竺可桢、张稼夫，讨论如何答复苏联文化参赞询问合作编辑《中华地理志》之事。(《竺可桢全集》第 13 卷，上海科技教育出版社 2007 年 12 月版)

22 日　下午，设宴欢迎日本和平联络委员会代表平野义太郎、畑中政春，日中友好协会代表内山完造、加岛敏雄和曾来北京参加亚洲及太平洋区域和平会议筹备会议的高良富女士，以及他们的随员岩村三千夫、平垣美代司、樱井善一等人。被邀请的还有出席维也纳世界人民和平大会的日本代表西园寺公一和中村玩右卫门。(23 日《人民日报》)

23 日　下午，与朱德、李济深等出席苏联大使馆武官柯托夫中将为庆祝苏联建军 35 周年举行的酒会。(24 日《人民日报》)

◎ 今文译屈原《九歌》讫，并作《解题》，载《人民文学》4 月号。认为由歌辞的清新，调子的愉快来说，"可以断定《九歌》是屈原未失意时的作品"，认定除《国殇》外，其他作品都包含了恋爱的成分。并且指出以前的注解者不懂诗中所写男神与女神相爱的情形，"动辄便以为是屈原的寄托，爱扯到君臣之间的关系上来，实际上并不是那么一回事"。另外谈到古诗今译的困难，认为"过于胆大，强作解人，固然容易犯错误。过于胆小，拘泥成文，那也永远读不通"。主张只要在逻辑上、韵调上合乎情理，"不妨胆大一点"。因为，"译诗是一种创作，读诗也是一种创作"。并说自己"是属于胆大派的一个"。

初收人民文学出版社 1953 年 6 月版《屈原赋今译》，后收《沫若文集》第 2 卷，现收《郭沫若全集·文学编》第 5 卷。

24 日　与李四光、陶孟和等往车站，欢送以钱三强为首的中国科学院访苏代表团启程。(25 日《人民日报》)

◎ 出席日本和平联络委员会等团体代表献礼和赠礼仪式。在致辞时指出：从中日两国关系的历史中可以得出一个教训，就是两国之间如果和平共处，并采取友好学习的态度，吸收先进经验，便可以保证本民族的进步和幸福，但如果不和平共处而采取侵略战争的手段，结果侵略的一方必遭惨重失败。致辞摘要载 25 日《人民日报》。

25 日　出席政务院文化教育委员会召开的"反官僚主义"会议。在习仲勋报告之后，教育部、文化部、科学院、出版总署、卫生部、扫盲委员会领导分别检讨各自系统的官僚主义。郭沫若说："病况不同，病源亦异。科学院是糊里糊涂官僚主义，既不是辛辛苦苦，也不是命令（无命令）。计划性缺乏，亦未抓计划。一则不懂得全面；二则没有组织，专门委员未利用。"（《竺可桢全集》第13卷，上海科技教育出版社2007年12月版）

28日 主持中国科学院本年第七次院务会议，讨论反对官僚主义问题。向大会作报告。强调反官僚主义是政协第四次会议上毛主席三点重要指示之一。本星期三政务院文化教育委员会会议上亦进行了讨论。分析了官僚主义的四种表现：（1）辛辛苦苦的官僚主义。（2）糊里糊涂的官僚主义。（3）命令主义的官僚主义。（4）好大喜功的官僚主义。认为"科学院最恰当的是糊里糊涂的旧式官僚主义"。表现在如下几点："（1）计划性不强。（2）领导无方。（3）组织的力量不强。（4）调查研究做得不够。（5）怕负责任，小事不做，大事想做不敢做。""希望这次在毛主席指示下结合自己的缺点来进行检讨，必须发动群众提供意见，清理积压的工作，如三反时间的合理化建议，这次不是反某一个人，而是发掘工作中存在的问题，改进工作，提高干部的思想水平、业务水平，达到肃清根除官僚主义，解决存在问题的目的。"（《中国科学院史事汇要》1953年；《竺可桢全集》第13卷，上海科技教育出版社2007年12月版）

3月

2日 在中国科学院全院反官僚主义动员大会上作动员报告。说："科学院是官僚主义很深的一个单位。"十大缺点如下：（1）缺乏计划性。（2）缺乏具体领导。（3）缺乏组织力量。（4）缺乏调查研究。（5）缺乏工作检查。（6）缺乏积极性，很少主动去做。（7）出版保密性问题。（8）不重视下层干部意见。（9）文牍主义严重。（10）缺乏制度。（《竺可桢全集》第13卷，上海科技教育出版社2007年12月版）

5日 下午，与李济深、章伯钧等往苏联大使馆，会见潘友新大使，请其转达中国各民主党派对斯大林病情的深切关怀和诚挚的慰问，并盼斯大林病况好转、早日恢复健康。

斯大林于本月1日晚患脑溢血。（6日《人民日报》）

◎ 致电斯大林，对其表示殷切的慰问并衷心祝盼他早日恢复健康。电文载6日《人民日报》。

◎ 日文译本《亡命十年》（冈崎俊夫翻译）由日本筑摩书房出版发行。其中包括《海涛集》和《归去来》中的部分作品：《跨着东海》《我是中国人》《鸡之归去来》《浪花十日》《达夫的来访》（改名为《广陵散》）、《由日本回来了》等篇，后附《译者后记》。

6日 以中国人民保卫世界和平委员会主席名义，致电苏联拥护和平委员会主席吉洪诺夫，对斯大林的逝世表示哀悼。唁电全文载七日《人民日报》。

斯大林于3月5日在莫斯科逝世。(7日《人民日报》)

◎ 与李济深、章伯钧等前往苏联大使馆，会见潘友新大使，对斯大林的逝世，面致沉痛的吊唁。(7日《人民日报》)

◎ 作为全国文学艺术界联合会主席与全国文学工作者协会主席茅盾联名致电全苏作家协会主席法捷耶夫，对斯大林的逝世表示哀悼。(7日《人民日报》)

◎ 今文译屈原《天问》讫，并作《题解》，载《人民文学》5月号。认为"《天问》是很难理解的"，由于神话的失传和脱简窜乱等原因，造成"这篇诗的次序很零乱"，译前"大胆地整理了一遍"，"据此，更可以考定传世神话传说的时代性与真伪"。觉得"原作的奇妙是中国文学作品中所绝无仅有的。一口气提了一百七十多个问题，从天地开辟以前问到天体的构造，地上的布置，从神话传说时代问到有史时代，从身外的一切问到作者自己，而问得那样参差历落，圆转活脱，一点也不呆滞，一点也不重复，这真表示了屈原的大本领"。"通过这篇，可以看出屈原思想的博大和它的性质。屈原，毫无疑问，是一位唯物的理智主义者，现实的人道主义者。他的宇宙观和人生观，代表着他所处的时代的进步一面。"

初收人民文学出版社1953年6月版《屈原赋今译》，后收《沫若文集》第2卷，现收《郭沫若全集·文学编》第5卷。

7日 黎明，与李富春、张闻天等作为中国代表团成员，在周恩来团长率领下乘飞机前往莫斯科，吊唁斯大林逝世。(《参加斯大林葬礼的回忆》，1954年3月5日《人民日报》)

8日 下午，抵莫斯科，晚，与周恩来等到工会大厦斯大林的灵柩旁守灵。

"参拜遗体的人就象把全人类都集中起来了的一样，各种肤色的人种掺杂着，都悲痛地、虔敬地、沉默地、却象闸门过道处的水流一样流涌着，在楼阶上的一上一下，尽管去的人靠右边走，来的人靠左边走，中间有人牵着手拦隔着，都遵守着一定的秩序，然而人太多，肩靠肩地拥挤着，差不多不是自己在走，而是形成了一个整体的流动。"中国代表团"捧着一个大花圈，跟随着周总理，走到了灵前。献了花圈，站立着行了礼，静默了三分钟。""又被引导着，走到遗体的右侧，六个人一组，分成前后两列，紧接着守卫的武装同志，面对面肃立着，进行三分钟的守灵。"(《参加斯大林葬礼的回忆》，1954年3月5日《人民日报》)

9日　上午，在莫斯科红场参加斯大林葬礼。(《参加斯大林葬礼的回忆》，1954年3月5日《人民日报》)

10日　出席苏联科学院主席团为招待中国科学院访苏代表团全体成员举行的茶会，并致答词。致辞摘要载13日《人民日报》。

会上，中国科学院访苏代表团向苏联科学院赠送礼品，包括郭沫若甲骨金文研究著作。(13日《人民日报》)

11日　在莫斯科作《〈屈原赋今译〉后记》。重新编排了《屈原赋》二十五篇的次第：《九歌》《招魂》《天问》《离骚》《九章》《卜居》《渔父》。"《卜居》、《渔父》排在最后，是作为附录的意思。"提到"注释中颇有些新的收获"。对于屈原的自杀动机做了推测："屈原是一位理智很强的人，而又热爱祖国，从这些来推测，他的自杀必然有更严肃的动机。""一定是看到国家的破碎已无可挽救，故才终于自杀了。"

初收人民文学出版社1953年6月版《屈原赋今译》，后收《沫若文集》第2卷，现收《郭沫若全集·文学编》第5卷。

15日　与茅盾联名致电捷克斯洛伐克作家联盟，对捷克斯洛伐克共产党主席、捷克斯洛伐克共和国总统克利门特·哥特瓦尔德的逝世表示哀悼。唁电全文载16日《人民日报》。

克利门特·哥特瓦尔德于3月14日逝世。(16日《人民日报》)

16日　赴布拉格，参加克利门特·哥特瓦尔德葬礼。

赴布拉格参加吊唁活动的中国代表团团长为周恩来，团员有郭沫若、张闻天、罗瑞卿、张宗逊、伍修权、章伯钧、廖承志、钱俊瑞、周立波及

驻捷克斯洛伐克特命全权大使谭希林。(17日《人民日报》)

17日 下午,与先行到达的谭希林等一起,在布拉格机场迎接从苏联来参加葬礼的周恩来。随即,前往总统府向哥特瓦尔德的遗体告别,在灵柩前献上花圈,并参加守灵。(19日《人民日报》)

18日 下午,与周恩来、谭希林前往捷克斯洛伐克政府主席团办公厅,对哥特瓦尔德的逝世表示沉痛的哀悼和慰问,并在吊唁册上签名。(20日《人民日报》)

19日 往瓦茨拉夫广场,参加哥特瓦尔德葬礼。(21日《人民日报》)

◎ 致电祝贺"越南全国和平大会"召开。电文载22日《人民日报》。

20日 致电"全日本和平大会",预祝大会取得成功。电文载21日《人民日报》。

24日 与周恩来等离开莫斯科。(27日《人民日报》)

26日 返抵北京。(27日《人民日报》)

28日 主持中国人民抗美援朝总会常务委员会扩大会议。

会议通过组织文艺工作团分批赴朝慰问演出的决定。(29日《人民日报》)

31日 致电法国全国和平理事会,对理事会主席伊夫·法奇的逝世表示哀悼。电文载4月1日《人民日报》。

◎ 修改《离骚》今文译文讫,并作《解题》,说明《离骚》的译文是1935年在日本时作的,1942年在重庆时曾润色过一次。目前这一次只有一处做了重要修改。认为"《离骚》是屈原最成熟的作品",以前"把它的时期定得太迟",实际应"作于《哀郢》之前",因为"这样的长篇大作,在作者必然要有精神上的和体魄上的相当的余裕才能产生"。"作品的结构用现实的叙述与幻想着。前半是现实的叙述,后半便织入了大胆的幻想。"但最后"就好象从天上坠下来的一样,使幻想全部破碎"。因此"屈原,基本上是一位现实主义者"。

初收人民文学出版社1953年6月版《屈原赋今译》,后收《沫若文集》第2卷,现收《郭沫若全集·文学编》第5卷。

本月 在莫斯科期间,患肝病刚出院不久的法捷耶夫曾到旅馆访问,并亲切交谈。

"我们见了面当然很高兴，我便问到他的健康。他说基本上是恢复了，但有件遗憾的事。他说着带着笑容，把右手的拇指和食指扣成一个圈，对着嘴举了一下，然后幽默地说：这个快乐大夫不允许了。我自然是会意的，便也笑着说：不喝酒也很好。他却说：碰到好朋友不能'干杯'（这个辞是用中国话说的）不是件苦事吗？说罢用他爽朗的声音哈哈大笑。"这件小事表明他的"天真"，觉得他"对于朋友是天真的赤子，而对于敌人却是坚强的战士"。(《献身精神的榜样》，1958年8月18日《人民日报》)

◎ 诗集《新华颂》由人民文学出版社出版，收1948年至1952年诗作21首，附录12首，以首篇篇名为书名。

◎《毛泽东的旗帜迎风飘扬》由人民文学出版社出版，为"文学初步读物"之一，选1949年新中国成立后至1952年诗作13首（均为《新华颂》中篇目），附蒋兆和插图5幅。

4月

1日 就周恩来总理关于朝鲜停战谈判问题的声明对《人民日报》记者发表谈话。指出：这一声明充分表达了中朝两国政府一贯坚持的维护及巩固和平的政策，在争取朝鲜问题的公平合理的解决上作了又一次的巨大努力。谈话摘要载2日《人民日报》。

4日 主持中国科学院本年第九次院务常务会议。(《中国科学院史事汇要》1953年)

◎ 在中山公园水榭出席政务院文化教育委员会对外文化联络事务局主办的"匈牙利人民共和国艺术展览会"，并讲话。指出：文化与政治在这个展览中紧密地结合起来，我们欣赏这个民族的优秀的艺术和艺术中所表现的英勇的斗争。(5日《人民日报》)

◎ 晚，出席匈牙利大使夏法朗柯特举行的庆祝苏联军队解放匈牙利八周年纪念日招待会。(5日《人民日报》)

9日 主持中国科学院本年第十次院务常务会议。(《中国科学院史事汇要》1953年)

10日 下午，与董必武、林伯渠等出席周恩来总理举行的酒会，欢

迎苏联新任特命全权大使库兹涅佐夫，欢送前任大使潘友新。(11日《人民日报》)

◎ 复函苏联科学院院长涅斯米扬诺夫院士和苏联科学院主席团学术秘书长托布契也夫院士，对他们1月10日来函提出的双方互相报道正在进行的科学研究工作的建议表示同意，称"将进行组织稿件工作，务期中国科学家的科学论文能就正于苏联科学家，以促进两国科学研究经验的交流"。(《中国科学院史事汇要》1953年5月)

14日 晚，与茅盾、马叙伦等出席文化部主持的"捷克斯洛伐克共和国电影周"开幕典礼。

开幕典礼结束后，放映捷克斯洛伐克影片《新战士站起来!》(15日《人民日报》)

15日 上午，往中南海怀仁堂，出席第二次全国妇女代表大会开幕式，代表全国政协向大会致辞，赞扬中国妇女在各方面发挥的重要作用，预祝大会获得辉煌的成就。(16日《人民日报》)

16日 作《〈人民中国〉日文版》发刊词，日文译稿载6月1日出版的《〈人民中国〉日文版》创刊号，中文原稿全文载6月2日《人民日报》。指出此杂志是准备对通晓日文的读者，主要是日本人民，传达今日中国的国家建设事业——政治、经济、文化、教育、社会活动等各方面的真实情况，使读者能够明确地、迅速地、不断地追随着发展过程而获得比较全面的了解。

18日 主持中国科学院本年第十一次院务常务会议。

会议同意丁瓒关于检查北京各单位工作的准备情况报告；听取恽子强关于东欧人民民主国家科学工作考察报告；决定郭沫若不参加匈牙利科学院5月24日至30日召开的年会（对方来函邀请郭沫若院长及两位专家），派物理化学所所长吴学周、近代物理所副所长王淦昌前往赴会。(《中国科学院史事汇要》1953年)

22日 晚，往中南海怀仁堂，与毛泽东、朱德、刘少奇、周恩来等观看文化部主持的蒙古艺术团音乐、舞蹈、杂技表演会。会后，与陈叔通、习仲勋、马寅初、周扬、丁西林等出席周恩来总理为蒙古艺术团全体人员举行的招待会。(23日《人民日报》)

25日 主持中国科学院本年第十二次院务常务会议。讨论关于加强

《科学通报》工作的有关问题。(《中国科学院史事汇要》1953年)

◎ 将自用的《授堂文钞》《石州诗话》《知足斋文集》《四库全书考证》等图书364种2059册捐赠北京图书馆。(《文献》1982年12月第14辑)

27日 致电第一届美洲大陆文化大会，祝贺会议召开。电文载5月7日《人民日报》。

28日 致函周恩来总理："我这两天赶写了一篇《参加斯大林葬礼记》，送请您审阅。本来打算连哥特瓦尔德的葬礼也一道写，但因明天清早便要出国，实在来不及了，只好留待将来再写了。""写得不够全面，也相当草率，只算是勉强交卷。草稿来不及誊清，也来不及打印了，请您交人打印好之后再看吧。"(据郭沫若纪念馆存手迹资料)

30日 与茅盾离京赴斯德哥尔摩，出席将于5月5日、6日召开的世界和平理事会常务委员会会议。(5月3日《人民日报》)

本月 为成都杜甫草堂书对联一副。上联为"世上疮痍诗中圣哲"，下联为"民间疾苦笔底波澜"。手迹载1962年4月11日《光明日报》。

◎《郭沫若选集》俄文本由苏联外国文学作品出版局出版，包括诗歌、散文和戏剧的代表作品。

苏联作家西蒙诺夫和吉洪诺夫分别在《文学报》《真理报》上撰文，认为这是"一本珍贵的书"。(5月27日、7月4日《人民日报》)

5月

5日 在斯德哥尔摩出席世界和平理事会常务委员会会议。

会议由约里奥·居里主持，发表公报，主张用协商方式解决国际争端。(7日、10日《人民日报》)

23日 主持中国科学院本年第十四次院务常务会议。

会议听取陶孟和、竺可桢关于检查北京地区几个研究所工作情况的报告；决定电子学研究所筹备处设在北京，并将长春综合研究所的电子管小组归并于该处。(《中国科学院史事汇要》1953年)

27日 出席中国民主同盟中央委员会第七次全体会议开幕式，并讲话。希望民主同盟能够发扬过去的成绩，为人民民主统一战线的巩固与发展作更进一步的努力。督促自己的成员，以积极负责的态度把所担任的工

作做好，特别是参加文教工作的方面。(28日《人民日报》)

28日 作《历史发展的教育意义——为抗日战争十六周年而作》(郭沫若纪念馆馆藏资料)

30日 复信杨树达。说"五月五日大札奉悉。遵嘱已将大著《积微居甲文说》拜读，其中确有精到处"，亦有"孤文单证，且亦无关宏旨"处，"汰之无损于义例，存之不易以征信"，"故仍将原稿奉还，请再加斟酌"。表示"最后定稿后望再惠寄，当嘱编译局妥为出版"。附言："《白虎通》'生日名子'之说颇可疑"，"则同日生之男女不为配偶之说亦难成立"。"沃甲之配见诸特祭，其故尚难说明。"(杨逢彬整理《积微居友朋书札》，湖南教育出版社1986年版)

本月 为武昌东湖九女墩题诗一首。九女者，太平天国女志士。(据手迹)

6月

2日 主持中国科学院本年第十五次院务常务会议，并作报告。指出中国科学院接政务院文化教育委员会指示，需要向党中央、毛主席写报告，以便主席给予指示，作为今后科学院发展的方向。报告拟分六部分：(一)科学研究方向问题。(二)组织机构与具体领导的问题。(三)科学干部的培养和团结问题。(四)对外联络的问题。(五)科学刊物出版的问题。(六)科学器材设备与基本建设问题。(《中国科学院史事汇要》1953年)

5日 出席教育部召开的第二次全国教育工作会议开幕式，并讲话。指出经济建设的需要对教育事业提出了艰巨任务，这就是要培育大量的合格的建设人才。以整个教育看，高等教育是重点，普通教育是基础，在普通教育中，同样要有重点，首先是办好高中，准备好培养高级建设人才的后备力量。其次要办好各级师范，特别是要办好高等师范，准备培养人才的人才。(6日《人民日报》)

◎ 晚，举行酒会，招待以吉科宁夫人为团长的芬兰文化代表团。在致辞时指出：中芬两国距离虽然很远，但人民文化的交流是早就有的。希望进一步加强交流。席间，向芬兰文化代表团赠礼。(6日《人民日报》)

8日 致函张元济，云："手示及《戊戌政变杂咏》已拜读。杂咏是绝好史料，当为世所重视。'围宫'一事，先生疑为莫须有，鄙意以为，德宗后有为，即使'轻举'亦属有事。唯成败不同，遂致秦皇能诛锄嫪毐，而德宗则被囚禁耳。不日又将出国，匆复。"又及："在国外见有人用轻便小轮车，手自运转即可做室外运动，沐浴阳光。未知尊处见仿此否？上海如可购置，采用为便。"（据手迹复印件）

9日 与茅盾、蔡廷锴、刘宁一等一行八人乘飞机离北京，取道苏联赴布达佩斯出席世界和平理事会会议。（10日《人民日报》）

12日 抵布达佩斯，在机场举行的欢迎会上致答词。（14日《人民日报》）

15日 出席世界和平理事会开幕式，作题为《朝鲜停战及和平解决远东问题》的发言，全文载17日《人民日报》《光明日报》。指出："一切现存的国际争端，都是可以而且应该用和平谈判、相互协商的方式来求得解决的。朝鲜问题已经由耐心协商开辟出了和平解决的门径。"希望"世界各国人民更进一步促使各国政府采取协商精神代替武力解决，把这作为一个普遍性的运动而共同努力"。

◎ 为纪念诗人屈原逝世2230周年，中央人民广播电台在特别节目中，播放郭沫若"屈原简述"的录音。（6月14日《人民日报》预告）

◎ 发表《伟大的爱国诗人——屈原》于《人民日报》，认为"屈原不仅是一位热爱人民的诗人，同时也是一位有远大抱负的政治家"，"屈原的才智是向多方面发展的。他的感情真挚，想象力丰富，对于自然物也有同样极其深厚的爱"。"自然现象，特别是天界的现象，被他人格化了之后，有时却都受着他的驱遣，为他服务"，使他能够有伟大成就的基本原因，"是他的热爱人民、热爱祖国、热爱真理、热爱正义，而能够沉潜到生活与自然的最深处。他是在用他全部的生命来创造他的诗歌，因而他的一生也就成为了一首不朽的悲壮的史诗"。

收《沫若文集》第17卷，现收《郭沫若全集·文学编》第17卷。

◎ 为纪念屈原逝世2230周年题词："在清理古代文化的发展过程上，毛泽东主席要我们'剔除其封建性的糟粕，吸收其民主性的精华'，屈原其人及其作品应该是中国古代文化中民主精华的一部分，两千多年来中国人民都在纪念他，不是偶然的。"（手迹发表于9月27日《光明日报》）

17日 上午，出席世界和平理事会会议，并担任大会执行主席。（19

日《人民日报》)

18日 与蔡廷锴、刘贯一代表中国人民保卫世界和平委员会，向匈牙利全国和平理事会献礼。在致辞时指出：匈牙利全国和平理事会在和平事业中是有成就的，目前世界和平理事会在布达佩斯召开，正是世界人民对匈牙利人民和平成就的公认。致辞摘要载20日《人民日报》。

19日 下午，在布达佩斯科索特广场出席当地居民为庆祝世界和平理事会召开举行的集会。(21日《人民日报》)

◎ 接受匈牙利科学院授予的名誉院士学位。在致辞时感谢匈牙利科学院给予的荣誉，并表示将以加倍努力从事科学研究工作和一切为人民服务的工作，以此报答匈牙利人民给予的荣誉。(21日《人民日报》)

◎ 作《伟大的和平战友——追念伊芙·法奇先生》。(郭沫若纪念馆馆藏手稿)

20日 出席世界和平理事会会议闭幕式。(22日《人民日报》)

30日 日文译本《虎符》(副题为《信陵君与如姬》，须田祯一翻译)由东京未来社出版发行。为该社出版的戏剧丛书之一种。

本月 为纪念朝鲜人民军反美侵略战争三周年，作为中国人民保卫世界和平反对美国侵略委员会主席，发表《朝鲜人民军在胜利中前进》，载《解放军画报》6月号。歌颂三年来朝鲜人民军，"以超度的爱国主义精神激发了全世界爱好和平与正义的人民的道谊感"。

◎ 书赠蒋君超、白杨夫妇："建设祖国是最高的艺术活动，建设者无论改造社会或改造自然，必须具有爱美之情操。故文学艺术为最重要的教育工具，有志者宜终身以之。"(手迹见肖玫编图片集《郭沫若》，文物出版社1992年11月版)

◎《屈原赋今译》由人民文学出版社出版。包括：《屈原简述》(1953年2月11日)《九歌》《招魂》《天问》《离骚》《九章》《卜居》《渔父》及《后记》。

收《沫若文集》第2卷，现收《郭沫若全集·文学编》第5卷。

7月

7日 与茅盾等代表团成员由布达佩斯转道莫斯科返抵北京。(8日《人民日报》)

8日 复函杨树达，说"昨日始回京，六月廿三日手书奉悉。大著已有所删削，足征治学虚己"，表示"甚佩"。提出"仍可考虑"的几字，"请覆查"。再次强调"生日为名之说，全不足据"，"沃甲之配匕庚见于祀典，其理由尚难说明"。"原稿附还，请再斟酌。"(《积微居友朋书札》，湖南教育出版社1986年版)

9日 出席中国科学院本年第二十次院务常务会议。讨论关于召开大冶、白云鄂博两矿工作会议的计划。(《中国科学院史事汇要》1953年)

11日 出席蒙古大使奥其尔巴特为庆祝蒙古人民革命胜利32周年举行的招待会。(12日《人民日报》)

16日 出席中国人民保卫世界和平委员会举行的报告会，向大会报告世界和平理事会布达佩斯会议的经过和会议的成就。(18日《人民日报》)

29日 往中山公园音乐堂，与林伯渠、李济深、陈叔通等出席首都各界人民庆祝朝鲜停战协定签字大会，并发表讲话。(30日《人民日报》)

本月 参观中国历史博物馆举办的"楚文物展览"，对许多展品提出看法，尤其对湖南省文物管理委员会的展品——《战国龙凤人物帛画》兴味更浓，写出《晚周帛画的考察》。(史树青《"今日回思志倍坚"——忆郭老》，《中国历史博物馆馆刊》1979年第1期)

8月

3日 往总政治部文工团排演场，观看话剧《尤利斯·伏契克》的预演。

演出为纪念捷克斯洛伐克尤利斯·伏契克就义十周年，演出单位为中国人民解放军高级步兵学校文工团。(17日《人民日报》)

5日 致电苏联科学院院长涅斯米扬诺夫，吊唁苏联化学家泽林斯基院士逝世。(6日《人民日报》)

◎ 郭沫若为中宣部上报的中国历史问题委员会成员。

中共中央批准设立中国历史问题研究、中国文字改革研究、中国语文研究三个委员会。中宣部上报的中国历史问题委员会成员名单共11人：陈伯达、郭沫若、吴玉章、范文澜、侯外庐、吕振羽、翦伯赞、杜国庠、胡绳、尹达、刘大年。

毛泽东做批语，指定陈伯达担任委员会主任。陈伯达向毛泽东请示委员会工作方针，毛泽东讲了四个字："百家争鸣"。这是针对历史研究领域内范文澜和郭沫若关于中国奴隶制和封建制分期问题的。毛泽东对这个问题非常关注。当时毛泽东比较赞成郭沫若的主张。他对陈伯达说：郭老有实物根据，他掌握了那么多甲骨文。(《毛泽东传 1949—1976》上，中央文献出版社 2003 年 12 月版；刘大年《〈历史研究〉的创刊与"百家争鸣"方针的提出》，《历史研究》1984 年第 4 期)

全国人民代表大会第一次会议开幕式前一天（1954 年 9 月 14 日），在中南海召开的中央人民政府委员会临时会议上，毛泽东在谈到历史分期时说："关于这个问题，历史学家们还在争论不决"，"我个人是比较相信郭沫若副总理的在春秋战国时代产生封建制的主张的。郭沫若用很多材料证明，孔夫子所以成为圣人，是因为他是革命党，到处参加造反。所以此人不可一笔抹杀，不能简单地就是'打倒孔家店'。总之，在春秋战国时代发生了激烈的变化，发生了大的阶级斗争、革命斗争，从那时起，开始允许土地私有，允许土地收租"。(《毛泽东年谱 1949—1976》第 2 卷，中央文献出版社 2013 年 12 月版)

11 日 上午，与林伯渠、邓小平等往车站，欢迎从朝鲜归来的彭德怀，并致欢迎词。(12 日《人民日报》)

13 日 函复杨树达 7 月 20 日手书。告知祖丁之配，"郭若愚《殷契拾缀》，又发现妣戊一人，故为五妣。此书足下或尚未见，寄上请查阅"。最后说"著书立说，当对读者负责"，"故不能草率从事"，"往复磋商，应是好事，望勿为此怅惘"，"大著出版事，当请编译局处理"。(杨逢彬整理《积微居友朋书札》，湖南教育出版社 1986 年版)

15 日 晚，与朱德、周恩来等应邀出席朝鲜驻华大使馆临时代办徐哲为庆祝"八·一五"朝鲜解放八周年举行的招待会。(16 日《人民日报》)

17 日 晚，与周恩来、章汉夫等应邀出席印度尼西亚驻我国大使馆庆祝独立八周年纪念日招待会。(18 日《人民日报》)

18 日 上午，出席中国科学院本年第二十六次院务常务会议。

原则通过严济慈和秦力生分别提出的关于缩小东北分院和上海、南京两办事处组织机构的意见；听取严济慈关于工程地基土壤检验讨论会的报告，钱三强关于高教部要求科学院对各大学、特别是北京大学设置专业的

问题提供意见以及与科学院合作问题的报告等。(《中国科学院史事汇要》1953年)

21日 出席巴甫洛夫学说学习会开学仪式,并发表演说。

学习会在中国科学院和中华全国自然科学专门学会联合会协助下由卫生部主办,自即日起至9月29日结束。全国有关学科的科学工作者80多人参加,系统学习巴甫洛夫著作。像这样集中全国有深造的学者系统地学习苏联学术思想,对于中国自然科学工作者来说尚属首次。(22日《人民日报》,《中国科学院史事汇要》1953年)

22日 出席中国科学院本年第二十七次院务常务会议。

在听取钱三强报告后,会议认为如果高等教育部同意,可接收中山大学植物研究所、广西大学经济植物所以及岭南大学自然博物馆三个研究单位到中国科学院。对1954年度全院科学事业财务计划控制数字提出若干修改意见。(《中国科学院史事汇要》1953年)

23日 参观官厅水库工程后题词:"劳动创造世界,到这儿看到实物的示证。伟大的劳动人民力量,改造了自然环境,使永定河真正永定。乐园快要建立在地上,预见了未来的共产主义建设的工程。我们向全体工程同志们致敬。"(据北京市延庆博物馆展示手迹)

27日 出席中国科学院本年第二十八次院务常务会议。

会议赞成郭沫若关于编译《国际论文摘要》的建议,决定由编译局组织落实。会议讨论了《科学通报》拟发表的社论《正确地认真学习苏联的先进科学成果》,并提出修改意见。(《中国科学院史事汇要》1953年)

本月 在北京大学办公楼礼堂,为文化部、中国科学院、北京大学合办的第二届考古工作人员训练班学员讲演"中国奴隶社会"。

◎ 儿子建英出生。

9月

1日 作《关于晚周帛画的考察》,载《人民文学》1953年11月号。

对"楚文物展览"中长沙陈家大山楚墓出土的帛画进行研究,认为"这是中国现存的最古的一幅绘画","画的意义是一位好心肠的女子,在幻想中祝祷着,经过斗争的生命的胜利、和平的胜利"。由此得知"在那样的环境中能够产生象屈原那样伟大的诗人和《楚辞》文学，决不是偶然的"。

收《沫若文集》第17卷，现收《郭沫若全集·考古编》第10卷。

4日 为金重治著《新牛马经》题写序言。肯定此书对于兽医学研究的意义。(手迹见《新牛马经》，财政经济出版社1956年版)

5日 主持中国科学院本年第二十九次院务常务会议。讨论土壤研究所东北分所是否继续筹备等问题。(《中国科学院史事汇要》1953年)

8日 出席全国政协常务委员会第四十九次扩大会议。(12日《人民日报》)

◎ 复信刘汝霖。说："日前讲演，在不足三小时内匆遽讲述，自难免多所挂漏。公田与私田是说公家的田与私家的田，并不是农民的田与统治阶级的田。我的意见是私家所得禄田也是公田，只有靠榨取剩余劳动自行垦辟的田才是私田。""中国奴隶制的一个特征，农耕奴隶比较自由"，"在古所谓人民事实上是农耕奴"，"人民和农奴的异同很难划分，我是想从土地所有形态上来加以判别的"，"余详拙著《奴隶制时代》"。(《文献》丛刊第1辑，北京图书馆1980年)

信未署年代。据"日前讲演"，系指在第二届考古训练班所讲"中国奴隶社会"。

12日 下午，出席中央人民政府委员会第二十四次会议扩大会议，听取彭德怀所作关于中国人民志愿军抗美援朝工作的报告。(13日《人民日报》)

16日 出席中央人民政府委员会第二十七次会议，作关于文化教育工作的报告，以《四年来的文化教育工作和今后的任务》为题发表于10月1日《人民日报》、10月3日《光明日报》。回顾了三年多来文化教育工作的成就，谈到"过去文教工作中的主要缺点在于盲目冒进"。最后提出教育、卫生、体育、科学、文化艺术各方面的具体任务，号召全国教育、科学、医药、文艺、新闻、出版各方面的知识分子更加巩固地团结起来，认真学习，改进工作，提高自己的政治水平和业务水平，为完成国家建设计划而努力。报告经大会讨论通过。

18日 出席中央人民政府委员会第二十八次会议。(19日《人民日报》)

19日 复信杨树达。说，"最近数札均接读"，提出管燮初《殷虚甲骨刻辞语法研究》所考二字，"形义既有别，如强以一字解之，实难令人心服"。指出："尊书斥郭若愚君'误将曾孙妇之妣庚升格为曾祖母，孙媳妇之妣戊升格为祖母'，鄙意似尚可商。"最后说："大著《淮南子证闻》已拜领，容后请益。"（杨逢彬整理《积微居友朋书札》，湖南教育出版社1986年版）

21日 出席中国历史问题委员会第一次会议。

陈伯达说明会议内容："这个委员会的方针是用马克思主义研究中国历史。关于科学研究机构应该集中在科学院。中国科学院不但应成为自然科学的权威机构，而且也应成为历史研究的权威机构。中宣部提议设立三个历史研究所，从远古到南北朝为第一所，以下为第二所，近代史所为第三所。第一所郭老兼所长，第二所请陈寅恪先生担任所长。聘请研究人员的范围不要太狭，要开一下门，像顾颉刚也可以找来。增加几个研究所可以把历史研究的阵容搞起来，学术问题在各所讨论。由郭老、范文澜同志来共同组织讨论会。"（中央宣传部印发《中国历史问题委员会第一次会议记录》，转引自《刘大年存当代学人手札》注释）

23日 上午，往中南海怀仁堂，出席中国文学艺术工作者第二次代表大会开幕式，并致开幕词，摘要载24日《人民日报》，全文载24日《光明日报》。回顾第一次代表大会以来取得的成绩："旧时代各种落后的和反动的文艺思想基本上肃清了，文艺工作者的队伍壮大了，文学艺术作品在质量上提高了，作品和群众见面的机会比较解放前更增加到了无数倍。"同时指出人民大众对于文艺生产的需要，无论在质上和量上，都在不断地增长。文艺工作者应努力来满足人民群众的这种需要。作家、艺术家应团结一心，推进工作，实事求是地逐步地克服文艺落后现象，使文学艺术各部门都得到丰收，相互竞赛地产生出无愧于伟大时代的作品。

初收北京出版社1959年1月版《雄鸡集》，题为《团结一心，创作竞赛》；后收《沫若文集》第17卷；现收《郭沫若全集·文学编》第17卷。

◎ 主持中国人民抗美援朝总会常委扩大会议，决定组织第三届赴朝慰问团。（24日《人民日报》）

24日 与陈叔通等往机场，欢迎日本拥护和平委员会主席、"加强国际和平"斯大林国际奖金得奖人大山郁夫教授及夫人，并致欢迎词。（25

25 日 晚，设宴欢迎大山郁夫教授和夫人，并致辞。(26 日《人民日报》)

◎ 在下午召开的中国文学工作者第二次代表大会上，与茅盾、丁玲等 48 人当选为主席团成员。(26 日《人民日报》)

26 日 出席中国科学院、中华全国自然科学专门学会联合会、中央卫生研究院为纪念生物学家巴甫洛夫诞生 104 周年联合举行的扩大纪念会，并致纪念词。摘要载 28 日《人民日报》，全文载《中国科学院年报 1949—1954》。阐述了巴甫洛夫六十年间关于生理学研究的科学活动三个时期所取得的成就，着重指出："学习巴甫洛夫学说，我们还须要发展他的学说，把他的学说移诸实践而加以应用和推广。""把巴甫洛夫学说应用和推广到各种意识形态中去更大有必要，特别是对于生理学、心理学、医学、教育学、语言学、体育学和牧畜学等。"

◎ 与沈雁冰、周扬等往北京医院，吊唁著名画家徐悲鸿。

徐悲鸿于 26 日在北京逝世。(27 日《人民日报》)

27 日 与陈叔通、邵力子等往北京图书馆，参观世界四位文化名人屈原、哥白尼、拉伯雷、马蒂纪念展览会预展。展览会将于次日开幕。(29 日《人民日报》)

◎ 晚，往中南海怀仁堂，主持中国人民保卫世界和平委员会等五个团体举行的大会，纪念世界四位文化名人——中国爱国诗人屈原逝世 2230 周年、波兰天文学家尼古劳斯·哥白尼逝世 410 周年、法国作家弗朗索瓦·拉伯雷逝世 400 周年、古巴作家和民族独立运动领袖何塞·马蒂诞生 100 周年。发表题为《争取世界和平的胜利与人民文化的繁荣》的演说，载 28 日《人民日报》。说："这四位伟大的人类文化的贡献者和拥护者，他们是永垂不朽的。屈原死了虽然已经二千二百三十年，哥白尼死了四百一十年，拉伯雷死了四百年，何塞·马蒂如果还活着，也有了一百岁，但他们依然还活在世界人民的心里。他们虽然各自出生在不同的时代和不同的国度，他们却共同为着人类的正义和进步奋斗了一生，他们的创造性的劳动给人类文化增加了宝贵的遗产。他们的理想、他们的工作、他们的斗争，是和当时当地的人民的利益相联系的，从他们一生的特定的历史意义来考察，也是和世界人民当前的利益相联系的。"演说分别叙述了四位世界文化名人的生平事迹及他们对人类文化的卓越贡献。号召大家"接替这些伟大的文化先驱者",并"为实现全人类的人民友谊、自由生活与持久和平而斗争"。

28日 下午,出席徐悲鸿公祭仪式,并担任主祭。(29日《人民日报》)

29日 致函丁力。表示,"对于宋玉的处理,诚如你所推测,是'在重庆时,用宋玉来影射变节而投降到国民党的文人'。我对他的看法有点不客气,但似乎没有严重到'反历史主义'的程度"。接着,引用司马迁所说,认为"司马迁是有些鄙屑宋(玉)、唐(景)诸人的",而"古人以'屈宋并称',那只是从文学的观点而来。讲道德品格和在历史上的贡献,宋断断乎不能与屈原相比"。"宋玉的《九辩》是好文章,写得很婉转,但那和屈原作品的风格完全不同,那正是一些叹老嗟卑、怀才不遇的才子型的牢骚话。虽然里面也有一些高尚辞句,甚至有直接从屈原作品取用的,但整个的精神不同。从《九辩》中,我们看不出有一丝一毫的爱祖国、爱人民的情感","宋玉的文才,我并不否认。但根据历史上的遗留的资料,他实在是没有骨气"。

丁力9月17日致函《人民日报》,对史剧《屈原》提出意见,认为"把宋玉写成没有骨气的文人,叛变了屈原,完全与历史不符",表示"我们要屈原,也要宋玉"。《人民日报》转来丁力函,遂写此信。(《文艺报》1979年第5期,《山西大学学报》1980年第2期)

◎ 晚,出席中国人民保卫世界和平委员会等五个团体举行的宴会,欢迎参加世界四位文化名人纪念大会的波兰代表维托尔德·雅布朗斯基、沃伊切赫·苏克罗夫斯基,法国代表维尔高尔夫妇和古巴代表尼古拉斯·纪廉,并致欢迎词。(30日《人民日报》)

30日 下午,与朱德、刘少奇等观看苏联体育代表团举行的体操表演会。(10月1日《人民日报》)

◎ 晚,往外交部大楼,出席周恩来总理为庆祝国庆暨招待在华各国外宾举行的宴会。(10月1日《人民日报》)

本月 为纪念屈原逝世2230周年,历史诗剧《屈原》由中国青年艺术剧院于9月12日起在北京青年宫剧场演出。

导演陈鲤庭,副导演石羽、张逸生,马思聪作曲,赵丹、吴雪饰屈原,白杨饰南后,王蓓等饰婵娟,谢添饰靳尚,顾而已饰楚怀王。

周恩来在接见导演和演员时说：今天重演《屈原》，着重点要放在歌颂这样一位伟大的爱国诗人，纪念这样一位世界文化名人上。为了使屈原的形象更鲜明地呈现在人民面前，作者将原剧作了一些修改和补充，着重表现屈原的人民性及其爱国主义精神。（朱珉《史剧〈屈原〉剧本及其演出》，6月17日《大公报》；白杨《敬爱的郭老，深切悼念您！》，《人民电影》1978年第7期；9月14日《人民日报》）

◎ 为世界和平大会理事会即将在莫斯科举办的纪念四大文化名人大会准备屈原画像。先从国画家蒋兆和的多幅画中挑选了一幅，认为"画出了人物的思想感情，有可取之处"，但"最大的缺点是在屈原的手臂上，从人体解剖角度来看，上肢和躯干的比例经不起推敲"。委托文怀沙、蔚明请齐白石画，未果。再请蒋兆和将选中的那幅画进行修改。（蔚明《关于屈原画像》，《艺丛》1982年第4期）

◎ 为青年艺术剧院纪念屈原演出题词。（据手迹）

秋

《屈原》第二次公演，为副导演张逸生题词："有人为宋玉鸣不平者，谓屈、宋并称，宋玉品质不亚于屈原。此乃不符事实。宋玉文字留存于世者率为叹老嗟卑、怀才不遇之慨叹，向来认之为才子典型，品质实不能与屈原并论。"（郭平英《〈郭沫若遗墨〉中的佚作及其他》，1982年《四川大学学报丛刊》第13辑）

10月

1日 上午，往天安门广场，与毛泽东、朱德等出席新中国成立四周年庆祝典礼，并观看阅兵式和群众游行。（3日《人民日报》）

2日 下午，往先农坛体育场，与贺龙、荣高棠等出席1953年度全国田径赛、体操、自行车运动大会。（3日《人民日报》）

3日 致函科学院党组，请调贺昌群。谓："贺昌群，现任南京图书馆馆长。贺本系隋唐史研究专家，研究态度踏实，著述颇多。此类专才宜集中至第二历史研究所，从事研究工作。请党组考虑，向文化部调用。张稼夫同意。"（《刘大年来往书信选（上）》，中央文献出版社2006年版）

4日 下午，与彭真、邵力子等往车站，欢送以贺龙为代表的中国人民第三届赴朝慰问团离京赴朝，并在车站举行的欢送会上致欢送词。摘要载5日《人民日报》。

6日 在中国文学艺术工作者第二次代表大会上，当选为中国文学艺术界联合会第二届全国委员会委员。（8日《人民日报》）

◎ 当选为中国作家协会理事会理事。

全国文协改组为中国作家协会，主席为茅盾。（8日《人民日报》）

7日 晚，与朱德、沈钧儒等应邀出席德意志民主共和国大使柯尼希为庆祝德意志民主共和国成立四周年举行的招待会。（8日《人民日报》）

8日 晚，出席并观看罗马尼亚、捷克斯洛伐克、波兰三个文化代表团的艺术家们举行的联合演奏会。（10日《人民日报》）

9日 上午，在中国文学艺术界联合会第二届全国委员会第一次会议上当选为中国文学艺术界联合会第二届全国委员会主席团主席。茅盾、周扬为副主席，阳翰笙为秘书长。（10日《人民日报》）

◎ 晚，设宴招待以哈里希为首的德意志民主共和国科学文化考察团、以索科尔斯基为首的波兰文化代表团、以玛耶洛娃为首的捷克斯洛伐克文化代表团和以弗朗查为首的罗马尼亚文化代表团。（10日《人民日报》）

11日 下午，往和平宾馆，主持中国人民抗美援朝总会、华北抗美援朝分会和北京市抗美援朝分会举行的宴会，欢迎中国人民志愿军国庆节归国观礼代表团。在致辞时叙述了中朝人民在反抗侵略、保卫和平的斗争中取得的胜利及其意义，强调："当前的迫切任务，就是要粉碎美国战争贩子们的一切阴谋，严防侵略战争的再起，争取和平解决朝鲜问题，为缓和整个国际局势铺平道路。"（12日《人民日报》）

13日 致郑权中信。（《郭沫若学刊》2011年第3期）

15日 上午，冯玉祥先生骨灰安葬仪式在山东泰山西山麓墓地举行。与宋庆龄、李济深等送了花圈。（21日《人民日报》）

◎ 会见"日本国会议员促进日中贸易联盟"访华代表团。（谈话稿存外交部档案馆）

20日 作《〈奴隶制时代〉改版书后》。说明此次改由人民出版社出版，"对于初版经过了缜密的校对，把引用文和整个文字上的错误与不正确处，改正了不少"。指出关于中国古代史中奴隶社会与封建社会的划分时代问题，在学者之间"还没有得到明确的定论"，强调说："除依据生产性奴隶的定性研究之外，土地所有制形态也应当是一个值得依据的很好的标准。""假使一个社会的土地还不是封建所有制，也就是说，还没有真正的地主阶级存在，那么这个社会就不能认为是封建社会。"同时，引用胡庆钧在凉山彝区的调查"补正"其"书中的不足和不明确的地方"，进而证明"西周的社会制度，比起彝族社会的情形来自然进步得多，但在基本上似乎并没有什么两样"。

初收人民出版社1954年版《奴隶制时代》，后收《沫若文集》第17卷，现收《郭沫若全集·历史编》第3卷。

24日 参加中国科学院本年第三十六次院务常务会议。(《中国科学院史事汇要》1953年)

25日 下午，与彭真、陈叔通等出席首都各界庆祝中国人民志愿军出国作战三周年大会，并发表讲话，以《胜利必须属于和平》为题载26日《人民日报》。强调："我们要厉行增产节约，一面尽力支援中国人民志愿军，来保障朝鲜停战协定不被破坏、争取朝鲜问题的和平解决。一面加强我们的国家建设，加强我国的国防力量，加强我国反对侵略保卫和平的力量。"

◎ 复函刘雪庵。对其来信说准备在上海重新排演历史剧《屈原》并重新配乐，表示"无意见"，希望"与鲤庭直接联系，并通过他与上海负责同志如夏衍同志等商洽处理"。(据手迹。见刘雪庵《〈流亡三部曲〉与〈屈原〉的音乐写作》，1982年《四川大学学报丛刊》第13辑)

28日 作诗《十月革命与中国》。发表于11月6日《文汇报》、11月7日《光明日报》。歌颂十月革命的功绩："伟大的十月革命一声炮响，/把马克思列宁主义送来了东方。/是谁首先接受了这宝贵的礼品？/是我们伟大的人民领袖毛泽东，/是我们伟大的先锋队中国的党！中国人民已经摸索了一百年的辰光，/想求得自己的祖国能够国富兵强。/我们请教过天父天兄和西洋东洋，/我们也烧过鸦片、搞过杯葛、打过教堂，/殖民地的枷锁却逐渐地紧套在颈上。/耻辱是日益加深，灾难是日益增涨，/流血更继以流血，反抗更继以反抗，/无数先烈们的血泊直可以汇成海洋。/孟斯鸠、福禄特尔·斯宾塞、斯密亚当，/他们的药方对于我们是毫无影响。""是伟大的布尔什维克不肯忘记东方，/经常给我们以精神鼓舞和物质力量。""伟大的苏联已成为和平的坚强的保障。"

收《沫若文集》第2卷，现收《郭沫若全集·文学编》第5卷。

29日 会见"日本国会议员促进日中贸易联盟"代表团团长池田正之辅，副团长江藤夏雄、帆足计、中村高一一行，就中国人民保卫和平运动和中日关系问题发表谈话。摘要载30日《人民日报》。

11月

1日 在北京举行的保加利亚科学院授予郭沫若名誉院士学位的仪式上接受证书，并致答词，全文载2日《人民日报》。说"这光荣不是给予我一个人的，而是给予全中国的科学工作者、文学艺术工作者和为争取世界持久和平而努力的全体同志们的"，表示"拿我个人的成绩来说，实在是渺不足道的"，"我自己的贡献实在是太少"。

3日 发表《请加意爱护我们的新生一代》于《人民日报》《光明日报》。在指出培养少年儿童的重要性后表示："希望我们中国的文学艺术家们多多为少年儿童们产生些优秀的作品。以儿童为对象的文学和艺术是很值得有志气的文学艺术家们锐意开拓的一个广阔的天地。"呼吁教育工作者、文艺工作者、科学工作者、社会活动家、家长们，全中国的一切成年同志和青年同志"加意爱护我们的新生一代吧！"

◎ 致函刘大年。告以"上海李平心先生去年寄我的一篇东西（《居延汉简奴隶考》）（似稿又似信），内容颇好。凡关于汉简出处，我已仔细据《汉书》校正了一遍。所引别的书籍，可能亦有误记处，我就没有工夫仔细校对了。这稿子，我觉得《历史研究》里面可以选用"。附言："此稿如用，望直接通知李君，问他有无补正处。"对另一篇《伊尹、迟任、老彭新考》，则认为"太牵强了"。（《刘大年来往书信选（上）》，中央文献出版社2006年版）

4日 晚，在首都电影院出席文化部、中苏友好协会总会为庆祝十月革命36周年联合举办的"苏联电影周"开幕式，并致开幕词，摘要载5日《人民日报》。扼要介绍了这次电影周中放映的影片的内容，指出这些影片表现了苏联人民的英勇无畏、为祖国为人民贡献自己的全部力量和智慧的伟大精神。强调这种精神正是我们建设自己的国家和保卫世界和平所必需的。

开幕式上放映了苏联彩色故事片《光明照耀到克奥尔地村》。（5日《人民日报》）

6日 晚，往中南海怀仁堂，主持首都各界庆祝苏联十月革命36周年大会。（7日《人民日报》）

7日 与朱德、刘少奇等应邀出席苏联大使库兹涅佐夫为庆祝十月社会主义革命36周年举行的招待会。（8日《人民日报》）

◎ 为庆祝十月社会主义革命36周年，发表《加强中苏团结，巩固世界和平》于《人民日报》。

8日 上午，在天津，与李德全、荣高棠等出席1953年度全国民族形式体育表演及竞赛大会开幕式，并致辞。（9日《人民日报》）

12日 下午，往车站，与周恩来、彭德怀等欢迎金日成率领的朝鲜政府代表团。（13日《人民日报》）

13日 往中南海怀仁堂，与董必武等出席周恩来总理为欢迎金日成率领的朝鲜政府代表团举行的宴会。（14日《人民日报》）

14日 出席中国科学院本年第三十八次院务常务会议。

会议决定在科学院领导下建立巴甫洛夫学说研究委员会；将中国科学院与第一机械工业部双重领导中国科学院所所属仪器馆的原协议书部分修改后，函复第一机械工业部；确定参加石油产品规格固定暂行标准审查委员会的人选；原则同意"关于筹备建立中国科学院西北分院的初步意见"。（《中国科学院史事汇要》1953年）

◎ 致函夏鼐，转述湖南人民政府副主席唐生智来信内容。（据手迹）

16日 晚，与陈叔通、廖承志等出席彭真欢送大山郁夫的宴会。（17日《人民日报》）

17日 晨，往机场，送大山郁夫离京赴维也纳参加世界和平理事会会议。（18日《人民日报》）

18日 作《〈中国古代社会研究〉新版引言》。说明此次改由人民出版社出版，"仔细校阅了一遍，又在相当大的范围内，加添了好些改正"。首先，将篇目改还原样，"依照写作先后排列"，以便看出"研究路径的进展"。表示"本书的再度改排是着重在它的历史意义上。这是'用科学的历史观点研究和解释历史'的草创时期的东西，它在中国古代社会机构和意识形态的分析和批判上虽然贡献了一些新的见解，但主要由于材料的时代性未能划分清楚，却轻率地提出了好些错误的结论"。在这一次改排中，"尽可能地进行了删改"，而"不便删改的地方，则加上了补注，以免再度以讹传讹"。其次，申明，"从今天所有的材料看来"，已经改正了本书中的两个"大错误"：一是"殷代为原始公社制的末期"，一是"只认西周为奴隶社会"。最后，期待古代资料"源源不绝地出土"，期待研究工作"蓬蓬勃勃地开展起来"，期待着"自己的错误会有彻底清算干净的一天"。全书加"补注"40余则，如"导论"中"殷代——中国历史之开幕时期"中"商代已有文字，但那文字百分之八十以上是象形图画，而且写法不一定……简直是五花八门"一段，"补注"说明卜辞文例"均有一定的规律，并不凌乱"。又如，全书多处以《诗·大雅·公刘》篇有"取厉取锻，止基乃理"的两句，断言"在周初的时候铁的耕器是发现了"，强调"最可注意的是那'取厉取锻'的'锻'字"，"正是铁矿"。为此，"导论"加进一则"补注"为："《公刘》一诗所叙的虽然是周初传说，但并不是周初作品。锻字解为铁矿是很勉强的。这一断案，根据十分薄弱。"《诗书时代的社会变革与其思想上之反映》第一章第二节一则"补注"又说："此解极成问题，锻解为铁矿既无充分根据，《公刘》亦非周初的诗。根本的事实是：一直到现在，西周并无铁器从地下出土。"再如，《卜辞中的古代社会》第二章第二节叙"私有财产的发生"，引王国维《殷周制度论》"中国政治与文化之变革莫剧于殷周之际"，"补注"云："王氏此说实言之过甚。殷末与西周并看不出有若何剧变。例如青铜器便完全无法辨别。王氏因以东周之礼制与卜辞相比，故觉其相异耳。实则'周因于殷礼，所损益可知'，孔仲尼在两千多年前的判断，仍较可靠。"

初收人民出版社1954年9月版《中国古代社会研究》，后收《沫若文集》第14卷，现收《郭沫若全集·历史编》第1卷。

21日 参加中国科学院本年第三十九次院务常务会议。

会议通过地震烈度鉴定工作委员会委员名单，讨论并决定重新修订《中国科学院地震工作委员会办法（草案）》；原则同意接收中山大学植物研究所与广西大学经济植物研究所，以及成立化学研究所筹备委员会。
（《中国科学院史事汇要》1953年）

22 日 往北京饭店，出席全国政协和中国人民抗美援朝总会举行的宴会，招待金日成率领的朝鲜政府代表团。在会上致辞，摘要载 23 日《人民日报》。叙述中国人民对于朝鲜人民反抗美国侵略的斗争的深厚同情和积极支援，并对朝鲜人民和朝鲜人民军给予中国人民志愿军的巨大协助和支持表示感谢。

23 日 与毛泽东、朱德等出席中国和朝鲜经济及文化合作协定签字仪式。(24 日《人民日报》)

◎ 出席毛泽东主席为欢迎金日成率领的朝鲜政府代表团举行的宴会。(24 日《人民日报》)

24 日 应朝鲜驻华大使馆临时代办徐哲之邀，出席为金日成及朝鲜政府代表团访华举行的招待宴会。(25 日《人民日报》)

◎ 作《纪念徐悲鸿先生》，发表于 12 月 11 日《人民日报》。称赞"悲鸿先生的画颇能融会新旧而创立一独自的风格"。"他的注重基本训练、主张师法造化、反对形式主义、尊崇文化遗产的教育宗旨对中国美术界是发生了良好的影响的。""悲鸿先生富于爱国心，亦富于正义感"，"解放以来更有显著的进步"。

25 日 与周恩来、彭德怀等往车站欢送以金日成为首的朝鲜政府代表团离京返国。(26 日《人民日报》)

◎ 日文本《郭沫若作品集》（小峰王亲与桑山龙平共译）由青木书店出版。分为诗歌、散文诗、杂文、小说四部分，上、下两卷。

28 日 参加中国科学院本年第四十次院务会议，作关于中朝经济文化协定的报告。(《中国科学院史事汇要》1953 年)

29 日 复信森健二，告知 11 月 20 日来信已收到。三好十郎氏的长信也已阅读。说："日本朋友很关心中国的现状，是很好的。要了解新中国，应该采取实事求是的态度。用比较研究的方法也好，例如把旧中国和新中国比较，把日本的现状和新中国的现状比较。"在谈及民主和自由的问题时说："空洞地提出民主或不民主，自由或不自由的问题，是不着边际的。民主与自由的解释，依解释者的思想立场而不同。例如美国自称为'民主'与'自由'的国家，在我们看来只是八大财阀集团的极权统治，一切所谓'自由'只是极少数人的特权而已。反过来，如站在美国式的思想立场来看我们，则也恰恰相反。"在谈到中国现状时表示："我们的国家,建立以来才仅仅四年,旧时代的积习一时还不能清除,应该做的事情很多,一时也不能百废毕举。我们所关心的就是集中力量来逐步实现我们的理想。我们严峻地采取着批评与自我批评的态度,第三者的善意批评,我们是极端欢迎的。但如有恶意诽谤,对于我们也无关痛痒。别人的称赞,并不能把我们的本质提高一分。别人的诬蔑,也并不能把我们的本质降低一分。"(据郭沫若纪念馆馆藏资料)

30日 出席政协全国委员会常务委员会第五十一次会议扩大会议,在听取邓小平所作关于发行1954年国家经济建设公债问题的报告之后,发言表示拥护。(12月8日《人民日报》)

本月 接受许维遹、闻一多《管子校释》残稿,开始系统整理《管子》一书。(《〈管子集校〉叙录》)

12月

2日 主持政务院文化教育委员会会议,听取东欧五国(捷克、波兰、东德、罗马尼亚、保加利亚)文化代表团考察情况总结报告。(《竺可桢全集》第13卷,上海科技教育出版社2007年12月版)

3日 参加中国科学院本年第四十一次院务常务会议。

会议讨论历史所人选。历史研究第一所(上古史所)所长由郭沫若兼任,尹达为副所长;第二所(中古史)陈寅恪为所长,向达和侯外庐为副所长;第三所(近代史)刘大年为副所长。吕叔湘为语言研究所副所长。(《中国科学院史事汇要》1953年;《竺可桢全集》第13卷,上海科技教育出版社2007年12月版)

4日 就美国指责中国对战俘和平民"暴行"一事答新华社记者问。摘要载5日《人民日报》。

6日 患感冒已四日,竺可桢来访。(《竺可桢全集》第13卷,上海科技教育出版社2007年12月版)

10日 往中南海紫光阁,参加人大代表基层选举的投票。(11日《人民日报》)

◎ 校读《管子·侈靡篇》,"颇有收获"。刘大年来谈到陈寅恪情况后,认为历史研究所第二所所长"只好改由陈垣担任了"。(《郭沫若纪念馆馆藏资料》)

12日 "加强国际和平"斯大林国际奖金委员会在莫斯科召开会议,通过以奖金授予美国作家法斯特、智利诗人聂鲁达等10人的决定,以该委员会副主席的身份,在授予奖金的决定上签名。(22日《人民日报》)

14日 下午,致函刘大年。说"感冒大体好了","汪篯同志的报告看了"。浦江清先生的文章"是费了大工夫的,我认为可以发表(作为一个单行本印行也是办法)"。杨向奎的文章"问题比较多,断定《周礼》无论如何不是王莽'时代'伪造,很难使人信服"。附言:"在廿号左右召开一次编委会,我同意。关于科学院的报告,留下慢慢用。"(据手迹;《刘大年来往书信选(上)》,中央文献出版社2006年版)

15日 续写前日致刘大年函。同意20日左右召开(《历史研究》)编委会,着重谈了何北衡来访所谈两件事:一是译经工作,把《十三经》译成白话文,认为"这工作是可以做的","我意在上古所中附设一'译古组',恐有必要","让他们搞出后,再看"。二是关于搜集近代文献的工作,认为"的确是值得做的",建议近代史所"准备这一笔预算","由近代史所主持,通过各级文教机关,就地进行搜集或采访"。(据手迹;《刘大年来往书信选(上)》,中央文献出版社2006年版)

18日 下午,与彭真、廖承志等往车站欢迎以贺龙为团长的中国人民第三届赴朝慰问团返抵北京,并致欢迎词。(19日《人民日报》)

23日 主持中国人民保卫世界和平委员会常务委员会扩大会议。听取出席世界和平理事会维也纳会议的中国代表团团长茅盾的报告。(25日《人民日报》)

26日 出席中国科学院本年第四十三次院务常务会议。

讨论1954年工作计划;通过陈垣为历史研究所第二所所长、叶籁士为语言研究所副所长等任命事项。(《中国科学院史事汇要》1953年)

◎ 以中国人民保卫世界和平委员会主席名义,分别电贺本年度"加强国际和平"斯大林国际奖金得奖人,祝他们在保卫世界和平事业中做出更大贡献。(27日《人民日报》)

月底 久病不愈,忆起当年重庆金刚坡种种情景,忽生怀旧之思,傅抱石获悉后,即作国画《金刚坡下全家院子》赠之,郭沫若观后顿觉当年蜀中景物重现眼前,精神为之一爽,便将画挂在榻前,每日对之沉吟,再加精心调养,身体竟渐渐康复。(罗时慧《怀念》,《群众论丛》1980

年第2期)

本月　《关于"晚周帛画"的补充说明》发表于《人民文学》12月号,根据夏鼐来信提供的帛画出土的确切材料,认为"足以证明帛画确是晚周作品",并对彩色漆画奁"特为补注"。

收《沫若文集》第17卷,现收《郭沫若全集·考古编》第10卷。

本年　作歌词《和平鸽子歌》,赞美和平鸽:"和平鸽子,可爱的和平鸽子!/你那雪白的羽冠,雪白的羽衣,/我相信是你纯洁无垢的象征,/你飞来了我眼前便这样光明。"马思聪谱曲。

初收人民文学出版社1953年3月版《新华颂》,《新华颂》编入《沫若文集》第2卷时未收;现收《郭沫若全集·文学编》第4卷。

◎为魏鹤龄题词:"正义的路是崎岖的路,它欢迎勇敢的人。《屈原》中正面人物,如仆夫、如婵娟,均出自我的臆造,但自觉可以满意。"(据手迹)。

1954年 (甲午) 62岁

2月6日至10日　中国共产党举行七届四中全会,批判高岗、饶漱石,并通过《关于增强党的团结的决议》。

4月26日至7月21日　新中国首次以五大国之一的身份参加讨论和平解决朝鲜问题和恢复印度支那和平问题的日内瓦会议。会议实现了印度支那的停战。

6月28日和29日　周恩来分别与印度总理尼赫鲁和缅甸总理吴努发表《联合声明》,共同倡导和平共处五项原则。

7月,胡风向中国共产党中央提出关于文艺问题的三十万字"意见书"。

9月15日至28日　第一届全国人民代表大会第一次会议举行。通过《中华人民共和国宪法》;通过全国人民代表大会、国务院、人民法院、人民检察院等组织法;选举毛泽东为中华人民共和国主席,朱德为副主席;刘少奇为全国人民代表大会常务委员会委员长,宋庆龄、郭沫若等

13人为副委员长；董必武为最高人民法院院长，张鼎丞为最高人民检察院检察长；决定周恩来为国务院总理；决定设立国防委员会和国防部，任命毛泽东兼任国防委员会主席，彭德怀任国防部部长。

9月28日 中共中央政治局作出《关于成立党的军事委员会的决议》。毛泽东任中共中央军事委员会主席，彭德怀主持军委日常工作。

9月《文史哲》发表李希凡、蓝翎《关于〈红楼梦简论〉及其他》，批评俞平伯在《红楼梦》研究中的唯心主义观点。

10月16日 毛泽东致中央政治局和其他有关人员《关于"红楼梦研究"问题的一封信》。18日，作协党组开会，进行传达。之后，全国展开对《红楼梦》研究中资产阶级立场、观点、方法的批判，同时展开了对胡适唯心思想的批判。

12月2日，中国科学院院务会议和中国作家协会主席团举行联席会议，决定联合召开批判胡适思想讨论会。

1月

1日 晚，往中南海怀仁堂，与朱德、刘少奇、周恩来、陈毅等参加中央人民政府元旦团拜会。(3日《人民日报》)

◎ 致信墨西哥中国友好协会主席埃里·哥达尼。对于"在墨西哥城创设了墨中友好协会"表示热烈祝贺。说："现寄上《中国科学》二十份。并祝您们在促进墨中友好的工作上获得进一步的成功。"

墨西哥墨中友协1953年9月23日致信郭沫若。说："我们很荣幸地通知你，在九月九日一次充满了热情的兴奋的集会上，成立了墨中友好协会。"该会之宗旨为："通过广泛的文化交流以及通过为联系两国人民的感情的一切方式，以发展墨中两国人民的友谊。在墨西哥普及关于中国的艺术、科学及一般文化的知识，特别是关于中国在新时代中的生活情况；并将有助于了解墨西哥的材料寄至中国。"该会于10月1日举行庆祝中国国庆的集会。(外交部档案)

2日 为《历史研究》作发刊词，以《开展历史研究，迎接文化建设高潮——为〈历史研究〉发刊而作》为题发表于《历史研究》创刊号。指出："我们的历史文物虽然异常丰富，但差不多全部还停留在原始资料的阶段","不仅应该加以尽心的爱护,而且应该加以很好的整理","历史研究的资料对于我们是绝对丰富的,而历史研究的需要在今天却又相当地迫切。汉民族的历史、少数民族的历史、亚洲各民族的历史乃至世界史都需要我们以科学的观点来进行研究和解释"。强调:"我们需要从历史发展中来体会辩证唯物主义和历史唯物主义。我们需要从历史发展中来进行爱国主义教育、提高民族自信心,促进民族新文化的创造","在世界史中关于中国方面的研究却差不多还是一片白页。这责任是落在我们的肩头上的,我们须得满足内外人民的需要,把世界史上的白页写满,我们须得从历史研究这一角度来推进文化建设,促成社会主义工业化的实现。"

初收人民出版社 1961 年 1 月版《文史论集》,后收《沫若文集》第 17 卷,现收《郭沫若全集·历史编》第 3 卷。

3 日 致函刘大年、尹达。告以"发刊词昨晚起了初稿,今早看了第二遍。写得不大好,特别在尾巴上想不出更响亮的语句来结束。请您们尽量地删改润色。如不可用,就只好请您们另起炉灶了。"(《刘大年来往书信选(上)》,中央文献出版社 2006 年版)

4 日 致函刘大年。谈修改发刊词,"末尾一小节,如无大改动,请将'促进高潮'四字改为'各尽所能'。"(《刘大年来往书信选(上)》,中央文献出版社 2006 年版)

7 日 致函刘大年、尹达。在一份推荐参加《历史研究》编辑工作名单上所作批示:"这是陈公培同志开的名单,供您们参考。"(《刘大年来往书信选(上)》,中央文献出版社 2006 年版)

8 日 下午,出席中国人民抗美援朝总会常委会第十七次会议扩大会,以总会主席身份发表讲话。(9 日《人民日报》)

9 日 出席中国科学院本年第二次院务常务会议。

会议修订并通过《关于中国科学院的基本情况和今后工作任务的报告》及《中国科学院关于访苏代表团工作的报告》。(《中国科学院史事汇要》1954 年)

14 日 出席全国中学教育会议并讲话。指出:"中学教育在我们国家建设中,是占有一定的重要地位。""中学教育的好坏,可以直接影响全国的生产建设和文化建设,更可以直接影响高等教育和其他教育工作的质量。"(15 日《人民日报》)

16日　出席中央人民政府体育运动委员会第一次全体委员会议开幕式，并发表讲话。(2月9日《人民日报》)

17日　作诗《看了〈抗美援朝〉第二部》，发表于《大众电影》1954年第2期。称颂"这样雄壮的英雄交响曲，/在人类史中还不曾有过"，"英雄与和平是一家，/英雄的天下就是和平的天下。""为反对侵略而作战，/为保卫和平而生产。"

收《沫若文集》第2卷，现收《郭沫若全集·文学编》第5卷。

18日　出席越南大使馆为庆祝越中建交日和越苏中友好月在越南开幕举行的招待会。(19日《人民日报》)

19日　宴请日本民主科学协会干事长柘植秀臣。(《中国科学院史事汇要》1954年；《竺可桢全集》第13卷，上海科技教育出版社2007年12月版)

27日　钱三强来，说已于26日被批准加入共产党。为之高兴，鼓励之外，还诚恳指出他有时遇事急躁的弱点。并欣然提笔，录马克思《资本论》法文译本序文中的一句话："在科学领域内没有平安的道路可走，只有那在崎岖小路上攀登不怕劳苦的人，才有希望达到光辉的顶点。"以此赠钱三强，以为纪念。(钱三强《忆我尊敬的长者——郭老》，《光明日报》1982年11月17日，手迹收《郭沫若遗墨》，河北人民出版社1980年5月版)

28日　下午，参加政务院第二百零四次政务会议，作《关于中国科学院的基本情况和今后工作任务的报告》，并经同次会议批准。全文载3月26日《人民日报》《光明日报》。

报告分为四个部分：一、中国科学院现状。二、存在的问题。三、主要工作任务：（一）"在现有基础上把目前可以使用的科学力量适当组织起来，全力支援国家工业建设，首先是重工业建设。"（二）"有重点地对正在建设或即将建设的工业中心或经济区域，进行地下地上资源和自然条件的调查研究，向有关部门提出合理利用国家资源的具体建议或参考资料。"（三）"相应地发展基础科学，使之成为不断支援国家建设和不断提高科学水平的有力保证。"（四）"关于在生产上或学术上迫切需要，而今天依然十分薄弱或根本没有基础的科学，应立即准备条件，设法充实与建立起来。"（五）"设法加强社会科学方面的力量。目前社会科学方面已有经济、语言、考古、近代史等四个研究所，正在筹备中的有关于上古史、中古史研究的两个研究所。其他如哲学、国际问题和亚洲史的研究也亟待开始。""在提高马克思、列宁主义理论水平的基础上，开展研究工作，并有计划有领导地组织各种科学讨论，以逐步解决目前存在着的有关历史的、理论的和实际的学术争论问题。"（六）"继续团结现有科学家，积极培养新生力量，扩大科学工作的队伍与后备力量。"

30日 参加中国科学院本年第四次院务常务会议。

听取张稼夫报告，讨论院秘书处、学部及司局级以上人员配备名单，决定召开中国煤的分布研究会议，讨论中国科学院与铁道部所属铁道研究所建立联系问题。（《中国科学院史事汇要》1954年）

◎ 代表中国人民保卫世界和平委员会致电祝贺加拿大全国拥护通过协商谋求和平大会的召开。(31日《人民日报》)

◎ 题词纪念河上肇逝世八周年："东方的先觉者．卓越的马克思主义的斗士，河上肇先生永垂不朽！"（据手迹）

2月

2日 在中央人民广播电台发表春节讲话，以中国人民抗美援朝总会主席名义，慰问中国人民志愿军全体指战员。(4日《人民日报》)

14日 《一个宣誓——为纪念中苏友好同盟互助条约签订四周年而作》发表于《人民日报》《光明日报》。强调中苏友谊"是在艰难困苦中缔结的，是向着这样光明正大的目标发展的，因而它是永远牢不可破的，它是两国人民共同福利的韧带，是保卫世界和平的最坚固的堡垒"。

◎ 下午，往先农坛体育场，出席匈牙利国家足球混合队表演赛开幕式。(15日《人民日报》)

◎ 晚，出席苏联大使尤金院士为庆祝《中苏友好同盟互助条约》签订四周年举行的酒会。(15日《人民日报》)

16日 下午，在新建的天桥大剧场，出席首都各界欢送赴各地慰问解放军代表团大会。并致欢送词。说："没有人民解放军，便没有新中国，便没有祖国的安全，便没有人民的幸福。因此，全国人民总是时刻关怀着、热爱着我们的人民解放军，对人民解放军怀着无限的崇敬和感激的心情。"(17日《人民日报》)

17日 经中国科学院本年第九次院务会议讨论，提请任命郭沫若为社会科学部主任。

该次会议讨论通过院各部门负责人任免事项，报政务院文化教育委员会党组。（《中国科学院史事汇要》1954年）

19日 致函《历史研究》编辑部。对《历史研究》编辑部送审的《关于中国古代社会的几个问题》一文作批复："问题很多"，"有好几处"作者本人也说"在关键性的地方材料不够"，"然而作者却喜欢迅速作出过早的结论"。（《郭沫若书信集》下，中国社会科学出版社1992年版）

此件系《郭沫若书信集》"据手稿编入"，末署"郭沫若 二，十九"。《郭沫若书信集》编者标为"（1953年2月19日）"，不确。中国历史问题委员会设立于1953年8月，决定创办刊物应在1953年8月以后，《历史研究》创刊在1954年2月。据此，批复不可能作于1953年2月，只能作于1954年2月。——编者注

20日 下午，应全国人民慰问人民解放军代表团之邀，在怀仁堂参加慰问中央人民政府人民革命军事委员会大会。（21日《人民日报》）

23日 与朱德、刘少奇、周恩来等出席苏联大使馆举行的酒会，庆祝苏联建军36周年。（24日《人民日报》）

27日 出席中国科学院本年第十次院务常务会议。

会议讨论并同意关于1954年保证计划完成的措施与要求，呈报政务院文化教育委员会审批。讨论学部组成方案。讨论邀请英国贝尔纳来华讲学和向苏联专家介绍情况的报告等。（《中国科学院史事汇要》1954年）

本月 为云南昆明西山碧鸡山麓聂耳墓书题"人民音乐家聂耳之墓"碑和墓志铭："聂耳同志，中国革命之号角，人民解放之鼙鼓也。其所谱《义勇军进行曲》，已被选为代用国歌，闻其声者，莫不油然而兴爱国之思，庄然而宏志士之气，毅然而同趣于共同之鹄的。聂耳乎，巍巍然，其与国旌并寿，而永垂不朽乎！聂耳同志，中国共产党党员也，一九一二年二月十五日生于风光明媚之昆明，一九三五年七月十七日溺死于日本鹄沼之海滨，享年仅二十有四。不幸而死于敌国，为憾无极。其何以致溺之由，至今犹未能明焉！"（录自碑文；见《滇池》1980年第3期）

3月

5日 发表《参加斯大林葬礼的回忆》于《人民日报》《光明日报》，

以纪念斯大林逝世一周年。描述一年前跟周恩来总理和其他代表团成员赶赴莫斯科，吊唁斯大林的情况。回忆斯大林逝世前五十多天，与宋庆龄一起接受斯大林会见并长谈两个多小时的情景。

◎ 晚，在中央人民广播电台播讲《参加斯大林葬礼的回忆》。（5日《人民日报》）

8日 作诗《咏武昌东湖梅花盆栽》，盛赞盆景之神采，但更感慨，虽然"苦心为此者，技巧不寻常，但嫌盆中天地小，剪裁过甚神不扬。当为梅之子孙谋解放，栽遍东湖之四旁。""使千株万树齐开放，迎接大同世界之春光。"

收作家出版社1959年11月初版《潮汐集·潮集》，现收《郭沫若全集·文学编》第4卷。

11日 应邀参加丹麦驻中国公使格瑞杰生为庆祝丹麦国庆日举行的招待会。（3月12日《人民日报》）

12日 上午，主持中央人民政府政务院文化教育委员会第五次全体委员会议，讨论批准关于召开全国文教工作会议事项。（13日《人民日报》）

◎ 下午，参加全国文教工作会议开幕式，并致开幕词。指出："我们的文教工作，必须紧紧地跟随着国家经济建设的进展，根据需要和可能的条件，作恰当的部署，坚决地为实现毛主席所指示的过渡时期的总路线和总任务而斗争。"（14日《人民日报》）

◎ 致函杨树达。告知"大著《积微居小学述林》已由院印出"，"昨晚翻阅，得读《王葵园先生管子集解序》一文，谓为'未刻稿'"，问"此书俟后已刊行否？如尚未刊行，科学院可以考虑印出"。又问"《易牙非齐人考》中言雍巫即易牙，不知另有据否？"说"《管子·小称篇》有棠巫，亦称常之巫，与易牙为二人，雍巫恐系棠巫也"。附言："《管子集解》一书，无论已否刊行，亟愿一读，拜恳斡旋。"（杨逢彬整理《积微居友朋书札》，湖南教育出版社1986年版）

14日 与陈叔通、彭真等往北京站，欢迎金应基率领的朝鲜人民访华代表团及同行的艺术团，并致欢迎词。指出："中朝两国人民有着一千多里的共同疆界、二千多年来的深厚友谊。我们两个伟大民族是血肉相连、休戚相关的。""我们两国人民在反侵略战争中增强起来的这种团结互助的战斗友谊，将万古长存，并将得到永恒不断的发展。"（15日《人民

15日 晚，与董必武、陈叔通共同主持欢迎朝鲜人民访华代表团的宴会。(16日《人民日报》)

16日 晚，与刘少奇、周恩来，董必武等出席在怀仁堂举行的欢迎朝鲜人民访华代表团大会，并致欢迎词。谈道，这次朝鲜人民访华代表团将在我国作三个月的访问，"是继中朝两国签订经济及文化合作协定之后，中朝人民亲密友谊的又一表现"。会后，观看了朝鲜人民访华代表团艺术团举行的揭幕演出。(17日《人民日报》)

19日 下午，与陈叔通、李维汉等代表全国政协，与朝鲜人民访华代表团部分代表进行座谈。(20日《人民日报》)

◎ 晚，出席周恩来总理招待朝鲜人民访华代表团宴会。(20日《人民日报》)

23日 出席全国文教工作会议闭幕式，并作总结发言。在肯定会议成就的同时，着重指出这是前进的开端，要实现会议所规定的各项任务，完成计划，还要作很大的努力。要"继续贯彻'整顿巩固、重点发展、提高质量、稳步前进'的工作方针，在不断提高质量的前提下完成发展的任务，既反对盲目冒进，也反对消极保守"。要求全体文教工作干部努力增强整体思想和全局观点，集中主要力量保证文教工作中重点事业的发展，完成国家计划规定的任务，并在保证重点事业发展的同时，很好地兼顾其他文教工作。(25日《人民日报》)

◎ 下午，出席中华人民共和国宪法起草委员会举行第一次会议。

毛泽东主席代表中国共产党提出了中共中央所起草的中华人民共和国宪法草案初稿。会议在听了陈伯达关于宪法草案初稿的说明后，决定在两个月内完成对宪法草案初稿的讨论和修正，以便提请中央人民政府委员会作为草案批准公布。(24日《人民日报》)

25日 出席政务院文化教育委员会第六次全体委员会议。(26日《人民日报》)

26日 出席中国科学院宪法草案座谈会。与李四光、张稼夫、侯外庐为召集人。首先报告：宪法是和苏联一个模型，各级人民代表大会是最高立法机关，如苏联最高苏维埃，常委会如主席团，国务院如部长会议。这次草案，毛主席花了两个月功夫，亲自动手，陈伯达、胡乔木为助手起草，句斟字酌。文字力求通俗，如老百姓所不用的字"为""之"一概剔除。(《竺可桢全集》第13卷，上海科技教育出版社2007年12月版)

◎ 作《〈殷周青铜器铭文研究〉重印弁言》。说："我研究殷周金文，主要目的是在研究古代社会。为要达到这个目的，必须做好文字研究工作。"又声明："本书说解应当改正的地方不少，以无法进行彻底的修改，故只能在可能范围内加以删削。……其余则仅在附注中略加后案，以揭示其错误而已。"

收入民出版社1954年8月版《殷周青铜器铭文研究》，现收《郭沫若全集·考古编》第4卷。

27日　《人民的领袖万万岁》(贺绿汀曲)、《消灭细菌战》(吕骥曲)、《少年儿童队队歌》(马思聪曲)，三首歌曲获"三年来全国群众歌曲"二等奖。

本次评奖由中央人民政府文化部、中国文学艺术界联合会成立群众歌曲评选委员会负责进行。共评出一等奖9首，二等奖43首，三等奖62首。(27日《人民日报》)

本月　发表《中国科学工作者循着斯大林批示的道路前进!》于《科学通报》3月号，以纪念斯大林逝世一周年。说："斯大林同志全面地发展了马克思列宁主义的社会科学理论。他在社会科学的各个领域内(经济学、法律学、历史学、语言学……)都做出了划时代的杰出贡献。"号召中国科学工作者学习斯大林，"不仅仅要做一个'自己所喜爱的那门科学的专家'，'同时还应当成为是政治家和社会活动家，积极关怀本国命运，通晓社会发展规律，善于运用这些规律，并力求成为积极参加国家政治领导工作的人'"。号召广大科学工作者学习斯大林"全心全意、无限忠诚地为人民服务的精神"，学习他的学说，"从中吸取无穷无尽的思想力量"，学习他亲自培育的苏联的先进科学和技术。

◎ 复函苏联的苏普伦，对其关心我国文字改革，表示感谢。介绍了中国正在进行的文字改革的情况，指出，"我国的领袖和人民从来就是十分重视文字改革的"。但"在拼音文字研究完成以前，中国的文化生活中仍不得不使用汉字。为了减轻儿童和成年文盲学习汉字的负担，克服应用汉字中的混乱和困难，中国文字改革研究委员会同时在进行汉字的整理和简化工作，作为文字改革的第一个步骤。这样作虽然不足以根本解决文字问题，但是可以略为减少汉字的混乱现象以及在学习和使用上的困难，对于今天仍在学习汉字的小学生和文盲，是有一定好处的"。"您可以看到，您所盼望和建议的东西，正在逐步实现中。可是改换使用了三四千年的旧文字，给五万万人民创制新文字，这是一件历史上少有的大事情。因此，我们不能不慎重从事。诚如来信所说，一个旧文字逐渐废止，新文字逐步扩展应用范围的文字改革的过渡时期是必要的。我们目前的主要任务就是为这一过渡时期创造条件。"（中国科学院档案）

4月

2日 下午，在宪法小组讨论总纲时得知中国科学院考古研究所副所长、考古学家梁思永去世。散会后，与竺可桢、张稼夫等往人民医院吊唁。（《竺可桢全集》第13卷，上海科技教育出版社2007年12月版）

梁思永于本日下午在北京逝世。其从事考古事业二十多年，曾领导和参加河南安阳侯家庄西北岗、安阳后岗、济南龙山镇等墓葬和遗址的发掘工作及热河、黑龙江等处的考古调查工作，写有不少关于考古学的论文。

4日 晚，与刘少奇、邓小平等应邀出席匈牙利大使苏贝克为纪念匈牙利解放九周年举行的招待会。（5日《人民日报》）

5日 与李四光、陶孟和、竺可桢、吴有训、张奚若、范文澜等，前往北京嘉兴寺殡仪馆，吊祭梁思永。（6日《人民日报》，《文物参考资料》1954年第4期）

8日 出席中国科学院秘书处成立与筹设学部会议，并讲话，指出成立秘书处和筹设学部两项工作是科学院有步骤、有计划、有组织地加强领导学术研究工作的开始。

秘书处为科学院本部的学术领导的工作机构，秘书长钱三强，副秘书长武衡，学术秘书刘大年。筹设四学部：物理数学化学部，主任吴有训，副主任庄长恭、华罗庚。生物地学部，主任竺可桢，副主任许杰、陈凤桐。技术科学部，主任严济慈，副主任茅以升、武衡。社会科学部，主任郭沫若（兼），副主任张稼夫。（9日《人民日报》；《竺可桢全集》第13卷，上海科技教育出版社2007年12月版）

17日 致电苏联科学院涅斯米扬诺夫院长："承邀参加贵院历史学部

科学大会，致感！兹决定派遣我院历史研究所第一所副所长尹达、古脊椎动物室研究员裴文中偕同翻译徐滨于本月廿日离北京赴莫斯科参加会议。"（中国科学院档案）

18日 参加在中国科学院礼堂举行的梁思永纪念会。

出席纪念会的有中国科学院各研究所负责人、中华全国自然科学专门学会联合会、中央人民政府高等教育部、中国科学院考古研究所全体工作人员、北京大学历史系考古专业的教授和学生等。中国科学院副院长陶孟和致悼辞。历史学家尹达介绍了梁思永先生的生平、学术活动和成就。郑振铎、钱端升、裴文中、苏秉琦发言。（21日《人民日报》，《文物参考资料》1954年第4期）

19日 参加宪法讨论会，讨论第二章五、六两节。

自宪法讨论以来，除星期三告假外，每次均到。（《竺可桢全集》第13卷，上海科技教育出版社2007年12月版）

20日 与刘少奇、宋庆龄、李济深、董必武等前往机场为出席日内瓦会议的中国代表团送行。

日内瓦会议由中国、苏联、法国、美国及其他有关国家参与，中心议题是讨论和平解决朝鲜问题和恢复印度支那和平问题。中国代表团首席代表周恩来，代表有张闻天、王稼祥等。（21日《人民日报》）

◎ 下午，出席首都各界庆祝世界和平运动五周年大会，向大会报告了五年来世界和平运动的成就。（21日《人民日报》）

22日 出席中央人民政府政务院第二百一十四次政务会议，向大会作关于全国文教工作会议的报告，沈雁冰作关于全国第四次文化工作会议的报告，两个报告均经大会批准。（23日《人民日报》）

24日 参加中国科学院本年第十八次院务常务会议。（《中国科学院史事汇要》1954年）

26日 与吴玉章、沈钧儒等参加茶会，并在会上致辞，欢送中苏友好协会总会组织的代表团，该团将赴苏联参加"五一"节观礼并进行参观访问。（27日《人民日报》）

◎ 致函菊地三郎："博和兄来，交来大函乙件及资料一包，已妥收。"（据郭沫若纪念馆存手迹资料）

菊地三郎，日本三鹰市亚非文化学院院长。在该院建立了"沫若文库"，存有郭沫若1928年至1937年流亡日本期间的各种史料。

30日 在中南海勤政殿参加毛泽东主席对朝鲜访华代表团团长金应基等的接见。（5月1日《人民日报》；《毛泽东年谱1949—1976》第2卷，中央文献出版社2013年12月版）

本月 陈诚中从日本带回1927年至1937年流亡日本期间写就的中国古文字研究手稿，为此箱题字"沧海遗粟"。（现存郭沫若纪念馆）

◎《奴隶制时代》改由人民出版社出版。除"把引用文和整个文字上的错误与不正确处"改正外，较比1952年6月上海新文艺出版社版，篇目增加了"改版书后"。

5月

1日 与毛泽东、朱德、刘少奇等在天安门参加庆祝"五一"游行大会。（3日《人民日报》）

3日 主持"中国人民对外文化协会"成立大会并讲话。指出："各国人民迫切要求了解新中国，目前已有二十多个国家成立了对中国的友好协会或文化协会。我们相信，中国人民对外文化协会必能与这些组织和各国广大人民建立密切的联系，以广泛交流文化，增强各国人民的友谊。"会上，与田汉、老舍、梅兰芳等116人被推选为理事，楚图南任会长。（4日、5日《人民日报》）

4日至5日 在华沙举行的波兰科学院年会上，被选为院士。

同时入选的还有苏联科学院院长涅斯米扬诺夫、乌克兰科学院院长帕拉金、法国著名科学家约里奥·居里等。（13日《人民日报》）

5日 作《〈侈靡篇〉的研究》。发表于《历史研究》第3期。首先指出"《管子·侈靡篇》，在中国思想史上是一篇具有特色的相当重要的文字。但因错简很多，错字错句更不少，很难通读"。同时说明自己近年来"反反复复地读了很多遍，把错简整理了一番，把重要的错字错句也尽可能地加以校正，全篇文字在基本上勉强恢复了它的原状"的情况。在此基础上，进一步分析其内容，共分七个部分：一、本篇的制作时代。举出两项证据，证明《侈靡篇》"是写于西汉初年汉惠帝在位时吕后专政时代的东西，即是写作于公元前一九〇年（汉惠帝五年）左右"。二、本篇最大的特异性何在。《侈靡篇》基本上是一篇经济论文,"主张大量消费,大量生产;大量兴工,大量就业","主要的目的是想使下层的民众富庶,而使中层的士大夫之家(也就是地主)不能积累资金,以从事兼并,但对于商贾则不加以限制"。"侈靡的主张,很明显地是一种政策","上层要有法度,中层要尽量使它消耗,下层才能得到安稳"。三、本篇中的政法文教等主张。"《侈靡》的作者基本上采取了法家的主张,但在办法上有些区别","主张用教化的办法来实现富强的要求",对于"教"又呈现了他的另一项特殊性,"特别重视自觉性的启发",认为政与教有所不同,"政要强制,教要感化"。四、关于军事和国防上的见解。"主张寓兵于农,谨小慎微,交近防远,而切忌好大喜功,轻举妄动,侵略残杀"。五、作者的阶级立场与思想背境。《侈靡篇》的作者"应该是荀卿学派的一位后起之秀,他是站在代表商人阶级的立场,而把荀卿的思想发展了"。六、关于作者的进一步的推测。认为《侈靡篇》作者的理论要比韩非、李斯晚一辈,"可能就是李斯的门人或门下客"。七、指出侈靡说的"根本大漏洞",是"空想着借商人的势力来削弱地主,在先天条件的制约下之,结果是不能不使富商大贾兼大地主,或者大地主兼富商大贾而已"。"商人投降了,侈靡说自然也就石化了。"

初收人民出版社1961年1月版《文史论集》,后收《沫若文集》第17卷,现收《郭沫若全集·历史编》第3卷。

◎ 接读张元济来信及所赠诗稿《癸巳岁暮再告存》,"集成四语"回赠:"计划定三五,先生百岁人。夕阳无限好,一半胜全身。"

张元济《癸巳岁暮再告存》云:"微躯撑柱又三年,弹指光阴境屡迁。为报亲朋勤问讯,夕阳江好尚依然。预期计划盈三五,社会主义万般新。愿留老眼觇新国,其倘能为百岁人。"(手迹见于1982年11月17日《文汇报》)

8日 晚,出席德意志民主共和国大使柯尼希为庆祝德国解放日举行的电影招待会。(9日《人民日报》)

12日 下午,在中山公园音乐堂出席首都各界六千余人参加的大会,支持中国外长周恩来、苏联外长莫洛托夫、朝鲜民主主义人民共和国外务相南日、越南民主共和国副总理兼代理外长范文同在日内瓦会议上的立场和主张。并以中国人民保卫世界和平委员会主席的身份在会上作报告。指出:"在这次日内瓦会议上,以周恩来外长为首的中华人民共和国代表团,和苏联、美国、英国、法国及其他有关国家的代表们坐在一起,来审查和解决最迫切的亚洲问题,这还是第一次。这个事实意味着,所有重大的亚洲问题和国际问题的解决,必须有中华人民共和国的代表参加。中华人民共和国代表团理解到自己的重大使命,并抱着诚意和协商精神参加日内瓦会议,以促使会议得到成功。中国人民对于我国代表团所作的一切努力,对于周恩来外长的历次发言,都表示完全的支持和拥护。"(5月13日《人民日报》)

◎ 为文化部主办的"全国基本建设工程中出土文物展览会"题词:

"通过古代文物的发掘、整理和研究,可以体会到前代劳动人民的创造精神和中国历史发展的一定规律,因而使人们能得到鼓舞而推陈出新,使爱国主义的教育能具体深入。

"在国家进行大规模建设时期,古物出土机会多,而具有古物学知识的人很少。前人所留下的宝贵的物质文化遗产是迫切需要加以保护的,适当地培养出大批田野考古的工作干部并将必要的技术方法尽可能普及,因而也就有迫切的需要。

"但田野考古工作和历史研究工作不能分离。从事田野考古者尤必须掌握辩证唯物主义与历史唯物主义,才能从破残的古物中体会出完整的历史生命。

"不宜为爱护古物而成为古物崇拜。这种退撄保守的倾向,在社会主义建设的前进军号中,对古物学本身的发展,也是不利的。"(载《文物参考资料》1954年第9期)

收《郭沫若全集·考古编》第10卷。

◎ 在历史博物馆参观"全国基本建设中出土文物展览"时,与叶恭绰均认为湖南长沙仰天湖战国楚墓出土的竹简,是重要的发现,并发生了深厚的兴趣。由于隔着陈列柜玻璃,对竹简文字看不清楚,请史树青摹写下来,希望有所考释。(史树青《"今日回思志倍坚"——忆郭老》,《中国历史博物馆馆刊》1979年第1期)

14日 上午,出席中国人民保卫世界和平委员会第十八次常务委员会议。(5月15日《人民日报》)

15日 晨,率中国代表团乘飞机赴莫斯科转往柏林,拟参加五月底在柏林举行的世界和平理事会特别会议。

团员有茅盾、马寅初、章伯钧、蔡廷锴、廖承志、萧三、刘贯一、陆璀、金仲华、李一氓等。（16日《人民日报》）

21日　下午，与中国代表团全体成员到达柏林。（23日《人民日报》）

24日　出席世界和平理事会柏林特别会议开幕式，任大会主席，致开幕词。报告了五年来保卫和平运动做出的重要贡献："我们所要求的对于和平有重大责任的五大国用协商方式解决国际争端以缓和国际紧张局势已经在逐步实现了。我们所呼吁的朝鲜停战已经在去年七月实现了。我们所呼吁的恢复印度支那和平已经成为日内瓦会议的主要议程，目前正在日内瓦会议上由有关国家的政府代表进行讨论。"最后以一首诗结束开幕词："五月的太阳在高唱着光明的颂歌，万花万木都在欣欣向荣。/我们有着共同的行动、共同的语言、共同的心。/那就是为了和平！为了和平！为了和平！/希望我们的会议的成就，能够获得象这美满的五月一样的美满的光荣。"会议通过关于禁止原子与热核子武器问题以及国际安全问题两项议程。（26日《人民日报》）

26日　在世界和平理事会柏林特别会议上做题为《为巩固亚洲和平与安全，进一步缓和国际紧张局势而努力！》的发言，全文载28日《人民日报》《光明日报》。发言分析了国际形势，着重谈到了亚洲安全问题和中国在世界和平发展中发挥的重要作用。表达了中国人民的和平愿望。

28日　上午世界和平理事会休会后，与参加会议的所有亚洲国家代表举行会议，通过一项联合声明，要求参加日内瓦会议的国家政府接受全世界人民，特别是亚洲人民的要求，"在所讨论的问题上达成协议，以使协商得到结果"，并在声明上签了字。（30日《人民日报》）

31日　参加世界和平理事会柏林特别会议期间，在柏林旧总统府废墟前留影并写短诗："希特拉死亡处的一个碉堡，/已经长出了一株小树把它覆罩。/这是和平战胜了武力的象征，/我感觉着这是一首诗料。"（手迹载肖玫编图片集《郭沫若》，文物出版社1992年11月版）

本月　作七绝一首，题何香凝1933年书赠郁曼陀《春兰秋菊图》。云："难弟难兄同殉国，春兰秋菊见精神。能埋无地天不死，终古馨香一片真。"附有短跋："曼陀先生达夫之长兄，视余犹弟，余亦兄视之，对此画如对故人。"（郁风《三叔达夫》，载《新文学史料》1979年11月第5辑，诗

画手迹载《何香凝诗画集》，人民美术出版社1963年版）

◎ 致函×××，对早期作品《夕暮》做了解释："《夕暮》是一九二二年的四月，在日本博多的寓居里写的。/那的确是一种小品文。那时是在大革命前夜，自己拖着一家人在国外，生活毫无着落，非常不安。在那样的情况下边，生活上稍微有些愉快的激动，就觉得是拾到金子的一样。/所谓'饥者易为食，渴者易为饮'也。但那只是一种幻想的安全而已，我自己并未潜在那里面，事实便是证明。不久我就回到上海，参加了'五卅'运动。第二年就参加了北伐。"（《郭沫若书信集》下卷，中国社会科学出版社1992年版）

6月

3日 在莫斯科参加尼娜·波波娃接受斯大林国际和平奖金的授奖典礼。

波波娃时任苏联妇女反法西斯委员会主席和国际民主妇女联合会副主席。（5日《人民日报》）

5日 中国科学院召开本年第二十二次院务常务会议。

会议决定以郭沫若院长名义致函有关专家，商请推荐学部委员人选。（《中国科学院史事汇要》1954年）

6日 因6月20日前后将在斯德哥尔摩参加会议，"不便回国"，因此，接受苏联和平大会招待，往格鲁吉亚旅行。在格鲁吉亚首都第比利住了三天。（《游里加湖》，《新观察》1956年第18期）

9日 到达黑海边避暑地加格拉。（《游里加湖》，《新观察》1956年第18期）

12日 游览里加湖。即兴成诗五绝十首，录入散文《游里加湖》，刊载于《新观察》1956年第18期。其一："四海皆兄弟，里加即是家。瞿塘来陆上，忘却在天涯。"其二："群峭削如壁，蓝池百米深。泉喷出地穴，满目尽山林。"其六："骤雨落平湖，玉盘跃万珠。笙簧出天籁，凉意透肌肤。"其七："雪过地天净，平湖白练横。牧羊人啸傲，羊额何峥嵘。"

收作家出版社1959年11月初版《潮汐集》，总题《游里加湖》；现收《郭沫若全集·文学编》第4卷。

《游里加湖》中详细记载了全天行程："车行26公里许，即到达里加湖畔。湖尚在群山之中，盖是死火山之遗蜕。""初抵湖畔时遇雨，雨骤然而来，势如下雹，但不移时又骤然而霁。霁后，被招待至湖滨旅舍。遇罗马尼亚国会副主席沙特维扬驽夫妇，在此避暑。他问我是否还要到斯德哥尔摩去，我肯定地回答了。在旅舍中，开窗面湖，风景新奇，瞬刻千变万化。""傍晚在湖边林际散步，山气肃穆，沁人心脾。时闻鸟声，清脆、不知名。谈到黑海的风光，谈到诗的体裁。我的意见是既爱新诗，也爱旧诗；既爱黑海，也爱里加湖畔的群山。事到好处，各有千秋；事不到好处，冤家对头。"(《游里加湖》，《新观察》1956年第18期)

13日 继续游里加湖。又成五绝十首，录入散文《游里加湖》，刊载于《新观察》1956年第18期。其六云："爱山还爱海？山海皆爱之。山体森严律，海是自由诗。"其八："我爱龙须柏，挺立如椽笔。把天当作纸，势欲写长檄。"

收作家出版社1959年11月初版《潮汐集》，总题《游里加湖》；现收《郭沫若全集·文学编》第4卷。

◎ 归途中又成诗二首，"含一问一答之意"。录入散文《游里加湖》，刊载于《新观察》1956年第18期。其一："上山何太迟，下山何太促？突破万重山，顿见溪流浊。"其二："奔流下山来，沿涧浪花开。莫怪情何急，众涂赖安排。"

收作家出版社1959年11月初版《潮汐集》，总题《游里加湖》；现收《郭沫若全集·文学编》第4卷。

14日 在黑海东岸加格拉结识了4岁的格鲁吉亚小姑娘玛娜娜，收下这位小姑娘送给中国客人象征友谊的礼物——一束红蔷薇和一只小海螺并与之留影。同时，作长诗一首，题为《玛娜娜》，发表于《人民文学》1955年第1期。感叹："白色的木莲花树树吐着浓香，红色的蔷薇花处处透着鲜艳，小妞妞玛娜娜的天真，愈来愈打动了我的心弦。""人民的友谊是象海一样深，时代的精神是比电还要强。我领略着新社会的纯真的感情，我把蔷薇花插上了我的衣襟。"

诗后收《沫若文集》第2卷，现收《郭沫若全集·文学编》第4卷。

15日 由格鲁吉亚飞抵莫斯科，拟率中国出席缓和局势国际会议代表团前往斯德哥尔摩。(《游里加湖》，《新观察》1956年第18期)

◎ 在莫斯科致函王廷芳。告知《历史研究》第 2 期收到，"和大的同志们先回京"，"将一部分东西托他们带回。有手风琴，画图仪器等。颜色铅笔，到瑞典去再买"。所"要的手表"，到瑞典后再为购买。(《郭沫若书信集》下，中国社会科学出版社 1992 年版)

19 日 往斯德哥尔摩公民大厦，出席缓和局势国际会议开幕式。与廖承志一道被选为常务委员。会议至 23 日结束。

会议通过《总决议》《告日内瓦会议书》等文件，并选出缓和局势国际会议常务委员会。常委会受命筹备下年初召开另一次更为广泛的国际会议。(21、26、29 日《人民日报》)

30 日 日文本《现代中国文学全集第二卷·郭沫若篇》（松枝茂夫、小野田耕三郎、须田祯一合译），由日本河出书房出版，包括《少年时代》《创造十年》《续创造十年》《屈原》。

本月 接容庚来信，希望能将所著《金文编》增订三版。

经推介，被考古研究所列为"考古学专刊乙种第 9 号"，由科学出版社于 1959 年 5 月出版。(《郭沫若书简（致容庚）》，广东人民出版社 1980 年版)

◎《金文丛考》修订本由人民出版社出版。系将原《金文丛考》《金文余释之余》《古代铭刻汇考》和《古代铭刻汇考续编》中的金文部分汇集起来，加以删改、补充而成。现收《郭沫若全集·考古编》第 5 卷、第 6 卷。

夏

致函翦伯赞。问"《历史研究》第二期，对于一位比较年青的研究者对大理的研究也加过《编者按语》，你记得作者和题名否？"(《北京大学学报》1978 年第 3 期；《郭沫若书信集》上，中国社会科学出版社 1992 年版)

《历史研究》所发表文章，作者为中央民族学院教师刘尧汉，题名为《南诏统治者蒙氏家族属于彝族之新证》。——编者注

7 月

2 日 率出席世界和平理事会柏林特别会议和斯德哥尔摩缓和局势国际会议的中国代表团回到北京。(3 日《人民日报》)

5日 出席全国政协第五十六次扩大会议。(6日《人民日报》)

6日 下午,与朱德、刘少奇、宋庆龄、董必武等前往北京机场欢迎出席日内瓦会议归来的中华人民共和国代表团首席代表周恩来总理。(7日《人民日报》)

8日 下午,出席全国政协第五十七次扩大会议。在听取周恩来关于出席日内瓦会议以及访问印度、缅甸和举行中越会谈等项问题的报告后,做了发言,赞扬周总理此行取得的成就。(9日《人民日报》)

9日 上午,与林伯渠、董必武、陈云等前往机场,欢送周恩来总理重赴日内瓦,为争取恢复印度支那和平的实现而继续努力。(10日《人民日报》)

11日 晚,与朱德、邓小平等应蒙古大使奥其尔巴特之邀,出席为庆祝蒙古人民革命胜利33周年而举行的招待会。(12日《人民日报》)

13日 与邓小平等前往机场,欢送以贺龙为团长的中国代表团去莫斯科参加1954年苏联体育节。(14日《人民日报》)

◎ 下午,出席首都各界拥护缓和局势国际会议决议大会,并向大会做了关于世界和平理事会柏林特别会议和斯德哥尔摩缓和局势国际会议的传达报告,介绍了两个会议的经过和成就,并就中国代表团对会议所作的工作和贡献作了详尽的介绍。(14日《人民日报》)

14日 致函尹达。告知将于16日"伴立群赴青岛休养","拟请任林圃同志去,在一个月中可将《管子校释》的工作告一段落,以免我回京后再搞",特此"征求您的同意"。(《郭沫若书信集》下,中国社会科学出版社1992年版)

25日 在《人民日报》发表谈话,祝贺印度支那问题达成协议。指出:"继续了八年之久的印度支那战争从此会停止下来,印度支那三国人民争取民族独立的斗争得到胜利,各该国的民主统一也将在一定期限内按照一定的原则实现,这不仅可以满足印度支那三国人民和法国人民的和平愿望,也完全符合于亚洲与世界各国爱好和平人民的共同要求。"(25日《人民日报》)

27日 为纪念朝鲜停战协定签订一周年,作《巩固朝鲜和平、争取朝鲜问题的和平解决》发表于《人民日报》。

下旬 在青岛度假,因张公制介绍,得以借阅崂山华严寺藏明抄本

《册府元龟》，发现"书中所引《管子》，文字与现存《管子》书宋、明刻本时有不同，而较为优胜"，"能局部存真"。(《〈管子集校〉校毕书后》)

本月 在山东曲阜考察时，参观该县陈家庄农业合作社后题诗："杨柳果树排成行，黑格隆冬二里长，往年一片荒沙滩，如今变成万柳庄。"(汪林《郭沫若的一首佚诗》，《郭沫若学刊》1989年第4期)

8 月

1日 与茅盾、周扬、齐白石等33名文艺工作者致电在狱中度过50岁生日的美国共产党全国委员会总书记丹尼斯。电文发往美国乔治亚州亚特兰大城联邦监狱。在祝贺生日的同时，对丹尼斯为民主和平事业做出的贡献和在狱中表现的勇气表示敬意。同时致电美国总统艾森豪威尔，抗议美国政府迫害丹尼斯和其他政治犯。(8日《人民日报》)

◎ 下午，与朱德、邓小平等往机场，欢迎周恩来总理出席日内瓦会议，继而访问德国、波兰、苏联、蒙古后归来。(2日《人民日报》)

2日 下午，与周恩来、董必武、邓小平等往机场，迎接越南副总理范文同。

◎ 下午，参加朱德、刘少奇等会见范文同。

◎ 晚，出席周恩来总理招待范文同的宴会和欢迎晚会。(3日《人民日报》)

3日 下午，接见日本和平代表团和日本国会议员代表团，答复了日本两代表团所提出的一些问题，重申中国一向遵循和平的外交政策。谈到中日贸易时说："中日贸易是有广阔的发展前途的。令人遗憾的是：两年来中日贸易协议的实际执行情况不能令人满意，中日两国人民间的往来也还只是片面的。我们希望这种情况今后能有所改善。"此外，还答复了关于宽赦一批犯有各种罪行的前日本军人回国、继续协助在中国的个别愿意归国的日侨回国等问题。(4日《人民日报》)

◎ 晚，与朱德、刘少奇、周恩来等出席越南大使馆为范文同来访举行的招待会。(4日《人民日报》)

4日 晚，与周恩来、董必武、邓小平等往车站为范文同送行。(5日《人民日报》)

7日 与李四光、张稼夫、陶孟和、竺可桢等46名科学工作者致电祝贺在狱中的丹尼斯五十寿辰，并致电美国总统艾森豪威尔抗议美政府迫害丹尼斯和其他民主人士。(9日《人民日报》)

8日 在四川省第一届人民代表大会上，与朱德、吴玉章等87人当选为全国人民代表大会代表。(9日《人民日报》)

11日 出席中央人民政府委员会第三十三次会议。在听了周总理所作的外交报告后，发言表示拥护。(14日《人民日报》)

13日 上午，在世界民主青年联盟理事会北京会议上，执行主席宣读了郭沫若的贺词。写道："青年是保卫世界和平的主力军，是促进人类文化的原动力。望你们团结全世界的青年力量，为缓和国际紧张局势，提高人类幸福水平而奋斗。"(14日《人民日报》)

14日 往机场，迎接克·艾德礼率领的英国工党访华代表团。

◎ 与周恩来、李济深等出席中国人民外交学会会长张奚若举行的酒会，招待英国工党代表团。(15日《人民日报》)

15日 晚，与周恩来、邓小平等出席朝鲜大使馆举行的招待会，庆祝朝鲜解放九周年。(16日《人民日报》)

16日 中午，出席周恩来举行的宴会，招待参加世界民主青年联盟理事会北京会议的各国代表。(17日《人民日报》)

◎ 晚，出席周恩来在怀仁堂举行的宴会，招待英国工党代表团。(17日《人民日报》)

17日 与周恩来、习仲勋等出席印度尼西亚大使莫诺努图举行的招待会，庆祝印度尼西亚独立九周年纪念日。会后，观看了印度尼西亚艺术团演出的歌舞。(18日《人民日报》)

18日 下午，与陈叔通主持全国政协举行的欢迎英国工党代表团的欢迎会和宴会，并在欢迎会上致辞。(19日《人民日报》)

◎ 出席作家协会召开的全国文学翻译工作会议。会议至25日结束。期间发表讲话，题为《谈文学翻译工作》。讲话摘要载29日《人民日报》。谈道："翻译工作是一项艰苦的工作，我不但尊重翻译，也深知翻译工作的甘苦。凡是从事翻译的人，大概都能体会到这一层。翻译是一种创作性的工作，好的翻译等于创作，甚至还可能超过创作。这不是一件平庸的工作，有时候翻译比创作还要困难。创作要有生活体验，翻译却要体验别人所体验的生活。翻译工作者要精通本国的语文，而且要有很好的外文基础，所以它并不比创作容易。严复对翻译工作有很多的贡献，他曾经主张翻译要具备信、达、雅三个条件。我认为他这种主张是很重要的，也是很完备的。翻译文学作品尤其需要注重第三个条件，因为译文同样应该是一件艺术品。"强调翻译工作者"在下笔以前，对于一部作品的时代、环境、生活，都要有深刻的了解。翻译工作者没有深刻的生活体验，对原作的时代背景没有深入的了解，要想译好一部作品很不容易"。结合自己翻译的经历谈道："我译过一部'浮士德'，这是歌德的代表作，是他积六十年的生活经验写成的一部伟大诗篇。这部作品有上下两部，我二十几岁开始翻译，中间差不多经过了三十年，到一九四六年才把它完成。第一部是歌德少年时期的作品，我在翻译的时候感到很轻松，原因是作品的内容很象我国的'五四'时代，摧毁旧的，建立新的，少年歌德的情感和我那时候的情感很合拍，思想也比较接近，因此译的时候很顺利，并不感到吃力。第二部是歌德晚年写的，他的思想感情我在那时候很难体会，觉得简直啃不动它，于是便把它抛在一边，不但不想翻译它，甚至想否定它是一部世界名著了。这样经过了将近三十年的时间，我自己也积累了一些生活经验，参加了大革命，又经过了抗日战争，看到了蒋介石的反动统治的黑暗，一九四六年到了上海，又在国民党匪帮的白色恐怖下经历了一段惊涛骇浪的生活，这时再回头来看'浮士德'的第二部，感情上就比较接近了，翻译起来也非常痛快。"

全文初收北京出版社1959年1月初版《雄鸡集》，后收《沫若文集》第17卷，现收《郭沫若全集·文学编》第17卷。

20日 上午，接见以智利参议院副议长、人民战线主席萨尔瓦多·阿伦德为团长的智利访华代表团。中国人民对外文化协会会长楚图南等陪同接见。(21日《人民日报》)

◎ 出席全国政协常委会第五十八次会议，听取周恩来就目前国际局势、外交政策和解放台湾等问题所做报告。在会上作了发言。

会议通过《中华人民共和国各民主党派各人民团体为解放台湾联合宣言》。(23日《人民日报》)

21日 以文联主席名义发表谈话，拥护周总理兼外长的外交报告。载当日《人民日报》。

22日 发表《解放台湾是中国人民的神圣任务》于《人民日报》。指出要解放台湾，首先，"要加强内部团结"。其次，"政法、财经、文教各方面的建设工作都必须同样地集中力量来进行"。最后，"必须加强与国际友人的联系"。

◎ 晚，与刘少奇、周恩来等出席文化部举办的庆贺罗马尼亚解放十周年大会。(23日《人民日报》)

24日 下午，在中南海勤政殿与刘少奇、周恩来、陈云、邓小平、李济深、章伯钧等陪同毛泽东主席，接见英国工党代表团一行。(25日《人民日报》；《毛泽东年谱1949—1976》第2卷，中央文献出版社2013年12月版)

◎ 与周恩来、习仲勋等出席英国驻华代办杜维廉举行的宴会，招待来访的英国工党代表团。(25日《人民日报》)

25日 晚，与周恩来、邓小平、李济深等出席北京市彭真市长举行的酒会，欢送英国工党代表团去上海访问。(26日《人民日报》)

◎ 为中国文学艺术工作者第二次代表大会所作开幕词，收入日文译本中国文学艺术工作者第二次代表大会报告集，由日本东京骏台社出版。

该书还选译周扬、茅盾、柯仲平、何其芳、萧三、曹禺、丁玲、张天翼等13人大会发言。书后附有《人民日报》社论、中国文学艺术界联合会章程、中国作家协会章程。

26日 上午，到机场欢送英国工党代表团。(27日《人民日报》)

◎ 晚，与刘少奇、周恩来、李济深、邓小平等观看印度尼西亚艺术团的演出。之后，与邓小平等出席周恩来总理在怀仁堂举行的酒会，招待印度尼西亚艺术团。(27日《人民日报》)

29日 下午，与李济深、邓小平等观看苏联田径队与我国全国学生田径混合队和北京田径联合队举行的友谊比赛。(31日《人民日报》)

31日 在中山公园作有关台湾问题的报告，文教界五六百人参加。(《夏鼐日记》，华东师范大学出版社2011年8月版)

本月 《殷周青铜器铭文研究》重印本，由人民出版社出版。此书原为手写横行，重印本因有删削，改为竖行排印。又因《公伐□钟之鉴别与其时代》一文考证的钟铭系伪刻，将其删削，改题为《杂说林钟、句鑃、钲、铎》。新增附录《关于戟之演变》《新郑古器中"莲鹤方壶"的平反》二篇。

收《郭沫若全集·考古编》第 4 卷。

9 月

2 日 晚，与朱德、周恩来等出席越南大使黄文欢举行的庆祝越南民主共和国成立九周年招待会。(3 日《人民日报》)

3 日 下午，出席中央选举委员会第五次会议。

会议由中央选举委员会主席刘少奇主持。批准邓小平关于第一届全国人大代表选举工作完成的报告，并通过公布全国人民代表大会代表名单的公告。(4 日《人民日报》)

4 日 上午，在西四大院胡同寓所招待罗马尼亚科学院主席团尼古拉院士，竺可桢、钱三强、洪深等陪同。(《竺可桢全集》第 13 卷，上海科技教育出版社 2007 年 12 月版)

◎ 下午，与朱德、周恩来和各界人士八百余人前往机场，欢迎来京出席全国人民代表大会的西藏地区代表达赖喇嘛、班禅额尔德尼。(5 日《人民日报》)

5 日 下午，与周恩来、林伯渠、邓小平等出席朱德副主席在中南海紫光阁举行的宴会，欢迎达赖喇嘛和班禅额尔德尼。(6 日《人民日报》)

8 日 晚，陪同周恩来总理，接见应邀来访的保加利亚人民军迪亚科夫中将、利托夫上校，保加利亚人民军歌舞团团长普罗科彼耶夫上校等。出席首都各界庆祝保加利亚解放十周年集会。会后，观看了中、保两国演员演出的歌舞。(9 日《人民日报》)

9 日 下午，出席中央人民政府委员会第三十四次会议。

会议讨论并通过经过修正的《中华人民共和国宪法草案》，将提交第一届全国人民代表大会第一次会议审核。(10 日《人民日报》)

◎ 晚，出席保加利亚驻华大使迪米特尔·迪莫夫举行的招待会，庆祝保加利亚国庆节十周年。(10 日《人民日报》)

11 日 下午，与刘少奇、宋庆龄、李济深等陪同毛泽东主席，在中南海勤政殿接见达赖喇嘛和班禅额尔德尼。(12 日《人民日报》)

12 日 下午，在什刹海北京市人民游泳场，参加欢迎苏联游泳队大会，观看苏联游泳队和我国游泳运动员举行的友谊比赛。(14 日《人民

日报》）

14日 上午，与全国政协副主席李济深、陈叔通等接受达赖喇嘛和班禅额尔德尼来访，并接受献哈达。中午，出席中国人民政治协商会议全国委员会为欢迎达赖喇嘛、班禅额尔德尼和西藏高级僧俗官员举行的宴会。(15日《人民日报》）

◎ 抱孩子下台阶时踏错一级，扭伤左脚，入夜肿痛。（《竺可桢全集》第13卷，上海科技教育出版社2007年12月版）

15日 上午，往医院看脚伤。（《竺可桢全集》第13卷，上海科技教育出版社2007年12月版）

◎ 下午，出席全国人民代表大会第一次会议开幕式，被选为主席团成员。因脚伤扶杖到会。（16日《人民日报》；《竺可桢全集》第13卷，上海科技教育出版社2007年12月版）

16日 发表《在年青祖国的创造气氛中》于《中国青年》第18期，庆贺全国人民代表大会的召开，强调会议最重要的事情之一，"就是通过我国有史以来的第一部人民自己的宪法"。文中充分肯定青年的作用，"青年是成长的力量，青年是创造的力量，青年是战斗的力量"。"我们需要更多的科学家、技术家、教育家、文学艺术家、社会活动家。一切有为的事业在迫切地等待着青年。"号召大家都做"奋发有为的青年"。

21日 在寓所接待前来探望的竺可桢、吴有训。（《竺可桢全集》第13卷，上海科技教育出版社2007年12月版）

23日 下午，参加全国人民代表大会第一次会议，在周恩来总理作政府工作报告后，就文化教育工作的情况，作了补充说明。（发言全文载24日《人民日报》）

26日 作《〈管子集校〉叙录》。辑入《管子集校》（科学出版社1956年版）。分十个部分叙述整理、校补许维遹、闻一多《管子校释》的情况。第一部分，首先指出《管子》"古写本已不可复见"，而且"简篇错乱，文字夺误，不易读懂"。第二部分，考察《管子》宋刻本，认为今所能见者"以宋杨忱本为最古"，"然影刻、影印均不免时有讹误"，其他宋刻本"不知去向"。第三部分，考察刘绩《补注》本。以刘绩此名，"于史可考者共四人"，认定"补注《管子》者当即辽人刘绩"。第四部分，考察北京图书馆藏刘绩《补注》本、朱东光《中都四子》本、无注古本，认为"此刘本、无注古内、朱本为一系统，所出母本与杨忱本不同"。第五部分，考察赵用贤《管韩合刻》本《管子》部分，认为"杨、赵及其他明刻，又另为一系统"。同时指出："大抵勘校《管子》，在目前当以上述五本为不可或缺之底本，即宋杨忱本、刘绩《补注》本、朱东光《中都四子》本、十行无注古本及赵用贤《管韩合刻》本是也。"第六部分，考察自宋以来尤其清代研究《管子》的情况，"清人偏重校释"，"阐发特多"，认为"戴望著《管子校正》，曾将诸家业绩荟萃于一书，颇便读者"。第七部分，考察日本研究《管子》的情况，主要有豬饲彦博《管子补正》、安井衡《管子纂诂》。第八部分，追述集校缘起与稿本情况："《管子集校》为已故许维遹教授所着手纂集，原名《管子校释》。许氏以戴望《管子校正》为基础，而加以扩充"，"稿本三分之一业经闻一多教授参校，即自《牧民》至《幼官图》最初九篇及自《匡乘马》至《轻重己》最后十六篇"，"稿本系用中国普通土纸，保存状态不甚良好，有三四册颇为糜烂，甚至有一二叶糜烂至仅残存少许文字者"。第九部分，指出原稿本在参考版本和诸家著述方面的局限以及"体例不甚严密，征引旧说漫无时代先后"，"未经严密核对"等缺陷。叙述整理步骤，"第一步系就原稿糜烂处加以整补，其征引旧说未录全文者加以补录，尽可能翻阅群书，核对原文，纠正错误，其标点符号之参差错乱亦为之统一更正，并重经誊录。第二阶段，"誊录后之原稿，曾请许、闻二氏旧友冯友兰、余冠英、范宁、马汉麟诸氏分别校阅其一小部分，余复从而总校"。"为使此项工作能以完备，余曾广泛收集各种版本，并四处调阅各种稿本"，"第二阶段之整理乃费时更久"，"整理后之稿本增至一百三十万字以上，比许、闻原稿已增加三倍"。第十部分，主要谈此项工作的学术意义："《管子》书乃战国、秦、汉时代文字之总汇，其中多有关于哲学史、经济学说史之资料。道家者言、儒家者言、法家者言、名家者言、阴阳家者言、农家者言、轻重家者言，杂盛于一篮，而文字复舛讹歧出，如不加以整理，则此大批资料听其作为化石而埋没，殊为可惜。"最后说明"汇集校释，非为一般读者，乃以便于从事研究工作者之獭祭，则不附刊原文，不随文施注，当亦无碍于事"。"研究工作有如登山探险，披荆斩棘者纵尽全功，拾级登临者仍须自步。不入虎穴，焉得虎子？不知勤劳，焉能享受？"

初收人民出版社1961年1月版《文史论集》，后收《沫若文集》第17卷，现收《郭沫若全集·历史编》第5卷。

27日 在全国人民代表大会第一次会议上当选为副委员长。

毛泽东当选为中华人民共和国主席，朱德为副主席，刘少奇为全国人民代表大会常务委员会委员长。周恩来为国务院总理。(28日《人民日报》)

28日 出席第一届全国人民代表大会第一次会议闭幕式，与毛泽东、刘少奇、周恩来、宋庆龄等8人任执行主席。

会议决定了国务院组成人员和国防委员会人选，通过民族、法案、预算三个委员会人选。(29日《人民日报》)

29日 与刘少奇、周恩来等到机场欢迎前来参加国庆典礼的苏联政府代表团。

苏联代表团成员包括团长：苏联共产党中央委员会第一书记、苏联最高苏维埃主席团委员尼·谢·赫鲁晓夫。团员：苏联部长会议第一副主席尼·亚·布尔加宁，苏联部长会议副主席阿·伊·米高扬，苏联文化部部长格·费·亚历山德罗夫，"真理报"总编辑德·特·谢皮洛夫，苏联共产党莫斯科市委员会书记叶·阿·福尔采娃等。(30日《人民日报》)

30日 晚，与毛泽东、朱德、刘少奇、周恩来和全国人大其他副委员长、国务院副总理等一起参加在中南海怀仁堂隆重举行的中华人民共和国成立五周年庆祝大会。(10月1日《人民日报》)

◎ 作《〈浮士德〉重印小引》，说明趁改版重印的机会，"把译文全部琢磨了一遍。有些地方核对过原文，改正了错误"，指出："浮士德博士是不知满足的个性发展要求的形象化。等到他感到有自满的情绪便瞎了眼睛，不久就成为了恶魔的俘虏。这是具有教育意义的"。收人民文学出版社1955年8月版《浮士德》。

◎ 致函刘大年。对刘大年起草的致陈寅恪函的回复："文稿略有润色，已书就，望交杜守素同志转。"(《刘大年来往书信选（上）》，中央文献出版社2006年版)

◎ 书就致陈寅恪函。谓："学友杜守素先生来京，获悉先生尊体健康，并已蒙慨允担任中国科学院社会科学部委员，曷胜欣幸！学部乃科学院指导全国科学研究工作与学术活动之机构，不致影响研究工作，目前正积极筹备，详情将由守素兄返粤时面达。尊著二稿已在《历史研究》上先后发表，想已达览。《历史研究》编辑工作缺点颇多，质量亦未能尽满人意，尚祈随时指教，以期有所改进。尊处于学术研究工作中，有何需要，亦望随时赐示，本院定当设法置备。"（据《刘大年来往书信选（上）》，中央文献出版社2006年版）

本月 《中国古代社会研究》改由人民出版社出版。新收入"一九五四年新版引言"。

◎ 在北京图书馆做学术报告，讲屈原。（见《郭沫若学刊》2006年第3期）

秋

◎ 题"佛子岭宾馆"（《郭沫若学刊》2005年第1期）

10月

1日 在天安门，与毛泽东、朱德等党和政府领导检阅为庆祝中华人民共和国成立五周年举行的阅兵式和游行队伍。（2日《人民日报》）

◎ 为历史博物馆出版的《楚文物展览图录》题写书名。

3日 上午，代表中国的文学、艺术和科学界，接受由英国文化界六百多位知名人士签名的致意信，并发表讲话。指出，在过去好几个世纪中，"中国人民一向很重视英国人民的优秀文化，而且不断地在进行学习。牛顿、达尔文、莎士比亚和狄更斯等文化名人对于我们是非常熟悉的。他们的学说和作品不但是英国人民宝贵的精神财富，也是中国和世界人民宝贵的精神财富。英国学者的一些有名著作，过去有不少经过中国学者的辛勤努力介绍给了中国人民。在解放以后，这一工作已经在更广泛的规模上开始有计划的进行了。这充分显示着，在我们这个新的人民的国家里，世界文化的结晶，正如我们自己的民族文化一样，将愈来愈受到广大群众的欣赏"。（4日《人民日报》）

4日 下午，以中国科学院院长名义举行茶会，欢迎前来参加国庆观礼的苏联文化代表团，并致辞。对苏联给予的帮助表示感谢。副院长陈伯达、李四光等六十余人出席茶会。（5日《人民日报》）

5日 在寓所接待日本学术文化访华代表团的安倍能成（日本学习院

大学校长)、阿部知二、仓石武四郎。晚,在保卫世界和平大会会址设宴招待安倍能成一行。(6日《人民日报》,《中国科学院史事汇要》1954年,外交部档案)

6日 下午,主持中国科学院举行的茶会,欢迎来访的英国著名英国物理学家约翰·贝尔纳教授,并致辞。称赞"贝尔纳教授是一位杰出的物理学家,同时,也是一位杰出的社会活动家"。对其来访表示欢迎和感谢。(17日《人民日报》)

7日 在寓所接待澳大利亚和平理事会执行委员、世界和平理事会常务委员、澳中友好协会主席斯崔特夫人。谈话主要内容是关于联合国与世界和平理事会的关系问题。(外交部档案)

8日 下午,出席赠礼仪式,代表毛泽东主席接受民主德国政府赠送的一架构造精密、复杂的电子显微镜。(9日《人民日报》)

9日 回复意大利人安德烈·加杰罗9月16日来信,说:"您向我提出的四个问题,我全部接受了。附上我的答案,请您审核,看是否和《和平》杂志的性质相符。"

安德烈·加杰罗提出的四个问题是:(一)贵国人民要实现亚洲所有各国人民之间日益有效而稳固的和平共处,其远景如何?(二)意大利和平拥护者很不安地注视着围绕着台湾问题的局势的发展。他们认为中国人民有充分权利使这块属于他们民族的领土获得自由。(三)请您作一个有利于我们两国人民之间更好的了解与同情的谈话。(四)某些宣传企图在我们中间散布一些恫吓人的消息,说(中国)仿佛有一些宗教性质的冲突,您可否就这些给我们谈一谈有关各不同宗教的真实的情况?(郭沫若纪念馆馆藏资料)

10日 上午,与李济深、洪深、田汉等参加"画家徐悲鸿纪念馆"开幕式。(12日《人民日报》)

◎ 在中南海颐年堂参加毛泽东主持的最高国务会议第一次会议,听取周恩来关于同苏联政府代表团会谈情况的报告。(《毛泽东年谱1949—1976》第2卷,中央文献出版社2013年12月版)

◎ 与茅盾、张奚若、楚图南、丁玲、柯仲平、老舍、欧阳予倩、齐白石、李四光、吴玉章、梅兰芳、蔡楚生、梁思成等65位知名文化、科学、文学、艺术界人士联名,复信英国文艺、科学界人士,表示:"我们怀着热忱，愿尽一切力量，同我们的尊敬的亲爱的英国朋友们合作！"楚图南在宴会上将此信送交正在中国访问的英国文艺、科学界代表团团长伦纳德·霍克斯教授。(14日《人民日报》)

13日 上午，与朱德、刘少奇、周恩来、宋庆龄等到机场，为前来参加国庆典礼的苏联政府代表团送行。(14日《人民日报》)

◎ 就中苏会议公报对《光明日报》记者发表感想，表示坚决拥护。(14日《光明日报》)

18日 陪同周恩来总理接见全印度科学院院士萨希布·辛格·索克。(19日《人民日报》)

19日 中午，与周恩来、宋庆龄、陈云等到机场欢迎来访的印度共和国总理尼赫鲁。(20日《人民日报》)

◎ 中午，出席周恩来总理举行的酒会，招待印度总理尼赫鲁。(20日《人民日报》)

20日 复函尹达。告以"《管子集校》大体上搞好了，我送给您。您看，是否可以作为一所的丛刊之一。如可付印，可让任林圃同志司校对，我也想在三校上自校一遍"。附言："此书本冯友兰介绍来院，出版时希望通知许、闻家属，盖指版税问题也。冯信一并附上。"(《郭沫若书信集》下，中国社会科学出版社1992年版)

21日 晚，与毛泽东、朱德、刘少奇、周恩来等出席印度大使赖嘉文为尼赫鲁总理访华举行的招待会（22日《人民日报》）

23日 下午，与沈雁冰、钱俊瑞等与印度总理尼赫鲁会谈。介绍科学院研究工作一般情况，如经济、文教部门研究工作情况，科学研究工作的计划性以及与业务部门的配合情况，科学工作者组织情况以及科学技术的普及工作情况。

沈雁冰以数字介绍中国电影、戏剧、图书馆、博物院、文化馆、文化站、工农业余文娱活动等。尼赫鲁问：什么是文化馆，是否是最近才有的，是否都是一模一样，还是有大有小的。并问中国的电影制片厂是国营的还是私营的，中国是否也上演外国电影，中国电影是否也出国等。沈雁冰做了回答。尼赫鲁问郭沫若，中国科学家是否参加国际性的科学会议，说他很希望中国派人参加明年1月间的全印科学大会年会。尼赫鲁又问郭沫若，中国在原子能和热核子方面，有什么专门的研究工作没有？郭沫若回答：有一些。尼赫鲁进一步问，中国在这方面是否已建立了 Reactor（核反应堆），郭沫若回答：不清楚。最后，尼赫鲁请求郭沫若、茅盾、钱俊瑞提供中国科学、文化、教育方面的专门材料，交赖嘉文。(24 日《人民日报》，外交部档案)

◎ 晚，在中南海出席毛泽东主席为欢迎印度总理尼赫鲁举行的宴会。(10月24日《人民日报》)

26 日 晚，应邀出席尼赫鲁总理举行的临别宴会。(27日《人民日报》)

27 日 上午，与周恩来、陈云、彭德怀等到机场欢送尼赫鲁总理一行赴华东、华南等地参观。(28日《人民日报》)

28 日 致电美国哥伦比亚大学校长，祝贺该校建校二百周年。电文载29日《人民日报》《光明日报》。称："谢谢你们邀请中国科学院参加贵校二百周年纪念大会，但因工作关系未能派代表出席，谨此致以热烈的祝贺。希望你们的科学教育事业为保卫世界和平和造福人类而努力。"

◎ 晚，出席苏联大使尤金为欢送苏联文化代表团举行的招待会。(29日《人民日报》)

本月 作诗《和平的音讯》，因中苏友好协会总会赠送苏联文化代表团一堂屏风，绣着梅花和白鸽，"题诗以寄意"。赞白鸽"携带着和平音讯"，梅花"歌唱着阳春的凯旋"，共同表达着"中国人的赤心"。

收《沫若文集》第2卷，现收《郭沫若全集·文学编》第4卷。

◎ 为纪念新中国成立五周年，应约为《苏联科学院通报》撰写文章，题为《新中国的科学研究工作》。发表于《科学通报》1954年10月号，介绍中国科学院的情况，"经过五年的发展，已拥有40多专业的研究机构。研究人员较解放前增加7倍"。"新中国的科学工作已在广泛的基础上逐渐与国家建设联系起来了"，各个领域的研究工作都取得了显著成果。

11 月

1 日 致函尹达。告以"容庚先生近来和我通了两次信，对于《两周金文辞大系图录》作了仔细校对和补充。该书，人民出版社有意重印，但尚未着手。性质太专门，似以改由科学院出版为宜。您如同意，我想把它作为一所的出版物。该书拟即请容庚核校补充。他的两信及资料附上，请一阅。""《卜辞通纂》、《殷契粹编》、《石鼓文研究》似宜改由科学院出版。如您同意，请与人民出版社接洽一下。《卜辞通纂》、《殷契粹编》似可托于省吾校补。"（《郭沫若书信集》下，中国社会科学出版社1992年版）

2日　致函刘大年。转去钱三强起草的筹备建立学部的报告，说"这是钱三强同志执笔的，我修改了一遍，请你们再斟酌"。（《刘大年来往书信选（上）》，中央文献出版社2006年版）

5日　晚，出席中国科学院庆祝十月社会主义革命37周年大会，并作报告，号召科学工作者认真学习马克思列宁主义，加强学习苏联先进科学，学习俄文，学习苏联科学工作各方面的先进经验。（7日《人民日报》）

◎ 修改校对《华伦斯坦》讫，并作《〈华伦斯坦〉改版书后》。收入人民文学出版社1955年11月版《华伦斯坦》。说明"费了十天功夫，把译文和原文校对了一遍，进行了一些相当大的修改。原剧是诗剧，我的译本采用了韵文。初版是贯行直排的，现在为了保存原貌，仍然采取了分行的形式"。1955年是席勒逝世150周年，人民文学出版社将近二十年前的译本改版重印，"作为纪念诗人的菲薄的献礼"，"这部作品的确是值得我们玩味和学习的"。"席勒是和歌德齐名的伟大作家，他的剧作采取的是莎士比亚路线。这部《华伦斯坦》，他在写作时更尽力克制了自己的主观感情，想正确地反映出历史发展的真实。歌德对这部作品曾表示过这样的意见：席勒的《华伦斯坦》是如此伟大，在自己的作品中没有什么可以和它相比。"

6日　晚，出席中苏友好协会总会举行庆祝十月革命37周年大会，并致开幕词。强调："中苏友谊和各兄弟国家的团结就是保卫远东和平和世界和平的最强大的堡垒。"（7日《人民日报》）

◎ 致函杨树达。告知"读大著《淮南证闻》，见引刘绩说。刘绩有《淮南子补注》，在京遍寻不得。尊处不识有此书否？如庋藏，深望惠假一阅"。（杨逢彬整理《积微居友朋书札》，湖南教育出版社1986年版）

7日　晚，与朱德、宋庆龄、陈云等出席苏联特命全权大使尤金举行的招待会，庆祝十月革命37周年。（8日《人民日报》）

8日　对《光明日报》记者张白的谈话发表于《光明日报》，收入《胡适思想批判》第1辑（生活·读书·新知三联书店1955年3月版）。

就文化界讨论《红楼梦》研究中的问题发表意见，认为由俞平伯研究《红楼梦》的错误观点所引起的讨论，是当前文化学术界的一个重大事件。"这不仅仅是对于俞平伯本人、或者对于有关'红楼梦'研究进行讨论和批判的问题，而应该看作是马克思列宁主义思想与资产阶级唯心论思想的斗争；这是一场严重的思想斗争。"希望文化学术界能够很好地来展开这个问题的讨论。说："讨论的范围要广泛，应当不限于古典文学研究的一方面，而应当把文化学术界的一切部门都包括进去；在文化学术界的广大的领域中，无论是在历史学、哲学、经济学、建筑艺术、语言学、教育学乃至于自然科学的各部门，都应当来开展这个思想斗争。"强调必须支持新生力量，充分展开自由的学术讨论。

9日 致函陈君哲，说："来示及《中国语文》一册，已奉读。《汉语中的提位句》读时颇感兴趣，想见大著《汉语文法》必同样能引人入胜也。我兄在语法研究上大有成就，特此致贺。"（据手迹）

此信无年份。函中提及的《汉语中的提位句》发表于《中国语文》1954年第8期（总26期）。另据信封邮戳判断此信写作时间为1954年。

10日 作为召集人在中科院召开会议，讨论有关推选第二届全国政协的社会科学界代表名单问题。（《夏鼐日记》，华东师范大学出版社2011年8月版）

11日 参加中国科学院本年第三十九次院务常务会议。会议讨论修订中国科学院五年计划。讨论学部委员名单草案，提出增删意见。（《中国科学院史事汇要》1954年）

12日 晚，观看莫斯科音乐剧院根据雨果小说改编的芭蕾舞剧《巴黎圣母院》。（13日《人民日报》）

16日 致函尹达。认为杨向奎同志的《释"不玄冥"》，可成定论。同时表示"愿意替他补充一点意见"，即甲骨文的玄字，"乃镟之初文，象形"，"正象两手操镟而旋转之"。"原稿似可登《历史研究》，请斟酌。"（《郭沫若书信集》下，中国社会科学出版社1992年版）

18日 参加中国科学院本年第四十次次院务常务会议。讨论学部委员名单草案，提出增删意见，决定将此名单草案（学部委员172人）呈报批准。（《中国科学院史事汇要》1954年）

20日 《怎样促进中日关系正常化?》发表于《世界知识》杂志，

系答该杂志记者问。特别强调："尽管中日两国之间的关系尚未正常化，但由于两国人民的共同努力，两国人民之间的友好关系已有良好的表现。日本的代表团到我国来的日益增加，特别是今年，在我国国庆节的时候，我们邀请日本国会各党派议员的代表团以及文化学术界的代表团来我国访问。可以说，中国人民已充分表示了愿意和日本人民增进友好关系的诚意。"指出："了解和友谊的增进对于促进两国之间关系的正常化是有重大的意义的。对于维护远东和世界和平也有重大的意义。"(21日《人民日报》)

◎ 致函尹达。对商承祚15日来函"有意重新整理殷墟文字类编"，"物色得一人，能篆书，可以协助"，但需补助其生活费用；"铭文和货币文，为春秋战国时期文字之另一种，迄无一部比较完备或尚无成书"，"亦欲另成之"，表示"可以津贴他，请他先搞铭文和货币文"。同时提道："孙海波有《甲骨文编》似比商的类编好。不知孙今在何处，该书似可考虑补充校印。望您考虑一下，以便复函（由院或所拟稿）。"(《郭沫若书信集》下，中国社会科学出版社1992年版)

23日 致电苏联科学院院长涅斯米扬诺夫，吊唁苏联外交部第一副部长安·扬·维辛斯基逝世。(24日《人民日报》)

26日 致电澳大利亚全国和平理事会，祝贺澳亚友好月。(27日《人民日报》)

30日 作《〈石鼓文研究〉重印弁言》，收入人民出版社1955年7月版《石鼓文研究》。叙述1936年在日本获见明代安国氏旧藏三种《石鼓文》宋拓照片的经过，进一步申述判定石鼓的制作年代应为秦襄公八年即公元前770年。又说："考证乃研究工作必经之初步阶段，如能实事求是，可不失为作进一步研究之坚实基础。"

后收《沫若文集》第16卷，现收《郭沫若全集·考古编》第9卷。

30日 致函陈梦家。问"邵黛钟及魏氏器，王观堂已言之，但究为何时之器，前人有作更进一步探讨者否？"又问："闻唐立厂有关石鼓文之考证，谓建立于秦宁公三年。唐文，考古所有否？愿一阅。"(《郭沫若书信集》下，中国社会科学出版社1992年版)

12 月

1 日 下午，与周恩来、陈云、董必武等到机场欢迎缅甸总理吴努。（2 日《人民日报》）

◎ 至陈梦家处谈石鼓文问题，又至夏鼐处，"谈及批判胡适思想问题，谓'大胆地假设，小心地求证'，应改为'小心地假设，大胆地反证'，使不致落入唯心论的陷阱"。（《夏鼐日记》，华东师范大学出版社 2011 年 8 月版）

2 日 下午，主持中国科学院院务会与中国作家协会主席团联席会议，被推为"胡适思想批判讨论会"工作委员会主任。其他成员为：茅盾、周扬、潘梓年、邓拓、胡绳、老舍、邵荃麟、尹达。

会议决定由中国科学院和中国作家协会联合召开批判胡适思想的讨论会，以展开对胡适的资产阶级唯心论思想的全面批判，树立和巩固马克思主义在学术界的领导地位。同时通过这种有组织的自由讨论，开展学术界自由讨论风气，以提高学术思想水平。

联席会议决定了讨论会的内容分为：胡适的哲学思想批判、胡适的政治思想批判、胡适的历史观点批判、胡适的文学思想批判、胡适的哲学史观点批判、胡适的文学史观点批判、考据在历史和古典文学研究工作中的地位和作用、《红楼梦》的人民性和艺术成就、对历来《红楼梦》研究的批判等九个方面，由中国科学院和中国作家协会邀请对上述各方面的内容有研究的科学界和文学界人士参加讨论，会议并推定主要研究者若干人，就上述各方面内容作专题报告，然后进行讨论。联席会议推定了艾思奇、侯外庐、范文澜、黄药眠、冯友兰、何其芳、尹达、张天翼、聂绀弩等按上述各方面的内容，分别担任主要研究者的召集人。（11 日《人民日报》，《竺可桢全集》第 13 卷，上海科技教育出版社 2007 年 12 月版）

◎ 晚，出席周恩来总理欢迎缅甸总理吴努及夫人的宴会。（3 日《人民日报》）

4 日 下午，在政协第一届全国委员会常务委员会扩大会议上，被通过为政协第二届全国委员会委员。（11 日《人民日报》）

5 日 上午，与竺可桢、李四光、张稼夫、钱三强等中科院领导及基本建设组同仁往北郊考察选择新院址。

由德胜门出城至黄寺，在此一停。想要入寺，寺中驻军队，未得入。由此到安定门大街。经土城再向西至天安门、地安门直线上，看市府拟给科学院的地址。由此至清河镇，转入农业机械化学校门前，遂至物理所。在此郭沫若等拍数张照片。(《竺可桢全集》第13卷，上海科技教育出版社2007年12月版)

7日 将手稿23种1846页捐赠北京图书馆，北京图书馆编入手稿特藏专库。包括：《棠棣之花》《屈原》《虎符》《筑》《孔雀胆》《南冠草》《古代研究的自我批判》《论孔墨的基本立场》《儒家八派的探索》《稷下黄老学派的勃兴及其展开》《庄子的批判》《荀子的批判》《名辩思想的批判》《前期法家的批判》《吕不韦与秦始皇帝》《后记——我怎样写〈青铜时代〉和〈十批判书〉》《墨子的思想》《公孙尼子与其音乐理论》《述吴起》《秦楚之际的儒者》《论曹植》《侈靡篇研究》等著作原稿及《高渐离》的手校本。(清单见《文献》1982年第14辑)

◎ 复函陈梦家。谓"《文物周刊》中颇有可取的文字"。询问"陈小松是谁？你知之否？'取徽五孚'徽字之释，可惜在此册中未见。可能在四十册之中，你处如有，亦望借我一阅"。又问"叶华谈《管子》版本者，此人亦曾识否？如知其去向，尚望见告"。(见《郭沫若书信集》下册，中国社会科学出版社1992年版)

此函所询陈小松《释扬簋讯讼取徽五孚》一文，见（上海）《中央日报·文物周刊》第40期。

8日 在中国文联、中国作协主席团扩大联席会议上发言，以《三点建议》为题载9日《人民日报》《光明日报》，《科学通报》1955年第1期，《文艺报》第23、24期合刊。

文章从《红楼梦》研究问题的讨论谈起，说："关于'红楼梦'研究问题的讨论开了八次大会，足足讨论了四个整天。我们批评了俞平伯先生的研究'红楼梦'的方法，也检查了'文艺报'的编辑工作"，认为"这一次的讨论是富有教育意义的，是马克思主义对资产阶级唯心论的严重的思想斗争，是思想改造的自我教育的继续开展，是适应当前国家过渡时期总任务的文化动员"。

提出三点建议：

第一，坚决地展开对于资产阶级唯心论的思想斗争。认为"对于资产阶级唯心论的批判是刻不容缓的严重的思想斗争"。

第二，广泛地展开学术上的自由讨论，提倡建设性的批评。

认为："历史的事实告诉我们，凡是自由讨论的风气旺盛的时代，学术的发展是蓬蓬勃勃的；反之便看不到学术的进步，连社会的发展也因而停顿了。"

指出："为了自由讨论能够顺利展开而不发生偏差，我们就还须得尽力提倡建设性的批评。"提出开展建设性批评的十六个字："明辨是非，分清敌友，与人为善，言之有物。"

第三，扶植新生力量。

强调："培养建设人才，这是我们国家建设上的一项基本的文教方针。无论在任何方面我们都必须培养新生力量，必须把培发新生力量作为一项重要的中心任务。"

初收北京出版社1959年1月初版《雄鸡集》，后收《沫若文集》第17卷，现收《郭沫若全集·文学编》第17卷。

10月31日至12月8日，中国文学艺术界联合会主席团和中国作家协会主席团先后召开八次扩大联席会议，就反对《红楼梦》研究中的胡适派资产阶级唯心论的倾向、《文艺报》在关于《红楼梦》研究问题上的错误等问题展开讨论。作出关于《文艺报》的决议，重新规定了《文艺报》今后的方针，改组了编辑机构，并提出改进中国作家协会及其他各文艺团体机关刊物今后工作的办法。

先后在这八次扩大联席会议上发言的有冯雪峰、俞平伯、陈翔鹤、郑振铎、老舍、何其芳、翦伯赞、杨晦、谭丕谟、游国恩、聂绀弩、陈企霞、宋之的、于黑丁、臧克家、刘白羽、胡风、骆宾基、路翎、钟敬文、吴祖光、孔罗荪、黄药眠、师田平、白刃、康濯、袁水拍、吴雪、李之华、丁玲、周扬、郭沫若、茅盾等三十多人。（12月9日《人民日报》）

毛泽东审阅中华全国文学艺术界联合会主席团、中国作家协会主席团扩大联席会议讨论的关于《文艺报》的决议稿和周扬、郭沫若在扩大联席会议上的讲话稿，批示："周扬同志：均已看过。决议可用。你的讲稿是好的，在几处地方作了一点修改，请加斟酌。郭老讲稿很好，有一点小的修改，请告郭老斟酌。'思想斗争的文化动员'这个题目不很醒目，请商郭老是否可以改换一个。"（《毛泽东年谱1949—1976》第2卷，中央文献出版

社 2013 年 12 月版，第 319—320 页）

9 日 就美国和台湾当局签订"共同防御条约"问题向《光明日报》记者发表谈话。斥责"共同防御条约"，重申"一定要解放台湾"的立场。（9 日《人民日报》）

◎ 出席中国科学院本年第四十三次院务常务会议。作为院长接受科夫达代表苏联科学院主席团赠送中国科学院的世界土壤图手稿并表示感谢。

世界土壤图稿为苏联科学院土壤研究所绘制。科夫达在赠礼致辞中说："这个世界土壤图手稿只有两份，一份在苏联，一份现在送给中国科学院。"（12 月 10 日《人民日报》，《中国科学院史事汇要》1954 年）

10 日 与朱德、刘少奇、周恩来等出席缅甸联邦总理吴努夫妇举行的临别宴会。（11 日《人民日报》）

11 日 经政协第一届全国委员会常务委员会第六十二次会议通过，被选为中国人民政治协商会议第二届全国委员会委员。（11 日《人民日报》）

◎ 下午，与缅甸联邦总理吴努举行会谈。（12 月 13 日《人民日报》）

◎ 晚，在中南海，出席毛泽东主席欢迎缅甸总理吴努夫妇的宴会。（12 日《人民日报》）

12 日 上午，与周恩来、陈云、贺龙等到机场欢送缅甸联邦总理吴努夫妇。（13 日《人民日报》）

15 日 以中国文学艺术界联合会主席名义致电第二次苏联作家代表大会，"以兄弟的情谊"，"祝贺大会的成功！"（15 日《人民日报》）

◎ 被推举为"自然科学家哲学学习委员会"委员。

中国科学院邀请北京的自然科学家举行座谈会，讨论决定，成立"自然科学家哲学学习委员会"。推选出郭沫若、李四光、张稼夫、陶孟和、竺可桢等 28 人为学习委员会委员，李四光为主任。学习将于 1955 年 1 月开始。（19 日《人民日报》）

17 日 下午，主持北京各界拥护世界和平理事会斯德哥尔摩会议决议大会，并致开幕词。指出斯德哥尔摩会议通过的各项重要决议，为当前的世界和平运动制定了新的纲领，把世界和平运动向前推进了一步。会议的成功表明了世界和平力量的继续壮大。感谢中国代表团光荣地完成了中国人民委托的任务，并向代表团全体表示衷心的慰问。会议通过了《北

京各界拥护世界和平理事会斯德哥尔摩会议决议的决议》。(18日《人民日报》)

18日 作《关于宋玉》。发表于《新建设》1955年2月号。针对郑振铎、陆侃如、冯沅君三位认为剧本《屈原》"把宋玉处理成为了没有骨气的文人",是"委屈了宋玉"进行"申辩"。指出对宋玉"首先提出了严正批评的应该数司马迁",接着"检查"宋玉的作品一共13篇,除掉《笛赋》《午赋》《招魂》"的确不是宋玉作品之外,其他各篇都是宋玉为人的很不利的供词",并着重考察了《九辩》,说"实在看不出宋玉先生有怎样好得了不起的政治抱负"。随后又谈散见于各种史籍的有关宋玉的故事,并分析了《新序·杂事》里的两个故事,认为"都对于宋玉的为人十分不利"。最后点明,"说宋玉没有骨气","差不多是两千多年来的民间定评",自己并非"作俑"者。

初收北京出版社1959年1月初版《雄鸡集》,后收《沫若文集》第17卷,现收《郭沫若全集·文学编》第17卷。

21日 下午,出席政协第二届全国委员会第一次全体会议开幕式,被选为主席团委员。

毛泽东主持开幕式,陈叔通作政协工作报告,周恩来作政治报告。(22日《人民日报》)

23日 致函尹达。就金祖同18日来函问"前寄上《蒲昌官文书的考释及照片》不知亦曾作处理否?"告知尹达,"该项文件前曾送上,如不需要,请即退还前途。"(《郭沫若书信集》下,中国社会科学出版社1992年版)

24日 下午,在政协第二届全国委员会上发言。就《中国人民政治协商会议章程·总纲》七项准则的第七项发表看法。强调"'学习马克思列宁主义的理论',是应该特别重视的。这应该是使我们能够更好地完成其他项目任务的一个重要的条件"。希望政协在推动学习马列主义方面发挥更大作用。(25日〈人民日报〉)

25日 出席政协第二届全国委员会会议闭幕式,当选为第二届全国政协副主席。

会议选举毛泽东为政协名誉主席。周恩来为主席,宋庆龄、董必武、李济深、张澜、郭沫若、彭真、沈钧儒、黄炎培、何香凝、李维汉、李四光、陈叔通、章伯钧、陈嘉庚、班禅额尔德尼·却吉坚赞、鲍尔汉16人

为副主席，邢西萍为秘书长。会议还选举了中国人民政治协商会议第二届全国委员会常务委员65人。(26日《人民日报》)

27日 上午，与陈毅副总理出席中国科学院举行的中国猿人第一个头盖骨发现25周年纪念会，并在会上作报告。指出，1929年12月2日裴文中发现很完整的中国猿人第一个头盖骨，"奠定了中国猿人在科学上的坚实基础"。"中国是人类化石与古人类文化最丰富的国家"，"这一科学的研究的前途也是非常光明的"。全文载28日《人民日报》《光明日报》。

收科学出版社1955年版《中国人类化石的发现与研究》，现收《郭沫若全集·考古编》第10卷。

◎ 晚，与周恩来、陈毅、李先念等出席苏联驻华大使尤金举行的宴会，庆祝苏联经济及文化建设成就展览会闭幕暨苏联国立莫斯科斯坦尼斯拉夫斯基与聂米罗维奇-丹钦科音乐剧院在中国的演出结束。(28日《人民日报》)

28日 在北京出席波兰科学院授予院士学位的仪式，并致答辞。感谢波兰科学院给予的崇高荣誉。说："波兰科学院给我院士的称号，这不仅给予我个人以极大的鼓励，同时也给予我们中国科学工作者和中国人民以很大的鼓励，使得我们中国的科学研究工作能够发展起来，胜任地担负起为国家建设服务的责任。"以战国时代燕国国王在金台上拜郭隗为师，以招徕天下人才的故事为喻，说："我同两千多年以前的郭隗，不仅同样姓郭，而且同样是平凡的人，我在科学研究上的成就是微乎其微的。但波兰科学院还有其他兄弟国家的科学院，都给予我这样平凡的人以崇高的荣誉，这用意何在呢？不用说，也就是在帮助我们国家科学政策的推行。希望我们更有能力的科学家们能够得到鼓舞；新生的科学力量能够得到鼓舞。"

波兰驻华大使基里洛克代表波兰科学院以院士证书授予郭沫若，并致辞。(30日《人民日报》，讲话全文存外交部档案馆)

◎ 与会长刘少奇，其他副会长宋庆龄、吴玉章、李济深等出席中苏友好协会第二次全国代表会。(12月29日《人民日报》)

◎ 分别致电1954年"加强国际和平"斯大林国际奖金的九位得奖人：英国丹尼斯·诺维尔·普里特（律师），法国阿兰·勒里普（总工会总书记），缅甸德钦哥都迈（作家），德国贝托尔特·布莱希特（诗人、剧作家），芬兰费利克斯·伊维尔逊（教授），瑞士安德烈·邦纳（教授），哥伦比亚巴尔多麦罗·萨宁·卡诺（教授），印度尼西亚鲁·普里约诺（教授），古巴纪廉（诗人）。对他们获奖表示祝贺。（21日、29日《人民日报》）

◎ 晚，与朱德、刘少奇、周恩来等在北京天桥剧场观看苏联国立莫斯科音乐剧院的演员们演出的《天鹅湖》。（30日《人民日报》）

29日 下午，在中苏友好协会第二次全国代表会闭幕会上，与林伯渠、林彪等20人当选为副会长，宋庆龄为会长。（30日《人民日报》）

◎ 与贺龙、陈毅、宋庆龄、李济深等参加苏联莫斯科音乐剧院举行的访问演出闭幕式。（30日《人民日报》）

◎ 以中国人民保卫世界和平委员会主席名义致电祝贺即将在马德拉斯开幕的"全印争取和平和亚洲团结大会"。表示："和平保卫者和世界各国人民非常重视印度和平力量在维护亚洲和世界和平的活动中所作出的巨大贡献。我深信，这次代表印度人民和平意志的大会，对进一步加强团结全印度人民为保卫与巩固亚洲及世界和平的斗争，定将起更重大的作用。"（30日《人民日报》）

◎ 主持在中国科学院举行的"胡适的哲学思想批判"讨论会。

会议首先由艾思奇报告其论文《批判胡适的实用主义》的要点。就胡适的"实用主义"哲学的基本命题，即主观唯心论的观点和认识论、真理论、方法论及庸俗进化论等方面作了全面的分析和批判，并就胡适哲学思想在政治方面的反映作了阐述。接着，马特、金岳霖、冯友兰、何思敬等就艾思奇的报告提出了补充的论点和意见。与此同时，中国作家协会召开"红楼梦的人民性和艺术成就"讨论会，由茅盾主持。自此，中国科学院、中国作家协会召开的胡适批判讨论会正式开始。（12月31日《人民日报》）

本月 将留存日本千叶县故居的1928—1937年间的著、译手稿，包括甲骨文、金文研究论著1300余份，殷墟出土甲骨96片，自身铜像以及所喜欢使用的唐代青瓷壶等，赠送日中文化研究所。（《日中的桥梁——沫若文库》，吉林师范大学日本研究室译自1978年6月14日《朝日新闻》，《新文学史料》1979年第2辑）

◎ 参观在北京举办的"美国空投特务罪证展览会"。（15日《人民

本年 为中国历史博物馆与河北省文物管理委员会合办的《望都汉墓壁画展览》题写横匾。(史树青《"今日回思志倍坚"》,《中国历史博物馆馆刊》1979 年第 1 期)

◎ 为"沈阳少年儿童图书馆"题写匾额,并去信给予祝贺和勉励,特别注意到不写草书,为的是孩子们看得懂。(单玉书《我在少儿图书馆早期工作的那段日子》)

◎ 曾请朱子奇与傅抱石商量,约他围绕争取人类进步与世界和平的主题,为中国保卫世界和平大会绘制若干大幅作品。(见郭平英《郭沫若与傅抱石:交相辉映诗画魂》,引自《文坛史林风雨路》,浙江人民出版社 1999 年版)

◎ 叮嘱到上海办理顾颉刚调京事的刘大年,到沪后务必去探望周孝怀。

周孝怀是清末四川巡警厅厅长,谙熟朝野掌故,当时住在上海。(刘潞《郭沫若与刘大年:新中国"翰林院"一页》,收入林甘泉主编《文坛史林风雨路——郭沫若交往的文化圈》,浙江人民出版社 1999 年 10 月版)

1955 年 (乙未) 63 岁

2 月 5 日 中国作家协会主席团举行第十三次扩大会议,决定展开对胡风唯心主义文艺思想的批判。《文艺报》第一、二号将胡风的《意见书》作为附录发表。

3 月 21 日至 31 日 中共中央召开全国代表会议,通过关于发展国民经济的第一个五年计划草案的决议等,决定将高岗、饶漱石开除出党,并撤销一切职务。

4 月 18 日至 24 日 周恩来率中国代表团出席在印度尼西亚万隆举行的有 29 个国家参加的亚非会议。这是第一次由亚非国家发起和参加的大型国际会议。打开了中国与亚非国家普遍交往的大门。

5 月 3 日至 6 月 10 日 《人民日报》连续发表了三批《关于胡风反革命集团的材料》。毛泽东给这些材料写了序言和编者按语。在揭发批判胡风的同时,全国范围内展开肃反运动。

6月1日 中国科学院学部成立大会在北京召开。成立物理学数学化学部、生物学地学部、技术科学部和哲学社会科学部四个学部。

9月 中国人民解放军开始实行军衔制度。

12月27日至30日 中宣部召集关于"丁玲、陈企霞事件"的传达报告会。

1月

1日 上午,在中国科学院参加新年团拜。与吴有训共同发起这种拜年形式,可节约很多时间。(《竺可桢全集》第14卷,上海科技教育出版社2007年12月版)

10日 与刘贯一等离京赴维也纳,出席世界和平理事会常务委员会会议。(12日《人民日报》)

19日 出席世界和平理事会常务委员会扩大会议,并发表讲话。指出北大西洋集团理事会关于公开准备原子战争的决定,是对人类的严重挑衅。表示完全同意约里奥·居里主席的建议,发动世界舆论消除原子战争的威胁。(讲话全文载24日《人民日报》)

◎ 晚,出席维也纳人民为庆祝世界和平理事会常务委员会扩大会议闭幕举行的群众大会。作为中华人民共和国代表发表讲话,指出国际保卫和平运动的努力目标应该是争取完全取消原子武器的储备,立即停止原子武器的生产。中国人民一贯积极参加世界人民反对原子战争的斗争。(22日《人民日报》)

20日 中国科学院党组本年第三次会议讨论通过"中国科学院院务委员会、院务常务委员会、学部常务委员会、学部主任、副主任名单"。

院务委员会委员为华罗庚、苏步青、周培源、钱三强、赵忠尧、吴有训、郭沫若等47人。

院务常务委员会委员为郭沫若、陈伯达、李四光、张稼夫、陶孟和、竺可桢等17人。

社会科学部常务委员会委员为郭沫若、张稼夫、尹达、刘大年、胡绳、陈翰笙、于光远、狄超白、潘梓年、何其芳、罗常培等11人。

社会科学部主任为郭沫若。(《中国科学院史事汇要》1955年)

26日 与刘贯一等返抵北京。(27日《人民日报》)

29日 出席中国科学院本年第四次院务常务会议。讨论关于举行中苏两国科学院互赠标本授礼式,关于华东华南工作组考察报告,关于组织学部联席会筹备小组等事项。(《中国科学院史事汇要》1955年)

◎ 到统战部看电影《渡江侦察记》,遇顾颉刚。(《顾颉刚日记》,中华书局2011年1月版)

30日 致函杨树达。告知"《金文余说序》已拜读",认为"诸字说颇多可商"。"鬲"字小篆"乃形讹","不可沿讹形以为说"。"兒""貎""貌"等字"先后颇难意必,中国幅员广大,古时造字各国约略同时并进,一字异形者,可能为异域殊文,不能即断定为时序中之演进"。最后表示"因事忙,不能细阅全书",建议"就大著再严格斟酌一遍"。(《积微居友朋书札》,湖南教育出版社1986年版)

◎ 晚,复信钱祖夫。就其写文章寄《历史研究》编辑部批评罗尔纲《天朝田亩制度》,说:"您对罗书的批评,基本上是正确的",但"您文亦有缺点","罗书之作既在解放以前","已颇难得"。"批评当有与人为善的精神,不可求全责备","编辑部对于您的稿件的处理,我觉得是可以同意的"。对其说《新建设》"引文较多,缺少新的见解",认为"不失为坦率的批评",同时建议其"应以同志爱来对待编辑同志",最后希望"不要轻易'失望'",并告知不久将出《哲学研究》杂志,可直接通信联系。(《江海学刊》1983年第1期)

2月

1日 顾颉刚来访。(《顾颉刚日记》,中华书局2011年1月版)

2日 上午,出席中国科学院举行的和平利用原子能问题座谈会,并作关于国际形势、世界和平运动以及关于苏联建议帮助中国研究和平利用原子能问题的报告。号召科学家广泛开展关于和平利用原子能、反对美国准备原子战争的讨论,组织有关原子能问题的通俗讲演会,编写通俗小册子,使广大人民认识原子能用于和平事业的重要性。

座谈会由中国科学院副院长张稼夫主持。决定成立原子能通俗讲座组织委员会。(3日《人民日报》)

9日 下午，与朱德、刘少奇、周恩来等组成张澜先生治丧委员会。

张澜于当日在北京逝世。(10日《人民日报》)

◎ 晚，往中山公园中山堂，与毛泽东、刘少奇等亲视张澜先生灵柩入殓。(10日《人民日报》)

上旬 接日中文化研究所所长菊地三郎信。

信中说："去年尾（一九五四年）承蒙先生惠赠旅日时代的文献资料，已于一月二十九日在雨中用卡车由市川先生的旧居运抵东京西大久保的日中文化研究所。"又说：目前正在与村田省藏等人商谈计划成立"沫若文库建设后援会"事宜。(菊地三郎《郭沫若先生流亡十年拾零》)

12日 上午，出席政协全国委员会常务委员会、中国人民保卫世界和平委员会常务委员联席扩大会议，作题为《加强和平力量，粉碎原子战争的威胁》的报告，全文载13日《人民日报》《光明日报》。号召开展反对使用原子武器签名运动。(13日《人民日报》)

13日 上午，往中山公园中山堂，出席著名民主人士张澜的公祭仪式。与周恩来、沈钧儒等陪祭，刘少奇主祭。(14日《人民日报》)

◎ 与刘少奇、周恩来等出席首都各界庆祝《中苏友好同盟互助条约》签订五周年大会，并致开幕词，称赞中苏友谊，强调其对维护世界和平的重要性。会后，参加了庆祝酒会。(14日《人民日报》)

14日 晚，与毛泽东、刘少奇等出席苏联大使馆举行的庆祝《中苏友好同盟互助条约》签订五周年招待会。(15日《人民日报》)

17日 晚，出席首都科学工作者反对使用原子武器签名大会，并发表题为《让原子狂人们发抖吧！》的讲话。全文载20日《人民日报》《光明日报》。号召科学家积极参与反对使用原子武器的签名。说："通过我们的签名，我们要向全世界爱好和平的人民和科学家们表示：我们要积极利用珍贵的科学成果来促进祖国的建设，保卫我们的和平劳动，维护亚洲和世界的和平。"

18日 致函尹达。对贺昌群《论西汉的土地占有形态》一文提出18条修改意见，强调说："以上大小意见十八条，提供作者参考。第九条特别重要。西汉的土地制度的骨干是土地私有制而非国有制，武帝打击大地主和富商大贾，解释为'破坏氏族的联系'是对的，但不能说'武帝时代，汉天子掌握了遍布全国的大量的公田，大一统专制封建主义的中央集权就是凭藉这样一个社会经济基础而造成的'（原稿十三页背、倒 1—2 行）。如果真是那样，那就是后文所说的'违反封建历史发展生产规律'（十四页背 2—3 行）了。武帝打击大地主而扶植中小地主，这是在农业上的基本政策。他采取盐铁酒酤等国营政策和均输平准以利流通，同时打击富商大贾，这是在财政经济上的重要措施。"附言："此意见请送贺昌群先生阅。"（《郭沫若书信集》下，中国社会科学出版社 1992 年版）

贺昌群据此函做了修改，文章刊于《历史研究》1955 年第 2 期。

22 日 上午，作为我国慰问驻旅顺口地区苏军代表团成员，乘专车去旅大市。

代表团由 20 人组成，彭德怀任团长，宋庆龄、贺龙、郭沫若、聂荣臻任副团长。(23 日《人民日报》)

◎ 下午，向旅大市苏军烈士纪念塔敬献花圈。(23 日《人民日报》)

◎ 在旅大市人民文化俱乐部，出席代表团为庆祝苏联建军 37 周年暨慰问驻旅顺口地区苏军举行的大会。23 日（《人民日报》）

23 日 下午，出席中苏友谊塔奠基典礼，执锹铲土，为中苏友谊塔竖立基石。并发表讲话，祝中苏友谊塔"在维护远东与世界和平事业中永远发挥着灯塔的作用"。(24 日《人民日报》)

◎ 晚，出席驻旅顺口地区苏军指挥部为庆祝苏联建军 37 周年举行的宴会。(24 日《人民日报》)

24 日 下午，在旅大市，出席彭德怀为招待驻旅顺口地区苏军代表举行的宴会。(25 日《人民日报》)

25 日 到旅顺口参观旅顺军事历史博物馆和苏军营房、医院等，并乘坐舰艇巡视旅顺口港湾。(26 日《人民日报》)

26 日 下午，在旅大市，出席彭德怀为招待驻旅顺口地区苏军高级将领举行的宴会。(27 日《人民日报》)

27 日 与我国慰问旅顺口地区苏军代表团成员乘专车返回北京。(28 日《人民日报》)

本月 《长甶盉铭释文》发表于《文物参考资料》1955 年第 2 期。认为 1954 年长安普渡村西周墓出土的长甶盉，"是周穆王时器，殊可贵"。现收《郭沫若全集·考古编》第 6 卷。

3月

2日 给在部队医院做卫生工作的热爱文学的年轻人骆传伟回信,写道:"您的信和诗,我都看了。您很热情,诚挚,您的前途是有无限光辉的。您仅仅二十一岁,但您已表现出您有可以充分发展的能力。您的生活如果更体验得深沉些,积累了更多的经验,再加上更成熟的艺术修养,您将来会有更好的作品出现。三首诗,我只对一首诗,提了些意见。其他二首请原谅,我抽不出多的时间来写了。我寄还您,希望您好好再加以琢磨。多读,多写,多改,少发表,是很必要的。"(载1980年2月3日《湖北日报》)

4日 主持中国文学艺术界联合会举办的"辩证唯物主义和历史唯物主义讲座"第一讲。致开幕词,以《学习辩证唯物主义和历史唯物主义》为题载6日《人民日报》《光明日报》。说明知识分子,特别是文艺工作者学习"辩证唯物主义与历史唯物主义"的重要意义。指出:"辩证唯物主义和历史唯物主义是马克思列宁主义的基础。这给予我们以了解自然现象和社会现象的窍门。我们懂得这个窍门,便能够揭发客观世界的发展规律,并按照这种规律去促进客观世界的发展,也就是改造客观世界——包含我们自己的改造在内。""文学艺术工作是社会主义建设事业的一个重要环节","不精通辩证唯物主义和历史唯物主义,要想担负得起这样光荣的任务,也是不能设想的"。

中央马克思列宁学院副院长杨献珍在会上作关于共产主义世界观和主观唯心主义世界观的斗争的讲演。(5日《人民日报》)

◎ 下午,与茅盾等往车站,欢迎苏联拥护和平委员会主席团委员、作家考涅楚克和该委员会委员、作家华西列夫斯卡娅。(5日《人民日报》)

10日 主持中国科学院本年第十次院务常务会议,会上举行欢迎苏联科学院紫胶虫调查队仪式。作为院长致辞。说:"此次苏联科学院派遣优秀的科学工作者来中国,与中国科学工作者共同组织调查队进行紫胶虫研究,是中苏两国科学院第一次的科学合作,希望这是一个良好的开端,学习苏联先进的科学技术是我国科学家的努力方向","我代表中国科学院提出保证,一定要尽可能给调查队工作创造必需的条件",并预祝调查队得到"辉煌的成就"。苏联科学院波波夫通讯院士、院长顾问柯夫达通讯院士随后讲话,对中国科学院的支持表示感谢。(《中国科学院史事汇要》1955 年)

◎ 与茅盾、周扬、老舍等出席中国文学艺术界联合会主席团扩大会议。

会议决定当年的工作重点是:展开在文艺领域内以马克思主义唯物主义思想反对资产阶级唯心主义思想的斗争。在社会主义现实主义原则的指导下,展开文学艺术创作上的自由竞赛,帮助和鼓励作家、艺术家进行各种创作活动。加强各文艺团体的集体领导,密切中国文联和各个协会与各地方文艺团体在工作上的联系。(14 日《人民日报》)

11 日 主持全国各人民团体负责人联席会议,报告了亚洲国家会议的发起及筹备经过。在会上被推选为"亚洲国家会议"中国筹备委员会主席和出席"亚洲国家会议"中国代表团团长。

亚洲国家会议定于 4 月 6 日至 10 日在新德里召开大会。(13 日《人民日报》)

◎ 下午,往中南海怀仁堂,出席政协全国委员会举行的孙中山先生逝世 30 周年纪念大会。(12 日《人民日报》)

14 日 致信《俄文教学》编辑部,告知 2 月 19 日来信早已接到,"因忙着其他的事不能执笔"。现就翻译标准问题"表达一点意见"。"翻译工作很重要而且很费力。原则上说来,严复的'信、达、雅'说,确实是必备的条件。但也要看所翻译的东西是什么性质。如果是文学作品,那要求就要特别严格一些,就是说您不仅要能够不走样,能够达意,还要求其译文同样具有文学价值。那就是三条件不仅缺一不可,而且是在信达之外愈雅愈好。所谓'雅',不是高深或讲修饰,而是文学价值或艺术价值比较高。苏联翻译诗,采取两道手的办法,即通外文者先直译原文,再由诗家根据俄文韵律把它诗化。我看是值得取法的。所翻译的东西如果是科学著作,条件便可不必那么严格,能够正确达意就是好的。当然如果能做到信、达、雅,不消说是更好。""信、达、雅三字,如果嫌其太简单了一点,也可以说成更通俗、更现代化的话。不信就是乱译,错译,不达就是死译,硬译,不雅就是走到极端的不成话。那恐怕才是该反对的吧。"(见 1979 年 11 月《苏联文学》第 1 期,题为《郭沫若同志关于翻译标准问题

15日 出席学部联席会议，并报告学部筹备情况。说明过去只有行政领导且领导不好，以后希望集体作学术领导。从1953年2月去苏联学习科学院的组织后才决定成立学部，分为数理化、生物地学、技术科学及社会科学四部门。(《竺可桢全集》第14卷，上海科技教育出版社2007年12月版)

17日 致电缅甸作家德钦哥都迈，祝贺其在仰光接受"加强国际和平"斯大林国际奖金。(26日《人民日报》)

◎ 致电缅甸保卫世界和平委员会，对该委员会即将召开的全国扩大代表大会表示祝贺。(23日《人民日报》)

18日 致函尹达。对何北衡转来周孝怀老先生关于古籍诠释的意见和方案，"有几点意思写在下边"：诠释馆的经费，"望催办公厅，及早核定，可以略照原拟数目增加一些。图书购买费应予考虑"；"馆长仍请周孝老担任"，"似可由北衡兄任副职，或其他名义"；上海房屋，"望备一信由北衡兄持交上海办事处"。(《郭沫若书信集》下，中国社会科学出版社1992年版)

19日 与陈毅、柯夫达列席中国科学院党组第一次扩大会议第八次会议。(《中国科学院史事汇要》1955年)

22日 致函张稼夫："请您考虑一下，在学部委员名单中可否加入周太玄？"

此信写在周太玄致"郭老"信首页右侧。(中国科学院档案)

23日 上午，出席中国科学院四学部联席会议，讨论学部筹备中的具体问题。(《竺可桢全集》第14卷，上海科技教育出版社2007年12月版)

本月 书赠陈铭德、邓季惺《游里加湖》三首。(据手迹)

4月

1日 发表《反社会主义的胡风纲领》于《人民日报》。指出："胡风'对文艺问题的意见'洋洋十几万言，全面地攻击了革命文艺事业和它的领导工作，表现了对马克思主义的极深刻的仇恨，可以说是胡风小集团的一个纲领性的总结。"文章总结"反社会主义的胡风纲领"为以下几条：第一，反对向作家提倡掌握共产主义世界观。第二，反对作家和工农兵相结合，实际上也就是反对文艺为工农兵服务。第三，反对作家改造思想。第四，反对文艺的民族形式。第五，反对"题材有重要与否之分"。文章最后说："必须彻底批判胡风思想"。

初收北京出版社 1959 年 1 月初版《雄鸡集》，改题为《斥胡风的反社会主义纲领》；后收《沫若文集》第 17 卷。

5 日 率出席亚洲国家会议的代表团飞抵新德里。(6 日《人民日报》)

6 日 下午，在新德里宪法俱乐部出席亚洲国家会议开幕式，并作大会发言。说："战争的威胁仍然在我们的面前，殖民政策还在实行，这一切阻碍着亚洲国家走向独立和自由的道路，并使为了改善生活而进行和平建设成为不可能。这便是我们各国爱好和平的人民要求我们出席这个会议的原因。"在谈到亚洲国家会议的作用时说：它"使各国代表能够增进彼此的了解和加强他们的团结，从而找出某种方法来缓和国际局势，并且根据和平共处的五项原则来拯救亚洲和平"。(发言摘要载 8 日《人民日报》)

7 日 上午，往帝国饭店，出席亚洲国家会议全体会议，代表中国代表团作了关于政治问题的补充发言，发言全文以《亚洲人民团结起来为实现和平共处而斗争》为题载 9 日《人民日报》。说："我们虽然热爱和平，但决不会牺牲自己的领土，去向侵占者乞求和平。我们虽然坚决反对战争，但决不会被任何战争威胁所吓倒。"

◎ 上午，拜谒甘地火葬处，并敬献花环。(8 日《人民日报》)

◎ 下午，出席亚洲国家会议全体会议，并担任主席。(9 日《人民日报》)

8 日 与印度代表团在午餐会上聚会，同印度代表团团长拉米希瓦里·尼赫鲁夫人互致祝贺。(11 日《人民日报》)

9 日 上午，与出席亚洲国家会议的各国代表团团长往总统府拜访印度总统拉金德拉·普拉沙德。(10 日《人民日报》)

◎ 下午，率代表团成员廖承志、丁西林、赛福鼎、陈翰笙拜访印度总理尼赫鲁。(11 日《人民日报》)

10 日 出席亚洲国家会议闭幕式。在会议开始的时候，代表主席团和全体代表对前来祝贺的德里儿童和妇女组织代表表示感谢。

会议通过了主席团提出的关于政治问题、文化问题、科学问题、经济问题和社会问题的决议，并且通过了出席会议的宗教界的代表提出的关于亚洲国家的教徒为争取和平而进行合作的呼吁书。在通过关于给予中华人民共和国以在联合国中的合法地位的决议时，代表们起立热烈鼓掌表示欢迎。(12 日《人民日报》)

◎ 往甘地广场，出席印度德里市民为庆祝亚洲国家会议闭幕举行的集会，作为中国代表团团长发表讲话。强调"中国和印度之间的两千年的友谊是国际间的相互友爱和谅解的范例"。当说到"亚洲人决不再打亚洲人了"时，全场响起热烈的掌声。(12 日《人民日报》)

11 日 出席亚洲国家会议主席团会议，至次日结束。当选为亚洲团结委员会委员。(14 日《人民日报》)

21 日 由印度归国，经缅甸飞抵昆明，停留三天。(《游西安》，《旅行家》1957 年第 1 期)

24 日 到达重庆，停留至 26 日。(《游西安》，《旅行家》1957 年第 1 期)

27 日 到达成都，停留至 29 日。(《游西安》，《旅行家》1957 年第 1 期)

29 日 偕于立群参观四川大学历史博物馆，参观了五个陈列室和两个陈列廊，看得很仔细。对四川的汉画像石刻颇为注意，特别对新津崖墓墓门上的雕刻及墓门的制度感兴趣。在看新津石函上的画像时，详细询问石函在崖墓中的位置、制作等情况。参观广汉出土的遗物时，兴趣集中在"石壁"上。反复观察了最大的石壁，说，早在日本时，已注意到这一遗物，并曾收到石壁的照片。在书画室中，对明代蓝瑛的《溪山阿雪图》巨型中堂、《西厢记》册页等很欣赏。最后，应请求题词留念："离开成都四十二年，今偷暇来此，参观了川大博物馆，搜藏颇为丰富，闻系积四十年之力而得此，殊非易易；望善于加以保管，并加以系统的研究，对中国文化史将有适当之贡献。"(见四川大学历史系博物馆成恩元《忆郭老一九五五年来川大历史博物馆参观》一文所引，载 1979 年 7 月《四川大学学报丛刊》第 8 辑《郭沫若研究专刊》第 2 集)

下旬 由成都市长李宗林陪同参观文殊院，应该院要求题七绝一首："四十年后始来游，西天文物萃斯楼。只今民族翻身日，亦见宗门庆自由。"(手迹载《中国书画》1979 年第 1 期)

◎ 参观昭觉寺，题七绝一首："一别蓉城卅二年，今来昭觉学逃禅。丈雪破山人已渺，几行遗墨见薪传。"(手迹载《中国书画》1979 年第 1 期)

◎ 参观灌县二王庙并题词，赞"李冰掘离堆、凿盐井，不仅嘉惠蜀人，实为中国二千数百年前卓越之工程技术专家"。同时指在离堆"谓在嘉州者，乃妄说耳"，并以此次"未及登临"近在眉睫的青城"为一憾事"。（手迹存灌县文管所）

30日 返回重庆。（《游西安》，《旅行家》1957年第1期）

5月

1日 卢子英携子女应邀来访。为卢国模（卢子英之女小竺）在笔记本上题辞："九年多不见了，您现在已经是高中三年生了，转瞬就要进大学了。您志愿学医学，要做人民医生，我非常高兴。我年青的时候也是学医的，只是因为听觉不好，没有学成。我祝您一定学成功，补偿我这个缺憾，那我就双倍感谢您了。好好努力吧！"（据手迹；卢国模《忆郭沫若与父亲卢子英的友情》，《卢子英与北碚》2005年12月）

2日 上午，由重庆飞抵西安，下榻人民大厦。午后，游碑林，在历史博物馆中，"得见南宫柳鼎、长由盉、禹鼎、函皇父鼎等。有名浮雕昭陵六骏之四，被保存下来，镶嵌在博物馆的壁上。石刻浑厚有力，每面都被破碎为三四断片，为了准备盗运出国。其中之二已被美国盗去"。之后，观碑林，又游览唐代建筑大雁塔和小雁塔。（《游西安》，《旅行家》1957年第1期）

3日 上午，参观汉武帝茂陵，及陪葬的卫青墓、霍去病墓、霍光墓。又参观传说的周陵。（《游西安》，《旅行家》1957年第1期）

4日 上午，为"人民大厦"写对联一副、中堂一幅。对联为："勉哉吾党二三子，猗欤广厦千万间。"中堂是一首七绝："大厦巍峨立道中，/庶民今日有雄风。/阿房长乐今何在？/唯见红旗映日红。"（《游西安》，《旅行家》1957年第1期）

收作家出版社1959年11月初版《潮汐集·潮集》，题为《题西安人民大厦》；现收《郭沫若全集·文学编》第4卷。

◎ 为华清池书一条幅，以《记华清池》为题，发表于1956年11月19日《文汇报》，作者原注曰："一九五五年五月初参加亚洲国家会议归来，路过西安游华清池捉蒋亭作。"诗云："骊山云树郁苍苍，历尽周秦与汉唐。一脉温汤流日夜，几坯荒冢掩皇王。已驱硕鼠歌麟凤，定复台澎系犬羊。捉蒋亭边新有路，游春士女乐而康。"

初收人民日报出版社 1959 年 4 月初版《长春集》，改题为《华清池》；现收《郭沫若全集·文学编》第 3 卷。

◎ 作七律《访霍去病墓》，云："马踏匈奴虎搏牛，石雕浑朴纪炎刘。祁连山上摩天石，长乐宫中万户侯。年少将军才廿四，无名巨匠足千秋。欣看祠宇成黉舍，学子莘莘意气遒。"

收作家出版社 1959 年 11 月初版《潮汐集·潮集》，现收《郭沫若全集·文学编》第 4 卷。

◎ 下午，乘飞机返抵北京。(5 日《人民日报》)。

5 日　设宴招待苏联科学院代表团和匈牙利、蒙古、德意志民主共和国科学家。在宴会上致辞，感谢苏联和各人民民主国家科学家的友好访问和帮助。

出席宴会的有：苏联科学院代表团团长巴尔金院士和全体团员、匈牙利科学院副院长利格蒂院士、蒙古科学委员会副主席纳查格达尔日、德意志民主共和国科学家格尔希院士和艾尔克斯教授。中国科学院副院长陈伯达、张稼夫、竺可桢、吴有训等。(6 日《人民日报》)

6 日　晚，与刘少奇、陈云等出席首都各界庆祝德国解放十周年大会。(7 日《人民日报》)

◎ 复函钱祖夫。告以"今天看了您这长信"，肯定其工作之余"仔细阅读，留心总结，是很好的"。指出："批判胡适，主要目的在宣传并深入学习马克思主义，因有立有破，从批判反动思想中更容易接受正确的真理。意见小有异同，足征学有深浅，在讨论进行中，由辩证的统一，便可逐渐趋于一致。"同时鼓励说："您的意见，不妨把它写出来，不必顾虑。您这封信，我寄还您。因这是您的劳动产品，您如要写文章或许有底稿的作用。"(《江海学刊》1983 年第 1 期)

7 日　与刘少奇、陈毅等往机场，迎接周恩来总理出席亚非会议和访问印度尼西亚归来。(8 日《人民日报》)

◎ 就亚非会议成果向《人民日报》记者发表谈话，全文载 8 日《人民日报》。称赞这是"继日内瓦会议后运用和平协商而取得成就的又一个范例"。

8日 在科学院举行的人民内部矛盾问题第三次座谈会上发言，表示要适当解决同志们提出的意见和矛盾，今后将经常下所，采取谈心的方式，从四面八方来把彼此之间的墙拆掉。（9日《光明日报》）

◎ 下午，与李济深、沈钧儒等组成司徒美堂治丧委员会。

司徒美堂，全国人民代表大会常务委员会委员，于8日在北京逝世。（9日《人民日报》）

9日 上午，往中山公园中山堂，与周恩来、陈毅等出席司徒美堂遗体入殓仪式。（10日《人民日报》）

◎ 作《〈少年维特之烦恼〉小引》，收入人民文学出版社1955年10月版《少年维特之烦恼》。说明歌德的这部小说"很明显地是把自己的生活经验和以鲁塞冷的故事结合了。这毫无疑问是一部现实主义的小说，而内容是反对封建制度的"。"这书出版后受到热烈的欢迎，但也发生了一种值不得欢迎的副作用——那就是受了陶醉的青年男女每因婚姻不自由即以自杀表示抗议。一时形成了所谓'维特热'。"

10日 上午，往中山公园中山堂，出席首都各界人民公祭司徒美堂大会，与董必武、沈钧儒等担任陪祭。周恩来主祭。（11日《人民日报》）

◎ 下午，毛泽东、周恩来、朱德等在中南海颐年堂邀请党外人士商谈粮食、外交、台湾、大赦等问题，与李济深、黄炎培、沈钧儒、陈叔通、张治中、傅作义、罗隆基、马寅初等出席。（《毛泽东年谱1949—1976》第2卷，中央文献出版社2013年12月版）

◎ 设宴欢迎以吉冈金市、小林义雄为代表的日本访华代表团，以小川丰明、多贺谷松雄为代表的日本农业代表团和日本和平人士宫崎龙介、宫崎世民等。（11日《人民日报》）

◎ 致函尹达。表示"叶先生的《殪鯀考》，我觉得有意思。请您看看，有否适当的刊物给他发表一下。中学教员中，得此殊不易"。（《郭沫若书信集》下，中国社会科学出版社1992年版）

"叶先生"，叶耕让，时为广东省南海县石门中学教员。1955年4月17日写信给郭沫若，说："反复细玩《屈原赋今译》，籀绎群书，写下札记，撰《殪鯀考》。蚍蜉撼树，不知自量。这是很浅陋的见解，附函奉上，请您指教。"

◎ 复函柏木正一。"三月十九日托火野苇平氏转来大札已在印度接读。母校九大邀我赴日，甚感光荣。但以业务及其他关系，今秋恐难如愿。特此奉复。"（《郭沫若研究》第 9 辑，文化艺术出版社 1992 年版）

◎ 复函日本九州大学师生，说："我是九大医学部出身的一个老学生。从遥远的北京向你们致意。""我离开母校虽然已经三十二年了，但我经常怀念当时的学术自由的风气。三十二年决不是短暂的岁月，世界的形势经历了巨大的变迁，但千代松原和博多湾的风光依然如在眼前。母校的老师和同学们已经展开邀请我访日的运动，我很感激。我衷心希望再一次访问福冈。""中国和日本本来是象兄弟一样的国家，但不幸，在我们之间存在着人为的障碍。这决不是说在我们方面有竹幕，而是第三国在我们中间挂起了铁幕。为了我们相互间往来的顺利，很明显，我们要共同努力，一起揭开这个铁幕。""我坚决地相信，我一定能够有那么一天在博多湾的青松白砂之间和你们携手。我是恳切地希望这样的一天能够早日到来。"（刘德有《随郭沫若战后访日》，辽宁人民出版社 1988 年 9 月版；中国科学院档案）

12 日 在中南海颐年堂出席毛泽东主席主持召开的最高国务会议第三次会议，会议通过毛泽东主席提出的肃反工作方针。（《毛泽东年谱1949—1976》第 2 卷，中央文献出版社 2013 年 12 月版）

15 日 上午，参加周恩来总理同印度国会联邦院议员、印度文化国际学院院长、印度著名语言学家拉古·维拉的会见。（16 日《人民日报》）

16 日 晚，参加周恩来总理同叙利亚议会议员阿卜杜勒·卡里姆·查霍尔等中近东国家代表的会见。（17 日《人民日报》）

18 日 晚，在中南海参加周恩来总理举行的酒会，招待来华参加"五一"节观礼访问的亚洲、非洲各国工会代表团和工会代表。（19 日《人民日报》）

◎ 作诗《孩子们的衷心话》，发表于《山东教育》1955 年 5 月号。以孩子的口吻对妈妈、爸爸和老师说："我们喜欢那些小蜜蜂儿呵！／它们在田地里飞绕着菜子花，／每朵花里它们都争着去采蜜，／飞来飞去，做了工作多好耍。／我们喜欢那些小燕子儿呵！／一大清早便扑着翅子学爹妈，／开头都好象还有些儿害怕，／一下子便成了独立的飞行家。／嫩松树抽出了一尺长的芽，／映山红开遍了满山的红花。／去年的鱼秧儿已经三寸大，／蝌蚪儿转眼变成了小青蛙。／我们要去爬山，要去把船划，／请你们也一道去吧,一道去吧!"

初收《沫若文集》第 2 卷,后收人民文学出版社 1959 年 12 月初版《骆驼集》,现收《郭沫若全集·文学编》第 4 卷。

20 日 主持中国科学院本年第二十四次院务常务会议。讨论与苏联科学院合作、邀请苏联科学院派遣古生物学家来华访问,与波兰科学院合作等问题。(《中国科学院史事汇要》1955 年)

◎ 复信张令杭,就其对《女神》第 2 辑中《巨炮之教训》提出的疑问作了答复:"'爱中国的墨与老'在诗中是托尔斯泰说的话。托尔斯泰是爱墨子和老子的,请再就原诗审阅。老子本人在历史上亦自有重(要)地位,不能一概抹杀。"

张令杭在致郭沫若的信中表示了对"我爱你们中国的墨与老"一语的不解,"以为老子主张清净无为,倒退复古,反对人类的创造与发展,是当时没落贵族领主思想的代表者。他可爱在哪里,殊难理解"。(张令杭《忆郭老的一封答疑信》,载 1985 年 5 月 15 日《浙江日报》,郭沫若信复印件亦刊于此)

21 日 出席各人民团体负责人联席会议,作关于亚洲国家会议情况和成就的传达报告,摘要载 22 日《人民日报》。说:"这次会议首先在于表现了亚洲各国人民争取缓和国际紧张局势、维护独立和反对殖民主义的意志。其次,就是亚洲各国人民决心拥护和推行和平共处的五项原则,来对世界和平作出积极的贡献。"(22 日《人民日报》)

23 日 致函刘大年。谈对学部成立大会报告稿的意见:"报告稿大约是集体创作,文词气势不大一致。我只在文字上修改了一下,但整个地说,我对这稿子不大满意。三项重点的提出是好的,但第一项的提法似乎应该从积极方面来说,加强马克思列宁主义的学习,树立工人阶级的领导。反对唯心主义思想的斗争是一种学习方式,即所谓'不破不立',此点请考虑一下。第三项对哲学以下各部门的分述,看不出重点,和所标示的提要不适应,请考虑一下。似可归为第四项。现有社会科学各部门中所存在的问题,作为一个网篮包括进去,可能更有归宿一点。是学部成立大会上的报告,关于学部的任务和作用,似乎说得太少,不大集中。"(《刘大年来往书信选(上)》,中央文献出版社 2006 年版)

24 日 晚,设宴招待国际民主妇女联合会主席、世界和平理事会副

主席欧仁妮·戈登夫人，法国妇女维尔德美夫人、亚历山大夫人和巴朗蒂尼夫人。(25日《人民日报》)

25日 主持中国文学艺术界联合会主席团和中国作家协会主席团联席扩大会议，并致开会词。说："胡风集团已不仅是我们思想上的敌人，而且是我们政治上的敌人。"

在26位发言者发言之后，会议通过关于处理胡风集团的议案，决定开除胡风中国作家协会会籍，撤销其作家协会理事、《人民文学》编委、文联全国委员会委员等职。(开会词摘要载26日《人民日报》)

议案通过之后，郭沫若再次发言。发言内容以《严厉镇压胡风反革命集团》为题载1955年第11号《文艺报》

参加会议的有中国文联主席团委员和各协会负责人周扬、阳翰笙、欧阳予倩、夏衍、郑振铎、冯雪峰、老舍、田汉、洪深、江丰、吕骥、马思聪、戴爱莲等以及首都文学艺术界人士共七百多人。(26日《人民日报》)

26日 下午，往机场，欢迎来华访问的印度尼西亚总理阿里·沙斯特罗阿米佐约和夫人一行。(27日《人民日报》)

◎ 发表《请依法处理胡风》于《人民日报》。说："我完全赞成好些机构和朋友们的建议：撤销胡风所担任的一切公众职务，把他作为反革命分子来依法处理。"

27日 晚，出席周恩来为欢迎印度尼西亚总理阿里·沙斯特罗阿米佐约举行的宴会。(28日《人民日报》)

31日 在北京饭店主持中国科学院学部成立大会预备会，讨论学部成立大会的内容、大会程序、选举成立大会主席团名单等事项。向大会报告了学部成立大会的内容，谈道：五年来科学家做了许多工作，但与国家大规模的经济发展建设比较，是远不能令人满意的。"为了加强领导，我们决定成立四个学部，分别领导有关的研究机构。""学部委员会是产生院士的基础，现在成立学部，对我们的工作说来，已经是很大的迈进一步了。"共有119人出席了会议。(《中国科学院史事汇要》1955年)

本月 作七律《一九五五年五月赠陈毅同志》，发表于《诗刊》1957年第9期。诗云："一柱天南百战身，/将军本色是诗人。/凯歌淮海中原定，/团结亚非正义伸。/赢得光荣归祖国，/敷扬文教为人民。/修篁最爱莫干好，/数曲新词猿鸟亲。"

收人民日报出版社 1959 年 4 月初版《长春集》，改题为《赠陈毅同志》；现收《郭沫若全集·文学编》第 3 卷。

6月

1日 上午，出席中国科学院学部成立大会开幕式，为当日主席团执行主席之一。首先致开幕词。说明中国科学院成立物理学数学化学部、生物学地学部、技术科学部和哲学社会科学部四个学部的重大意义："为了使科学事业赶上国家建设的需要，必须建立和健全全国科学领导中心，吸收全国各部门各地区优秀的科学家参加中国科学院的学术领导，使全国的科学研究工作和科学事业的发展能根据国家需要更有组织有计划地进行。中国科学院四个学部的成立，正是这一措施的体现。"（2 日《人民日报》，《中国科学院史事汇要》1955 年）

◎ 下午，与周恩来、陈毅等出席中国印度尼西亚友好协会成立大会。（2 日《人民日报》）

◎ 晚，往中南海，参加毛泽东主席为欢迎印度尼西亚总理阿里·沙斯特罗阿米佐约而举行的宴会。（2 日《人民日报》）

2日 上午，出席中国科学院学部成立大会，在会上作关于中国科学院工作的报告：总结了五年以来的科学工作，提出了今后的工作任务和改进工作的措施。建议加强科学工作的计划性，研究并制定我国科学发展的远景计划。充分发挥科学家的力量，积极培养新生力量。建立学位制度、院士制度和学术奖励制度。加强国际间的科学合作。加强学术领导等。（报告摘要载 3 日《人民日报》，全文载 12 日《人民日报》）

◎ 晚，与刘少奇、周恩来等应邀出席印度尼西亚总理阿里·沙斯特罗阿米佐约举行的告别宴会。（3 日《人民日报》）

3日 上午，与周恩来、贺龙等往机场，送印度尼西亚共和国总理阿里·沙斯特罗阿米佐约夫妇赴华东、华南等地参观。（4 日《人民日报》）

◎ 上午，主持中国科学院学部成立大会主席团第一次会议，讨论大会进程和各学部推选常务委员会委员名单等问题。作"关于大会进行程序各项问题的报告"，谈到以下几个问题：一、关于会议的开法。要结合五年计划纲要认真讨论总报告；学术论文应进行答辩，鼓励大家提意见。

两方面的内容都应当抓紧，不能偏废。二、关于学部委员名单，对国务院已批准的233位学部委员名单如有意见可以提出。三、关于学部常务委员会名单问题，拟由主席团提出候选名单草案，此名单并不限在北京的委员，但北京的委员应占半数，这样便于开会。

周恩来总理发布国务院令，公布学部委员名单。

学部委员名单共233人，由国务院全体会议第十次会议批准。哲学社会科学学部委员有丁声树、千家驹、于光远、尹达、王力、王亚南、王学文、向达、艾思奇、何其芳、吴玉章、吴晗、吕叔湘、吕振羽、李亚农、李达、李俨、杜国庠、沈志远、狄超白、周扬、季羡林、金岳霖、侯外庐、胡乔木、胡绳、范文澜、茅盾、夏鼐、马寅初、马叙伦、张如心、张稼夫、许涤新、郭大力、郭沫若、陈伯达、陈垣、陈寅恪、陈望道、陈翰笙、陶孟和、汤用彤、冯友兰、冯至、冯定、黄松龄、杨树达、杨献珍、刘大年、潘梓年、翦伯赞、邓拓、郑振铎、黎锦熙、钱俊瑞、骆耕漠、鲍尔汉、薛暮桥、魏建功、罗常培。(6月4日《人民日报》，《中国科学院史事汇要》1955年)

4日 上午，主持中国人民保卫世界和平委员会和各人民团体负责人联席会议。

会议拥护即将在赫尔辛基召开的世界和平大会，并讨论通过出席赫尔辛基世界和平大会中国代表团名单。茅盾为团长，陈叔通、廖承志为副团长。(9日《人民日报》)

◎ 作诗《人生最光荣》，发表于《解放军战士》6月创刊号。诗中说："好铁必打钉，／好儿必当兵。／当了解放军，／人生最光荣。"

收《沫若文集》第2卷，现收《郭沫若全集·文学编》第5卷。

5日 晚，设宴招待应中国科学院邀请来访的日本学术会议代表团。(9日《人民日报》)

7日 主持学部成立大会主席团第二次会议。会议宣布四个学部主任、副主任人选，提出各学部常务委员会人选名单草案。(《中国科学院史事汇要》1955年)

10日 下午，主持中国科学院学部成立大会闭幕式，并致闭幕词。指出："这次大会得到了丰富的收获"，"大会总决议表示了我们全体科学工作者对于为社会主义建设服务的科学任务认识的一致，表示了我们要努力实现任务的决心"。

中国科学院学部成立大会共举行了九天会议。宣告成立中国科学院的四个学部和通过了两项决议外，听取并讨论了院长郭沫若的工作报告以及四个学部的主任和副主任关于各学部的工作报告。讨论并修改了中国科学院五年计划纲要草案。讨论并通过了各学部1955年工作计划纲要。选出了四个学部的常务委员会。科学家们在会上宣读了39篇学术论文。各学部分组讨论了这些论文，互相交流了学术经验。(11日《人民日报》)

13日 视察天津市对犯人的劳动改造工作。(14日《人民日报》)

14日 晚，在中南海怀仁堂，观看印度艺术家的音乐歌舞表演。演出结束后，与周恩来总理到后台向演员致谢。(15日《人民日报》)

15日 上午，以世界和平理事会副主席身份，与茅盾、陈叔通、廖承志率领的中国代表团乘飞机转道莫斯科赴赫尔辛基出席世界和平大会。(16日《人民日报》)

16日 下午，与茅盾等飞抵莫斯科。代表团日内即由莫斯科转赴赫尔辛基。(18日《人民日报》)

22日 晚，在世界和平大会主席团举行的会议中，与约里奥·居里、茅盾等33人当选为大会执行委员。(25日《人民日报》)

23日 上午，出席世界和平大会全体会议，作大会发言。全文以《为消除新战争的威胁而奋斗》为题载25日《人民日报》《光明日报》。呼吁："我们要活，要活得更好，也要让别人活，让别人活得更好。"并宣告："战争必须彻底消灭，和平必须得到最后的胜利。"

24日 出席中国代表团同日本代表团举行的联欢宴会，与大山郁夫先后发表讲话，表达两国人民发展和平友好关系的愿望。接受日本代表安井郁赠送的日本人民反对原子武器的签名旗等礼物。(26日《人民日报》)

29日 出席世界和平大会闭幕会议，担任执行主席并致闭幕词。高度评价此次和平大会取得的成就，并以中国人民代表的身份"诚心诚意地邀请一切希望到中国去的朋友到中国访问"。(7月1日《人民日报》)

本月 为齐白石、陈半丁、于非闇、汪慎生等14位著名画家共同创作的画作题名"和平颂"。

此画是向世界和平大会的献礼之作。(藏中国人民对外友好协会)

7月

1日 主持世界和平理事会会议，再次当选为世界和平理事会副主席。

约里奥·居里当选为主席。茅盾为常务委员会委员，李一氓为常务委员会委员兼书记处书记。(3日《人民日报》)

◎ 作五律《赫尔辛基》，赞芬兰首都赫尔辛基："信是千湖国，港湾分外多。森林疑岭立，岛屿似星罗。中夏逢佳节，和平发浩歌。斯城良不夜，舞影看婆娑。"

收作家出版社1959年11月初版《潮汐集·潮集》，现收《郭沫若全集·文学编》第4卷。

2日 下午，与出席世界和平大会的中国代表团成员飞离赫尔辛基。(4日《人民日报》)

5日 上午，飞抵北京。(6日《人民日报》)

◎ 下午，出席在中南海怀仁堂举行的第一届全国人民代表大会第二次会议开幕式，为主席团成员。

本次会议的主要议程为：一、决定中华人民共和国发展国民经济的第一个五年计划。由李富春代表国务院作《关于发展国民经济的第一个五年计划的报告》。二、审查和批准1954年国家决算和1955年国家预算。三、制定中华人民共和国兵役法。四、通过关于治理黄河规划的决议。五、通过全国人民代表大会常务委员会的工作报告。六、补选全国人民代表大会常务委员会委员。(6日《人民日报》)

7日 晚，与毛泽东、刘少奇、朱德等出席中越两国政府联合公报签字仪式。(9日《人民日报》)

◎ 晚，在中南海，出席毛泽东主席为招待胡志明率领的越南政府代表团举行的宴会。(8日《人民日报》)

8日 上午，与刘少奇、周恩来等往机场，欢送胡志明主席一行离京赴蒙古和苏联访问。(9日《人民日报》)

◎ 夜，为重印《赫曼与窦绿苔》作简短说明："人民文学出版社将改版印行，费了两天工夫把全文阅读了一遍。有些可疑的地方核对了原

文，有所修改。"（《赫曼与窦绿苔》，人民文学出版社 1955 年 12 月第 1 版）

◎ 致函尹达，转去彭元瑞来信。说信中"所谈原稿，系王先谦《管子集释》原稿"，"因散失，近始探得下落。我建议历史第一所把它买下，我急想参考"，"可寄三百二十元（说明邮资在内）去，请遇夫先生点验原稿无误后，再成交易"。并嘱咐："寄款时可同时给彭君一信。书到后，望即送我处，以快先睹。"（《郭沫若书信集》下，中国社会科学出版社 1992 年版）

初旬 致信杨树达，托其为介，交涉收购陈秉常所藏王先谦《管子集解》。(《积微翁回忆录》；《〈管子集校〉引用校释书目提要》，《管子集校》)

该书后由"中国科学院历史研究第一所收购"。

14 日 主持中国科学院本年第三十次院务常务会议。讨论关于筹建化学研究所、编译局和科学出版社工作报告等问题。（《中国科学院史事汇要》1955 年）

16 日 晚，与鲍尔汉共同设宴招待来访的叙利亚、伊拉克、黎巴嫩、约旦、苏丹、阿根廷、加拿大等七个国家的和平代表，并致欢迎词。（17 日《人民日报》）

17 日 主持中国科学院各单位检讨胡风学习经验会。在总结时提三十二个字：抓紧领导，反复动员，展开讨论，反复谈话，提高警惕，分清敌我，不断学习，经常打扫。（《竺可桢全集》第 14 卷，上海科技教育出版社 2007 年 12 月版）

20 日 晚，设宴欢迎来访的日本、智利、澳大利亚和平代表及出席世界和平大会后途经中国返国的越南和平代表，并致欢迎词。表示要使得国际紧张局势彻底缓和下来，全世界人民也还需要为保卫和平作更进一步的努力。(23 日《人民日报》）

◎ 函告李约瑟，中国科学院拟派汪猷、王应睐于月底取道莫斯科赴比利时参加第三届国际生物化学大会。（《中国科学院史事汇要》1955 年）

21 日 晨，与毛泽东、朱德等往机场，送胡志明主席和越南政府代表团离京返国。(22 日《人民日报》）

◎ 下午，出席第一届全国人民代表大会第二次会议全体会议，作为中国科学院院长发言，全文载 22 日《人民日报》。介绍我国现有的科技力量及科技人才的培养，指出："要保障国家建设，保障和平，必须有一支壮大的国防军，同时也必须有一支壮大的科学军。"强调："中国科学院正把培养新生力量作为中心工作之一。这是一项迫切的而又是长期性的任务。"

23日 出席第一届全国人民代表大会第二次会议，担任执行主席，主持大会讨论。(24日《人民日报》)

25日 晚，与宋庆龄、陈毅等出席周恩来总理为招待来访的各国和平代表举行的酒会。与日本的和平代表们同桌交谈。(26日《人民日报》)

27日 晚，在中山公园音乐堂主持首都各界集会，拥护赫尔辛基世界和平大会所通过的宣言和各项建议，向大会致辞，摘要载28日《人民日报》。介绍了世界和平大会取得的成就，强调世界人民为了全面实现赫尔辛基世界和平大会的号召，必须更进一步团结一致，共同努力。

29日 在中国科学院肃反学习委员会举行的全院大会上作动员报告。(《中国科学院史事汇要》1955年)

◎ 致信在华沙举行的第五届世界青年与学生和平友谊联欢节，表示祝贺。说："青年和学生是未来世界的主人，青年和学生的友谊促进一步，世界和平的保障也就坚实一步。"(信函摘要载30日《人民日报》)

30日 上午，与宋庆龄、沈钧儒等在第一届全国人民代表大会第二次会议上当选为我国参加各国议会联盟的人民代表团执行委员会委员。彭真为代表团主席。(31日《人民日报》)

本月 在第一届全国人民代表大会第二次会议期间，毛泽东主席揭出为县团级干部编写一部中国历史的希望。(谢保成《郭沫若主编〈中国史稿〉》，《求真务实五十载——历史研究所同仁述往》，中国社会科学出版社2004年版)

◎ 向杨树达建议《修辞学》再版改名为《汉文文言修辞学》。杨树达"允之。以中国包括各民族，而书限于汉文也"。(陈梦熊《郭沫若遗简五通考述》，《郭沫若研究》第10辑)

8月

2日 接待来访的日本新闻界广播界代表团，对代表团人员提出的关于文化艺术方面的问题，作了详尽的答复。(20日《人民日报》)

3日 赴北戴河。(《积微翁回忆录》，《杨树达文集》之十七)

9日 发表《爱护新生代的嫩苗》于《人民日报》。此文是两次参观全国少年儿童科学技术和工艺作品展览会的观感。呼吁专家们"务必重视这次的展览会",并希望"我们的社会对于少年儿童的辅导都要进一步加以注意。凡是少年儿童所感觉兴趣的东西,不仅限于科学、技术和工艺,就是在这些部门以外的都要加以适当的鼓励和培养"。最后呼吁:"不要忽视了我们眼前的嫩苗!在那方生的力量中正具备着未来的无限的伟大。为少年儿童服务,也就是为祖国建设服务。要把祖国建造成社会主义和共产主义的庄严殿堂,我们自己要有诚心——起码做一片砖瓦。"

29日 与沈雁冰、阳翰笙、欧阳予倩、梅兰芳等组成洪深治丧委员会。

戏剧作家洪深于8月29日逝世。(30日《人民日报》)

本月 为历史剧《屈原》和《虎符》的日文译者须田祯一书旧作《汨罗江感怀》。(手迹收日本东京讲谈社1972年版《郭沫若史剧全集》第1卷)

9月

5日 上午,在北戴河参加毛泽东邀请的座谈,并共进午餐。

毛泽东约请陈叔通、郭沫若、张奚若、章乃器、邵力子、黄炎培座谈。周恩来、徐冰参加。(《毛泽东年谱1949—1976》第2卷,中央文献出版社2013年12月版)

◎ 从北戴河返京。(《积微翁回忆录》,《杨树达文集》之十七)

6日 复函杨树达。告以"得读八月四日手札,并得王葵园《管子集解》,甚为快幸。《管子集校》一书许维遹、闻一多遗业,余为之补校,较原稿增多一倍,现正校对中,今年或可望出版。王书来,恐又将有所增益矣"。(杨逢彬整理《积微居友朋书札》,湖南教育出版社1986年版)

8日 出席中国科学院本年第三十八次院务常务会议,讨论各学部1955年下半年工作计划。(《中国科学院史事汇要》1955年)

9日 晚,出席保加利亚大使馆临时代办塔科夫举行的招待会,庆祝保加利亚解放11周年。(10日《人民日报》)

◎ 补写《〈管子集校〉引用校释书目提要》,收《管子集校》。

◎ 致函尹达。告以杨树达已将王先谦《管子集释》稿本送来,"现暂留我处，以备《管子集校》之校补"。同时提及："杨信只言收到稿款，未言多少。如有必要，似可请他补写一收据。"后又加括号说："在我看来，对这些老先生似可不必如此严格。"（《郭沫若书信集》下，中国社会科学出版社1992年版）

12日 上午，陪同陈毅副总理会见莫里斯·奥巴赫为代表的英国访华友好代表团。（13日《人民日报》）

◎ 晚，会见英国访华友好代表团团长莫里斯·奥巴赫，并举行欢送宴会。在致辞中希望代表团把中国人民的深厚友谊带给英国人民。（13日《人民日报》）

13日 上午，往劳动人民文化宫，参加首都各界追悼日本共产党领袖德田球一大会。与彭真、邓小平、李济深等陪祭，刘少奇担任主祭。会后，德田球一遗骨即运回日本。在机场举行的告别式上，与刘少奇、陈云等向遗骨默哀并作最后告别。（14日《人民日报》）

16日 发表《请为少年儿童写作》于《人民日报》。针对少年儿童文学作品匮乏的状况，呼吁："为了不断地铸造我们自己的灵魂和新生一代的灵魂，我们就请多多写作少年儿童文学吧！"同时指出："要做好儿童文学，有必要努力恢复我们自己的少年儿童时代的活泼纯洁的精神，并努力向今天的少年儿童的生活作深入的体会。"他认为："儿童文学是最难做好的东西"，"一个人要在精神上比较没有渣滓，才能做得出好的儿童文学"。

17日 出席中国科学院本年第四十次院务常务会议。（《中国科学院史事汇要》1955年）

19日 下午，会见突尼斯访华友好代表团代表贝拉卢纳、沙克隆和德里斯三人。（24日《人民日报》）

◎ 晚，与沈钧儒设宴欢迎英国和平人士普里特和比利时和平人士布伦姆夫人。宴会结束后，宾主共同观看了中国杂技表演。（20日《人民日报》）

20日 下午，在全国青年社会主义建设积极分子大会上，与毛泽东、刘少奇、周恩来、朱德、宋庆龄、陈云等当选为名誉主席团成员。（21日《人民日报》）

22日 主持中国科学院本年第四十一次院务常务会议，会议决定成立哲学研究所。通过《中国科学院科学奖金委员会暂行组织规程》等决定。通过有关任命决定。(《中国科学院史事汇要》1955年)

23日 杨树达来访。"出《管子集校》校样,谈经过,赠《石鼓文研究》一册。"并以"校样见付,嘱提意见"。(《积微翁回忆录》,《杨树达文集》之十七)

24日 以中国科学院院长名义致电波兰科学院院长邓鲍夫斯基:"中国科学院于今年十月廿四日在北京召开现代汉语规范问题学术会议,会期为五天至一星期,竭诚地邀请波兰科学院派二位语言学专家出席此会。会议将对汉语标准音、词汇规范、语法规范、方言调查、标准语教学等问题分别组织专题发言。希望波兰语言学家能作报告。"(中国科学院档案)

26日 晚,往中南海紫光阁,出席周恩来总理举行的宴会,为印度驻我国特命全权大使赖嘉文饯行。宴会后,宾主一起观看我国文化代表团演出的印度和中国歌舞。(10月4日《人民日报》)

27日 下午,往中南海怀仁堂,出席毛泽东主席授衔授勋典礼。

典礼上,毛泽东主席授予中国人民解放军军官朱德、彭德怀、林彪、刘伯承、贺龙、陈毅、罗荣桓、徐向前、聂荣臻、叶剑英以中华人民共和国元帅军衔,授予中国人民解放军在中国人民革命战争时期有功人员818人一级八一勋章。(28日《人民日报》)

◎ 晚,与夫人于立群设家宴招待苏联新派来的地震专家戈尔什科夫教授。在座的有竺可桢、拉菲柯夫、赵九章、曹日昌等。(《竺可桢全集》第14卷,上海科技教育出版社2007年12月版)

28日 下午,出席全国青年社会主义建设积极分子大会闭幕式。(29日《人民日报》)

◎ 下午,出席印度特命全权大使赖嘉文举行的辞行酒会。(10月4日《人民日报》)

◎ 往机场,迎接上林山荣吉率领的日本国会议员访华团。(29日《人民日报》)

◎ 复函陈梦家。认为"蔡侯钟铭为近时出土器中铭之较长者,可贵",肯定"您的考释颇正确,有一二字值得商榷",并表示"我可以写一点简单的释文"。附言表示"关于丹徒矢毁铭也想写一点"。(《郭沫若书信集》下,中国社会科学出版社1992年版)

29日 上午，参加陈毅副总理与突尼斯访华友好代表团的会见。(30日《人民日报》)

◎ 下午，参加刘少奇同上林山荣吉率领的日本国会议员访华团的会见。(30日《人民日报》)

◎ 往机场，迎接世界和平理事会副主席、意大利全国和平理事会主席、意大利社会党总书记南尼一行。

南尼是郭沫若邀请来访的。(30日《人民日报》)

◎ 晚，往北京饭店，出席周恩来总理为招待各国驻华使节、外交官员和应邀来中国访问和参加国庆节观礼的各国来宾举行的宴会。(30日《人民日报》)

30日 上午，参加周恩来总理与南尼一行的会见。(10月1日《人民日报》)

10月

1日 上午，与毛泽东、刘少奇等党和国家领导人登上天安门，出席新中国成立六周年庆典。(2日《人民日报》)

2日 下午，与毛泽东、刘少奇等往先农坛体育场，出席全国第一届工人体育运动大会开幕式。(3日《人民日报》)

◎ 晚，出席周恩来总理为招待帮助中国建设的苏联和各人民民主国家在京专家举行的宴会。(3日《人民日报》)

3日 下午，与毛泽东、刘少奇、邓小平、陈毅、廖承志在中南海勤政殿同世界和平理事会副主席、意大利全国和平理事会主席南尼一行会谈。(4日《人民日报》;《毛泽东年谱1949—1976》第2卷，中央文献出版社2013年12月版)

◎ 晚，在文化俱乐部宴请英、美、法、苏留学返国学生41人以及中科院青年积极分子11人。(《夏鼐日记》，华东师范大学出版社2011年8月版;《竺可桢全集》第14卷，上海科技教育出版社2007年12月版)

◎ 作《由寿县蔡器论到蔡墓的年代》，发表于《考古学报》1956年第1期。对1955年安徽寿县西门内蔡侯墓出土青铜器中，铭文最长的蔡侯钟、蔡侯卢、吴王光鉴三种铭文加以考释，推断该墓为蔡声侯墓，蔡声侯殁于公元前457年，该墓"当即是公元前457年，或其后三二年间所建"。后又于1956年1月4日改正，2月12日再改正。

初收人民出版社1961年1月版《文史论集》，后收《沫若文集》第17卷，现收《郭沫若全集·考古编》第6卷。

4日 晚，与茅盾一同设宴，招待苏联文化代表团团长苏尔科夫夫妇。（5日《人民日报》）

◎ 致函陈梦家。奉赠《石鼓文研究》一部，并告知"写了一篇蔡钟铭考释，已交尹达同志"，"矢毁铭收到"。（《郭沫若书信集》下，中国社会科学出版社1992年版）

5日 晚，往政协礼堂，观看日本歌舞伎剧团访问中国的首次演出，演出之前参加了开幕式。（6日《人民日报》）

6日 主持中国科学院本年第四十三次院务常务会议。会议通过1955年分析化学会议工作报告；同意提前成立力学研究所并呈报国务院批准；同意成立微生物研究所筹备委员会。（《中国科学院史事汇要》1955年）

◎ 晚，与周恩来、陈毅等观看缅甸联邦文化代表团的演出。（7日《人民日报》）

7日 上午，出席全国政协为欢迎南尼一行举行的欢迎会，首先致辞。摘要载8日《人民日报》。赞扬南尼是"意大利人民的杰出的社会活动家""世界和平运动的有力的组织者"，表示相信：南尼"会比马可波罗更丰富地把意大利人民的文化和友谊带到中国来"。

◎ 中午，与宋庆龄、李济深等出席全国政协为欢迎南尼一行举行的宴会。（8日《人民日报》）

◎ 作为中国人民保卫世界和平委员会主席设宴欢迎英国公谊会代表团。（8日《人民日报》）

8日 晚，作为中国科学院院长，宴请波兰、苏联、南斯拉夫、罗马尼亚、匈牙利、东德六国科学家，共六桌。竺可桢等在座。（《竺可桢全集》第14卷，上海科技教育出版社2007年12月版）

9日 与邓小平、李富春、吴晗等偕家人，去北京明十三陵郊游。其间，吴晗提出发掘长陵，建地下博物馆的设想，商定由吴晗负责起草送呈周恩来总理的报告。（据王廷芳《郭沫若与定陵发掘》，《文物天地》1999年第2期）

◎ 下午，往先农坛体育场，出席全国第一届工人体育运动大会闭幕

式。(10 日《人民日报》)

◎ 晚，作为中国人民保卫世界和平委员会主席举行酒会，欢送南尼一行。在酒会上，向南尼等赠送象牙雕刻及齐白石的花卉画等礼品。(10 日《人民日报》)

南尼回国后，于11月致信郭沫若，说，将在米兰作以北京之行为主题的演说。并说："我访问北京之后所引起的重视和论战，将来一定会有人告诉您的"，"我可以肯定地告诉您，与伟大的贵国恢复邦交的问题已经在颇为良好的条件下被提出来了"。(外交部档案)

10 日 晨，与李济深、章伯钧等往机场，欢送南尼一行。(11 日《人民日报》)

◎ 晚，与沈钧儒设宴欢送英国和平委员会会长普里特夫妇。(12 日《人民日报》)

11 日 在《历史研究所第一所拟聘学术委员名单》上作批语："尹达同志：一所事，连所长名义我都久想辞掉。学委中千万不要列名。我最怕开会，耳朵聋，实在也没有办法。我并非消极，我也在做事。但头名衔太多，于心实难安。其他各位都同意，顾既可列入，则上海的周、广州的容，似亦可考虑也。郭沫若 十、十一、其他各项，我的意见已告稼夫同志。又及"(《历史研究所第一所拟聘学术委员名单》，卷存中国社会科学院历史研究所)

12 日 发表《寄志愿军战士》于《解放军文艺》1955 年 10 月号，纪念中国人民志愿军出国作战五周年。称志愿军抗美援朝"在近代史上是一件大事，并将永远是一件大事"。"永远值得纪念。"

13 日 出席中国科学院本年第四十四次院务常务会议。会议听取张钰哲关于参加国际天文协会都柏林大会的报告；讨论西北分院筹备委员会的工作问题。(《中国科学院史事汇要》1955 年)

14 日 《致〈历史研究〉编辑部》发表于《历史研究》1955 年第 6 期。对 10 月 12 日送审的中科院考古所青年研究员林寿晋《东晋南北朝时期的矿冶铸造业》一文批示："这篇文章注意到新的研究方面，虽然主要是资料的搜集，但已难得。我同意备用。"(《郭沫若书信集》下，中国社会科学出版社 1992 年版)

15 日 上午，出席全国文字改革会议，作题为《为中国文字的根本改革铺平道路》的报告。就汉字的发展历史和改革道路，作了分析。报告全文载 25 日《人民日报》、11 月 9 日《光明日报》。报告回顾了汉字发展的历史，指出汉字字数太多，在初学文化的儿童或成年人，"实在是一道很不容易突破的难关"，"在进行普通教育的过程中，比起使用拼音文字的国家来，起码就要多费两年"。进而提出汉字改革的问题。首先提出要"从象形文字的体制改革而为拼音文字"，但"汉字所纪录的中国历代的文化遗产的精华"，也要"一直被保留到永远的将来"；进而提到汉字的简化——使繁难汉字的笔画减少，使常用汉字的字数限定，这在相当长的过渡期间，毫无疑问是可以减少一些在使用汉字上所必然遇到的困难的。最后谈到，本次会议的另一个重要议题，便是推行汉民族共同语——以北京语音为标准音的普通话。

这次会议是由教育部和中国文字改革委员会联合召开的。会议的任务是讨论和解决两个迫切的问题，即通过汉字简化方案，推行以北京话为标准的普通话——民族共同语。会议由中国文字改革委员会主任吴玉章致开幕词。陈毅作报告。(16 日《人民日报》)

◎ 下午，在中南海勤政殿，与刘少奇、周恩来、宋庆龄等参加毛泽东主席同上林山荣吉率领的日本国会议员访华团的会见。(18 日《人民日报》；《毛泽东年谱 1949—1976》第 2 卷，中央文献出版社 2013 年 12 月版)

◎ 与茅盾、邓拓、范文澜、吴晗等联名上书国务院，"建议开发长陵地下宫殿，由科学院和文化部组织人力，进行工作"。11 月 3 日，周恩来总理批准。(据王廷芳《郭沫若与定陵发掘》，《文物天地》1999 年第 2 期)

16 日 晚，与宋庆龄、李济深等出席刘少奇委员长为欢送日本国会议员访华团举行的宴会。(17 日《人民日报》)

17 日 晚，宴请新到中国的苏联专家戈尔什科夫、梅德韦杰夫夫妇、基尔诺斯、科里达林等，李四光夫妇、竺可桢等参加。(《竺可桢全集》第 14 卷，上海科技教育出版社 2007 年 12 月版)

19 日 在中南海颐年堂参加毛泽东主席主持的最高国务会议第五次会议，讨论《农业生产合作社示范章程（试行草案）》和外交、肃反、资本主义工商业改造等问题。(《毛泽东年谱 1949—1976》第 2 卷，中央文献出版社 2013 年 12 月版)

20 日 主持中国科学院本年第四十五次院务常务会议，当选为中国科学院科学奖金委员会主任委员。李四光、梁希、黄松龄为副主任委员。钱学森、钱三强、茅以升等35人为委员。(28日《人民日报》,《中国科学院史事汇要》1955年)

◎ 致函尹达。认为丁山《甲骨文所见氏族及其制度》"创见颇多。所揭示之氏族,用卜辞与金文相互参证,大抵可信。前三分之一,我同意发表。唯所用辞汇,有些地方欠妥,我已代为改了三两处,尚未尽"。(《郭沫若书信集》下,中国社会科学出版社1992年版)

21日 在北京府右街25号统战部,转达19日最高国务会议上毛泽东、周恩来、陈云等的指示。说毛主席号召全国政协委员和人民代表要和人民见面,下乡或至城察访。在传达周恩来时事报告时说,国际形势已好转,和平阵容转取主动。(《竺可桢全集》第14卷,上海科技教育出版社2007年12月版)

22日 出席中国科学院举行的受礼仪式,接受苏联科学院赠送的礼物,代表中国科学院和中国科学家表示衷心的感谢。说:"我们要更好地发展中国的科学事业,帮助社会主义建设,并且进一步和苏联科学家携起手来,共同保卫世界和平。这就是我们对苏联科学院赠送礼物的报答。"

礼物包括古生物标本、地震仪器、孢子花粉试验研究设备和哲学书籍。(23日《人民日报》)

◎ 以中国科学院院长名义致函格劳尔院士:"中国科学院将于今年十月廿四日起在北京举行现代汉语规范问题会议,我荣幸地邀请您出席这一会议,并请您在会议上作报告。会议的主要报告为:'现代汉语规范问题'。此外,对于标准音、词汇规范、语法规范、方言调查、标准语教学等问题,亦将有专题发言。"(中国科学院档案)

23日 下午,参加毛泽东同西藏地区参观团、西藏青年参观团及达赖喇嘛代表台吉噶雪·却吉尼玛的会见。(24日《人民日报》)

25日 出席现代汉语规范问题学术会议开幕式,并致开幕词,摘要载26日《人民日报》。说明这次会议的两个主要任务:深入研究和广泛宣传现代汉语规范化的重要性;组织全国语言工作者在促进现代汉语规范化方面进行有计划的分工合作。谈道:"我们所提出的现代汉语规范化问题,就是要促使汉民族共同语的组成成分尽可能合乎一定的标准;就是要根据语言发展的规律,采取必要的步骤,使它在语音、语法、词汇上减少分歧和混乱，增强统一性，其中更主要的是语音的统一，因为语音的分歧最大，同时，语音的统一也是文字根本改革的必经阶段，民族语言的统一是民族发展过程中的必然趋势，以往我们是听其自然漫衍而来，今天我们国家正集中力量进行大规模的生产建设，全国人民在各个工作岗位上进入了日益广泛的集体生活和共同劳动，这就更加迫切地需要一个规范明确的统一的民族共同语，同时由于文化教育的发展，现代汉语规范化的重要性就愈加显得突出，所以我们必须有计划地促进现代汉语的规范化。"

这次会议由中国科学院召集。参加会议的有北京和其他各地的语文研究工作者、语文教育工作者以及文学、戏剧、电影、曲艺、新闻等使用语言文字的代表共一百多人。国务院副总理陈毅到会作了重要指示。中国科学院语言研究所副所长吕叔湘在会议上作了《现代汉语规范问题》的报告。(26日《人民日报》)

27日 主持中国科学院本年第四十七次院务常务会议。会议修订并通过《中国科学院1953—1957年计划纲要》；讨论关于加强高等学校和科学研究机关在发展科学事业中的合作办法的修订意见等。(《中国科学院史事汇要》1955年)

◎ 晚，应邀出席首都少年儿童纪念米丘林诞生一百周年大会。在会上介绍了米丘林的生平，号召少年儿童学习米丘林热爱祖国、热爱人民、热爱劳动、热爱科学和爱护公共财物的精神。(28日《人民日报》)

28日 与李四光致电苏联科学院院长涅斯米扬诺夫院士和全苏列宁农业科学院院长李森科院士，祝贺苏联生物学家米丘林诞生一百周年。(电文载29日《人民日报》)

◎ 出席中国科学院、中华全国自然科学专门学会联合会联合举办的"伟大的自然改造者伊·弗·米丘林诞生一百周年纪念会"开幕式，并致开幕词，全文载《科学通报》11月号。指出：要推广和发展米丘林学说，用以配合祖国的社会主义建设，特别是迎接即将到来的农业合作化运动高潮。(会议报道见29日《人民日报》)

◎ 晚，与毛泽东、刘少奇、周恩来等在北京体育馆观看了印度国家排球队同中央体育学院排球队的友谊比赛。(29日《人民日报》)

◎ 作《〈太史公行年考〉有问题》。发表于《历史研究》第6期。引用汉简"十项最完整、最典型的例子"，证明司马贞《索隐》引《博物志》"大夫司马（迁），年二十八。三年六月乙卯，除六百石也"，"当本先汉纪录，非魏、晋人语"。司马迁"这一年既为二十八岁，那他便当生在汉武帝建元六年（公元前一三五年）"。而"王国维的三个根据，证明《博物志》'年二十八'为太史令，'二'为'三'字之讹，是大成问题的"。同时，又以司马迁《报任安书》"今仆不幸早失二亲"，依王国维的推定，司马迁三十六岁"死父亲"，怎么能够说"早失"呢？认为"这正给予王说一个致命伤"。由此断定："司马迁的生年是汉武帝建元六年丙午，公元前一三五年"。

初收人民出版社1961年1月版《文史论集》，后收《沫若文集》第17卷，现收《郭沫若全集·历史编》第3卷。

◎ 致函陈垣："承过访，因参加米丘林纪念会，故失迓。书签已题就。闻立群云曾面请代为物色家庭教师，教小儿女钢琴及绘画。如有适当人选，敬请你为留意。"（《郭沫若书信集》下，中国社会科学出版社1992年版）

29日 上午，与张稼夫、吴有训会见刚从美国归来的著名科学家钱学森，并设宴招待。（10月30日、11月12日《人民日报》）

◎ 下午，出席毛泽东主席邀集中华全国工商业联合会执行委员会的委员们举行的座谈会，中心议题为如何更适当地进行私营工商业的社会主义改造问题。（30日《人民日报》）

30日 下午，与毛泽东、朱德、周恩来等往先农坛体育场，出席苏联列宁格勒"泽尼特"志愿体育协会足球队在中国访问比赛的开幕式，并观看"泽尼特"队同中央体育学院和第一机械足球联合队的友谊比赛。（31日《人民日报》）

◎ 致电日本亚洲团结委员会筹备委员会，对该会即将成立表示祝贺。（电文载31日《人民日报》）

◎ 复函尹达。告以《卜辞通纂》《殷契萃编》重印"不拟作什么添改，如科学出版社决定印，只须校勘一下错字即可付印"。"两周金文则拟作相当的添补"，日前容庚来访，"有意来作短期间的帮忙"。感慨"我们科学院用人，似乎没有高教部和其他部门来得现实。好些人，我们怕用的，而高教部和其他部门都使用了。短期使用尚有可用的人，于原则性想来不至于有多大的妨碍"。对于容庚《金文编》"拟再费两年工夫来补充"，表示"我觉得先照原样印行，两年后再印新版，似乎也可以。杨树达的金文著作（问题甚多）既可印，此书作为工具书有它的价值"。提及出国事，说"政治、学术、生活、礼品等各方面都须得早作准备"。最后说，"太史公行年问题，我写了一点稿子，送你看看，看后似可转《新建设》之类的刊物。本来想写一篇大东西，小稿是开头一小节，但目前来不及写了"。(《郭沫若书信集》下，中国社会科学出版社1992年版)

31日 主持米丘林诞生一百周年纪念会闭幕会，代表中国科学工作者表态：我们一定要更好地学习米丘林的学说和苏联的先进科学，为祖国社会主义建设服务。(11月1日《人民日报》；《竺可桢全集》第14卷，上海科技教育出版社2007年12月版)

◎ 中午，为"加强国际和平"斯大林国际奖金获得者比利时布伦姆夫人饯行。(11月2日《人民日报》)

◎ 复函尹达。告知其《新石器时代》一书已收到，表示"两周金文辞的增补，容（庚）愿帮忙，我欢迎，可以省些力量来做别的事"。对于《历史研究》要用太史公生年一文，认为"勉强可以，似乎问题太小了一点"。(《郭沫若书信集》下，中国社会科学出版社1992年版)

◎ 得杨树达《管子集校校语》，复函称当尽量采纳其所说。(《积微翁回忆录》)

本月 参观中国美术家协会主办的"智利画家万徒勒里作品展览会"。(31日《人民日报》)

11月

1日 晚，在北京饭店宴请钱学森夫妇。竺可桢、吴有训、钱伟长、周培源、叶企孙、饶树人、江泽涵、曾昭抡、华罗庚、秦力生、郁文等在座。席间致欢迎词，钱学森致答词，钱夫人蒋英唱了一支法国歌。(《竺可桢全集》第14卷，上海科技教育出版社2007年12月版)

2日 致电日本学术会议会长茅诚司："九月十二日来信邀请我国科学代表团访问贵国，不胜感谢。我们决定接受贵会的邀请，一俟人选和行期确定后当即电告。"

本月11日，收到日本学术会议会长茅诚司回电："感谢您接受我们的邀请来我国访问"。(中国科学院档案)

3日 下午，与廖承志会见名誉团长阿部胜马、团长堂森芳夫率领的日本医学代表团。(4日《人民日报》)

4日 晚，设宴欢迎以尼基什金为首的苏联艺术家代表团、以克罗特科夫为首的苏联医学科学代表团和以纳杰日金娜为首的苏联莫斯科"小白桦树"舞蹈团。在讲话中表示："自从十月革命胜利以来，三十八年间，苏联的科学和艺术有了辉煌的成就。我们要努力学习，努力工作，在优秀的苏联科学家和艺术家们的光辉的示范之下，把我们的社会主义建设事业提前完成。"(5日《人民日报》)

5日 晚，作为中国科学院院长，主持在北京人民剧场举行的苏联建国38周年庆祝会，国务院经济总顾问苏联专家阿尔希波夫和国务院文教总顾问马里采夫到会。中科院副院长竺可桢、陶孟和、张稼夫、吴有训和钱学森夫妇及科学院千余人参加。(9日《人民日报》；《竺可桢全集》第14卷，上海科技教育出版社2007年12月版)

◎ 晚，出席中国科学院为庆祝十月革命38周年举行的集会。(7日《人民日报》)

6日 晚，在中南海怀仁堂出席中苏友好协会总会为庆祝十月革命38周年举行的集会。(7日《人民日报》)

7日 晚，出席苏联大使尤金庆祝十月革命38周年招待会。(8日《人民日报》)

8日 在北京饭店宴请外国专家。波兰夏白龙、德国蒙古史专家拉奇奈夫斯基、罗马尼亚阿弗拉斯库和苏联顾问马里采夫等到场。(《竺可桢全集》第14卷，上海科技教育出版社2007年12月版)

◎ 复函日本九州大学校长山田穣："接到先生十月十七日洋溢着友谊和热情的来信，感到十分欣喜，对于先生及九州大学诸师友对我个人的欢迎，谨致衷心的谢意。日本学术会议的邀请信已经收到，为了回答日本科学界对中国的友好盛意，我们正在组织一个包括十一位中国科学家的代表团，一俟准备就绪，即启程前往贵国访问。许多年来，福冈母校的师友，经常在怀念之中，此次既然有机会重游日本，一定要专诚拜访。并向母校诸师友请教。如果我们的访问贵国能够在增进贵我两国友好，促进亚洲和平的伟大事业中有所裨益，我们当尽全力来完成这一工作。相见的时间已经不远，许多话见面再谈吧。"(中国科学院档案)

9日 下午，往机场，欢迎以片山哲为首的日本"拥护宪法国民联合会"访华团。(10日《人民日报》)

◎ 致信鲁迅著作注释组，答复所询《故事新编·理水》中"女隗"的"隗"字由来。当接到注释组送来的注释初稿时，"在这个打印稿上提了很多宝贵的意见"。"审阅《故事新编》的注释，十分仔细，除注文内容外，还注意到每一个错字。……或者在稿本上批注，或者另粘小条说明。有时用墨笔，有时用钢笔或铅笔，可以看出，他不是一次审毕，而是陆陆续续挤时间看完的。"(林辰《郭老与鲁迅著作的注释工作》，《悼念郭老》，生活·读书·新知三联书店1979年版)

10日 晚，出席中国人民外交学会会长张奚若为欢迎以片山哲为首的日本"拥护宪法国民联合会"访华团全体人员举行的宴会。(11日《人民日报》)

12日 下午，会见以小林武为团长的日本教职员工会教育考察团全体人员。(13日《人民日报》)

◎ 致电日本学术会议会长茅诚司，告知中国科学家代表团名单及简历。后附言：代表团在日本的日程，完全听从主人的安排。(中国科学院档案)

13日 晚，与周恩来、陈毅等出席彭真为招待日本"拥护宪法国民联合会"访华团和日本教职员工会教育考察团举行的酒会。(14日《人民日报》)

14日 晚，设宴招待西德作家保罗·迪斯特尔巴特父子。郑振铎、夏衍、侯外庐、冯至、陈白尘、杨朔、吴文焘、胡仲持等出席作陪。(15日《人民日报》)

15日 上午，接待日本"拥护宪法国民联合会"访华团团长片山哲和秘书长大野幸一，并共进午餐。(16日《人民日报》)

◎ 下午，参加周恩来同日本"拥护宪法国民联合会"访华团的会见。(16日《人民日报》)

◎ 晚，设宴招待西班牙和平委员会主席、世界和平理事会常务委员何塞·希拉尔博士。(16日《人民日报》)

16日 晚，往中南海紫光阁，出席中国人民外交学会秘书长吴茂荪和日本拥护宪法国民联合会秘书长大野幸一就促进中日两国恢复邦交问题

发表的联合公报签字仪式。(17日《人民日报》)

17日 作《〈管子集校〉校毕书后》。收入《管子集校》(科学出版社1956年版)。再次简要追述集校经过："本书之增订，计自一九五三年十一月接受许、闻初稿加以整理，至今二校校毕为止，费时整整二年。"同时归纳"殊难令人满意者"四，特别是"整理之方，初未详加考虑，颇自悔孟浪"，"策之上者，应将许、闻原稿照样印行，再别为增补以匡其遗失。如此，则责任分明，而体例亦不致淆乱"。"虽有种种疵病，然历来《管子》校勘工作，已为之作一初步总结"，"于今后有志研究《管子》者，当不无裨益"。同时强调："至余整理此书，亦复时有弋获。《管子》一书乃战国、秦、汉文字总汇，秦汉之际诸家学说尤多汇集于此。例如《明法篇》乃韩非后学所为，《水地篇》成于西楚霸王时，《侈靡篇》乃吕后称制时作品，《轻重》诸篇成于汉文景之世，皆确凿有据。故欲研究秦、汉之际之学说思想，《管子》实为一重要源泉。"

初收人民出版社1961年1月版《文史论集》，后收《沫若文集》第17卷，现收《郭沫若全集·历史编》第8卷。

20日 为日本岩波版《鲁迅选集》题词。写道："20年来，世界和中国都起了很大的变化，为鲁迅晚年所明确地期待着的变化。""纪念鲁迅就是要学习鲁迅的批判精神，学习鲁迅对于自己的作品、思想、生活，经常不断地加以千锤百炼。""究极的目标是什么？是要战胜一切的恶势力，使新生力量顺畅地成长，让创造世界的全体劳动人民能够早一日享受到全面发展的自由、幸福、和平的生活。""鲁迅将永远和人民同在。"

此文在1956年第4号《文艺报》以《鲁迅礼赞》为题发表。

24日 应日本片山哲之约，为其翻译并进行研究的白居易"新乐府"及闲适诗作序。发表于《文艺报》第23号(12月)。分六个部分。第一部分说明写作缘起："片山先生对于白乐天的评价是正确的"，"他要我为他的著作写一篇序"。第二部分，肯定白乐天在中国文学史上"是一位现实主义的伟大诗人"，但被重视程度却没有像在散文方面的"盛况"。第三部分，论述元(稹)、白(乐天)在诗歌方面的改革，包括"形式上的改革便是使诗歌平易化，采用人民的语言"，内容上的改革，"也就是思想上的改革，便是要使诗歌描写人民的生活，传达人民的疾苦，要把诗歌作为社会改革的武器"。第四部分，指出元、白的诗歌革命却受到了阻挠，由此可以了解：同时并起的韩（愈）柳（宗元）为什么"受到后人极端的推崇"，而元白则"受到相当的冷落"。第五部分，论述白乐天的闲适诗，"是诗人在封建势力压迫下的后退一步"，"是对于恶浊的顽强的封建社会的无言的抗议"。第六部分，认为片山先生重视白乐天的"新乐府"和闲适诗，并译为日文，是"很有意义的事"，"能够更进一步促进中日文化的交流"。

初收北京出版社1959年1月初版《雄鸡集》，以《关于白乐天》为题；后收《沫若文集》第17卷；现收《郭沫若全集·文学编》第17卷。

26日 代表政协全国委员会邀请片山哲发表讲演，首先致辞，对日本"拥护宪法国民联合会"为促进中日两国文化交流所作的努力表示赞赏。

片山哲讲演的题目为《日本宪法与和平主义》。(27日《人民日报》)

27日 应日本学术会议邀请，率中国科学代表团访问日本。由北京首赴香港，乘机转飞日本。(《访日杂咏》自注，《郭沫若全集·文学编》第4卷；《竺可桢全集》第14卷，上海科技教育出版社2007年12月版)

12 月

1日 下午，率中国访日科学代表团到达东京，并在机场举行的欢迎会上致辞。说："我们抱着增进中日两国人民的友好关系和文化交流的愿望来到贵国。我们即将开始对日本学术界进行广泛的视察，并且同日本各界广大人士进行恳切的交谈。我们希望这次访问能够进一步增进我们两国学术界和两国人民之间的友谊。"

中国访日科学代表团团员有冯乃超（中山大学副校长）、熊复（中国科学院历史研究所第三所研究员），翦伯赞（中国科学院哲学社会科学部委员、北京大学历史系主任），苏步青（中国科学院物理学数学化学部委员、复旦大学教授），茅以升（中国科学院技术科学部副主任、铁道研究所所长），汪胡桢（中国科学院技术科学部委员、水利部设计院总工程师），冯德培（中国科学院生理生化研究所所长、中国科学院生物学地学部委员），薛愚（北京医学院药学系主任兼教授），葛庭燧（中国科学院金属研究所研究员），尹达（中国科学院哲学社会科学部委员、考古研

所副所长）等10人。(3日《人民日报》，刘德有《随郭沫若战后访日》，辽宁人民出版社1988年9月版）

◎ 在东京机场，以中国访日科学代表团团长、中国科学院院长名义举行记者招待会，发表声明。全文载3日《人民日报》。指出："在目前的国际环境下，中日两国人民特别需要和平相处"，但是"在发展两国的经济和文化关系方面还存在着某种的障碍"，"中国人民希望，由于两国人民的坚持不懈的努力，这种违反人民意愿的障碍能够尽早地被消除，以便在两国关系正常化的条件下，充分实现两国人民的和平共处和友好合作"。

2日 上午，在帝国饭店接待内山完造、池田幸子。(刘德有《随郭沫若战后访日》，辽宁人民出版社1988年9月版）

抗战期间，郭沫若曾与池田幸子和她的丈夫鹿地亘在重庆共过事，并共患难，结下了深厚友谊。(见《洪波曲》)

◎ 下午，率代表团前往东京新宿区的大山郁夫家，参加大山郁夫的吊祭仪式，并亲切慰问其夫人大山柳子。

大山郁夫是日本拥护和平委员会主席，献身于争取日本和平和独立的事业。于11月30日逝世。(4日《人民日报》；刘德有《随郭沫若战后访日》，辽宁人民出版社1988年9月版）

◎ 率代表团访问日本学术会议。与会长茅诚司、副会长尾高朝雄和兼重宽九郎等人会见。晚间，茅诚司以个人名义邀请中国代表团全体人员共进晚餐。(4日《人民日报》；刘德有《随郭沫若战后访日》，辽宁人民出版社1988年9月版）

3日 上午，率代表团全体团员访问东京大学，受到校长矢内原忠雄、前校长南原繁及各学院院长和教授们的欢迎。在矢内原忠雄、南原繁陪同下进行参观。在参观校图书馆时，题诗相赠："十八年后我重来，福地琅嬛浩如海，文化交流责有在。"并向在场的日本朋友解释所用的"福地琅嬛"的典故。(5日《人民日报》；刘德有《随郭沫若战后访日》，辽宁人民出版社1988年9月版）

◎ 中午，应邀出席日本学术会议举行的欢迎午餐会。茅诚司作为东道主致辞，郭沫若致答词说："中日两国有长远的友好历史。这种历史证明：只要两国人民和平相处，就会给我们两国人民带来很多的利益。"指出："中日两国之间有不愉快的过去，也有美好的过去，不愉快的过去，让它过去，而美好的过去、要让它发出更灿烂的光辉。"

茅诚司在致辞中谈到访问中国时的体会：最为感动的是，所有的学者、学生和专家都打成一片为建设社会主义而迈进的事实。他说：日本的科学家正在为了和平互相勉励进行不为战争服务的科学研究。希望郭沫若先生和各位先生能把这种情况传达给中国人民。

参加午餐会的有学术界、政界、文化界和其他各界人士约一百五十人。不仅有日本学术会议会长茅诚司、副会长尾高朝雄和兼重宽九郎，还有文部大臣清濑一郎、前文部大臣松村谦三，日本学士院院长山田三良、东京大学校长矢内原忠雄、前东京大学校长南原繁、学习院大学校长安倍能成，以及日本各大学著名教授等。（5日《人民日报》）

◎ 下午，与代表团全体团员从东京乘汽车到箱根度周末。代表团前往箱根途中曾经到藤泽市鹄沼海滨聂耳纪念碑前献花圈。（5日《人民日报》）

◎ 晚，在箱根富士屋饭店分别会见老朋友：在冈山第六高中时的德语老师，著名左翼作家藤森成吉和1927年流亡日本时曾给予帮助的村松梢风先生。另与已故的田中庆太郎的夫人田中岭及女婿增井经夫会面并亲切交谈。增井经夫在谈话中提道："先生的《屈原》在日本全国上演了一千场，先生的大名，随着《屈原》传遍了日本各个角落。"（5日《人民日报》；刘德有《随郭沫若战后访日》，辽宁人民出版社1988年9月版）

4日 晨，作五绝《箱根即景》，发表于1956年2月19日《北京日报》。云："红叶经霜久，依然恋故枝。开窗闻晓鸟，俯首拾新诗。"

初收《沫若文集》第2卷，后收人民文学出版社1959年12月初版《骆驼集》，现收《郭沫若全集·文学编》第4卷。

◎ 上午，与代表团全体成员到箱根名胜芦湖游览。（6日《人民日报》）

◎ 下午，出席我国代表团在箱根"富士屋"旅馆举行的记者招待会。与团员冯乃超、汪胡桢、尹达、熊复等分别回答了记者们提出的关于中国科学院在社会主义建设中的任务和它的机构、中国水利建设计划、新中国在考古学上的成就和将来的计划、识字运动的推行情况、中国各大学的外国语教育以及中国和平利用原子能计划等问题。（6日《人民日报》）

◎ 由内山完造陪同，往镰仓东庆寺凭吊岩波茂雄墓，并对同来扫墓的其家人说："岩波茂雄先生生前我没有见过。但是，承蒙他给我很多关照，我是很感激他的。18年前，我把家属留在日本，只身回国以后，岩波茂雄先生供我的孩子们上了学，给了很多帮助。现在，两个孩子都从大学毕了业。……我应当向岩波茂雄先生感谢。"正在与岩波茂雄家人交谈时，禅定法师请求题字，于是写下七绝："生前未遂识荆愿，逝后空余挂剑情。为祝和平三脱帽，望将冥福裕后昆。"

此斗方为东庆寺方丈珍藏。1967年，岩波茂雄的儿子岩波雄二郎访问北京时，恳求重录此诗，郭沫若欣然答应，但重录时后两句改为"万卷书刊发聋聩，就中精锐走雷霆"。

◎ 往叶山高德寺为田中庆太郎扫墓。

◎ 当天，棋圣吴清源专程来饭店拜访。（以上三条均自刘德有《随郭沫若战后访日》，辽宁人民出版社1988年9月版）

◎ 晚，与代表团全体人员从箱根乘汽车回到东京。（6日《人民日报》）

◎ 菊地三郎来帝国饭店访问。（菊地三郎《郭沫若先生流亡十年拾零》）

5日 下午，在日本学术会议事务总长本田弘人、日中友好协会副会长内山完造等陪同下，偕熊复、刘德有到曾经住过十几年的千叶县作了友好访问。途中，去了须和田的旧居，受到近邻的旧日朋友和亲人的热烈欢迎。后，作五律一首，题为"访须和田故居"，诗云："山朴余手栽，居然成巨材。枝条披剪伐，茎干尚崔巍。吊影怀银杏，为薪惜古梅。漫云花信远，已见水仙开。"并注：须和田是"江户川东岸之一村落，与东京只一水之隔。余在此曾居十年之久。故居园中，余曾手栽大山朴（广东玉兰）与银杏（白果树）各一株。十二月五日往访，相别十八年，山朴已成大树，银杏已被砍伐。"（初载1956年2月29日《北京日报》）

初收《沫若文集》第2卷，后收人民文学出版社1959年12月初版《骆驼集》，现收《郭沫若全集·文学编》第4卷。

◎ 重访须和田旧居时，会见二十年前在其住所附近发掘须和田遗址的考古学家杉原庄介，并在《中国古代社会研究》封面题字留念。题字为："二十年前与杉原君同在市川须和田从事发掘，今日重见，不胜欣慰。"（据夏鼐《郭沫若同志和田野考古学》，《考古》1982年第5期）

◎ 在旧居访问时，一位老人特地拿来当年所用一方砚台，后作《别须和田》。其中写道："草木有今昔，人情无变迁。我来游故宅，邻舍尽腾欢。一叟携砚至，道余旧所镌。铭有奇文字，俯思始恍然：'后此一百年，四倍秦汉砖。'""忆昔居此时，时登屋后山。长松荫古墓，孤影为流连。故国正涂炭，生民如倒悬。自疑归不得，或将葬此间。一终天地改，我如新少年。"（刘德有《随郭沫若战后访日》，辽宁人民出版社1988年9月版）

◎ 又作五绝，云："人自爱新诗，我自爱写字。结下翰墨缘，即此亦佳事。"（1979年6月13日《文汇报》，为《无题》之二）

◎ 访问千叶大学，受到校长小池敬事、各学院院长、教授和学生们的热烈欢迎，接受校长赠送的医学文献。（12月8日《人民日报》）

◎ 赋五绝一首，云："医道乃仁术，仁者必有寿。我亦曾学医，未仁心自咎。"（1979年6月13日《文汇报》，为《无题》之三）

◎ 出席千叶县主办的欢迎会，致答词，并赋诗一首，云："重洋万顷波，友情隔不断。"（12月8日《人民日报》；刘德有《随郭沫若战后访日》，辽宁人民出版社1988年9月版；1979年6月13日《文汇报》，为《无题》之一）

◎ 访问了当年市川的小学校，接受孩子们赠送的图画礼品，并抱起孩子说："我的孩子也是市川小学的毕业生，所以和你们是同学。"（岛田政雄《郭君和日本》；见1978年吉林师大外研所日本文学研究室译编《日本朋友悼念郭沫若》）

◎ 晚，出席市川市主办的欢迎宴会。安娜夫人的妹妹佐藤操和等也应邀出席。进餐时，应日本朋友请求题词："十八年后重来此，手栽花木已成荫。""真间郁郁，江水青青。一木一石，都如故人。"（刘德有《随郭沫若战后访日》，辽宁人民出版社1988年9月版）

6日 上午，在东京帝国饭店会见著名作家谷崎润一郎，并共进午餐。（8日《人民日报》）

◎ 下午，与代表团全体团员在日本学术会议会长茅诚司陪同下，到日本国会进行访问，会见了日本国会众议院议长益谷秀次、副议长杉山元治郎等五十多人。在致辞时指出：中国和日本是近邻，有着两千年的传统友好关系。中国人民愿意在新的基础上同日本人民恢复和增进这种友好关系。随后，在自由民主党众议员上林山荣吉和社会党众议员帆足计等陪同下，参观国会大厦。（8日《人民日报》）

◎ 与代表团团员冯乃超、熊复应邀出席岩波书店出版的《世界》杂志创刊十周年纪念会，并发表讲话。（8日《人民日报》）

◎ 晚，在歌舞会座观赏了歌舞伎。(刘德有《随郭沫若战后访日》，辽宁人民出版社1988年9月版)

◎ 致函即将演出《虎符》的日本五月座剧团。说："继《屈原》演出之后，又演《虎符》，我希望能够获得同样的成功。"信中主要介绍《虎符》的人物和写作目的，说信陵君是"一位忧国的志士，同时是一位战略的名家"，"如姬也是实在的人物，如姬的行为值得称颂"，"我写这个剧本的目的，是团结一致，抵御外侮"。虚构信陵君的母亲，"是想塑造一个东方的母爱型"，"女性的精神，特别是母爱，是自我牺牲精神的集中表现"。(刘德有《随郭沫若战后访日》，辽宁人民出版社1988年版)

7日 上午，率代表团全体团员出席日本文化人会议等八个团体联合举行的欢迎会，并致辞。他说："中日两国学术文化界如果携起手来、互相交换学术上的成就和智慧，就可以增进两国人民的幸福，同时也可以促进两国政府间早日建立外交关系。"他希望更多的日本朋友到中国访问，以加深两国人民的互相了解。

欢迎会后，举行了座谈会。我国代表团团员们分别回答了日本文化界人士提出的关于今后的中日文化交流、中国学术文化界现况等问题。下午，按照历史、考古、文学和教育、工程、理学、医学、教育等部门分组进行了学术性的交谈。(9日《人民日报》)

◎ 会见日本著名作家志贺直哉和广津和郎。(9日《人民日报》)

◎ 中午，会见日本电力中央研究所理事长松永安左卫门、日中友好协会会长松本治一郎、日本大学教授石田干之助等，并且共进午餐。(9日《人民日报》)

◎ 晚，与冯乃超等到东京上野"莲玉庵"吃荞麦面条。(刘德有《随郭沫若战后访日》，辽宁人民出版社1988年9月版)

8日 午后，往早稻田大学大礼堂，与我国科学代表团全体团员参加大山郁夫的葬礼，并致悼词。(10日《人民日报》)

◎ 下午，应邀访问早稻田大学，并以"中日文化的交流"为题，在大讲堂作了演讲。以大量生动事例谈到古代特别是隋唐时期日本派人向中国学习的事实，也谈到明治维新之后，中国向日本学习科学文明的情况。说："中国向日本派遣留学生是从一八九六年开始的。最多时，在日本有两万多中国留学生。虽然没有精确的统计，估计从一八九六年后的几十年中间，大约有三十万人到日本留学。……总之，中国派遣到日本的留学生进行了广泛的学习。他们学习了自然科学、技术科学和人文科学。有人在日本生活了很久。以我为例，我在日本就生活了二十年。""还有一个有趣的事，就是中国人民知道马克思、恩格斯，是中国的学者通过翻译日本书籍介绍到中国的。……我自己多少了解马克思主义，也是因为读了河上肇先生的著作。为了向日本学习，在向日本派遣大批留学生的同时，中国还邀请了很多日本老师到中国去。当时，我们翻译了许多日本的中学教科书。我在来日本之前，在中国的中学里学的几何，就是日本菊池大麓先生编的。物理教科书，是本多光太郎先生编的。"一万多人听了演讲。会场上多次响起热烈的掌声。（13 日《人民日报》；刘德有《随郭沫若战后访日》，辽宁人民出版社 1988 年 9 月版；中国科学院档案）

◎ 晚，应邀出席日本新闻协会举行的欢迎酒会。（13 日《人民日报》）

◎ 在帝国饭店会见学习院大学校长安倍能成、法政大学校长大内兵卫、前东京大学教授中野好夫、一桥大学经济研究所所长都留重人、学习院大学教授清水几太郎、岩波书店总编辑吉野源三郎等。（13 日《人民日报》）

9 日 下午，与代表团全体团员在日本学术会议会员、东京大学教授野口弥吉和日中友好协会副会长内山完造等陪同下，从东京乘火车到达京都进行参观访问。（11 日《人民日报》）

◎ 晚，与代表团全体人员应邀出席京都市市长高山义三举行的欢迎晚餐会。会后，与代表团全体人员应邀到"南座"戏院观赏日本歌舞伎，并在演出前会见了曾到中国访问的日本歌舞伎剧团座长市川猿之助。（11 日《人民日报》）

10 日 上午，前往京都大学，拜访校长泷川幸辰先生。之后，与代表团成员分别出席了日本学术会议近畿地区欢迎委员会主办的学术座谈会。

参加座谈会的有近畿地区学术界人士共约四百人。座谈会按照教育、历史、考古、物理、数学、药理、生理、土木等部门分组举行。（13 日《人民日报》）

◎ 座谈会后，驱车往左京区鹿谷的法然院，凭吊了曾经受到王国维深刻影响并与王国维有过密切交往的日本著名历史学家内藤湖南先生墓和京都大学前校长滨田耕作先生墓。然后去黑谷，为建立在文殊塔畔的日本另一位中国学研究家，亦与王国维有过密切交往的狩野直喜先生扫墓。途中，听到陪同前往的京都大学教授桑原武夫无意间提到其父桑原骘藏（著名东洋史学者）的墓也在附近，也为其扫墓，桑原武夫非常感动。（刘德有《随郭沫若战后访日》，辽宁人民出版社1988年9月版）

◎ 下午，与代表团成员翦伯赞、汪胡桢出席在立命馆大学举行的讲演会，并发表演讲。在介绍了中国人民保卫和平运动情况和中国的社会主义建设情况后指出：同世界各国人民和平共处，是中国的基本国策。

翦伯赞和汪胡桢分别以《中国科学工作的现况》和《新中国的水利建设》为题发表了讲演。（13日《人民日报》）

◎ 在校长末川博陪同下，访问了河上肇遗宅，并同河上肇夫人交谈。（刘德有《随郭沫若战后访日》，辽宁人民出版社1988年9月版）

◎ 晚，与代表团全体团员在京都出席日本学术会议近畿地区欢迎委员会主办的欢迎宴会，并致辞。说：自古以来通过日本的京都和中国的西安，使两国文化保持着密切的关系。因此我们对京都特别感到亲切。表示：中国人民愿意在新的基础上发展中日两国两千年来的传统的友好关系。（13日《人民日报》；刘德有《随郭沫若战后访日》，辽宁人民出版社1988年9月版）

11日 上午，与代表团全体团员分为两组分别参观京都国立博物馆和京都市内和郊区的名胜古迹。（13日《人民日报》）

◎ 中午，率代表团全体人员应邀同京都府知事代表、副知事石泽守雄共进午餐。餐后应索，在主人拿来的"斗方"上挥毫："半日清闲/一席素餐/以和为贵/语中有禅。"（13日《人民日报》；刘德有《随郭沫若战后访日》，辽宁人民出版社1988年9月版）

◎ 晚，在京都日本饭馆"鸽屋"与贝塚茂树、桑原武夫"鼎谈"。后一起吃荞麦面，并应索求作诗一首："转瞬人将老，今来如返家。饷我荞麦面，饮我三杯茶。"（刘德有《随郭沫若战后访日》，辽宁人民出版社1988年9月版）

12日 上午，率代表团从京都乘汽车到达大阪。参观了在大阪举办的中国商品展览会。（15日《人民日报》；刘德有《随郭沫若战后访日》，辽宁人民出版社1988年9月版）

◎ 下午，与代表团成员冯乃超、熊复出席大坂各群众团体联合会主办的欢迎茶会，并致辞。希望把中国人民愿意向日本朋友学习的心情和实现中日两国关系正常化的愿望，转达给日本人民。(15日《人民日报》)

◎ 与翦伯赞、茅以升应邀出席大坂大学医学院举行的讲演会。在演讲中详细介绍了中国人民正在进行的各项建设事业的状况，表达了中国人民渴望和平的愿望。演讲摘要载15日《人民日报》。

茅以升和翦伯赞分别以《中国的铁路和公路建设》和《中国教育界现况》为题发表了讲演。(15日《人民日报》)

◎ 晚，与代表团全体人员出席大坂府和大坂市联合主办的欢迎宴会，并致辞。(15日《人民日报》)

13日 乘汽车往奈良访问。参观了唐招提寺、东大寺等名胜古迹。作五绝《拜鉴真上人像》，诗云："弘法渡重洋，目盲心不盲。今来拜遗像，一瓣有心香。"(1979年6月13日《文汇报》)

据刘德有当时记录，最后一句为："衷怀一瓣香。"(刘德有《随郭沫若战后访日》，辽宁人民出版社1988年9月版)

◎ 当天，乘汽车返回大阪。途中见日本都市夜景，作七绝《偶感》，云："千家灯火竞霓虹，一点灵犀万感通。所谓伊人在怀抱，有谁不爱孔方兄。"(1979年6月13日《文汇报》)

14日 率代表团从大阪乘火车往冈山县访问。(21日《人民日报》)

◎ 下午，游后乐园，访问冈山大学。在欢迎会上发表关于发展中日两国人民传统的文化关系的演讲。随后，到该校医学部访问，出席了在该学部生化学教室举行的欢迎会。(21日《人民日报》；刘德有《随郭沫若战后访日》，辽宁人民出版社1988年9月版)

◎ 访第六高等学校旧址。(21日《人民日报》；刘德有《随郭沫若战后访日》，辽宁人民出版社1988年9月版)

◎ 晚，出席由冈山县知事三木行治主持的欢迎宴会。(21日《人民日报》；刘德有《随郭沫若战后访日》，辽宁人民出版社1988年9月版)

◎ 在冈山大学（原第六高等学校）参观时，忆起40年前在此读书时的情景，作七绝一首赠校长清水多荣。诗云："久别重游似故乡，操山云树郁苍苍。卅年往事浑如昨，信见火中出凤凰。"(1979年6月13日《文汇报》，题为《赠清水多荣》)

◎ 参观第六高等学校旧址时，得知当年常来散步的后乐园中的乌城在二战中被炸毁，其中的丹顶鹤也在战争中因无食喂养而死，很感惋惜。表示回国后一定送一对丹顶鹤给后乐园。当晚欢迎宴会上，应冈山"六高"同窗会会长田中文男先生的请求，写诗一首，抒发了游园时的感怀并重申了这一许诺："后乐园仍在，乌城不可寻。愿将丹顶鹤，作对立梅林。"（1979年6月13日《文汇报》，题为《赠田中文男》）

此诗当时以钢笔写的，后来，应冈山市日本朋友请求，又用毛笔书写相赠，此手迹登在1960年4月24日《冈山大众新闻周刊》第一版，1961年，又镌刻成诗碑，安放于后乐园中。（刘德有《随郭沫若战后访日》，辽宁人民出版社1988年9月版）

15日 晨，游旭川。（刘德有《随郭沫若战后访日》，辽宁人民出版社1988年9月版）

◎ 率代表团从冈山乘专车到达广岛，下午，访问广岛大学，并向一千多听众发表了演讲。首先向在人类历史上第一个遭受原子弹灾难的广岛人民表示深切的慰问，并且对正在进行斗争、反对原子战争的广岛人民和日本人民表示敬意。指出：原子能的发现是人类最伟大的科学成就，它应当被用来增进人类的幸福，而不应当用来进行战争。中国人民愿意同自己的近邻日本人民和平共处，共同为反对原子战争，为保卫亚洲和世界和平，为增进人类的幸福而努力。（21日《人民日报》）

◎ 作四言诗、五绝各一首，记重游旭川的情景。诗中写道："庭园如旧，城郭已非。""林岩如识我，隔雾见操山。"（1979年6月13日《文汇报》，总题为《舟游旭川二首》）

16日 晨，作五绝《宫岛即景》二首，发表于1956年2月19日《北京日报》。其一："小窗晨半开，山海袭人来。庭园如旧识，青松伴绿苔。"其二："湾水平于镜，海山立似屏。渔舟摇碧影，朝日岭头明。"（作者原注：在广岛市附近海中，为日本三大名胜之一。十二月十五日被招待至此，夜宿此岸"一茶苑"，月黑无所睹，晨兴突见佳景。）

初收《沫若文集》第2卷，后收人民文学出版社1959年12月初版《骆驼集》，现收《郭沫若全集·文学编》第4卷。

◎ 上午，游览宫岛。又作五绝二首。其一云："青松胜红叶，碧草恋樱花。一片苍茫意，朝来试绿茶。"

◎ 由宫岛返回广岛。向原子弹受害者的慰灵碑献花并参观了原子弹受害情况资料馆。感叹美国在广岛投掷原子弹已有十年，岛上现已恢复生机，即成五绝二首。其一："一梦十年游，再生似凤凰。海山长不老，人世乐安康。"其二："暖意孕冬风，阳春已不远。寒梅岭上开，含笑看人间。"（1979年6月13日《文汇报》，题为《访广岛二首》）

◎ 下午，离开广岛到达福冈。（12月21日《人民日报》）

17日 上午，率代表团访问九州大学，受到校长山田穗、医学部长操坦道的欢迎。参加文科组的座谈会，并回答了日本与会者的问题。

代表团成员分理学、工学、生物、文科等四个组出席座谈会。（21日《人民日报》。刘德有《随郭沫若战后访日》，辽宁人民出版社1988年9月版）

◎ 下午，在福冈市西南学院大学礼堂向一千多名市民发表演讲。

◎ 在九州大学医学部礼堂向一千五百多名师生发表演讲。

◎ 晚，应邀出席九州大学校长山田穗、福冈市小西市长在福冈帝国饭店举办的欢迎茶会。（21日《人民日报》；刘德有《随郭沫若战后访日》，辽宁人民出版社1988年9月版）

◎ 重游福冈，颇多感慨，作七绝五首。有句："诗情欲伴松原逝，怕看霓虹夜满天。"（其一）"铜像多随铜弹去，博多湾水尚青青。"（其二）"千代松原不见松，白砂寂寞夕阳红。莫嗟虫劫深如此，尚有人灾胜过虫。"（其四）（1979年6月13日《文汇报》，题为《访福冈五首》）

◎ 作五绝、七绝各一首，忆博多湾畔的白砂、松原，"白砂心不改，惜不见青松"。（刘德有《随郭沫若战后访日》，辽宁人民出版社1988年9月版）

◎ 作七律《吊千代松原》，发表于1956年2月19日《北京日报》。诗云："千代松原不见松，漫言巨害自微虫。八年烽燧生灵苦，两弹怡怀井灶空。铜像涅槃僧寺渺，银沙寂寞夕阳红。剧怜迷雾犹深锁，约翰居然来自东。"

初收《沫若文集》第2卷，后收人民文学出版社1959年12月初版《骆驼集》，现收《郭沫若全集·文学编》第4卷。

◎ 书"虽不见青松　白沙心未改"。（据手迹）

◎ 为九州大学医学部图书馆题馆名"图书馆"，并诗："福地万间广，精神有食粮。海天同永寿，日月与争光。"（参见《九大学报》1982年第8期）

18日　上午，乘特别快车"鸥"号访问下关，中午出席在下关水产会馆大厅举办的欢迎酒会。

◎ 下午，登上大洋渔业第二冷冻厂屋顶，听取关于下关渔港的介绍。然后，参观工厂的标本室，登上日通公司仓库屋顶，瞭望下关商港。作五绝一首。云："人类来从海，海鱼是兄弟。"

◎ 乘下关水上警察署的巡逻艇"长门号"，欣赏洞海湾景色。之后，前往八幡，参观八幡制铁所。

◎ 晚，和全体团员出席九州大学医学院院长操坦道及九州大学同学在福冈市柳町的日本饭馆"新三浦"举行的欢迎宴会。（12月21日《人民日报》；刘德有《随郭沫若战后访日》，辽宁人民出版社1988年9月版）

19日　上午，前往恩师中山平次郎博士家中探望。（刘德有《随郭沫若战后访日》，辽宁人民出版社1988年9月版）

◎ 中午，出席日方在博多帝国饭店举行的欢送酒会。（21日《人民日报》）

◎ 下午，率代表团从福冈乘飞机回到东京。（21日《人民日报》）

20日　下午，与代表团成员茅以升应邀出席《朝日新闻》《每日新闻》《读卖新闻》三大报社在东京联合主办的讲演会，并作题为《经济、文化的交流与和平共处》的演讲。指出：中国人民为了把中国由一个落后的农业国建成为一个社会主义的工业国，第一，需要有丰富的生产资料，从而希望同各国进行经济交流。第二，需要学习许多的科学知识和技术，从而希望同各国进行文化交流。第三，需要有一个稳定的和平的国际环境，从而衷心希望同各国和平共处。他最后表示：中国人民愿意同日本人民和平共处，携起手来进行文化和经济的交流，并且愿意在新的基础上，发展两千年来传统的友好关系。

朝日新闻社企划部部长代表末松满在开会词中指出，日本三大报联合主办一个讲演会，在日本新闻界还是第一次。茅以升在会上作了题为《中国的铁路和公路建设》的演讲。（22日《人民日报》；刘德有《随郭沫若战后访日》，辽宁人民出版社1988年9月版）

◎ 下午，与代表团全体团员出席东京华侨总会举行的欢迎会。在讲话中说："我们带来了很大的礼物，那就是祖国人民对侨胞们的关怀和慰问。"希望华侨发挥爱国主义的精神和国际主义的精神，不断地加强团

结，并且同日本和朝鲜的朋友们加强友谊。(22日《人民日报》)

◎ 晚，与代表团全体团员出席东京华侨总会主办的欢迎宴会，并发表讲话。(22日《人民日报》)

21日 晚，出席我国代表团在东京会馆举行的辞行宴会，并致辞说：中国访日科学代表团访问日本的期间虽然很短，但是收获却很大。最大的收获就是亲眼看到日本学术界人士和日本人民同中国学术界和中国人民一样，抱着在新的基础上发展中日两国人民两千年来的传统友谊，进行两国文化、经济的交流和实行和平共处的共同愿望。中国人民愿意同日本人民携起手来，为实现这个共同愿望而共同努力。

应邀参加宴会的有日本各界人士和华侨、朝鲜侨民的代表共一千多人。其中有日本学术会议会长茅诚司，前东京大学校长南原繁，东京大学校长矢内原忠雄，九州大学校长山田穰等大学校长、教授和其他学术界人士。参议院议长河井弥八，众议院副议长杉山元治郎，前文部大臣、自由民主党国会议员松村谦三，社会党主席铃木茂三郎，劳农党主席黑田寿男，共产党国会议员志贺义雄等政界人士。(23日《人民日报》)

22日 下午，与代表团全体团员出席日中友好协会、日本拥护和平委员会、日本亚洲团结委员会联合举行的欢送酒会。参加酒会的有七十多个群众团体的代表三百多人。代表团在会上向新闻记者发表了声明。(24日《人民日报》)

◎ 晚，率代表团离开东京赴下关，拟于下关搭乘苏联轮船回国。(24日《人民日报》)

◎ 赴下关途中作七律一首，题为《归途在东海道车中》，发表于1956年2月19日《北京日报》。诗云："战后频传友好歌，北京声浪倒银河。海山云雾崇朝集，市井霓虹入夜多。怀旧幸坚交似石，逢人但见笑生窝。此来收获将何有？永不愿操同室戈。"

初收《沫若文集》第2卷，后收人民文学出版社1959年12月初版《骆驼集》，现收《郭沫若全集·文学编》第4卷。

该诗为在西行的列车上步华侨甘文芳所赠一首七律韵而作，并以钢笔写下，赠予甘文芳。(刘德有《随郭沫若战后访日》，辽宁人民出版社1988年9月版)

23日 到达下关车站，下榻于阿弥陀寺町的春帆楼。此为1895年日本强迫清政府签订不平等条约——《马关条约》的地方，现为欢迎中国代表团悬挂起五星红旗，无限感慨，遂赋七绝一首《宿春帆楼》，发表于1956年2月19日《北京日报》。云："六十年间天地改，红旗插上春帆楼。晨辉一片殷勤意，泯却无边恩与仇。"

初收《沫若文集》第2卷，后收人民文学出版社1959年12月初版《骆驼集》，现收《郭沫若全集·文学编》第4卷。

◎ 在春帆楼旅馆会见老友、华侨刘明电，应其请求，题赠《归国杂咏》之二"又当投笔请缨时"一诗。(《郭沫若逃出日本，六十年朋友谈秘史》，见1978年吉林师范大学编《日本朋友悼念郭沫若》)

◎ 晚，与提前到达下关安排代表团回国船只的苏联驻日代表部代表多穆尼茨基会晤。(《郭沫若逃出日本，六十年朋友谈秘史》，见1978年吉林师范大学编《日本朋友悼念郭沫若》)

◎ 为留日华侨北省同乡联合会题词："光明磊落，大公无私，自能团结一致，团结就是力量。"(题词手迹悬挂在该组织的办公室内)

"留日华侨北省同乡联合会"为东京的华侨组织，参加了对本月郭沫若率领的中国科学家访日代表团的接待。

24日 因苏联轮船迟到一日，与翦伯赞同由下关去别府一游，宿白云山庄。(见五律《游别府》末一句作者自注)

25日 晨，作五律《游别府》，发表于1956年2月19日《北京日报》。云："仿佛但丁来，血池水在开。奇名惊地狱，胜境檀蓬莱。一浴宵增暖，三巡春满怀。白云千载意，黄鹤为低徊。"(作者自注：在北九州东岸，温泉名胜地，泉源十余，有海地狱、血池地狱、龙卷地狱、十道地狱等奇名。血池地狱，在八十度以上，水呈红色，与血仿佛。)

初收《沫若文集》第2卷，后收人民文学出版社1959年12月初版《骆驼集》，现收《郭沫若全集·文学编》第4卷。

◎ 率代表团全体成员由日本下关搭乘苏联轮船牙兹斯克号回国。(24日《人民日报》)

26日 途中，为翦伯赞书录《宿春帆楼》，文字有改动："六十年间天地改，朝来独上春帆楼。海山云雾犹深锁，泯却无边恩与仇。"并在诗后附言："楼在日本下关，甲午役后，李鸿章曾签约于此。"(据手迹，见刘德有《随郭沫若战后访日》，辽宁人民出版社1988年9月版)

28日 中午，率代表团由日本抵达上海。

在上海港码头受到热烈欢迎。国务院副总理、上海市市长陈毅和中共中央上海局书记、中共上海市委第一书记柯庆施及科学院在上海各研究部门负责人、著名科学家、各民主党派上海市地方组织负责人、上海市各人民团体负责人、高等学校校长等近一百人参加欢迎仪式。(29日《人民日报》)

◎ 作五律《船入长江口》，发表于1956年2月19日《北京日报》。诗云："灯塔时明灭，孤轮月在天。长风吹大海，万里送归船。去国方经月，离沪已八年。此来殊快意，如唱凯歌旋。"

初收《沫若文集》第2卷，后收人民文学出版社1959年12月初版《骆驼集》，现收《郭沫若全集·文学编》第4卷。

29日 参观中共一大会址纪念馆，并为该馆题词："革命发祥地，中国大救星。"(题词据手迹，另见《中共一大会址纪念馆（1952—2012）60年大事记》，上海辞书出版社2013年7月版)

30日 下午，往杭州刘庄，应毛泽东约请谈话并共进晚餐。

毛泽东约请访日代表团团长郭沫若和团员冯乃超、尹达、翦伯赞、葛廷燧、茅以升、熊复谈话。(《毛泽东年谱1949—1976》第2卷，中央文献出版社2013年12月版)

31日 下午，率代表团飞抵北京，受到习仲勋、张稼夫、陶孟和、吴有训等人的欢迎。(1956年1月2日《人民日报》)

◎ 致电德意志民主共和国总统皮克，祝贺其八十寿辰。(1956年1月4日《人民日报》)

本月 为东京华侨总会题词："发扬爱国主义与国际主义精神，对内团结一致，对外和平共处。"(题词手迹悬挂在该组织的办公室内)

月末 在上海参观鲁迅故居。对每一件遗物和陈列品"都十分认真地仔细观看，并在接待室稍作休息"。当场题词："中国已新生　方向更光明——一九五五年冬参观鲁迅纪念馆后题此。"(周国伟《中国已新生　方向更光明——郭沫若同志亲书有关鲁迅的几件手迹》，《纪念与研究》第1辑，上海鲁迅纪念馆1979年6月版)

冬

书录《归途在东海道车中》赠甘文芳。(据手迹)

本　年

◎ 与日本作家德永直与文艺批评家岩上顺一交谈中日两国的文学运动情况。

德永直、岩上顺一在京期间，与郭沫若、茅盾、老舍等进行了接触，交谈中日两国的文学运动情况。(3月18日《人民日报》)

◎ 与根据中蒙文化合作协定1955年执行计划应邀来我国访问的蒙古科学文化工作者代表团一行三人作长时间谈话。(6月12日《人民日报》)

◎ 致函史树青，告知已收阅其所著《长沙仰天湖出土楚简研究》，认为"是一部好的著作"，鼓励作者继续努力，对战国文物和楚文字多作研究。(史树青《"今日回思志倍坚"》，《中国历史博物馆馆刊》1979年第1期)

1956年（丙申）64岁

1月14日至20日　中共中央召开关于知识分子问题会议。周恩来代表中共中央作《关于知识分子问题的报告》，肯定知识分子在社会主义建设中的作用，宣布知识分子的绝大部分已经是工人阶级的一部分。

1月15日　北京各界20多万人在天安门广场举行大会，庆祝北京市农业、手工业全部实现合作化和在全国第一个实现资本主义工商业的全行业公私合营。

1月23日　中共中央政治局讨论通过《1956年到1967年全国农业发展纲要（草案）》。

1月28日　国务院全体会议第二十三次会议通过《国务院关于公布汉字简化方案的决议》《国务院关于推广普通话的指示》，批准成立中央推广普通话工作委员会。

2月9日　中国文字改革委员会发表《汉语拼音方案（草案）》。

3月14日　国务院成立科学规划委员会。

4月25日　毛泽东在中共中央政治局扩大会议上作《论十大关系》的报告。

4月 中共中央将"百花齐放、百家争鸣"方针确定为繁荣和发展社会主义科学文化事业的指导方针。

9月15日至27日 中国共产党第八次全国代表大会举行。大会宣布,对农业、手工业和资本主义工商业的社会主义改造已取得决定性胜利,社会主义的社会制度在我国已经基本上建立起来了。国内主要矛盾是人民对于经济文化迅速发展的需要同当前经济文化不能满足人民需要的状况之间的矛盾。党和全国人民当前的主要任务,就是要集中力量来解决这个矛盾,把中国尽快地从落后的农业国变为先进的工业国。

1月

3日 晚,出席德意志民主共和国大使纪普纳举行的招待会,庆祝威廉·皮克总统八十寿辰。(4日《人民日报》)

◎ 复函殷涤非,言"十二月三日信及鑑铭获读,谢甚"。"鑑铭仍请设法托精手细拓,关系确甚重要。"(郭沫若纪念馆馆藏资料)

4日 晚,以中国科学院院长名义为苏联科学家访华代表团团员萨马林等六人饯行。(6日《人民日报》)

◎ 致函钱潮。告以"最近我想写篇小文章,文中要涉及斑疹伤寒。我处无书,只有记忆中的一点资料。您能供给我些知识吗?愈详尽,愈好。拜恳拜恳"。(见《郭沫若研究》第1辑,文化艺术出版社1985年8月版)

5日 出席中国科学院院务常委会会议,讨论成立力学研究所有关问题,在会上发表意见。(《竺可桢日记》第3册,科学出版社1989年版)

◎ 致函陈梦家。告知"关于蔡器,我改写了一遍,较妥。插图一至七,前已奉上,请加入"。(《郭沫若书信集》下,中国社会科学出版社1992年版)

8日 致函日本别府大学生物学助教授二宫淳一郎,说:"别府之游,在我是难忘之一夜。""承蒙招待",表示感谢。随信录赠《游别府》一诗,"以为纪念"。由于二宫曾试种水杉,又说"将来有机会,请足下到四川看水杉"。(刘德有《随郭沫若战后访日》,辽宁人民出版社1988年9月版)

◎ 闻别府大学所种中国水杉已发芽,赋五律一首,云:"闻道水杉种,青青已发芽。蜀山辞故国,别府结新家。树木犹如此,人生况有涯。

再当游地狱，把酒醉流霞。"书赠别府大学生物研究室。（据林林《别府行》一文所记，载1979年4月28日《人民日报》；手迹存郭沫若纪念馆）

9日 作《〈矢簋〉铭考释》，发表于《考古学报》1956年第1期。对1954年江苏丹徒出土的周初青铜器宜侯矢簋进行考释，认为"此器铭文大可为西周初年井田制与奴隶制之佐证"。后于2月14日作过"改正"。

收人民出版社1961年1月版《文史论集》，现收《郭沫若全集·考古编》第6卷。

10日 致函陈梦家。告知"我把矢毁也考释了。送你一阅，如可用时，请一并登出。你同陈邦福的考释出处，请为注出。我处《文物资料》的月份一时查不出"。（《郭沫若书信集》下，中国社会科学出版社1992年版）

12日 发表《一件大吉大利的事》于《大公报》。庆贺"用飞快的速度完成了北京市对资本主义工商业进行全行业公私合营的历史任务"。强调指出：最值得庆贺的还在于这一改造的任务是"用和平办法""顺利而自然"地完成的。同时谈道："跟社会主义建设和社会主义改造事业飞速发展的形势相比较，我们知识分子的思想改造是大大落后了。按常情讲，思想和人在舆论是应该站在改造事业的前面的。现在恰恰相反，是群众性的社会主义改造运动在推动着我们的思想了。好像应该是马拉车的，现在是马落在车子后边了。……担负着文化建设使命的知识分子们也应该掀起一个自己的高潮了。"

13日 发表《访日之行》于《人民日报》。文章回顾了1955年12月间的访日之行，指出："这次访问的最大收获，是进一步促进了中国学术界和日本学术界之间的接触和联系，同时也进一步加强了中国人民和日本人民之间的互相了解和友谊。"

◎ 为《北京日报》题词："农业合作化和工商业的公私合营、手工业合作化，接一连二地在社会主义改造战线上获得伟大胜利，表现了广大农民、工商业家和手工业者高度的爱国主义精神。大家都和进步的工人阶级一道成为了社会主义的勤劳大众。过渡时期的总任务一定能够提前完成。这是国家的大喜事，人民的大喜事。脑力劳动的知识分子应该迎头赶上，向工人、农民、爱国的工商业家和手工业者们看齐！"（手迹载15日《北京日报》）

15日 下午，参加毛泽东主席与三个民族参观团及中国佛教协会名誉会长查干葛根的会见，并接受民族参观团献的哈达。(16日《人民日报》)

19日 作《〈红楼梦〉第二十五回的一种解释》，发表于《文艺月报》1957年3月号。利用自己的医学知识，考证《红楼梦》第二十五回，王熙凤和贾宝玉突然发病，"闹得天翻地覆"，"不省人事。睡在床上，浑身火炭一般，口内无般不说"。并非是像书中所说，是赵姨娘和马道婆串通，使用魔法，而是得了斑疹伤寒。并对这种病的病理做了介绍分析。

初收北京出版社1959年1月初版《雄鸡集》，后收《沫若文集》第17卷，现收《郭沫若全集·文学编》第17卷。

23日 下午，在天桥剧场，与访日科学代表团团员茅以升、薛愚、翦伯赞在中国科学院主办的报告会上，作关于访问日本的报告。(24日《人民日报》；《顾颉刚日记》，中华书局2011年1月版)

24日 出席中国科学院科学奖金委员会第一次会议，并以主任委员身份首先发言，介绍了工作进展情况：推荐工作已经进行了4个月，收到正式推荐的科学著作有206件。针对工作中存在的一些问题，提出10点建议。(中国科学院档案)

◎ 晚，陪同毛泽东主席会见越南国民大会常务委员会委员长孙德胜。(25日《人民日报》)

◎ 为《金属学报》作《创刊词》。说："金属科学研究在社会主义工业化和国民经济的技术改革中占有重要的地位。六年多来，中国的金属科学，和其他门类的科学一样，在可怜的落后的基础上获得了令人振奋的成就，这是值得庆贺的。"鼓励金属科学行业"必须集中力量，作最紧张的努力，以求迅速改变落后的局面，在一定的时期内赶上国际的先进水平"。最后说："中国的金属科学工作者们，请把你们的顽强的意志和优秀的成绩，通过'金属学报'来迎接文化建设的高潮！"(3月《金属学报》第1卷第1期)

25日 下午，在中南海勤政殿出席毛泽东主席召集的最高国务会议第六次会议，讨论农业发展纲要。

毛泽东在会上发表讲话，周恩来就培养高级知识分子的规划等问题，陈云就私营工商业的社会主义改造和农业生产的问题，李富春就第一个五年计划的完成情况和今后的规划远景的问题，作了发言。会议讨论了中共中央提出的《一九五六年到一九六七年的全国农业发展纲要草案》。(26日《人民日报》;《毛泽东年谱1949—1976》第2卷,中央文献出版社2013年12月版)

26日 出席中国科学院科学奖金委员会第二次会议。(中国科学院档案)

30日 下午,出席中国人民政治协商会议第二届全国委员会第二次全体会议开幕式,听取周恩来总理的政治报告。(31日《人民日报》)

◎ 复函尹达。对其来信拟将丁山遗稿《甲骨文中所见的氏族制度》与《殷代的方国志》两篇集为一册,由历史研究一所印行的意见作批复,"同意由一所印出",肯定"原作确是下了苦工,即使有证据不足之处,但比杨树达的有关著作却更有学术价值"。(《郭沫若书信集》下,中国社会科学出版社1992年版)

此书1959年9月由科学出版社出版。

◎ 为湖北通城县九宫山李自成新墓落成题写墓志铭。铭文写道:"李自成是农民革命史中一位伟大的人物,他从陕北发动革命,以抗粮均田为号召,转战十余年,卒以1644年3月,推翻了明朝的统治。但是,可惜他的战友们,特别是丞相牛金星,为胜利所陶醉,忽视了关外的大敌,终于为满洲人所乘,遭受了失败。满人既占北京,暂时和南明妥协,集中力量攻打革命势力,致使李自成不得不转战南下。1645年9月李自成率部到达通城,不幸在这九宫山下,为地主的党羽所杀害。年仅三十九岁。革命英雄,永垂不朽。"(见钟保龙《李自成新墓建成》,3月15日《光明日报》)

31日 下午,在政协第二届全国委员会第二次全体会议上,作题为《在社会主义革命高潮中知识分子的使命》的报告,全文载2月1日《人民日报》《光明日报》。分为五个部分:一、贡献力量。二、扩大队伍。三、提高水平。四、自我教育。五、加强团结。号召广大知识分子"进行自我教育,发挥自己的潜在力量,扩大队伍,加强团结,提高业务能力,争取迅速改变我国科学文化的落后状态,在12年内使最急需的科学部门接近世界的先进水平"。

2月

1日 出席中国科学院科学奖金委员会第三次会议。(中国科学院档案)

5日 下午，往先农坛体育场，观看南斯拉夫青年足球队同北京队的友谊比赛。(6日《人民日报》)

◎ 下午，与周恩来等往机场，欢迎出访印度、缅甸、巴基斯坦等国归来的宋庆龄。(6日《人民日报》)

◎ 为当日开幕的"北京市中等学校学生科学技术作品展览会"题诗，题为《准备着，向科学堡垒进军》，载8日《人民日报》。号召青少年努力学科学，改变我国科学文化落后的局面。

7日 下午，出席政协第二届全国委员会第二次全体会议闭幕式。

会议同意周恩来所作的政治报告。同意郭沫若关于知识分子问题，陈叔通关于资本主义工商业的社会主义改造问题，董必武关于肃清一切反革命分子问题和陈伯达关于中国农业的社会主义改造问题的四个补充报告。(15日《人民日报》)

◎ 晚，主持中国亚洲团结委员会成立大会，并致辞。同时被推选为该委员会主席。(8日《人民日报》)

10日 《郭沫若谈青年文学创作者的任务》发表于《光明日报》。该文为接受《光明日报》记者采访的谈话录，就即将召开的"全国青年文学创作者会议"发表了意见。指出："今天可能有个偏向，强调向科学大进军，青年们对语文课的重视就不够"，"文学和科学，只是表现方法上的不同。文艺工作者唯一的道路，就是社会主义现实主义的道路，这也就是科学的道路。""文艺工作者是'灵魂的工程师'，要铸造别人的灵魂，先要铸造自己的灵魂。文艺工作者的自我改造和自我教育，是一个首要任务。"

12日 致函陈梦家。谈校对稿件事，说"校对好了，改动甚大，万请注意。图版中缺吴王光鉴铭，把蔡侯卢铭弄错了。蔡侯尊及铭，请作为'图版柒'加入。(如时间来不及，尊铭插入可作罢。)"附言："改动太大，最后一校的清样我想看。"(《郭沫若书信集》下，中国社会科学出版社1992年版)

信末署"郭沫若 农、元旦"，当为1956年2月12日。《郭沫若书信集》据附言的日期编辑，不确。

14日 下午，与周恩来等往机场，欢迎由首相诺罗敦·西哈努克亲王率领的柬埔寨王国国家代表团。(15日《人民日报》)

◎ 晚，出席中苏友好协会总会举行的晚会，庆祝《中苏友好同盟互助条约》签订六周年。(15日《人民日报》)

15日 下午，参加毛泽东与柬埔寨王国首相诺罗敦·西哈努克亲王的会见。(16日《人民日报》)

16日 致电吊唁杨树达教授逝世。

杨树达，中国著名语言文字学家，于14日在长沙逝世。(28日《人民日报》)

◎ 致函刘大年。谈对苏联科学院《世界通史》中关于中国部分的审读意见："'通史意见'全部看了一遍，有一条似可删，有一条当改一字。秦汉以后的历史，我无深入研究，没有把握。第十二页背面谈甘蔗棉花一条，说得很具体，不知确有根据否。据我研究《管子》的所见，书中已有可以定为'蔗饴'的证迹。甘蔗如果在三国时都'生长在岭南'，那就相隔得太远了。提出那条意见的朋友，最好能够写得稍微详细一些。"(《刘大年来往书信选（上）》，中央文献出版社2006年版)

18日 下午，往先农坛体育场，出席波兰克拉科夫市"格尔巴尼亚"足球队来中国访问比赛的开幕式，并观看"格尔巴尼亚"足球队同北京青年足球队进行的友谊比赛。比赛结束后，与陈毅等向两国运动员表示祝贺。(20日《人民日报》)

◎ 下午，出席周恩来总理和柬埔寨王国首相诺罗敦·西哈努克亲王联合声明的签字仪式。(19日《人民日报》)

◎ 参加毛泽东和周恩来接受柬埔寨王国国王诺罗敦·苏拉玛里特赠予的柬埔寨王国最高勋章的授勋仪式。(19日《人民日报》)

◎ 晚，出席毛泽东主席为欢迎柬埔寨王国国家代表团举行的宴会。(19日《人民日报》)

19日 晨，与周恩来等往机场，欢送西哈努克一行离开北京赴外地访问。(20日《人民日报》)

20日 下午，作为中国科学院院长公布人事方面的变动：张稼夫副院长调国务院二办为副主任，由地方工业部部长张劲夫为副院长。山西省长裴丽生为秘书长。(《竺可桢全集》第14卷，上海科技教育出版社2007年12月版)

◎ 作为中国科学院院长致函陈毅副总理并请转周恩来总理："关于调

张劲夫部长任科学院行政副院长，裴丽生省长任科学院秘书长，杜润生副部长从事科学规划（将来在科学院工作，职名待定），并调张稼夫副院长任国务院二办副主任事，十九日已与张稼夫、秦力生、潘梓年诸同志谈及，今天（二十日）下午三时在院召集各副院长及各学部主任副主任和其他负责同志传达并征求意见；全体同志表示热烈欢迎，别无异议，并请求国务院早发明令，分别委任。李四光副院长因血压高，未出席，但派遣了秘书列席。刚才已用电话传达，亦表示完全同意。特此报告。"（据郭沫若纪念馆存手迹复印件）

21日 出席中国科学院和文化部联合召开的全国考古工作会议开幕式，并致开幕词，题为《交流经验，提高考古工作的水平》，发表于28日《人民日报》，《考古通讯》1956年第2期。强调这次会议的任务是"适应国家建设的新形势，从考古工作方面来进行全面规划，加强领导，以最紧张的努力，争取在十二年内使我们的考古工作接近世界的先进水平"。收《郭沫若全集·考古编》第10卷。

24日 回复北京师范大学团委会、学生会23日来信。发表于《中国青年》1962年第15—16期。写道："立志作人民教师的青年是我所特别尊敬的。这样的青年是培养新生力量的原动力，不仅他自己就是新生力量，还要以自己来带动更多的新生力量。这有如原子能的连锁作用。你们全体都应该是优等生，光荣属于你们。""你们既立志学师范，范就是模范，所以先要把自己做成模范。你们要认真做到三好。这样你们才能带动更多的青年同样做到三好。""教师要有高度的自我牺牲精神，目的不必在使自己登上科学的最高峰，但要使更多的青年登上科学的最高峰。这样的教师自然也就登上了教育科学的最高峰了。""中国有句俗话'行行出状元'，我觉得很好。凡是在一定的岗位上尽到最善努力的人，便是登上了最高峰。""衡人的尺度，不在职位的高下，而在成就的多少。"

25日 接读仲钧20日来信，回复说："关于太史公行年，近来论者颇多。有王达津君赞成余说而复有所补正，将于历史研究最近期发表，请一并批评。"同时鼓励说："足下对史记有研究甚善，能作补注，最好。年龄考证，乃细节耳，请把题目更加放开。"（《文献》丛刊第1辑，北京图书馆1980年版）

27日 出席考古工作会议闭幕式。

会议对今后考古工作的规划、方针和任务进行了周密的讨论。考古工作者在会上宣读了26篇考古发掘专题报告，并且展开了学术性的自由争论。在闭幕式上，中国科学院考古研究所副所长夏鼐和文化部文物局局长王冶秋分别作了考古学术和考古工作安排方面的总结报告。(28日《人民日报》)

◎ 晚，在萃华楼餐馆宴请参加考古学会议的各地考古工作者。(《夏鼐日记》卷五，华东师范大学出版社2011年8月版；《顾颉刚日记》，中华书局2011年1月版)

◎ 致函尹达。告知"容庚寄来的整理文件已粗略审阅了一下，缓日拟集中些力量来着手"。"考古会议还开得不错。下一次的会议，大家的意思把它延到明年四月，我觉得比较好些。"(《郭沫若书信集》下，中国社会科学出版社1992年版)

29日　《访日杂咏》发表于《北京日报》，包括诗歌10首：《箱根即景》《访须和田故居》《别须和田》《宫岛即景二首》《吊千代松原》《归途在东海道车中》《宿春帆楼》《游别府》《船入长江口》。

初收《沫若文集》第2卷，后收人民文学出版社1959年12月初版《骆驼集》，现收《郭沫若全集·文学编》第4卷。

该组诗歌发表前曾经毛泽东审阅，毛泽东批示："送彭真同志：内件请交《北京日报》发表。其中有些草体字须先改为楷书，以免弄错。"(《毛泽东年谱1949—1976》第2卷，中央文献出版社2013年12月版)

◎ 致函刘大年。对国务院专家局28日来函要求为苏联教师做理论性专题报告作批语："请你帮忙写一篇关于社会科学的研究计划的报告为祷，详情由康白同志面达。这又是一项繁重任务，但如你不写，便没有人能写了。"(《刘大年来往书信选(上)》，中央文献出版社2006年版)

本月　出席中国人民政治协商会议全国委员会在怀仁堂为招待出席第二次全体会议的委员和列席人员分批举行的宴会。

宴会在2月1日、3日、5日和6日晚间分别举行。毛泽东主席出席了每一次宴会。(7日《人民日报》)

◎ 为李时珍墓作碑文。赞李时珍为"医中之圣，集中国药学之大成，本草纲目乃一八九二种药物说明，广罗博采，曾费三十年之殚精。造福生民，使多少人延年活命！伟哉夫子，将随民族生命永生"，"李时珍乃十

六世纪中国伟大医药家，在植物学研究方面亦为世界前驱"。（载《长江》文艺丛刊1979年第2辑）

◎ 任中央推广普通话工作委员会副主任。

中央推广普通话工作委员会经国务院批准成立。国务院任命其组成人员，主任为陈毅，副主任还有康生、吴玉章等。（12日《人民日报》）

◎ 偕同几位科学家参加春节联欢。

中央新闻电影制片厂拍摄纪录片《春节大联欢》，郭沫若等来到联欢现场，他向观众介绍数学家华罗庚、历史学家范文澜、物理学家赵忠尧、真菌学家戴芳澜等科学家，引起热烈掌声。（见新闻电影制片厂纪录片《春节大联欢》）

3月

3日 致函苏联专家基尔诺斯博士："您在中国工作了四个半月，对于中国地震科学的发展给了我们以很大的帮助。您根据自己手创的和最新式的地震仪及设计蓝图，具体地给我们传授了您的宝贵经验，帮助我们改进了现有的仪器和建立实验室，您又采取了各种不同的方式，不遗余力地给我们训练干部，使我们在仪器研究工作上大大地跨进了一步。这些都体现了中苏两国伟大的友谊和您的国际主义精神与忘我的劳动。我代表中国科学院和我个人向您致以崇高的敬意和衷心的感谢。"（中国科学院档案）

4日 根据《南冠草》改编的同名越剧，由南京市越剧团在政协礼堂上演。（《竺可桢全集》第14卷，上海科技教育出版社2007年12月版）

5日 下午，出席政协全国委员会常务委员会扩大会议，听取吴玉章作《关于汉语拼音方案（草案）》的报告，并作发言，以《希望拼音方案早日试用》为题载14日《光明日报》。认为《汉语拼音方案（草案）》"是比较完善的一个方案"。强调其意义："为了迅速地扫除文盲，为了减轻儿童的负担，为了早日为少数民族改进文字和创制文字都需要汉语拼音方案能够早日公布。再从加强国际交流和促进汉语规范化来说也是一样。党中央号召向科学进军，有了拼音方案也就更容易进行了"。建议在讨论中"多多考虑大的方面，小小的不同意见似乎可以不必过于强调。"在谈到文字改革与保留传统的关系时说："有人担心文字一改革，文化遗产的接受就要中断了。这些都是很大的杞忧。""文字改革是一回事，整理文化遗产又是一回事。文化遗产的中断不中断，关键问题不在于文字的改革与不改革。""即使文字改革实现了，文化传统也不会中断。"

6日 上午，在寓所与竺可桢谈剧本《南冠草》。(《竺可桢全集》第14卷，上海科技教育出版社2007年12月版)

◎ 在大觉胡同28仓库中购得许多古物，如王石谷的画和若干铜器，进行考证。(《竺可桢全集》第14卷，上海科技教育出版社2007年12月版)

◎ 为庆祝香港《大公报》在港复刊八周年题词。手迹载15日《大公报》："人民的声音超过山岳，超过海洋。望坚持爱国主义与国际主义的旗帜，团结全世界人民为和平共处而继续努力。"

7日 致函刘大年。谈向苏联在华专家作关于"全国科学十二年远景规划"报告稿的意见："报告稿子读了，我觉得可以用。我只在字句上做了一些小的修改。请您再斟酌一下。""关于培养干部一节，似乎还可以加强一点。初步的预计数字似乎可以举出一些。因为这是关键性的问题，没有干部，任何完善的计划都是无法实现的。""你如斟酌停当了，就请从新打出，送苏联专家工作局，请他们翻译吧。日期已迫近了。"(《刘大年来往书信选（上）》，中央文献出版社2006年版)

8日 《向青年作家致辞》发表于《文艺学习》第3期。文章要点与2月10日发表的对《光明日报》记者的谈话大致相同。

9日 在北京饭店宴请新到任的中国科学院副院长张劲夫、秘书长裴丽生及办公厅杜润生，致辞表示欢迎。陈毅夫妇、竺可桢等出席。(《竺可桢全集》第14卷，上海科技教育出版社2007年12月版)

10日 为越剧《南冠草》改编本题词："青出于蓝而青于蓝。越剧《南冠草》改编得比我的原作更好。"(据手迹)

14日 与宋庆龄等往波兰驻中国大使馆，吊唁波兰统一工人党中央委员会第一书记波莱斯瓦夫·贝鲁特。

贝鲁特12日在莫斯科逝世。(15日《人民日报》)

◎ 国务院科学规划委员会在北京成立，与李富春、薄一波、李四光任副主任，陈毅任主任。与陈毅、李四光、李富春分别作报告。(15日《人民日报》，《夏鼐日记》卷五，华东师范大学出版社2011年8月版，第213页)

16日 晚，就恢复中日邦交问题在中央人民广播电台发表演说，摘要载 17 日《人民日报》。对日本刚刚结束的"恢复日中日苏邦交月"和即将举行的"恢复日中日苏邦交全国大会"表示支持与祝贺,并祝愿中日邦交早日正常化。

17 日 为德国影片《台尔曼传》在中国上映作《台尔曼同志永垂不朽》。发表于《大众电影》第 7 期。写道:"《台尔曼传》(上、下集)是一部具有巨大历史意义和国际意义的影片,它在中国的上映,将鼓舞着中国人民以无比的热诚,加强建设自己的祖国,为争取世界和平与人类幸福而斗争。"

18 日 在收到平野义太郎 2 月 27 日及 29 日两函后回复:"华沙哲学会议确是在明年一九五七年,会期确定后,当再奉告。贵国代表请派二至三人。南原繁先生已允出席,前方定表欢迎。务台理作与出隆二位先生如亦出席,当甚善。会期将近时,我国拟邀请贵国代表来中国参观,作为中国科学院之宾客,再经由苏联前往赴会。来往旅费均可由中国科学院负担,想当荷同意。"(郭沫若纪念馆馆藏资料)

平野义太郎(1897—1980),日本法学博士、社会评论家。曾任日本学术会议委员,中国研究所所长,日本和平委员会会长,世界和平理事会常务理事。

20 日 设宴欢迎世界和平理事会理事、捷克斯洛伐克布拉格克美尼斯神学院院长赫鲁玛德卡教授和世界和平理事会理事、匈牙利旧正教会亚诺斯·彼得主教。(21 日《人民日报》)

◎ 致电弗雷德里克·约里奥·居里,吊唁伊伦·约里奥·居里逝世。

伊伦·约里奥·居里 3 月 17 日在巴黎逝世。她是法国放射性化学和原子核物理学方面最出色的科学家之一,著名社会活动家、世界和平理事会理事、世界和平理事会主席弗雷德里克·约里奥·居里的夫人。他们夫妇共同发现了人工放射性,并且试验证明光线可以变成物质。人工放射性这一现象对科学有极其重要的意义,并且为无限量的和平使用原子能奠定基础。由于这个发现,约里奥·居里夫妇获得诺贝尔奖。3 月 21 日法国在巴黎大学为其举行国葬典礼。(19 日、21 日、23 日《人民日报》)

◎ 作《序〈盐铁论读本〉》。收入《〈盐铁论〉读本》(科学出版社 1957 年版)。分五个部分,首先交待整理经过,说"为了便于阅读起见",把全书标点了,对于难解的字句"加了一些简单的注释",字句"也有经过校改的"地方，定名为《〈盐铁论〉读本》。同时，将卷数取消了，只在目录里面注出，"保留着它的痕迹"。为了使眉目清醒一些，将描写和叙述文字以及各人的对话，分列开来。其次，介绍盐铁会议。再次，介绍桓宽写《盐铁论》的经过，认为《盐铁论》"不仅保留了许多西汉盛时的经济思想史料和风俗习惯，在文体的创造性上也是值得重视的"。进而，肯定桑弘羊在中国历史上"是一位了不起的人物"，"两千多年前就有桑弘羊这样有魄力的伟大财政家，应该说是值得惊异的"。最后，再次申明《盐铁论》是"处理经济题材的对话体的历史小说"，要求"我们的文学史家应该予以适当的地位"。全书218个注，所引版本有明华氏活字本、明沈延铨本、太玄书宝本、张之象本、攖宁斋本、倪邦彦本、九行本以及《群书治要》、《通典》十、《永乐大典》所引；参考诸家校释有王先谦、孙贻让、洪颐煊、王启源、杨树达、张敦仁、俞樾、孙贻谷、徐德培等说。

收入民出版社1961年1月版《文史论集》，后收《沫若文集》第17卷，现收《郭沫若全集·历史编》第8卷。

21日 致函尹达。告知"《盐铁论》标点好了，似可由科学出版社印行。《序文》请你看一看，望打出几份，送两三份给我。原稿一并退回"。(《郭沫若书信集》下，中国社会科学出版社1992年版)

24日 作诗《学科学》，发表于4月《学科学》创刊号，又载4月9日《北京日报》。号召人人学科学，"老也行，少也行，大家来当科学兵。各门兵种都需要，同向科学大进军"。

收《沫若文集》第2卷，现收《郭沫若全集·文学编》第5卷。

26日 致函刘人年。谈关于"全国科学十二年远景规划"报告修改稿的意见："报告仔细阅读了。关于培养新生力量的补充，觉得很好，很有必要。时间迫近了，请一面打出，一面与顾问事务处联系，说明稿子有些增补，他们的印刷可以缓一两天。"附言："再一法，就是把改的原稿直接送去，要顾问事务处照印，照增改译文。"(《刘大年来往书信选(上)》，中央文献出版社2006年版)

29日 往机场，为出席世界和平理事会特别会议的中国代表团送行。(30日《人民日报》)

◎ 晚，会见七位应国务院邀请前来我国帮助编制全国长期科学规划

的苏联科学家,并共进晚餐。(30日《人民日报》)

30日 晚,在寓所宴请世界科学理事会的科学家 Powell、奥巴林等。竺可桢等作陪。(《竺可桢全集》第14卷,上海科技教育出版社2007年12月版)

31日 致函尹达。接冯国瑞3月19日要求参加大西北建设的来信,认为其人"是有工作能力的人,信中所提1、2两点似可考虑","采取津贴的形式,请他把积累的材料整理出来,似乎也可以"。附言:"有了决定望回他一信。"(《郭沫若书信集》下,中国社会科学出版社1992年版)

本月 为响应世界和平理事会1956年纪念世界十大文化名人的号召,中国纪念世界文化名人筹备委员会成立,主席为郭沫若,副主席为中国人民对外文化协会会长楚图南。(3月18日《人民日报》)

◎ 为甘肃省人民委员会大厦题诗:"此日西垂是重心,会看场厂立如林。彩陶自古传奇迹,万代千年无古今。"(抄稿存郭沫若纪念馆)

◎《管子集校》由科学出版社出版。包括:《管子集校》叙录、《管子集校》所据《管子》宋明版本、《管子集校》引用校释书目提要、《管子集校》正文、《管子集校》校毕书后几部分。现收《郭沫若全集·历史编》第5卷至第8卷。

4月

2日 将吴晗4月2日关于发掘明陵的来信上报国务院。

11日,国务院秘书长习仲勋复信称,周恩来总理"同意在步骤上先发掘定陵,然后再发掘长陵。"(据王廷芳:《郭沫若与定陵发掘》,《文物天地》1999年第2期)

◎ 与林伯渠、李济深、董必武、彭真等39人组成谭平山治丧委员会。

谭平山为全国人民代表大会常务委员会委员、中国国民党革命委员会副主席,于2日逝世。(3日《人民日报》)

◎ 晚,出席中国科学院等单位为欢迎世界科学工作者协会副主席鲍威尔、奥巴林一行举行的宴会。(4日《人民日报》)

3日 下午,出席世界科学工作者协会成立十周年纪念大会,并致祝词。(4日《人民日报》)

4日 上午，往中山公园中山堂，出席首都各界公祭谭平山先生大会，与周恩来等陪祭，主祭为刘少奇。（5日《人民日报》）

◎ 晚，出席周恩来总理举行的宴会，招待参加世界科学工作者协会第十六届理事会和该会成立十周年纪念会的世界科协理事、各国观察员及工作人员。（5日《人民日报》）

5日 为迎接全国先进生产者代表会议的召开，作诗《先进生产者颂》，发表于24日上海《劳动报》。赞扬"先进分子就是火车头，带动大家建成社会主义大殿堂"。

收《沫若文集》第2卷，现收《郭沫若全集·文学编》第5卷。

6日 下午，与周恩来等往机场，欢迎苏联部长会议第一副主席米高扬率领的苏联政府代表团。（7日《人民日报》）

◎ 晚，出席周恩来总理举行的宴会，欢迎苏联政府代表团与乌兹别克共和国最高苏维埃主席团主席拉希多夫。（7日《人民日报》）

◎ 致函陈梦家。通过陈梦家转致高英、白万玉，说："承补好的铜镜，不注意一下又打破了。对不住，请同志们在空闲时补补。"再次表示："谢谢您们把六件陶瓷和一只爵补好了。"附言："释蔑历一文阅后送还。"（《郭沫若书信集》下，中国社会科学出版社1992年版）

7日 晚，与刘少奇、朱德等应苏联驻华大使尤金之邀，出席为欢迎苏联政府代表团举行的招待会。（8日《人民日报》）

8日 晨，与周恩来等往机场，欢送苏联部长会议第一副主席米高扬和乌兹别克共和国最高苏维埃主席团主席拉希多夫回国。（9日《人民日报》）

◎ 晚，宴请苏联科学院院士苏卡切夫及其随从人员，竺可桢等出席作陪。（《竺可桢日记》第3册，科学出版社1989年版）

9日 出席中苏社会科学工作者社会科学理论问题报告会闭幕式，并代表参加大会的全体中国学者向苏联专家表示衷心的感谢。（17日《人民日报》）

10日 复信冈田靖雄。告以收到来信及所赠论文集。（见日本《郭沫若研究会会报》第10号）

◎ 致函东北师范大学中文系现代文学教研室。告知寄来的《中国现代文学》讲义只看了关于自己的部分，有些不确实和夸大的地方做了删

改。(据手迹)

12 日 复函翦伯赞。告以"信悉。单看照片，不辨真伪。照片送还。波多野是想到我国来访问的，但似乎缺少这样的机会"。(《北京大学学报》1978 年第 3 期)

波多野，日本大阪大学教授波多野太郎，1955 年郭沫若与翦伯赞等访日期间，曾为翻译。

◎ 应石门二中教师王继初来信请求，复信学生，鼓励孩子们热爱科学，"实事求是，持之以有恒"。(见王继初《重读郭沫若同志的一封信》，载 1978 年 12 月 6 日《湖南日报》)

14 日 作诗《愿六亿人民都成先进》，发表于 5 月 1 日香港《大公报》。鼓励人们"要把科学技术提高到世界先进水平"，"要有新的技术提高人类的文明"，"要夺取科学的堡垒，永远地消灭战争"。

收《沫若文集》第 2 卷，现收《郭沫若全集·文学编》第 5 卷。

18 日 晚，与周恩来等出席首都各界为庆祝亚非会议一周年举行的酒会与文娱晚会。(19 日《人民日报》)

21 日 出席全国第二机械工业部第一次先进生产者代表会议开幕式，并发表讲话，同时朗诵了自己的诗作《先进生产者颂》。(22 日《人民日报》)

22 日 约请竺可桢和苏联渔业专家尼柯尔斯基等在寓所共进晚餐。(《竺可桢全集》第 14 卷，上海科技教育出版社 2007 年 12 月版)

23 日 上午，出席全国文化先进工作者会议开幕式，作为中国科学院院长、中国文学艺术界联合会主席致祝词。(24 日《人民日报》)

24 日 主持中国人民保卫世界和平委员会常务委员会扩大会议。

会议通过决议：积极响应斯德哥尔摩世界和平理事会特别会议的号召，为争取早日实现普遍裁军和禁止原子武器、氢武器以及为加强国际和平力量而斗争。(25 日《人民日报》)

27 日 晚，往北京饭店，出席周恩来总理举行的宴会，招待参加国际民主妇联理事会北京会议的全体理事、特邀代表和工作人员。(28 日《人民日报》)

28 日 晚，在中国科学院宴请苏联、朝鲜、越南、中国四国渔业会议代表。(《竺可桢全集》第 14 卷，上海科技教育出版社 2007 年 12 月版)

29日 致七妹郭畹秋信。请其安心，说："你的生活费，以后一定按月照送。你的子女多，我所帮补的一点很有限。我的身体很好，虽然过了六十，但自己并不觉得。"（据郭沫若纪念馆馆存稿）

30日 作诗《访"毛泽东号"机车》，发表于5月6日《人民日报》。称颂"毛泽东号"机车班组人员的先进事迹。

收《沫若文集》第2卷，现收《郭沫若全集·文学编》第5卷。

为了作好这首诗，曾抽空访问"毛泽东号"机车司机长岳尚武。（26日《人民日报》）

◎ 下午，与毛泽东等在北京体育馆出席全国先进生产者代表会议开幕式。（5月1日《人民日报》）

◎ 晚，出席周恩来总理举行的酒会，为"五一"国际劳动节，招待来自五十多个国家的一千多位外宾。（5月1日《人民日报》）

本月 作《关于司马迁之死》。发表于《历史研究》第4期。对于司马迁"下狱死"的说法，虽然"前人多不相信"，但"从种种材料看来，没有坚实的理由可以完全加以否定"。特别引用《盐铁论·周秦篇》"一旦下蚕室，创未疗，宿卫人主，出入宫殿，得由受俸禄，食大官享赐，身以尊荣，妻子获其饶。故或载卿相之列，就刀锯而不见闵（悯）"的一段文字，认为这"不就是暗指司马迁的再度下狱致死吗"？

初收人民出版社1961年1月版《文史论集》，后收《沫若文集》第17卷，现收《郭沫若全集·历史编》第3卷。

◎ 作《"万隆精神"万岁！》，纪念亚非会议一周年。发表于4月号《人民画报》。强调亚非会议的意义"在于它产生了具有巨大影响的'万隆精神'，即主张和平共处，反对殖民主义和促进各国友好合作的精神"。"它完全符合于世界各国人民的和平愿望和切身利益"，"代表着当今世界不可抗拒的历史潮流和人类社会发展的必然趋势"。

◎ 为"世界科学工作者协会十周年纪念大会"作"祝词"。说："科学是人类智慧的崇高的结晶。""世界科学工作者协会，十年来团结世界科学家争取科学的发展和科学家的福利，争取科学为和平建设人类幸福服务有了显著的成就。""光荣永远属于为人类谋幸福的真理探求者！"（手稿存郭沫若纪念馆）

5 月

1 日 在天安门出席五十万人参加的庆祝"五一"国际劳动节集会，与毛泽东主席和其他党和国家领导人检阅了游行队伍。(2 日《人民日报》)

3 日 设宴招待出席国际民主妇女联合会理事会会议的世界和平理事会副主席法国的欧仁尼·戈登夫人、常务委员英国的蒙尼卡·费尔顿夫人、理事阿根廷的玛格丽塔·德庞赛夫人。陈叔通、许广平出席作陪。(4 日《人民日报》)

4 日 出席全国先进生产者代表会议，发表题为《向科学技术进军》的讲话，摘要载 5 日《人民日报》。号召科技工作者们在十二年之内使中国落后的科学技术水平接近世界先进水平。特别强调要有足够的干部和加强科学情报工作。说："我们必须用最大的力量来培养大量的新生力量。这是高等教育部和教育部的中心任务，同时也应该是中国科学院和各产业部门、文化部门研究机构的中心任务。我们要在一定时期内迅速赶上世界先进水平，这就要求我们必须把科学情报工作做好。凡是于我们国家建设有益的科学技术，我们都是必须学习的。我们不仅要向苏联和人民民主兄弟国家学习，也要向亚洲、非洲、欧洲、美洲各国的科学家们学习。资本主义国家的科学技术研究也在经常不断地进展，我们是丝毫也不能忽视的。在今天我们是决不应该采取闭关主义，把自己限制在一个小圈子里面去。"讲话中还比较详细地介绍了近年世界科学技术的最新成就。

5 日 为首都高校三好学生大会纪念册题诗《青年与春天》，将青年比作"鲜红的芍药的嫩苗"，正"冲破坚硬的地面"，"青年在向春天微笑：/请把芍药花开遍南极的冰窖！/我们要攻占科学的城堡，/要使你美丽的春天永在，迎接到共产主义的明朝！"

收《沫若文集》第 2 卷，现收《郭沫若全集·文学编》第 4 卷。

7 日 设宴欢迎日本和平代表团团长石河京市和全体团员。日本和平人士宫崎龙介和夫人亦出席宴会。(8 日《人民日报》)

◎ 下午，出席政协全国委员会为欢迎归国华侨、港澳同胞和侨眷代表举行的酒会，并致辞。号召侨胞与全国人民一起，为祖国的社会主义建设共同奋斗。(8 日《人民日报》)

9日 晚，设宴欢迎德意志民主共和国科学家汉斯·斯图勃博士、鲁道夫·曼斯菲尔德博士一行。他们是前来与中国科学家合作考察栽培植物和野生植物的。(11日《人民日报》)

10日 题《管子集校》自藏样书："兼收并蓄，批判之基。反复校勘，期其尽善。"（据手迹）

11日 会见出席全国先进生产者代表会议的科技先进生产者代表，并与代表们进行了座谈。(12日《人民日报》)

12日 在鸿宾楼宴请苏联专家，竺可桢等作陪。(《竺可桢日记》第3册，科学出版社1989年版)

◎ 作为中国科学院院长接受苏联科学院赠送的最新科学仪器和图书资料和电影片。

这些资料由正在帮助中国编制全国长期科学规划的苏联科学家代表团转交中国科学院。(13日《人民日报》)

◎ 复函孙百朋。7日收到由陈梦家转来孙百朋信，讨论已发表的《由寿县蔡器论到蔡墓的年代》(《考古学报》第1期)一文。告以"蔡成侯的卒年，史记六国表有误。成侯即位于敬王三十年（公元前490），在位十九年，当卒于元王四年（公元前472）即吴亡之年。六国表误列入五年，致声侯即位又迟了一年。拙稿未误"。同时指出："'大敌当前，君丧在侧'不能作器之说，颇可商。越乃吴之敌，非即蔡之敌。同性犹婚，遑论丧制，古器铭更足证儒家丧礼乃托古改制耳。"最后，强调"中心问题在蔡侯器、大盂姬器、吴王光器同出一墓，应作圆满解决。拙文重点注目于此。其他枝节未遑论"。(《郭沫若书信集》下，中国社会科学出版社1992年版)

16日 致电吊唁苏联著名作家法捷耶夫。说："法捷耶夫是苏联天才的作家，是中国人民忠诚的朋友。他的作品在中国人民革命和建设社会主义的斗争中，给了我们以巨大的鼓舞力量。在保卫世界和平的斗争中，法捷耶夫也做出了令人难以忘怀的贡献。"

法捷耶夫于13日逝世。(《文艺报》1956年第10期)

◎ 作《悼念法捷耶夫同志》，发表于《人民文学》第6期。深情回忆自己和法捷耶夫交往的过程，认为"法捷耶夫是责任心极强的一位同志。他在文学创作和保卫和平事业中，的确是作了献身的努力。他的成就是不能磨灭的,特别是他对于我们中国同志们的帮助是会永远令人保持着浓厚的纪念的"。

初收北京出版社 1959 年 1 月初版《雄鸡集》,后收《沫若文集》第 17 卷,现收《郭沫若全集·文学编》第 17 卷。

17 日　晚,与周恩来等出席挪威驻华大使克洛格·亨生举行的国庆招待会。(18 日《人民日报》)

18 日　作《〈关于大顺军领袖李自成被害地点的考证〉附言》。发表于《历史研究》第 6 期。说"一九五五年湖北通城县将修建传说死于通城九宫山的农民革命英雄李自成的墓,曾约我为该墓题词","近据《历史教学》编辑部、湖北师专历史系、武汉大学历史系及金毓黻先生的考证,认为李自成死难地点应为湖北通山县,而非通城县",表示为通城县李自成墓的题词以及《甲申三百年祭》中所说李自成"牺牲于湖北通城九宫山"都是"根据旧有的传说,应予以注销并改正。现由《历史研究》编辑部将《历史教学》编辑部等的考证材料汇集发表,以供参考"。

收《郭沫若全集·历史编》第 3 卷,改题为《关于李自成死难地点的问题》。

19 日　出席中国科学院编译出版委员会第一次会议,并发表讲话。说:"为了科学技术的发展,必须大大加强科学书刊的编译出版工作,这是促进科学进步的重要环节之一。"并对制定科学出版工作十二年规划、从各方面加强编译出版工作、有计划地出版中外各国的科学经典著作、加强介绍苏联和其他国家的科学成就、培养编译出版工作干部、学习苏联先进科学著作出版工作经验等问题谈了看法。

中国科学院编译出版委员会的主要任务是:决定科学出版工作的方针和任务。审查、批准科学出版工作的计划并且领导和监督计划的执行。组织近代学术论著丛刊的编纂工作以及组织编订各学科科学名词和解决科学著作编译出版工作中的其他重大问题。委员会由陶孟和、杨钟健、尹达、周太玄等二十个委员组成。(21 日《人民日报》;《竺可桢全集》第 14 卷,上海科技教育出版社 2007 年 12 月版)

21 日　为日本岩波书店出版的《戏剧丛书》作序。丛书包括《屈原》等历史剧。(戈宝权《郭沫若的著作在日本》)

23 日　晚,作为中国科学院院长设宴招待埃及古代史学家阿·费克里教授、夏瓦比教授。夏鼐等作陪。(25日《人民日报》,《夏鼐日记》卷五,华东师范大学出版社2011年8月版,第225—226页)

26日 晚,往中南海怀仁堂,出席周恩来总理为招待参加全国科学规划工作的科学家举行的酒会。(27日《人民日报》)

28日 作诗《赞红岩》,发表于重庆《红岩》第1期。称"红岩"的名字就是一首诗,是一个美好的象征,"瑞金、延安、红岩,/在革命斗争中是三位一体"。

初收《沫若文集》第2卷,后收北京出版社1959年12月初版《骆驼集》,现收《郭沫若全集·文学编》第4卷。

29日 晚,作为中国科学院院长设宴招待出席苏、朝、越、中四国协调渔业、海洋学和湖沼学研究会议的外国代表团,并致辞。指出:"无论在生产建设或科学研究方面,进行国际性合作——特别是在苏联的先进经验的基础上进行国际性合作,是我们相互学习和共同工作的最好方式。"预祝四国在渔业合作和学术性的共同研究上获得辉煌成就。(30日《人民日报》)

◎ 歌词《永远的春天——为一九五六年"六一"儿童节作》,与郑律成的曲谱一起发表于当日《北京日报》。写道:"全世界的小朋友,好儿童,/我们都是兄弟姐妹,姐妹弟兄。/尽管我们的言语怎样不同,/我们的皮肤的颜色怎样不同,/我们的心和血是一样通红。/我们的歌声像永远的春风。"

收《沫若文集》第2卷,现收《郭沫若全集·文学编》第5卷。

31日 下午,参加周恩来总理与埃及古代史学家阿·费克里博士和埃及文化使团的会见。(6月1日《人民日报》)

◎ 为文学刊物《草地》创刊题诗,题为《郊原的青草》,发表于7月四川《草地》创刊号。赞青草是"理想的典型!""你是生命,你是和平,你是坚忍。""任人们怎样烧毁你,剪伐你,你总是生生不息,青了又青。""你是生命,你也哺育着生命,/你能变化无穷,变成生命的结晶。/你是和平,你也哺育着和平,/你使大地绿化,柔和生命的歌声。"

初收《沫若文集》第2卷,后收北京出版社1959年12月初版《骆驼集》,现收《郭沫若全集·文学编》第5卷。

◎ 作诗《乌云散后——中日友谊之歌》,以歌词形式与马思聪的曲谱一起，发表于《歌曲》10月号。写道："江户川、扬子江，一同流入太平洋""两千年的友谊/在血液里交流"。

初收《沫若文集》第2卷，现收《郭沫若全集·文学编》第5卷。

本月　作诗《五一颂》："百花齐献颂，万紫与千红。五一歌声壮，劳工创大同。"（手迹，题写于于非闇、陈半丁等四位画家应《中国工人》杂志社之邀，为庆祝全国先进生产者代表会议召开集体创作的百花图）

6月

1日　上午，与吴晗、蔡畅等往北京饭店，与中外儿童在新大厅欢庆"六一"国际儿童节。（2日《人民日报》）

2日　致信上海图书馆许惺盦，对其寄来请求指正的诗稿《长夜集》谈了自己的意见："大作'长夜集'已零星拜读。足下对于诗作，工力甚深。在长期敌伪统治时代，恒殷殷眷怀祖国，具见情操。唯惜'记事之作'不仅'不多'，而且少见。祸变犹新，而读来却有亡国后宋明人作品之感，缺乏作为诗史的时代性，是一缺陷。此集在目前出版，恐有困难，谨奉还。诗中以支干纪年，殊非善法，不加注亦应考虑。足下自以'失其涵蓄'为短，余则颇病其语太涵蓄，而无深切的山河之痛耳。"（手迹载《上海师范学院学报》1979年第1期）

◎ 复信内蒙古青年许名扬，写道："你的'新乡颂'我零星翻读了一些，觉得你很有诗才，请你在工作之余努力写作。你还年青，才十七岁，将来的发展是不可限量的。往往一个单细胞的个体可以发展成为具有高度组织的东西。""太急于求发表会增加自己后来的翻悔。祝你努力。"（据手迹复印件）

6日　就十二年科学技术发展远景规划和科学技术人才问题向新华社记者发表谈话，摘要载7日《人民日报》。首先介绍了远景规划的拟制工作，进而号召旅居国外的科学家们回国参加祖国建设。

◎ 晚，出席毛泽东在中南海颐年堂招待各民主党派负责人和知名人士的宴会。（《毛泽东年谱1949—1976》第2卷，中央文献出版社2013年12月版）

初旬　根据毛泽东希望为县团级干部编写一部中国历史书的意见，邀请范文澜、翦伯赞、吴晗等多位史学家座谈。

中共中央宣传部部长陆定一在会上讲了编写这本历史教科书的意义，并且说希望由郭沫若领导编写。会上确定这部历史教科书作为高教部的任务，委托中国科学院负责。(《中国历史提纲（奴隶社会、封建社会）座谈会简报》，卷存中国社会科学院历史所)

11日 晚，与周恩来等观看罗马尼亚"云雀"民间舞蹈音乐团的演出。(12日《人民日报》)

12日 上午，出席中、苏、朝、越四国渔业、海洋学和湖沼学研究会议，并致祝词，全文载13日《人民日报》。指出："由于我们有相互毗邻的水域，有共同利用的水产资源，所以有必要来协调我们关于渔业、海洋学和湖沼学的科学研究工作，使得这些科学研究工作，有更多的成就，使得四国的渔业有更大的发展。"

◎ 中午，设宴欢迎东正教大主教、黎巴嫩和平人士尼冯·萨巴，并致欢迎词。(13日《人民日报》)

◎ 下午，出席"太平洋西部渔业、海洋学和湖沼学研究的合作协定"的签字仪式。(13日《人民日报》)

◎ 参加周恩来总理与出席四国渔业研究会议的苏联、朝鲜、越南、中国四国代表团的会见。(13日《人民日报》)

13日 晚，往中南海勤政殿，出席毛泽东主席为欢迎尼泊尔王国驻中国首任特命全权大使拉纳举行的宴会。(14日《人民日报》)

14日 下午，在怀仁堂，与毛泽东等国家领导人同出席第三次全国人民代表大会的科学家代表们合影，向毛泽东介绍竺可桢等。(《竺可桢日记》第3册，科学出版社1989年版)

15日 上午，往北京展览馆，出席苏联和平利用原子能科学技术展览会开幕式，并主持剪彩。(16日《人民日报》)

◎ 下午，往中南海怀仁堂，出席第一届全国人民代表大会第三次会议开幕式，与宋庆龄等为大会主席团成员。(16日《人民日报》)

◎ 晚，设宴庆祝苏联和平利用原子能科学技术展览会开幕，并致祝词。(16日《人民日报》)

16日 出席中国科学院各所各研究单位负责人会议，并讲话。(《竺可桢全集》第14卷，上海科技教育出版社2007年12月版)

18日 下午，在第一届全国人民代表大会第三次会议上，就如何发展科学事业作了发言，全文载 19 日《人民日报》。首先介绍了"十二年发展科学事业的远景规划"的制定与实施，接着，着重谈了"百家争鸣"方针的贯彻与实现科学规划的关系。指出："要怎样才能够更好地使科学家们发挥高度的积极性和创造性，这就不能不成为实现科学规划的一个关键性的问题"，"'百花齐放，百家争鸣'确实是鼓舞科学文化工作者发挥高度积极性和创造性的最好的方针"。强调："'百家争鸣'不仅要鸣，而且要鸣得好。不仅要争，而且要争得好。我们的'争'有竞争，也有斗争。"

◎ 晚，设宴欢迎日本亚洲团结委员会文化代表团。宴会前对客人们说：希望代表团对中国的文化艺术工作多提出些建设性的意见。

出席宴会的文化艺术界人士有郑振铎、夏衍、成仿吾、田汉、俞平伯等。(19 日《人民日报》)

19 日 批示科学出版社公函。(见《郭沫若学刊》2009 年第 1 期)

21 日 下午，与刘少奇等往机场，欢迎以芬兰议会议长维埃诺·约翰奈斯·苏克舍拉宁为首的芬兰议会访华代表团。(22 日《人民日报》)

◎ 晚，参加刘少奇委员长与芬兰议会访华代表团全体人员的会见。(22 日《人民日报》)

◎ 致函瑞士驻华公使馆转第十届国际会晤委员会，写道："我荣幸地接到贵国公使馆交我国外交部转来的您们对我的邀请，我非常感谢。遗憾的是今年九月我已安排了其他的工作，不能到贵国去。冯友兰教授接受了你们的邀请，我希望他的讲演能满足你们的期待。我很高兴与您们一通畅谈，我相信以后一定会还有这样的机会。"(中国科学院档案)

22 日 作《序〈志愿军一日〉》，发表于 7 月 10 日《人民日报》。称赞该书"真真是无愧于抗美援朝运动的有血有肉的战史，是要永垂不朽的由战士们自己所亲手建立的丰碑"。同时"也将成为世界文学宝库里面的一个瑰宝"。建议翻译成各种文字，以便"把爱国主义和国际主义的教育，传播得更普及一些，更深入一些"。

初收北京出版社 1959 年 1 月初版《雄鸡集》，后收《沫若文集》第 17 卷，现收《郭沫若全集·文学编》第 17 卷。

23 日 出席第一届全国人民代表大会第三次会议，与陈嘉庚、谭政等担任执行主席。(24 日《人民日报》)

27日 晚，参加毛泽东、刘少奇、周恩来等与芬兰议会访华代表团的会见。(28日《人民日报》)

28日 下午，参加周恩来总理与来华访问的日本人士的会见。(7月1日《人民日报》)

29日 下午，出席第一届全国人民代表大会第三次会议，与廖承志等担任会议执行主席。(30日《人民日报》)

30日 出席第一届全国人民代表大会第三次会议闭幕式，与刘少奇等担任执行主席。(7月1日《人民日报》)

本月 作歌词《红旗迎风飘——少年运动员之歌》，写道，"高山向我们点头，/大海为我们舞蹈，/太阳和我们赛跑。""活泼、勇敢、沉着、机敏，/有了健康的身体，/才有健康的精神。"

收《沫若文集》第2卷，现收《郭沫若全集·文学编》第5卷。

夏

◎ 应江苏省启东县农水科的请求，为该县并港建闸解除水涝干旱取得成功题诗："农田水利，自古所重。并港建闸，泽被启东。引水抗旱，挡潮防洪。长江下游，莘莘先锋。"启东县将题诗分别刻在了是年8月建成的三和港闸和头兴港闸上。(陆继权《郭沫若一首未发表的题诗》，载《郭沫若学刊》1995年第3期)

◎ 拟以"百花齐放"为题，选出一百种花来做出一百首诗。试做了三首——牡丹、芍药、春兰——便搁置了。主要的原因是"所熟悉的花不多，有的知其实而不知其名，有的知其名而不知其实，有的名实不相符，有的虽熟而并非深知，所以有困难"。(见《〈百花齐放〉小引》，1958年4月3日《人民日报》)

7月

1日 发表《演奏出雄壮的交响曲》于《人民日报》。说："对旧文化的批判中，有扬弃，有升华。这就形成为'推陈出新'的辩证的统一，使旧的遗产中有生机的成分在新的时代得到更顺畅的发育"，"目前我们处在建设社会主义的过渡时期，正充分具备着'百家争鸣'的历史条件"。"今天的'百家争鸣',既不同于我国战国时代的诸子蜂起,那是由奴隶社会转变为封建社会时期的'百家争鸣'。也不同于欧洲近代初期的'文艺复兴',那是由封建社会转变为资本主义社会时期的'百家争鸣'。今天的'百家争鸣'是以建设社会主义,更进而建设共产主义作为我们的母题(Motive),我们是要围绕着这个母题来组织我们的管弦乐队,演奏出史无前例的雄壮的交响曲。万种乐器齐奏或叠奏,但总要按照着一定的乐谱。我们要'争鸣',而不是要'乱鸣'。"

收入民出版社1961年1月版《文史论集》,现收《郭沫若全集·文学编》第17卷。

◎ 晚,参加毛泽东主席、周恩来总理与黎巴嫩东正教大主教尼冯·萨巴一行的会见。(2日《人民日报》;《毛泽东年谱1949—1976》第2卷,中央文献出版社2013年12月版)

◎ 邀请50多位史学家和哲学家座谈编写中国历史和中国哲学史教科书的问题。在讲话中认为,教科书应该"百家争鸣",强调采取民主集中制的办法,表示在集体编写完成后,由其本人"做整个书的校对工作"。(谢保成《郭沫若主编〈中国史稿〉》,《求真务实五十载——历史研究所同仁述往》,中国社会科学出版社2004年版)

2日 复函潘景郑。说:"六月廿六日复书奉悉。承惠假陈奂校《管子》钞本及丁士涵《管子案》、《残案》二种,亦已于今日到手,谢谢。二书俟细读后璧赵。"(林申清《郭沫若遗札及其管子集校》,1999年1月20日《中华读书报》)

◎ 为《燃料学报》作《发刊词》。载《燃料学报》1956年第1卷第1期。总结了几年来燃料科学研究工作的成就,强调开展燃料科学研究工作对于社会主义工业化和国防现代化具有极其重要的意义。指出:"就目前燃料科学发展的情况看来,这种每隔二三年开一次报告会,出版一次会刊的办法已不能满足事业的要求了。为了及时地传播和交流学术成就,更广泛地开展学术讨论,实现'百家争鸣'的方针,为了更有系统地学习国际先进经验,出版'燃料学报'是完全必要与适时的。""'燃料学报'暂定为季刊","希望全国的燃料科学工作者充分利用这份刊物,勇敢地发表创造性的研究成果"。

◎ 就潘梓年当日来信中提出的拟在青岛召开关于语言学问题座谈会

的会期、内容、规模及所需房屋等相关问题致函陈毅："陈副总理：此件请批示。大家想多邀请些人去青岛，不知青岛房屋有无问题。无论多去少去，关于房屋一层特请责成有关方面布置为祷。"

此信写在潘梓年致"郭院长"信首页右侧。陈毅于4日复函潘梓年，提出："会议人不宜多，多了不好讨论问题。要避免开大会'一轰隆'的传统习惯，房舍已向青岛交涉，结果后告。""我意不如就在北京开为好，免往返麻烦，时间也可以拖长。""此意请你斟酌后与郭老商定，我见他时当再达。"（据中国科学院档案资料）

3日 致函尹达。告以黄盛璋的《周都丰、镐与金文中的莽京》"觉得不错"，因为有些错字错句，誊录得太草率，已"送还了他，请他自己再校阅一遍"。问《古代研究集刊》几时创刊，说"黄文可选用，我已经向他透露了创刊的消息，并准备选用"。又说"黄信言及×××的作风，恐是事实。《考古学报》中的×文，实在太杂乱，不成体系。似乎可以向他提醒一下"。（《郭沫若书信集》下，中国社会科学出版社1992年版）

信中×××系《郭沫若书信集》编注者所加，略去实名。——编者注

4日 晚，赠送日本冈山后乐园的两只中国东北的丹顶鹤抵达冈山，受到冈山县知事三木行治为首的冈山人的欢迎，住进事前已经准备好的后乐园新居。（见晓昧《后乐园与丹顶鹤》，载《郭沫若研究》第9期，文化艺术出版社1991年12月版）

◎ 题雪舟画册。（据手迹）

5日 致函尹达。谈及三事："一所的学术委员会同意召开一次，恐怕是第一次吧，即可作为成立会"；"黄文如可用时，登《历史研究》也可以，不必限于《集刊》"，"叶玉华应评奖的一些稿子，我觉得也可以选些可用的来登出"；"《资治通鉴》的标点，据说大有问题，把司马光和胡三省合在一道去了，不知确否？如信然，足见标点古书也不轻松"。（《郭沫若书信集》下，中国社会科学出版社1992年版）

6日 上午，与刘少奇等往机场，为芬兰议会访华代表团送行。（7日《人民日报》）

10日 往机场，为赴印度尼西亚访问的宋庆龄送行。（17日《人民日报》）

12 日　出席中国自然科学史第一次科学讨论会闭幕大会，并发表讲话。认为，中国自然科学与技术史的研究是十分重要的。希望通过这方面的研究来促进历史分期问题的争论很快得到结论。提出少数民族在科学上的贡献应加以注意。(15 日《人民日报》)

14 日　晚，往中南海，出席周恩来总理为招待尼泊尔访华文化代表团举行的酒会。(15 日《人民日报》)

◎ 作《高渐离·校后记之二》："我写这剧本时是有暗射的用意的，存心用秦始皇来暗射蒋介石。因而对于秦始皇的处理很不公正。秦始皇是一位对民族发展有贡献的历史人物，蒋介石哪能和他相比！""这次改版，我把剧本又整个修改了一遍，把过分毁蔑秦始皇的地方删改了。秦始皇是一位通权变、好女色的雄猜天子，我看是没有问题的。"

收《沫若文集》第 4 卷，现收《郭沫若全集·文学编》第 7 卷。

15 日　在北京饭店出席文史教学大纲总结会议并参加宴会。(《顾颉刚日记》，中华书局 2011 年 1 月版)

16 日　参加中国科学院历史研究所第一所第一次所务会议，复到萃华楼聚餐。(《顾颉刚日记》，中华书局 2011 年 1 月版)

◎《正确地理解全面发展》发表于《中国青年》第 14 期，此文专为该刊"大家谈——青年应该成为什么样的人"栏目撰写。认为，社会主义的新人要全面发展。但目前在对于"三好"和"全面发展"的理解上有一些偏差。一是"把全面发展看作'全能发展'和'平均发展'，要求青年什么都会，五艺俱全"。指出："全面发展决不能理解为上自天文，下至地理，门门都精通。主要还是指对于身体和智能的良好发育。"另外，"全面发展不应该排斥个人的爱好和特长"。不能压抑"青年正当个性"。"不仅要求他们具有共产主义的政治觉悟，有健康的体魄，丰富的知识和技能，而且要有开朗活泼的性格，蓬勃的朝气，独立思考和独立工作的能力。"

17 日　晚，与周恩来总理等出席尼泊尔访华文化代表团团长巴·夏尔马举行的招待会。(18 日《人民日报》)

18 日　发表《发辫的争论》于《人民日报》，署名龙子。用拟人化手法，将长发辫分成两派，争论其优劣。"一派的发辫说：我们简直成了无用的长物了。愈拖愈长，就象两条死蛇一样。""另一派的发辫坚决地反对：笑话！我们不是很美吗？多谢姑娘们还每每跟我们打上一对红蝴蝶、白蝴蝶，或者别种颜色的蝴蝶。而且我们是从苏联学来的先进经验呵！"文章最后说："看来，发辫的争论是不容易停止的。两条发辫愈拖愈长，发辫的争论也会愈拖愈长，象我们目前最流行的八股文章一样。"

19日　于北戴河"改订"历史剧《南冠草》毕。(参见收入《沫若文集》之《南冠草》)

28日　主持中国科学院本年第二十次院务常务会议，会上，张劲夫副院长报告科学院今后的发展方针。(《竺可桢日记》第3册，科学出版社1989年版)

30日　作《虎符·校后记之二》。说明"删去了好些冗赘的话"，并对第五幕"加了一些修改"，经过这样的修改，"觉得第五幕依然可以保留"。

收《沫若文集》第3卷，现收《郭沫若全集·文学编》第6卷。

本月　在青年团中央国家机关第二次代表大会期间，到会作报告，介绍了我国十二年科学发展规划，鼓励机关青年结合本行业务，努力向科学进军。(7月23日《人民日报》)

◎ 会见以下中弥三郎为首的日本出版交流代表团。(7月12日《人民日报》)

8月

4日　发表《乌鸦的独白》于《人民日报》，署名克拉克。以乌鸦的口吻发牢骚，对否定乌鸦的态度表示不满。嘲讽"新文豪"以扫除迷信为名，修改经典作品，抹杀乌鸦功绩的作法。写道："乌鸦遭人厌，在中国成了民族感情，已经有三千多年的传统了。这是不可否认的事实。不过，你们尽管讨厌我们，但要谢谢你们并不想消灭我们。在这里恐怕也是有一些科学根据的吧。""认真地说，我们乌鸦倒并不是那么十恶不善的害鸟。我们也部分地伤害你们的农作物，但尤其喜欢吃腐肉。这就使得我们的同类们不自觉地发挥着清道夫的作用。""我们这群'神的使者'几千年来不仅和印度朋友能够和平共处，而且和中国朋友也能够和平共处。"

5日　在秦皇岛海滨别墅，参加毛泽东主席与印度尼西亚国会议长沙多诺等的会见。(7日《人民日报》)

10日　复函陈梦家。"前后两信及各种资料均收到，谢谢您的帮助。"告以"《大系》一时难以竣事，离京后诸多不便，余考资料未能尽量带来，大受限制。拟回京后再设法继续进行"。又说容庚在京，曾写一信寄广州，"恐他见不到。我是问他要《越者丿尸钟》的拓片的写真，此钟文他据'同人四器'把全文恢复了是一个创获"。(《郭沫若书信集》下，中国社会科学出版社1992年版)

12日　发表《读了〈关于"周颂·噫嘻篇"的解释〉》于《光明日报》(发表时，"××先生"为"憨之先生")。对憨之先生纠正了自己对《周颂·噫嘻篇》的错误理解表示感谢。也进一步通过大量引证谈了自己对诗中"昭假""尔"的理解，对憨之先生的引证和一些解释谈了相同的理解和不同的看法，并重新翻译了此诗。最后再次感谢憨之先生，因为"他把关键性的问题提了出来，使它能够得到更接近于正确的解释"。

初收北京出版社1959年1月初版《雄鸡集》，后收《沫若文集》第17卷，现收《郭沫若全集·文学编》第17卷。

20日　下午，与周恩来等往机场，欢迎以梭发那·富马首相为首的老挝王国政府代表团。(21日《人民日报》)

◎　晚，往中南海紫光阁，出席周恩来总理为欢迎老挝政府代表团举行的酒会。(21日《人民日报》)

21日　下午，在中南海勤政殿参加毛泽东主席与梭发那·富马首相率领的老挝王国政府代表团的会见。(22日《人民日报》;《毛泽东年谱1949—1976》第2卷，中央文献出版社2013年12月版)

◎　晚，出席周恩来总理为欢迎老挝王国政府代表团举行的宴会。(22日《人民日报》)

23日　发表《题雪舟画册》于《人民日报》，以纪念日本15世纪著名画家、世界文化名人雪舟。说："纪念雪舟，我们不能不回忆到经历了两千多年的中日两国人民的兄弟般的友谊。雪舟的画就是这种民族友谊的血肉结晶。""以中国的先进经验，结合了日本山川风物的实际，这就使雪舟在画艺中特出一头地。雪舟曾来中国，他不仅接受了中国的画法，并曾接触了中国的生活和自然。我们欣赏他的画，并不感觉得他是外来的宾客。""明治维新以后,我们也从日本学习了不少的东西。我们的鲁迅就曾在日本留学。鲁迅的成就,我们应该肯定,是受了日本文化的影响的。""日本朋友今年在纪念鲁迅,我们今年在纪念雪舟,这种不谋而合的优美的心情必将在新的基础之上促进两国之间的文化交流和人民友谊。""乌云流过之后,月光是更加明朗了。"

◎ 在中国地理学会学术论文报告会上,代表中国科学院和中国地理学界接受苏联赠予我国的地理学文献。

苏联专家萨莫伊洛夫教授代表苏联科学院、莫斯科大学等单位赠礼。(24日《人民日报》)

24日 下午,作为全国人大常委会负责人,接待老挝王国九位议员的拜会。说:"我国愿在和平共处五项原则基础上增进中老友谊,支持老挝王国政府宣布的和平中立政策。"(25日《人民日报》)

◎ 晚,作为中国人民保卫世界和平委员会主席设宴,招待以山口篷春为首的日本画家代表团。

该团是前来参加世界文化名人雪舟等杨逝世450周年纪念会的。(25日《人民日报》)

25日 下午,出席周恩来总理和老挝王国首相梭发那·富马联合声明的签字仪式。(26日《人民日报》)

◎ 晚,往中南海怀仁堂,参加毛泽东主席为招待老挝王国政府代表团举行的宴会。(26日《人民日报》)

26日 晨,与周恩来等往机场,为前往上海等地参观的老挝王国政府代表团一行送行。(27日《人民日报》)

◎ 晚,观看中国男子篮球队同罗马尼亚男子篮球队的友谊比赛。(27日《人民日报》)

◎ 为《人民中国》杂志所作的《"百家争鸣"万岁!》发表于《大公报》。从四个方面谈了对"百家争鸣"的理解。第一,"百家争鸣"具有它的时代性。每逢社会发展达到了一个划时期的阶段,在文化活动中总要或早或迟地呈现出一个"百家争鸣"的局面。第二,每个阶段"百家争鸣"的实质也各不相同。今天所提出的"百家争鸣","既不同于两千年前的诸子蜂起,也不同于欧洲的'文艺复兴'",它"比'五四'运动也更进了一步,就是在各种学术研究中的社会主义竞赛,或者是在每一种学术研究中的社会主义竞赛。一切的学术研究都是为了更好地建设社会主义"。第三,"在我们的时代中实现'百家争鸣'是比历史上任何时期都有更有利的条件,因为我们的国家将采取各种措施来促使学术繁荣和保证'百家争鸣'的便利"。第四,"历史上的'百家争鸣'总是只能保持一个时期",而我们今天和今后的"百家争鸣""不会有定于一尊或僵化的危险。只要我们不断努力,我们的'百家争鸣'将永远继续下去"。

27日 下午,作为中国科学院院长会见意大利农业生物学家代表团全体人员。(28日《人民日报》)

28日 下午,与周恩来、陈毅、章伯钧等往机场,迎接出访印尼归来的宋庆龄。(29日《人民日报》)

7、8月间

在北戴河,为冯雪峰主持的《鲁迅全集》的注释提了意见,作了些修改和补充。(《雄鸡集·努力把自己改造成为无产阶级的文化工人》)

9月

1日 下午,主持授予齐白石世界和平理事会国际和平奖金仪式,并致辞,全文载2日《工人日报》。说:"齐白石先生的成就,对于这项和平奖是受之无愧的。""齐白石先生经过几十年的刻苦自觉和艺术劳动,吸收和融合了我国绘画艺术的优良传统,并加以发展和创造,终于形成了自己独特的技巧和风格,成为驰名国内外的艺术家。我们的艺术大师所付出的劳动和取得的成就是惊人的,几十年来,他所创作的图画,包括花鸟虫鱼山水人物,总共不下一万数千幅。齐白石先生不仅精于绘画,而且长于刻印,他的书法也出人头地。"齐白石先生的作品"朴素而精炼地表达了善良人们对于和平生活的衷心爱好","近年来更热情地以自己的创作参加了保卫和平的事业"。"九十几年的老艺术家的和平劳动,毫无疑问,对于维护永久和平将发生不断的影响。"

3日 晚,作为中国人民保卫世界和平委员会主席宴请齐白石,祝贺他荣获1955年度世界和平理事会国际和平奖金。

茅盾、邵力子、罗隆基及美术界人士陈半丁、溥雪斋、于非闇、叶浅

予和叶恭绰等参加宴会。(4日《人民日报》)

◎ 致信朱海观。说:"最近在1956年译文儿童文学专刊《我们的礼物》中读到英国沃伊达的《草原》,感受到很大的兴趣。很想找英文原文来读读。您处有她的原作否?如果您有,或者别的朋友有,希望借给我看一看。""《我们的礼物》中的《草原》是磊然根据俄文本重译的,译文很条畅,但有些地方似乎也有小小的错谬。""据介绍,沃伊达是英国十九世纪的女作家。由《草地》看来,她的思想是进步的,文笔也是美丽的。她的作品,中国另外还有人译过否?这样的作家,颇值得作进一步的介绍。"(据郭沫若纪念馆藏手迹复印件)

4日 晚,作为中国人民保卫世界和平委员会主席设宴欢迎以让·尼昂教授为首的比利时和平代表团,并致辞。表示:中比两国人民过去已有深长的友谊,希望这种友谊今后进一步得到新的发展,这不仅符合中比两国人民的利益,也有利于世界和平的事业。希望中比两国不久能建立正式的邦交。最后,接受了代表团所赠礼物并致谢。(5日《人民日报》)

6日 作为中国科学院院长回答《工人日报》记者的提问,以《"百家争鸣"可以推广》为题发表于当日《工人日报》。说:"'百家争鸣'的意义不外是自由讨论或者广泛竞赛。""任何工作部门都可以展开自由讨论和广泛竞赛。""问题不在学术界以外可不可以'百家争鸣',而是在怎样来进行'百家争鸣',怎样来通过'百家争鸣'而求得进步。"

该文是对不少职工的提问作答。职工提出:"百家争鸣"方针是否仅限于学术界?在实际工作中能不能贯彻"百家争鸣"的方针?在技术上能不能"百家争鸣"?它和学术界的"百家争鸣"有什么不同。

8日 《希望有更多的古代铁器出土——关于古代分期问题的一个关键》发表于《人民日报》。论证"由奴隶制转变为封建制的主要关键当在生产力的发展上去追求",而在古代"铁器的出现和使用是值得特别重视的一个关键性因素"。从"近年"地下发掘来看,河南辉县、热河兴隆县两批铁器"都属于战国时代"。而且"两批铁器都不是殉葬品,很值得注意"。对于"在战国以前还没有铁器使用"的说法,认为"从文献的资料上和上举辉县、兴隆两大批出土资料看来,是可以坚决地否定这种说法的!"同时强调:"战国以前的铁器,我坚决相信,是可以有大量出土的机会的。"最后表示:"战国以前的铁器如果能够大量出土,那就可以使古代史分期问题的一种看法，即以春秋、战国之交为奴隶制和封建制的界限，获得更多的铁证了。"

初收人民出版社1961年1月版《文史论集》，后收《沫若文集》第17卷，现收《郭沫若全集·历史编》第3卷。

9日 在中南海颐年堂出席毛泽东邀请民主党派负责人和无党派民主人士参加的关于召开中共八大问题的座谈会。

同时被邀请参加座谈的还有宋庆龄、李济深、沈钧儒、章伯钧、陈叔通、傅作义、张治中、程潜等29人。周恩来、朱德、陈云、彭真、邓小平、李维汉出席。(《毛泽东年谱1949—1976》第2卷，中央文献出版社2013年12月版)

◎ 为潘景郑藏《管子》二种作题语。第一，为陈奂校《管子》钞本所题："余为《管子集校》，收罗版本颇多，独墨宝堂宋本未见，引以为憾。此本即钞自墨宝堂本，并经陈奂手校，校录以遗高邮王氏（按：指王念孙），有钤印可证。潘君景郑远道惠假，得细阅一过，弥补遗憾，良堪感荷。原书本缺自十三卷至十九卷，黄丕烈曾据陆贻典校宋本补入，俾成全帙。此钞本即据黄所校补本，而陈复曾以刘绩补注本对校。此可见前人之勤，与其用心之仔细。陈氏经校后，更以转赠王氏，曩时学者间友谊之敦厚，深可足令人感动。凡此均足师法，固不仅为学会素研究增添一份善本而已。潘君实善体前修之懿行者，谨让此数语璧还，用申谢意。一九五六年九月九日 郭沫若。"第二，为丁士涵《管子案》残本所题："《管子》残稿，蒙景郑君假阅，确实可贵。稿曾经陈奂手定，稿中朱书即陈氏笔迹。戴望亦曾过目，有案语数处。然《管子校正》中所采丁说，与此稿不尽相符。有为稿本中所无者，盖采自《管子注》，惜彼书已毁，不可复问耳。稿中颇有胜义为戴所遗漏者，亦有丁误而戴亦同误者，足征戴之功力远不及丁。丁书残毁，殊可惜也。然残愈于毁，宜倍加珍护。一九五六年九月九日 郭沫若识。"(林申清《郭沫若遗札及其管子集校》，1999年1月20日《中华读书报》。按：题陈奂校《管子》抄本"固不仅为学会素研究增添一份善本而已"句中"为学会素"四字疑有衍夺)

◎ 复函潘景郑。"承惠假陈奂手校《管子》钞本及丁士涵《管子案》残本。暑间曾携往北戴河校阅，以杂务牵累，未能竣事。日前始得校毕，谨将原书璧还，深致谢意。各书头曾略题数语，想当不讥为佛头着粪也。

墨宝堂本颇闻有在苏联之说，如信然，后或可得一见。"（林申清《郭沫若遗札及其管子集校》，1999年1月20日《中华读书报》）

◎ 复函昆明市文联主席、主持《边疆文艺》工作的洛汀，对其8月6日来信未及时回复请求原谅。说："《孔雀胆》的故国，《阿诗玛》的故乡，真是令人神往。""但您所要的文章或诗却写不出来，请您宽恕。"希望能再去昆明，"那时我一定能够做得出文章和诗，向您交卷"。（载1987年11月15日《文汇报》）

10日 晚，设宴欢迎苏联天文学家节依奇教授和谢格洛夫教授。（11日《人民日报》）

11日 回复清华大学任健9日来函，载1962年《中国青年》第15、16期合刊（未署收信人姓名）。对于他进了清华大学，学的是工业企业电气化专业，"觉得很好"。同时表示："在专业之外，对于文艺仍保持着爱好，这也是好的。这样可以使生活不偏枯，可以养成优美的情操。"在谈到自己的情况时说："几年来我简直把笔砚抛荒了，几乎什么也没有写。别人依然把我当成为'作家'，又是'学者'，其实我这个两栖动物实在是有点惭愧了。文艺作品既写不出来，学术研究也毫无表现。要说什么计划吧，更难说。您说您在期待着我的《浮士德》，我看您的期待恐怕是只好落空的。我前些年辰是一个不服老的人，有人讥讽我老了，我就好胜地反唇相讥，但最近两年来却深深感觉着自己是走入老境了。""希望青年同志们迅速成长起来，更有担当地在各方面产生出更多更好的成果。"（手迹存郭沫若纪念馆）

12日 作《文学与社会》，发表于10月1日《文汇报》。该文是就墨西哥文学杂志社的编辑3月6日来信提出的问题作答。指出："作家刘于人类生活应该有他的批判，从而加以分析、提炼、综合而转入创造过程。具有正确的批判性和高度的创造性，然后才具有作为文学作品的内在价值而发挥出高度的社会效果。"

初收北京出版社1959年1月初版《雄鸡集》，后收《沫若文集》第17卷，现收《郭沫若全集·文学编》第17卷。

墨西哥文学杂志社信中提出的问题有："为促进一个真正人道的社会产生，文学和创造的作家能够担负的职能是什么？""文学与社会间的深刻关系是什么？""文学的内部价值和社会价值的关系"等。

13日 在国际俱乐部设宴招待以施太尼次博士为首的德意志民主共和国科学院代表团。(14日《人民日报》)

14日 下午，出席周恩来总理为招待以克劳德·科里亚为首的锡兰政府代表团举行的酒会。(15日《人民日报》)

◎ 复信陈明远，以《给上海中学×××的信》为题，发表于《中国青年》1962年8月第15、16期合刊，总题为《给青年的几封信》。谈道："你准备专研数学是很好的。你的爱好相当广泛也是很好的。年轻的时候积累了丰富多采的智识，将来成了专家可以不至偏枯。""你的批评意见大体上是中肯的，特别是对于我的杂文有些可以剔去的建议，我愿意接受。你如有工夫，在不影响你的功课和身体的范围内，请你在我的杂文或其他文章中认为不能满意的，具体地指摘出来寄给我。不必一次写，你可以见到一点写一点，这样可以不多占你的时间。"(该信原件手迹存郭沫若纪念馆)

原信署写作时间为"1957年"，有误。据信中提到的"去年十二月底从日本回国"，"今年纪念鲁迅逝世二十周年"等内容推断，此信应写于本年。

15日 上午，出席德意志民主共和国驻华大使馆举行的授予郭沫若德意志民主共和国科学院通讯院士的仪式，从德国科学院副院长施太尼次手中接过学位证书。(16日《人民日报》)

◎ 致信苏联科学院，为加强两国科学院合作，希望组织一个中国科学院科学代表团访问苏联。

11月1日，苏联大使馆参赞向外交部递交苏联科学院代理院长巴尔丁院士致郭沫若院长的信。说："苏联科学院完全支持您提出的在莫斯科举行苏中两国科学院代表第一次会议来讨论我们两国科学院合作问题的建议，并且还提议在1956年11月上半月举行上述会议。"还提到，拟在今年11月初接待由10人组成的中国科学院代表团。希望客人中"有您和您的夫人"。(外交部档案)

16日 发表《游里加湖》于《新观察》1956年第18期。摘录1954年6月12日和13日的日记，记叙到离黑海岸边90公里的海拔八百多公尺的里加湖游览的情况。并录有两天内创作的22首五言绝句。

17日 作诗《骆驼》，发表于10月14日《北京日报》。赞美骆驼的品格与精神："骆驼，你沙漠的船，/你，有生命的山！/在黑暗中，/你昂头天外，/导引着旅行者/走向黎明的地平线。/暴风雨来时，/旅行者/紧紧依靠着你，/渡过了艰难。""骆驼，你星际火箭，/你，有生命的导弹！/你给予了旅行者/以天样的大胆。/你请导引着向前，/永远，永远！"

收《沫若文集》第2卷，收人民文学出版社1959年12月初版《骆驼集》，现收《郭沫若全集·文学编》第4卷。

18日 作诗《埃及，我向你欢呼！》，发表于21日《人民日报》。声援埃及人民接管苏伊士运河的正义斗争。诗曰："埃及，我向你欢呼！/楚唐卡曼已从金字塔中醒来，/斯芬克狮发出了吼声，/古代的'死书'启示了/人类解放史的新的篇页。/新生的浪潮/通过苏彝士运河，/荡击着世界的各个角落。"

收《沫若文集》第2卷，现收《郭沫若全集·文学编》第4卷。

12月28日，埃及驻中国大使拉加卜致信郭沫若，感谢其写诗支援埃及。说："您写了极为动人心弦的诗篇支持埃及，我谨代表我国政府和人民向阁下表示谢意。埃及人民非常赞赏您的诗篇，电台已经把它广播出去，各报刊也已将它发表。"还说："中国和埃及这两个自我奋发、爱好和平的国家有着良好的友谊关系和文化关系，埃及永远不会忘记您对于我们两国这种友好关系的形成和推进所作的有效贡献和真诚的帮助。"（1957年1月1日《人民日报》）

20日 出席全国人民代表大会常务委员会第四十六次会议，在发言中表示支持埃及人民的反殖民主义斗争。（21日《人民日报》）

◎ 为大渡河业余合唱团题诗："希望您们——唱出人民的欢乐，人民的希望。/唱得和峨眉山那样磅礴，/唱得和大渡河那样浩荡，/令人长忆二万五千里长征，/踏破万水千山，树立英雄榜样。"诗前小引为："合唱团的名字，一横一竖，各写了一个。请选用。因为不知您们是要哪一种。祝颂的歌词却不能写。"（见11月1日《四川日报》）

21日 下午，在中南海勤政殿参加毛泽东、刘少奇、周恩来对印尼国会代表团全体团员的会见。（22日《人民日报》；《毛泽东年谱1949—1976》第2卷，中央文献出版社2013年12月版）

◎ 复函郭若愚。告知"你写给我的信，我已交考古所负责同志。做学问要虚心，最好要养成能与人合作的态度。金钱上不必过于计较。学术工作不能为了这些琐碎事受影响，希望你安心地从事应该做的研究。听说你馆有伯懋父卣及尊，并附有我的考释，确否？望你查一下"。(《四川大学学报丛刊·郭沫若研究专刊》第2集，1980年)

22日 晚，参加刘少奇委员长对卡米勒·胡斯曼率领的比利时王国国会代表团的接见，并出席晚宴。(23日《人民日报》；《毛泽东年谱1949—1976》第2卷，中央文献出版社2013年12月版)

24日 晚，往车站，欢迎英国坎特伯雷教长约翰逊博士和夫人一行。(25日《人民日报》)

26日 下午，往机场，迎接来访的尼泊尔王国首相坦卡·普拉萨德·阿查里雅和夫人一行。(27日《人民日报》)

◎ 晚，在中南海勤政殿参加毛泽东主席对尼泊尔首相坦卡·普拉萨德·阿查里雅和夫人一行的接见。(27日《人民日报》)

27日 晚，往北京饭店，出席周恩来总理为欢迎尼泊尔首相坦卡·普拉萨德·阿查里雅举行的宴会。(28日《人民日报》)

◎ 以中国科学院院长名义分别致函波兰专家列斯雅克、鸠尔柯夫斯基，对他们1月来华，分别帮助我国煤化学、煤岩相方面的研究工作表示感谢。认为"这些指导和帮助对我国煤炭研究工作的发展起着重要的作用"。同时感谢他们"在煤炭研究室所作的一系列的学术报告，为我国煤炭科学工作者提供了重要的学习资料"。"打下了中波两国今后在煤炭研究工作方面进一步合作的良好基础。"(中国科学院档案)

28日 下午，与周恩来总理等出席中国尼泊尔友好协会成立大会。(29日《人民日报》)

29日 中午，在国际俱乐部设宴欢迎以亚·普实克院士为首的捷克斯洛伐克科学院代表团。(30日《人民日报》)

◎ 下午，与刘少奇、李维汉、赛福鼎等往机场，迎接印度人民院议长阿·阿延加尔率领的印度国会代表团。(30日《人民日报》)

◎ 晚，出席刘少奇委员长为欢迎印度共和国国会代表团举行的宴会。(30日《人民日报》)

◎ 出席毛泽东主席为招待尼泊尔王国首相坦卡·普拉萨德·阿查里雅和夫人举行的宴会。(30日《人民日报》)

30日 与毛泽东等往机场，欢迎来访的印度尼西亚总统苏加诺。(10月1日《人民日报》)

◎ 晚，出席周恩来总理为庆祝国庆七周年举行的招待会。(10月1日《人民日报》)

秋

◎ 为日本农学家铸方末彦题"八政先食"条幅。(见手迹)

◎ 自"百家争鸣"方针提出后，专家们拟编写第一部哲学史教科书。与潘梓年、胡绳、冯友兰等参与了关于中国哲学史整理的讨论。(9月15日《人民日报》)

10月

1日 往天安门，出席庆祝中华人民共和国成立七周年大会，与毛泽东等检阅了人民解放军的部队和群众游行队伍。(2日《人民日报》)

◎ 发表《百家争鸣共同进步 百花齐放迎接高潮》于香港《大公报》。

◎ 发表《双喜临门》于《光明日报》。庆祝国庆和中国共产党第八次代表大会的召开。

◎ 用陈叔通诗韵作五律《文汇报继续出版》，贺《文汇报》当日在上海复刊。诗云："建国七年庆，普天万岁声。续编文汇报，敢作惊人鸣。愚者一筹虑，秀才半纸情。集思忠益广，日久自成城。"

陈叔通《祝贺文汇报》："国庆欢腾日，飞来第一声。发扬八大会，贯彻百家鸣。取譬群流汇，提高再厉情。从兹文教业，赖此作干城。"(消息见2日《人民日报》，诗载当日《文汇报》)

2日 中午，应印度驻中国大使拉·库·尼赫鲁之邀，出席为欢迎印度国会代表团而举行的宴会。(3日《人民日报》)

◎ 晚，出席毛泽东主席为招待苏加诺总统举行的国宴。(3日《人民日报》)

3日 晚，与周恩来等观看印度尼西亚巴厘艺术友好访问团的演出，之后，出席周恩来总理为招待该团举行的酒会。(4日《人民日报》)

◎ 晚，参加宋庆龄为招待苏加诺总统举行的家宴。(4日《人民日报》)

◎ 致函洛汀，说："谢谢你寄来的大观楼长联。去年过昆明，不曾游大观楼。颇引为遗憾。今得此，足饱眼福。写作俱佳。孙陆都不愧大手笔。"(据手迹，载《郭沫若学刊》2013年第3期)

4日 晚，出席周恩来总理为招待苏加诺总统举行的宴会。(5日《人民日报》)

◎ 作《〈游里加湖〉跋》，回顾1954年与陆璀、朱子奇同游里加湖，"成诗凡二十二首，录出以为纪念。湖在山巅，海拔近千公尺，离黑海岸避暑地加格拉凡九十公里"。(手迹载《河北文艺》1979年第5期)

5日 晚，往北京饭店，应邀出席印尼总统苏加诺为招待毛泽东等领导人举行的宴会。(6日《人民日报》)

6日 上午，与毛泽东等往机场，为印度尼西亚共和国总统苏加诺一行送行。(7日《人民日报》)

◎ 下午，往北京展览馆，出席日本商品展览会开幕式，并致辞。(7日《人民日报》)

7日 下午，往中南海勤政殿，参加周恩来总理与尼泊尔首相坦卡·普拉萨德·阿查里雅联合声明的签字仪式。(8日《人民日报》)

◎ 晚，出席德意志民主共和国驻中国大使纪普纳为德意志民主共和国成立七周年举行的招待会。(8日《人民日报》)

8日 上午，与彭德怀、贺龙等往机场，为尼泊尔首相坦卡·普拉萨德·阿查里雅和夫人一行送行。(9日《人民日报》)

◎ 晚，往北京饭店，出席日本国际贸易促进协会会长、日本商品展览会总裁村田省藏和日本商品展览团团长宿谷荣为庆祝日本商品展览会开幕举行的酒会。(9日《人民日报》)

9日 上午，会见日本文化人士访华团全体人员，并设酒会招待。(10日《人民日报》)

◎ 复信河南济源一中。该校新民主主义青年团和少年先锋队联名来信，请求题写校名胸章，写好校名胸章后作答："九月30日信接到。校名胸章写了两个，上一个字要好，有点高低不齐。如果剪贴一下，也可用。"(手迹见《济源历史文化精编》下，中国文史出版社2005年版)

10日 在国务院全体会议第三十八次会议上被推选为汉语拼音方案

审订委员会主任，副主任为张奚若和胡乔木。(13日《人民日报》)

11日 致函尹达。转去王文农致张难先信，说"信中提到汉口柯某家有古书古画，我认为可由一所收购，能派一专人去亦可。请速作决定"。(《郭沫若书信集》下，中国社会科学出版社1992年版)

12日 为《天津日报》"耕植学术园地"专栏题字，并"代发刊词"发表于本日《天津日报》。写道：

"要实现学术上'百家争鸣'的方针需要有更多的争鸣的园地。

"大家有机会鸣，有机会来发表自己的意见或研究成果，然后才能有更多的自由讨论的机会。

"通过自由讨论，集思广益，然后才能更好地使学术进步，以提高人民生活，促进国家建设。

"'争鸣'的目的就在这里。

"请大家勤恳地耕植这个'学术'园地吧。让这园地丰富多采，开满千红万紫的繁花或结遍堆金砌玉的硕果。"

14日 晚，与刘少奇等出席比利时王国国会代表团举行的辞行招待会。(15日《人民日报》)

15日 出席中国科学院科学情报研究所成立大会，并讲话。指出：科学情报工作可以使科学上的新成就迅速地为生产建设服务，它能帮助科学工作者及时掌握世界科学进展的全貌，以便在准确可靠的基础上，进行自己的研究工作。勉励全所工作人员在国内外有计划地逐步建立科学情报网，以适应我国科学事业发展的需要。(17日《人民日报》)

16日 致函尹达。转去陈石斧学生刘易白（刘焰）9月12日、10月15日的两封来信，说"陈石斧遗著请由一所派一位同志，在星期六上午，持公函往索取。我处已去信告刘"。(《郭沫若书信集》下，中国社会科学出版社1992年版)

◎ 为江西文艺月刊《星火》题写刊名，并以此为题赋诗一首："星星之火，可以燎原。/革命是要扇燃这星星之火，/反革命是要扑灭这星星之火。//革命的星火已经燎原了，/但需要有火种不断添加，/并防止反革命的死灰复燃。"(手迹载1957年1月《星火》创刊号，又载《江西文艺》1978年第4期)

17日 主持汉语拼音方案审订委员会第一次会议。

会议确定审订委员会的任务是对中国文字改革委员会拼音方案委员会提出的有关汉语拼音方案的各种建议加以讨论审查，并组织座谈，听取各方人士意见，然后决定一个汉语拼音方案修正草案，提请国务院批准公布。会议听取了拼音方案委员会委员王力关于修正汉语拼音方案草案初步意见的说明。(19日《人民日报》)

19日 下午，在政协礼堂主持鲁迅逝世20周年纪念大会，并致开幕词。载20日《人民日报》《文汇报》。介绍了鲁迅一生的光辉成就，高度评价鲁迅的功绩。说："鲁迅的成就，和欧洲文艺复兴时期的巨人们相仿佛，是多方面的。""他是革命的思想家，是划时代的文艺作家，是实事求是的历史科学家，是以身作则的教育家，是渴望人类解放的国际主义者。这在每一方面的成就都可以使鲁迅不朽，而他是把各方面的不朽的成就相互谐适地集中起来，结晶成为一个典型的人格。他的影响毫无疑问，是将愈来愈显著，愈来愈广泛，愈来愈深入的。"指出："我们今天在纪念鲁迅。我们中国的文化工作者就是要以鲁迅为榜样，以自我牺牲精神创造性地从事一切活动。"

初收北京出版社1959年1月初版《雄鸡集》，以《体现自我牺牲的精神》为题；后收《沫若文集》第17卷；现收《郭沫若全集·文学编》第17卷。

◎ 与林伯渠、李济深、沈钧儒、董必武等39人组成彭泽民治丧委员会。

全国人大常务委员会委员、中国农工党副主席彭泽民于18日逝世。(20日《人民日报》)

◎ 致函陈梦家。感谢"叠次承您送了好些青铜器的资料来"，说"应酬事太多，大系被拖延，补录尚未着手"。感叹当年"一人单干，效率甚速，有不胜今昔之感"。(《郭沫若书信集》下，中国社会科学出版社1992年版)

20日 与周扬、老舍、郑振铎、冯雪峰主持纪念鲁迅先生逝世20周年学术报告会。

会上，作家巴人、北京大学哲学系副教授任继愈、北京师范大学中国语文学系教授李长之分别作了题为《鲁迅小说的艺术特点》《鲁迅同中国古代伟大思想家们的关系》《文学史家的鲁迅》的报告。作家、学者和各

界人士五百多人参加了报告会。(22日《人民日报》)

◎ 下午，参加在中山公园中山堂举行的彭泽民遗体入殓仪式。(21日《人民日报》)

◎ 晚，参加印度国会代表团向刘少奇委员长的辞行会。(21日《人民日报》)

◎ 往北京饭店，出席巴基斯坦大使阿哈默德为欢迎苏拉瓦底总理访华举行的酒会。(21日《人民日报》)

21日 晚，与茅盾、周扬往和平宾馆，宴请参加鲁迅先生逝世20周年纪念大会的各国作家。在致辞中说：我们大家通过文化来为本国人民和全世界人民服务，并且用来加强全世界人民的友谊、保卫世界和平。

北京文艺界人士郑振铎、叶圣陶、老舍、夏衍、萧三、阳翰笙、曹禺、王任叔、刘白羽、冯至、艾青、吴组缃、艾芜、臧克家、吴作人、刘开渠、谢冰心、黄佐临、白杨等一百多人出席作陪。(22日《人民日报》)

22日 晨，与刘少奇等往机场，为印度国会代表团送行。

◎ 上午，会见日本水利科学访华代表团团长谷口三郎，团员速水颂一郎、伊藤刚、小柳弥、市浦繁和秘书石村太助。

◎ 与周恩来等往中山公园中山堂，出席北京各界公祭著名民主人士彭泽民大会，并担任主祭。

◎ 晚，往中南海勤政殿，出席毛泽东主席为招待巴基斯坦总理苏拉瓦底举行的宴会。

◎ 在政协全国委员会扩大会议上，与林伯渠、包尔汉、沈钧儒等12人被推举为孙中山先生诞辰90周年纪念筹备委员会副主任，周恩来为主任。(23日《人民日报》)

23日 上午，主持中国科学院第二十七次院常务会议，讨论1957—1958两年的中德科学院合作项目。(《竺可桢全集》第14卷，上海科技教育出版社2007年12月版)

◎ 下午，出席周恩来总理和巴基斯坦国侯赛恩·沙希德·苏拉瓦底总理联合声明的签字仪式。(24日《人民日报》)

24日 下午，与周恩来等往机场，迎接缅甸联邦反法西斯人民自由同盟主席吴努及其夫人一行。(25日《人民日报》)

◎ 晚，出席中国科学院和德国科学院关于1957—1958年科学合作协

议签字仪式，并向德国科学院及代表团人员赠送礼品。会后，设宴招待全体人员。(25 日《人民日报》)

◎ 与毛泽东、周恩来等应邀出席巴基斯坦国苏拉瓦底总理举行的辞行宴会。(24 日《人民日报》)

25 日 作诗《十月颂》。发表于 11 月 11 日《北京日报》。写道："十月革命的一声炮响，/震动了世界，震动了东方。/劳动人民已经作了主人，要创造现实的地上天堂。"

◎ 作诗《送选手到墨尔本出席奥林匹克运动会》。载 29 日《体育报》。"听呵，和平的号角声，/雄壮地响彻云天。//黄河扬子江的健儿，/代表着祖国的康健。//像奥林普司的群神，/复活在这人间乐园。//高擎着辉煌的火炬，/把光明传到地平线！"

26 日 复函戴礼智，告知已将其来函交技术科学部严济慈主任，请他提意见，并将其复信转交。说："我自己不是这一方面的专家，不能多说话，我希望您多提出些意见，写成文字，呼吁一下重视磁纲的研究。"（郭沫若纪念馆馆藏资料）

戴礼智，磁学家，冶金学家。时任重工业部钢铁工业试验研究所（冶金部钢铁研究总院前身）副所长。

"磁纲"疑为"磁网"。——编者注

27 日 晚，设宴招待来中国考察的苏联天文代表团团长、苏联科学院天文委员会主席亚·亚·米哈依洛夫通讯院士、副团长波·华·库加金教授等。(29 日《人民日报》)

30 日 作《〈两周金文辞大系图录考释〉增订序记》，说明图录部分："此次增订，拓本多经选择更易，务求鲜明。摹本刻本，凡能觅得拓本者均已改换。器形图照亦略有增补，而于著录书目则增补尤详。"

收科学出版社 1957 年 12 月版《两周金文辞大系图录考释》，现收《郭沫若全集·考古编》第 7 卷。

◎ 下午，出席首都科学界庆祝十月革命 39 周年大会并致开幕词，全文载于 11 月 30 日《光明日报》，由编者题为《我们必须向苏联科学家看齐！》。鼓励科学工作者全心全意走社会主义道路。

◎ 作七律《纪念孙中山先生》四首，载 11 月 2 日《人民日报》《光明日报》。颂孙中山"先知先觉开先路，改玉改行庆改秦。资本喜闻将节制，地权切望待平均"。叹旧中国"百言遗嘱沉沧海，一片降旗赴寇军"。赞新中国"珍重三民精义在，五星赤帜遍中华"。

收《沫若文集》第 2 卷，题作《纪念孙中山》，现收《郭沫若全集·文学编》第 5 卷。

31 日 致函尹达。告知"两周金文辞大系图录及考释整理好了，送您审阅。补录有待，期于年内完成之"。附言："考释照原印，但本子放大，求其统一。"（《郭沫若书信集》下，中国社会科学出版社 1992 年版）

◎ 致信邓拓。（《郭沫若学刊》2009 年第 1 期）

本月 往新落成的北京鲁迅博物馆参观。（20 日《人民日报》）

◎《几个书名的解答》发表于《文艺学习》第 10 期。对《今昔蒲剑》《天地玄黄》《沸羹集》《凤凰涅槃》《棠棣之花》等书名、篇名的含义作了解释。

11 月

1 日 发表五律《贺张元济先生九十寿辰》于《文汇报》。诗云："兴国祯祥见，老成今道新。百年历甘苦，七载净风尘。文化高潮至，和平普海亲。百家鸣鼎盛，翘首寿斯人。"

2 日 下午，参加周恩来总理对以杜盛布团长为首的缅甸妇女代表团的接见。（3 日《人民日报》）

◎ 作诗《中国工人》，发表于《中国工人》第 1 期。赞扬中国工人是"中国的主人翁"，"热情像炼铁炉一样通红"，鼓励工人们"在国家建设中要起带头作用"。

收《沫若文集》第 2 卷，现收《郭沫若全集·文学编》第 5 卷。

3 日 下午，往天安门，主持首都人民支援埃及反抗英法侵略的群众大会，并发表讲话，全文载 4 日《人民日报》。表示要和全世界一切爱好和平和正义的国家和人民一起，坚决制止英法对埃及、对阿拉伯国家和对世界和平的武装挑衅。

大会结束后，举行了游行。与章伯钧、包尔汉等走在游行队伍的最前面。游行队伍到达埃及大使馆后，走进埃及大使馆与拉加布大使会见，代表全中国人民表示支持埃及人民的坚定的决心。（4 日《人民日报》）

4日 中午，往中南海勤政殿，出席毛泽东主席为招待缅甸联邦反法西斯人民自由同盟主席吴努和正在中国访问的缅甸妇女代表团举行的宴会。下午，参加了周恩来与吴努的谈话。(5日《人民日报》；《毛泽东年谱1949—1976》第3卷，中央文献出版社2013年12月版)

5日 上午，与周恩来、陈云等往机场，欢送缅甸吴努一行回国。(6日《人民日报》)

◎ 下午，在中国科学院设宴招待应聘来华工作的苏联专家，以庆祝十月革命39周年。

正在我国访问的捷克斯洛伐克科学院代表团及波兰科学院代表团的代表，和蒙古历史学家等也应邀出席宴会。中国科学院副院长张劲夫、竺可桢、吴有训，各学部负责人和中国科学家出席作陪。(7日《人民日报》；《竺可桢全集》第14卷，上海科技教育出版社2007年12月版)

6日 下午，参加刘少奇委员长对以阿里·布佐为首的叙利亚议员访华团的接见。(7日《人民日报》)

◎ 晚，与刘少奇、朱德等往中南海怀仁堂，出席中苏友协总会和北京市中苏友协分会举行的庆祝十月革命39周年大会，并发表讲话，全文载7日《人民日报》《北京日报》。高度评价了十月革命的历史意义，强调要进一步加强中苏友谊。

7日 中午，在中国科学院出席中捷两国科学院合作协议签字仪式。

中国科学院代表团团长潘梓年、捷克斯洛伐克科学院代表团团长普实克在协议书上签字。(8日《人民日报》)

11日 往人民政协礼堂，出席孙中山先生诞辰90周年纪念大会，与毛泽东、刘少奇等为主席团成员。会后观看影片《伟大的孙中山》。(12日《人民日报》)

◎ 出席中国人民支援埃及反抗侵略委员会第一次全体会议，并被推选为该委员会主席。陈叔通、包尔汉、廖承志为副主席。(12日《人民日报》)

12日 上午，与周恩来、邓小平等赴西郊香山碧云寺，参谒孙中山先生的纪念堂和衣冠冢。(13日《人民日报》)

13日 与李四光代表中国科学工作者和全体中国人民致电埃及科学理事会及科学协会，声援埃及的反侵略斗争。(电文载14日《人民日报》)

14日 致电祝贺将于15日在印度加尔各答召开的全印和平大会。(电文载15日《人民日报》)

15日 晨，往机场，欢送以彭真为首的全国人民代表大会代表团赴苏联、罗马尼亚、捷克斯洛伐克访问。(16日《人民日报》)

17日 上午，与乔冠华等往机场，为赴越南、柬埔寨、印度、缅甸、巴基斯坦、尼泊尔、阿富汗等国访问的周恩来总理送行。(18日《人民日报》)

18日 晚，往中南海勤政殿，参加毛泽东主席对以林秀一团长、川崎佑宣副团长为首的日本冈山县学术文化代表团全体团员的接见。(19日《人民日报》；《毛泽东年谱1949—1976》第3卷，中央文献出版社2013年12月版)

21日 主持汉语拼音方案审订委员会第四次会议。会议通过汉语拼音方案修正草案。(22日《人民日报》)

22日 复函陈梦家。告知对王佩诤先生《盐铁论斠不足篇校释札记》"粗略审阅了一下"，认为"确是费了苦工的"，"打算推荐给一所，以备逐次登入《集刊》（拟于明年创刊）。如王先生愿意，望能将全稿寄来"。同时表示，"如王先生愿由商务出版，也好"。最后说，"稿本暂留我处，俟确定后，再奉还或交一所"。(《郭沫若书信集》下，中国社会科学出版社1992年版)

28日 致函尹达。转去郭若愚来信，提出两条处理意见：一是"他的《小屯乙编缀合》工作，可以由一所或考古所订下来。先汇一笔（预支一千元）稿费给他"。二是"可考虑调他来京，进一所或考古所"。右上方附言："吴主任：闻尹达同志已出京考察，下述二点，望即处理。"(《郭沫若书信集》下，中国社会科学出版社1992年版)

28日 主持《历史研究》编委会开第8次会议，与会者为翦伯赞、侯外庐、胡绳、刘大年、季羡林。(《夏鼐日记》，华东师范大学出版社2011年8月版)

29日 晚，出席阿尔巴尼亚驻中国大使馆临时代办比诺为庆祝阿尔巴尼亚解放12周年举行的招待会。(30日《人民日报》)

本月 致电玻利维亚的托马斯·弗里亚斯大学校长，代表中国文化界和科学家对玻利维亚著名考古学和人类学教授莱奥·普切尔·德克罗耳不幸遇难表示沉痛哀悼。

莱奥·普切尔·德克罗耳于11月24日在来中国途中因飞机失事不幸遇难。(28日《人民日报》)

12月

1日 下午，参加中国科学院奖金委员会会议，提出资金发放要重新考虑新回国的人。(《竺可桢全集》第14卷，上海科技教育出版社2007年12月版)

2日 晚，会见日本防治血吸虫病医学代表团，并且听取日本医学家关于防治血吸虫病的意见。(6日《人民日报》)

◎ 晚，在中南海勤政殿参加毛泽东主席对巴西四位议员的接见。(3日《人民日报》；《毛泽东年谱1949—1976》第3卷，中央文献出版社2013年12月版)

◎ 作《汉代政权严重打击奴隶主——古代史分期争论中的又一关键性问题》。发表于6日《人民日报》。重申《奴隶制时代》中的观点，并进一步对主张"两汉是奴隶制的中外学者"提出"新质问"："如果汉代是奴隶制，两汉的政府为什么那样严厉地打击使用奴隶从事生产的工商业者？"同时指出，"以为'奴婢'是耕田的奴隶，用以证明两汉仍然在使用奴隶耕作，这是不正确的"。

初收人民出版社1961年1月版《文史论集》，后收《沫若文集》第17卷，现收《郭沫若全集·历史编》第3卷。

3日 致电正在南京访问的林秀一教授："知贵体欠安，特致衷心的慰问。希能安心静养，早日恢复健康！我已致电清水多荣校长，告知你因病，回国时间稍迟。"(中国科学院档案)

4日 致电清水多荣校长："贵校林秀一教授在我国访问，目前因喘病复发，经医生诊断，须少休养，方能乘坐飞机。因此他回国时间可能稍为延迟。"(中国科学院档案)

7日 晚，设宴欢送亚洲及太平洋区域和平联络委员会副秘书长龟田东伍及委员、日本驻世界工联亚澳联络局代表金子健太。(13日《人民日报》)

8日 晚，在中南海颐年堂参加毛泽东主席对巴西雕塑家马丁斯夫人一行的会见。(9日《人民日报》；《毛泽东年谱1949—1976》第3卷，中央文献出

版社2013年12月版）

10日 在中国科学院听取各分院和各办事处报告。（《竺可桢日记》第3册，科学出版社1989年版）

◎ 为北京师范大学学生文艺刊物《蓓蕾》题写刊名，并题诗一首："蓓蕾今天正待开放，/多谢园丁们的培养。//蓓蕾多谢水分和空气，/蓓蕾多谢大地和阳光。//蓓蕾饱含着新生力量，/欢迎着蜂和蝶风和浪//蓓蕾要变成花变成果，/变成和平大厦的栋梁。"（手迹载1957年1月《蓓蕾》创刊号）

11日 晚，设宴招待参加纪念世界文化名人富兰克林和居里夫妇纪念活动的外国来宾。

皮埃尔·居里、玛丽·居里的外孙女海伦娜·郎出万和她的丈夫、法国核子物理学家密歇尔·郎出万，波兰物理学家、华沙大学教授兹沃托夫斯基和玛丽·居里大学教授泰斯开，美国作家阿贝·察佩克出席了宴会。钱学森、老舍、欧阳予倩等出席作陪。（12日《人民日报》）

◎ 在新年来临之际为孩子们作诗《活的宝贝》，发表于本月31日《中国少年报》。写道："您们就是有生命的宝贝，您们在一天一天的成长，超过童话里面的奇景。"想象孩子们"在三个五年计划之后，骑着火箭去访问火星"。

收《沫若文集》第2卷，改题为《有生命的宝贝》，现收《郭沫若全集·文学编》第5卷。

12日 晚，主持富兰克林、皮埃尔·居里、玛丽·居里三位世界文化名人纪念会，并致开幕词，全文载13日《人民日报》。称赞"他们三位不仅是伟大的科学家，而同时是伟大的人道主义者"。指出：为了纪念他们，"我们新中国的科学工作者一定要学习他们认真地为人民服务。我们要大力发展我国的科学事业，尽快地使我国的科学接近或赶上世界先进水平"。

◎ 中国物理学会理事长周培源宣读了大会主席郭沫若致美国富兰克林250周年纪念会主席约丹、世界和平理事会主席约里奥·居里和波兰科学院院长扬·邓博夫斯基的贺电。（13日《人民日报》）

13日 晚，设宴招待日本爱知县和平代表团和日本千叶县代表团。（16日《人民日报》）

◎ 对钟补求来信做批示:"钟补求先生这封信,牢骚很大,可能和科学评奖有关联。对于他的赠书、赠标本事,我也觉得我们重视不够,似可参酌他的来信写一消息登人民日报和其他报纸表扬。科学通报也应该登,似可派一记者同志去访问他,请他追述关于钟观光先生的往事,把消息登得更详细一点。并请考虑专为这事颁发一种奖状。文化部有此先例。您们如同意这样做,我写了一封复信,请您们阅后加封寄去,似乎以愈快为愈好。能派一位同志亲自带去,就顺便访问,似乎更好。他退还的二封谢信,退还他。"

钟补求于1955年4月,向植物所捐献其父钟观光先生所采的植物标本约五千件,及其生前收购的古籍五千余册,认为植物所重视不够,致函"郭院长",对此表示不满。(中国科学院档案)

15日 发表《谈诗歌问题》于《光明日报》,阐明对新旧诗歌的看法。认为,"不是旧诗好,是有好的旧诗","把三十多年的成绩和三千多年的成绩相对比,应该说是最大的不公平"。针对有许多人用能不能背诵来作为衡量诗的好与坏的标准,认为"能背诵,并不是旧诗的特性",新诗、新的歌词也能背诵。谈到新诗的作用时说:"新诗是起过摧枯拉朽的作用的",谈到新诗与旧诗关系时说:"新诗并未抛弃中国诗歌的传统","新诗的出现是由社会生活与语言扩大化的客观发展进程所决定的,是适应中国社会发展的规律的,也是符合中国诗歌发展的规律的"。最后明确表示:"好的旧诗是会永垂不朽的","新诗的前途比旧诗要远大得多"。

初收北京出版社1959年1月初版《雄鸡集》,后收《沫若文集》第17卷,现收《郭沫若全集·文学编》第17卷。

18日 上午,会见英国上议院议员斯坦斯盖特子爵及其夫人。(20日《人民日报》)

◎《关于发展学术与文艺的问题答保加利亚"我们的祖国"杂志总编辑包果米尔·诺涅夫同志》发表于《人民日报》。说明实行"百花齐放,百家争鸣"方针已在戏曲工作中取得明显成绩,这一方针也应适用于科学与艺术领域。并指出:"'百花齐放,百家争鸣'的政策,是在人民民主专政之下推行的。这种的创作自由和讨论自由是以为人民服务为前提,并不是毫无限制的放纵。"认为:"艺术创作和科学研究,必须经过自觉的独立思考。命令主义会妨害独立思考和创造性,其结果会使精神生产的活动遭受损害，有时更生出反作用和逆效果。"

初收北京出版社 1959 年 1 月初版《雄鸡集》，后收《沫若文集》第 17 卷，现收《郭沫若全集·文学编》第 17 卷。

20 日　致函钱潮。寄去历史研究所一位同志写的一篇稿子，请其"审查一下，看是否有大毛病。如果提出意见，当所盼祷"。(《郭沫若研究》第 1 辑，文化艺术出版社 1985 年 8 月版)

21 日　设晚宴，招待埃及亚历山大大学教授穆斯塔法·埃尔—埃米尔博士。

埃米尔博士是根据中埃文化协定，来北京大学等校讲授埃及考古学的。(《夏鼐日记》，华东师范大学出版社 2011 年 7 月版)

23 日　晚，与夫人于立群设宴招待英国上议院议员斯坦斯盖特子爵夫妇，并致辞。(24 日《人民日报》)

24 日　发表对联《题洞头县烈士墓》于《文汇报》。上联："海岛蔚风云革命高潮净涤腥膻光禹甸"。下联："瓯江流日夜英雄碧血长垂典范在人间"。

洞头县是浙江的一个岛屿县，解放战争时曾被解放四次。县民为纪念革命烈士，特请郭沫若于墓表书联。

29 日　出席国务院科学规划委员会第三次扩大会议。

会议由聂荣臻主持。听取范长江、张劲夫、钱三强三委员的工作报告，讨论了编制 1957 年科学研究计划问题。(30 日《人民日报》)

31 日　历史剧《虎符》在首都剧场演出。

总导演焦菊隐，导演梅阡。于是之饰信陵君，朱琳饰如姬，戴涯饰魏王，赵蕴如饰魏太妃，郑榕饰侯生。(冬青《"虎符"排演小记》，1957 年 1 月 24 日《北京日报》；阿甲《"虎符"——成功的演出　略论关于学习戏曲表演的方法问题》，1957 年 3 月 2 日《人民日报》)

本月　作《为〈虎符〉的演出题几句》，手迹载 1957 年第 3 期《戏剧报》。感谢司马迁"把信陵君和如姬的优美故事，为我们留传下来了"。交待自己特别喜欢信陵君和如姬的原因。最后谈道："信陵君的母亲魏太妃是我虚构的，但也不是毫无根据。根据何在呢？就是信陵君。因为，我相信，信陵君应该有这样一位母亲。"收《郭沫若全集·文学编》第 6 卷。

本年 与留学日本时的同学钱潮在北京会面,为其书写条幅:"八年离别,一旦重逢,欢娱之情,如弟如兄,君尚天真,我犹童蒙,笑声满堂,颊涨新红"。(见钱潮《回忆沫若早年在日本的学习生活》一文所引,载1979年10月《中国现代文艺资料丛刊》四辑)

年底 中国历史教科书大纲的筹备工作大体就绪,各部分开始编写提纲。

组织工作由尹达、田家英、刘大年、侯外庐共同负责。历史第一所、第二所即后来的历史研究所负责远古至鸦片战争部分,第三所即后来的近代史研究所负责鸦片战争至五四运动部分,中央政治研究室负责五四运动至中华人民共和国成立部分。

1957年(丁酉)65岁

1月25日 《诗刊》创刊。

2月27日 毛泽东在最高国务会议第十一次(扩大)会议上发表《关于正确处理人民内部矛盾的问题》的讲话。

3月6日至13日 中共中央在北京召开有党外人士参加的全国宣传工作会议,传达和讨论《关于正确处理人民内部矛盾的问题》。12日,毛泽东主席在全国宣传工作会议上讲话,着重讲知识分子问题、准备整风问题和加强党的思想工作问题,强调要继续贯彻执行"百花齐放、百家争鸣"的方针。

4月27日 中共中央发出《关于整风运动的指示》,决定在全党进行一次以正确处理人民内部矛盾为主题,以反对官僚主义、宗派主义和主观主义为内容的整风运动。

5月15日 毛泽东主席起草《事情正在起变化》发给党内干部,认为党外知识分子中右派占1%—10%,党内也有一部分知识分子新党员跟社会上的右翼知识分子互相呼应。强调应该开始注意批判修正主义。

6月8日 中共中央发出《关于组织力量准备反击右派分子进攻的指示》,要求各省市级机关、高等学校和各级党报都要积极准备反击右派分子的进攻。

7月1日　《人民日报》发表毛泽东主席撰写的社论《文汇报的资产阶级方向应当批判》。

7月　中共中央在青岛召开省市委书记会议，着重讨论反右派斗争问题，对整风和反右派斗争作出规划和部署。

8月8日　中共中央发出《关于向全体农村人口进行一次大规模的社会主义教育的指示》，要求在农村中就合作社优越性等问题举行大辩论，以便有力地批判富裕中农的资本主义思想，反对一切不顾国家利益和集体利益的个人主义和本位主义。

9月12日　中共中央发出《关于在企业中进行整风和社会主义教育运动的指示》，要求各企业在经过群众大鸣大放和边整边改的一定段落之后，组织职工就一些大是大非问题进行讨论和辩论。

9月20日至10月9日　中国共产党八届三中全会在北京举行。

11月14日　社会主义国家共产党和工人党代表会议在莫斯科召开。16日闭幕，发表《和平宣言》。

1月

1日　作《释"凫雁丑"》。发表于5日《人民日报》。针对1956年12月30日《光明日报》发表王纶《闻一多先生"〈诗·新台〉鸿字说"辩证》，指出其文说"鸿有大小二种"是"新的揭发，可以补闻说的不足"，但因此就断定《新台》"鸿"字就是指小鸿"未免太性急了一点"，而且"犯了一个不应有的错误"："'凫雁丑'是说凫雁之类。丑是卫类之丑，并不是美丑之丑。"因而认为："小鸿说在这里也并不合适"，"闻一多的说法依然正确"。

初收北京出版社1959年1月初版《雄鸡集》，后收《沫若文集》第17卷，现收《郭沫若全集·文学编》第17卷。

3日　七律《赠钱学森》，发表于《文汇报》。"大火无心云外流，登楼几见月当头。太平洋上风涛险，西子湖中景色幽。突破藩篱归故国，参加规划献宏猷。从兹十二年间事，跨箭相期星际游。"

初收人民日报出版社1959年4月初版《长春集》，又收作家出版社

1959年11月初版《潮汐集·潮集》，现收《郭沫若全集·文学编》第3卷。

8日 出席中国科学院本年第一次院务常务会议。（中国科学院档案）

会议通过紫金山天文台台长张钰哲关于苏联天文学家考察中国天文工作的报告和中国科学院学部委员会第二次会议的计划草案等。

9日 作诗《河上肇祭》。"凡是实事求是的科学家／凡是以人民为本位的爱国主义者／对于马克思主义／只要他肯接近／必能有深切的了解／／河上肇先生就是这样的人／他是由纯粹的科学家／由纯粹的爱国主义者／而进展为马克思主义者的／／因而他能以革命家的风度／捍卫科学／捍卫人民利益／发挥出高度的献身精神／不屈不挠、怡然理顺而至于死／／河上肇先生留下了优良的典范／他的后继者是会愈来愈多的／／我们相信／在不太长的未来／理想的社会一定会在日本出现。"（郭沫若纪念馆馆藏资料）

10日 为上海社会科学联合会主办《学术月刊》创刊题写刊名。（《学术月刊》1957年创刊号）

15日 出席中国科学院本年第二次院务常务会议。（中国科学院档案）

会议通过中国科学院第四纪研究委员会暂行组织办法和委员名单等。

22日 主持中国科学院本年第三次院务常务会议。（中国科学院档案）

会议同意中国古生物学访苏代表团报告和中苏中亚细亚古生物学考察队计划等。

23日 作《试和毛主席韵（词三首）》。发表于2月4日《人民日报》。以《念奴娇·小汤山》和毛泽东词《念奴娇·昆仑》，昔日供帝王游乐的小汤山温泉，今天已是"广厦万间新建立，引入玉池清澈"，成为"兵民共享温热"的场所；以《浪淘沙·看溜冰》和毛泽东词《浪淘沙·北戴河》，抒发看溜冰感"举目尽青年，争著先鞭"的兴奋心情；以《水调歌头·归途》和毛泽东词《水调歌头·游泳》，乘飞机回国，由空中俯瞰大地，"瞬息乘风万里，铁翼云中舒"，"长城蓦地眼底，弸郁盘云途"。

初收人民文学出版社1959年12月初版《骆驼集》，现收《郭沫若全集·文学编》第4卷。

24日 以中国科学院院长名义公布1956年度中国科学院科学奖金（自然科学部分）评定结果。（中国科学院档案）

这是我国首次颁发科学奖金，一等奖三项、二等奖五项、三等奖二十六项。

25日 晚，会见正在我国访问、讲学的国际著名电影艺术家、国际和平奖金获得者荷兰约里斯·伊文思先生和夫人。(26日《人民日报》)

30日 为赠予"《北京日报》读者评选1956年最受欢迎的电影演员"的五幅国画题词。发表于31日《北京日报》《文汇报》。

《题于非闇画荷花·赠白杨》："出污泥而不染，吐芬芳于寰中。亭亭玉立，香色雍容。寅宾旭日，歌颂薰风。为人民带来幸福，愿世界早进大同。"

《题齐白石画萝卜白菜·赠张良》："大白菜，半头红，老农本质是英雄。堆肥选种，栉雨沐风。肥根厚叶皆辛苦，艺术三昧在其中。愿在战斗里成长，多种精神食粮，永远不倦如老农。"

《题陈半丁画菊花海棠·赠李景波》："演员如是花，观众是土壤。演员如是鱼，观众是海洋。愿在鼓舞中成长，节如秋菊，艺比海棠。"

《题胡佩衡画漓江道中·赠吴楚帆》："桂林山水甲天下，阳朔山水甲桂林。自然是我师，祖国是我心。通过电波传四海，现身说法，愿为和平服务，愿为祖国建设高吟。"

《题王雪涛画花鸟·赠郭振清》："凤头鸠，见桑葚，猁立枝头有所思。自我陶醉不可耽，高飞四海颂和平，月桂当可寻。"

本月 《奴隶制时代》俄文译本在莫斯科出版。(22日《人民日报》)

◎ 为陈叔通《贵阳姚华茫父颖拓》题诗并作跋语。(冯锡钢《郭沫若集外佚诗三首》，《郭沫若学刊》2016年第3期)

2月

1日 下午，与黄炎培、李维汉等到机场欢迎以彭真为首的中华人民共和国全国人民代表大会代表团和北京市人民委员会代表团在访问苏联、捷克斯洛伐克、罗马尼亚、保加利亚、阿尔巴尼亚和南斯拉夫等国后返抵北京。(2日《人民日报》)

4日 下午，往荣宝斋。(《郑振铎日记全编》，山西古籍出版社2006年版)

8日 出席中国科学院本年第四次院务常务会议。(《中国科学院史事汇要》1957年)

会议听取、讨论、通过恽子强所做《全国抗生素研究工作委员会第二次扩大会议的报告》；同意仪器馆更名为"光学精密机械仪器研究所"；以中国科学院名义报请国务院科学规划委员会并聂荣臻副总理批准成立中国科学院武汉、广州、新疆三个分院的筹备委员会及委员名单。

◎ 下午，会见罗马尼亚文化代表团团长扬·帕斯和团员斯蒂芬·米尔库。（10日《人民日报》）

10日 邀郑振铎在颐和园听鹂馆午餐，《虎符》剧组演员作陪。（《郑振铎日记全编》，山西古籍出版社2006年版）

11日 晚，与郑振铎、习仲勋、张执一、徐冰、黄绍雄、黄琪翔夫妇等共进晚餐。（《郑振铎日记全编》，山西古籍出版社2006年版）

12日 下午，与刘少奇、陈云等到机场欢迎访问欧亚两洲十一国回到北京的周恩来总理和贺龙副总理。（13日《人民日报》）

◎ 晚，宴请与中国科学院合作，到华南地区进行林型及动植物区系调查研究等工作的苏联科学院森林研究所所长苏卡契夫院士及植物研究所费德洛夫教授等11位苏联科学家。（14日《人民日报》）

13日 复函黄盛璋。"十二日来信及大稿已拜读。大稿引及'成鼎'当删。此鼎即近出'禹鼎'；'走'字乃走亘字之残也。""'大系'近曾略加校补，当由科学出版社出版。本拟作'补录'，将近年新器补入，顾至今未能竟事。你如有意加注，自是善事。西安尊文当去函索取。保卣'及'字我亦疑是动词，唯不能释为付。'及'音与缉、执等相近。由形与音推之，古当有捕获之义。"（手稿见《社会科学战线》1978年12月增刊）

14日 晚，出席《中苏友好同盟互助条约》签订八周年纪念晚会。（《黄炎培日记》，华文出版社2012年版）

18日 晚，与习仲勋、郑振铎、张执一、徐冰、黄绍雄、余心清、汪锋等在黄琪翔家进餐。（《郑振铎日记全编》，山西古籍出版社2006年版）

19日 作《寄语》。回顾中国科技发展史，谈中日两国间的科技交流。（郭沫若纪念馆馆藏资料）

21日 致函兰菊荪。说："您的《诗经国风研究》，我已经拜读了。您做了很好的一项工作，我完全赞成出版。""今天您完成了这项任务，我的肩头也好像卸下了一付重担。""我希望您把雅颂也加以研究吧。那里面也尽有好诗。""《楚辞九歌今译》既已脱稿，也可以同时出版。"（兰

菊荪《诗经国风今译》，四川人民出版社1982年版）

兰菊荪，四川省文史馆研究员。

23日 晚，与于立群、习仲勋、郑振铎、张执一、徐冰、余心清、汪锋、陈半丁等在黄绍雄家进餐。（《郑振铎日记全编》，山西古籍出版社2006年版）

24日 作诗《大进军》。"向科学高峰大进军"，"要在十二年内达到世界科学水平"。（郭沫若纪念馆馆藏资料）

25日 致函刘大年，谈胡庆钧所写的有关凉山奴隶制问题的文章："请你看看这封信，是否可以征求一下范老的意见，同意他所写的报告，作为内部出版物以供参考。"（《刘大年来往书信选（上）》，中央文献出版社2006年版）

27日 作《略论汉代政权的本质——答复日知先生》，发表于3月5日《人民日报》。《汉代政权严重打击奴隶主》在1956年12月发表后，日知于本月25日在《人民日报》发表《从重农抑商的传统谈到汉代政权的本质——试答郭沫若先生的质问之一》进行论辩。本文分四个问题进行答辩："重农抑商"与"重农轻商"有别；租佃关系是汉代农业的普遍生产方式；汉代政权保护地主并打击商人奴主；处理材料的态度应当谨严。强调"汉代政权是建立在地主经济的基础上的，它不仅一贯地打击商人奴隶主，而且一贯地在尽力保护封建主。受打击的剥削奴隶劳动的工商业家，的确是不合法度的奴隶制的残余"。最后指出："经典文献和别国史料的引证也非常必要，但假如连本国的材料都没有弄清楚，那末一切理论根据和比较研究都要成为扑空之谈。"

初收人民出版社1961年1月初版《文史论集》，后收《沫若文集》第17卷《集外》，现收《郭沫若全集·历史编》第3卷。

◎ 批复马叙伦致潘梓年信。（见《郭沫若学刊》2009年第1期）

◎ 下午，参加毛泽东主席召集的最高国务会议扩大会议，听取毛泽东主席"关于正确处理人民内部矛盾的问题"的讲话。（3月3日《人民日报》）

有笔记《毛主席讲〈正确处理人民内部矛盾的问题〉》。（郭沫若纪念馆馆藏资料）

◎ 晚，应曹禺约与于立群、郑振铎、张执一、陈同生、余心清、汪

锋等在新侨饭店进餐。(《郑振铎日记全编》,山西古籍出版社 2006 年版)

本月 被选为罗马尼亚人民共和国科学院名誉院士,属于该院的语言和文学部。(17 日《人民日报》)

◎ 与中国科学院院长顾问拉扎连柯就中苏科学院间的合作交换意见。(中国科学院档案)

◎ 话剧《虎符》在北京人民艺术剧院上演。

于是之饰信陵君、朱琳饰如姬、戴涯饰魏王、赵蕴如饰魏太妃、郑榕饰侯生。(3 月 2 日《人民日报》)

3 月

1 日 出席中国科学院本年第五次院务常务会议。(中国科学院档案)

会议议定"关于科学出版社出版书刊赠送办法的规定"等问题。

◎ 下午,出席最高国务会议扩大会议,就毛泽东主席的讲话进行分组讨论,与李济深、章伯钧、黄炎培、马叙伦、陈嘉庚、陈叔通、程潜、马寅初、许德珩、达浦生、刘文辉、车向忱、盛丕华、孙蔚如、黄琪翔等作大会发言。(3 日《人民日报》)

4 日 作《盠器铭考释》。发表于《考古学报》第 2 期。对 1956 年陕西郿县李村出土的五件盠器铭文(马尊甲、乙,尊,方彝甲、乙)进行考释,认为该器铭"言王亲自参加执驹之礼,可见古代重视马政"。"盠之地位甚高,在三有司(司徒、司马、司空)之上,兼管东西军政,是一代的重臣。"器群之年代,"姑定为懿王时代"。

初收《沫若文集》第 17 卷《集外》,现收《郭沫若全集·考古编》第 6 卷。

5 日 在政协第二届全国委员会第三次全体会议上听周恩来总理作关于访问亚洲、欧洲十一国报告。(6 日《人民日报》)

6 日 《一个更正》发表于《人民日报》。对 5 日发表的《略论汉代政权的本质——答复日知先生》一文作更正:"关于居延汉简中公乘礼忠一例,我在《汉代政权严重打击奴隶主》一文中曾根据原材料引用过。在《略论汉代政权的本质》(3 月 5 日《人民日报》)中系根据日知先生的复引,一时疏忽,没有再核对原材料,以致在文字上小有出入。为避免再以讹传讹起见,兹将原简照样录出。"

该文在收入《文史论集》时,已据此更正改定。

7日 致函周恩来。就苏联维护和平奖金委员会主席斯柯别尔金来信征求推举候选人办法和授予奖金条件等问题进行请示。(中国科学院档案)

9日 下午,与周恩来、邓小平、贺龙、李济深等同往机场迎接由威廉·西罗基总理率领的捷克斯洛伐克政府代表团访华。(10日《人民日报》)

◎ 晚,在中南海勤政殿陪同毛泽东主席、周恩来总理会见威廉·西罗基及其夫人等。(10日《人民日报》)

12日 下午,在政协第三次全体会议上听威廉·西罗基总理演讲。(13日《人民日报》)

13日 为《边疆文艺》题写刊名,并复函答编辑部问。以《答〈边疆文艺〉编辑部问》为题,发表于《边疆文艺》5、6号合刊。复函就月初《边疆文艺》编辑部来信提出的"党中央提出'百花齐放、百家争鸣'方针后,您对十五年前毛主席《在延安文艺座谈会上的讲话》有什么新的感想?"和"怎样理解社会主义现实主义是最好的创作方法,但又不是唯一的创作方法问题"两个问题表明自己的观点,并对毛泽东诗词的修改表述了自己的看法。认为,《讲话》"是有关社会主义现实主义的经典文献","文艺要为工农兵服务"与"百花齐放、百家争鸣"的方针"相为表里"。"文艺学术界真的繁荣不单纯是量的问题,而且要包含着质"。"社会主义现实主义的创作方法"是"'最好的'就表明还有次好的和不好的,因而不是'唯一的'"。"'社会主义现实主义的创作方法'是最好的,但如果陷入公式主义教条主义,那就会变为最坏的"。附带谈到毛主席旧体诗词的一些问题,如"金沙浪拍悬崖暖"改为"金沙水拍云崖暖"的缘故等。

初收北京出版社1959年1月初版《雄鸡集》,后收《沫若文集》第17卷,现收《郭沫若全集·文学编》第17卷。

15日 与傅作义、刘澜波、章伯钧分别代表中国科学院、水利部、电力工业部和交通部签署水工科学研究机构调整的协议书。(中国科学院档案)

16日 复函唐旭之,就其提出的"薄言采之"的问题作解释,并将其来函同录一处,冠题《释"薄言采之"》。复函道:

"苤苢的'薄言采之',您解为迫以采之,是对的。唯说为'迫近',不如说为'赶快'。诗经中同样的句法可以为证。

"静言思之(放舟)弋言加之(女曰鸡鸣)受言藏之(彤弓)睠言顾之(大东)酌言尝之(瓠叶)言字均连接两个动词。他如薄言震之(时迈)、薄言追之(有客)、薄言采芑(采芑)均同义。唯鲁颂駉'薄言駉者'与此有别,彼言字乃语言之言,与薄伐狎狁(六月)薄污我私(葛覃)同例。此等薄字乃语辞。"(郭沫若纪念馆馆藏资料)

◎ 应毛泽东主席约与高等教育部有关人员谈话。

就"科学研究的中心是放在高校还是放在科学院",高教部部长杨秀峰和中科院院长郭沫若发生争论。毛泽东笑谈:"划个三八线吧,不要再争了。"科学院是火车头还是定下来,不要再从高等学校调人了,也应重视高等学校的科研工作。因郭沫若与杨秀峰都耳聋,后来便把这场争论称为"二龙戏珠"。(《中国科学院史事汇要》)

19日 在全国政协二届三次会议上作题为《关于科学研究的协调工作》的发言。发表于20日《人民日报》。列举了科学规划委员会关于科学研究协调工作的26个方面,简单介绍了冶金、水工、机械、医学和农业五方面的协调情况。

中旬 为捷克斯洛伐克科学院东方研究所中文图书馆题写"鲁迅图书馆"。(3月12日《人民日报》)

21日 鉴定《清周玙画屈原九歌图册》并作跋语。谓:"屈原九歌图,画者人不少。老莲尺木已先雕,突见嵩山此至宝。崑来画龙最擅场,兼善人物与花草。史称结纳非端人,正见此公风骨好。谋刺玄烨惜未成,节偕文史争皎皎。此图已自不寻常,能传三闾之阃奥。湘君湘夫人,姿态何窈窕,礼魂一曲声幽飏,花雨香风弥八表。"

1956年武汉文化局征购到《清周玙画屈原九歌图册》,1957年3月张难先带到北京请郭沫若鉴定。郭沫若认为此为画中至宝,题跋语于图册附页。(蓝蔚撰《敬悼郭老》并手迹,《武汉文艺》1978年第5期)

22日 出席中国科学院本年院务会议,作大会发言。(《中国科学院史事汇要》)

会议传达中央关于增产节约的指示以及毛泽东主席在最高国务会议和宣传会议上的讲话精神。

◎ 致函维护和平奖金委员会主席斯柯别尔金,告之不能去莫斯科以及对"斯大林奖金"改为"列宁奖金"的意见。(中国科学院档案)

23日 晚,出席巴基斯坦驻华大使阿哈默德为庆祝巴基斯坦伊斯兰共和国国庆举行的盛大招待会。(24日《人民日报》)

25日 为纪念香港《大公报》复刊九周年发表七律诗一首。"为民喉舌夸天职,报国精诚万感通","奋铎继今循宇内,仍期为善与人同。"

初收人民日报出版社1959年4月初版《长春集》,题为《赠香港大公报》;现收《郭沫若全集·文学编》第3卷。

26日 诗《赠叶恭绰》《答叶恭绰》,发表于《文汇报》。《赠叶恭绰》:"澹泊明吾志,清闲翼我躬。存心期日损,爱国庆年丰。文字论金石,交游拟岱嵩。和光出渊默,众乐与人同。"《答叶恭绰》:"跬步由卑登自高,人生乐趣是多劳。细流不择方为海,粉米团来可作糕。神禨何须冠岌岌,委迤难逐浪滔滔。开轩揽尽东篱胜,欲共渊明话大曹。"

叶恭绰《答郭沫若》云:"交游浑比岱嵩高,益岳轻鏖敢惮劳。知味固应同饮水,标新何碍遂题糕(时方过重阳)。火传漫复愁薪尽,沙积还须仗浪淘。湮闳料非今日事,好将疏凿励吾曹。"

◎ 应邀参加捷克斯洛伐克西罗基总理为访华举办的宴会。(27日《人民日报》)

◎ 被推举为中国1957年纪念世界文化名人委员会主席,楚图南为副主席。(27日《人民日报》)

27日 上午,与于立群陪同法国著名电影演员钱拉·菲力浦夫妇游颐和园并设午宴招待。

◎ 下午,与于立群陪同法国著名电影演员钱拉·菲力浦夫妇参观北京大学。西语系学生吴育墀呈献七绝一首,即兴和之:"相期入室并升堂,莫负青春惜寸光。今日百花争怒放,香风不必待桥梁。"(吴育墀《也忆郭老谈诗》,1981年3月12日《羊城晚报》)

吴育墀诗:"昔日京师大学堂,如今处处放红光。万千学生齐云集,誓为国家充栋梁。"(牛正武《莫负青春惜寸光》,1981年2月15日《羊城晚报》)

29日 晚,在政协礼堂观看印度舞蹈家卡玛拉·拉克西曼姊妹演出。(30日《人民日报》)

30日 复函北京大学学生。发表于4月6日《北京日报》。对北京大学学生27日来信的回复，主要谈史学研究问题。写道："要了解'史学'及利用科学的方法来研究历史，或使历史工作科学化，首先是应该学习辩证唯物主义与历史唯物主义。""历史的范围很广，懂得一些正确的方法，必要的是要占有大量的资料。资料的搜集、整理、分析等是必须尽力地艰苦工作，丝毫也不能偷巧。尽可能占有第一手资料，迫不得已时，有批判地接受第二手资料。在这儿最要实事求是，就是要老老实实地下苦工。""有了大量的资料，经过耐心的处理，从中揭发出历史的发展规律，这应该就是历史学的基本任务。""怎么才算是史学的'世界先进水平'？很难说。""史学工作者如果学到毛主席那样用科学的方法来处理历史上的问题，并解决问题，那应该就是达到了或接近了'世界先进水平'吧！""在目前乃至我们的一生最要紧是'努力攀登'，不怕高峰有多高多远！高峰也是在逐渐升高的。只顾攀登不问高！"

收人民出版社1961年1月初版《文史论集》。

本月　《沫若文集》第1、2、3、4卷由人民文学出版社出版。第1卷收《女神》《星空》《瓶》《前茅》《恢复》等诗集以及辑为《集外》（一）的诗作；第2卷收《战声集》《蜩螗集》《新华颂》《卷耳集》《屈原赋今译》等诗集以及辑为《集外》（二）的诗作；第3卷收《卓文君》《王昭君》《棠棣之花》《屈原》《虎符》等5个历史剧及附录；第4卷收《高渐离》《孔雀胆》《南冠草》等3个历史剧及附录。

《沫若文集》全部内容经作者亲自校阅。

◎ 为成都杜甫草堂题写杜甫诗《春夜喜雨》。（手迹藏成都杜甫草堂管理处）

◎ 作《科学家的荣誉》，发表于《人民画报》3月号。谓：中国科学院颁发1956年度科学奖学金是"人民和国家对科学研究工作者的支持"，"也是鼓励有为青年英勇地向科学大进军"。"我们的科学研究工作还远落后在祖国建设发展的后面"，希望"急起直追，在最短期内使我国科学赶上国际先进水平"。

◎ 为母校四川石室中学题写校名"四川省成都市石室中学"和楹联"爱祖国爱人民为建设社会主义而学习　求真理求技艺愿增进文翁石室之光荣"。

4 月

1 日 为南京大学文学社刊物《谷风》作发刊词《习习谷风》。发表于《谷风》1957年5月创刊号。建议以《诗经·谷风》"习习谷风，一阴一雨。黾勉同心，不宜有怒"为宗旨，"谷风是生长万物的东风……是习习的和风……象征着我们目前的社会主义的春天"，"人民内部的批评和斗争，是和风细雨式的，要分清敌友，明辨是非，推心置腹，治病救人"。"黾勉同心，不宜有怒，可以作为我们今天的批评的态度，创作的态度"。"我们今天所需要的揭露和讽刺是善意的，不是敌意的"，"帝国主义还存在，我们还有敌人。但我们更好地团结内部，建设自己，也就能在必要的时候更好地打击敌人"。(见1978年7月30日《北京日报》)

3 日 出席中国科学院本年第6次院务常务会议。(中国科学院档案)

会议通过测量制图研究室建室计划；重新修订中苏合作白云鄂博铁矿研究计划；拟定中国科学院奖金暂行条例初稿等。

◎ 与沈雁冰、郑振铎、章汉夫等出席印度驻华大使拉·库·尼赫鲁及夫人为欢迎印度舞蹈家卡玛拉·拉克西曼姊妹访华举办的酒会。欣赏了拉克西曼姊妹表演的婆罗多舞。(4日《人民日报》)

4 日 上午，同吴有训、钱三强、竺可桢等中国科学院领导及苏联顾问拉扎连柯一起到京郊良乡坨里三机部原子堆考察。(《竺可桢日记》，上海科技教育出版社2008年版)

7 日 下午，与陈云、贺龙、李济深等陪同周恩来总理往机场欢迎以部长会议主席约瑟夫·西伦凯维兹为首的波兰政府访华代表团。(8日《人民日报》)

8 日 上午，出席国务院科学规划委员会党组科学体制问题座谈会。(据范长江秘书林自新的工作日记；《中国科学院史事汇要》)

◎ 下午，参加毛泽东主席会见波兰政府代表团及欢迎晚宴。(9日《人民日报》)

9 日 晚，应邀与毛泽东、朱德、周恩来出席西伦凯维兹及其夫人举办的招待会。(10日《人民日报》)

10 日 上午，在国务院科学规划委员会党组科学体制问题座谈会上发言，"主张高校搞科研"，同时表示"非常惶恐"，"觉得不能胜任，几

次向总理、主席提出要求解除院长的职务"。(据范长江秘书林自新的工作日记;《中国科学院史事汇要》)

国务院科学规划委员会党组科学体制问题座谈会8日至13日召开,聂荣臻主持会议。

◎ 致函胡乔木,就拼音方案新草案问题转交茅盾、老舍、胡绳等4位委员的意见,并请转交张奚若。(郭沫若纪念馆馆藏资料)

11日 上午,与李济深、沈钧儒等参加毛泽东、周恩来与波兰政府代表团签署中波两国政府联合声明仪式。(12日《人民日报》)

◎ 中午,到机场欢送波兰政府代表团赴上海、沈阳参观后再访朝鲜民主主义人民共和国和蒙古人民共和国。(12日《人民日报》)

◎ 与钱三强、赵忠尧、彭桓武分别致电莫斯科联合原子核研究所和同步稳相加速器主持人维克斯勒通讯院士,祝贺联合原子核研究所建立的世界最大的同步稳相加速器开始运转。(12日《人民日报》)

13日 答捷克斯洛伐克文艺周刊《文化1957》问。发表于《文艺报》第3号。捷克斯洛伐克文化艺术周刊《文化1957》为迎接"五一"节,请求全世界的艺术家回答三个问题。一、"是什么使您认为各国的作家和艺术家必然合作?"答:作家和艺术家"不管他们的思想立场如何,流派和成就怎样","总有一个相互接近的理想,那便是美化社会并促进人类生活的幸福"。"在这种理想的扩大、深入和具体化上,便有了共同的语言。因而,他们也就必然成为统一战线上的朋友。"二、"您认为贵国和我国的作家和艺术家为了世界各国文化亲近,应该做些什么?"答:我们是社会主义阵营内的兄弟国家,"我们的文学和艺术是以实践社会主义现实主义为准则和目标","我们还须进一步团结世界各国的同行,促进世界各国文化的交流"。我们必须努力创作实践,"必须努力相互学习,吸取世界各国的优秀文化成品来营养自己和自己的人民"。三、"您用什么办法来促进这一伟大的理想实现?"答:"我努力追求社会主义现实主义的创作实践",尽可能接近别国作家和艺术家的作品"并加以翻译和介绍","尽量争取世界各国的文化工作者来访问我国"。

初收北京出版社1959年1月初版《雄鸡集》,后收《沫若文集》第17卷,现收《郭沫若全集·文学编》第17卷。

15日 下午,与毛泽东、刘少奇、周恩来等往机场迎接苏联最高苏

维埃主席团主席伏罗希洛夫访华并参加会见。(16日《人民日报》)

◎ 作诗《欢迎——献给伏罗希洛夫主席》。发表于16日《人民日报》。

初收人民日报出版社1959年4月初版《长春集》,又收作家出版社1959年11月初版《潮汐集·汐集》,现收《郭沫若全集·文学编》第3卷。

◎ 答苏联《莫斯科青年时代》主编B.卡达耶夫问,以《青年的明天》为题发表于《文艺报》第3号。说道:"社会主义制度下的青年是幸福的",但"中国古语说得好'人莫跌于山,而跌于垤'(在崎岖山路上不摔跤,在平坦的道路上反而摔跤。)","因而我所希望于今天的青年的,是具有革命家的艰苦朴素的精神","要有这种精神才能同创作实践和真理探索中可能遇到的困难和阻碍,用全力来搏斗,而达到光辉的峰顶"。

初收北京出版社1959年1月初版《雄鸡集》,后收《沫若文集》第17卷,现收《郭沫若全集·文学编》第17卷。

本文由《中国青年报》于5月4日转载,并有编者按:"本报记者就郭沫若先生的回答,又提了一个问题,现将郭沫若先生的答复一并发表在这里。"记者的问题是:"最近我们看到您在答复苏联'莫斯科青年时代'的文章里,说到今日社会主义制度的好条件对青年们来说,也可能转化为不好的条件;并且引用了一句古话……我们觉得这是一些对读者很有用的话,我们想请您把这些话略加解释、引伸,当作纪念'五四'给青年的礼物。"郭沫若答道:"'五四'时代距离今天已经三十八年了,当时青年们的历史任务是向旧时代冲击,用火山爆发的气势追求民族的生存,追求科学与民主的诞生。……今日的青年的任务是从事和平和改造。他们的时代是一个和风细雨的时代。他们就必须有更多的自觉,自己激励自己、鞭策自己。"

16日 下午,在全国人民代表大会常务委员会扩大会议上听伏罗希洛夫介绍苏联的民主发展情况。

◎ 出席周恩来总理为欢迎伏罗希洛夫举行的晚宴。(17日《人民日报》)

◎ 致函巴洛马列夫。谈水碓的发明与使用的历史。说:"水磨在中国的发明可能和欧洲同时或者更早些。

"水磨在中国的广泛使用，则确切比欧洲和波斯早得多。

"关于技术史的研究，副院长竺可桢先生在主持，请您直接和他通信。"（郭沫若纪念馆馆藏资料）

17日 书面答复德意志联邦共和国18位科学家反对用原子武器武装德国军队的声明。指出："德国科学家们这一高贵的行动，不仅关系着德意志人民的幸福和安全，并且关系着全人类的幸福和安全。"表示"德国十八位科学家的宣言，所代表的不仅是德国人民的意志，也是全人类的意志。我们希望德意志联邦共和国的政治负责人，能够充分尊重这种意志而改弦易辙。我也希望具有原子武器和氢武器的国家能够尊重这种意志，采取必要的协调步骤，来扩大原子能的和平利用"。（中国科学院档案）

◎ 下午，在北京西四大院胡同5号寓所接见北京师范大学历史系56级5班全体同学。谈如何学习历史和安心历史专业学习的问题。说道：科学的门类虽然很多，但学习的方法大致一样，这就是老老实实地认真地学，要注意打好基础，要能持久不懈地刻苦地钻研。学历史一定要掌握马列主义，学习它的立场、观点、方法。研究中国古代史，要掌握绝对的第一手资料。你们给我写信，同我谈话，都称呼我为"老师"，而不称我的官衔，这是很好的。拜别人为师，自己甘当学生，这是虚心好学的表现。人就应该活到老、学到老。老师是一个光荣的称号，老师应当受到尊重。尊师重道，尊师爱生，这是中国人民的优良传统之一。不久的将来，你们都是老师。祝你们成为人民的好教师。为该班同学题词"让我们老老实实地共同努力吧！"（北京师范大学网站）

◎ 复信陈明远。以《给上海中学×××的信》（一）为题，发表于《中国青年》1962年8月第15、16期合刊，总题为《给青年的几封信》。写道："你初试的两首旧体诗，我看了。七律不象七律，古风不象古风。旧体诗要讲究平仄，你的诗每每平仄不调。""你既主张文学语言要尽可能接近口头语言，那就努力学些自由诗。""写文学作品，尽管取材于历史，总是和写作者所处的时代有关联的。这就是现实主义的倾向。尽管别人说我是浪漫主义者，我自己虽不以为受了委屈，但我所采取的主要是现实主义道路。"

18日 为从日本带回的手稿箧作题记。"沧海遗粟 余以一九三七年七月回国后，此箱手稿遗留日本者垂二十年，自以为不可重见矣，直至今年四月始由陈致中同志携回，实属喜出望外，题此为志始末。一九五七年四月十八日　郭沫若。"手迹收《郭沫若全集·考古编》第1卷。

此箧内存郭沫若手稿：《殷周青铜器铭文研究》《两周金文辞大系》初版原稿、《两周金文辞大系考释》《两周金文辞大系图录》《古代铭刻汇考》《古代铭刻汇考续编》《金文丛考》《金文馀释之馀》《卜辞通纂》等。

20日　出席周恩来在政协礼堂为欢迎以浅沼稻次郎为首的日本社会党访华亲善使节团和以久布白落实为首的日本妇女访华代表团举行的酒会。（21日《人民日报》）

22日　主持中国科学院本年第七次院务常务会议。（中国科学院档案）

会议同意各学部提出的增聘学部委员人选并报请国务院批准；听取裴丽生关于学部委员会第二次全体会议筹备工作报告。

◎《纪念列宁，学习列宁》发表于《文汇报》，纪念列宁诞辰87周年。文章分"为人类开辟了新的历史纪元""丰富和发展了马克思主义""揭露了修正主义的真面目""列宁主义对中国革命的指导作用""中国人民正沿着列宁指示的道路前进"五个部分。

23日　为西南师范学院学生刊物《桃园》题诗《桃园花盛开》。手迹发表于《桃园》创刊号。赞美桃花，"春天来了，您首先就开花，您使满山遍野灿若云霞。开了花，又结出丰盛的果实，您是那么单纯、爽快、不虚假。'花实并发'首先就要数您，但您却没有骄矜的神气。您不和牡丹花比赛豪华，您不和兰草花争作君子。杏花、李花看来是您好朋友，林檎、樱桃和你也是手攀手。工人、农民，谁个不喜欢你？尤其是普天下可爱的孩子！祝您千秋万代的开化结实，使人间转化为欢乐的园地。"（《四川文学》1979年第7期）

◎晚，出席日本社会党访华亲善使节团举行的临别宴会。（24日《人民日报》）

25日　致函《史学》编辑部。以《一封信》为题，发表于5月9日《光明日报》。"读到四月二十五日《史学》第一〇六号，有两篇文章是和我商榷的，因此我采取了写信给你们的办法，一并来回答。"对朱理惺、黄明《关于杨忱和杨刻"管子"的问题》以及王欣夫等所说"刻《管子》并且写了序文"的杨忱"就是死于北宋嘉祐七年（一〇六二年）的那个杨忱"表示怀疑，认为"是同姓同名的一例，不必即是一人"。对蔡心林《对"汉代政权打击奴隶主"一文的商榷》提出的质疑，希望蔡先生将《略论汉代政权的本质》《"侈靡篇"的研究》和《奴隶制时代》中论到西汉不是奴隶社会的那些文字连带"审核一下"，再次提出"西汉奴隶制说者……承认孔子和儒家学说是封建理论，而却主张西汉的生产关系还在奴隶制的阶段，岂不等于说：在奴隶制的社会基础上树立了封建制的上层建筑吗？"认为"这个问题一直还没有得到回答"。再次强调："汉代政权所严重打击"的"并不是一般的工商业者，更不是纯正地主。因而汉代政权的严重打击奴隶制主，确实是摧毁奴隶制的残余"。

初收人民出版社1961年1月初版《文史论集》，后收《沫若文集》第17卷《集外》。

26日 晚，主持中国人民保卫世界和平委员会常务委员会扩大会议并讲话，拥护世界和平理事会常务委员会3月30日至4月2日在柏林召开的会议上所通过的关于要求停止核武器试验的呼吁书和声明及关于国际局势的决议。支持世界和平理事会常务委员会决定6月在锡兰首都科伦坡召开世界和平理事会全体会议。(28日《人民日报》)

27日 晚，设宴欢迎时任巴西众议员、联合国粮食和农业组织主席的若译·德·卡斯特罗。(28日《人民日报》)

29日 上午，与刘少奇、林伯渠、李济深、沈钧儒等往机场欢迎以康·帕夫列斯库为首的罗马尼亚大国民议会和布加勒斯特市人民会议代表团访华。(30日《人民日报》)

◎ 出席中国科学院本年第八次院务常务会议。(中国科学院档案)

竺可桢副院长做雷琼地区考察报告；通过武汉哲学社会科学研究所筹建方案、上海经济研究所筹建方案、上海历史研究所筹建方案和哲学社会科学部情报研究室筹建方案。

◎ 出席刘少奇为罗马尼亚代表团举行的晚宴。(30日《人民日报》)

◎ 致函孙诗圃。"您的信早收到，迟复，乞谅。您所记忆的那首诗，略有错字，我已如嘱另写一纸附上，请参考。该诗见近出'沫若文集'1，315。另一首是《哀时古调》的末章，见'文集'1，326—329，只写一张附上。"(《郭沫若在上海》，上海社会科学院出版社1994年版)

"所记忆的那首诗"即《我们在赤光中相见》，发表于《孤军》杂志

1923年12月第2卷第1期。另一首《哀时古调》，发表于《孤军》杂志1922年11月第1卷第3期。两诗均收《沫若文集》第1卷、《郭沫若全集·文学编》第1卷。

孙诗圃，上海商务印书馆职工，曾参加上海工人三次武装起义，"四一二"政变时被捕，在狱中常以郭沫若的诗《我们在赤光中相见》《哀时古调》激励自己与难友。当年在狱中参加斗争的同志1957年3月聚会时又朗诵两首诗作，请孙诗圃致函郭沫若将诗作抄录给大家以望纪念。郭沫若作复满足大家的要求。信与诗手迹存上海革命历史博物馆。

30日 邀请在京学部委员和高级研究人员座谈科学工作中的矛盾，指出"百花齐放、百家争鸣"的方针已使我国学术界呈现一片"东风到处百花开"的景色，希望大家本着解决人民内部矛盾的正确方针，无顾忌地对科学院工作中存在的缺点和错误，以及如何改进的意见，都尽量提出来，好使我们的工作尽量做得好，尽量少犯错误。（5月1日《人民日报》）

本月 《沫若文集》第5卷由人民文学出版社出版，收1918—1947年间所写中短篇小说38篇。

5月

2日 作诗《"五一"天安门情景》。发表于4日《人民日报》。

初收人民日报出版社1959年4月初版《长春集》，改题为《五一节天安门之夜》；又收作家出版社1959年11月初版《潮汐集·汐集》；现收《郭沫若全集·文学编》第3卷。

陈毅读此诗后，仿"女神"体回赠一首，题为《赠郭沫若同志》。跋语说："两年前郭沫若同志赠诗一首，对我多所鼓励。我久欲回答，每每因不能成篇而罢。顷读郭院长新作《五一节观礼之夜》（即《五一节天安门之夜》——编者），觉得是首好诗。喜从中来，欣然命笔奉和。1959年（应为1957年——编者）5月于玉泉山。"（《陈毅年谱》，人民出版社1995年版）

◎ 作诗《康生同志以残钟为研嘱题》。"腐朽化神奇，昔言今有验。妙用叹无穷，匠心古未见。口点出金声，下笔走雷电。从兹亿万年，松风振弦残。"（郭沫若纪念馆馆藏资料）

◎ 晚，出席为纪念世界文化名人英国诗人布莱克和美国诗人朗弗罗而举办的有四百多位中外诗人参加的国际诗歌晚会，朗诵新作《"五一"天安门情景》。(4日《人民日报》)

3日 继续邀请在京学部委员和高级研究人员座谈科学工作中的矛盾。聂荣臻、周扬参加座谈会。(5月5日《人民日报》)

4日 上午，会见并宴请以原田淑人为团长的日本考古代表团。裴丽生、潘梓年、尹达、翦伯赞等接见时在座。(据《夏鼐日记》，华东师范大学出版社2011年版)

应郭沫若邀请，日本考古代表团原田淑人、杉村勇造、驹井和爱、水野清一、杉原庄介、关野雄、冈崎敬、樋口隆康一行自4月17日至6月2日在我国参观访问，进行学术交流活动。(王世民《日本考古代表团在中国》，《考古通讯》1957年第4期)

5日 致函陈毅。问及"前言在休假中整理大作出版，不知已就绪否？"说："得手札，知住玉泉山，颇拟奉访，特恐有损宁静耳。孩子们尚未去过，渴望一游，如能成行，当于事前用电话奉报。"(郭沫若纪念馆馆藏资料)

6日 晚，在家中会见印度数学家高善必教授，中国科学院力学研究所所长钱学森等在座。(7日《人民日报》)

7日 复函黄盛璋。"三篇大作都看了一遍，保卣考证得很好。蔡器主要争辩一个尊字，未免琐碎了一点，写得太长了。初吉可备一说。"附言："郦县器有释文已交《考古学报》，闻须六月始能出版。禹鼎铭一份，送您，请留用。抽印本二种，谢谢。"(手稿载《社会科学战线》1978年12月增刊)

8日 在中国科学院召开的第三次人民内部矛盾座谈会上发言，认为连续三次的座谈会很有收获。希望这样亲切地给领导提意见的做法，今后用更多的方式经常化、制度化。对会上许多科学家批评科学院高高在上的领导作风表示：科学工作的体制是大问题，科学院已成立专门小组研究。(9日《人民日报》《光明日报》)

9日 与楚图南、阳翰笙等陪同周恩来总理会见日本考古代表团、日本福冈县友好访华代表团和日本戏剧访华团。(10日《人民日报》)

◎ 晚，与林伯渠、李济深等陪同刘少奇和夫人会见阿尔巴尼亚人民

共和国人民议会主席里塔·马尔科和夫人以及所率阿尔巴尼亚人民共和国人民议会代表团。(10日《人民日报》)

10日 在国务院第四十七次会议上被通过为国务院科学规划委员会副主任委员。

主任委员为聂荣臻,副主任委员还有李四光、林枫、黄敬。(《中国科学院史事汇要》)

◎ 晚,与周恩来、聂荣臻等在北京饭店参加北京市留美学生家属联欢晚会。(12日《人民日报》)

◎ 为《傅抱石画集》题写书名并作序。写道:"抱石作画别具风格,人物善能传神,山水独开生面。盖于旧法基础上摄取新法,而能脱出窠臼,体现自然。"以傅抱石与齐白石并称国画界"南北二石",说"今北石已老,尚望南石经历风霜,更臻岿然"。(见《傅抱石画集》,人民美术出版社版1958年版)

11日 答匈牙利通讯社驻京记者埃利阿什提问。对"党是否能领导学术问题""党与知识分子的关系""百家争鸣政策"及文字改革等表示:"党必须而且能够领导科学……党的科学领导,主要是在科学行政方面,至于科学研究方面的领导则要通过科学家来进行。""中国的高级知识分子经过几年来的自我教育,一般是拥护党和党的政策的。他们要求更靠近党,要求党的领导更好一些。党的整风运动正可以满足这些要求。""百家争鸣政策的前途是光明的……贯彻这个政策的结果会使人民的物质生活和文化生活水平愈来愈高。"汉字革命"是需要慢慢来进行的一项大革命事业"。(郭沫若纪念馆馆藏资料)

◎ 下午,在中国科学院接待日本物理学家访华代表团并设晚宴表示欢迎。(12日《人民日报》)

12日 下午,与周恩来、贺龙等观看泰国艺术团演出。(13日《人民日报》)

14日 出席北京中国画院成立大会,题七律一首,手迹发表于15日《人民日报》。诗云:"十日一山五日水,由来画道不寻常。胸罗万汇凭吞吐,笔有千钧任歙张。漫诩百花齐放蕊,精研六法拆雕墙。出新须待推陈后,民主发扬要共当。"

初收人民日报出版社1959年4月初版《长春集》,题为《赠北京中国画院》；又收作家出版社1959年11月初版《潮汐集·汐集》；现收《郭沫若全集·文学编》第3卷。

◎ 复函容庚。就其《金文编》新版序文事，表示"罗王二序均已重读一遍，我意均可不必列入。罗序所言已成定谳；王序略简，无关宏恉。""尊书新加增补，宜于书前补一新序，叙述此学近年进展情况及增补之意，较合时宜。"(《郭沫若书简——致容庚》，广东人民出版社1981年版)

16日 答波兰人民论坛报记者罗步曼。"西德用电子武器武装军队很危险，不仅会妨碍德国统一，而且会使欧洲的分裂加深。……波兰人民感到忧虑是理所当然的，世界各国人民都同样感到忧虑。"(郭沫若纪念馆馆藏资料)

◎ 致函茅城司。写道：

"此次通过日本学术会议的协助，能得到以朝永振太郎先生为首的日本物理学家代表团来中国访问，促进了中日两国的学术交流，给予我国学者以很大的鼓舞，仅对您表示感谢。承赠书籍已拜领，已交科学院图书馆妥为保存并利用矣。

兹有恳者：天津塘沽新港工程，曾于1937年由贵国开始筹备，并于1939年动工。该项工程设计，原由铃木雅次与谷口三郎两先生审定。该项设计材料，想贵国当尚有保存，希望能得一全份，以供参考。想铃木与谷口二先生尚健在，如能通过台端或日本学术会议与二先生联系，能获得该项资料，甚为盼祷。如该项资料，在贵国仅存一份，愿用摄影或其他方法复制。有何条件，如蒙赐告，当尽量考虑。"(郭沫若纪念馆馆藏资料)

17日 与聂荣臻等被周恩来约见谈科学规划问题。(《周恩来年谱》，中央文献出版社1997年版)

19日 作《抗议英国政府于15日在太平洋试验氢弹》。发表于20日《人民日报》。呼吁"结束核武器竞赛"。

21日 晚，与陈叔通共同主持中国人民保卫世界和平委员会常务委员会扩大会议，被推举为出席科伦坡世界和平理事会中国代表团团长。(22日《人民日报》)

◎ 致函山东工学院院刊编辑。发表于《山东工学院院刊》6月1日第121期。首先感谢寄来院刊。信写道：

"作为一国的公民是应该关心政治的，大学生或学者都是公民，不能除外。但国家并不要求每一位公民都成为政治家。

马克思列宁主义是叫人实事求是，就具体事物作具体分析，求出具体的答案。这不仅是治社会科学的方法，治自然科学和技术科学也适用。

牛顿、爱因斯坦虽不是马克思列宁主义者，但他们的治学方法正和马克思列宁主义合拍。如年青人早年能接受马克思列宁主义，我们相信是会少走冤路，多产生些牛顿、爱因斯坦的。"

23日 上午，出席中国科学院学部委员会第二次全体会议开幕式并致开幕词。发表于24日《人民日报》。"这次会议要充分贯彻'百花齐放、百家争鸣'的方针，对于我们所共同从事的科学事业，展开批评和自我批评，提出建设性的具体建议，以便改进我们的工作。"分析归纳科学院和各学部的基本任务为四项要点：第一，面向全国，加强学术领导；第二，发扬民主，贯彻百家争鸣；第三，加强协调，团结科学力量；第四，学习先进，加强国际合作。董必武、许德珩、聂荣臻等参加开幕式。

25日 下午，会见法国前总理、经济学家富尔和夫人，就当时中国的经济情况和"长期共存、互相监督"等问题同富尔进行交谈，对富尔感兴趣的"百花齐放、百家争鸣"方针做介绍：这个方针可以促使文学创作的繁荣和科学研究工作的发展。（26日《人民日报》）

29日 主持中国科学院第十二次院务常务会议。（《中国科学院史事汇要》）

会议通过成立院章起草委员会等。

30日 在中国科学院学部委员会第二次全体会议闭幕式上颁发中国科学院1956年度的科学奖金（自然科学部分），并致闭幕词。闭幕词发表于5月31日《人民日报》，分七部分，除对会议工作、任务、计划等内容进行总结外，特别指出：本次会议的"显著特色"是"展开争鸣"，"体现当前的时代精神，初步发扬了学术民主"，"展开了批评与自我批评"。以引用格言"道吾恶者是吾师，道吾善者是吾友，阿谀我者是吾贼"表明自己的体会，"一个人要能够严肃地执行自我批评，然后才能够开诚布公地批评别人，也才能够虚心坦怀地接受别人的批评"。认为科学家不研究科学会成为"空头科学家"，但不能只重视科学研究而"轻视科学行政工作和科学事务工作"，不能有"万般皆下品，唯有研究高"的思想，不能做"科学老爷"。有了毛病要"治病救人"，不要"一棍子把人打死"。

31日 晚，举行宴会欢迎即将前往锡兰参加世界和平理事会科伦坡会议的世界和平理事会副主席、法国进步共和联盟总书记达斯迪埃，世界和平理事会常务委员会委员、法国和平人士加桑诺瓦，世界和平理事会常务委员会委员、苏联名作家考涅楚克，越南保卫世界和平委员会主席黎廷探，蒙古地理学家采格米拉，蒙古保卫和平委员会秘书长萨格达等。(6月1日《人民日报》)

本月 《郭沫若选集》在越南出版。

6月

1日 致信钱潮。感谢他对"张德钧同志的文章作了仔细的校阅并提意见"，并告"小野寺先生已来过，现已回去了"，"我不日将赴锡兰参加和平理事会会议，将有三星期的逗留"。(《郭沫若研究》第1辑，文化艺术出版社1985年版)

钱潮，字君胥，中国儿科专家及寄生虫病学专家。1922年毕业于九州帝国大学医学部。

◎ 晚，在政协礼堂首都各界人民支持世界和平理事会科伦坡会议大会上讲话。讲话摘要发表于2日《人民日报》。

3日 率中国代表团赴锡兰出席世界和平理事会科伦坡会议。(4日《人民日报》)

10日 在科伦坡东方大饭店参加世界和平理事会开幕式并讲话。(13日《人民日报》)

◎ 复函黄盛璋。告以"五月廿四日信接到。嫠毁已作考释，交《考古学报》，不久当可登出，请阅"。谈到考释中的问题："旃似旎之异文，其下一文，余释'又'。该鼎铭特异处，在有书面册命之外，又有口头命辞。康鼎年代有误，已改。焚伯，余亦以为即荣夷公。"(手稿载《社会科学战线》1978年12月增刊)

11日 在世界和平理事会科伦坡会议上发言，对许多国家代表主张恢复中国在联合国的席位表示谢意。(14日《人民日报》)

12日 在国务院第四十八次会议上被确定为新调整后的科学规划委员会副主任。聂荣臻为主任。(13日《人民日报》)

17日 在世界和平理事会科伦坡会议上致闭幕词。(18日《人民日报》)

20日 途经仰光,作短暂停留。晚,出席缅甸总理吴努为代表团举行的宴会。(22日《人民日报》)

21—22日 率代表团抵达昆明,参观云南博物馆,考订"滇王之印""胜西印"为汉代的遗物。(22日《人民日报》;《我们坚持文物事业的正确方向》,9月30日《人民日报》)

23日 率代表团抵北京。(24日《人民日报》)

25日 致函交通大学师生。鼓励克服困难,完成学校西迁西安。写道:

"你们给我的电报,我接到了。

交大西迁是一件大事,毫无疑问,是有各种各样的困难的。西迁后科学研究的开展,毫无疑问,也将受到一定的影响。

但这些困难和影响,我相信,都是一时性的,是值得忍受而迅速得到补偿的。

国家的社会主义建设事业已肯定以大西北作为工业建设的一个重心。这里正需要有科学大军的支援,这里因而也会成为繁荣科学的最肥沃的园地。"(郭沫若纪念馆馆藏资料)

26日 作七绝《怀鹤》奉和渡边知水先生。"片纸传来隔海情,鹤雏无恙缅怀轻。操山苍翠旭川碧,遥为和平一致声。"(据手迹,郭沫若纪念馆馆藏资料)

◎ 下午,作为主席团成员出席在怀仁堂召开的全国人大一届四次会议开幕式,听取周恩来总理的《政府工作报告》。(27日《人民日报》)

◎ 下午,与廖承志陪同周恩来总理会见日本冈山县和平代表团。(27日《人民日报》)

◎ 下午,与廖承志、潘梓年陪同周恩来总理会见日本京都府学术代表团、日本米丘林会访华代表团。(27日《人民日报》)

27日 对《光明日报》记者谈话,发表于28日《光明日报》,题为《拨开云雾见青天》。说:"右派的目的只有一个,就是要推翻中国共产党的领导,推翻社会主义制度,让资本主义复辟。只要稍具爱国心的公民,对于资产阶级右派分子这种猖狂的进攻,是绝对不能容忍的。""无罪的言者无罪,有罪的言者还是有罪的。""目前,有两件事是必须区分清楚的。一件是对右派分子的斗争。这是一场政治上、思想上的阶级斗争，是必须进行的"，"另一件是整顿不好的作风"。

初收人民出版社1961年1月初版《文史论集》，现收《郭沫若全集·文学编》第17卷。

毛泽东28日致函胡乔木："郭沫若此篇，请要人民日报全文转载，新华社全文播发。"（《建国以来毛泽东文稿》第6册，中央文献出版社1992年版）29日《人民日报》转载时，改题为《乌云消散，太阳更加光芒万丈》。

◎ 设晚宴欢迎阿根廷、澳大利亚、埃及、哥伦比亚、南非、葡萄牙、日本、乌拉圭、委内瑞拉、新西兰、约旦、伊拉克、智利等13国和平代表在出席世界和平理事会科伦坡会议后来华访问。（28日《人民日报》）

◎ 作《赠水野慕小姐所画蔷薇》。"蔷薇花一枝，雅淡见深意。点点吐幽香，春风来天际。"（郭沫若纪念馆馆藏资料）

28日 致信刘勋华。谈《虎符》中的"朱女侯女都是出于虚构，为了戏剧进展的必要"。（刘勋华《求索集》，中国文艺出版社2010年5月版）

刘勋华，时为北京大学学生，观看《虎符》后写信与郭沫若探讨。

◎ 为西安建筑工程学院首届毕业同学题字："请以上火线的精神走上祖国建设的阵地，实事求是地作最大努力，坚持到底。"

29日 下午，与廖承志陪同周恩来总理会见出席世界和平理事会科伦坡会议后来中国访问的阿根廷、澳大利亚、智利、哥伦比亚、埃及、伊拉克、日本、约旦、葡萄牙、南非、乌拉圭、委内瑞拉等12个国家的31位和平代表。（30日《人民日报》）

本月 《盐铁论读本》由科学出版社出版。对汉代桓宽撰《盐铁论》加标点和注释，将描写、叙述文字与对话分开。现收《郭沫若全集·历史编》第8卷。

由全书218个注文可知，校释采用版本有明华氏活字本、明沈延诠本，太玄书宝本、张之象本、樱宁斋抄本、倪邦彦本、九行本以及《群书治要》、《通典》卷十、《永乐大典》所引，参考的诸家校释有王先谦、孙诒让、洪颐煊、王启源、杨树达、张敦仁、俞樾、孙贻谷、徐德培等说。注文除说明史事外，主要是据本校改、取舍诸说，也有以意删削之处。（谢保成《郭沫若古籍整理的特色与成就》，《史学史研究》1992年第2期）

7月

1日 作七律《纪念"七七"——用鲁迅韵》二首。发表于7日《人民日报》。其一,在"誓缚苍龙树赤旗"句作注:"毛主席长征词《六盘山·调寄清平乐》末句云:'何时缚住苍龙'。苍龙即指日本。东方属青,其兽为龙。"其二,有"右派猖狂蠢动时,温情哪许一丝丝","勿忘二十年前事,起舞中宵共振衣"等句。

初收人民日报出版社1959年4月初版《长春集》,"大业已成双革命"改为"大业全凭三法宝";又收作家出版社1959年11月初版《潮汐集·潮集》;现收《郭沫若全集·文学编》第3卷。

2日 晚,在政协礼堂举行的中国首都各界人民庆祝世界和平理事会科伦坡会议胜利大会上,作关于世界和平理事会科伦坡会议经过和成就的报告。大会一致通过庆祝世界和平理事会科伦坡会议胜利的决议,通过由中国各人民团体的代表18人组成的日本第三届禁止原子弹、氢弹和争取裁军世界大会中国筹备委员会名单。被推举为中国筹备委员会主席,陈叔通、茅盾、李德全为副主席,郑森禹为秘书长。(3日《人民日报》)

4日 作为大会执行主席,出席并主持第一届全国人民代表大会第四次会议。(5日《人民日报》)

5日 在全国人大一届四次会议上宣读由中央宣传部起草的发言《驳斥一个反社会主义的科学纲领》。发表于6日《人民日报》。批判民盟中央科学规划研究组提出的"对于有关我国科学体制问题的几点意见"是反党反社会主义的科学纲领。

批判这个纲领是中央反右斗争总部署的组成部分。1980年5月8日中共中央统战部《关于爱国人士复查问题的请示报告》提到在批判"章罗联盟"时曾把民盟中央"对于有关我国科学体制问题的几点意见"说成是"章罗联盟"的反动纲领。在这次复查中有关部门认为这份意见书基本内容可取,不是反党反社会主义的,不是"章罗联盟"的反动纲领。(《中国科学院史事汇要》)

6日 下午,赴机场欢迎出访途经中国的越南民主共和国主席胡志明和随行人员。(7日《人民日报》)

9日 出席中国科学院本年第十四次院务常务会议。(《中国科学院史事汇要》1957年)

会议听取钱学森关于第一次全国力学学术报告会的工作报告,讨论1957年选派留苏研究生问题等。

10日 晚,与南汉宸、雷任民等陪同周恩来总理会见以山屋八万雄为首的日本市长、地方议员访华团。(11日《人民日报》)

11日 下午,会见巴基斯坦议会代表团团长穆吉布尔·拉赫曼。(12日《人民日报》)

12日 上午,陪同朱德会见出席世界和平理事会科伦坡会议后来我国参观访问的埃及阿·路·依·艾尔库利、哈·法·依布拉欣,约旦雅·依·哈穆德、依·胡·哈玛德、伊拉克哈·阿·奥马尔、丹·雅西姆、阿·沙里夫七位和平代表。(13日《人民日报》)

13日 上午,出席全国人大一届四次会议,为执行主席之一。代表继续进行大会讨论,集中斥责右派分子反党、反社会主义的荒谬言论和卑劣手法,毕鸣岐就他的错误言论作了检查。(14日《人民日报》)

14日 出席中国科学院科学家反右派斗争座谈会,主持上午会议并作题为《爱国的科学家积极行动起来反击右派向科学领域的进攻》的讲话。摘要发表于15日《人民日报》,全文发表于《科学通报》第15期,又载中国科学院《1957年汇编》。指出:"民盟中央科学规划问题临时研究组提出的'对于有关我国科学体制问题的几点意见',是一个彻头彻尾的反党反社会主义的科学纲领。"号召科学家严肃对待这件大事,站稳立场,积极参加反击右派的斗争,并从中得到锻炼,吸收教训,进行集体的自我教育。

◎ 答《文艺报》记者问,就反右斗争的必要性及其与整风的关系、如何估计我国文化事业的成绩、外行能不能领导内行、党应该如何改善和加强对文艺工作的领导等问题发表谈话。以《彻底反击右派》为题发表于《文艺报》15号及16日《人民日报》。说道:"反击右派分子的武器是'真理和事实'。""艺术性的高低,要看拿什么作为标准。如果是以解放前一般作品为标准,就我所接触到的新作品看来,我是觉得一般地是提高了,而非降低了。当然,足以和伟大时代相称的震烁古今的作品似乎还没有产生。但这样的作品解放前也没有。公式化、概念化的倾向可能是有的，但要说所有的作品都是公式化、概念化，那样的全面否定是不近情理的谰言。""没有党的领导是不行的"，"在社会主义制度下的一切文化活动都需要掌握了马克思列宁主义的'外行'来领导"。要"灵活掌握六条政治标准，坚决贯彻'百花齐放'方针"。

◎ 参加中共中央宣传部、文化部、中国文学艺术界联合会邀集出席全国人民代表大会及在京文艺界人士举行的座谈会。

周恩来、陆定一、康生、周扬出席座谈会并讲话。会后，周恩来和出席座谈会的文艺界人士共进晚餐。(15日《人民日报》)

15日 下午，出席全国人大一届四次会议闭幕式，为执行主席之一。通过了《政府工作报告》等八项决议。(16日《人民日报》)

17日 出席中华全国自然科学专门学会联合会第一届全国委员会第二次扩大会议开幕式并讲话。(18日《人民日报》)

24日 出席中国科学院科学家反右派斗争座谈会并讲话，摘要发表于25日《人民日报》，以《共同努力，行社会主义过关》为题，全文载中国科学院《1957年汇编》。对五次座谈会进行总结，简明介绍马克思主义的三个来源和三个组成部分。向科学家们提出辨明是非、站稳立场的四项办法：第一，实事求是，发挥艰苦卓绝、克勤克俭的作风，老老实实，为社会主义建设事业服务；第二，适当地从事体力劳动，改变"劳心者治人，劳力者治于人"的错误观念；第三，靠拢共产党，坚决接受党的领导；第四，认真学习马克思列宁主义，认真学习毛主席的著作。勉励科学家工作者丢掉从旧社会带来的"包袱"，努力前进，过好社会主义关，不要有一人落伍。

14日、16日、22日、23日、24日中国科学院邀请在京科学家100多人召开科学家反右派斗争座谈会，分别由郭沫若、张劲夫、吴有训主持。8月30日晚，中国科学院党组扩大会议听取了郁文关于保护名单的说明。列入保护名单的名额为58—98人，条件为：有较高成就；有较高声望，在国内外有影响；新回国的留学生。(《中国科学院史事汇要》1957年)

"由于当时科学家为数不多，而这些科学家对本行以外的事不熟悉，不在行，即使提的意见是错的，其实质并不是在反党反社会主义。针对这种情况，在郭老的关怀帮助下，我们向党中央作了汇报，建议采取保护政策：凡回国不久的，不参加运动；对于思想问题与政治问题一时难于区别的，先作为思想认识问题来处理；对于一些著名科学家，即使是对问题认识错了，只采取谈话方式给予帮助，不能采取批斗方式。这一建议得到了党中央的同意，党中央责成科学院代党中央起草了一个有关自然科学界反右派斗争策略的文件，这个文件很快得到党中央的批准，正式作为中央文件下发。科学院（包括外地分院、研究机构）都按照中央文件去执行，保护了不少好同志。"（张劲夫撰《深切怀念老院长郭沫若同志》，社会科学文献出版社1994年版）

28日 作《向中国人民解放军看齐——纪念中国人民解放军建军三十周年》。发表于31日《人民日报》。

◎ 向莫斯科世界青年联欢节献辞——《祝青年联欢节》。发表于28日《人民日报》。

29日 致函周恩来。写道：

"稿子承您阅改，谢谢。关于陈其通同志的'万水千山'的插入处，请您再看一看，是否妥当。

朱副主席要我回去参加'八一'纪念，我也很想回去。"（郭沫若纪念馆馆藏资料）

31日 晚，参加在中山公园举行的首都人民欢庆中国人民解放军建军30周年大会（8月1日《人民日报》）

本月 为莫斯科"北京旅馆"开业书楹联"盘中粒粒皆辛苦，席上人人尽异珍"。（8月7日《人民日报》）

8 月

1日 晚，出席彭德怀在北京举行的庆祝中国人民解放军建军30周年酒会。（2日《人民日报》）

9日 致函黄烈："送上谢思洁同志（古典文学出版社）的来信和我的复信，请您并转尹达、刘大年同志看看。信中说到的问题希望查一下。关于该文，您是知道的。在该期《文史哲》上，我也写过一些批注，存在您处。您如有暇，希望您就那些资料，写出一些东西来，可帮助古典文学出版社进行反右斗争。""我的信，请打印后寄谢，原稿留存。信中如有错误处，请进行修改。"附言："处理情况望见告。"（《郭沫若书信集》

下，中国社会科学出版社1992年版）

◎ 致函谢思洁。说："您的信接到。关于退还程金造来稿事，我已写信回北京，请黄烈同志查复。""程文后来在《文史哲》上登出了，一字未改，而且登在第一篇，看来《文史哲》的编者对该文是十分重视的。这也表现了《文史哲》编者的学术水平，连那样初步的不合逻辑都看不出，而竟珍为拱璧。山东大学有少数的先生们和科学院，特别和我个人是有些下不去的。华岗任校长时曾为《文史哲》向科学院申请津贴，当时院有关方面认为《文史哲》是大学学术刊物，应向当时的教育部申请，未予同意。以后，华岗即遇事骂我。陆侃如，在楚词研究上也和我有过一些纠葛。他们要欢迎程文，是'良有以也'的。可惜那样一欢迎，表示了堂堂国立大学的部分教授们的学术水平。（我认为这不是件小事。）

看到您的来信，才知道顾学颉的发言中提到此事，看来他们是有串联的，即程金造——《历史研究》编辑部（在历史一所内）——顾学颉（古典文学出版社）——山大《文史哲》。这可能是一支右派的脉络。关于这层，我倒要请您们追究一下，顾学颉，所得到的消息是什么人告诉他的？是程？是历史一所？是山大？请他交代清楚。我们这一方面也想追查一下。

事情本来是无关紧要的，但右派这样不讲道理，而且有联系，有组织地任意进行诽谤，要想'射人射马，擒贼擒王'，那倒很想把问题弄个清楚。由这一小是非，显然是牵涉到大是非上来了。"（郭沫若纪念馆馆藏资料）

11日 对日本广播讲话。发表于12日《人民日报》。祝贺6日在日本东京开幕的第三届禁止原子弹、氢弹和争取裁军世界大会。指出："原子军备竞赛的加紧和核武器的不断爆炸试验，愈来愈严重地威胁着世界和平和人类安全，其影响所及，并将为害于人类后代。"谴责美国政府和日本政府"对于禁止使用和试验核武器以及裁减常规军备，是没诚意的"。表示"中国人民是一贯主张禁止使用和试验核武器，主张结束军备竞赛，并主张把原子能用于为人类造福的和平目的。我们愿意继续加强同日本人民和世界各国人民的友好合作，更加紧密地一同携起手来，克服一切困难和阻碍，为反对核武器的试验和使用，为早日实现普遍裁军，为确保亚洲和世界和平而共同奋斗"。

15 日　晚，出席朝鲜民主主义人民共和国驻华大使李永镐在北京举行的庆祝朝鲜解放 12 周年盛大酒会。(16 日《人民日报》)

16 日　致电祝贺当日在日本东京举行的日中友好协会第七届全国大会，表示"尽管目前对中日友好的增进存在着多大的障碍，但是我们深信，日本人民对中国人民是友好的，日本人民正在克服困难和障碍，为发展中日友好事业和恢复中日邦交而努力。中国人民愿意继续同日本人民加强团结合作，为促进中日两国人民的友好关系和为保卫亚洲及世界和平的崇高目标而共同奋斗"。(17 日《人民日报》)

17 日　晨，与曾涌泉等到机场欢送以赛福鼎为团长的全国人民代表大会代表团应邀出访芬兰。(18 日《人民日报》)

◎ 晚，出席印度尼西亚驻华大使维约普拉诺托为庆祝印度尼西亚共和国独立 12 周年举行的招待会。(18 日《人民日报》)

24 日　致叶恭绰信。写道："十七日惠书，由京转致北戴河，已敬悉。足下玄机默运阅历甚深，所为所行谅必蒙思再四。""既已参加农工民主党，自必为该党效劳。侧闻曾约某老画家至章伯钧家共饭，饭后告知有邀劝入党之意，为某所拒绝。又荣宝斋之会，据曾预会者言，确以谈画为名，而以放火为实。然则人之多言，似亦非无风之浪。为足下计，似宜向思想深处锲入，无所顾惜。"(郭沫若纪念馆馆藏资料)

30 日　晚，与沈雁冰在天桥剧场观看应邀来华访问的墨西哥民族现代芭蕾舞团举行的开幕式演出，并在演出休息时会见墨西哥民族现代芭蕾舞团的领导人和部分演员。(31 日《人民日报》)

31 日　出席中国科学院第十六次院务常务会议。(《中国科学院史事汇要》)

会议听取张劲夫关于中国科学院整风运动及反右斗争的情况报告，批准 1957 年研究生招生办法和考古研究所增聘学术委员名单等。

◎ 晚，与周恩来、贺龙等出席有 16 个国家和地区参加的"亚洲电影周"开幕式，并在开幕式前会见参加"电影周"的各国电影代表团成员。(9 月 1 日《人民日报》)

◎ 作《祝亚洲电影周成功》。(郭沫若纪念馆馆藏资料)

8 月 31 日至 9 月 25 日，由中国人民对外友好协会和中国电影联合会联合举办有 16 个国家和地区参加的"亚洲电影周"，在北京、天津、上海等十大城市分批举行。

本月　应周恩来之邀，到紫光阁与文艺界座谈党的知识分子政策。（龚啸岚《从昙华林到紫光阁》，《人民文学》1979年第3期）

◎ 作《文字改革答问》。发表于《文字改革》9月号、10月9日《人民日报》。说道："为了更快地提高人民文化水平和建成社会主义，汉字必须加以改革。"简化汉字采取"约定俗成"的原则"是十分妥当的"。但是简化汉字"太多了不好，太快了也不好"。要"充分利用广播、录音、电影、话剧团的巡回演出等"开展和加强普通话的推广工作。在拼音方案确定以后，首先"在儿童教育和扫盲工作中，在对国际宣传中，在科学普及工作中"应用。"为了汉字的进一步改革"，目前急需进行的工作是："一、采取双轨制，拼音与汉字并用。二、应不断训练出大批拼音文字专家。"

9月

2日　在北京接受罗马尼亚科学院授予荣誉院士证书。（3日《人民日报》）

◎ 致函杨向奎。说："您的《释执驹》拜读了。您所补充的材料和意见很好。"（郭沫若纪念馆馆藏资料）

信末署"九、二"，无年份。杨向奎《释"执驹"》发表于《历史研究》1957年第10期，开头说"《考古学报》一九五七年第二期有郭沫若先生的《盠器铭考释》一文，其中关于'执驹'的解释，实为允当"，"愿意对于执驹典礼，加以补充说明"。

3日　为朝鲜的中国人民志愿军烈士陵园题额"浩气长存"，并书"中国人民志愿军抗美援朝是崇高的爱国主义与国际主义的结晶，在人类史上将永远放着光芒"。（郭沫若纪念馆馆藏资料）

4日　作《答苏联共青团真理报驻中国记者瓦·卡西斯同志》。发表于5日《人民日报》。回答瓦·卡西斯就联合国大会召开特别大会讨论"匈牙利问题"一事所提出的几个问题，表示"中国人民反对联合国干涉匈内政"，联大讨论"匈牙利问题"是"美国制造紧张局势的阴谋"。

6日　晚，与周恩来、贺龙、廖承志等出席中华全国民主青年联合会和中国共产主义青年团中央委员会在新侨饭店举行的酒会，欢迎来中国访问的 25 个国家 111 位青年代表。(7 日《人民日报》)

◎ 主持第三届禁止原子弹、氢弹和争取裁军世界大会中国筹备委员会、中国人民保卫世界和平委员会和中国亚洲团结委员会三团体会议，听取蔡廷锴报告率领中国代表团出席在日本东京举行的第三届禁止原子弹、氢弹和争取裁军世界大会情况。(7 日《人民日报》)

7 日 下午，会见以匈牙利科学院院长鲁斯尼雅克院士为首的匈牙利医学家代表团全体团员。(8 日《人民日报》)

9 日 下午，在政协礼堂召开的中国妇女第三次全国代表大会开幕式上致辞，祝贺大会召开。指出："无论在工业、农业、手工业、文化教育、科学技术和国家政权各个方面，我国妇女都发挥了无比的才能和智慧。我国妇女的地位也在历史上第一次发生了根本的变化，在政治的、经济的、文化的、社会的和家庭生活的各个方面，都享受到了与男子平等的权利。这就充分证明，只有在中国共产党领导下，才能使长期被压迫被奴役的妇女随着全国人民的解放而得到解放。"(10 日《人民日报》)

◎ 为香港《文汇报》创刊九周年题词，发表于当天香港《文汇报》。"作好人民喉舌，站稳人民立场"。

10 日 下午，与李德全、蔡廷锴、刘宁一、廖承志、赵朴初、朱子奇等陪同周恩来总理会见以拉·尼赫鲁夫人为首的印度亚洲团结委员会代表团。(11 日《人民日报》)

◎ 晚，在家中欢宴以匈牙利科学院院长鲁斯尼雅克院士为首的匈牙利医学代表团。吴有训等在座。(12 日《人民日报》)

11 日 与夫人于立群设宴欢送以拉·尼赫鲁夫人为首的印度亚洲团结委员会访华代表团全体人员。(12 日《人民日报》)

◎ 会见日本茨城县和平代表团全体团员。(13 日《人民日报》)

◎ 晚，与茅盾、李德全、邓颖超、史良等出席为拉·尼赫鲁夫人和全体团员举行的告别招待会。(12 日《人民日报》)

12 日 上午，作为主祭之一，出席在中山公园中山堂举行的北京各界人士公祭全国人民代表大会常务委员会委员蓝公武大会。(13 日《人民日报》)

蓝公武，江苏吴江人。中华人民共和国最高人民检察署副检察长兼国务院政法委员会委员，第一届全国人大常务委员会委员。

◎ 作诗《民族大花园》。发表于《民族团结》第1期。歌颂"祖国是多民族的一座大花园"，"社会主义革命的成绩光芒万丈"，希望各民族弟兄"更加紧密地团结一致，把我们的祖国创造得更加美丽"。

初收人民日报出版社1959年4月初版《长春集》，现收《郭沫若全集·文学编》第3卷。

13日 晚，出席南斯拉夫驻中国大使波波维奇为欢迎伏克曼诺维奇副主席和他的随行人员访华举行的招待会。(14日《人民日报》)

16日 应邀出席文物界反右派分子座谈会并发言，发表于30日《人民日报》，题为《我们坚持文物事业的正确方向》。开篇提道："中国很早就有重视古文物的风气，研究古文物也有长远的历史"。历史上许多王朝"曾严重破坏文物"，近百年来更是"遭到了大规模的破坏"，"真是空前未有的浩劫"。进而肯定中国人民革命胜利后，文物事业取得了"重大的成就"："颁布了一系列的文物保护法令，防止了珍贵文物人为的流失和破坏"；随着基本建设的发展，"出土文物，为数惊人"。由于出土的东西太多、太快，整理、研究工作跟不上，人手太少等是"突出的问题，也是件非常遗憾的事"，"应该赶快培植新生力量，扩大研究文物的队伍。老一辈的专家们，要加重负担培养人材，来应付燃眉之急的迫切任务"。文物事业的方针，"要用辩证唯物主义和历史唯物主义的观点方法，来发掘、整理和研究古人给我们留下来的丰富的物质文化成品，使之彻底科学化"。文物事业的目的，"是要通过对文物的研究，利用，来发扬人民的爱国主义精神"。"坚持使古文物研究事业走社会主义的正确道路。"

收人民出版社1961年1月初版《文史论集》，题为《坚持文物事业的正确方向——一九五七年九月十六日在文物界反右派分子座谈会上的发言记录》。

◎ 任齐白石治丧委员会主任。(17日《人民日报》)

齐白石，中国美术家协会主席、北京中国画院名誉院长、中央美术学院名誉教授、全国人大代表、1955年国际和平奖金获得者。16日在北京逝世。

17日 在中国作家协会党组扩大会议总结大会上讲话，发表于28日《人民日报》，题为《努力把自己改造成为无产阶级的文化工人》。批判丁玲、陈企霞反党集团。指出："文艺界反右派斗争是整个反右派斗争中的一个重要战线……我们一定要坚持继续斗争，争取彻底的胜利，使我们文艺界的每一个人都能成为无产阶级的知识分子。"

初收北京出版社1959年1月初版《雄鸡集》，后收《沫若文集》第17卷。

中共中央宣传部部长陆定一、副部长周扬，中国作家协会主席茅盾、副主席巴金和老舍等，也在会上讲话；作家协会党组书记邵荃麟，代表党组对文艺界反对丁、陈反党集团的斗争作总结发言。(27日《人民日报》)

18日 参加中国科学院哲学社会科学界反右派斗争座谈会并讲话，发表于19日《人民日报》，题为《社会科学界反右派斗争必须进一步深入》。对所谓"反社会主义科学纲领"中的"关于社会科学问题"着重进行批判。指出："马列主义对待资产阶级的所谓'社会科学'的态度，从来就是采取原则否定的态度，是用历史唯物主义的观点方法，批判地吸收其中有用的东西，抛弃其中错误的反动的糟粕。"

◎ 下午，与朱德、刘少奇、周恩来到机场欢迎印度共和国副总统萨瓦帕利·拉达克里希南访华。(19日《人民日报》)

◎ 晚，参加毛泽东主席会见印度共和国副总统萨瓦帕利·拉达克里希南。(19日《人民日报》)

19日 致函许广平。写道：

"史大木送来一册《鲁迅旧体诗集》，我觉得可以印行，送请您斟酌一下。

《送增田涉》、《赠蓬子》二诗似可把人名掩下去。增田为人并不那么好。《赠蓬子》诗中也提了'蓬子'的名字，但作为一般的蓬子讲似乎也可以。"(郭沫若纪念馆馆藏资料)

◎ 上午10时，出席在苏联展览馆（今北京展览馆——编者注）广场举行的印度展览会开幕典礼。

◎ 下午，出席全国人大常委会扩大会议，听取印度共和国萨瓦帕利·拉达克里希南副总统的演讲。(20日《人民日报》)

◎ 晚，与朱德、刘少奇、周恩来等出席毛泽东主席为欢迎印度共和国萨瓦帕利·拉达克里希南副总统举行的宴会。(20日《人民日报》)

20日 上午，与章汉夫、印度驻中国大使拉·库·尼赫鲁等陪同印度共和国副总统拉达克里希南博士参观北京大学，游览五塔寺和颐和园，并与陈毅等在颐和园共进午餐。

◎ 下午，出席首都各界在北京体育馆为欢迎印度共和国副总统拉达克里希南举行的大会。(21日《人民日报》)

◎ 晚，应邀出席印度驻中国大使拉·库·尼赫鲁为欢迎印度共和国副总统拉达克里希南来华访问举行的宴会。毛泽东、朱德、刘少奇、周恩来出席宴会。(21日《人民日报》)

21日 上午，主持印度副总统拉达克里希南博士为中国科学工作者所作讲演会，并在演讲结束后致辞。(22日《人民日报》)

◎ 下午，陪同印度副总统拉达克里希南博士及其随行人员游览天坛和故宫。(22日《人民日报》)

◎ 和夫人于立群设宴欢迎20日到京的法国著名作家、世界和平理事会理事、世界和平理事会前总书记让·拉斐德和夫人。(22日《人民日报》)

◎ 在中国科学院"展开两条道路斗争的大辩论和批判右派言行"的北京地区四千青年集会上作《反击右派——"反其道而行之"》的讲话。(中国科学院《1957年汇编》)

会上张劲夫发表《建立工人阶级的科学队伍》的讲话、杜润生发表《清算资产阶级个人主义》的讲话。(中国科学院档案)

22日 上午，参加在北京嘉兴寺举行的齐白石公祭仪式并讲话。说："齐白石先生是中国伟大的画家，同时也是全世界爱好和平的人士们最敬仰的伟大的画家。……齐白石出身于劳动人民，他的一生贯串了自我牺牲的崇高的劳动精神，他所以能有这么多和这么光辉的成就，主要是因为他有为人民服务的献身的劳动精神，这一点值得我们大家和后代们学习景仰。"(23日《人民日报》)

◎《悼唁齐白石》发表于《人民日报》。谓："百岁老人永使百花齐放，万年不朽赢得万口同声。"

23日 下午，参加中国科学院哲学社会科学界反右派斗争座谈会，讲话并朗诵新诗《长江大桥》。讲话摘要发表于25日《人民日报》，题为《哲学社会科学界反右派斗争获重大胜利》。全文收入中国科学院《1957年汇编》。讲述捍卫马克思列宁主义、坚决拥护共产党、学术研究和知识分子特别是哲学社会科学工作者的思想改造等四个问题。

在 22 日和 23 日的会议上发言的哲学社会科学工作者 14 人，还有 24 人提交了书面发言。(25 日《人民日报》)

◎ 晚，出席周恩来总理为欢迎印度尼西亚前副总统哈达博士和夫人及其随行人员举行的宴会。(24 日《人民日报》)

24 日　上午，和拉·库·尼赫鲁大使乘专机陪同印度共和国副总统拉达克里希南博士和随行人员离京赴上海、杭州、武汉、广州等地参观。(25 日《人民日报》)

◎ 复信叶恭绰。谈思想改造。(郭沫若纪念馆馆藏资料)

25 日　上午 11 时 15 分先在上海岳阳路的研究所看大字报并同所长、青年们漫谈；又到长宁路的研究所，看完大字报后和大家见面并讲话，指出院内各类人员要互相尊重，紧密团结，共同为建设社会主义而努力。(26 日《文汇报》)

◎ 陪同拉达克里希南博士参观中山故居、上海音乐学院、上海少年宫。

◎ 出席宋庆龄在寓所为欢迎印度共和国副总统拉达克里希南举办的宴会。(26 日《人民日报》)

◎ 诗《长江大桥》发表于《人民日报》，赞武汉长江大桥提前建成通车。修改后重新发表于 10 月 6 日《人民日报》。

初收人民日报出版社 1959 年 4 月初版《长春集》；又收作家出版社 1959 年 11 月初版《潮汐集·潮集》；后收《沫若诗词选》时改题为《武汉长江大桥》；现收《郭沫若全集·文学编》第 3 卷。

26 日　致信《上海青年报》。写道：

"昨日夜深才接到来信，今晨即离上海，对所提问题，谨简答如下：

政治理想端正，才能算是好学生。如果政治思想不端正，学习不仅不容易搞好，搞好了反而有害。

智识多不一定就能作更大的贡献，要看你的服务精神如何，自我牺牲的精神为何。

'一定要考上大学才算好学生'，那是一种名位思想，是应该纠正的。

对任何工作作忘我劳动，不惜提供出自己的生命的人，才能作最大的贡献。在学生时代便怀抱着这种精神的人，便是最好的学生。

自己甘愿做螺丝钉的人，是最值得尊敬的人。

螺丝钉和大车轮虽然有大有小，但在整个机器中所发挥的作用，您不能说他有大有小。"（原件藏上海档案馆）

◎ 陪同拉达克里希南博士到杭州参观锦生丝织厂，登上钱塘江大桥、游览西湖名胜古迹灵隐寺。(27日《人民日报》)

◎ 晚，出席浙江省省长沙文汉为欢迎拉达克里希南副总统举行的宴会。席间，拉达克里希南副总统提到飞来峰，希望郭沫若副委员长再写几首诗来描绘已经有许多诗人描写过的西湖景色。朗诵即兴作诗《从前从印度飞来了一座山》。(27日《人民日报》)

此诗刊于10月6日《诗五首》中时题为《一座山——赠印度副总统拉达克里希南博士》。

◎ 与宋庆龄、吴玉章被人大常务会、政协常委会联席会议推举为中国人民庆祝伟大的十月社会主义革命40周年筹备委员会副主任委员，刘少奇为主任委员。(27日《人民日报》)

27日 上午，陪同达克里希南副总统由杭州经武汉去广州。在武汉参观长江大桥，下午到达广州。(28日《人民日报》)

◎ 作《永远的纪念》，发表于10月15日《湖北日报》、10月16日《文汇报》，纪念武汉长江大桥通车。10月21日香港《文汇报》转载，改题为《漫步长江大桥》。

武汉长江大桥1955年9月动工，全长1155米。本年10月15日举行落成典礼，比原计划提前两年建成。

◎ 诗《一座山——赠印度副总统拉达克里希南博士》发表于《浙江日报》。

初收人民日报出版社1959年4月初版《长春集》；现收《郭沫若全集·文学编》第3卷，改题为《一座山——赠印度友人》。

◎ 参加中国著名文学家、艺术家133人签名抗议联合国在美国操纵下把所谓"匈牙利问题"列入联合国大会议程的非法行为。(28日《人民日报》)

28日 晨，欢送拉达克里希南副总统回国。(29日《人民日报》)

◎ 下午，回到武汉，晚，在汉口剧场看越剧《救风尘》。(《永远的纪念》，10月16日《文汇报》)

30日 出席在北京饭店举行的国庆招待会。(10月1日《人民日报》)

本月 为北京天文馆落成题诗。"太阳，宇宙发展的形象，新中国发展的形象，科学事业发展的形象，热火冲天，能量无穷，光芒万丈！"(《天文爱好者》1979年第3期)

1954年11月，郭沫若以中央文委名义致函陈毅副总理，建议筹建天文馆，并关怀选址、基建、设备、人员等问题。不仅题写"北京天文馆"馆名，还为天文馆落成题诗。因当时在外地未能参加29日天文馆开幕式，几天后便和夫人于立群参观了天文馆。后，又为《天文爱好者》杂志题写刊名。(《天文爱好者》编辑部文《缅怀郭老》，《天文爱好者》1979第3期)

秋

题刘旦宅画屈原像。"回风暗淡，洞庭落木，问天天无语，愿吐尽心头烈火，焚却宇宙之索莫。"(手迹载上海《语文学习》1980年第10期)

10月

1日 为四川省邛崃县文君井题词："文君当炉时，相如涤器处，反抗封建是前驱，佳话传千古。会当一凭吊，酌取井中水，用以烹茶涤尘思，清逸凉无比。卓文君与司马相如的故事，实系千秋佳话。故井犹存，令人向往。"(罗俊林、万志刚撰《文君井》，1979年5月21日《四川日报》)

2日 批复张得浦来信，说："我对世界语没有什么研究，同志们要热心推行它是好的，慢慢来，不必那么急，恐怕是百年大业吧。"(郭沫若纪念馆馆藏资料)

◎ 晚，与陈云、陆定一等观看苏联国立新西伯利亚歌舞剧院芭蕾舞团演出的大型舞剧《天鹅湖》。(3日《人民日报》)

3日 下午，与周恩来、贺龙、张闻天等出席北京市各界八千多人在北京体育馆举行的欢迎以卡达尔总理为首的匈牙利工农革命政府代表团大会。(4日《人民日报》)

◎ 晚，与贺龙、陈毅、陆定一、章汉夫、楚图南等在北京人民剧场观看柬埔寨文化艺术代表团的访华首场演出。(4日《人民日报》)

4日 晚，与朱德、周恩来等出席蒙古人民共和国驻华大使鲁布桑在北京饭店举行的庆祝中蒙经济及文化合作协定签订五周年宴会。(5日《人

民日报》）

◎ 为《苏联的中国研究》创刊题词。强调"民族间的相互了解是争取持久和平的必要步骤"，"中苏两国的密切合作是世界和平的坚强保障"。（郭沫若纪念馆馆藏资料）

5日 与周恩来总理等到机场欢送卡达尔总理和他率领的匈牙利人民共和国政府代表团离京返国。（6日《人民日报》）

◎ 下午，会见以井上善十郎为首的日本北海道和平代表团。（6日《人民日报》）

◎ 下午，为欢迎在北京访问的阿根廷、锡兰、日本、罗马尼亚四国和平人士举行酒会并邀请在京的朝鲜、新西兰、墨西哥、泰国和平人士参加。廖承志、楚图南、李德全、许广平等出席。（6日《人民日报》）

6日 诗五首《长江大桥》《一座山——赠印度副总统拉达克里希南博士》《钱塘江大桥》《西湖的女神》《波与云》发表于《人民日报》。其中前二首已经发表，《钱塘江大桥》文字修改后又发表于10月23日《人民日报》。

《钱塘江大桥》《西湖的女神》《波与云》初收人民日报出版社1959年4月初版《长春集》，现收《郭沫若全集·文学编》第3卷。

◎ 致电苏联科学院院长涅斯米扬诺夫院士，祝贺苏联发射了世界上第一颗人造卫星。（7日《人民日报》）

7日 发表《和平和幸福的献礼》，载当天《人民日报》。贺苏联成功地发射了第一颗人造卫星。

◎ 设宴招待锡兰和平委员会副主席、锡中友好协会主席古纳瓦地尼夫人等。李德全、刘宁一、廖承志、阳翰笙、侯德榜、巨赞法师等出席作陪。（8日《人民日报》）

◎ 为纪念十月革命40周年题词，以手迹载本日《北京日报》："十月革命为人类历史开辟了一个新纪元。我们中国人民遵循着这个道路得到解放，我们以欢欣鼓舞的心情庆祝这个新纪元的四十周年，并祝它的光辉普照，传于永远。"

9日 设宴欢迎以苏丹高等法院法官哈希布为首的苏丹和平代表团全体团员。廖承志、刘宁一、达浦生等出席作陪。（10日《人民日报》）

10日 上午，参加中国人民外交学会和日本恢复日中邦交国民会议访华使节团签订关于恢复中日邦交的共同声明的签字仪式。

代表双方签字的有中国人民外交学会会长张奚若、副会长乔冠华等、日本恢复日中邦交国民会议理事长风见章、日本恢复日中邦交国民会议访华使节团团长小畑忠良等。(11日《人民日报》)

17日 晚，与刘少奇、周恩来应邀出席苏联驻华大使尤金为欢迎以阿·鲍·阿里斯托夫为首的苏联最高苏维埃代表团访问中国而举行的宴会。(18日《人民日报》)

18日 晨，与刘少奇到机场送别捷克斯洛伐克国民议会代表团团长费林格主席和夫人离京回国。(19日《人民日报》)

◎ 下午，与包尔汉、刘宁一、柯华等陪同周恩来总理会见以哈希布为首的苏丹和平代表团全体人员。(19日《人民日报》)

19日 会见即将离任的锡兰首任驻华特命全权大使佩雷拉。(21日《人民日报》)

◎ 致函殷涤非。指出"要坚持使古文物研究事业走社会主义道路"，"要用辩证唯物主义与历史唯物主义的观点方法来发掘、整理和研究古人给我们留下来的丰富的物质文化成品，使之彻底科学化"。"要通过对古文物的研究利用来发扬人民的爱国主义的精神"。(郭沫若纪念馆馆藏资料)

20日 由夏鼐陪同前往明十三陵定陵，参观打开不久的地宫。(王廷芳《郭沫若与定陵发掘》，《文物天地》1999年第2期)

21日 晚，应邀出席来访的日本恢复日中邦交国民会议访华使节团举办的答谢宴会。(22日《人民日报》)

◎ 为重建张曙墓题字："音乐家张曙父女之墓 一九三八年十二月二十四日日寇轰炸桂林，张曙同志和他的爱女远真（四岁）同时遇难，同葬于此。"(李建平《郭老战斗生活的一个缩影》，《抗战文艺研究》1983年第1期)

张曙原葬桂林南郊，1957年迁葬于桂林普陀山北麓、灵剑溪畔。

24日 上午，在政协全国委员会常务委员会第四十八次扩大会议上，代表汉语拼音方案审订委员会作关于汉语拼音方案修正草案的说明。(25日《人民日报》)

25日 诗《第一个人造地球卫星的讯号》发表于《人民日报》。赞美"新月亮在天上回旋"，"人类已开始从地球生物进化成为宇宙生物"。初收人民日报出版社1959年4月初版《长春集》，又收作家出版社

1959年11月初版《潮汐集·潮集》,现收《郭沫若全集·文学编》第3卷。

◎《始终怀抱着学习的心情》发表于《人民日报》。为纪念十月革命40周年而作。11月《科学通报》第21期刊载时改题为《纪念十月革命四十周年》。文章说:"伟大的十月革命是人类历史的新纪元,它为全人类开辟出了一条解放的道路。……中国革命走的是十月社会主义革命的道路。我们中国人民是费了多少周折才走上这条道路的。""我们一定要向苏联人民看齐,在中国共产党的领导下更高地举起马克思列宁主义的旗帜,坚决地走社会主义的道路,来促进祖国的建设事业。"

◎ 晚,出席毛泽东主席在中南海勤政殿举行的欢迎阿富汗王国首相萨达尔·穆罕默德·达乌德一行的宴会。(26日《人民日报》)

26日 晚,与朱德、周恩来应邀出席阿富汗王国首相萨达尔·穆罕默德·达乌德举行的招待中国社会各界的宴会。(27日《人民日报》)

27日 晨,与林伯渠、李济深等到机场送别苏联最高苏维埃代表团团长阿里斯托夫和部分团员。(28日《人民日报》)

◎ 作诗《十月誓词》。发表于11月1日《文汇报》。表示誓"为祖国的社会主义建设事业贡献出一切潜在力量"。

初收人民日报出版社1959年4月初版《长春集》,现收《郭沫若全集·文学编》第3卷。

28日 应文杰、文韵之请,为川剧《乔溪奇遇》改作五绝四首。其一,《圆扇》:"美人手中扇,圆如月三五。轻摇望南亩,农夫汗如雨。"其二,《蝴蝶》:"偶自高人梦,飞来宰相家。只因迷失路,不敢恋繁华。"其三,《观音寺》:"古寺钟声晚,疏林夕照斜。如何香客至,偏不拜菩萨。"其四,《秋菊》:"秋菊有佳色,东篱无俗姿。西风萧瑟意,珍重傲霜枝。"自述:以原诗"曾经田寿昌先生改作,略有不堪惬意处,余复点窜"。(《乔老爷奇遇》,四川人民出版社1979年版;手迹藏重庆川剧院)

29日 作《信阳墓的年代与国别》。发表于《文物参考资料》1958年第1期。看到河南信阳长台关发现的一座古墓的不少器物照片、竹简摹本和钟铭拓片,考释了最大的一枚编钟的12字铭文,认为"钟铭所述当是春秋鲁昭公十七年(公元前525年)晋灭陆浑戎时事","墓主不一定是楚国人","墓不当属于战国,而应当属于春秋"。特别指出:"从同出铜器的花纹看来，大体上是一个时代的制作。特别是同出之戈，形式相当古，与战国时代的戈形有别。"对于"竹简上的文字和钟铭的文字显然形成两个体系，钟铭文字是比较规整的，竹简文则十分草率奇异"，则"得出一种新的说法，便是自西周以来通行于各国统治者之间的文字有一种正规的体系，而通行于各国民间的文字又别有一种简略急就的体系，可以称为'俗书'"。"钟铭文字与竹简文字不能认为是两个时代的东西，而是同一时代的异体。"

初收人民出版社 1961 年 1 月初版《文史论集》，后收《沫若文集》第 17 卷《集外》，现收《郭沫若全集·考古编》第 6 卷。

30 日 晨，会见以亚历山大大学校长爱尔赛德·穆斯塔法·赛义德博士为首的埃及文化代表团全体人员。(31 日《人民日报》)

◎ 下午，在中国科学院、中华全国自然科学专门学会联合会和中华全国科学技术普及协会联合举行的庆祝伟大十月社会主义革命 40 周年大会上致开幕词，号召科学家要全心全意地走社会主义的道路。(31 日《人民日报》)

讲话内容由编者加标题为《我们必须向苏联科学家看齐》，发表于 11 月 3 日《光明日报》。

◎ 致电苏联科学院院长涅斯米扬诺夫，祝贺苏联十月革命 40 周年。(《中国科学年报·1957》)

◎ 为纪念十月革命 40 周年题词，以手迹发表于本日《中国青年报》："十月革命为人类历史开辟了一个新纪元。在十月革命四十周年的今天，苏联发射出的第一个人造地球卫星正日日夜夜围绕着地球旋转，宣告着人类由地球生物进展为宇宙生物的时代已经开始。这证明了社会主义制度的无比优越性。我们在庆贺十月革命四十周年的同时，一定要坚决拥护中国共产党的领导，忠诚地为社会主义建设服务，向伟大的苏联人民看齐！"

11 月

2 日 作为以毛泽东主席为首的中国代表团成员、中国访苏科学技术代表团团长、中国科学院访苏代表团团长，经伊尔库次克和鄂木斯克到莫斯科参加十月社会主义革命 40 周年庆典。(3 日《人民日报》)

中国代表团成员：团长毛泽东，团员宋庆龄、邓小平、彭德怀、郭沫若、李先念、乌兰夫、陆定一、陈伯达、沈雁冰、王稼祥、杨尚昆、胡乔木、刘晓、赛福鼎。(10月26日《人民日报》)

中国访苏科学技术代表团成员：团长郭沫若，秘书长范长江，副秘书长杜润生、王顺桐，团员王新元、刘西尧、刘彬、汪道涵、杜润生、竺可桢、周培源、周荣鑫、范长江、许杰、黄松龄、张雨帆、杨石先、杨显东、钱信忠。由各方面的科学家、专家60人担任顾问，其中32人是中国科学院学部委员。代表团的任务是：征求苏联科学家对我国十二年科学技术发展远景规划的意见；同苏联政府商谈进一步加强中苏两国科学技术研究合作的协议。(3日《人民日报》)

中国科学院代表团成员：团长郭沫若，团员竺可桢、杜润生、冯德培、吴学周、刘导生、于光远。代表团的任务是：与苏联科学院商讨两国科学院科学技术合作问题。(3日《人民日报》)

周恩来12月2日致电中国驻苏联大使刘晓转郭沫若：中苏两国合作和苏联帮助我国项目，在两国科学家交换意见后，如苏方来得及准备，政府也表示同意，可列入这次签订的协议中；如苏准备不及或有困难，则不要勉强，可先挂起来，留待以后在中苏科学技术合作委员会的会议上再定。(《周恩来年谱》，中央文献出版社1998年版)

◎ 与毛泽东、胡乔木、李越然等共进晚餐。毛泽东说："诸葛亮用兵固然足智多谋，可曹操这个人也不简单。唱戏总是把他扮成个大白脸，其实冤枉。这个人很了不起。"（李越然《外交舞台上的新中国领袖》，解放军出版社1989年版）

3日 作诗《月里嫦娥想回中国》，发表于《诗刊》第11期。祝贺苏联又成功发射第二颗人造地球卫星。对"飞回中国要不了几天"作注，"物体脱离地球引力场的必需速度是11.14公里/秒。人造卫星的速度是8公里/秒，每秒再增加3公里的速度，就可以飞往月球"。

初收人民日报出版社1959年4月初版《长春集》，又收作家出版社1959年11月初版《潮汐集·潮集》，现收《郭沫若全集·文学编》第3卷。

◎ 答《文艺报》记者问，以《向苏联文艺看齐》为题发表于《文艺报》30号《伟大的十月社会主义革命四十周年纪念专号》（一）。谈"十月革命对人类文化发展所起的根本性的影响、苏联文学对我国革命文学的影响、如何学习苏联文学的先进经验、如何有效地击退贬低苏联文学的修正主义逆流以及进一步加强中苏两国文学艺术的交流"等问题。

4日 上午，随毛泽东主席前往苏联共产党中央委员会拜会苏联共产党中央委员会第一书记赫鲁晓夫。下午，在克里姆林宫拜会苏联最高苏维埃主席团主席伏罗希洛夫，拜会苏联部长会议主席布尔加宁。

宋庆龄、邓小平、彭德怀、李先念、乌兰夫、陆定一、陈伯达、沈雁冰、杨尚昆、胡乔木、刘晓、赛福鼎等一同前往。(5日《人民日报》)

◎ 致电苏联保卫和平委员会主席吉洪诺夫，祝贺十月社会主义革命40周年。发表于6日《人民日报》《光明日报》。

6日 上午，与中国代表团一起往卢日尼基体育宫参加苏联最高苏维埃联盟院和民族院联席会议，庆祝十月革命40周年。(7日《人民日报》)

◎ 诗《歌颂十月革命》发表于《北京日报》。

初收人民日报出版社1959年4月初版《长春集》，又收作家出版社1959年11月初版《潮汐集·潮集》，现收《郭沫若全集·文学编》第3卷。

作曲家瞿希贤为本诗谱曲。

7日 与中国代表团一起往克里姆林宫，出席苏联最高苏维埃主席团、苏共中央、苏联部长会议招待会。晚间观看烟火时对中国记者李何、程光锐说："六十一个国家的代表们聚会在莫斯科和苏联人民一道庆祝伟大十月革命四十周年，这是伟大的和平力量的具体表现。全世界爱好和平的人民都在欢欣鼓舞地庆祝这个共同的节日，为十月革命以来苏联的伟大成就，特别是科学技术上的成就而欢呼。我感觉着天上两个人造卫星也在同声高呼：十月社会主义革命四十周年万岁！世界和平万岁！"(8日、9日《人民日报》)

◎ 作诗《两个人造卫星的对话》。发表于19日《人民日报》。

初收人民日报出版社1959年4月初版《长春集》，现收《郭沫若全集·文学编》第3卷。

8日 中午，与中国代表团在列宁运动场体育宫和莫斯科各界同庆十月革命40周年。(9日《人民日报》)

◎ 发表谈话，全文载当天《真理报》，摘要发表于11日《人民日报》。说道："六十一个国家的代表聚集莫斯科庆祝伟大的十月社会主义革命四十周年是和平力量强大的具体表现。苏联人民在四十年内所取得的伟大成就，特别是科学技术方面的成就，引起了普遍的赞扬。"

10日 作诗三首：《参拜列宁墓》《和平的花朵》《天堂已建在人间》。发表于24日《人民日报》。

初收人民日报出版社1959年4月初版《长春集》，又收作家出版社1959年11月初版《潮汐集·潮集》，现收《郭沫若全集·文学编》第3卷。

14日 下午，与中国代表团随毛泽东主席前往捷克斯洛伐克驻苏联大使馆，吊唁捷克斯洛伐克总统安托宁·萨波托斯基逝世，并在萨波托斯基总统遗像前敬献花圈。(15日《人民日报》)

16日 作诗《阿Q精神》。发表于28日《人民日报》。

初收人民日报出版社1959年4月初版《长春集》，现收《郭沫若全集·文学编》第3卷。

◎ 参加社会主义国家共产党和工人党代表会议《和平宣言》签字仪式。(22日《人民日报》照片)

◎ 复N同志信。讨论社会主义现实主义的文艺创作、文艺作品中的"香花"与"毒草"等问题。(郭沫若纪念馆馆藏资料)

N同志，指那查洛夫。

17日 在莫斯科附近的伏努科夫机场参观苏联各种新式客机。(18日《人民日报》)

18日 致函黄烈。说："《信阳墓》一文关于篙字的说明经改正如下：篙字从竹畐声，字书所无。知从竹者，以竹简文中笙竿等从竹之字均如见作。请照此将原稿删改，并通知王冶秋同志。"(《郭沫若书信集》下，中国社会科学出版社1992年版)

19日 在苏联《苏维埃文化报》发表谈话。摘要发表于21日《人民日报》。谓，发射人造卫星的成功在现代科学中开辟了新纪元。这个事实对于巩固世界和平也具有重大的意义。一切爱好和平的人类都在赞扬苏联科学家的成就，并且因此而感到欢欣鼓舞。

20日 下午，出席苏联共产党中央委员会主席团在克里姆林宫叶卡捷琳娜大厅举行的邀集苏联各界著名人士和毛泽东主席会见活动。(21日

《人民日报》）

◎ 欢送毛泽东主席率中国代表团回国，访苏科学技术代表团、中国科学院访苏代表团按计划继续在苏联访问。(22 日《人民日报》）

23 日 作诗《在普希金铜像下》。发表于 12 月 4 日《人民日报》。

初收人民日报出版社 1959 年 4 月初版《长春集》，又收作家出版社 1959 年 11 月初版《潮汐集·潮集》，现收《郭沫若全集·文学编》第 3 卷。

26 日 同中国访苏科学技术代表团的科学家，与一千多名苏联科学工作者、莫斯科各企业的劳动人民代表、莫斯科各高等学校的学生和研究生联欢，并发表讲话，表示要加强与苏联科学工作者的合作。(29 日《人民日报》）

30 日 作诗《新年，欢迎你》。发表于《人民文学》1958 年 1 月号。赞美第一个五年计划超额完成，迎接第二个五年计划的到来，新年"带来了新的春天，新的鼓动，新的希望"。

初收人民日报出版社 1959 年 4 月初版《长春集》，又收作家出版社 1959 年 11 月初版《潮汐集·潮集》，现收《郭沫若全集·文学编》第 3 卷。

本月 《两周金文辞大系图录考释》由科学出版社出版。

12 月

1 日 为爱德华博士治丧委员会成员。(2 日《人民日报》）

爱德华博士是前印度援华医疗队队长、全印和平理事会副主席。1 日在北京逝世。

11 日 在莫斯科参加签署中国科学院与苏联科学院科学合作协定和两院 1958 年科学合作协议，并在签字仪式后致辞。随后，离莫斯科回国。(13 日《人民日报》）

12 日 出席中国亚洲团结委员会全体会议。(13 日《人民日报》）

会议决定中国派代表团出席 1957 年 12 月 26 日至 1958 年 1 月 1 日在埃及首都开罗召开的亚非团结大会。代表团由团长郭沫若，副团长包尔汉、楚图南，秘书长廖承志，刘宁一，团员王力、王光英、邓光、刘良模、达浦生、朱子奇、吴晗、金仲华、郑森禹、赵朴初、马坚、马依努尔、唐明照、董昕、张瑞芳、杨春松、杨煜、冀朝鼎、韩幽桐、谢冰心组成。

14日 晚，出席在政协礼堂举行的首都各界人民支持亚非团结大会的集会，并发表讲话，题为《加强亚非人民的团结，促进世界和平运动的发展》。阐述了召开这次亚非团结大会的意义，表示支持苏联政府最近提出的和平建议。(15日《人民日报》)

16日 致函文光洋，感谢提供《孔雀胆》资料。(郭沫若纪念馆馆藏资料)

17日 复函段云飞。告知"您要的对联，我给您写了。因不日又将出国，您的鹧鸪天，恕无暇奉和"。所写对联为："悲剧流传孔雀胆，贞心渲染点苍山。"(《郭沫若研究》第1辑，文化艺术出版社1985年版)

19日 晚，应邀与中华人民共和国国防部长彭德怀元帅出席埃及共和国驻华武官蒙大奇上校举行的庆祝埃及空军节25周年纪念日招待会。(20日《人民日报》)

22日 下午，率中国代表团经莫斯科与苏联最高苏维埃主席团副主席夏·拉希多夫为首的苏联代表团及蒙古、朝鲜和越南代表团乘同一专机到达埃及首都开罗，出席亚非团结大会。(24日《人民日报》)

23日 下午，应邀率中国代表团参观王塞得港军事检阅，之后，在为抵抗英法侵略而牺牲的烈士墓前献花圈并讲话。(25日《人民日报》)

25日 下午，出席亚非团结大会各国代表团团长会议，确定七天会议议程。(27日《人民日报》)

26日 上午，率中国代表团往开罗大学礼堂，出席亚非团结大会开幕式。(28日《人民日报》)

31日 下午，在亚非团结大会上讲话，发表于1958年1月3日《人民日报》，题为《朋友们的斗争就是我们的斗争》。支持亚非各国人民根除殖民主义，争取民族独立的斗争。

◎ 以列宁国际奖金委员会副主席身份在颁发1956年"加强国际和平"列宁国际奖金决议上签字。(1958年1月2日《人民日报》)

列宁国际奖金委员会12月31日宣布，奖金颁发给印度物理学家钱德拉塞卡拉·温卡塔·拉曼、约里奥—居里的战友埃马尼埃·达斯迪埃—德拉维热里（法国）、阿根廷女新闻记者和社会活动家玛丽亚·罗莎·奥利弗、苏联保卫和平委员会主席、苏联著名诗人尼古拉·吉洪诺夫、锡兰佛教法师和社会活动家乌达肯达瓦拉·萨拉南卡拉·铁罗、意大利作家丹尼洛·多尔奇与奥地利格拉次市大学国际法和宗教法教授海因里希·布兰德魏纳。

本月　贺绿汀将史剧《棠棣之花》插曲《侬冷如春冰》重新谱曲，改题为《恋歌》，收入《贺绿汀歌曲集》。（简谱本，音乐出版社1957年版）

本　年

◎ 致函郭开鑫。谓："万勿来京，更不能借亲友关系作投机打算。生活有困难，可找地方政府安排，搞点副业也可。"（郭开鑫《我的堂兄郭沫若》，《郭沫若学刊》1993年3月增刊《纪念郭沫若诞辰一百周年专刊》）

◎ 题书名《红旗谱》。

《红旗谱》，梁斌著，小说，1957年出版。

◎ 题刊名《水文地质工程地质》。

《水文地质工程地质》，专业学术理论与实践刊物，1957年创刊。

◎ 南京市越剧团改编话剧《孔雀胆》。（3月19日《人民日报》）

◎ 为纪念中国话剧运动五十年，中国戏剧出版社出版《屈原》。（9月9日《人民日报》）

◎《十批判书》日文译本《中国古代の思想家たち》分上下两册由日本岩波书店出版，野原四郎、佐藤武敏、上原淳道合译。

1958年（戊戌）66岁

3月10日　陈伯达在国务院科学规划委员会第五次会议上提出"厚今薄古"的口号。

5月5日至23日　中国共产党第八次全国代表大会第二次会议在北京召开。正式通过了中共中央根据毛泽东倡议提出的"鼓足干劲、力争上游、多快好省地建设社会主义"的总路线。

1月

1日 出席亚非团结大会闭幕式。大会通过《告世界人民书》，重申亚非人民信守1955年万隆会议通过的十项原则。(3日《人民日报》)

2日 中午，往库巴宫拜会埃及总统纳赛尔，向纳赛尔赠送礼物并转达毛泽东主席和周恩来总理的问候。副团长楚图南和秘书长刘宁一参加会见。(4日《人民日报》)

◎ 晚，应邀出席埃中友好协会为庆祝亚非人民团结大会成立举行的招待会。(4日《人民日报》)

初旬 在埃及开罗接读上海李平心信，"提到《鄂君启节》出土的消息"，感到"很振奋"。(《关于〈鄂君启节〉的研究》)

7日 上午，率参加亚非人民团结大会的中国代表团离开埃及回国。途经布达佩斯，对匈牙利记者发表谈话，称赞"这次会议是成功的"。原文载匈牙利《人民自由报》和《民族报》，摘要发表于9日《人民日报》。

8日 受中共中央、全国人大和国务院委派，任中国政府代表团团长，与包尔汉中午转道布加勒斯特，参加罗马尼亚大国民议会主席团主席彼德鲁·格罗查博士的葬礼。(9日《人民日报》)

10日 在彼德鲁·格罗查的葬礼上致悼词。(11日《人民日报》)

13日 到达莫斯科，作为中国访苏科学技术代表团团长，与正在苏联访问的中国访苏科学技术代表团成员会合。继续同苏联部长会议国家科学技术委员会和苏联科学院商谈加强中苏在科学技术研究方面的合作问题。(16日《人民日报》)

16日 《新石器时代的房子，虢国贵族的车马坑》摘要发表于《人民日报》。概述中国科学院与文化部合组黄河水库考古工作队1956—1957年在三门峡发掘三里桥新石器时代遗址、上村岭虢国墓地、后川东周西汉墓以及新城唐墓取得的丰富收获。

◎ 五律《旅埃诗抄》二首：《月夜度沙漠由亚历山大返开罗途中》《访问埃及古都洛克沙月夜尼罗河上泛舟》发表于《人民日报》。作为《访埃杂吟十二首》之十一、十二在27日《人民日报》重新发表时，改题为《夜由亚历山大港回开罗市》《在上埃及洛克沙市夜游尼罗河》。

初收人民日报出版社 1959 年 4 月初版《长春集》，又收作家出版社 1959 年 11 月初版《潮汐集·潮集》，现收《郭沫若全集·文学编》第 3 卷。

18 日　在莫斯科与苏联政府签订《关于共同进行和苏联帮助中国进行重大科学技术研究的议定书》。(19 日《人民日报》)

议定书规定，中苏两国在五年间（1958—1962 年）将共同进行 122 项对中国有重大意义的科学技术项目的研究工作和进一步加强两国科学机构之间的直接联系。

◎ 出席苏联部长会议国家科学技术委员会主席马克萨列夫举行的招待宴会。(21 日《人民日报》)

19 日　以中国访苏科学技术代表团团长名义举行告别招待会，苏联部长会议国家科学技术委员会主席马克萨列夫、外交部副部长费德林、各部领导人、著名科学家出席招待会。(21 日《人民日报》)

◎ 晚，率团离莫斯科回国。临行前对塔斯社记者发表谈话，强调中苏科学技术合作的意义。(21 日《人民日报》)

20 日　下午，返回北京。(21 日《人民日报》)

中旬　在莫斯科期间，接待来访的费德林与艾德林。艾德林提出将毛泽东诗词译成俄文。(《致张光年信 3 月 20 日》，《文艺报》第 7 期)

21 日　下午，与朱德、陈毅、黄炎培等出席印度共和国驻华特命全权大使拉·库·尼赫鲁大使和夫人举行的辞行酒会。(24 日《人民日报》)

22 日　复函单演义。告以"信接到，谢谢您赠我的书"。所写《鲁迅与郭沫若的战斗友谊》"已读了，有些小意见写在尊稿上，以供参考"。(手迹见单演义、鲁歌编注《鲁迅与郭沫若》，《徐州师院学报》1979 年增刊)

25 日　作诗《题毛主席在飞机中工作的摄影》，发表于 2 月 28 日香港《文汇报》，《中国青年》1958 年第 4 期。歌颂毛泽东主席的精神与思想"像静穆的崇山峻岭，也像浩渺无际的重洋"。

初收人民日报出版社 1959 年 4 月初版《长春集》，又收作家出版社 1959 年 11 月初版《潮汐集·潮集》，现收《郭沫若全集·文学编》第 3 卷。

26 日　致函袁祥明："您的信和跋文都读到了，谢谢您苦心地收集了我的旧诗词并加以注解，我同意您出版。我的旧诗词在您所搜集的之外还有一些，有的已发表，有的未发表（未发表的有的有存稿，有的无存稿）。例如这次访埃及，谢冰心同志和张瑞芳同志都记出了我以前在重庆时赠他们的诗。""据张瑞芳同志说：她那里还有一些诗，在我处仍无存稿。"（袁祥明撰《郭老给我的信》，《抗战文艺研究》1982年第2期）

27日　《访埃新吟十二首》发表于《人民日报》。包括《初到飞机场受隆重欢迎》《离飞机场赴开罗市》《宿开罗市Semiramis旅馆》《在塞得港参加胜利节》《亚非人民团结大会团长会议上》《亚非人民团结大会开幕》《亚非人民团结大会闭幕》《游Giza金字塔》《弄舟尼罗河上》《游亚力山大行宫》《夜由亚力山大港回开罗市》和《在上埃及洛克沙市夜游尼罗河》。

初收人民日报出版社1959年4月初版《长春集》；又收作家出版社1959年11月初版《潮汐集·潮集》，总题改为《游埃及杂吟十二首》；现收《郭沫若全集·文学编》第3卷。

◎　晚，与陈毅、李济深等应波兰驻中国大使基里洛克和夫人之邀，出席波兰女钢琴家海伦娜·采尔尼－斯泰凡斯卡的钢琴独奏音乐会。（28日《人民日报》）

29日　作诗《止戈为武之歌》。发表于2月23日《人民日报》。纪念苏军建军40周年。实现"止戈为武是我们的理想"，"是消灭战争、产生和平的根源"。

初收人民日报出版社1959年4月初版《长春集》，现收《郭沫若全集·文学编》第3卷。

31日　晚，宴请日本著名和平人士西园寺公一及夫人。

西园寺公一来华接替龟田东伍担任亚洲及太平洋区域和平联络委员会副秘书长职务。出席宴会的有陈叔通、许广平、吴晗、梅兰芳、欧阳予倩等。（2月1日《人民日报》）

◎　答阿尔巴尼亚劳动党中央机关报《人民之声报》问。以《文化繁荣的高潮必然到来——答阿尔巴尼亚劳动党中央机关报〈人民之声报〉所提三个问题》为题，发表于《新观察》1958年第4期。《人民之声报》记者提出的三个问题是："'百花齐放、百家争鸣'政策的意义""这一政策所获得的成就"和"在今后十五年，中国科学技术和文艺在这一政策基础上的发展前途"。回答说："百花齐放、百家争鸣"这一方针的目的是"使文学艺术的创造繁荣、科学技术的研究昌盛",是在"一切为了社会主义""这个总方向之下尽量发挥各人的个性和天才,发挥各人的潜在力量"。在"中国的戏剧活动最有成就",促进了"向科学进军的劲头",今后十五年"我们力求科学的高度工业化与工业的高度科学化"。

初收北京出版社1959年1月初版《雄鸡集》,后收《沫若文集》第17卷,现收《郭沫若全集·文学编》第17卷。

◎ 作《鼓足干劲,赶上国际水平》,发表于《人民画报》3月号。表示中苏两国签订《关于共同进行和苏联帮助中国进行重大科学技术研究的议定书》,使发展中国科学技术的远景规划更有保证。争取在第三个五年计划末期在重要的科学部门赶上国际水平。

2月

1日 下午,出席在怀仁堂举行的第一届全国人民代表大会第五次会议开幕式,被选为主席团成员。(2日《人民日报》)

1—11日,第一届全国人大第五次会议在北京举行。周恩来总理作《目前国际形势和我国外交政策》的报告。会议通过关于人大常委会工作报告的决议、关于1957年国家预算执行情况和1958年国家预算及1958年度国民经济计划的决议、关于汉语拼音方案的决议、关于调整国务院所属组织机构的决定、关于将直辖市天津市改为河北省省辖市的决议、关于中国科学院院长副院长任免问题的决议,以及关于罢免人大常委会民族委员会、法案委员会和国防委员会中的右派分子黄绍竑等10人职务的决议。毛泽东主席2月1日发布命令:根据第一届全国人大第五次会议决定,撤销龙云国防委员会副主席职务,撤销黄琪翔国防委员会委员职务。

◎ 应陕西省文化局之请,为新整修司马迁墓题词,发表于4日《北京日报》。"龙门有灵秀,钟毓人中龙。学识空前古,文章百代雄。怜才膺斧钺,吐气作霓虹。功业追尼父,千秋太史公。"

初收人民日报出版社1959年4月初版《长春集》,题为《题司马迁墓》;又收作家出版社1959年11月初版《潮汐集·潮集》;现收《郭沫若全集·文学编》第3卷。

2日 出席聂荣臻为欢迎出访苏联归来的中国科学技术代表团及中国

科学院、高等教育部和中国农业科学院等三个代表团全体人员举行的酒会，代表中国访苏科学代表团讲话。指出：议定书和有关部门的合作协议，总结了八年来中苏两国科学合作的经验，为今后两国科学发展开辟了光辉的、广阔的前途。(3日《人民日报》)

◎ 致函青年同学们。以《讨论红与专——答青年同学们的一封公开信》为题，发表于10日《中国青年报》。对不少大专院校同学来信"提到红与专的问题"，作一个总的回答。认为："社会主义的建设人才就是红色专家，也就是又红又专的人。""红有红的各种程度，专也有专的各种程度。"作为大专学生，应该"一面养成无产阶级的人生观，一面专心致志于学业。这两者不仅并行不悖，而且是相得益彰的。今天我们应该要求政治的高度科学化，科学的高度政治化。要这样才能更快地建成社会主义"。提出"红"的标志："我的看法是应该以忠于社会主义事业、忠于祖国、忠于党为标志。"最后强调："我们总要永远以普通劳动者自处，有一分能量，放一分光热。"

初收人民出版社1961年1月初版《文史论集》，现收《郭沫若全集·文学编》第17卷。

3日 作《东西方接触会有什么好处——答保加利亚农业旗帜日报》。回答四个问题，第一，东西方接触会得到什么好处？答：最初，中国的四大发明对西方文明起促进作用；近代，东方虽受到殖民主义灾难，但也接受了西方的科学文明。今天双方接触可以增加了解，消灭战争，维护和平和人类幸福。第二，怎样从裁军会议走向有效裁军？答：1. 停止冷战；2. 禁止核武器；3. 建立互不侵犯条约；4. 逐步削减军备。第三，经济和文化联系对和缓国际关系中的紧张局面有什么贡献？答：在平等互利原则下增加接触自然会缓和紧张局面。第四，在1958年什么事情会使地球上的一般人感到兴奋？答：停止制造、储存、使用和试验原子弹氢弹。(郭沫若纪念馆馆藏资料)

◎ 晚，与朱德、周恩来等应锡兰驻中国大使馆临时代办摩尔西之邀，出席为庆祝锡兰独立十周年举行的盛大招待会。(5日《人民日报》)

7日 出席全国人大第五次会议，与陈嘉庚、严济慈等担任大会执行主席。(8日《人民日报》)

9日 晚，在首都各界人士为庆祝亚非人民团结大会胜利举行的盛大集会上作报告，阐述亚非团结大会的重大成就和历史意义。全文发表于10日《人民日报》，题为《使东风进一步压倒西风!》。(10日《人民日报》)

10日 晚，与陈毅、聂荣臻等应苏联驻中国大使尤金院士之邀，出席为欢迎我国访苏归来的四个科学代表团举行的酒会。以中国访苏科学技术代表团团长名义发表讲话，宣读周恩来总理写给苏联部长会议主席布尔加宁的感谢信。(11日《人民日报》)

11日 下午，出席第一届全国人民代表大会第五次会议闭幕式，与刘少奇、林伯渠、李济深、罗荣桓、沈钧儒等担任大会执行主席。

大会批准本年度的国家预算、经济计划和汉语拼音方案，通过调整国务院所属组织机构等决议。(12日《人民日报》)

◎ 根据中华人民共和国第一届全国人民代表大会第五次会议的决定，由中华人民共和国主席毛泽东任命为中国科学院院长。陈伯达、李四光、张劲夫、陶孟和、竺可桢、吴有训为中国科学院副院长。(12日《人民日报》)

2月上旬，第一届全国人民代表大会第五次会议，通过周恩来1月29日提出的关于中国科学院院长、副院长任免程序的提案。提案指出："中国科学院过去是中央人民政府政务院的一个组成部分。院长、副院长是由政务院提请人民政府主席任命的。现在，中国科学院是国家的最高科学研究机关，受国务院指导。因此，院长、副院长的任免，建议由国务院总理提名，全国人民代表大会决定，中华人民共和国主席任免，在全国人民代表大会闭会期间，由全国人民代表大会常务委员会决定，中华人民共和国主席任免。"

◎ 晚，设宴欢送中国科学院苏联总顾问拉扎连柯教授返苏。宴会前代表周总理授予拉扎连柯感谢状和中苏友谊纪念章，代表中国科学院授予拉扎连柯感谢状和感谢信。(12日《人民日报》)

13日 下午，往中山堂参加首都各界人士为追悼中央委员、国家技术委员会主任、第一机械工业部部长黄敬同志举行的公祭仪式，并与朱德、周恩来、陈云等一同担任主祭。(14日《人民日报》)

13—15日 主持中国科学院在北京举行的研究所所长会议，部署科学工作大跃进。提出八句勉力语：鼓起干劲、多快好省、一心一德、又红又专、重视劳动、服从组织、加强合作、实现规划。号召科学工作者拿出吃奶的气力来，促使科学大跃进。国家第一个五年计划已超额完成，为科学技术提供了更好的装备；国家对科学事业发展的需要已经大大增加，现在科学工作者不是英雄无用武之地，而是地无用武之英雄了。会议结束时，作题为《科学界发展大跃进》的总结讲话。(21日《人民日报》；中国科学院档案)

14日 晚，与林伯渠、沈钧儒等往天桥剧场参加首都各界为庆祝中苏友好同盟互助条约签订八周年举行的纪念会并致开幕词。(15日《人民日报》)

◎《具有历史性的纪念》发表于《文汇报》。祝贺中苏友好同盟互助条约签订八周年。

17日 下午，会见以捷克斯洛伐克教育文化部副部长雅罗斯拉夫·哈维尔卡博士为首的捷克斯洛伐克文化代表团。(21日《人民日报》)

19日 致信《历史研究》编辑部。写道：

"何兹全的《关于中国古代社会的几个问题》，问题很多。他自己已经说明，他的文章是建立在'对比'这个方法上的，关于西方的知识他自己说'不够'。(二十五页15行)东方的呢，他也有好几处说到在关键性的地方材料不够。

① '唯一成问题的是奴隶劳动是否大量使用于农业劳动，这方面没有有力的材料。'(十二页5行)

② '曹操和日耳曼间的相同处……对此我是没有更深入的了解的。'(二十五页背2行)

像这样的研究态度，基本上有问题。然而作者却喜欢迅速作出过早的结论，所以全文中'似乎'、'大概是'、'可能是'、'大体上必然是'一些盖然性的话有一二十处之多；而'我认为'、'我总认为'、'我则以为'这样武断的语句也可不少。

我对西方资料亦无直接研究，不能多说话。关于中国的材料，则确切知道有些问题。

1) 左传昭十六年的'商人'是殷人吗？(五页背，倒1行)

② '汉武帝以后土地集中起来，"富者田连阡陌，贫者无立锥之地"(董仲舒语)……'(十三页背倒第4行)董语见汉书食货志，是说秦自商鞅以来的现象。那种现象已经产生，能说秦汉还是小农经济吗？

③为什么不从全面来看问题？战国以后的上层建筑是奴隶制国家形态吗？儒家的封建思想的支配如何说明？

其它小错误、小问题当不少，不具列。"（郭沫若纪念馆馆藏资料）

21日 作《〈保卣〉铭释文》，发表于《考古学报》1958年第1期。认为，"本卣乃周成王时器"，"乃大保奭之下属所作"，铭文中的"殷东国五侯"即"徐、奄、熊盈与薄姑"。

初收人民出版社1961年1月初版《文史论集》，现收《郭沫若全集·考古编》第6卷。

◎ 作《〈者汈钟〉铭考释》，发表于《考古学报》1958年第1期。集合传世13件钟铭拓本及所见残文新成一全铭摹本，重加考释，认为这组编钟作于越王十九年，周威烈王五年，亦即公元前371年，系"越王为其太子诸咎铭器而告诫之"。

初收人民出版社1961年1月初版《文史论集》，现收《郭沫若全集·考古编》第6卷。

22日 下午，与朱德、周恩来、林伯渠、彭德怀、陈毅等往怀仁堂，出席庆祝苏军建军40周年大会。（23日《人民日报》）

◎ 以中国科学院院长、中国人民保卫世界和平委员会主席名义致电视贺杜波依斯九十寿辰。（23日《人民日报》）

杜波依斯，美国黑人领袖、美国和平运动领导人、历史学家和作家。

24日 复函钱潮。告以接读19日来信，祝贺"在血吸虫治疗上您获得胜利"，并祝"不断努力，获得更大的成就"。（《郭沫若研究》第1辑，文化艺术出版社1985年版）

25日 与田汉、阳翰笙、欧阳予倩等文艺界一百多人参观访问京郊西红门乡曙光农业生产合作社，在社员庆功大会上发表讲话，赞颂社员的英雄气概，祝贺他们"向土地打了一个大胜仗"，表示"科学界一定支援你们"。即席题诗一首以为祝词："一九五四年初现曙光，一九五八年跨过长江，今后是永不下山的太阳，把西红门乡建成天堂。"（26日《人民日报》）

◎ 为《科学通报》题词："鼓足干劲，多快好省。一心一德，又红又专。重视劳动，服从组织。加强合作，实现规划。"手迹发表于《科学通报》第6期。

本月　《人民日报》摘要刊登了"中国人民保卫世界和平委员会主席郭沫若最近答复意大利共产党机关报'团结报'关于核武器问题的询问"，表示"人类在科学上的发展是在促进良知上的发展。在这里有一定的过程，有社会制度的不同，有个人教养的不同。但那些小的差池终不能否定新道德观念的形成，全人类必将成为民主的大家庭"。

3月

4日　晚，设宴欢迎以涅姆钦诺夫为首的苏联科学家。(5日《人民日报》)

5日　上午，出席国务院科学规划委员会第五次会议，代表访苏科学技术代表团作总结报告。摘要发表于《科学通报》第7期，题为《加强中苏科学合作，为促进科学事业的大跃进而战斗》。建议广泛深入地宣传和介绍苏联科学技术的成就和先进经验以及中苏两国政府关于共同进行和苏联帮助中国进行重大科学技术研究的主要内容，强调第二个五年计划期内，"在科学技术的研究上应该坚决采取以掌握和结合中国实际，创造性地运用苏联先进成就为主的方针，同时注意发扬我国的科学遗产，总结我国工农业生产中的群众经验"。要大力培养科学研究干部。

7日　作词《蝶恋花·颂1958年"三八"妇女节》。发表于8日《光明日报》，《中国妇女》第3期。赞扬中国妇女"勤俭持家还建国"，希望"女娲再试补天力"。

初收人民日报出版社1959年4月初版《长春集》，又收作家出版社1959年11月初版《潮汐集·潮集》，现收《郭沫若全集·文学编》第3卷。

8日　作《关于〈鄂君启节〉的研究》，发表于《文物参考资料》1958年第4期。1957年12月安徽寿县出土《鄂君启节》，对其甲、乙两套铭文加以考释。甲种为"水路之通行证"，"通行范围在湖北、湖南、江西三省"；乙种为"陆路通行证"，"通行范围涉及湖南、湖北、安徽、河南四省之地"。对车船数目和有效期间有明确规定，说明"楚国王室对于自己国内的封君是限制得相当严格的"。铸造年代"可能正是屈原任楚怀王左徒的时期"。附录李平心于1957年12月26日的来信。

初收人民出版社 1961 年 1 月初版《文史论集》，后收《沫若文集》第 17 卷《集外》，现收《郭沫若全集·考古编》第 6 卷。

10 日 在考古研究所察看长安新出土的西周青铜器《辅师嫠簋》，当场写出初步释文。写了一张大字报，以《考古工作者要鼓足干劲》为题，发表于 14 日《人民日报》。谓："考古工作远远落后于基本建设，希望我们大家鼓足干劲，遵守多、快、好、省的方法，老科学家特别要多多培养青年，青年科学家要多多积累经验和学识，争取时间，多做些好的成绩出来，和基本建设的突飞猛进比赛。"（《考古通讯》1958 年 4 期；《夏鼐日记》，华东师范大学出版社 2011 年版）

11 日 作诗《欢迎志愿军凯旋》，发表于 14 日《人民日报》。歌颂中国人民志愿军"以翻江倒海的气势进行了轰轰烈烈的近代战争，打破了美帝国主义奴役全人类的战略日程"，"你们的崇高的爱国主义和国际主义精神，在人类史中留下了光辉的一篇"。

初收人民日报出版社 1959 年 4 月初版《长春集》，现收《郭沫若全集·文学编》第 3 卷。

12 日 晚，主持各民主党派、各人民团体负责人联席会议，决定组织中国人民欢迎志愿军归国代表团，前往安东欢迎志愿军归国部队。（13 日《人民日报》）

◎ 应约作诗《迎春序曲》。发表于《人民文学》4 月号。

初收人民日报出版社 1959 年 4 月初版《长春集》，又收作家出版社 1959 年 11 月初版《潮汐集·潮集》，现收《郭沫若全集·文学编》第 3 卷。

春节前后，《人民日报》将在副刊发表的诗文汇集成《迎春曲》出版，邀请郭沫若作序。

13 日 上午，作为程砚秋治丧委员会主任，与贺龙、陈毅、沈钧儒等往嘉兴寺殡仪馆，主持程砚秋公祭仪式，并致悼词。赞扬程砚秋"一生不仅在艺术上努力精进，在人格上也不断努力精进"。公祭结束后，与陈叔通、田汉、张庚同程砚秋家属、亲友送灵柩往八宝山人民公墓安葬。（11 日、14 日《人民日报》）

程砚秋，京剧"四大名旦"之一，程派艺术创始人。

◎ 晚，与陈毅、沈雁冰等往天桥剧场观看日本松山芭蕾舞团改编演

出的芭蕾舞剧《白毛女》。演出休息时，与陈毅会见了芭蕾舞团的全体人员。（14日《人民日报》）

◎ 作诗《头上照耀着红星》。发表于《诗刊》4月号。注曰："一九五七年十一月毛主席访苏时，中国代表团即住克里姆林宫内，一夕与友人散步庭院中，见耐寒花草仍未减色，因成此诗。"

初收人民日报出版社1959年4月初版《长春集》，又收作家出版社1959年11月初版《潮汐集·潮集》，现收《郭沫若全集·文学编》第3卷。

16日 下午，往天安门参加各民主党派和无党派民主人士社会主义自我改造促进大会和盛大游行。与严济慈、马寅初、郑振铎等为主席团成员，发表题为《赶上社会主义革命的最前线》的讲话。（17日《人民日报》）

沈钧儒致开会词，李济深、郭沫若、黄炎培先后代表各民主党派人士和无党派民主人士表示决心。大会通过民主党派和无党派民主人士社会主义自我改造公约和上毛主席书。会后万人游行，从天安门分东西两路沿着东西长安街行进。沈钧儒和郭沫若，走在西路游行队伍的最前面。（17日《人民日报》）

◎ 为《历史教学》题词。手迹发表于《历史教学》4月号。写道："历史发展是辩证式的发展，历史研究必须运用辩证唯物主义与历史唯物主义，然后才能成为科学。历史教学是要以经过科学整理的历史来教育青年。""史学界是应该来个大跃进的，集中力量来实现史学方面的远景规划是十分必要的。和远景规划配合着，制定个人规划、进行比赛也是必要的。"

◎ 复函《文艺报》主编、副主编张光年、侯金镜、陈笑雨。以《郭沫若同志答〈文艺报〉问》和《郭沫若同志的回信》为题，发表于《文艺报》第7期。告知信接到，附来两篇文章，"谢思洁同志的一篇全看了，他对臧克家同志的指责是对的。臧克家同志关于主席《蝶恋花》一词最后两句的解释的确弄错了"。"落泪的人不限于两位烈士，还应该包括吴刚与嫦娥"，"谢思洁说落泪的只限于杨、柳二烈士，也不妥当。""主席这首词正是革命的现实主义与革命的浪漫主义的典型的结合。这是伟大的革命感情的移入，是革命感情的形象化。""另一篇写得冗长、矜持，读了三分之一的光景，没有读完。"

17日 《努力实现科学发展的大跃进》发表于《人民日报》。总结近两年来科学研究工作的成就，号召"打破科学界的原子核"，实现科学发展的大跃进。有许多有价值的建议，如努力开展科学普及工作，多开一些座谈会和学术会议展开争论，科学院和教育部应密切结合起来，做好学术情报工作等。

◎ 在历史研究所见大家正在写大字报，随即提笔写了一张："中国史料汗牛充栋，实在应该集中力量，用马克思主义的方法加以整理。但不要忘记：我们除研究历史之外，还有创造历史的责任。"（中国社会科学院历史研究所《永远激励我们前进的榜样》，1978年6月27日《人民日报》）

18日 为上海知识分子大游行题词，发表于20日《文汇报》。"把知识交给人民，做到克勤克俭；从劳动中得到锻炼，争取又红又专。上海知识分子将于二十日举行大游行，以促进社会主义改造。题此数语，以祝胜利进行。"

上海民主党派和无党派人士在20日举行集会游行，向党和人民宣誓：永远跟着中国共产党走社会主义道路。（20日《文汇报》）

19日 主持召集在京科学家近四百人在地球物理研究所开会，听取地球物理研究所高级研究人员介绍他们进行检查、接受批判的心得。号召科学家们打消思想顾虑，实行自我革命，并把为上海知识分子大游行的题词，"把知识交给人民，做到克勤克俭；从劳动中得到锻炼，争取又红又专"，作为口号提出来。（21日《人民日报》）

20日 下午，与陈毅、贺龙等到机场欢迎以波兰人民共和国部长会议副主席雅罗谢维奇为首的波兰政府代表团。（21日《人民日报》）

◎ 复函张光年。以《郭沫若同志答〈文艺报〉问》和《郭沫若同志的回信》为题，发表于《文艺报》第7期。告知两封信都接到，所附臧克家的《喜读毛主席新词〈蝶恋花〉》"第一次读到"。"主席的思想感情是绝对真实的，忠魂和神仙则是假想的，所以主席的词是革命的现实主义与革命的浪漫主义的结合。""但是就词里的世界来说，只有第一句'我失骄杨君失柳'是现实世界，以下便是幻想世界。幻想世界里只有二烈士的忠魂和吴刚、嫦娥。因此，'问讯吴刚何所有'的正是杨、柳二忠魂，不是'我'在发问。臧克家同志的解释在这里没有错，您的解释却把现实世界和幻想世界混淆了。"同时表示"主席的词，我看很不好翻译","那杨、柳两个字就没有办法翻译。两位烈士的姓名太巧了，恰恰是一位姓杨，一位姓柳，便构成了'杨柳轻扬'的意境"。"翻成白话，同样是很困难的事。我不想作这样的尝试。"

21日 作《关于文风问题答〈新观察〉记者问》，发表于《新观察》第7期。发表于4月1日《解放日报》，题为《怎样把文章写得正确、鲜明、生动？——郭沫若谈文风问题》。"文章要写得准确、鲜明、生动"，首先要写文章的人"思想正确、态度鲜明、作风正派。""要使文章写得好，恐怕总得懂一点逻辑、文法和修辞。"文风"不是单纯的语言问题，主要还是思想和思想方法问题"，要学习毛主席文章的"平易近人、深入浅出、概念准确、笔调生动"。建议对有分量的短文"不一定根据字数，多给一点稿费"，因为"短而好的文章，写起来很费时间"。

初收北京出版社1959年1月初版《雄鸡集》，后收《沫若文集》第17卷，现收《郭沫若全集·文学编》第17卷。

22日 为中日两国演出白毛女的五位演员合影题词，手迹发表于《戏剧报》第6期。称赞"在人民翻身的大时代"，喜儿"已都黑发如云"，并且"聚会在北京城"。

初收人民日报出版社1959年4月初版《长春集》，题为《题五位白毛女合影》；现收《郭沫若全集·文学编》第3卷。

五位白毛女，指扮演过白毛女的京剧演员赵燕侠、杜近芳，歌剧演员王昆、王芙庆，以及日本芭蕾舞演员松山树子。

23日 作诗《向地球开战》，有小引。发表于4月8日《人民日报》。为即将奔赴全国各地参加国营农牧场生产的解放军将士壮行。

初收人民日报出版社1959年4月初版《长春集》，又收作家出版社1959年11月初版《潮汐集·潮集》，现收《郭沫若全集·文学编》第3卷。

25日 作十六字令《红透专深》。发表于29日《人民日报》。

初收人民日报出版社1959年4月初版《长春集》，又收作家出版社1959年11月初版《潮汐集·潮集》，现收《郭沫若全集·文学编》第3卷。

26日 作《一唱雄鸡天下白》，发表于《文艺报》第11期。讲解毛泽东诗词《浣溪沙·和柳亚子先生》："一唱雄鸡天下白"是从李贺"雄鸡一声天下白""点化出来"的,"做旧体诗每每讲究字句要有来历,要从旧文献里脱胎换骨地点化出来",这里"表现着时代的飞跃、思想的飞跃、艺术的飞跃",文艺工作者"应该站在时代的最前列,做时代的前茅。时代是空前未有的时代,诗人就应该更提高着兴会来歌颂这个时代"。

初收北京出版社1959年1月初版《雄鸡集》,后收《沫若文集》第17卷,现收《郭沫若全集·文学编》第17卷。

30日 晚,在政协礼堂主持首都各界人民支援阿尔及利亚人民争取民族独立斗争大会,发表题为《六亿人民站在阿尔及利亚一边》的讲话。(31日《人民日报》)

◎ 作《〈百花齐放〉小序》,发表于4月3日《人民日报》。说明以"百花齐放"为题赋诗的缘由,希望各地朋友帮忙开示各地奇花异卉的详细情况,以便引发真情实感。

收《郭沫若全集·文学编》第3卷。

春

陪同毛泽东主席参观中国科学院科研成果展览。(1978年3月25日《人民日报》;郭平英编《郭沫若》图片集,文物出版社1992年版)

4月

1日 就苏联政府停止核武器试验的声明,向新华社记者发表谈话。称赞这个声明是"人类的福音","等于又一个人造卫星上天"。希望世界各国人民共同努力,迫使美国和英国政府迅速响应苏联建议,采取同样的措施,更进一步达成协议,由停止试验进而停止制造、贮备和使用核武器。(2日《人民日报》)

◎ 为齐白石画展题词:"工人出身是白石翁最光荣的历史。因具有劳动人民的精神,天质既高,锲而不舍,此其所以不朽。"(《郭沫若书法集》,四川辞书出版社1999年版)

◎ 致函樋口隆康,感谢指正《两周金文辞大系图编》55图之误。(郭沫若纪念馆馆藏资料)

2日 上午，与周恩来、贺龙等到机场欢迎以部长会议主席基伏·斯托伊卡为首的罗马尼亚人民共和国政府代表团。(3日《人民日报》)

◎ 致函江苏如东水利工程处，祝贺掘苴闸建成，题七绝一首："西临黄海背长江，南通水闸迭成双，此闸新成腔十二，偃吹横笛水龙降。"(孙怡新《千载永勿磨》引，1979年6月13日《新华日报》)

◎ 作《欢迎最可爱的人凯旋》。欢迎中国人民志愿军回国。(郭沫若纪念馆馆藏资料)

3日 下午，与陈云、李富春、李济深等陪同朱德、刘少奇会见罗马尼亚部长会议主席基伏·斯托伊卡。(4日《人民日报》)

◎ 与周恩来、彭真等出席首都各界人民欢迎罗马尼亚政府代表团的群众大会。(4日《人民日报》)

◎ 诗《牡丹》《水仙花》《仙客来》发表于《人民日报》。其中《牡丹》作于1956年夏，另发表于《诗刊》2月号。初收人民日报出版社1958年7月初版《百花齐放》，现收《郭沫若全集·文学编》第3卷。

4日 《向匈牙利人民致敬》发表于《人民日报》。庆祝匈牙利人民共和国第十三个国庆日。

5日 答《世界知识》记者问，以《世界人民的共同要求》为题，发表于《世界知识》第7期。称，在亚洲建立无核区是完全必要的，"就是不让美国在亚洲建立核武器基地"，指出"将来还应该彻底禁止核武器，使原子能为和平服务"。

8日 晨，与陈毅、贺龙、程潜、包尔汉等到机场欢送以雅罗谢维奇副主席为首的波兰政府代表团。(9日《人民日报》)

◎ 晨，与周恩来等到机场欢送以基伏·斯托伊卡主席为首的罗马尼亚政府代表团。(9日《人民日报》)

◎ 晚，设宴欢迎苏联科学院副院长、西伯利亚总分院院长、苏联数学、力学家米·阿·拉夫连捷夫院士及夫人和苏联理论物理学家依·叶·达姆院士。(9日《人民日报》)

9日 下午，主持中国人民庆祝美国黑人歌唱家保罗·罗伯逊六十寿辰大会并发表讲话。着重谈到罗伯逊对中国人民和苏联人民所抱有的深厚感情，正因为罗伯逊是站在和平与正义的立场，因而从1950年到现在一直被美国政府剥夺了旅行和演唱的自由,这说明"美国所代表的资本主义民主是彻底虚伪的,美国人民并没有享受真正的自由"。(10日《人民日报》)

◎ 作《〈百花齐放〉后记》,发表于6月27日《人民日报》。说明"百花齐放"的意义和作百花诗一百零一首的含义:"象征着一元复始,万象更新","百尺竿头,更进一步"。感谢给予帮助的朋友。

初收人民日报出版社1958年7月初版《百花齐放》,后收《沫若诗词选》时有删节,现收《郭沫若全集·文学编》第3卷。

10日 诗《芍药》《迎春花》《西府海棠》《蒲公英》发表于《人民日报》。其中《芍药》作于1956年夏,另发表于《诗刊》2月号。

初收人民日报出版社1958年7月初版《百花齐放》,现收《郭沫若全集·文学编》第3卷。

11日 应田间约,录诗《额外的花》二首(《真珠兰》《桐子花》)给《蜜蜂》杂志,发表于《蜜蜂》7月号。

收《郭沫若全集·文学编》第3卷。

12日 诗《樱花》《十样锦》《死不了》《打破碗花花》和《夹竹桃》发表于《人民日报》。

初收人民日报出版社1958年7月初版《百花齐放》,现收《郭沫若全集·文学编》第3卷。

13日 下午,在家召集亚非学会筹备会议。郑振铎等参加。(《郑振铎日记全编》,山西古籍出版社2006年版)

14日 接受《民间文学》编辑部采访,就大规模收集民歌和对民间文学的价值、作用及收集、整理等问题发表看法。以《关于大规模收集民歌问题——答〈民间文学〉编辑部问》为题,发表于21日《人民日报》。认为,"中国收集民歌是有传统的","民歌对于鼓舞、教育、组织群众的作用是很大的"。"民歌的好处是天真、率直","这是很值得诗人学习的地方"。"少数民族的民歌更应注意。""群众收集很好,但也要有专业的人。""收集工作展开了,研究工作要跟上去"。学习民间文学要注意"提炼、吸收、综合、创造"。民间文学是第一手资料,既是文学资料又是科学资料,"比史官的记载可靠得多……甚至比地下发掘的东西还可靠",保持和修改"可以并行不悖"。

初收北京出版社1959年1月初版《雄鸡集》，后收《沫若文集》第17卷，现收《郭沫若全集·文学编》第17卷。

15日 为《考古学报》题词，手迹发表于《考古学报》第2期。"考古工作亦须'厚今薄古'，盖我辈非为考古而考古也。研究古代，在阐明历史发展规律，以破除迷信。其优秀遗产，则挹之以益今。否则将沉溺而不返矣。"

后将该题词作为《〈殷契粹编〉重印弁言》，收入科学出版社1965年版《殷契粹编》，现收《郭沫若全集·考古编》第3卷。

16日 作《为今天的新"国风"、明天的新"楚辞"欢呼！》。发表于17日《中国青年报》。"今天的民歌民谣"，是"今天的新'国风'，是社会主义的东风"。相信"像《楚辞》是在《国风》的基础之上创造出来的那样，新时代将会有从新'国风'的基础上创化出来的新'楚辞'"。

初收北京出版社1959年1月初版《雄鸡集》，后收《沫若文集》第17卷，现收《郭沫若全集·文学编》第17卷。

17日 晚，与周恩来、李济深等应邀出席阿拉伯联合共和国驻中国大使馆临时代办谢宾尼为庆祝阿拉伯联合共和国叙利亚地区12周年国庆日举行的招待会。(18日《人民日报》)

◎ 诗《春兰》《二月蓝》《凤仙花》《虎刺》《南天竹》发表于《人民日报》。其中，《春兰》作于1956年夏，另发表于《诗刊》2月号。

初收人民日报出版社1958年7月初版《百花齐放》，现收《郭沫若全集·文学编》第3卷。

19日 配合"爱国卫生运动"作诗《咒麻雀》。发表于21日《北京晚报》。

初收人民日报出版社1959年4月初版《长春集》，现收《郭沫若全集·文学编》第3卷。

21日 诗《茉莉花》《紫茉莉》《桃花》《李花》《杏花》发表于《人民日报》。

初收人民日报出版社1958年7月初版《百花齐放》，现收《郭沫若全集·文学编》第3卷。

23日 为祝贺天安门广场人民英雄纪念碑22日落成，作诗《人民英雄碑》。发表于 30 日《人民日报》。"请看，一百多年来的英雄形象，／牺牲生命，争取民族独立解放；／前赴后继，左提右携，西杀东挡，／巨人们在投掷山岳，卷起洪浪。"

初收人民日报出版社 1959 年 4 月初版《长春集》，又收作家出版社 1959 年 11 月初版《潮汐集·潮集》，现收《郭沫若全集·文学编》第 3 卷。

24 日 作《〈辅师嫠簋〉考释》。发表于《考古学报》第 2 期。对 1957 年 11 月考古所沣西队在长安县获得的簋铭进行考释，"此与师嫠簋为一人之器"，彼"为周宣王时器"，此则"属于厉世"。

初收人民出版社 1961 年 1 月初版《文史论集》，现收《郭沫若全集·考古编》第 6 卷。

25 日 诗《令箭荷花》《昙花》《天鹅蛋》《蒲包花》《菜子花》发表于《人民日报》。

初收人民日报出版社 1958 年 7 月初版《百花齐放》，现收《郭沫若全集·文学编》第 3 卷。

◎ 致函胡传作。说："您寄来的苏联花卉明信片，其中有好几种都写入百花诗中了。那些花中国也有，并不是苏联的特产。如扫帚梅、吊钟花、玫瑰（黄色）、桔梗花、石竹、都是中国常见的。""我的百花诗早在四月初就写完了，写了 103 首。以苏联为首的兄弟国家，在紫薇花中提到了。"（郭沫若纪念馆馆藏资料）

26 日 下午，在文联大楼参加民歌问题讨论会。（郑振铎《最后十年》(1949—1958)，大象出版社 2005 年版）

◎ 晚，设宴欢送苏联科学院副院长米·阿·拉夫连捷夫院士夫妇及苏联著名理论物理学家依·叶·达姆院士。中国科学院副院长吴有训、秘书长裴丽生及钱学森、钱三强、华罗庚等出席作陪。（27 日《人民日报》）

◎ 夜作《胜利永远属于马列主义者》。发表于 5 月 4 日《中国青年报》。"马列主义是灯塔"，指引航海者要鼓足干劲，乘风破浪向目标前进；"马列主义是在不断发展的"，"灯塔的光需要不断地增加能量，能量的源泉就在社会主义建设中"。

28 日 在寓所会见应中华全国新闻工作者协会邀请来访的以吴巴丹为首的缅甸新闻工作者代表团。（29 日《人民日报》）

◎下午，往北京展览馆，出席罗马尼亚经济展览会开幕典礼。（29日《人民日报》）

29日 作《小时好》。发表于《中国妇女》6月号。鼓励儿童从小好学，"学会爱""学会恨"，"学成不断革命家"。

30日 下午，会见匈牙利科学院代表团团长、匈牙利科学院秘书长埃尔德·费伦茨和代表团团员萨波·伊姆雷、西克洛什·提瓦达。（5月1日《人民日报》）

下旬 任中国纪念世界文化名人委员会主席，楚图南为副主席。

中国纪念世界文化名人委员会在北京成立，是主持国内每年进行的世界文化名人纪念活动的常设机构。该委员会决定以学术性报告会、讨论会、座谈会、展览会、戏剧演出等专业的纪念活动形式响应世界和平理事会决定于1958年对中国戏剧家关汉卿、波斯诗人萨迪、意大利物理学家托里拆利、日本画家尾形光琳、法国画家多米埃、英国诗人米尔顿、瑞典女作家拉耶勒夫进行纪念。（4月24日《人民日报》）

本月 书《在上埃及洛克沙市夜游尼罗河》赠齐燕铭。（手迹见《郭沫若遗墨》，河北人民出版社1980年版）

5月

1日 上午，参加在天安门广场举行的庆祝五一国际劳动节大会暨首都人民英雄纪念碑揭幕典礼。（《黄炎培日记》，华文出版社2012年版）

2日 夜，"读完《关汉卿》后"致函田汉。以《关于〈关汉卿〉的通信》为题，发表于《剧本》6月号。《关汉卿》剧本读了，"写得很成功"，提出"一点意见"："让盲了目的赛廉秀在最后一场登一次场。她是最引人同情的角色，应该让她最后陪着朱廉秀一同来送行。一些壮烈的话由她自己说出，不要采取间接的方式。最后的那支《沉醉东风》，我倒建议由赛廉秀来唱。在收场处赛廉秀还渗出血泪，不是更能感动人吗？""你今年六十，《关汉卿》是很好的自寿。您使关汉卿活得更有意义了。祝您的《西厢记》同样成功！"

◎与叶圣陶、老舍、杨沫、臧克家等分别于2日至4日在劳动人民文化宫举办的纪念"五四"青年节"书市"上和读者见面，为读者在书

上签名留念。(5日《人民日报》)

3日 诗《一品红》《风信子》《柱头花》《三色堇》《紫云英》发表于《人民日报》。

初收人民日报出版社1958年7月初版《百花齐放》，其中《柱头花》改为《柱顶红》，《紫云英》改为《单色堇》；现收《郭沫若全集·文学编》第3卷。

4日 下午，与彭真、陈伯达、杨秀峰等参加北京大学60周年校庆纪念大会。(5日《人民日报》)

5日 晚，设宴欢迎朝鲜人民访华代表团，并发表讲话。贺龙、李济深、陈叔通、廖承志等及朝鲜驻中国大使李永镐出席宴会。(6日《人民日报》)

6日 致田克俊信。说："您给我的信已接到。同学们如有人愿意来和我谈谈，我欢迎。人数不要太多，希望在十人以下。八日（星期四）晚八时左右最好。如能来，请同王廷芳同志联系一下。"（郭沫若纪念馆馆藏资料）

田克俊，北京师范学院数学系一年级学生。

◎ 晚，与陈叔通、廖承志等往政协礼堂，参加首都各界人民为欢迎朝鲜人民访华代表团举行的盛大集会，发表题为《具有传统友谊的中朝人民将永远同甘共苦携手前进》的讲话。会上，与谢觉哉等五人接受了朝鲜民主主义人民共和国最高人民会议常任委员会授予的一级国旗勋章。(7日《人民日报》)

◎ 作诗《毛主席在江峡轮上》，发表于18日《中国青年报》，《旅行家》第5期。"不见三峡已有四十五年，我时常都在想：能和它见面"，感慨"主席的智慧正在转坤旋乾，高峡出平湖，为时已不太远"。

初收人民日报出版社1959年4月初版《长春集》，又收作家出版社1959年11月初版《潮汐集·潮集》，现收《郭沫若全集·文学编》第3卷。

7日 晚，与贺龙、李济深等应邀出席朝鲜驻中国大使李永镐为欢迎朝鲜人民访华代表团举行的宴会。在讲话中要求联合国军立即撤出朝鲜，讲话摘要发表于8日《人民日报》。

9日 诗《荷包牡丹》《郁金香》《玉簪花》《鸡冠花》《雁来红》

《马蹄莲》发表于《人民日报》。

初收人民日报出版社 1958 年 7 月初版《百花齐放》，现收《郭沫若全集·文学编》第 3 卷。

◎ 作《〈洪波曲〉前记》，发表于《人民文学》7 月号。说明旧稿整理、定名为《洪波曲——抗日战争回忆录》、重新发表的经过，"请读者把这看成历史资料"。

初收《沫若文集》第 9 卷，现收《郭沫若全集·文学编》第 14 卷。

12 日 参观农具展览会后，题诗赞扬全国亿万土专家"开出了农业机械的无数奇花"。发表于 22 日《人民日报》。

初收人民日报出版社 1959 年 4 月初版《长春集》，题为《农业机械的百花齐放》；后收《沫若诗词选》时题为《参观农具展览会》，文字略有改动；现收《郭沫若全集·文学编》第 3 卷。

◎《民歌要不要改?》发表于《文汇报》。认为，民歌"可以稍加修改"，但"必须尊重原意"，还要"加上改正人的名字，以示负责"。

13 日 诗《牵牛花》《月光花》《十里香》《十姊妹》《月季花》《玫瑰花》发表于《人民日报》。

初收人民日报出版社 1958 年 7 月初版《百花齐放》，现收《郭沫若全集·文学编》第 3 卷。

16 日 致电苏联科学院院长涅斯米扬诺夫，祝贺苏联成功地发射了第二个人造地球卫星。(17 日《人民日报》)

◎ 复函北京大学历史系师生。以《关于厚今薄古问题——答北京大学历史系师生的一封信》为题，发表于 6 月 10 日《光明日报》、6 月 11 日《人民日报》。说，"厚今薄古"并不是陈伯达"个人的意见"，"毛主席早就提出过要我们重视近百年史的研究"。"'轻视过去，迷信将来'就是所谓'厚今薄古'。不仅历史研究应该以这为方针，任何研究、任何事业都应该以这为方针。""'厚今薄古'也并不是说只要今，不要古，或者是把所有古代的遗产都抛弃，并不是那样。这两者是对待着说的，对于今是要得多些，对于古是要得少些。""由于肤浅地了解了'厚今薄古'的含义，有些人发生了轻视资料、轻视旧书本的念头，甚至搞历史的人也感到苦闷，这也是一种倾向。总之，'厚今薄古'必须同时并提，今古是相对的，厚薄也是相对的，'厚今薄古'同时并提便成为合理的辩证的统一。"

初收人民出版社 1961 年 1 月初版《文史论集》，后收《沫若文集》第 17 卷《集外》。

北京大学历史系的师生在 5 月 15 日写信给郭沫若同志，请他谈谈关于历史研究和教学的方针问题。

17 日 下午，出席中匈科学合作协定签字仪式。(18 日《人民日报》)

◎ 出席挪威王国驻中国大使克洛格－亨生为庆祝挪威王国国庆举行的招待会。(18 日《人民日报》)

19 日 诗《麝香豌豆》《棣棠花》《淡竹叶》《黄瓜花》《短日照菊》《吊金钟》发表于《人民日报》。

初收人民日报出版社 1958 年 7 月初版《百花齐放》，现收《郭沫若全集·文学编》第 3 卷。

20 日 参加中国文学艺术界联合会、北京市文化局、北京市文学艺术界联合会共同组织的首都文艺界慰问团慰问十三陵水库的义务劳动者。发表讲话并朗诵当场所作诗句："苦战十天，享福万年，让时光老人向我们献花，让洪水妖怪在后面摆尾巴。让龙王老爷当听差：我们叫他做啥，他就不敢不做啥。"(21 日《人民日报》)

22 日 晚，出席由苏联驻中国临时代办安东诺夫举行的音乐晚会。(23 日《人民日报》)

23 日 上午，主持首都各界代表三千人在中山堂隆重举行的公祭，追悼中华全国总工会主席赖若愚同志。(24 日《人民日报》)

◎ 诗《晚香玉》《夜来香》《决明》《荷花》《睡莲》发表于《人民日报》。

初收人民日报出版社 1958 年 7 月初版《百花齐放》，现收《郭沫若全集·文学编》第 3 卷。

24 日 随中国文联参观团到达河北怀来花园乡参观，在街头作诗《花园乡颂》。发表于 28 日《张家口日报》、6 月 2 日《人民日报》。《诗刊》6 月号发表时，题为《遍地皆诗写不赢》之《怀来县八首》。

初收人民日报出版社 1959 年 4 月初版《长春集》，现收《郭沫若全集·文学编》第 3 卷。

由中国文学艺术界联合会、中国作家协会共同组织的首都第一批

"走马观花"体验生活的作家、艺术家自24日起参观访问河北省张家口专区。叶圣陶、萧三、吴作人、叶浅予、金人、沈从文、蒋兆和、邵宇、郑景康等23人参加此次活动。在张家口临别之时，郭沫若代表大家畅谈这次"走马观花"的感受：这次虽只是跑马看花，却已看到了许多很好的花，见到许多见所未见、闻所未闻的新事物，简直可以说是遍地香花，这些动人景象住在北京是想象不出的。希望今后能有机会"下马观花"，深入到生活中来种花和开花。

25日 在南水泉社参加劳动。作《西江月·南水泉即事》。发表于6月2日《张家口日报》。《诗刊》6月号发表时，题为《遍地皆诗写不赢》之《怀来县八首》。

初收人民日报出版社1959年4月初版《长春集》，又收作家出版社1959年11月初版《潮汐集·潮集》，现收《郭沫若全集·文学编》第3卷。

26日 参观官厅水库。作诗《参观官厅水库》《莫道姑娘年纪小》。发表于6月2日《张家口日报》。《诗刊》6月号发表时，题为《遍地皆诗写不赢》之《怀来县八首》。

初收人民日报出版社1959年4月初版《长春集》，现收《郭沫若全集·文学编》第3卷。

27日 访西榆林社和青年养猪场。作诗《访西榆林社》《访青年养猪场》。发表于6月2日《张家口日报》。赞西榆林社"涝洼化稻田，沙滩成果林"，赞科学养猪"科学不在远，就在猪圈旁"。《诗刊》6月号发表时，题为《遍地皆诗写不赢》之《怀来县八首》。

初收人民日报出版社1959年4月初版《长春集》，现收《郭沫若全集·文学编》第3卷。

28日 作诗《晨来南水泉》《你是一座山》。发表于6月2日《张家口日报》。《诗刊》6月号发表时，题为《遍地皆诗写不赢》之《怀来县八首》。

初收人民日报出版社1959年4月初版《长春集》；后收《沫若诗词选》，分别改题为《南水泉》《颂劳模》；现收《郭沫若全集·文学编》第3卷。

◎ 到达涿鹿县，至31日在此地参观访问。

29日 作诗《愚公天下多》《雄心比天大》《劈山大渠》。发表于6月6日《张家口日报》。《诗刊》6月号发表时，题为《遍地皆诗写不赢》之《涿鹿县八首》。

初收人民日报出版社1959年4月初版《长春集》，现收《郭沫若全集·文学编》第3卷。

◎ 作诗《杨柳赞》《水是宝贝》。发表于6月8日《张家口日报》。《诗刊》6月号发表时，题为《遍地皆诗写不赢》之《涿鹿县八首》。

初收人民日报出版社1959年4月初版《长春集》，现收《郭沫若全集·文学编》第3卷。

◎ 作诗《黄羊山》。《诗刊》6月号发表时，题为《遍地皆诗写不赢》之《涿鹿县八首》。

初收人民日报出版社1959年4月初版《长春集》，现收《郭沫若全集·文学编》第3卷。

30日 访问胡庄琉璃厂和涿鹿西关农业社，作诗《访胡庄琉璃厂》《访涿鹿西关农业社》。《诗刊》6月号发表时，题为《遍地皆诗写不赢》之《涿鹿县八首》。

初收人民日报出版社1959年4月初版《长春集》，现收《郭沫若全集·文学编》第3卷。

◎ 诗《梨花》《山茶花》《茶花》《桂花》《紫荆花》《紫薇花》发表于《人民日报》。

初收人民日报出版社1958年7月初版《百花齐放》，现收《郭沫若全集·文学编》第3卷。

◎ 在授予"加强国际和平"列宁国际奖金决议上签字。

列宁国际奖金委员会29日宣布：日本国际法权威安井郁教授，德国老作家阿诺德·茨威格，国际工人运动著名活动家路易·赛扬（法国），瑞典著名作家阿图尔·伦德奎斯特，国际和平合作的积极维护者约瑟夫·赫鲁玛德卡教授（捷克斯洛伐克）荣获列宁奖金。(31日《人民日报》)

下旬 在英国剑桥新学院教授格芮非司（Samuel B. Griffith）询问孙子及《孙子兵法》有关问题的来函上作批语。来函问及六个方面的问题，批语对一、三、四、五、六逐条作出简要批示，交顾颉刚作答。批语如下："一、《孙武传》不可靠，是小说。《孙子兵法》是战国时书，作者不知何人，是否即孙膑也难定。《韩子·五蠹》篇有'孙、吴之法家有之'，足见流传甚广。三、弩在古是用铜制，不必涉及铁的问题。四、铁兵的使用是在战国末期。铁的使用可以提前，作为耕具，在战国相当普遍。春秋时的铁器尚未从地下发现。五、驷马之乘可作各种使用，作为战车，也可以作为普通的乘舆。根据古铜器的花纹，可以用来打猎。殷王打猎却是两马拉的车子。六、主席和其他将军们在文章中偶有《兵法》的引用，但无专门研究性质的评论。"(《顾颉刚读书笔记》七《汤山小记（九）剑桥格芮非司来询〈孙子〉书之年代》，台湾联经出版事业公司 1990 年版)

顾潮编著《顾颉刚年谱》1958 年 6 月 18 日记：顾颉刚"应郭沫若之命作《〈孙子〉的作者》，答剑桥格芮非司（Samuel B. Griffith）询《孙子》之年代函"（中国社会科学出版社 1993 年版）。顾洪《顾颉刚读书笔记》七《汤山小记（九）剑桥格芮非司来询〈孙子〉书之年代》记："郭院长令我作答，越两旬乃答之。"郭沫若作批语时间应在 5 月下旬，故编于此。(台湾联经出版事业公司 1990 年版)

本月 《沫若文集》第 6 卷由人民文学出版社出版，收自传《我的童年》《反正前后》《黑猫》和《初出夔门》。

◎ 接待《剧本》记者子英，谈戏剧创作问题。如何运用浪漫主义处理题材，认为"写过去，要借古喻今，目的在教育当时的观众，这就是革命浪漫主义"。"历史题材是广泛的，尤其是近代史，可写的很多，而写的还不多"，希望大家多写。特别提到，保卫世界和平应该是戏剧创作的主题之一。谈文艺批评时说："人们一提到批评，仿佛就只有骂，不是骂人，就是挨骂，把批评的意义歪曲了。应该是，好就好。不好就不好。"（子英《郭沫若谈戏剧创作》，《剧本》6 月号）

◎ 历史剧《棠棣之花》由中央戏剧学院实验话剧院在北京工人俱乐部首场演出。(17 日《人民日报》)

6 月

1 日 抵张家口市参观。

◎ 作《在张家口迎儿童节》。发表于 2 日《张家口日报》。《诗刊》6 月号发表时，题为《遍地皆诗写不赢》之《张家口市十首》。

初收人民日报出版社1959年4月初版《长春集》，现收《郭沫若全集·文学编》第3卷。

2日 作《山歌早已过江南》《吊革命烈士纪念塔》《咏口蘑》。发表于7日《张家口日报》。《诗刊》6月号发表时，题为《遍地皆诗写不赢》之《张家口市十首》。

初收人民日报出版社1959年4月初版《长春集》，现收《郭沫若全集·文学编》第3卷。

◎ 作《访探矿机械厂》。发表于5日《张家口日报》。《诗刊》6月号发表时，题为《遍地皆诗写不赢》之《张家口市十首》。

初收人民日报出版社1959年4月初版《长春集》，现收《郭沫若全集·文学编》第3卷。

◎ 作《盲童模范》。发表于《诗刊》6月号，题为《遍地皆诗写不赢》之《张家口市十首》。

初收人民日报出版社1959年4月初版《长春集》，现收《郭沫若全集·文学编》第3卷。

3日 作《石老汉与水母娘》。发表于4日《张家口日报》。《诗刊》6月号发表时，题为《遍地皆诗写不赢》之《张家口市十首》。

初收人民日报出版社1959年4月初版《长春集》，现收《郭沫若全集·文学编》第3卷。

4日 作《七里山渠》《冰洞与水洞》。发表于11日《张家口日报》。《诗刊》6月号发表时，题为《遍地皆诗写不赢》之《张家口市十首》。

初收人民日报出版社1959年4月初版《长春集》，现收《郭沫若全集·文学编》第3卷。

5日 上午，凭吊张北苏蒙军烈士塔，参观张北草原。作《拜我良师兼益友》，发表于11日《张家口日报》。歌颂十四年前苏蒙联军歼日寇的"国际主义精神永不朽"。《诗刊》6月号发表时，题为《遍地皆诗写不赢》之《张家口市十首》。

初收人民日报出版社1959年4月初版《长春集》，又收作家出版社1959年11月初版《潮汐集·潮集》，现收《郭沫若全集·文学编》第3卷。

◎ 作《草原行八首》。发表于11日《张家口日报》。《诗刊》6月号发表时，题为《遍地皆诗写不赢》之《草原行八首》。

初收人民日报出版社 1959 年 4 月初版《长春集》，又收作家出版社 1959 年 11 月初版《潮汐集·潮集》，现收《郭沫若全集·文学编》第 3 卷。

◎ 诗《杜鹃花》《石楠花》《丁香花》《榆叶梅》《荼蘼》发表于《人民日报》。

初收人民日报出版社 1958 年 7 月初版《百花齐放》，现收《郭沫若全集·文学编》第 3 卷。

6 日 在张家口市教员、干部大会上作报告，《大海陀》编者记录、整理，以《关于红专问题及其他》为题，发表于 9 日《河北日报》，《大海陀》第 2 期。分五个问题：（一）知识分子一定要又红又专。"红、专是不可分的，必须又红又专；但红是第一，专是第二"，"红、专是辩证的统一，是个整体。怎样才算红透专深？没有止境，如果说有止境，那就是一个人咽气的那一天"。（二）关于厚今薄古问题。"对现在，对将来，要比较的重视，对过去要比较的看轻些，这是方针性的问题。我们要教育青年向前看，不要向后看。"（三）关于文风问题。"文风的问题归根结底是人的问题，是用什么思想作文章的问题"，怎样写好文章"要注意"十二个问题。（四）关于诗歌。"革命现实主义和革命浪漫主义相结合的问题"，"过去，人们是对立的看待两者，现在则把它们统一起来看"。（五）对科学工作的意见。"科学工作者要在五个方面努力"：红透专深、加强协助、走群众路线、大力培养人才、继续加强国际合作。

初收人民出版社 1961 年 1 月初版《文史论集》，现收《郭沫若全集·文学编》第 17 卷。

7 日 由张家口回京。作《返京车中》。《诗刊》6 月号发表时，题为《遍地皆诗写不赢》之《丰沙线上一首》。

初收人民日报出版社 1959 年 4 月初版《长春集》，现收《郭沫若全集·文学编》第 3 卷。

8 日 参加中国科学技术大学筹备委员会第一次会议，任主任委员。

会议决定：黄松龄、竺可桢、吴有训、杜润生、郁文、严济慈、赵守攻、钱学森、于光远等为委员；确定学校名称为"中国科学技术大学"；通过建校方案和 1958 年招生简章；设置原子核物理和原子核工程系、技术物理系、化学物理系、物理热工系、无线电电子学系、自动化系、力学和力学工程系、放射化学和辐射化学系、地球化学和稀有元素系、高分子化学和高分子物理系、应用数学和计算技术系、生物物理系等12个系,并与北京大学、清华大学联系协作。中国科学院副院长吴有训、技术科学部主任严济慈、国务院专家局副局长赵守攻、清华大学副校长张维及晋曾毅、张新铭等出席会议。(《中国科学技术大学大事记》)

9日 复函翦伯赞:"二日信接读。我是七日回京的,故复信搞迟了。《光明日报》送来了清样,我略略添改了一点。我已请他们登在普通版面上。"(《郭沫若同志给翦伯赞同志的信和诗》,《北京大学学报》1978年第3期)

"清样",指6月10日《光明日报》发表的《关于厚今薄古问题——答北京大学历史系师生的一封信》的清样。

◎ 作《〈遍地皆诗写不赢〉小序》,发表于《诗刊》6月号。谓,在五六月间张家口地区访问写诗,是"受到各地大跃进气势所启发"。

初收人民日报出版社1959年4月初版《长春集》,又收作家出版社1959年11月初版《潮汐集·潮集》,现收《郭沫若全集·文学编》第3卷。

10日 作《由周初四德器的考释谈到殷代已在进行文字简化》。发表于《文物》1959年第7期。根据德方鼎、德鼎、德簋、叔德簋四器铭,论述殷代已有文字简化。

初收人民出版社1961年1月初版《文史论集》,后收《沫若文集》第17卷,现收《郭沫若全集·考古编》第6卷。

11日 参加中国科学院哲学社会科学部举行的第二次常委扩大会议,发言认为:科学工作者最重要的是要学习人民群众的实干精神和忘我精神,要解放思想,下去看看。还建议制定科学人员深入生活的制度和具体办法。(14日〈人民日报〉)

12日 观看四川省革命残废军人演出,作诗《把红旗插遍在地上和天上》。发表于14日《人民日报》。称颂革命残废军人"昨天手拿枪杆打敌人,今天演奏音乐为和平"的革命英雄主义。

初收人民日报出版社1959年4月初版《长春集》,现收《郭沫若全集·文学编》第3卷。

13日 诗《白兰花》《玉兰》《木笔》《大山朴》《凌霄花》《紫藤》

《洋槐》发表于《人民日报》。

初收人民日报出版社1958年7月初版《百花齐放》，现收《郭沫若全集·文学编》第3卷。

◎ 作《颂十三陵水库》两首。发表于《红旗》第3期。

初收人民日报出版社1959年4月初版《长春集》，又收作家出版社1959年11月初版《潮汐集·潮集》，现收《郭沫若全集·文学编》第3卷。

14日 作《必须红透专深》。"红是思想、立场、作风上的问题，专是业务技术上的问题。""红与专不能分工"，"一定要'鼓足干劲，力争上游'，求得红而透；也一定要钻研业务技术，求得专而深"。（郭沫若纪念馆馆藏资料）

15日 致信纵精品。写道：

"五月十九日信接到。因为我曾经下去半个月，所以今天才读了您的信。

诗，您分析得很仔细，就照您所分析的讲吧。

'请让他们得到'良心'的安慰，

他们总比战争贩子们善良，

希望他们启发理智的辉光。'

注意'良心'两字是有引号的，是说那些爱狗家是要满足的自己的所谓'良心'，可以抗议，就让他们抗议吧。那是他们自己在安慰自己的'良心'。我们用不着苛责他们，他们总比战犯们好一点。但'希望他们启发理智的辉光'是谈他们不要那么傻，应该从更高一阶层来看问题。莱伊卡是影响，是崇高的自我牺牲者，不是爱狗家们眼中的小玩物。深入地说，他们应该为莱伊卡庆贺，向莱伊卡学习。

祝您和您的学生们都不断进步。"（郭沫若纪念馆馆藏资料）

纵精品，时为合肥师专中文科实习生。

16日 作《〈大跃进之歌〉序》，发表于《诗刊》7月号。称"目前的中国真是诗歌的汪洋大海，诗歌的新宇宙"，"这里似乎显示着新诗歌的一个方向"。

初收北京出版社1959年1月初版《雄鸡集》，后收《沫若文集》第17卷，现收《郭沫若全集·文学编》第17卷。

18日 诗《石榴花》《凤凰花》《马缨花》《害羞草》《罂粟花》《向日葵》《百合花》《山丹花》《木芙蓉》发表于《人民日报》。

初收人民日报出版社1958年7月初版《百花齐放》，现收《郭沫若全集·文学编》第3卷，《害羞草》改题为《含羞草》。

◎ 为凤子书《返京途中》《遍地皆诗写不赢》两诗。（见《郭沫若遗墨》，河北人民出版社1980年版）

20日 作《浪漫主义和现实主义》。发表于《红旗》第3期。简要追述了"中国的现代，浪漫主义和现实主义是同时并起"的历程，分析"文艺上的浪漫主义和现实主义，在精神实质上，有时是很难分别的"的原因，并举屈原、鲁迅、毛泽东为例，说明"古今伟大的文艺作家，有时你实在是难于判定他到底是浪漫主义者还是现实主义者"，强调"我个人特别感着心情舒畅的，是毛泽东同志诗词的发表把浪漫主义精神高度地鼓舞了起来，使浪漫主义恢复了名誉。比如我自己，在目前就敢于坦白地承认：我是一个浪漫主义者了。这是三十多年从事文艺工作以来所没有的心情"。

初收北京出版社1959年1月初版《雄鸡集》，后收《沫若文集》第17卷，现收《郭沫若全集·文学编》第17卷。

◎ 复函黄烈。说："请您安心静养，家里的事不必挂念。""我近来身体很好，今天还写完了一篇比较长的文章。"告知于立群在北京医院"已大有起色"，"自己有了必愈的信心"，"这是很重要的"。（《郭沫若书信集》下，中国社会科学出版社1992年版）

◎ 被苏联科学院全体会议选为苏联科学院历史科学院士。

本日闭幕的苏联科学院全体会议选出中国科学院院长郭沫若为苏联科学院历史科学院士，副院长李四光为苏联科学院地质地理科学院士。此次当选为苏联科学院院士的共有32名外国著名科学家。（22日《人民日报》）

中旬 为新出版的苏联科学院汉学研究所主办的《苏联的中国学》题名并致辞。"这件事不仅意味着苏联学者在研究中国方面的进一步成就，而且也有助于中国学者在研究苏联方面取得进一步的成就。我们非常需要我们两国学者之间的创造性的合作。"（13日《人民日报》）

21日 晚，与林伯渠、周恩来、宋庆龄、李济深、沈钧儒等组成柳亚子治丧委员会。（22日《人民日报》）

柳亚子，江苏吴江人。早年加入光复会、同盟会。创办并主持南社。任中国国民党革命委员会中央常务委员兼监察委员会主席、中国民主同盟中央执行委员。1949年后任中央人民政府委员、全国人大常务委员、政务院文教委员、中央文史馆副馆长等职。

◎ 诗《铁干海棠》《攀枝花》《萱草》《石蒜》《玉蝉花》发表于《人民日报》。

初收人民日报出版社1958年7月初版《百花齐放》，现收《郭沫若全集·文学编》第3卷。

◎ 作诗《太阳问答》，发表于7月4日《人民日报》。以拟人法替太阳、月亮和星星回答农民的提问，"农民表示谢意，日月星农齐声合唱，使天上地下插遍红旗"。

初收人民日报出版社1959年4月初版《长春集》，又收作家出版社1959年11月初版《潮汐集·潮集》，现收《郭沫若全集·文学编》第3卷。

23日 致函苏联郭质生。"您五月十日给我的信，已经接到了。谢谢您送我的《花谱》和《养花杂志》，我将永远留作纪念。您同吉托维奇诗人将翻译我的《百花齐放》，我完全同意。翻译时尽可以自由，不必拘泥。""大约七月内就可以出书，书出后我准备寄赠一两本给您。""祝贺您把《论语》翻译了。""《论语》这个书名的意思，经您提出，我考虑了一下。"照我的想法，"论语"的"论"和"语"都是名词。两个名词相重是表示领属的关系。故"论语"就是"辩论的言语"或者"语录"。（郭沫若纪念馆馆藏资料）

郭质生，苏联汉学家。

24日 上午，往中山公园中山堂，参加柳亚子公祭大会。与刘少奇、周恩来、李济深、沈钧儒、黄炎培等担任主祭。（25日《人民日报》）

◎ 诗《美人蕉》《柳穿鱼》《扫帚梅》《僧鞋菊》《绣球》《洋绣球》《千叶石竹》《桔梗花》《大丽花》发表于《人民日报》。

初收人民日报出版社1958年7月初版《百花齐放》，现收《郭沫若全集·文学编》第3卷。

26日 致信姜德明。写道：

"送来的木刻，刘岘同志的很好。李桦同志的<u>有好几种有问题</u>。在我看来必须另刻。这是带些科学性质的，苏联方面已准备全译，并插图。我们的插图如有不合科学的地方，会惹人笑话的。您说同志们已经有画稿，来不及刻，是不是可以先拿画稿给我看看呢？看了再刻，免得刻出了后有问题，不是更好吗。

书出不出无关紧要，出迟一点也没有关系，问题总要做得仔细一点，不要出漏洞。是不是需要我再邀请大家来谈一下？如大家同意，请早作决定，不久我可能离开北京。"（郭沫若纪念馆馆藏资料）

◎ 致信巴钦。谓，"你的信我看了。你大胆地写吧，多写，多改几遍，不必给我送来，因我没有多的工夫来仔细看。你要《浮士德》可以送你一部。这书难读，能读完的恐怕不多。祝你努力。"（郭沫若纪念馆馆藏资料）

27日　诗《蜀葵花》《栀子花》《腊梅花》《其他一切的花》和《〈百花齐放〉后记》发表于《人民日报》。《后记》说为了写这组诗，曾"到天坛、中山公园、北海公园的园艺部去访问过"，还"去请教过""北京市内卖花的地方"。

初收人民日报出版社1958年7月初版《百花齐放》，现收《郭沫若全集·文学编》第3卷。

28日　下午，在政协礼堂主持关汉卿戏剧创作七百周年纪念大会，作题为《学习关汉卿，并超过关汉卿》的讲话。会后观看了北方昆曲院演出的关汉卿名剧《单刀会》。讲话发表于当天《人民日报》。赞扬关汉卿是"拿着艺术武器向封建社会猛攻的杰出的战士"，"一位有民主主义精神的伟大战士"，其"反对封建罪恶统治的彻底性和猛烈程度，在古典作家中是少见的"，"人道主义和乐观主义精神，在关汉卿身上是统一的。现实主义和浪漫主义精神，在关汉卿作品中也是统一的"，其"创作是人类艺术史上不可企及的一个高峰"。"杂剧是我国最有深远影响的早期戏剧形式"，"在我国戏剧史乃至文学史中占有了光辉灿烂的一页"。"关汉卿不但是中国的关汉卿，而是全人类的关汉卿。"

初收北京出版社1959年1月初版《雄鸡集》，后收《沫若文集》第17卷，现收《郭沫若全集·文学编》第17卷。

纪念大会是由中国人民保卫世界和平委员会、中国人民对外文化协会、中国文学艺术界联合会、中国作家协会、中国戏剧家协会联合举办

的。会后，观看了北方昆曲院演出的关汉卿名剧《单刀会》。(28日《人民日报》)

7月

1日 与陈毅、李济深、沈钧儒、黄炎培、陈叔通等参加十三陵水库落成典礼。作七绝八首，赞十三陵水库"五载工程五月完"，"征服自然为我用"。以《雄师百万挽狂澜》为题，发表于2日《人民日报》。

初收人民日报出版社1959年4月初版《长春集》，又收作家出版社1959年11月初版《潮汐集·潮集》，现收《郭沫若全集·文学编》第3卷。

3日 上午，主持各人民团体和各民主党派负责人联席会议，讨论调整中国人民保卫世界和平委员会组织机构、扩充中国亚非团结委员会成员等事项，决定派遣代表团参加即将在斯德哥尔摩召开的裁军和国际合作大会。讲话介绍中国人民保卫世界和平委员会成立以来为捍卫世界和平做出的贡献，希望大家"要提高警惕，要大力反对以美帝国主义为首的侵略集团继续加剧国际紧张局势和准备新战争的阴谋"。继续当选中国人民保卫世界和平委员会主席，廖承志、陈叔通、刘宁一、包尔汉当选为副主席。(4日《人民日报》)

4日 下午，与朱德、邓小平等，被四川省第二届人民代表大会第一次会议选为出席第二届全国人民代表大会的代表。(5日《人民日报》)

9日 出席在北京召开的全国民间文学工作者大会。讨论如何加强民间文学工作，跟上生产跃进和群众创作的发展，使民间文学更好地为社会主义建设服务，通过新的章程，选出新的理事会理事92人。在17日闭幕大会上，当选为中国民间文艺研究会理事会主席，周扬、老舍、郑振铎为副主席。(8月2日《人民日报》)

11日 与副团长廖承志、包尔汉率中国代表团飞经莫斯科前往瑞典，出席16日至22日在斯德哥尔摩召开的裁军和国际合作大会。(12日《人民日报》)

14日 下午，抵达斯德哥尔摩。(16日《人民日报》)

16日 上午，出席裁军和国际合作大会开幕式。下午，在全体会议

上讨论通过抗议美国侵略黎巴嫩的决议。(17日、18日《人民日报》)

18日 在裁军和国际合作大会发言，以《和平运动是预防和治疗战争瘟疫的运动》为题发表于20日《人民日报》。声明"新中国奉行的外交政策是和平共处的方针和万隆原则"；深入剖析当今战争的根源；宣传新中国在社会主义建设中取得的伟大成就；表达中国人民爱好和平的愿望。

发言"受到欢迎，译文印发一扫而空，有代表未曾得到者，言得不到译文，不愿离开斯德哥尔摩"。(赵朴初《裁军和国际合作大会上郭沫若团长发言》，31日《人民日报》)

◎ 中午，与出席裁军和国际合作大会的亚非代表举行会议，通过关于中东局势的决议，欢呼伊拉克革命胜利，表示全力声援伊拉克和黎巴嫩人民，斥责美、英两国武装侵略中东地区。(19日《人民日报》)

20日 答《世界知识》记者问。以《中国跨进了原子能时代》为题，发表于《世界知识》第14期。表示"原子反应堆和回旋加速器的建成，是一个重要的里程碑，它标志着中国科学事业已经不折不扣地进入了原子能时代"，对于维护世界和平，特别是亚洲和平具有重要意义。

22日 出席裁军和国际合作大会闭幕式，通过《关于中东局势的告世界人民书》《呼吁书》和《裁军宣言》。(24日《人民日报》)

◎ 下午，在出席裁军和国际合作大会的世界各国和平运动代表举行的会议上，选出新的世界和平理事会，继续当选世界和平理事会副主席。

理事会由大约550名理事组成，其中50个席位为保留席位。新理事会举行会议，选出主席、副主席和理事会书记处成员。弗雷德里克·约里奥-居里教授继续当选主席。(24日《人民日报》)

25日 在莫斯科，往列宁中央运动场体育馆，出席苏联人民为欢迎参加斯德哥尔摩裁军和国际合作大会各国代表举行的群众大会，发言谴责美、英侵略中东，表示中国人民"决不会袖手旁观"。(27日《人民日报》)

28日 与廖承志、包尔汉率中国代表团分批回到北京。(30日《人民日报》)

31日 七律《在裁军大会上》二首发表于《人民日报》。有句"中东忽报战云低，北美陈兵已入黎。举世舆情公愤动，一场谴责众心齐"，"莫道香花太寥落，和平会上插红旗"。

初收人民日报出版社1959年4月初版《长春集》,又收作家出版社1959年11月初版《潮汐集·潮集》,现收《郭沫若全集·文学编》第3卷。

本月 《百花齐放》由人民日报出版社初版发行。收咏花诗101首,扉页题写"敬向'七一'献礼"。

◎ 经整理的《洪波曲》重新发表于《人民文学》7月号至10月号。收《沫若文集》第9卷,现收《郭沫若全集·文学编》第14卷。

8月

2日 作《燎原的星火——读了〈光荣的中国人民解放军〉第一卷第一集〈星火燎原〉》,发表于10月21日《人民日报》。称赞《星火燎原》"是一部很好的革命史料",对革命文艺创作提出以下建议:尽量征集、尽量精选;考虑翻译的问题,译成国内兄弟民族的文字或外文;从这部革命史诗里收集材料,加以提炼、综合、发展,结晶成为多种多样、有声有色的鸿篇巨制。指出:"在典型环境中的典型人物是可以允许综合性地创造的","如果文艺工作者肯采取这样的办法,这部书的'星火'又将引起'燎原'的现象了。"

初收北京出版社1959年1月初版《雄鸡集》,写作时间作8月21日;后收《沫若文集》第17卷;现收《郭沫若全集·文学编》第17卷。

4日 作《为中苏会谈公报欢呼!》。发表于5日《人民日报》。称"中苏两国牢不可破的兄弟友谊,要为世界和平形成正义的核心"。

初收人民日报出版社1959年4月初版《长春集》,现收《郭沫若全集·文学编》第3卷。

5日 作《赫鲁晓夫同志,欢迎你》。(郭沫若纪念馆馆藏资料)

6日 晚,往政协礼堂,出席北京各界人民庆祝裁军和国际合作大会成功及支持第四届禁止原子弹氢弹和争取裁军世界大会并作报告,阐述国际合作大会的成就和意义,以《一次收获最大的世界和平大会》为题全文发表于7日《人民日报》。

15日 致电世界和平理事会,吊唁约里奥-居里主席逝世。电文《伟大的和平战士永垂不朽》发表于16日《人民日报》。

约里奥－居里教授，世界和平理事会主席，法国原子能物理学家，著名科学家居里夫妇的女婿。

16日　作《献身精神的榜样》。发表于18日《人民日报》。赞扬约里奥-居里教授是"世界进步科学家的一面旗帜"，"世界和平运动的一面旗帜"。

初收北京出版社1959年1月初版《雄鸡集》，现收《郭沫若全集·文学编》第17卷。

19日　作词《声声快》。发表于23日《人民日报》。和李清照《声声慢》，"一反其意，以反映当前'一天等于二十年'的大跃进高潮"。

初收人民日报出版社1959年4月初版《长春集》，又收作家出版社1959年11月初版《潮汐集·潮集》，现收《郭沫若全集·文学编》第3卷。

23日　作《跨上火箭篇》，颂扬"大跃进"。发表于9月2日《人民日报》。9月4日以题为《笔和现实》致函《人民日报》编辑部，以"我的笔是赶不上生产的速度"。发表于9月9日《人民日报》。

初收人民日报出版社1959年4月初版《长春集》，现收《郭沫若全集·文学编》第3卷。

27日　答苏联《现代东方》杂志问。以《对亚非作家的希望》为题，发表于《文艺报》第17期。回答"对亚非作家会议有哪些希望"，表示希望大会隔若干年轮流在亚非各国召开一次，相互交流，增强友谊，同时把各国的作品相互介绍、翻译。回答"文学在争取和平和社会进步的斗争中占什么地位"，表示"文学在争取和平和社会进步的斗争中占重要地位"，"凡深刻地体验了本民族人民感情的文学，它就具有共同性、国际性"。

◎　作《体育战线插红旗》。发表于9月1日《体育报》创刊号。庆祝国家体委主办的《体育报》创刊。

初收人民日报出版社1959年4月初版《长春集》，现收《郭沫若全集·文学编》第3卷。

29日　复函《星星》编辑部。发表于《星星》第10期。接读关于毛泽东《清平乐》词的来信，表示"可以解释得更开阔一些。'东方欲晓'可以解释为人民快要觉醒了"，"'踏遍青山人未老'表征中国人民追求革命的道路一百年""却仍然年青"。"上一阕是虚写，下一阕是实写。虚实相呼应"。认为臧克家，"把'君'和'人'等同了"，"很不妥当"。

31日 下午，与张劲夫、吴有训、钱三强抵达长春。(《笔与现实——郭沫若来信》，9月9日《人民日报》)

◎ 为中国科学院光学精密机械仪器研究所题词。手迹载9月1日《吉林日报》："光学精密机械仪器研究所，仅仅费了七十五天的工夫，把原订在五年内完成的八大件精密仪器完成了。其中有的已达到国际水平，有的并为我国所独创。这是在建设社会主义总路线的光辉照耀下所得到的值得庆贺的成就。这证明由于政治挂帅、自力更生、破除迷信、解放思想并走群众路线，是可以使科学技术的发展大跃进的。今后应该总结经验并加以推广应用；精益求精地争取更大的胜利。"

◎ 诗《四害余生四海逃》四首——《苍蝇逃向英国》《麻雀逃向美国》《蚊子逃向日本》《老鼠逃向西德》，发表于《人民日报》。每首诗都配有华君武的插画。

初收人民日报出版社1959年4月初版《长春集》，现收《郭沫若全集·文学编》第3卷。

本月 《沫若文集》第7卷由人民文学出版社出版。收《我的学生时代》《创造十年》《创造十年续篇》《今津纪游》《山中杂记》《路畔的蔷薇》《水平线下》以及1923年至1936年集外作品5篇。

9月

1日 与张劲夫、吴有训等出席光学精密机械仪器研究所举行的庆祝大会，发表讲话热烈称赞我国光学领域取得的伟大成就，勉励研究所全体职工继续努力，进一步掀起群众性更大的跃进高潮，为社会主义作出更大的贡献，并朗诵《精密仪器插红旗》。

中国科学院光学精密机械仪器研究所经过八个月的苦战，先后完成了八大仪器的试制工作，经过鉴定，质量都已达到或超过国际同类产品的水平。(6日《人民日报》)

2日 上午，参观长春市技术文化革命检阅大会街乡工业馆、农业馆展览，并题词："长春好，人人都是多面手。街乡处处办工厂，垃圾废物

不再有。共产主义新萌芽，直升射出重霄九。"（3日《吉林日报》，手迹见1978年6月26日《长春日报》）

◎ 诗《精密仪器插红旗》发表于《吉林日报》《长春日报》，祝光学精密机械仪器研究所"精密仪器八大件"试制成功。《诗刊》9月号发表时，总题为《长春行》。

初收人民日报出版社1959年4月初版《长春集》，现收《郭沫若全集·文学编》第3卷。

◎ 作《长春好》。发表于3日《吉林日报》和《长春日报》。《诗刊》9月号发表时，总题为《长春行》。

初收人民日报出版社1959年4月初版《长春集》，现收《郭沫若全集·文学编》第3卷。

3日 作诗《谴责大脑皮质》。发表于4日《吉林日报》《长春日报》。《诗刊》9月号发表时，总题为《长春行》。

初收人民日报出版社1959年4月初版《长春集》，现收《郭沫若全集·文学编》第3卷。

4日 下午，与张劲夫等离长春赴北戴河停留两日。（《长春行》小序）

◎ 致函《人民日报》编者。以《笔和现实——郭老来信》为题，发表于9日《人民日报》。"我是8月31日来长春的，参加了精密仪器八大件试制成功庆祝大会，不日当离此回京。""前寄'跨上火箭篇'中第一节须要全改"，附修改的四句诗。"这确实证明：我的笔是赶不上生产的速度"，"诗如已发表，可否请将此信刊出以待更正"。

◎ 作《献诗告别当握手》，与长春告别。发表于6日《吉林日报》。《诗刊》9月号发表时，总题为《长春行》。

初收人民日报出版社1959年4月初版《长春集》，现收《郭沫若全集·文学编》第3卷。

7日 作诗《斥美国战争狂人》。发表于8日《人民日报》。"今日人民中国，不容狂人低估！今日中国人民，不容受人欺侮！""中国人民精神，敢想敢说敢做；任何天大威胁，无畏无忧无睹！"

初收人民日报出版社1959年4月初版《长春集》，现收《郭沫若全集·文学编》第3卷。

◎ 作诗《告别北戴河》。《诗刊》9月号发表时，总题为《长春行》。

初收人民日报出版社1959年4月初版《长春集》，现收《郭沫若全集·文学编》第3卷。

◎ 在回京火车上作《四颂》四首：《颂一穷》《颂二白》《颂公社》和《颂钢铁》。《诗刊》9月号发表时，总题为《长春行》。

初收人民日报出版社1959年4月初版《长春集》，又收作家出版社1959年11月初版《潮汐集·潮集》，现收《郭沫若全集·文学编》第3卷。

8日 上午，出席毛泽东主席召集的第十五次最高国务会议。（9日《人民日报》）

◎ 作《〈长春行〉小序》，发表于《诗刊》9月号。序其组诗《长春行》为"此次短期跑马观花之纪实"。

初收人民日报出版社1959年4月初版《长春集》，现收《郭沫若全集·文学编》第3卷。

9日 作诗《把上甘岭搬到台湾去!》。发表于12日《人民日报》。欢迎第三批志愿军归国。

初收人民日报出版社1959年4月初版《长春集》，现收《郭沫若全集·文学编》第3卷。

10日 作诗《西江月·庆武钢一号高炉出铁》。发表于14日《人民日报》。

初收人民日报出版社1959年4月初版《长春集》，又收作家出版社1959年11月初版《潮汐集·潮集》，现收《郭沫若全集·文学编》第3卷。

12日 作《〈秋瑾史迹〉序》。录入中华书局9月初版《秋瑾史迹》。称赞"秋瑾是中华民族觉醒期的一位前驱人物"，"把自己的生命奉献给了反封建主义和争取民族解放的崇高事业"，强调"秋瑾不仅为民族解放运动，并为妇女解放运动，树立了一个先觉者的典型"，"值得我们作进一步的研究"。

初收人民出版社1961年1月初版《文史论集》，现收《郭沫若全集·历史编》第3卷。

◎ 致信二高中，祝贺勤工俭学搞得好。（郭沫若纪念馆馆藏资料）

13日 下午，会见苏联哈萨克共和国科学院院长、苏联科学院院士、

苏联地质和矿藏保护部代表团团员萨格帕耶夫。(14日《人民日报》)

15日 下午，在北京饭店主持庆祝国际学生联合会第五届代表大会胜利闭幕的酒会，发表题为《以憎恨战争来代替害怕战争，这是对待战争狂人的好办法》的讲话，全文发表于18日《人民日报》《中国青年报》。称赞各国学生代表"已经在参预国际事务，将来会更多、更全面地参预。到世界各国由你们当家作主的时候，毫无疑问，国际关系、人类福利是会更有进展的"。同时表达中国人民爱好和平的心愿和不惧怕战争的勇气。

周恩来、聂荣臻、廖承志、胡耀邦等以及有关部门负责人和社会各界著名人士出席酒会。周恩来与国际学联主席贝利康在会上发表讲话。(16日《人民日报》)

◎ 作中国科学技术大学校歌歌词，发表于27日中国科学技术大学《中大校刊》创刊号，题作《永恒的东风》。写道："迎接着永恒的东风，/把红旗高举起来，/插上科学的高峰！/科学的高峰在不断创造，/高峰要高到无穷，/红旗要红过九重。/我们是中国的好儿女，/要刻苦锻炼，辛勤劳动；/在党的温暖抚育，坚强领导下，/为共产主义事业作先锋。/又红又专，理实交融，/团结互助，活泼英勇，/永远向人民学习，/学习伟大领袖毛泽东。"

初收作家出版社1959年11月初版《潮汐集·潮集》，题作《迎接着永恒的东风》；现收《郭沫若全集·文学编》第4卷。

◎ 致函郁文："我为中大拟了一个校歌，请您审阅；并请印出，向院内校内广泛征求意见，修改。定稿后，即托人制谱（由我找人也可以）。如能赶上开学天，由同学们唱出，是值得争取的。"(《郭沫若研究》第12辑，文化艺术出版社1998年版)

◎ 诗《斥艾森豪威尔》发表于《人民日报》。讽刺艾森豪威尔"同杜勒斯不愧是难兄难弟"。

初收人民日报出版社1959年4月初版《长春集》，现收《郭沫若全集·文学编》第3卷。

17日 下午，与周恩来、林伯渠等会见参加全国第一届矿产会议的全体地质科学工作者、参加全国医药卫生技术革命经验交流会议的全体代表和参加全国科联全国科普代表大会的全体代表。(18日《人民日报》)

◎ 向周恩来总理汇报中国科学技术大学"开学典礼致辞"内容。(《中国科学技术大学大事记》)

18日 致函郁文。写道：

"开幕词，请您审阅。

内容昨天向总理讲过，他说'可以，是施政方针了'。当时聂总、彭真同志、伯达同志都在。

校歌，总理改了两个字，便是'为共产主义建设作先锋'，把'建设'改为'事业'。

'伟大的领袖毛泽东'，吕骥同志删去了'的'字，因发音与'大'字重复，可以同意。

明天上午吕骥同志可能一道去八宝山。"（蔡震《郭沫若生平史料考辨·致郁文书信与科技大学事》，社会科学文献出版社2014年版）

19日 与中国科学技术大学全体同学第一次见面并讲话，邀请音乐协会主席、校歌作曲者吕骥在本校礼堂教唱校歌《永恒的东风》。(《中国科学技术大学大事记》)

◎ 作《中国科学事业的进展》。阐述在中国共产党的领导下新中国科技发展进程。（郭沫若纪念馆馆藏资料）

20日 上午，出席在中国人民解放军政治学院大礼堂举行的中国科学技术大学成立暨开学典礼大会，作《继承抗大的优秀传统前进》的讲话。要求全校要做到"三纲五化"。"三纲"是：一、政治挂帅，党的坚强领导；二、勤工俭学，教学、研究和生产劳动相结合；三、抓尖端科学技术，为国家建设事业服务。"五化"是：思想马克思列宁主义化、生活工农化、组织军事化、教学集体化和技能多面化，这些是实现三纲的步骤和方针。（21日《人民日报》；《中国科学技术大学大事记》）

中国科学技术大学，由中国科学院和教育部联合创办。国务院副总理聂荣臻，中国人民大学校长吴玉章，国务院科学规划委员会副秘书长安东、武衡，北京大学副校长周培源，清华大学副校长陈士骅，北京师范大学副校长何锡麟，中国人民解放军政治学院副院长莫文骅，以及中国科学院的副院长张劲夫、陶孟和吴有训，副秘书长杜润生，技术科学部主任严济慈，哲学社会科学部副主任潘梓年和院部各单位负责人、各研究所正副所长，应邀出席大会。(《中国科学技术大学大事记》)

◎ 下午，应同学们请求参加中国科学技术大学举行的文娱会，登台朗诵《声声快》。(《中国科学技术大学大事记》)

22日 作《再斥艾森豪威尔》。发表于24日《人民日报》。

初收人民日报出版社1959年4月初版《长春集》，现收《郭沫若全集·文学编》第3卷。

24日 经国务院第八十次全体会议通过，为中国科学技术大学校长。(《中国科学技术大学大事记》)

26日 上午，与廖承志共同会见伊拉克人民友好访华团全体人员。(27日《人民日报》)

27日 上午，往北京郊外参加我国第一座实验性原子反应堆和回旋加速器移交生产典礼并发表讲话。典礼后与陈毅、聂荣臻会见来我国参加典礼的苏联代表团和在华苏联原子能专家。中国科学院副院长张劲夫和原子能研究所所长钱三强等在座。(28日《人民日报》)

28日 下午，应朝鲜民主主义人民共和国邀请，与中国人民解放军总政治部副主任甘泗淇率中国人民代表团，乘火车离开北京前往平壤参加"朝中友好月"活动。(30日《人民日报》)

在9月29日至10月26日的28天中，中国人民代表团在朝鲜参加了"朝中友好月"开幕大会、"朝中友好协会"成立大会和欢送志愿军回国大会等规模宏大的活动以及许多次文艺晚会；访问了平壤、开城、熙川、元山、咸兴、兴南、南浦、水丰等城市及板门店等名胜；参观了工厂、企业、农业生产合作社、水产事业所和文化教育机关等；访问了人民军部队和烈、军家属的代表。(《难忘的访问，永恒的友谊》，11月26日《人民日报》)

◎ 在新义州车站小住，作《在新义州站上》。辑入《歌颂中朝友谊》，发表于11月3日《人民日报》。10月22日在平壤牡丹峰剧场举行的庆祝"朝中友好月"诗人晚会上朗诵。"两国旌旗夹道红，火轮驰过鸭江东。山川碧血遗痕在，土壤膏腴秋获丰。一片鼓声通皓日，几圆龙舞漾和风，站头小驻犹难别，八载并肩自不同。"

初收人民日报出版社1959年4月初版《长春集》，又收作家出版社1959年11月初版《潮汐集·潮集》，现收《郭沫若全集·文学编》第3卷。

29日 下午，到达平壤，受到朝鲜两万多人的热烈欢迎。内阁副首相洪命熹、朝鲜劳动党中央委员会副委员长朴正爱等在车站迎接。在欢迎大会上致答词，祝愿中朝友谊"要像鸭绿江那样永流不断，要像白头山上的松柏那样万古常青"。讲话摘要发表于 30 日《人民日报》。

◎ 晚，率中国人民代表团全体团员拜会金日成、崔庸健、金一、洪命熹等朝鲜领导人。(30 日《人民日报》)

◎ 晚，出席朝鲜内阁副首相洪命熹为欢迎中国人民代表团举行的盛大宴会。(30 日《人民日报》)

30 日 晚，在牡丹峰剧场举行的平壤各界人士庆祝中华人民共和国成立九周年大会暨"朝中友好月"开幕典礼上讲话，赞扬中朝两国人民用鲜血凝成的战斗情谊；谴责美帝国主义目前在中国台湾地区对中国人民进行肆无忌惮的军事挑衅和战争威胁。以中国人民代表团的名义向朝鲜人民献旗，旗上绣有所作七绝："戳穿纸虎建丰功，统一江山在望中，国际精神传宇宙，朝鲜民族是英雄。"(10 月 1 日《人民日报》)

◎ 将七绝诗作修改，以《颂朝鲜人民》为题，辑入《歌颂中朝友谊》，发表于 11 月 4 日《人民日报》。

初收人民日报出版社 1959 年 4 月初版《长春集》，又收作家出版社 1959 年 11 月初版《潮汐集·潮集》，现收《郭沫若全集·文学编》第 3 卷。

本月 《沫若文集》第 8 卷由人民文学出版社出版。收《沫若自传》第三卷《革命春秋》，包括《北伐途次》《请看今日之蒋介石》《脱离蒋介石以后》《海涛集》与《归去来》。

◎ 诗《湿死干活》发表于《红旗手》创刊号。有题解，赞从敦煌莫高窟东三危山采下的奇异花草。

初收人民日报出版社 1959 年 4 月初版《长春集》，现收《郭沫若全集·文学编》第 3 卷。

◎ 为扬州人民出版社出版《百花齐放》剪纸本题诗。收《郭沫若全集·文学编》第 3 卷。

◎ 作诗《从火中再生的凤凰》。庆祝朝鲜民主主义人民共和国建国十周年。(郭沫若纪念馆馆藏资料)

10月

1日 晚,出席中国驻朝鲜大使乔晓光为庆祝中华人民共和国成立九周年举行的宴会。(3日《人民日报》)

◎ 诗《宇宙充盈歌颂声——庆祝一九五八年国庆》发表于《人民日报》。

初收人民日报出版社1959年4月初版《长春集》,改题为《国庆颂》;又收作家出版社1959年11月初版《潮汐集·潮集》;现收《郭沫若全集·文学编》第3卷。

2日 收到伊拉克和平理事会总书记阿齐兹·谢里夫庆祝中华人民共和国成立九周年的贺电。(3日《人民日报》)

3日 中共中央批准兼任中国科学技术大学校长。(中共中央宣传部10月22日给中国科学院党组公函)

◎ 晚,出席在平壤牡丹峰剧场举行的朝中友好协会成立大会,并发表讲话谴责美帝国主义在台湾海峡进行的战争挑衅行为。代表中国人民代表团向朝中友好协会献旗,旗上绣有所作七绝一首:"中朝友谊万千年,如兄如弟肩并肩。卫国保家同抗敌,英雄血染红旗鲜。"(5日《人民日报》)

◎ 修改七绝诗,以《赠朝中友好协会》为题,辑入《歌颂中朝友谊》,发表于11月4日《人民日报》。

初收人民日报出版社1959年4月初版《长春集》,又收作家出版社1959年11月初版《潮汐集·潮集》,现收《郭沫若全集·文学编》第3卷。

◎ 致电苏联科学院院长涅斯米扬诺夫,祝贺苏联成功地发射第一颗人造卫星一周年。(5日《人民日报》)

4日 上午,由朝鲜内阁副首相洪命熹陪同,参观平壤市朝鲜工农业展览馆。在留言簿上题词,祝朝鲜的工农业生产获得更辉煌的进展。(5日《人民日报》)

◎ 作七绝《参观工业展览馆》。辑入《歌颂中朝友谊》,发表于11月4日《人民日报》。

初收人民日报出版社1959年4月初版《长春集》,又收作家出版社

1959年11月初版《潮汐集·潮集》，现收《郭沫若全集·文学编》第3卷。

◎ 晚，与代表团全体成员应邀与金日成首相共进晚餐。(11日《人民日报》)

5日 由洪命熹陪同参观熙川机床厂和熙川精密机械厂，向人民志愿军烈士墓敬献花圈。(11日《人民日报》)

◎ 作七绝二首：《在赴熙川道上乡人纷纷以物产馈赠》《参观熙川地下机械工厂》。辑入《歌颂中朝友谊》，发表于11月4日《人民日报》。

初收人民日报出版社1959年4月初版《长春集》，又收作家出版社1959年11月初版《潮汐集·潮集》，现收《郭沫若全集·文学编》第3卷。

6日 参观横跨鸭绿江的水丰发电站。(11日《人民日报》)

◎ 作七绝《参观水丰发电站》。辑入《歌颂中朝友谊》，发表于11月4日《人民日报》。

初收人民日报出版社1959年4月初版《长春集》，又收作家出版社1959年11月初版《潮汐集·潮集》，现收《郭沫若全集·文学编》第3卷。

7日 下午，参观西海岸黄海制铁所。(11日《人民日报》)

8日 上午，与代表团成员同朝鲜平安南道平原郡三峰农业社社员联欢。同代表团在三峰里村旁山岗种上一棵松树，提议叫作"友谊松"，象征中朝两国人民的友谊万古长青。(11日《人民日报》)

9日 上午，参观南浦冶炼厂。(11日《人民日报》)

10日 晨，在洪命熹陪同下，率中国人民代表团乘专车到达开城访问。上午，到开城北郊松岳山麓朝鲜人民军和中国人民志愿军烈士陵园敬献花圈。(11日《人民日报》)

12日 下午，由开城乘专车到达中国人民志愿军总部。由志愿军首长和总部军官300余人陪同，到志愿军烈士陵园向烈士们敬献花圈。(13日《人民日报》)

◎ 晚，出席总部举行的欢迎大会，在讲话中说，"我们代表团一方面是来参加朝中友好月活动，一方面是来欢迎我们最可爱的人回国的"。会后，观看志愿军政治部文工团为代表团演出的五幕话剧《友谊》。(13

《人民日报》)

14日 作诗歌颂中朝友谊像"鸭绿江中的流水长流不尽",像"长白山上的松树万古长青"。以《志愿军战歌序幕诗》为题,发表于31日《北京日报》。

初收人民日报出版社1959年4月初版《长春集》,现收《郭沫若全集·文学编》第3卷。

20日 与陈毅、贺龙、陈叔通、沈雁冰等组成郑振铎、蔡树藩等16位同志治丧委员会。(22日《人民日报》)

以郑振铎、蔡树藩为首的我国文化代表团于17日赴莫斯科途中因飞机失事遇难。

中旬 自金刚山至元山参观访问,成五律七首。辑入《歌颂中朝友谊》,题为《告别金刚山赴元山市途中所见所闻七首》,发表于11月6日《人民日报》。

初收人民日报出版社1959年4月初版《长春集》,又收作家出版社1959年11月初版《潮汐集·潮集》,现收《郭沫若全集·文学编》第3卷。

22日 晚,出席朝鲜和中国著名诗人为庆祝"朝中友好月"在牡丹峰剧场举行的诗人晚会,登台朗诵访问朝鲜期间所作四首诗,其中一首为《在新义州站上》。(10月25日《人民日报》)

23日 晚,出席中国人民志愿军司令员杨勇上将、政治委员王平上将举行的告别宴会。发表讲话说:"志愿军虽然撤离了朝鲜,但我们将永远互相援助,共同抗击帝国主义的侵略,并完成社会主义的建设。"金日成等朝鲜领导人出席宴会。(24日《人民日报》)

24日 下午,往朝鲜国立艺术剧场,参加平壤各界为欢送中国人民志愿军总部官兵举行的集会。金日成等朝鲜领导人和中国人民志愿军司令员杨勇上将、政治委员王平上将出席集会。与杨勇一起接受朝鲜劳动党中央委员会副委员长朴正爱代表朝鲜各界人民六百八十四万七千四百三十九人签名的致中国人民志愿军和中国人民的感谢信和签名册。(25日《人民日报》)

◎ 晚,应邀出席金日成首相为欢送中国人民志愿军总部官兵举行的盛大国宴。(25日《人民日报》)

◎ 为朝鲜《劳动新闻》和《平壤新闻》题诗。朝文译文发表于本日《劳动新闻》和《平壤新闻》。为《平壤新闻》所题七律，发表于25日《人民日报》和《大公报》后以《参观彭总所住岩洞后》为题，辑入《歌颂中朝友谊》，发表于11月3日《人民日报》。

初收人民日报出版社1959年4月初版《长春集》，现收《郭沫若全集·文学编》第3卷。

25日 晚，在我国驻朝鲜大使乔晓光为中国人民代表团举行的宴会上致辞，代表抗美援朝总会和全中国人民，对于朝鲜人民给予中国人民志愿军的爱护，向朝鲜人民表示衷心的感谢。(26日《人民日报》)

◎ 诗《参观板门店后》《赠朝鲜同志》发表于《大公报》。辑入《歌颂中朝友谊》，又发表于11月3日《人民日报》。

初收人民日报出版社1959年4月初版《长春集》，现收《郭沫若全集·文学编》第3卷。

26日 上午，结束在朝鲜的访问，率中国人民代表团乘专车回国，在车站致告别词。(27日《人民日报》)

◎ 经新义州时，致电金日成首相，对朝鲜人民在代表团访问朝鲜期间所给予的热情接待表示感谢。(27日《人民日报》)

◎ 作五律《在新义州告别》。辑入《歌颂中朝友谊》，发表于11月6日《人民日报》。

初收人民日报出版社1959年4月初版《长春集》，又收作家出版社1959年11月初版《潮汐集·潮集》，现收《郭沫若全集·文学编》第3卷。

27日 上午，率中国人民访朝代表团返回北京。(28日《人民日报》)

28日 下午，与周恩来、陈毅等往车站欢迎以中国人民志愿军司令员杨勇上将和政治委员王平上将为首的中国人民志愿军代表团和志愿军文艺工作团。参加首都各界为欢迎志愿军凯旋归来举行的盛大集会并致辞，题为《在各个战线创造上甘岭的辉煌战绩》。代表全国人民向志愿军表示"最热烈的欢迎、最崇高的敬意和最衷心的感谢"。大会结束时，与彭真代表中国人民向志愿军献旗。(29日《人民日报》)

◎ 作七律《志愿军凯歌》。发表于30日《人民日报》。

初收人民日报出版社1959年4月初版《长春集》，又收作家出版社

1959年11月初版《潮汐集·潮集》,现收《郭沫若全集·文学编》第3卷。

29日 下午,在怀仁堂,参加毛泽东、周恩来、朱德等国家领导人接见以杨勇上将、王平上将为首的中国人民志愿军代表团和志愿军文艺工作团全体人员。(30日《人民日报》)

◎ 下午,与毛主席、朱德、周恩来、彭真等接见来京参观全国工业交通展览会的延安专区代表团全体人员。(30日《人民日报》)

◎ 晚,出席周恩来总理为欢迎中国人民志愿军代表团举行的宴会并首先致辞,欢迎志愿军回到祖国的怀抱,表示中国完全支持朝鲜政府声明,坚决要求美军滚出南朝鲜。(30日《人民日报》)

30日 下午,往怀仁堂,出席全国人大常委会和政协常委会联席会议,听取杨勇上将作《中国人民志愿军八年来抗美援朝工作报告》。(31日《人民日报》)

◎ 晚,往怀仁堂,与朱德、陈云、陈毅、李富春等出席人大常委会等单位为欢迎志愿军代表团举行的京剧晚会。演出结束后,陪同志愿军代表团与演员们会见。(31日《人民日报》)

31日 上午,往首都剧场,与陈毅、沈雁冰等参加郑振铎、蔡树藩等16位同志的追悼大会,并献花圈。(11月1日《人民日报》)

◎ 晚,往怀仁堂,与朱德、周恩来、陈毅、李富春等观看中国人民志愿军文艺工作团向祖国人民的汇报演出,为志愿军文工团演出的歌舞活报剧《志愿军战歌》朗诵序幕诗。(11月1日《人民日报》)

本月 《离骚今译》由人民文学出版社出版。

◎ 在中国科学院院长、副院长、学部主任交心会上作《自我检查》。首先检讨到"科学院成立以来,已有九年。在这九年里,可以说是三年一变"。检查自己"是小才大用,不能称职,绠短难以汲深,有负党和人民的期待与付托"。检讨到自己的缺点,"总起来说:我初步分析了一下自己的缺点,这就是单干性大于组织性;冲动性大于计划性;自由性大于纪律性;突击性大于持久性。用文学上的话来概括的话,也可以说是浪漫主义大于现实主义。我给自己的这些缺点下了三十二字的考语:就是'红而不透,华而不实;泛而不专,浮而不切;知而不行,行而不力;孤而不群,群而不协'。实在是好看不好吃,是西厢记里说的'银样蜡枪头'。"思考今后怎么办？1. 拥护党。"我有畏难苟安心的情绪，但我始终是依靠党。今后还要进一步靠拢党，服从党，学习毛主席。" 2. 接受劳动锻炼，"这是最实际的自我改造"。"下去的好处是更能和实际结合，促进业务的进展。" 3. "党是爱护我的，由于我的耳聋，事务才具短绌，党把许多事务工作交给别的同志去作"，"我今后一定要多务一点'虚'。我想继续搞历史研究，以厚今薄古的精神来搞"。"我究竟是属于哪一类人呢？""我看我，还是一个诗人吧。"最后表示："我能否成为一个党员，自己也没有把握。但是，只要我一息尚存，不断努力，即使能够在死后，为党所吸收，追认我为一个共产党员，这在我也是莫大的光荣！"（中国科学院档案）

中国科学院党组10月30日致函周恩来、聂荣臻："郭沫若同志长期以来，因党籍问题未能公开解决，青年人经常写信质问他，思想上存在苦闷。这次经周恩来、聂荣臻同志介绍沫若同志从新入党，我们意见是不要预备期，做为正式党员。"（中国科学院档案）

郭沫若与李四光、李德全、钱学森等三百余名中央国家机关优秀分子加入中国共产党。(12月27日《人民日报》)

11月

1日 作《〈歌颂中朝友谊〉序》，发表于3日《人民日报》。写道："本年秋应邀赴朝鲜参加'朝中友好月'活动。以9月28日渡过鸭绿江出国，以10月26日渡鸭绿江回国，计在朝访问凡28日，得旧体诗四十八首，录为一小集，以志纪念。"

初收人民日报出版社1959年4月初版《长春集》，又收作家出版社1959年11月初版《潮汐集·潮集》，现收《郭沫若全集·文学编》第3卷。

◎ 晚，往中山公园，参加首都各界人民为欢迎志愿军英雄们举行的游园大会。(2日《人民日报》)

2日 作七律《悼郑振铎同志》。手迹发表于《考古学报》第4期。"万里乘风八月槎，惊传瞬息坠天涯。同行英杰成雄鬼，一代才华化电花。人百其身如可赎，天原无眼漫兴嗟。好将群力追前驷，读被遗书富五车。"

3日 诗《在欢送志愿军大会上》《洪命憙副首相陪游金刚山，赋诗见赠，步原韵奉酬》《参观朝鲜解放斗争博物馆》《颂平壤市》，发表于《人民日报》。

初收人民日报出版社1959年4月初版《长春集》，又收作家出版社1959年11月初版《潮汐集·潮集》，现收《郭沫若全集·文学编》第3卷。

4日 诗《登乙密台》《赠石吉英》《在鸭绿江中弄舟》《颂中国人民志愿军》《题画赠朝鲜同志》，发表于《人民日报》。

初收人民日报出版社1959年4月初版《长春集》，又收作家出版社1959年11月初版《潮汐集·潮集》，现收《郭沫若全集·文学编》第3卷。

5日 诗《题善竹桥》《游朴渊瀑布》《过铁岭》《游九龙渊瀑布八首》，发表于5日。

初收人民日报出版社1959年4月初版《长春集》，又收作家出版社1959年11月初版《潮汐集·潮集》，现收《郭沫若全集·文学编》第3卷。

◎ 晚，为庆祝十月革命节41周年，以中国科学院院长名义举行晚会招待苏联、捷克斯洛伐克、波兰专家。发表讲话，感谢苏联对中国科学事业的帮助，预祝两国科学合作进一步发展。（6日《人民日报》）

6日 诗《过末辉里》《过温井岭》《金刚山道中》《游万物相》《在寒霞里》《谢警卫战士》《游三日浦三首》《回长寿园》，发表于6日《人民日报》。

初收人民日报出版社1959年4月初版《长春集》，又收作家出版社1959年11月初版《潮汐集·潮集》，现收《郭沫若全集·文学编》第3卷。

◎ 晚，往怀仁堂，与朱德、周恩来等出席首都各界为庆祝十月革命41周年举行的盛大集会。大会由中苏友好协会总会副会长吴玉章主持。（7日《人民日报》）

7日 晚，与朱德、周恩来等应邀出席苏联驻华大使尤金为庆祝十月革命41周年举行的招待会。（8日《人民日报》）

9日 晚，与周恩来、陈毅等应邀出席朝鲜驻中国大使李永镐为招待中国人民志愿军代表团举行的宴会。(10日《人民日报》)

◎ 晚，往天桥剧场，与陈毅等观看苏联阿塞拜疆国家歌舞团为中国人民志愿军代表团演出的精彩歌舞节目。(10日《人民日报》)

10日 晚，往北京饭店，与周恩来等出席中国人民志愿军代表团为答谢首都各界人民举行的盛大招待会。发表讲话，称颂志愿军"树立的丰功伟绩是歌颂不完的，我们今天要歌颂，今后世世代代都要歌颂"。(11日《人民日报》)

11日 中午，作为抗美援朝总会主席，与廖承志、张奚若、吴晗等设宴欢送以杨勇上将、王平上将为首的中国人民志愿军代表团，祝志愿军全体同志今后在保卫祖国和参加祖国社会主义建设中取得新的荣誉。(12日《人民日报》)

12日 作《祝亚非青年亲密团结》。表示"亚洲和非洲人民的觉醒是促进殖民主义消灭的东风"。(郭沫若纪念馆馆藏资料)

18日 作诗《掌握着旋乾转坤的权柄》，发表于19日《人民日报》。纪念莫斯科宣言一周年。"全世界都充满着和平的歌颂声，/谁都认出了社会主义的无比优越性"，"社会主义制度正葆其美妙的青春，/资本主义制度早到了风烛的残龄。/普遍真理掌握了人类发展的必然性，/无产阶级专政是飞向自由的引擎"，"劳动人民掌握着旋乾转坤的权柄，/要使整个宇宙在我们的掌中飞舞"。

初收人民日报出版社1959年4月初版《长春集》，又收作家出版社1959年11月初版《潮汐集·潮集》，现收《郭沫若全集·文学编》第3卷。

22日 上午，与周恩来、彭德怀、贺龙等往车站欢迎金日成首相率领的朝鲜民主主义人民共和国政府代表团。(23日《人民日报》)

◎ 作诗《双倍的春天》，发表于23日《人民日报》。小序："北京市民夹道欢迎，花雨满天"，"天气特别晴朗，朝日吐放银挥"，"人间天上都以这样新鲜的朝气，欢迎从朝鲜来的兄弟"。诗云："鲜血凝成的友谊多么温暖，/今天是双倍的温暖的春天，/这春天要继续到永远，永远！"

初收人民日报出版社1959年4月初版《长春集》，又收作家出版社

1959年11月初版《潮汐集·潮集》，现收《郭沫若全集·文学编》第3卷。

◎ 下午，参加朱德对朝鲜政府代表团的会见。(23日《人民日报》)

◎ 晚，出席周恩来为欢迎以金日成首相为首的朝鲜政府代表团举行的宴会。(23日《人民日报》)

23日 晚，与朱德、周恩来等应邀出席朝鲜大使为金日成率朝鲜政府代表团访华举行的宴会，庆祝中朝经济及文化合作协定签订五周年。(24日《人民日报》)

24日 下午，与周恩来、彭真等往北京体育馆参加首都各界为欢迎金日成首相和朝鲜政府代表团举行的盛大集会。(25日《人民日报》)

25日 作《沫若文集》第10卷《前记》，说明《文艺论集》以及集外文章的问题。以其"包含着'五四'时期的一部分文艺工作者的思想痕迹，作为个人和社会的史料来看，觉得不妨保留下来"。《文艺论集续集》《盲肠炎》不仅表现作者"个人在三四十年前的思想历程，同时也提供出创造社同人的思想历程的一个侧面"。

收《沫若文集》第10卷，现收《郭沫若全集·文学编》第15卷。

26日 《难忘的访问，永恒的友谊》发表于《人民日报》。系赴朝参加"朝中友好月"活动的工作报告。介绍代表团在朝鲜的见闻，高度评价中朝友谊。

27日 接待北京师范学院学生李华、刘永章等六位同学，回答他们提出的有关现代文学史以及自己文学活动的几个问题。经戎笙整理，以《郭沫若同志答青年问》为题，发表于《文学知识》1959年5月号。

28日 下午，与周恩来、陈毅等往保加利亚驻中国大使馆吊唁保加利亚共产党中央政治局委员、保加利亚人民共和国国民议会主席团主席格·达米扬诺夫。(29日《人民日报》)

◎ 晚，与周恩来、陈毅等在鸿宾楼吃饭。周恩来建议"不妨写一个剧本替曹操翻案"。(郭沫若纪念馆馆藏资料)

29日 晚，与陈毅、李济深等出席阿尔巴尼亚驻华大使巴利里为庆祝阿尔巴尼亚解放14周年举行的招待会。(30日《人民日报》)

30日 作《〈羽书集〉改编小引》。谓，"在国民党统治下参加了政治部的工作"，"为了敷衍反动派，不愿说的话有时说了，愿意说的话多没有说，或者说得非常隐晦，因此，有好些文章是很难令人满意的"。因有旧版流传，故将文字校阅删节后保留下来，"请读者作为那一时期的历史资料看吧"。

收《沫若文集》第 11 卷，现收《郭沫若全集·文学编》第 18 卷。

12 月

1 日 作《〈断断集〉小引》。说明集子稿本曾在 1937 年交某出版社准备出版，后出版社不但未开张，还将稿本丢失。由原集中的大部分和《沫若近著》组成。"断断"是坦坦白白的意思。

收《沫若文集》第 11 卷，现收《郭沫若全集·文学编》第 18 卷。

3 日 作诗《举重》。发表于《新体育》1959 年第 1 期。祝贺中国举重运动员不断创造世界纪录。

初收人民日报出版社 1959 年 4 月初版《长春集》，又收作家出版社 1959 年 11 月初版《潮汐集·潮集》，现收《郭沫若全集·文学编》第 3 卷。

◎ 复函黄烈。谓："您行了手术，听说后果很好，祝您早日完全恢复健康。立群尚在院中。"(《郭沫若书信集》下，中国社会科学出版社 1992 年版)

4 日 作诗《咏黄山灵芝草》。发表于 28 日《人民日报》。小序叙黄山老药农在狮子峰采得珍贵灵芝的事迹。诗句有云："视为祥瑞不足奇，如今遍地皆祥瑞。"

初收人民日报出版社 1959 年 4 月初版《长春集》，现收《郭沫若全集·文学编》第 3 卷。

5 日 下午，往首都剧场，与彭德怀、陈叔通等参加首都各界为欢迎阿尔及利亚共和国临时政府代表团举行的盛大集会。(6 日《人民日报》)

7 日 中午，往机场欢迎由武汉回到北京的金日成首相和由他率领的朝鲜政府代表团。(8 日《人民日报》)

◎ 晚，出席陈毅副总理为欢迎阿尔及利亚共和国临时政府代表团举行的酒会和宴会。(8 日《人民日报》)

8 日 下午，往中南海勤政殿，与周恩来、陈毅、李济深等出席中华人民共和国政府和朝鲜民主主义人民共和国政府联合声明的签字仪式。(9

日《人民日报》)

◎ 晚，与周恩来、陈毅等出席金日成在北京饭店举行的盛大告别宴会。(9日《人民日报》)

9日 上午，随周恩来、陈毅等往车站，欢送金日成和朝鲜政府代表团离京回国。(10日《人民日报》)

◎ 作《三门峡出土铜器二三事》，发表于《文物参考资料》1959年第1期。介绍1957年三门峡上村岭虢国墓出土的铜器。虢季氏子乍殳鬲"与虢文公鼎为同人之器"，"均周宣王时器"；虢太子元徒戈等"由诸戈之形式与铭文字体观之，其制作年代亦宜定为西周末年"。

收《郭沫若全集·考古编》第6卷。

14日 上午，往中山堂，出席追悼中华人民共和国林业部部长、科学技术协会副主席梁希的公祭仪式，与贺龙、李济深、黄炎培、陈叔通等担任主祭。(15日《人民日报》)

◎ 晚，会见并设宴欢迎伊拉克社会活动家代表团团长纳吉·优素福和代表团全体人员。(15日《人民日报》)

18日 夜，作《读了"孩子的诗"》，发表于20日《人民日报》。对小作者们进行勉励并提出建议，强调要注意创作中的抄袭问题。"近来在大跃进的民歌中往往有这种倾向，即是把别处的民歌抄来，改头换面的换几个字便作为自己的东西。民歌的产量既多，谁也不能普遍看到，因此往往被混过，更因而被选或被称赞。这样实在是不太老实的作风。孩子可恕，大人断不可恕！"赋诗"老郭不算老，诗多好的少。老少齐努力，学习毛主席"。

◎ 作诗《钢，铁定的一〇七〇万吨》。发表于22日《人民日报》。赞我国提前完成钢铁生产指标。

初收人民日报出版社1959年4月初版《长春集》，现收《郭沫若全集·文学编》第3卷。

20日 下午，往中南海，与周恩来、李济深等参加中华人民共和国政府和阿尔及利亚共和国临时政府联合公报签字仪式。(21日《人民日报》)

◎ 晚，与周恩来、李济深等应阿拉伯联合共和国驻华大使拉加卜之邀，出席为招待阿尔及利亚共和国临时政府代表团举行的酒会。(21日《人民日报》)

21日 晨，与陈毅、李济深、张治中等往机场欢送阿尔及利亚共和国临时政府代表团离京返国。（22日《人民日报》）

25日 下午，往北京体育馆，与刘少奇、周恩来、朱德等出席全国农业社会主义建设先进单位代表会议开幕式，为主席团成员。代表中国科学院和全国科学工作者发表祝词，题为《丰产经验发展了我国农业科学》，发表于26日《人民日报》。说道："科学是从实践中产生的，科学只有通过实践才能认识自然的规律，并运用自然的规律促进自然的改造，以达到为人类造福的目的。因之，科学工作必须联系实际，必须走群众路线，这在农业丰产的实际中得到了无可争辩的实证。"

26日 与田汉、吕骥、贺绿汀等一同出席中国音乐家协会为纪念我国近代优秀作曲家张曙逝世20周年举行的音乐会。（27日《人民日报》）

27日 与李四光、李德全、钱学森等中央国家机关300余名优秀分子加入中国共产党。（27日《人民日报》）

◎ 为《科学报》题词："一九五九年必然是更大跃进的一年，它要给我们带来第十次的庄严国庆。扩大科学园地是十分必要的。我希望全国科学工作者，更加团结在党的领导之下，高举起马克思列宁主义旗帜，使实事求是的精神和大胆创造的作风相结合，促进科学的更大发展，更好地为社会主义建设服务。"（郭沫若纪念馆馆藏资料）

30日 与傅抱石谈国画创作"雅"与"俗"的关系。强调应当重视"俗"，"不单是绘画，文学也一样，诗歌也一样"，"过去'士大夫'知识分子所标榜的'雅'，主要的目的在于把自己的'知识'形成不可企及的一种力量"，"而从思想感情上毫不容情地排斥一切劳动人民"，"对于脱离现实只为少数人所独赏的'雅'的确还需要破，需要彻底的破"，"这实在是一个群众观点的问题，也是一个为谁服务的问题"。（傅抱石《俗到家时自入神——郭老谈画片记》，1959年1月12日《文汇报》）

31日 在中国科技大学举行的1959年元旦献礼大会上讲话，要求同学们不但要重视科学，而且要特别重视科学精神，大胆创造要与科学精神相结合，要仔细、耐心地观察、分析、研究客观事物的发展规律，掌握规律，利用规律，要有持久战的精神。向同学们提出"八好"，即思想好、作风好、工作好、学习好、互助好、身体好、劳动好、休息好。讲话后题诗三首勉励大家。（《中国科学技术大学大事记》，科大网）

◎ 作《蔡琰〈胡笳十八拍〉》。发表于1959年5月16日《人民日报》。采辑《胡笳诗》各种旧本进行校订，认为"真是好诗，百读不厌。非亲身经历者不能作此"，"坚信确为琰作"。

收文物出版社1959年版《蔡文姬》。

◎ 为中国科学技术大学题诗。其一："绳可锯木断，石可滴石穿。苦干兼巧干，坚持持久战。"其二："路要两条腿走，唱要有节奏。既要专能深，还要红能透。"其三："凡事不怕难，临事亦须惧。不作浮夸家，两脚踏实地。"（《郭沫若研究》第12辑，文化艺术出版社1998年版）

本月 作《祝贺白俄罗斯加盟共和国40周年》。（郭沫若纪念馆馆藏资料）

本　年

◎ 为《中国土农药志》作序，"大搞土农药运动不仅解决了化学农药的不足，保证了农业生产，而且为今后农药研究的发展指出了新的方向，前途非常广大。因此土农药运动具有政治、经济和科学文化三方面的意义"。（1959年7月1日《人民日报》）

《中国土农药志》于1958年12月由科学出版社出版。

◎ 主编《中国史稿》。（中国社会科学院历史研究所《永远激励我们前进的榜样》，1978年6月27日《人民日报》）

◎《两周金文辞大系图录考释》重版后，从稿费中汇容庚人民币500元，以还1931年4月在日本因资助友人治病所借"日币五百元"。（《郭沫若书简（致容庚）》第98页注⑪，广东人民出版社1981年版）

◎ 作《答世界青年问》。说：1. 核武器实在是最不人道的一种杀人工具。这种武器的试验应该立即停止。2. 为了停止核武器的试验，希望不懈地团结更广大的科学界和人民群众作不断地呼吁。（郭沫若纪念馆馆藏资料）

◎ 为天津业余成人高等学院新华职工大学题写校牌。（天津培训班网）

◎ 为四川石室中学题匾："求实务虚"。（四川成都石室中学校志）

1959年（己亥）67岁

3月10日　西藏发生武装叛乱。20日，人民解放军驻藏部队奉命进行平叛作战。22日，中共中央发出在平息叛乱中实行民主改革的指示。28日，国务院发布命令，解散西藏地方政府，由西藏自治区筹备委员会行使地方政府职权。

7月2日至8月16日　中共中央在庐山先后举行了政治局扩大会议（7月2日至8月1日）和八届八中全会（8月2日至16日）。开始对彭德怀等人进行批判。全党开展"反右倾"斗争。

8月底　首都"十大建筑"：人民大会堂、民族文化宫、民族饭店、华侨大厦、北京火车站、北京工人体育场、中国革命历史博物馆、中国人民革命军事博物馆、钓鱼台国宾馆和全国农业展览馆建成。

9月底　发现大庆油田。

12月9日　印尼发生大规模反华排华活动，我国外交部提出严重抗议并提出解决问题的三点建议。

12月16日　周恩来总理函复印度总理尼赫鲁，提出和平解决中印边界争端的首要步骤。

1月

1日　下午，与毛泽东、周恩来等出席全国农业先进单位代表会议闭幕式。(2日《人民日报》)

◎《1959年的东风》发表于《人民日报》。称"1959年新的任务是在去年大跃进的基础上更大的跃进"。"1959年的东风，毫无疑问，必将进一步压倒西风。"

2日　致信尚钺："您给我的信接到了，您对我的估计未免过高。我愿意接受大家的鞭策，让我们共同为党的事业努力。听说你骨折了，希望好好疗治。我今年也快六十八了，一生的体会无多，觉得大胆创造必须和虚心学习相结合，才能有所成就。"(郭沫若纪念馆馆藏资料)

3日 作《欢呼巨型宇宙火箭上天》，发表于4日《人民日报》。庆贺苏联发射一支到月球去的巨型宇宙火箭。

◎ 下午，出席中国科学院北京各自然科学研究、教育、编译出版等单位举行的元旦献礼大会，并宣读贺词《欢呼巨型宇宙火箭上天》。（4日《人民日报》）

◎《学习毛主席》发表于《中国青年报》。说，"现在党组织审查批准了我和其他一些同志入党，这是我终生的幸福。""党中央和毛主席提出了又红又专的口号。这是我们每个人的前进方向和奋斗目标。""我们要努力学习，学习马克思，学习列宁，学习毛泽东！"

初收人民出版社1961年1月初版《文史论集》，现收《郭沫若全集·文学编》第17卷。

4日 致电苏联科学院院长涅斯米扬诺夫，祝贺苏联成功发射巨型宇宙火箭。（5日《人民日报》）

5日 下午，主持中苏友好协会总会和北京市中苏友协联合举行的座谈会，庆贺苏联巨型宇宙火箭穿越月球。通过致苏中友协和苏联科学院的贺电。（6日《人民日报》）

◎《宇宙火箭与人造卫星对话》发表于《人民日报》。祝贺苏联发射巨型宇宙火箭成功。

◎ 致信《人民日报》第八版编辑。说：

"《宇宙火箭与人造卫星对话》抄稿时抄掉了一句，即是在倒数第十行'像杜勒斯之流都是大骗子'之下，还有一句是：

'他们天天都在喊人类的自由和尊严，其实人类的自由和尊严，至少有百分之五十被他们吃掉了。'

可否借一小角版面，把这个更正登出？请酌。"（郭沫若纪念馆馆藏资料）

7日 作《谈蔡文姬的〈胡笳十八拍〉》。发表于25日《光明日报·文学遗产》第245期。重申38年前在《〈西厢记〉艺术上的批判与其作者的性格》一文的基本观点，认为蔡文姬的《胡笳十八拍》"实在是一首自屈原的《离骚》以来最值得欣赏的长篇叙事诗"，强调"那是用整个的灵魂吐诉出来的绝叫。我是坚决相信那一定是蔡文姬作的，没有那种切身经历的人，写不出那样的文字来"。针对郑振铎、刘大杰二人文学史中的

"伪作"说进行驳论。提出《替曹操翻案》一文的基本思想:"曹操虽然打了黄巾,但没有违背黄巾起义的目的。"收《蔡文姬》(文物出版社第3版)时,改为"曹操虽然是攻打黄巾起家的,但他却受到了农民起义的影响"。

初收人民出版社1961年1月初版《文史论集》,现收《郭沫若全集·文学编》第8卷。

8日 与周扬合作《"红旗歌谣"编者的话》。发表于9月16日《红旗》第18期,收红旗杂志社9月初版《红旗歌谣》。

《红旗歌谣》是郭沫若、周扬合编的新民歌选集,由红旗杂志社1959年9月出版。选收新民歌300首,分四部分:一、党的颂歌;二、农业大跃进之歌;三、工业大跃进之歌;四、保卫祖国之歌。编者在序中称编选标准既注意思想内容的新颖,又注意艺术形式的优美。1979年人民文学出版社重版,更换了20余篇。

20日 中午,与廖承志等欢迎应邀来访的墨西哥前总统、世界和平理事会副主席拉萨罗·卡德纳斯将军一行。晚,设宴欢迎卡德纳斯将军一行,并致欢迎词。(21日《人民日报》)

21日 上午,参加毛泽东与卡德纳斯将军一行的会见。中午,参加周恩来与卡德纳斯将军一行的会见。(22日《人民日报》)

◎ 下午,陪同卡德纳斯将军一行参观全国农业展览会。晚,出席中国人民保卫世界和平委员会为欢迎卡德纳斯将军一行举行的歌舞京剧晚会。(23日《人民日报》)

22日 上午,与彭真等出席中国人民政治协商会议全国委员会为欢迎卡德纳斯将军一行举行的集会。中午,出席中国人民政治协商会议全国委员会为欢迎卡德纳斯将军一行举行的酒会。(23日《人民日报》)

◎ 下午,与周恩来、彭德怀、陈毅等欢迎以奥托·格罗提渥总理为首的德意志民主共和国政府代表团。(23日《人民日报》)

23日 陪同卡德纳斯将军一行访问北京郊区四季青人民公社,参观十三陵水库、游览长陵。(24日《人民日报》)

24日 上午,陪同卡德纳斯将军一行乘专机往上海等地参观访问。下午,参加宋庆龄与卡德纳斯将军一行的会见。(25日《人民日报》)

◎ 傍晚,往虹口公园,参观新建的鲁迅纪念馆,并在留言簿题词。

"革命热情与科学精神相结合应该说就是鲁迅的作风。他是敢想敢说敢作的人,而却能脚踏实地、实事求是,是永远值得我们学习的。"(周国伟《中国已新生,方向更光明——郭沫若同志亲书有关鲁迅的几件手迹》,上海鲁迅纪念馆 1979 年 6 月编印《纪念与研究》)

25 日 中午,陪同卡德纳斯将军一行由上海乘专机到武汉访问。下午,陪同卡德纳斯将军一行参观武汉长江大桥和武汉钢铁公司。(26 日《人民日报》)

◎ 作七律《颂武汉》。发表于 2 月 2 日《长江日报》。

初收人民日报出版社 1959 年 4 月初版《长春集》,又收作家出版社 1959 年 11 月初版《潮汐集·潮集》,现收《郭沫若全集·文学编》第 3 卷。

◎ 作七律《访武钢》。发表于《文艺月报》3 月号。

初收人民日报出版社 1959 年 4 月初版《长春集》,又收作家出版社 1959 年 11 月初版《潮汐集·潮集》,现收《郭沫若全集·文学编》第 3 卷。

◎ 作七绝《颂武钢》。发表于 27 日《长江日报》、3 月 11 日《人民日报》。"铁浪奔流似火龙,高温千度映面红,武钢接踵鞍钢后,建设规模气概雄。"

初收人民日报出版社 1959 年 4 月初版《长春集》,现收《郭沫若全集·文学编》第 3 卷。

26 日 陪同卡德纳斯将军一行从武汉乘专机到达广州。下午,陪同卡德纳斯将军一行参观广州市郊区新滘人民公社和中国出口商品陈列馆。晚,设宴欢送即将离开我国的卡德纳斯将军一行,致辞表示:我们愿意和墨西哥人民紧密地携起手来,保卫太平洋上的和平,使太平洋成为名副其实的太平洋,愿意和墨西哥人民一道,为维护世界和平作不懈的努力。(27 日《人民日报》)

◎ 观看红线女、马师曾合演粤剧《断机教子》。作七律以志之。发表于 2 月 2 日《广州日报》。"绕梁喜听歌声转,一曲断机净客尘。"辑入《英雄树下花争放》,以《迎宾馆》为题,刊载于《作品》第 4 期。

初收人民日报出版社 1959 年 4 月初版《长春集》,又收作家出版社 1959 年 11 月初版《潮汐集·潮集》,现收《郭沫若全集·文学编》第

3卷。

27日 上午，陪同卡德纳斯将军及其随行人员乘专车离开广州到深圳，欢送贵宾去香港。(28日《人民日报》)

◎ 拜谒广州红花岗烈士陵园。赋七律一首。辑入《英雄树下花争放》，以《红花岗》为题，发表于《作品》第4期。

初收人民日报出版社1959年4月初版《长春集》，又收作家出版社1959年11月初版《潮汐集·潮集》，现收《郭沫若全集·文学编》第3卷。

◎ 由广州市长朱光陪同到新会。(王廷芳提供)

30日 访圭峰新会劳动大学，题七绝一首。辑入《英雄树下花争放》，以《访圭峰新会劳动大学》为题，发表于《作品》第4期。

初收人民日报出版社1959年4月初版《长春集》，现收《郭沫若全集·文学编》第3卷。

◎ 参观新会葵扇厂，在纪念册上提四言诗一首。辑入《英雄树下花争放》，以《题赠新会葵扇工厂》为题，发表于《作品》第4期。手迹辑入广州新会葵扇厂纪念册。

初收人民日报出版社1959年4月初版《长春集》，现收《郭沫若全集·文学编》第3卷。

◎ 参观厓门。(王廷芳提供)

31日 参观石湾美术陶瓷厂，题赠五言诗一首。辑入《英雄树下花争放》，以《题赠石湾美术陶瓷厂》为题，发表于《作品》第4期。

初收人民日报出版社1959年4月初版《长春集》，现收《郭沫若全集·文学编》第3卷。

月末 作七律《厓门》《新会》，发表于2月2日《羊城晚报》。辑入《英雄树下花争放》，刊载于《作品》第4期。

初收人民日报出版社1959年4月初版《长春集》，又收作家出版社1959年11月初版《潮汐集·潮集》，现收《郭沫若全集·文学编》第3卷。

◎ 作五言诗《六榕寺》，辑入《英雄树下花争放》，发表于《作品》第4期。

初收人民日报出版社1959年4月初版《长春集》，又收作家出版社

1959年11月初版《潮汐集·潮集》，现收《郭沫若全集·文学编》第3卷。

本月　《就目前创作中的几个问题答〈人民文学〉编者问》发表于《人民文学》第1期。就革命浪漫主义和革命现实主义相结合、革命浪漫主义和革命现实主义相结合的创作方法以及文艺作品如何表现人民内部矛盾等问题，回答了《人民文学》编者的提问。

初收人民出版社1961年1月初版《文史论集》，现收《郭沫若全集·文学编》第17卷。

◎《雄鸡集》由北京出版社出版。收1949年至1958年间的演讲、论文等36篇。

2月

1日　作诗《赞向秀丽同志》。发表于3日《广州日报》、5日广东《青年报》。

初收人民日报出版社1959年4月初版《长春集》，现收《郭沫若全集·文学编》第3卷。

◎ 应新滘人民公社索，题四言诗一首。辑入《英雄树下花争放》，以《题赠新滘人民公社》为题，后发表于《作品》第4期。

初收人民日报出版社1959年4月初版《长春集》，现收《郭沫若全集·文学编》第3卷。

3日　开始创作历史剧《蔡文姬》。

4日　作诗《春暖花开》。发表于12日《人民日报》。

初收人民日报出版社1959年4月初版《长春集》，现收《郭沫若全集·文学编》第3卷。

5日　会见陶铸。（王廷芳提供）

◎ 下午，看足球比赛。（王廷芳提供）

7日　游广州花市，作诗一首。发表于8日《广州日报》、上海《文艺月报》3月号。

初收人民日报出版社1959年4月初版《长春集》，题为《在广州游花市》，自注："此诗原只四句，今足成七律"；又收作家出版社1959年

11月初版《潮汐集·潮集》；现收《郭沫若全集·文学编》第3卷。

◎ 晚，参加春节宴会。（王廷芳提供）

8日 上午，会见陈同生。（王廷芳提供）

◎ 晚，观越剧《搜书院》。（王廷芳提供）

9日 五幕历史剧《蔡文姬》脱稿。发表于《收获》第3期。收《郭沫若全集·文学编》第8卷。

◎ 中午，同杜国庠全家吃饭。（王廷芳提供）

10日 乘火车离开广州。（王廷芳提供）

12日 晨，到杭州。游西湖，舟中成五律一首。

初收人民日报出版社1959年4月初版《长春集》，题为《游西湖》；又收作家出版社1959年11月初版《潮汐集·潮集》；现收《郭沫若全集·文学编》第3卷。

◎ 作七律《游孤山》《登六和塔》，五律《虎跑泉》《花港观鱼》。发表于13日《浙江日报》。

初收人民日报出版社1959年4月初版《长春集》，又收作家出版社1959年11月初版《潮汐集·潮集》，现收《郭沫若全集·文学编》第3卷。

◎ 晚，到上海。（王廷芳提供）

13日 作七律《颂上海》。发表于14日《解放日报》。

初收人民日报出版社1959年4月初版《长春集》，又收作家出版社1959年11月初版《潮汐集·潮集》，现收《郭沫若全集·文学编》第3卷。

◎《就当前诗歌中的主要问题答〈诗刊〉社问》发表于本日《人民日报》，《诗刊》第1期。分新民歌是否当前诗歌运动的主流、新民歌有无局限性、中国新诗在什么基础上发展、怎样估计五四以来的新诗等四个问题进行解答。强调"对五四以来的新诗在精神上要肯定它，对各个诗人的作品应该有选择的对待，不能一概抹煞。五四以来的新诗还是有它的生命的，自由诗的路子还是一个可以走的路子"。

初收人民出版社1961年1月初版《文史论集》，现收《郭沫若全集·文学编》第17卷。

14日 约巴金、靳以谈《蔡文姬》。决定将《蔡文姬》交《收获》

发表。(王廷芳提供)

16日 上午，在锦江饭店约见于伶、白杨等人，征求对《蔡文姬》的意见。(于伶《怀念郭沫若同志》，《悼念郭老》，生活·读书·新知三联书店1979年版)

张瑞芳、赵丹、陈鲤庭、应云卫等应邀到场。席间谈到替曹操、殷纣王、秦始皇的翻案问题。(王廷芳提供)

◎ 致函周恩来。说："一月廿六日陪墨西哥客人到广州后，因孩子们在春假中到了广州，我便留下把剧本《蔡文姬》写出了。二月三日动笔，九日晚脱稿。兹寄上清样本五册，请饬交陈总和周扬同志各一册。如有暇审阅，请提示意见，不日回京后再修改。这个剧本是通过蔡文姬替曹操翻案。这个主题是根据主席和您的提示。去年十一月有一天晚上，我们在鸿宾楼吃晚饭，陈总亦在座。我坐在您的旁边，您曾向我说，不妨写一个剧本替曹操翻案。案是翻了，但翻得怎样，有待审定。立群来沪就医后，比在北京时似乎好些，但仍时有波动。拟明日乘车北上，打算在曲阜和济南参观一二日后即返京。"(郭沫若纪念馆藏)

郭沫若欲将《蔡文姬》剧本送周恩来并致信周恩来，但"由于打印稿错字太多，无法寄出，信也就留下来。又过了一段时间郭老回到北京，把剧本重新印好，又重写了一封信送去"。(王廷芳《周总理和郭老的一些交往和友谊》，人民出版社1986年版) 此信应为第一次写的信。——编者注

◎ 夜，作七绝《雨中登上海国际大厦》二首。发表于17日《解放日报》。

初收人民日报出版社1959年4月初版《长春集》，又收作家出版社1959年11月初版《潮汐集·潮集》，现收《郭沫若全集·文学编》第3卷。

18日 到曲阜。作诗《颂曲阜》《游孔林》《游孔庙》《观大成殿》《观孔府》，以《诗五首》为题，发表于21日山东《大众日报》。

初收人民日报出版社1959年4月初版《长春集》，现收《郭沫若全集·文学编》第3卷。

19日 在济南参观。作五律《参观山东博物馆》《趵突泉》，七绝《溪亭泉》《登历山》《看"借亲"赠吕剧团》，七律《大明湖》。以《齐鲁多文物》为题，发表于21日山东《大众日报》。

初收人民日报出版社 1959 年 4 月初版《长春集》，又收作家出版社 1959 年 11 月初版《潮汐集·潮集》，现收《郭沫若全集·文学编》第 3 卷。

20 日　与成仿吾同车回京。（王廷芳提供）

21 日　将《蔡文姬》打印稿分送周恩来、陈毅、周扬并致信。（王廷芳提供）

◎ 下午，在家与曹禺谈《蔡文姬》。（王廷芳提供）

22 日　下午，与周恩来、陈毅等观看罗马尼亚人民军"军队中央之家"足球队同中国人民解放军"八一"足球队的友谊比赛。（23 日《人民日报》）

◎ 晚，参加周恩来会见美国著名黑人学者、世界和平理事会理事杜波伊斯博士及其夫人及便宴。（23 日《人民日报》）

◎ 晚，与陈毅等应邀出席阿拉伯联合共和国驻华大使拉加卜为庆贺阿拉伯联合共和国成立一周年举行的招待会。（23 日《人民日报》）

◎ 作《坐地、巡天及其他》，改正 13 日答《诗刊》问中"两处不妥当的地方"，"免得以讹传讹"。发表于 3 月 4 日《人民日报》。一是关于坐地与巡天的问题，二是关于血吸虫卵的孵化问题。"一个是过了，一个是不及，刚刚证明了古人所说的'过犹不及'（说多了和没有说够，同样是错误）。两个错误也同出一源，那就是主观主义了。"

初收人民出版社 1961 年 1 月初版《文史论集》，现收《郭沫若全集·文学编》第 17 卷。

23 日　晚，往北京饭店，与陈毅、沈钧儒、黄炎培等出席保卫世界和平大会和对外文协为庆祝美国著名黑人学者杜波伊斯九十一寿辰举行的宴会，并致祝词。赠送亲笔书写寿联："替有色种族增光铁中铮铮钦此老"，"为世界和平努力东风习习寿期颐"。寿联发表在 24 日《人民日报》，《人民画报》3 月号。

25 日　作七律《喜雪》。手迹发表于 26 日《人民日报》。序云："去冬今春，雪下甚少。昨日起，竟日霏霏，今晨已积累盈尺。雪兆丰年，喜而赋此。"

初收人民日报出版社 1959 年 4 月初版《长春集》，又收作家出版社 1959 年 11 月初版《潮汐集·潮集》，现收《郭沫若全集·文学编》第

3卷。

26日 作七律《再喜雪》。发表于27日《人民日报》。序曰："雪积盈野，花开满树。望美景之无垠，乐丰年其有望。再赋喜雪，以抒未竟之怀。"

初收人民日报出版社1959年4月初版《长春集》，又收作家出版社1959年11月初版《潮汐集·潮集》，现收《郭沫若全集·文学编》第3卷。

27日 下午，接待《戏剧报》记者朱青，谈《蔡文姬》的创作意图与经过。认为"创作历史剧应当在现实主义的基础上运用浪漫主义的手法"，"追求历史真实，实事求是，然后进行加工、想象和夸大"，"要求作者对待历史有准确的评价"。指出"话剧的表现手法应当更多一些"，而"人民内部矛盾产生不出大悲剧"。（朱青《郭沫若同志谈〈蔡文姬〉的创作》，《戏剧报》第6期）

28日 在讨论话剧发展问题的戏剧座谈会上发言，发言记录以《话剧要增加些浪漫主义》为题，发表于3月3日《戏剧报》。认为，应该"现实主义和浪漫主义结合"，各剧院、剧团、剧种间要加强协作。

座谈会由田汉召集，欧阳予倩、夏衍、阳翰笙等出席。

本月 为蒲松龄故居题联："写鬼写妖高人一等，刺贪刺虐入骨三分。"（于冠西《郭老题聊斋》，《东海》1979年第2期）

◎ 作七绝《因如泰运河在九圩港竣工题贺》，赞如东水利建设"输引长江入黄河"。（孙怡新《千载永勿磨》，1979年6月3日《新华日报》）

◎ 题赠香港《大公报》复刊11周年："祖国今何似？日新又日新。复刊十一载，报导万分真。不愧大公号，成为希世真。生花春在笔，努力为人民。"（郭沫若纪念馆藏）

3月

1日 致函曹禺、焦菊隐。告以《蔡文姬》"剧本有四处，须改正"。（《郭沫若研究》第2辑，文化艺术出版社1986年版）

2日 读罢《革命烈士诗抄》，题七律一首。发表于31日《人民日报》。手迹载《革命烈士诗抄》（中国青年出版社1959年版）。序云："血晶铁韵，万代楷模"。

初收作家出版社1959年11月初版《潮汐集·潮集》，题作《题〈革命烈士诗抄〉》；现收《郭沫若全集·文学编》第4卷。

3日 作七律《颂三八节》。发表于8日《人民日报》。

初收人民日报出版社1959年4月初版《长春集》，现收《郭沫若全集·文学编》第3卷。

4日 为侯德榜《制碱工学》题写书名并作《序》。载化学工业出版社1959年版《制碱工学》。称赞侯德榜教授"无保留地把自己几十年来的经验总结了出来，交给国家，交给年轻的一代"，"这种精神就显示了共产主义者的风格"。表示"自己愿意向作者学习，我也愿意我国的学者们向作者学习，把自己的学识毫无保留地贡献出来，贡献给国家，贡献给人类，以促进国家建设、人类进步和学术发展"。

5日 下午，与曹禺谈《蔡文姬》，同到萃华楼共进晚餐。（王廷芳提供）

6日 召开中国历史提纲草案座谈会。与陈垣、范文澜、吴晗、翦伯赞、侯外庐、尹达等历史学家60余人讨论奴隶社会和封建社会部分的提纲草案。在开幕会上讲话，希望执笔者外，要有参谋部，请到会的专家作参谋部的"诸葛亮"。（晒姝、应吉《郭沫若主编〈中国史稿〉》引《中国历史提纲（奴隶社会、封建社会部分）座谈会简报》，《郭沫若研究》第10辑）

9日 到朝阳旅馆和川剧演员谈《蔡文姬》。（王廷芳提供）

11日 当选为第二届全国人民代表大会代表。（12日《人民日报》）

◎ 作《跋〈胡笳十八拍〉画卷》。发表于29日《光明日报》。认为，现藏南京博物院的这幅画卷，"由其风格觇之，或系临摹宋人画本"，"所画匈奴习俗及山川风物，纯出于想像，不必有何确凿根据"。画后所附《胡笳诗》，"盖据郭茂倩《乐府诗集》，字句多夺佚"。

初收人民出版社1961年1月初版《文史论集》，现收《郭沫若全集·考古编》第10卷。

◎ 为峨眉电影制片厂题诗《电影》。发表于1960年2月16日《天津日报》："绘声绘色流芳远，有质有文着色多。银幕平均翻宇宙，明星灼烁耀山河。刹那谈笑成千古，世界和平共一歌。打破红黄棕黑白，永教玉帛代干戈。"（郭沫若纪念馆藏，《郭沫若学刊》1987年第2期）

初收作家出版社1959年11月初版《潮汐集·潮集》，现收《郭沫若全集·文学编》第4卷。

13日 在中国历史提纲草案座谈会上继续讨论奴隶社会和封建社会部分的提纲草案。先后两次讲话，强调在不同意见中尽可能采取辩证的办法取得"同"，不应该让小异长期"异"下去，必须努力求其"同"。

◎在座谈会闭幕会上讲话。说明会议主要任务是讨论中国通史提纲、图谱和历史博物馆的陈列问题。开得很好，大家辛苦了七八天，很有收获：一是认识了历史的重要性，给大家很大的信心和鼓舞。二是更明确了厚今薄古的方针，不是只要今不要古，不是只要现代不要近代，而是要明确历史发展的规律，古为今用，吸收历史的精华。三是贯彻了百家争鸣的方针，大家提出了不同意见，执笔者要尽量地补充进去。在会上有些小分歧，这不过是大同中的小异。在新旧观点、新旧方法还没有掌握得十分正确之前，是可能发生小异的。旧观点的尽量消除，新观点的尽量建立，材料由集体力量来掌握，那就可以化小异为大同，初步取得一致。要善于采纳不同的意见，听取不同的意见，在不同的意见中尽可能采取辩证的方法取得"同"。多接近资料也是重要的，学历史的必须要读线装书，别人冷言冷语说我们落后，可以不必理他。事物总是在发展的，发现的资料会愈来愈多。一件重要的资料足以攻破定说，所以小异总会有些。我们都是马克思主义者，目前还有些小异，我们不能让它长期"异"下去，必须努力求其"同"。最后指出：中国通史的编写是很重的担子，一百万字，几千年的历史，要照顾到各时代经济、政治、思想、学术等方面，并不是容易的事。中国是多民族国家，民族问题的处理很难，很复杂。小组分头写，以后如何统一也有困难。提出对工艺史应当特别注意，认为这是劳动人民直接生产的，中国工艺品的多和好实在惊人，在这部分可多找专家提提意见。（炳姝、应吉《郭沫若主编〈中国史稿〉》引《郭沫若在中国通史提纲草案座谈会上的讲话》，《郭沫若研究》第10辑）

14日 下午，与张奚若、廖承志等出席中国人民政治协商会议全国委员会为招待以浅沼稻次郎为首的日本社会党访华代表团举行的酒会。（15日《人民日报》）

◎作《替曹操翻案》。发表于23日《人民日报》。分五个部分："曹操虽然打了黄巾，但没有违背黄巾起义的目的"；"曹操平定乌桓是反侵略性的战争，得到人民的支持"；"关于曹操杀人问题，应该根据历史事实重新考虑"；"曹操对于民族的发展和文化的发展有大的贡献"；"曹操冤枉地做了一千多年的反面教员，在今天，要替他恢复名誉"。曹操"被迫不得不在基本上满足黄巾起义的目的"，"恢复封建制度下的生产秩序，把人民从流离失所的情况扭回过来，从历史发展过程上来说，在当时倒是进步的事业"，"我们如果体贴一下那被解放了的十几万户人的心理，他们对于曹操是会衷心感激的"。曹操"对于当时的人民是有贡献的，不仅有而且大；对于民族的发展和文化的发展是有贡献的，不仅有而且大"，"比起他同时代的人物来是最大的"，"诸葛亮却被后人神化，而曹操被后人魔鬼化了。这是不公平的"。"产生这种不公平或者使曹操特别受歪曲的主要原因不能不归之于正统观念的统治"，"曹操受了很大的歪曲，实是宋代以来"。曹操受到歪曲的另一个原因，"是政权的延续不太长"，"曹丕和曹睿都是比较可取的人物，如果他们活得长一点，曹魏的统治就会更长得一点。如果那样，我看历史上对于曹氏父子的评价是会有所不同的"。

初收文物出版社1959年4月初版《蔡文姬》，后收人民出版社1961年1月初版《文史论集》，现收《郭沫若全集·历史编》第3卷。

◎ 看望参加武昌文艺工作座谈会的同志们。（骆文《挽郭沫若同志》，《长江文艺》1978年8月号）

16日 与竺可桢、茅以升等出席首都文化与科学界纪念世界文化名人、俄罗斯伟大科学家、无线电发明人亚·斯·波波夫诞生一百周年大会，致开幕词。波波夫的创造性的劳动和在无线电事业上的成就，"对于人类文化和科学作出了卓越的贡献，丰富了全世界文化的宝库"。（17日《人民日报》）

◎ 作《再谈蔡文姬的〈胡笳十八拍〉》。发表于20日《光明日报》。以曹丕、丁廙的两篇《蔡伯喈女赋》残文推算蔡文姬当生于汉灵帝熹平六年（177），归汉于汉献帝建安十三年（208），时年31岁。认定丁廙见到过《胡笳十八拍》，所以其赋"摄取了诗中的语意和辞汇"，证明《胡笳十八拍》是"蔡文姬自己做的"。

初收文物出版社1959年4月初版《蔡文姬》，后收人民出版社1961年1月初版《文史论集》，现收《郭沫若全集·文学编》第8卷、第

17卷。

17日 晚，与廖承志等出席中国人民外交学会会长张奚若和日本社会党访华代表团团长浅沼稻次郎共同声明换文仪式。应邀与张奚若、廖承志等往北京饭店出席日本社会党访华代表团举行的告别宴会。(18日《人民日报》)

◎ 致函曹禺、焦菊隐。"《蔡文姬》中'杨训'一角请改名为'周近'。凡说白中提到'杨司马'的地方均请改为'周近司马'。"(《郭沫若研究》第2辑，文化艺术出版社1986年版)

21日 作《关于目前历史研究中的几个问题——答〈新建设〉编辑部问》。发表于4月8日《人民日报》，《新建设》4月号。分四部分：一、历史研究的方向问题。"今天历史研究所做的主要是从文献中研究以前的历史"，"业务范围还可以扩大"，"除集体编纂外，我们也应该欢迎个人撰述"。二、打破王朝体系的问题。"打破王朝体系，并不是要求把中国历史上的朝代抹掉"，"要打破的是旧的历史观点、封建正统观点、专为帝王将相作家谱的办法，而不是简单地把王朝抹掉"。"从新的历史观点出发，固然应该着重写劳动人民的活动，但以往的社会既是阶级社会，统治阶级的活动也就不能不写。"三、史料、考据和历史学的关系问题。"没有史料固然不能研究历史，专搞史料也决不能代替历史学"，"在历史研究中，只有历史唯物主义的一般原理而没有史料，那是空洞无物的"。四、历史人物的评价问题。"历史是发展的，我们评定一个历史人物，应该以他所处的历史时代为背景，以他对历史发展所起的作用为标准，来加以全面的分析"，"除去对历代帝王应该这样考察以外，各个时代中有关思想、文化、科学技术方面的人物，尤其应该正确地估计他们的作用，加以重视"。

初收人民出版社1961年1月初版《文史论集》，后收《沫若文集》第17卷，现收《郭沫若全集·历史编》第3卷。

23日 作《祝丰收》。文艺生产丰收的保证是"多多采集民间歌谣和民间艺术作品；对民间艺人要加以深切的爱护和培养。……职业作家要和工人农民打成一片，大胆创造要奠基在实事求是的精神之上"。(郭沫若纪念馆藏)

24日 到北京人艺看排《蔡文姬》一、二幕。(王廷芳提供)

28日 为《百花齐放图集》题写书名及七绝一首，手迹载江苏文艺出版社1959年版《百花齐放图集》。现收《郭沫若全集·文学编》第3卷。

30日 作诗《〈光荣的中国人民志愿军〉题辞》，刊于解放军画报社1959年版《光荣的中国人民志愿军》图片集。诗中有句："兄弟并肩驱寇盗，英雄喋血铸和平。"

初收作家出版社1959年11月初版《潮汐集·潮集》，现收《郭沫若全集·文学编》第4卷。

本月 书赠魏传统《〈光荣的中国人民解放军〉题辞》。（手迹见《郭沫若遗墨》，河北人民出版社1980年版）

◎ 应中国历史编写小组之请讲中国古代史研究中的问题。记录以《关于中国古史研究中的两个问题》为题，发表于《历史研究》第6期。关于中国的奴隶社会讲道："中国奴隶社会不像所谓'古代东方型'的奴隶社会那样"，"如果太强调了'公社'，认为中国奴隶社会的生产者都是'公社成员'，那中国就会没有奴隶社会"；"原始公社在中国古代应该有，但名称是什么？我们弄不清楚"；"邑中的组织最初应是原始公社组织"，但"作为商、周社会中的基层单位，其中的组织就不再是什么'公社'了"，"后来变成奴隶主控制下的劳动集中营，变成行政机构了"。关于古史分期问题说，"奴隶制和封建制的分期，我变动过几次，最后定在春秋战国之交。近来又考虑了一下，觉得还是这样分期要适当些"。"各国的社会改革均完成于战国年间，且为了叙述方便起见，总要找一个合适的年代作标志，就姑且定为春秋战国之交吧。"

初收人民出版社1961年1月初版《文史论集》，后收《沫若文集》第17卷，现收《郭沫若全集·历史编》第3卷。

◎ 作《曹操年表》，发表于《历史研究》第3期，署名江耦。

春

◎ 录《再喜雪》为小圃同志补壁。（手迹见《郭沫若书法集》，四川辞书出版社1999年版）

◎ 为傅钟同志书"题《革命烈士诗抄》"。（手迹见《郭沫若书法集》，四

川辞书出版社1999年版）

◎ 书《趵突泉》赠成仿吾。（手迹见《郭沫若书法集》，四川辞书出版社1999年版）

4月

4日 在中央人民广播电台发表广播演说《消除战争威胁，维护世界和平》，谴责北大西洋公约组织十年来的侵略行径。演说词发表于5日《人民日报》。

5日 上午，与陈毅等往中山公园音乐堂出席首都各界人民为支持阿尔及利亚人民争取民族独立斗争举行的集会。讲话发表于6日《人民日报》，题为《发展中阿两国人民战斗友谊》。

6日 晚，设宴欢迎奥地利和平理事会主席海因里希·布兰德魏纳和他的秘书萨尔巴哈。（7日《人民日报》）

◎ 为《柳亚子诗词选》作序。刊于人民文学出版社1959年版《柳亚子诗词选》。谓，"亚子先生是一位典型的诗人"，"他的精神是随着时代的进步而进步的"。他"不仅是一位革命的诗人，而且还是一位革命的史学家"。

初收人民出版社1961年1月初版《文史论集》，现收《郭沫若全集·文学编》第17卷。

7日 主持中国科学院自然科学研究所所长会议，致开幕词《在落实的基础上争取科学的更大进步》，载《科学通报》第9期。

7日至13日，中国科学院自然科学研究所所长会议在北京举行。（15日《人民日报》）

◎ 作《小朋友，你们好！》。手迹发表于6月1日《人民日报》。写道："小朋友，你们好！请学燕子操早操，生动活泼多轻巧！小朋友，你们好！请学蜜蜂采蜜勤，百花齐放表欢迎。小朋友，你们好！什么一学就学会，好乘火箭满天飞。小朋友，你们好！整队高歌喜洋洋，举起红旗拥护党！"

8日 作《发扬五四运动的光辉传统》。（中国科技大学大事记）

11日 在中国人民政治协商会议第三届全国委员会委员名单中，与

楚图南等被列为"对外和平友好团体"代表。(12日《人民日报》)

14日 晚，与茅盾、竺可桢、马思聪等出席首都文学艺术界和音乐界为纪念世界文化名人、德国作曲家乔·弗·亨德尔逝世二百周年举行的集会，并欣赏亨德尔作品演奏音乐会。(15日《人民日报》)

15日 出席毛泽东主席召集的第十六次最高国务会议。(16日《人民日报》)

◎ 在中国科学技术大学第一次党代会上致开幕词。被选为党委会正式委员。(中国科技大大事记)

15日至25日，中国科学技术大学召开第一次党代会。

17日 上午，出席中国人民政治协商会议第三届全国委员会第一次全体会议，与黄炎培等为主席团成员。(18日《人民日报》)

◎ 下午，在预备会上，与毛泽东、周恩来等被选为第二届全国人民代表大会第一次会议主席团成员。(18日《人民日报》)

◎ 晚，纪念"五四"40周年筹备委员会成立，被推选为委员会主任。

邓颖超、沈雁冰、李四光等为副主任。筹备委员会举行第一次会议，讨论了有关纪念"五四"40周年的各项筹备工作，通过了关于纪念"五四"运动40周年的联合通知。(18日《人民日报》)

18日 下午，在怀仁堂，出席第二届全国人民代表大会第一次会议开幕式，与刘少奇等为大会执行主席。毛泽东主席主持了开幕式。(19日《人民日报》)

19日 上午，与廖承志、陈叔通等往首都剧场，出席首都各界人民庆祝世界和平运动十周年大会，并发表讲话。(20日《人民日报》)

◎ 晚，设宴欢迎新西兰和平理事会副主席威利斯·艾雷夫妇、华伦·维尔菲雷德·弗里尔夫妇和冰岛和平委员会主席克里斯坦·安德烈逊夫妇。(20日《人民日报》)

21日 出席第二届全国人民代表大会第一次会议。(22日《人民日报》)

23日 晚，与廖承志等出席首都各界人民纪念万隆会议四周年大会，并发表讲话。讲话全文发表于25日《人民日报》，题为《背离万隆精神干涉我国内政定遭失败》。指出印度少数扩张分子，甚至某些印度的政治家，不顾和平共处五项原则和万隆精神，竟公然支持西藏武装叛乱，干涉中国内政。这样的阴谋注定是要失败的。

24日 下午，飞抵莫斯科，作为副主席，出席即将举行的"加强国际和平"列宁国际奖金委员会会议。(26日《人民日报》)

26日 回到北京。(26日《人民日报》)

27日 下午，在第二届全国人民代表大会第一次会议上与李济深、沈钧儒当选为全国人大常务委员会副委员长，朱德为委员长。(28日《人民日报》)

28日 下午，出席第二届全国人民代表大会第一次会议闭幕式，与朱德、林伯渠等担任执行主席。(29日《人民日报》)

◎ 赠中国科学技术大学一部乌克兰式16毫米电影机及全套附属设备。(中国科学技术大学大事记)

29日 上午，出席中国人民政治协商会议第三届全国委员会第一次会议闭幕式，与彭真、李济深等当选为中国人民政治协商会议第三届全国委员会副主席，周恩来为主席。(30日《人民日报》)

◎ 下午，与周恩来、聂荣臻等往机场迎接以匈牙利社会主义工人党中央委员会政治局委员、匈牙利工农革命政府总理明尼赫·费伦茨为首的匈牙利党政代表团。(30日《人民日报》)

30日 参加中国亚非学会第一次筹备会议，被推举与周扬等人负责进行筹备工作。讨论了中国亚非学会章程草案。(5月5日《人民日报》)

◎ 下午，与习仲勋等往北京体育馆，出席首都各界人民为欢迎以明尼赫总理为首的匈牙利党政代表团举行的集会。(5月1日《人民日报》)

◎ 晚，出席周恩来总理为庆祝"五一"国际劳动节举行的酒会，与来自五十多个国家的外宾共庆"五一"节。(5月1日《人民日报》)

本月 《长春集》由人民日报出版社出版。收诗词213首。

◎《沫若选集》第1卷由人民文学出版社出版。

◎《百花齐放》木刻插图版由人民日报出版社出版。

5月

1日 上午，在天安门城楼与党和国家领导人一道检阅首都人民庆祝"五一"国际劳动节及反对帝国主义和外国反动势力干涉我国内政的游行

队伍。(2日《人民日报》)

◎ 作《中国农民起义的历史发展过程——序〈蔡文姬〉》。发表于16日《人民日报》,《收获》第3期。写道:"我不想否认,我写这个剧本是把我自己的经验融化了在里面的。""蔡文姬就是我!——是照着我写的","我在写作中是尽可能着重了历史的真实性,除掉我自己的经历使我能够体会到蔡文姬的一段生活感情外,我没有丝毫意识,企图把蔡文姬的时代和现代联系起来"。"我写《蔡文姬》的主要目的就是要替曹操翻案。曹操对于我们民族的发展、文化的发展,确实是有过贡献的人。""不能把今天的标准来衡量曹操和黄巾。""曹操尽管打过黄巾军,不能否认他是受到了农民起义的影响,逼着他不能不走上比较为人民谋利益的道路。""我虽然肯定了曹操的功绩,但并没有否定曹操的罪过",在剧本里还"把曹操由于偏信几乎错杀了好人形象化了"。

初收文物出版社1959年5月初版《蔡文姬》,后收人民出版社1961年1月初版《文史论集》,现收《郭沫若全集·文学编》第8卷时,改题为《〈蔡文姬〉序》。

2日 下午,在中苏友好协会总会第三届会议上,与李济深等被推选为第三届副会长,宋庆龄为会长。(3日《人民日报》)

◎ 致函阳翰笙、田汉、曹禺、焦菊隐并转周扬。感谢对《蔡文姬》剧本的修改意见。"我仔细斟酌了几遍,认为改得很好。""改得特别好"之处有五点,"可以商量,维持了原状"之处有两点。"《重睹芳华》一诗,寿昌改得好,但我把字句又调整了一番。"收《郭沫若全集·文学编》第8卷。

◎ 致函曹禺、焦菊隐。说,"蔡文姬的台辞中所增加的几句(左贤王赞成她会来修撰《续汉书》云云),仍请保留";曹操的台辞中"蔡文姬夫人"下加几句话,"就把文姬归汉的任务更突出了"。收《郭沫若全集·文学编》第8卷。

◎ 致信夏景凡:"《序蔡文姬》清样送上,我认为这是最后定稿了。不日出国,想准备些其它的事,关于'五四'的诗只好缴白卷了,乞谅。"(夏小希编《随缘集——夏宗禹书札》,华夏出版社1996年8月版)

夏景凡时为《人民日报》编辑。

3日 致函曹禺、焦菊隐。写道:"剧本又翻了一遍,下面几处,请改。"总共五处，如"锄除兼并，拯济贫困"改为"平定中原"，删除"保卫华夏"，"胡汉一家"改为"四海一家"等。(《郭沫若研究》第2辑，文化艺术出版社1986年版)

◎ 下午，往先农坛体育场，主持首都各界人民纪念"五四"四十周年大会，并致开幕词。讲话全文，发表于4日《人民日报》。讲道："'五四'以来的历史，就是工人阶级及其先锋队领导的历史，就是中国人民坚决同帝国主义和反动统治阶级进行斗争的历史，就是马克思列宁主义在中国取得胜利的历史。""随着经济建设高潮的到来，目前我国已经开始出现了文化建设的高潮。这是一个比'五四'时代更加广泛更加深刻的文化革命。"号召全国的知识分子努力奋斗，担负起建设社会主义文化的任务。

4日 为中国科技大学题词。"要建设成社会主义，必须发展科学技术，培养出一批又红又专的科学人才。科学技术并非高不可攀，红透专深并非特别困难，只要鼓足干劲，力争上游，在毛泽东时代的青年没有任何不能克服的难事。科学技术大学欢迎一切有志的青年，共同踏破科学的高峰并创造科学的更高峰，多快好省地建设社会主义。"(《深切怀念老校长努力办好新科大》，1978年6月22日《光明日报》)

5日 率我国代表团赴斯德哥尔摩出席世界和平理事会特别会议，代表团成员有包尔汉、喜饶嘉错、赵朴初等。(6日《人民日报》)

7日 下午，飞抵斯德哥尔摩。(8日《人民日报》)

8日 下午，在斯德哥尔摩公民厅，出席世界和平理事会特别会议开幕式，发表致辞。"我国把保卫和平看成一项具有头等重要意义的任务。十年来我们做了不断的努力，今后愿进一步为彻底消灭战争、增进人类幸福而奋斗。"(10日《人民日报》)

10日 上午，出席世界和平理事会特别会议举行的全体会议，在会上发言。(12日《人民日报》)

12日 飞抵丹麦哥本哈根，待机赴苏联。晚，在我驻丹麦大使馆与郑为之大使等聚餐。从国际反华大合唱谈到国内为曹操翻案。(林桦《记郭沫若关于丹麦的两首七律的创作》，《郭沫若学会会刊》第1辑)

13日 参观索瓦德生雕塑馆，游览郎厄林尼公园。(林桦《记郭沫若关于丹麦的两首七律的创作》，《郭沫若学会会刊》第1辑)

◎ 下午，出席世界和平理事会特别会议闭幕会，并与戈登夫人、文幼章等当选重新选举成立的该理事会主席团委员。(15日《人民日报》)

在世界和平理事会特别会议期间郭沫若曾于苏联、瑞典、丹麦三国首都上空往返飞行，自称"八日三都"。

◎ 晚，为中国驻丹麦使馆题联："堤外海天催曙色，园中花草颂东风。"(林桦《记郭沫若关于丹麦的两首七律的创作》，《郭沫若学会会刊》第1辑)

14日 上午，飞赴莫斯科。(林桦《记郭沫若关于丹麦的两首七律的创作》，《郭沫若学会会刊》第1辑)

16日 下午，在克里姆林宫出席"加强国际和平"列宁国际奖金委员会授予赫鲁晓夫1958年"加强国际和平"列宁国际奖金仪式，并发表讲话。(17日《人民日报》)

◎ 致电全苏作家协会苏尔科夫转苏联第三次作家代表大会，祝贺大会成功。电文发表于《文艺报》第11期。

18日 率出席世界和平理事会斯德哥尔摩特别会议的我国代表团回到北京。(19日《人民日报》)

21日 致信郁文。说："人民画报所需要的文章，我草拟了一篇，送上，请您斟酌。""所附来资料送还。"

人民画报社想到要报道一年前建立的中国科学技术大学，于是联系了科技大。时任科技大党委书记的郁文，商请兼任校长的郭沫若亲自撰文介绍科技大学，并为郭沫若准备了一些资料。(蔡震《郭沫若生平文献史料考辨·为中国科学技术大学做广告宣传》，社会科学文献出版社2014年版)

◎ 历史剧《蔡文姬》由北京人民艺术剧院在首都剧场公演，作为向国庆十周年献礼节目。观看演出时非常激动，一边看一边流着泪对曹禺说："《蔡文姬》我是用心血写出的，因为蔡文姬就是我。"(23日《人民日报》；曹禺《郭老给予我们的教育》，《人民戏剧》1978年第7期)

22日 致信赵万里。询问：

"道藏中有《太平经》残卷，其真伪及时代为何？

《后汉书·襄楷传》言于吉有神书，称为《太平清领书》，李贤注以为即《太平经》，可靠否？

《襄楷传》注中曾引《太平经》数处，是否见今残卷？

以上问题，请求您或贵馆其他同志赐教。"(郭沫若纪念馆馆藏资料)

赵万里，文献学家，时任北京图书馆研究员。

◎ 与李四光等往机场欢迎苏联科学院代表团。(23日《人民日报》)

◎ 与李四光等参加聂荣臻副总理与苏联科学院代表团全体人员的会见。(23日《人民日报》)

◎ 晚，设宴欢迎苏联科学院代表团的全体人员。聂荣臻与苏联驻中国大使尤金应邀出席宴会。(23日《人民日报》)

23日 诗《游北欧诗四首》，发表于《人民日报》，包括《在瑞典首都游米列士园》《游海》《在丹麦首都为使馆题字补壁》《使馆宿舍即景》。诗中多咏《蔡文姬》和为曹操翻案，如《游海》有"负暄畅话蔡文姬"句、《使馆宿舍即景》有"翻案文章先出国，逢人每说听曹公"句等。

初收作家出版社1959年11月初版《潮汐集·潮集》，现收《郭沫若全集·文学编》第4卷。

◎ 致函朱人瑞，收到《替殷纣王翻案》。(郭沫若纪念馆藏资料)

24日 致函焦菊隐。谓，"五幕第一场谈到赵四娘之死的地方，想添改几句"。(《郭沫若研究》第2辑，文化艺术出版社1986年版)

25日 致函金灿然。谈王明《太平经合校》出版问题："廿四日手书奉悉。王明同志的《太平经合校》，我把《前言》和《著录考》看了一遍。中间的经文，也跳着繙（翻）阅了一下，觉得他是用了工夫的。这书和太平道有关，能印出来，大有用处。我因为不日即将伴随苏联科学代表团出京，无暇仔细校阅全书，乞谅。我很希望能早日出版，出版之前可嘱王明同志（或其他同志）再校阅一遍，可能有些标点文字上的错误。"(手迹见《中华书局九十周年纪念》，中华书局2002年版)

金灿然，时任国务院古籍整理出版规划小组成员兼办公室主任、中华书局总经理兼总编辑。

◎ 致函焦菊隐。说："第五幕董祀与卞后之间没有交代。在曹操及卞后等将下场之前请加几句。在'董中郎，你也陪着谈谈'之下，加入。"(《郭沫若研究》第2辑，文化艺术出版社1986年版)

28日 诗《在克里姆林宫授予赫鲁晓夫同志列宁国际和平奖金会上》《游攸苏坡夫博物馆》以《访莫斯科近作二首》为题，发表于《人民日报》。

初收作家出版社1959年11月初版《潮汐集·潮集》，删去总题；现收《郭沫若全集·文学编》第4卷。

下旬 陪同苏联科学院代表团访问上海。（王廷芳提供）

◎ 游太湖蠡园，为游人题字："人是活的，书是死的。活人读死书，可以把书读活，死书读活人，可以把人读死。"录入《三谈蔡文姬的〈胡笳十八拍〉》。

◎ 作五律《蠡园唱答》二首：《游鼋头渚》《游惠山泥人厂》。以《访无锡四首》为题，发表于6月11日《人民日报》。《蠡园唱答》有小序："初游时，颇嫌过于矫揉造作，作五律一首致贬。继思劳动创造世界，实别有天地，乃复作一律以自斥。因成唱答。"《游鼋头渚》手迹发表于6月1日《无锡日报》，与6月11日《人民日报》发表文字有所不同。

初收作家出版社1959年11月初版《潮汐集·潮集》，现收《郭沫若全集·文学编》第4卷。

◎ 致函常香玉，祝贺她加入中国共产党。（常香玉《培育百花 奖掖后进》，《战地》1978年增刊第2期）

◎ 书赠董越千《在瑞士游米列士园》。（手迹见《郭沫若书法集》，四川辞书出版社1999年版）

本月 《蔡文姬》由文物出版社出版。印入明人《胡笳十八拍》画卷，以宋人陈居中《文姬归汉图》为封面。收《中国农民起义的历史发展过程——序〈蔡文姬〉》《替曹操翻案》《谈蔡文姬的〈胡笳十八拍〉》《再谈蔡文姬的〈胡笳十八拍〉》《跋〈胡笳十八拍〉画卷》，以及戎笙《谈〈蔡文姬〉中曹操形象的真实性》等文。

6月

1日 下午，在北京，与涅斯米扬诺夫分别代表中国科学院和苏联科学院，签订1959年度科学合作执行计划。

执行计划规定中苏两国1959年在自然科学方面和社会科学方面的合作项目，是根据1958年1月签订的中苏两国政府科学合作协定和1957年12月签订的中苏两国科学院科学合作议定书，由两国科学院代表团会谈

后制订的。(2日《人民日报》)

◎ 晚，与张闻天等参加刘少奇主席会见以涅斯米扬诺夫为首的苏联科学院代表团。(2日《人民日报》)

◎ 晚，往苏联大使馆，与李四光一同接受苏联科学院国外院士证书并致辞。

苏联科学院代表团团长、苏联科学院院长涅斯米扬诺夫代表苏联科学院颁发证书。苏联科学院是在1958年6月举行的全体会议上选举郭沫若和李四光为院士的。(2日《人民日报》)

◎ 晚，与张闻天、李四光等应苏联驻华大使尤金之邀，出席为苏联科学院代表团访问中国举行的宴会并发表讲话。(2日《人民日报》)

2日 上午，与吴有训等欢送苏联科学院代表团一行回国。(3日《人民日报》)

◎ 题侯波摄影照片《毛主席接见亚、非、美三洲来宾》："世界大团结，明星何煌煌！北辰居其所，地上建天堂。"（手迹见上海人民美术出版社1959年12月出版彩色单页）

◎ 作《三谈蔡文姬的〈胡笳十八拍〉》，发表于8日《光明日报》。针对刘大杰否认苏东坡欣赏过《胡笳十八拍》所引的"四条证据，证明苏东坡只见过《悲愤》二诗，没有见过《胡笳》"，逐条进行驳论。"前三条证据完全否定《悲愤》二诗，立说相同"，"只就第一条来讨论一下"。对于出自何薳《春渚纪闻》的第四条证据，从书的版本考察入手，指出"这书在明代已经残缺不全"，所引何薳那段文字"毫无疑问，是有夺落的。只消添加三个字，一切证据都可以相安无事"，并作了"加字解释"，认为刘大杰"对于材料的占有是尽了能事的，但可惜对于材料的审核却不大严密。他在否认苏东坡欣赏过《胡笳十八拍》上深信了《春渚纪闻》的断章，而把朱熹责备范蔚宗'弃而不录'的话斥为'完全是臆说'。""不客气地"指出："刘先生的四证，虽然主张得非常坚决，却是非常脆弱的。"

初收人民出版社1961年1月初版《文史论集》，现收《郭沫若全集·文学编》第17卷。

5日 致函黄烈。为赠《蔡文姬》一书附言，"此书在您精神好时翻阅翻阅，但请不要贪读。"（《郭沫若书信集》下，中国社会科学出版社1992

年版）

◎ 致函考古所编辑室。说：

"《武威发掘报告》我看了一遍。十简中第三简文似应读'朕甚哀老小'为句。因此，我在两处作了小修改，请酌定。

"'仪礼汉简'，最好能把它同现存仪礼作一对照。但照片上字太小，我的视力相当差，没有仔细看。甘肃的同志们如能就原简摹写一遍，对于研究上会更方便些。我想这工作一定已有人在做。"（郭沫若纪念馆藏资料）

◎ 晚，在家中宴请中岛健藏和西园寺公一。（中岛健藏《失去最为珍贵的人》，吉林大学外研所日本文学研究室1978年编译《日本朋友悼念郭沫若》）

7日 题徐悲鸿《八骏图》。"八骏自由驰骋，浑如万马奔腾。"（手迹见《湖南群众文艺》1979年第10期）

8日 晚，与楚图南、廖承志等出席中国人民对外文化协会和日本中国文化交流协会、日本中国友好协会《关于中日两国人民间文化交流的联合声明》签字仪式。（9日《人民日报》）

10日 下午，参加毛泽东、刘少奇、周恩来、彭真、康生、黄克诚接见中国人民解放军第二届文艺会演大会的全体文艺工作者。（11日《人民日报》）

15日 下午，与廖承志等欢迎以奥拉西奥·罗德里格斯·普拉塔为首的哥伦比亚议会代表团。（16日《人民日报》）

◎ 作《四谈蔡文姬的〈胡笳十八拍〉》。发表于21日《光明日报》。针对刘开扬、李鼎文、王达津、沈从文等人肯定《胡笳十八拍》是"后人拟作"的种种观点进行论辩。文章分作五部分：1. "发掘到一个文学上的古迹"，指出"《胡笳十八拍》本来有大小两种"，"由于有了蔡文姬的《胡笳十八拍》，董庭兰根据唐代流行的诗体，又别创一格。但因辞有长短，调亦有长短，故唐人以大小分之"。2. "《大胡笳十八拍》是蔡琰作的"，肯定《大胡笳》"这样一首好诗，不可能不是蔡文姬做的"，反驳李鼎文、王达津提出的"一些反证"。3. "王安石《胡笳十八拍》集句"，王安石集句"采用了蔡文姬的《胡笳十八拍》十句、刘商的五句"，分别列出，进行对照，证明王安石"也没有否认蔡文姬的创作权"。引出宋人李纲的集句，表明"李纲是看到两种《胡笳十八拍》，而且也肯定《大胡笳十八拍》为蔡文姬所作"。4. "离古愈远，疑古愈深"，"对于蔡文姬的《胡笳十八拍》，唐人的李颀没有怀疑。董庭兰、刘商也没有怀疑"，"宋人也没有人怀疑，如王安石、苏东坡、郭茂倩、李纲、朱熹、李元白、王应麟、严羽"等，"元人也不曾怀疑《胡笳十八拍》为蔡琰所作"，"到了明人才开始怀疑起来"，"愈朝后走，否定得愈坚决"。"怀疑是应该的。科学研究的动机有一多半是从怀疑出发，何况《胡笳十八拍》也的确有可以令人怀疑之处。"5."用什么标准来评价"，归纳明清乃至近代怀疑或否定《胡笳十八拍》的原因，"主要还是从'风格体裁不合'这一条出发的"，认为"这儿包含着一个用什么标准的问题"。说"人们求之于班固、崔骃，求之于曹氏父子和建安七子，的确是找不出和《胡笳》相类似的格调"，"但如果我们把标准求之于两汉的民间文学，那情况就会不同了"，列举《乌孙公主歌》《上郡民歌》《讽刺太常诗》、两汉铜镜铭五例进行比照，把这些诗歌做标准来看蔡文姬的《胡笳十八拍》，"请问：在'风格体裁'上到底有什么大了不起的'不合'呢？"并肯定地说："当然，比起两汉民歌和铜镜铭来，《胡笳十八拍》是要典雅得多，恢宏得多。蔡文姬是在骚体和七言民歌的基调之上树立了她独创的风格。"

初收人民出版社1961年1月初版《文史论集》，现收《郭沫若全集·文学编》第17卷。

16日　《中国科学技术大学》发表于《人民画报》第12期。介绍中国科学技术大学创建目的与经过。

◎ 晚，设宴欢迎哥伦比亚议会代表团，并致欢迎词。（17日《人民日报》）

17日　下午，参加毛泽东和刘少奇会见哥伦比亚议会代表团。（18日《人民日报》）

◎ 下午，与程潜等出席林伯渠为欢迎哥伦比亚议会代表团举行的酒会。（18日《人民日报》）

18日　作诗《赞安业民烈士》，发表于22日《人民日报》。

初收作家出版社1959年11月初版《潮汐集·潮集》，现收《郭沫若全集·文学编》第4卷。

◎ 为乐山一中题词："青少年时代可塑性最大。在这时期，无论在思想、立场、学习、发育方面，都应该把基础打好。照着教学与劳动相结合的方针办事，便是最好的奠基工作。脑力劳动与体力劳动能适当地相互结合，可以使体魄健壮，可以使精神发扬，学习会感觉兴趣而登上高峰，学成之后能更好地为国家建设服务。有了明确的方针，靠着集体和个人的努力，便能培养出全面发展的社会主义建设人才。努力吧，人人都鼓足干劲、力争上游！"（《郭沫若研究学会会刊》1982年第1集）

20日 致信孔凡礼。（见《郭沫若学刊》2006年第3期）

21日 下午，致函焦菊隐。"今天看了《蔡文姬》日场，想到几点意见，提供您考虑。"一是"第四幕第一场曹丕写好饬令之后，可照饬令念一遍，再递交曹操签署。"二是"曹操签署之前，不妨再念一遍，或仔细看一遍，再签署"。三是第五幕闭幕时"有舞无歌，仍嫌寂寞，似可把'春兰秋菊'以下四句重唱一遍"。（《郭沫若研究》第2辑，文化艺术出版社1986年版）

22日 作诗《美军撤出南朝鲜！》。发表于25日《人民日报》。呼吁"快把全部侵略军队立即撤出南朝鲜，好让朝鲜的和平统一能早一日实现！"。

◎ 复函许宝驹。写道："大作《文成公主》拜读了一遍，具见匠心。佩服佩服。开场时李道宗的说白似乎少了一点，与禄东赞不平衡。辞曲中多新语汇，如'和平友好'、'跃进'、'四海和平'、'和平世界'等，是否可以稍微改一下？'莽天涯归路杳茫难认取'句，我觉得消极了一点。好不好改为'莽乾坤一望无涯新版图'？请您考虑考虑。"（郭沫若纪念馆藏资料）

23日 作《五谈蔡文姬的〈胡笳十八拍〉》。发表于7月13日《光明日报》。因又见到一些有关材料，"可以补充我前说之不足"。所谈四点："首先，我认为最值得注意的材料是梁代本有《蔡文姬集》传世。""其次，蔡文姬善书，承继了她父亲的传统。"第三，《宝贤堂集古法帖》中所见第一拍开头两句，见于宋初《淳化秘阁法帖》，"其来历，至迟当追溯至唐代，是可以断言的"。第四，从宋人黄山谷《跋法帖》中看出，黄山谷"不仅相信《胡笳引》十八章是蔡文姬著的，而且还相信（字）是她自己写的"。蔡文姬所书14字即便是伪托，"至迟是在唐代"，"也正证明：那作伪的唐代人或唐以前人也肯定《胡笳十八拍》是蔡文姬所作的了"。

初收人民出版社1961年1月初版《文史论集》，现收《郭沫若全集·文学编》第17卷。

◎ 接见朝鲜中央通讯社记者，就"使美军撤出南朝鲜斗争日"发表谈话。谈话摘要发表于25日《人民日报》。

24日 晚，与廖承志、朝鲜驻中国大使李永镐等往政协礼堂出席首都各界为支持朝鲜人民要求美军撤出南朝鲜和实现祖国和平统一的正义斗争举行的集会，作题为《朝鲜锦绣山河必将统一，美国侵略阴谋定遭惨败》的讲话，讲话全文发表于25日《人民日报》。

29日 离京赴河南安阳。（《豫秦晋纪游二十九首》序）

30日 到郑州，由河南省副省长嵇文甫陪同参观省博物馆、商城遗址和花园口。（《豫秦晋纪游二十九首》序）

◎ 参观5月发现的安阳后冈圆形殉葬坑，作七绝十三首以纪其事。辑入《豫秦晋纪游二十九首》，发表于7月18日《人民日报》。以《观圆形殉葬坑》为题，录入《安阳圆坑墓中鼎铭考释》一文。

初收作家出版社1959年11月初版《潮汐集·潮集》，现收《郭沫若全集·文学编》第4卷。

本月 《沫若文集》第10、11、12卷由人民文学出版社出版。第10卷分为四辑：《文艺论集》《文艺论集续集》《盲肠炎》以及其他文艺论文、杂感6篇。第11卷分三辑：《断断集》《羽书集》与其他集外作品15篇。第12卷分两辑：《今昔蒲剑》《历史人物》。其中《历史人物》篇目较1952年第三版版本有较大的变动，移《离骚今译》入第2卷、移《夏完淳》至第4卷。《论曹植》的文字有两处较大删改。《甲申三百年祭》篇末增一则"附识"："此文以一九四四年三月十九日在重庆《新华日报》上刊出，连载四日。二十四日国民党《中央日报》专门写一社论，对我抨击。国民党反动派的尴尬相是很可悯笑的。"

◎ 为中国科学院考古研究所安阳考古调查队题诗："我来洹水忆殷辛，统一中原赖此人。百克东夷身致殒，千秋公案与谁论。"（手迹藏郭沫若纪念馆）

7月

1日 到洛阳参观龙门石窟、白马寺、敬士街小学。宿专家招待所。

（王廷芳提供）

3日 到三门峡。（王廷芳提供）

◎ 为于非闇的治丧委员会成员。（4日《人民日报》）

于非闇，国画家、北京中国画院副院长。

5日 到西安，访半坡、华清池，视察国防工厂。（王廷芳提供）

◎ 视察丰镐考古队。（《郭沫若学刊》1992年第3期）

◎ 作诗《颂三门峡水库工程》。发表于8日《河南日报》，有小序，"气势雄伟，深受感发，因成诗八章，以纪其事"。辑入《豫秦晋纪游二十九首》，改题为《访三门峡八首》，删去小序，发表于18日《光明日报》。

初收作家出版社1959年11月初版《潮汐集·潮集》，现收《郭沫若全集·文学编》第4卷。

6日 题词半坡博物馆："殷墟文字已合乎六书规律，则文字之起源必可逆溯三、二千年。仰韶龙山疑已进入有文字的时期。今来半坡，观先民遗址，其建筑结构、器制花纹、生活体制，均已脱出原始畛域。陶器破片上见有刻纹，其为文字殆无可疑。将来发掘时必能更进一步解决此问题。"（《郭沫若书法集》，四川辞书出版社1999年版）

半坡遗址1957年建博物馆，1958年对外开放。郭沫若题"半坡遗趾"，解释"趾"，说历史是人们一步一步用脚走出来的。

◎ 诗《题赠洛阳敬士街小学》发表于《河南日报》。辑入《豫秦晋纪游二十九首》，改题为《参观洛阳敬士街小学留题》，发表于18日《光明日报》。

初收作家出版社1959年11月初版《潮汐集·潮集》，现收《郭沫若全集·文学编》第4卷。

7日 作七律《重游华清宫读董老和诗因再用旧韵奉酬》。辑入《豫秦晋纪游二十九首》，发表于18日《光明日报》。

初收作家出版社1959年11月初版《潮汐集·潮集》，现收《郭沫若全集·文学编》第4卷。

◎ 五律《颂洛阳二首》发表于《河南日报》。辑入《豫秦晋纪游二十九首》，发表于18日《光明日报》。

初收作家出版社1959年11月初版《潮汐集·潮集》，现收《郭沫若全集·文学编》第 4 卷。

9 日 七律《访龙门三首》发表于《河南日报》。以《观龙门石窟斥美帝摧毁盗窃文物二首》与《访奉先寺石窟》为题，辑入《豫秦晋纪游二十九首》，发表于 18 日《光明日报》。

初收作家出版社 1959 年 11 月初版《潮汐集·潮集》，现收《郭沫若全集·文学编》第 4 卷。

◎ 到太原。宿迎泽宾馆。（王廷芳提供）

10 日 游晋祠。作诗《游晋祠》，并题赠晋祠文管所。辑入《豫秦晋纪游二十九首》，发表于 18 日《光明日报》。

初收作家出版社 1959 年 11 月初版《潮汐集·潮集》，现收《郭沫若全集·文学编》第 4 卷。

◎ 游晋祠难老泉，为讲解者张友椿书："难老泉中长生萍，终发常青，既可食并可疗疾。在水中翠绿宜人，难以形容。附近蓄水为池。池中有睡莲，冬季亦开花，良足异晴。"（据手迹，见堀川英嗣《郭沫若先生游晋二三事》，《郭沫若学刊》2013 年第 1 期）

◎ 在晋祠文管所为刘永德书一条幅："昨在龙门见奉先寺碑，载武则天以脂粉费建寺。今来晋祠又见武氏所序刻八十卷本华严经刻石，凡一百二十六枚。有此足见武氏于中国文化实有贡献。论史者多毁之，殆出于偏见。"（据手迹，见堀川英嗣《郭沫若先生游晋二三事》，《郭沫若学刊》2013 年第 1 期）

11 日 返京。（《豫秦晋纪游二十九首》序）

◎《向全人类的良心呼吁》发表于《人民日报》。抗议希腊当局迫害希腊民族英雄曼诺里斯·格列索斯和其他希腊爱国者的行为，"向全人类的良心发出紧急的呼吁：援救希腊和平与民主的斗士格列索斯和其他爱国者！"

◎ 七律《游白马寺》发表于《河南日报》。辑入《豫秦晋纪游二十九首》，改题为《访白马寺》，发表于 18 日《光明日报》。

初收作家出版社 1959 年 11 月初版《潮汐集·潮集》，现收《郭沫若全集·文学编》第 4 卷。

◎ 复信周扬。写道："《社会主义文学艺术的道路》读过了，写得很全面，也很集中。文字也很简练。

"在十年来的成就中，是否可以提一提建筑、工艺、摄影等。这些也应该属于艺术范畴。建筑中的新成就，充分显示了中国作风和中国气派，壮丽而又庄重朴实。对于古建筑物的保护，恐怕也值得一提。"

"我的《蔡文姬》被您提到了，但就我自己来说，我觉得《武则天》比较还要满意一些。北昆的《文成公主》比话剧的《文成公主》更刻画了人物。除创作外，演出上的成就（演员的成就）似乎还值得提一提。作家用笔墨来创造人物，演员用身心来创造人物。"（郭沫若纪念馆藏资料）

14日 晚，与陈毅、李济深等应邀往北京饭店出席伊拉克共和国特别代表阿齐兹·谢里夫为庆祝伊拉克共和国成立一周年举行的招待会。（15日《人民日报》）

15日 下午，与薄一波、伊拉克共和国特别代表阿齐兹·谢里夫等出席首都各界人民为庆祝伊拉克共和国成立一周年举行的集会。发表讲话指出：伊拉克人民反对帝国主义、维护民族独立的正义斗争，将会永远得到中国人民的衷心同情和坚决支持。中伊两国人民之间的深厚友谊，将像长江和底格里斯河一样，永远奔流前进。讲话全文发表于16日《人民日报》。

16日 将赴河南、陕西、陕西参观途中创作发表的诗，与尚未发表的《登袁世凯墓》《颂郑州》《访花园口》《颂太原》《看三槽出钢》《访半坡遗址四首》《访窦大夫祠》等篇，辑录为《豫秦晋纪游二十九首》。发表于18日《光明日报》。（《豫秦晋纪游二十九首》小序）

初收作家出版社1959年11月初版《潮汐集·潮集》，现收《郭沫若全集·文学编》第4卷。

17日 作《六谈蔡文姬的〈胡笳十八拍〉》。发表于8月4日《光明日报》。针对高亨所举第十拍、第六拍"只有两联精练工整的对仗句"进行考辨，认为"句句为韵，正合乎汉、魏人的诗法"，不存在与六朝诗风"相去很远"的问题。王竹楼所论蔡文姬所书14字，在陕西博物馆碑林中见到《淳化阁法帖》的原刻石，蔡文姬所书第一拍开头14字"在石上还完整无缺"。"对于《淳化阁法帖》所收的蔡琰书十四字，我赞同黄山谷和北宋初年编《法帖》的人们，相信它是真迹"，"字都是真的，诗不消说也就是真的了"。

初收人民出版社1961年1月初版《文史论集》，现收《郭沫若全集·文学编》第 17 卷。

20 日 上午,与廖承志、越南驻中国大使陈子平等往政协礼堂出席首都各界纪念日内瓦协议签订五周年暨支持越南人民和平统一祖国的正义斗争大会,发表题为《我们全力支持英雄的越南人民》的讲话。讲话全文载 21 日《人民日报》。

大会是首都人民响应亚非人民团结理事会关于举行"越南日"的号召而召开的。(21 日《人民日报》)

21 日 为中国科学院煤炭研究室题词:"国家的地下资源十分丰富。石油、石炭的充分利用,大有工作可作,不仅工业建设非常需要,并为科学发展开辟着广阔的途径。我们一方面要养成落实的作风,一方面也要有务虚的精神,不断地精益求精,深益求深,以期对国家建设事业有所贡献。"(郭沫若纪念馆藏资料)

◎ 晚,与陈毅等出席首都各界为庆祝波兰人民共和国国庆 15 周年举行的集会。(22 日《人民日报》)

22 日 为中国青年艺术剧院演出日本青年作家堀田清美的剧本《岛》题词。发表于《戏剧报》第 15 期。

初收作家出版社 1959 年 11 月初版《潮汐集·潮集》,题为《〈岛〉的题词》;现收《郭沫若全集·文学编》第 4 卷。

◎ 晚,与董必武等应邀往北京饭店出席波兰驻中国大使基里洛克为庆祝波兰人民共和国建国 15 周年举行的招待会。(23 日《人民日报》)

◎ 晚,与董必武、陈毅等往中南海怀仁堂出席中国人民解放军第二届文艺会演大会举行的汇报演出。(23 日《人民日报》)

24 日 晚,与杨成武等往音乐堂出席中国人民解放军第二届文艺会演大会闭幕式,并观看演出。(25 日《人民日报》)

27 日 上午,与陈毅等往中南海勤政殿参加董必武会见伊拉克共和国特别代表阿齐兹·谢里夫。(28 日《人民日报》)

28 日 往杭州,并游莫干山,"在山短住四日"。"得诗二首以记其事"。以《游莫干山》二首为题,发表于 9 月 3 日《文汇报》。(《游莫干山》二首·小序;8 月 12 日致夏景凡信)

初收作家出版社 1959 年 11 月初版《潮汐集·潮集》,现收《郭沫若全集·文学编》第 4 卷。

本月 作七律《经济交流》。

初收作家出版社 1959 年 11 月初版《潮汐集·潮集》，现收《郭沫若全集·文学编》第 4 卷。

8 月

1 日 因天气原因滞留济南。（王廷芳提供）

3 日 参观李清照故居，作七绝《题济南李清照故居》。"一代词人有旧居，半生漂泊憾何如？冷清今日成轰烈，传颂千秋是著书。"

初收作家出版社 1959 年 11 月初版《潮汐集·潮集》，现收《郭沫若全集·文学编》第 4 卷。

4 日 到北戴河。（王廷芳提供）

初旬 作《李清照纪念堂联》："大明湖畔，趵突泉边，故居在垂杨深处"；"漱玉集中，金石录里，文彩有后主遗风"。

作《辛弃疾祠题联》："铁板铜琶，继东坡同唱大江东去"；"美芹悲黍，冀南宋莫随鸿雁南飞"。

以《对联两副》为题，发表于 9 月 2 日《光明日报》，改"同唱"为"高唱"。解释说："八月初在济南，同志们告诉我，济南城内有李清照故居，准备扩大成为纪念堂。同时还准备为辛弃疾建纪念祠。他们要我为它们各撰一付对联。我同意了，撰出对联两付。""大家都知道李清照的词集名《漱玉集》。她的前夫赵明诚撰有《金石录》是有名的，毫无疑问，有李清照的劳绩在里面。""'大江东去'是苏东坡《念奴娇·赤壁怀古》的开头一句，因此《念奴娇》别名《大江东去》。苏词豪迈，别开生面，一洗词人的绮靡之风。柳敬亭曾云'学士词，须关西大汉、铜琵琶、铁绰板，唱大江东去'。（见《吹剑录》）辛弃疾词承继了苏东坡的格调，在词人中例以苏辛并称。辛弃疾是一位爱国主义者，在齐鲁时曾组织义军，图谋光复。南渡后曾献《美芹十论》，建议南宋朝廷迁都金陵，进行恢复中原之大计，未被采纳。"（16 日致李宇超信，《郭沫若书信集》下，中国社会科学出版社 1992 年版）

12 日 作诗《北戴河素描》，描写海滨景象。

初收作家出版社 1959 年 11 月初版《潮汐集·潮集》，现收《郭沫若全集·文学编》第4卷。

◎ 致夏景凡信。说："七月廿七日信，昨天才看到。因我廿八日曾去杭州，几天前来到北戴河。信是由北京转来的，《北京赋》我建议最好请老舍先生写。新旧北京他都熟悉。送上《北戴河素描》一首，看可用不？"（夏小希编《随缘集——夏宗禹书札》，华夏出版社1996年版）

13日 作诗《英雄诗史》，为《志愿军诗一百首》代序，刊于解放军文艺出版社1959年版《志愿军诗一百首》。

初收作家出版社1959年11月初版《潮汐集·潮集》，现收《郭沫若全集·文学编》第4卷。

14日 作诗《刘胡兰赞》。手迹发表于9月6日《人民日报》。

初收作家出版社1959年11月初版《潮汐集·潮集》，现收《郭沫若全集·文学编》第4卷。

16日 致函山东省委书记李宇超。"在济南受到同志们热情的招待，克服了盛暑的炎热，留下难忘的纪念。""前在济南所书各纸已送京盖章，寄上，想已收到。又，山东交际处同志嘱为李清照故居及辛稼轩纪念祠各书一联，联辞勉强作成，但因此间无善纸大笔，不能书寄。附上联辞二纸，如用木刻，则放大使用，似亦可济事也。"

◎ 与朱德、沈钧儒等组成张元济治丧委员会。（18日《人民日报》）

张元济，上海市文史馆馆长、商务印书馆董事长。

17日 在北戴河与徐特立看邯郸戏校豫剧班演出并接见演员。（王振国、王鹏、王鑫鲲《东风史话》，解放军出版社2009年版）

19日 为邯郸戏校豫剧班取名"东风剧团"，并题写团名。（《郭老和东风剧团》，《人民戏剧》1978年第8期）

23日 下午，会见英国皇家学会会长恒兴武德爵士，同游颐和园、共进午餐。（24日《人民日报》）

恒兴武德爵士应中国科学院院长郭沫若邀请来中国访问，21日下午到达北京，在中国作为期四周的访问和讲学。

24日 出席刘少奇主席召集的扩大的第十七次最高国务会议，讨论当年国民经济继续跃进的情况和进一步开展增产节约运动的问题。（25日《人民日报》）

25日 作《林景熙的〈蔡琰归汉图〉》，为《四谈蔡文姬的〈胡笳十八拍〉》附录。《四谈》中提到苏六朋《文姬归汉图》所提宋人题画诗，认为画上题诗"不怎么出色"。近得胡道静函示，知其为宋遗民林景熙作品，将原诗"整录"一番后认为"是一首好诗"，"颇有画意"，纠正了《四谈》"批评有欠斟酌"处。

收文物出版社第 2 版《蔡文姬》，又收入人民出版社 1961 年 1 月初版《文史论集》。

收《文史论集》，文末署"1958 年 8 月 25 日"。1958 年当属 1959 年笔误。文章提到《四谈》，《四谈》作于 1959 年 6 月 15 日，此文只能作于 1959 年 6 月 15 日以后。

26 日 作诗《喜讯，又一个喜讯！》。发表于 28 日《人民日报》。祝贺我国第二个五年计划可提前完成。

29 日 在中国科学院举行的研究人员集会上向七百多名科学研究人员传达刘少奇的讲话和周恩来的报告，号召科学工作者鼓足干劲，实现科学工作继续大跃进。(31 日《人民日报》)

◎ 在中国文学艺术界联合会主席团扩大会议上发言，建议文学艺术界要认真学习、讨论、研究八届八中全会的文件和周恩来的报告，努力提高思想认识，扫除右倾情绪，要向工人、农民所表现的跃进决心和干劲看齐，在文艺界互相展开竞赛，继续跃进。(31 日《人民日报》)

30 日 晚，设宴招待前来我国访问的奥地利和平代表团。(31 日《人民日报》)

31 日 作《影印〈永乐大典〉序》。发表于 9 月 8 日《光明日报》，录入中华书局 1959 年 9 月版《永乐大典》卷首。叙述纂修经过、体例等。肯定"《永乐大典》之成，不仅在我国文化史上提供了一部最大的百科全书，而且在世界文化史中也是出类拔萃的"。《永乐大典》残存本的影印出版，"显示了我国对古典文献的重视"。

初收人民出版社 1961 年 1 月初版《文史论集》，现收《郭沫若全集·历史编》第 3 卷。

本月 《沫若文集》第 4 卷由人民文学出版社出版，分三辑，辑录短篇小说 10 篇、历史小说 4 篇，散文 16 篇，文艺论文 11 篇。

◎ 为《科学家谈 21 世纪》题写书名并作序。(少年儿童出版社 1959 年 9 月版)

在《科学家谈21世纪》中,李四光、茅以升、华罗庚等几十位科学家就科学技术的各个门类作了幻想性的展望,郭沫若以科学院院长的身份作序。

9月

2日 作七律《人民公社万岁》(步毛主席韵)。发表于《诗刊》国庆专号。辑入《三呼万岁》时有修改,重新发表于30日《人民日报》。

初收作家出版社1959年11月初版《潮汐集·潮集》,现收《郭沫若全集·文学编》第4卷。

3日 作七律《题山东民间剪纸》。发表于《群众艺术》第11期。

初收作家出版社1959年11月初版《潮汐集·潮集》,现收《郭沫若全集·文学编》第4卷。

4日 作七律《总路线万岁》。发表于5日《科学报》。辑入《三呼万岁》,发表于30日《人民日报》。

初收作家出版社1959年11月初版《潮汐集·潮集》,现收《郭沫若全集·文学编》第4卷。

5日 作诗《颂北京》。发表于10月1日《北京日报》。

初收作家出版社1959年11月初版《潮汐集·潮集》,现收《郭沫若全集·文学编》第4卷。

◎ 为北京图书馆作七律《题〈图书馆学通讯〉》,发表于《图书馆学通讯》第10期。称图书"良田亩产千斤稻,此与农耕并不殊"。

初收作家出版社1959年11月初版《潮汐集·潮集》,现收《郭沫若全集·文学编》第4卷。

7日 作七绝《题气象馆》,发表于16日《气象简报》第30期。

初收作家出版社1959年11月初版《潮汐集·潮集》,现收《郭沫若全集·文学编》第4卷。

8日 在中国科技大学开学典礼上讲话,以《勤奋学习,红专并进》为题,发表于18日《光明日报》。说道:"我们的学校所负的任务主要是为国家培养出搞尖端科学的人才","搞尖端科学必须有深厚的基础",即"思想基础、科学基础和语文基础"。打好思想基础要"解决为谁服务的问题"，"树立无产阶级宇宙观"；学习基础科学提倡"勤奋学习，红专并进"；打好语文基础包括中国语文和外国语文。"年轻的科学家应该懂得点文学，而年轻的文学家应该懂得点科学"，"学科学技术的人应该起码懂得两种外国语文"。

◎ 为中国科技大学题字"勤奋学习，红专并进"。（中国科学技术大学大事记）

9日 致函胡乔木。谈主席诗《登庐山》"第二句'欲上逶迤'四字，读起来似有踟躇不进之感。拟易为'坦道蜿蜒'，不识何如"。（《郭沫若研究》第1辑，文化艺术出版社1985年版）

10日 致函胡乔木。说主席诗"热风吹雨洒南天"句，"我也仔细返复吟味了多遍，觉得和上句'冷眼向洋观世界'大不谐协。如改为'热情挥雨洒山川'以表示大跃进，似较鲜明，不识如何。古有成语，曰'挥汗成雨'"。（《郭沫若研究》第1辑，文化艺术出版社1985年版）

◎ 回复中华书局征询出版《太平经合校》的信函。（见《郭沫若学刊》2008年第4期）

◎ 晚，与陈毅等出席周恩来总理为招待前来我国访问的日本前首相石桥湛山和夫人一行举行的酒会。（11日《人民日报》）

11日 下午，出席第二届全国人民代表大会常务委员会第六次扩大会议，讨论中印边界问题、听取周恩来总理作关于中印边界问题的报告，发言谴责印度发生的反华运动。（12日《人民日报》）

12日 往北京团城参观福建工艺美术展，题赠五绝一首。（《郭沫若闽游诗集》，福建人民出版社1979年版）

13日 在第二届全国人民代表大会常务委员会扩大的第八次会议上，被推选为庆祝建国十周年筹备委员会副主任，彭真为主任。（17日《人民日报》）

◎ 下午，往工人体育场，与毛泽东、刘少奇等出席第一届全国运动会开幕式。（14日《人民日报》）

◎ 致电苏联科学院院长涅斯米扬诺夫，祝贺苏联发射第二个宇宙火箭成功。（14日《人民日报》）

◎ 诗《歌颂全运会》发表于《人民日报》《体育报》。

初收作家出版社1959年11月初版《潮汐集·潮集》，现收《郭沫若全集·文学编》第 4 卷。

◎ 作诗《为第一届全国运动会鼓吹》。

初收作家出版社 1959 年 11 月初版《潮汐集·潮集》,现收《郭沫若全集·文学编》第 4 卷。

14 日 作诗《大会堂》。发表于 25 日《人民日报》。辑入《十年建国增徽识》,发表于《人民文学》10 月号。

初收作家出版社 1959 年 11 月初版《潮汐集·潮集》,现收《郭沫若全集·文学编》第 4 卷。

◎ 作七律《长安街》。发表于 10 月 4 日《文汇报》。辑入《十年建国增徽识》,发表于《人民文学》10 月号。

初收作家出版社 1959 年 11 月初版《潮汐集·潮集》,现收《郭沫若全集·文学编》第 4 卷。

◎ 作诗《大广场》《博物馆》《民族宫》《军事馆》《北京站》。辑入《十年建国增徽识》,发表于《人民文学》10 月号。

初收作家出版社 1959 年 11 月初版《潮汐集·潮集》,现收《郭沫若全集·文学编》第 4 卷。

◎ 作七律《颐和园》。辑入《十年建国增徽识》,发表于《人民文学》10 月号。

初收作家出版社 1959 年 11 月初版《潮汐集·潮集》,现收《郭沫若全集·文学编》第 4 卷。

◎ 闻苏联第二枚宇宙火箭到达月球表面,作诗《和平火箭》。发表于 15 日《人民日报》。

初收作家出版社 1959 年 11 月初版《潮汐集·潮集》,现收《郭沫若全集·文学编》第 4 卷。

15 日 与各民主党派、人民团体负责人李济深、沈钧儒等应毛泽东主席之邀,座谈反右倾、鼓干劲、坚持社会主义建设总路线等问题,听取毛泽东主席的讲话。(16 日《人民日报》)

18 日 下午,会见并设宴欢送英国皇家学会会长恒兴武德爵士。(20 日《人民日报》)

19 日 作七律《大跃进万岁》。辑入《三呼万岁》,发表于 30 日《人民日报》。

初收作家出版社1959年11月初版《潮汐集·潮集》，现收《郭沫若全集·文学编》第4卷。

20日 上午，与陈毅等出席周恩来总理和日本前任首相石桥湛山会谈公报的签字仪式。(21日《人民日报》)

21日 作七律《庆祝建国十周年》。发表于10月1日《人民日报》。

初收作家出版社1959年11月初版《潮汐集·潮集》，现收《郭沫若全集·文学编》第4卷。

22日 与楚图南等出席中国人民对外文化协会举行的内山完造追悼大会。(23日《人民日报》)

内山完造，日中友好协会副会长。因脑溢血于9月20日在北京逝世。

◎ 晚，与周恩来等应邀往北京饭店出席日本前首相石桥湛山举行的告别酒会。(23日《人民日报》)

23日 与李德全等欢送日本前首相石桥湛山和夫人一行。(24日《人民日报》)

24日 与刘少奇、周恩来等会见从苏联等国学习回国的留学生。(25日《人民日报》)

◎ 题字"玉渊潭试验水电站"。(存北京玉渊潭试验水电站)

25日 作五言诗《读好书》。发表于10月10日《光明日报》。

初收作家出版社1963年11月初版《东风集》，现收《郭沫若全集·文学编》第4卷。

26日 上午，与周恩来等迎接应邀前来参加我国建国十周年庆祝典礼的德意志民主共和国党政代表团。(27日《人民日报》)

◎ 下午，与刘少奇等迎接应邀前来参加我国建国十周年庆祝典礼的越南民主共和国党政代表团。(27日《人民日报》)

◎ 晚，与周恩来等往车站迎接应邀前来参加我国建国十周年庆祝典礼的朝鲜党政代表团。(27日《人民日报》)

◎ 与刘宁一等迎接应邀前来参加我国建国十周年庆祝典礼的世界和平理事会代表团。(27日《人民日报》)

◎《进一步展开"百花齐放，百家争鸣"》发表于《文艺报》第18期。

初收人民出版社1961年1月初版《文史论集》，现收《郭沫若全集·文学编》第 17 卷。

27 日 下午，与周恩来等迎接应邀前来参加我国建国十周年庆祝典礼的苏联党政代表团。(28 日《人民日报》)

◎ 下午，与刘少奇等迎接应邀前来参加我国建国十周年庆祝典礼的捷克斯洛伐克共和国党政代表团。(28 日《人民日报》)

28 日 下午，与毛泽东、刘少奇、朱德、周恩来、宋庆龄、董必武等党和国家领导人出席建国十周年庆祝大会。(29 日《人民日报》)

◎ 晚，出席全国总工会等 18 个人民团体为招待前来参加我国建国十周年庆祝典礼的苏联、朝鲜、越南、罗马尼亚等国代表团举行的酒会。(29 日《人民日报》)

29 日 《科学战线上的巨大胜利》发表于《人民日报》。从我国科学事业的发展过程、科学工作者的自我思想改造、科学事业的大跃进、"百花齐放、百家争鸣"方针的贯彻四个方面总结了十年来我国科学事业取得的成就和存在的不足。

◎ 晚，与周恩来等往首都剧场观看苏联国家大剧院芭蕾舞团的访华首场演出。演出休息期间，接见芭蕾舞团团长达尼洛夫和副团长阿列申科。(30 日《人民日报》)

30 日 上午，与毛泽东主席等迎接苏共中央第一书记尼·谢·赫鲁晓夫率领的苏联党政代表团。(10 月 1 日《人民日报》)

◎ 下午，与李四光等迎接应邀来我国参加建国十周年庆祝典礼的世界和平理事会代表团团长、列宁国际和平奖金获得者、世界和平理事会主席团执行主席、英国物理学家约翰·德斯豪德·贝尔纳。(10 月 1 日《人民日报》)

◎ 晚，出席毛泽东、刘少奇、宋庆龄、董必武、朱德、周恩来为庆祝中华人民共和国成立十周年举行的宴会，招待 80 多个国家的贵宾和中国各界人士。(10 月 1 日《人民日报》)

本月 《沫若文集》第 9 卷由人民文学出版社出版，收《洪波曲》《芍药及其他》《苏联纪行》和《南京印象》。

◎ 中国历史博物馆和中国革命博物馆建成，前往视察，为两馆题写馆名，并题致辞。(史树青《今日回思志倍坚》，《中国历史博物馆馆刊》1979 年第 1 期)

◎ 与周扬合编《红旗歌谣》由红旗杂志社出版。

◎ 题《瞿秋白印谱》："名可屡移头可断，心凝坚铁血凝霜。今日东风吹永昼，秋阳皜皜似春阳。"（郭沫若纪念馆藏）

◎ 邀请苏联科学院通讯院士勃洛钦采夫来我国讲学并参加建国十周年的庆祝典礼，勃洛钦采夫于9月21日下午乘飞机到达北京。（9月22日《人民日报》）

◎ 在家中招待邯郸东风剧团演员。（《郭老和东风剧团》，《人民戏剧》1978年第8期）

秋

书五绝赠宫崎世民："托魄幽崖隈，芳心逐岁开。闻风谁共悦？相伴有苍苔。"（手迹存上海孙中山故居）

10月

1日 上午，与毛泽东、刘少奇等党和国家领导人出席中华人民共和国建国十周年庆典。在天安门城楼检阅三军和群众游行队伍。（2日《人民日报》）

◎ 晚，陪同毛泽东等会见前来出席我国国庆典礼的各国贵宾。（2日《人民日报》）

2日 下午，与沈钧儒等往北京饭店出席中国人民政治协商会议全国委员会为欢迎回国观光华侨、港澳国庆观礼团和国外及港澳银行、保险公司职员观光团举行的酒会。发表讲话。（3日《人民日报》）

◎ 下午，与周恩来等往车站欢送以金日成首相为首的朝鲜党政代表团。（3日《人民日报》）

◎ 晚，设宴招待以世界和平理事会主席团执行主席贝尔纳教授为首的世界和平理事会代表团，并致辞。（3日《人民日报》）

3日 上午，会见以世界和平理事会主席团执行主席贝尔纳教授为首的世界和平理事会代表团以及各国和平人士，举行欢迎酒会。（4日《人民日报》）

4日 上午，与刘少奇等欢送以越南民主共和国主席胡志明为首的越

南民主共和国党政代表团。(5日《人民日报》)

◎ 上午，与毛泽东、刘少奇等欢送以苏共中央第一书记尼·谢·赫鲁晓夫为首的苏联党政代表团。(5日《人民日报》)

◎ 下午，与周恩来、宋庆龄等往怀仁堂出席庆祝中苏友好协会成立十周年大会。会后观看文艺演出。(5日《人民日报》)

◎ 作《苏联三箭定和平》。祝贺苏联第三枚宇宙火箭发射成功。(郭沫若纪念馆藏)

6日 致电苏联科学院院长涅斯米扬诺夫，祝贺苏联第三枚宇宙火箭发射成功。电文发表于7日《人民日报》。

◎ 晚，与朱德、周恩来等往政协礼堂出席德意志民主共和国成立十周年庆祝大会。(7日《人民日报》)

7日 上午，与刘少奇、宋庆龄等欢送以捷克斯洛伐克共产党中央委员会第一书记、捷克斯洛伐克共和国总统安·诺沃提尼为首的捷克斯洛伐克共和国党政代表团(8日《人民日报》)

◎ 下午，会见锡兰作家协会主席、锡中友协代表团团长马丁·魏克拉马沁和代表团的部分团员。中国人民对外文化协会副会长丁西林，中国作家协会理事杨朔参加会见。(8日《人民日报》)

◎ 晚，与毛泽东、刘少奇、周恩来等应邀出席德意志民主共和国驻华大使汪戴尔为庆祝德意志民主共和国成立十周年举行的招待会。(8日《人民日报》)

◎ 作诗《农业展览馆》《全运会闭幕》。

初收作家出版社1963年11月初版《东风集》，现收《郭沫若全集·文学编》第4卷。

9日 与朱德、叶剑英等组成李济深治丧委员会。(10《人民日报》)

李济深，中国国民党革命委员会主席。

12日 上午，往中山公园中山堂，出席首都各界为追悼李济深举行的公祭大会。与林伯渠、沈钧儒等陪祭，朱德主祭。(13日《人民日报》)

◎ 夜，致函李宇超。"万历青花缸已送到，谢谢。缸由四截合成，确是明瓷。质稍粗，但古趣盎然。"(《郭沫若书信集》下，中国社会科学出版社1992年版)

◎ 应捷克斯洛伐克广播电台之邀，回答全面裁军问题。说："普遍全面裁军好得很，努力求其及早实现。'裁军'可减轻人民负担，把节余的钱用在生产建设事业上，以提高人民的物质生活和文化生活水平。"（郭沫若纪念馆藏资料）

13日 书《访埃及杂吟十二首》之二。（郭沫若纪念馆藏资料）

17日 致函周艾文："我在您的《郁达夫诗抄》上写了些意见，就请作为序看吧。"并提供了1936年11月郁达夫书赠的七绝《丙子冬日车过明湾头有作》一首。（手迹见《郁达夫诗词抄》，浙江人民出版社1981年版）

◎ 为周艾文、于听编《郁达夫诗词抄》作序。以《望远镜中看故人》为题，发表于1962年8月4日《光明日报》，录入浙江人民出版社1981年版《郁达夫诗词抄》。

20日 上午，与刘少奇等欢送匈牙利人民共和国主席团主席道比·伊斯特万一行。（21日《人民日报》）

21日 请邯郸东风剧团小演员到家中作客。（王振国、王鹏、王鑫鲲《东风史话》，解放军出版社2009年版）

◎ 下午，与刘宁一、廖承志、蔡畅、张奚若、楚图南、刘西元代表的中国七人民团体同以日本前首相片山哲为首的日本各界庆祝中华人民共和国建国十周年代表团发表共同声明并举行签字仪式。共同声明表示，中日两国人民应该携起手来按照和平共处五项原则和万隆会议十项原则，促进中日关系正常化，为排除冷战、防止核武器战争、维护远东和世界和平作出贡献。签字仪式后举行了酒会。周恩来等出席酒会。（22日《人民日报》）

七团体为：中国人民保卫世界和平委员会、中华全国总工会、中国亚非团结委员会、中华人民共和国全国妇女联合会、中国人民外交学会、中国人民对外文化协会、中华全国青年联合会。

◎ 晚，与廖承志等出席周恩来总理为欢迎日本自由民主党顾问松村谦三一行举行的酒会。（22日《人民日报》）

22日 晚，设宴欢迎英国著名和平人士、英国坎特伯雷教长休勒特·约翰逊博士和他的夫人，并致欢迎词。（23日《人民日报》）

23日 致函李宇超。"印集题就，请转致。"附"雷锋颂印集 郭沫若题"。（《郭沫若书信集》下，中国社会科学出版社1992年版）

◎ 晚，设家宴招待日本自由民主党顾问松村谦三先生和他的子女。

(24日《人民日报》)

24日 为即将召开的全中国先进生产者群英大会"成诗七十二行，献出衷心的歌颂"。小序写道："全中国先进生产者群英大会将开幕，真是做到了俗语所说的'七十二行行行出状元'。我因成诗七十二行，向大会的英雄们献出衷心的歌颂。"以《歌颂群英大会》为题，发表于26日《人民日报》。

初收作家出版社1963年11月初版《东风集》，现收《郭沫若全集·文学编》第4卷。

25日 作《〈骆驼集〉前记》。谓："其中有一首《骆驼》，是我自己比较喜欢的诗，因而名之为《骆驼集》。"

初收人民文学出版社1959年12月初版《骆驼集》，现收《郭沫若全集·文学编》第4卷。

26日 下午，与刘少奇、周恩来、朱德等出席全国工业、交通运输、基本建设、财贸方面社会主义建设先进集体和先进生产者代表大会开幕式，接见与会全体成员。(27日《人民日报》)

27日 与楚图南、茅盾、阳翰笙、邵荃麟等出席中国人民保卫世界和平委员会、中国人民对外文化协会、中国文学艺术界联合会、中国作家协会四单位联合主办的首都各界纪念世界文化名人、巴西作家欧克利德斯·达库尼亚逝世50周年大会。(28日《人民日报》)

28日 为成都川剧学校作七律一首，题作《题成都川剧学校》。

初收作家出版社1963年11月初版《东风集》，现收《郭沫若全集·文学编》第4卷。

29日 作《向往莫斯科》。发表于11月7日《人民日报》。称赞苏联"四十二年的社会主义建设超过了全人类四千多年的历史成就"，表示"我现在也以孩子们的一样的心情向往着莫斯科。我希望全世界的人都能成为天真的孩子，成为地上天国中的最伟大者"。

30日 以中国人民保卫世界和平委员会主席名义，就美国唆使老挝当局迫害老挝爱国领袖一事发表谈话。谈话摘要发表于31日《人民日报》。

11 月

5 日 复函曹禺、焦菊隐、欧阳山尊、赵起扬。说:"多谢您们亲切的来信,《蔡文姬》今晚已演到第一百场,我也同样感受到高度的愉快。""由于同志们的努力使我也分享到荣幸,我应该向您们致衷心的感谢。"(《郭沫若研究》第 2 辑,文化艺术出版社 1986 年版)

◎ 复函李孟祥。说:"您的诗,拜读了。我比较喜欢《赞徐学惠》和《掏粪工人歌》两首。现将原稿退还。祝您不断进步。"(郭沫若纪念馆藏资料)

◎ 晚,为庆祝十月革命 42 周年,设宴招待来我国帮助科学工作的苏联、波兰、捷克斯洛伐克、匈牙利、民主德国等国的科学家并致辞。签订中匈两国科学院科学合作协定的匈牙利科学院代表团出席宴会。宴会后举行了电影晚会。(6 日《人民日报》)

6 日 下午,与周恩来、朱德等往怀仁堂出席首都各界人民庆祝十月革命 42 周年大会。(7 日《人民日报》)

7 日 晚,与董必武等应邀出席苏联驻华大使契尔沃年科为庆祝十月革命 42 周年举行的招待会。(8 日《人民日报》)

8 日 晚,出席全国工业、交通运输、基本建设、财贸方面社会主义建设先进集体和先进生产者代表大会闭幕式。(9 日《人民日报》)

10 日 下午,出席中匈两国科学院科学合作协定 1960 年执行计划的签字仪式。(11 日《人民日报》)

11 日 中午,出席周恩来总理为欢送日本自由民主党顾问松村谦三一行举行的宴会。(12 日《人民日报》)

◎ 作歌词《铁路运输歌》。发表于 1960 年 2 月 29 日《人民日报》。初收作家出版社 1963 年 11 月初版《东风集》,现收《郭沫若全集·文学编》第 4 卷。

12 日 晚,与周恩来等应邀出席松村谦三举行的告别宴会。(13 日《人民日报》)

13 日 为广东湛江西湖苏公亭题诗一首,有小序。初收作家出版社 1963 年 11 月初版《东风集》,题为《题湛江市西湖苏公亭》；现收《郭沫若全集·文学编》第4卷。

◎ 参观环形铁道，视察韶山号机车后作七绝："电掣风驰今在眼，巨龙追逐卫星奔。韶山初见星星火，此日已经燎大原。"（郭沫若纪念馆藏）

◎ 晚，与聂荣臻等往人民大会堂出席中德音乐家联合举行的音乐会，在演出前接见了德累斯顿交响乐团团长波恩格茨。（14日《人民日报》）

14日 晚，与廖承志等参加周恩来总理会见印度尼西亚国会第二副议长、印度尼西亚伊斯兰联盟党中央执行委员会主席阿鲁季·卡塔威纳塔和他的夫人。（15日《人民日报》）

◎ 晚，设宴招待印度尼西亚国会第二副议长阿鲁季·卡塔威纳塔和他的夫人，并致辞。周恩来等出席。（15日《人民日报》）

15日 下午，与聂荣臻、李四光会见由苏联地层委员会主席纳利夫金率领的苏联科学院、苏联地质和矿藏保护部参加我国全国地层会议的代表团全体成员。会见后，举行了欢迎宴会。（16日《人民日报》）。

17日 为天津市越剧团题五绝："十载一弹指，南花已北移。还当更努力，硕果满新枝。"（郭沫若纪念馆藏抄件）

19日 作诗《人人学习杜凤瑞》。发表于30日《解放军报》。初收作家出版社1963年11月初版《东风集》，现收《郭沫若全集·文学编》第4卷。

20日 晚，往北京体育馆，出席捷克交响乐团举行的音乐会。演出休息期间，与朱德接见乐团团长巴维尔、指挥安切尔和乐团其他负责人。（21日《人民日报》）

22日 下午，与朱德、林伯渠等接见河南、湖北、贵州、黑龙江、内蒙古五省、自治区包括各兄弟民族代表和宗教、华侨人士在内的参观团全体人员，以及全国金融工作先进集体和先进工作者经验交流大会的全体代表。（23日《人民日报》）

23日 致函郁文。写道："由于《沫若文集》的出版，版税积累不少。我现捐赠科技大学两万元，作为同志们的福利金，特别帮助衣被不足的同学。"（手迹藏中国科学技术大学）

25日 下午，与廖承志等往政协礼堂出席首都各界人民支持刚果和非洲人民争取民族独立、反对殖民主义正义斗争大会。发表讲话，坚决支持刚果人民争取自由和独立的正义斗争，谴责比利时殖民统治者在美国帮助下屠杀刚果人民的罪行。讲话全文以《给刚果独立自由，帝国主义滚出非洲去！》为题，发表于26日《人民日报》。

◎ 出席首都文学界追悼中国作家协会书记处书记章靳以大会。(26日《人民日报》)

27日 下午，会见国际民主法律工作者协会副主席、巴西民主法律工作者协会会长、世界和平理事会理事恩里克·费雅利奥和他的夫人，国际民主妇女联合会执行委员会委员、巴西民主妇女联合会主席、世界和平理事会理事布朗卡·费雅利奥。(28日《人民日报》)

◎ 作《石鼓文研究》三版小引。谓："关于石鼓年代，唐兰曾主秦灵公三年说，近已自行推翻，谓作于秦献公十一年……推迟了四十八年。""唐之新说仍先肯定石鼓必作于战国年间，但对我所提辩论未加反驳……故余仍维持襄公八年说，以待更有力之反证。"

收《郭沫若全集·考古编》第9卷。

28日 作七律《咏邱少云烈士》。发表于1962年10月24日《重庆日报》。

初收重庆人民出版社1963年11月初版《蜀道奇》，现收《郭沫若全集·文学编》第5卷。

◎ 为河南鹤壁矿区题词："鹤壁蒸蒸日上，乌金滚滚汪洋。协同钢铁与棉粮，高举红旗迈往。十年山响巨变，更将跃进加强。尽头鼓足红满堂，烧尽右倾思想。"(郭沫若纪念馆藏)

下旬 会见由团长普·巴哈杜尔率领的尼中友好协会代表团。(11月21日《人民日报》)

本月 《潮汐集》由作家出版社出版。分《潮集》《汐集》两部分。《潮集》收《新华颂》之后至1959年9月的诗作及部分选自《长春集》的作品；《汐集》为新中国成立前所作新旧体诗词及少量早期作品。

◎《蔡文姬》由中国戏剧出版社出版第1版。包括序、附录一谈至六谈蔡文姬《胡笳十八拍》、《跋〈胡笳十八拍〉画卷》及戎笙《谈〈蔡文姬〉中曹操形象的真实性》。

◎ 题吴敬梓纪念馆："一史缵儒林，燃犀如九阴。谢除脂粉态，活跃丰筼心。砭俗前无古，传真始有今。施罗笔调在，暴政岂能瘖。"(郭沫若纪念馆藏)

◎ 作诗《听党的话》："听党的话，坚决拥护总路线，使科学研究的成绩日新又新。继续反右倾，鼓足干劲，让增产节约运动的高潮不断地升腾。敢想敢说敢做，不骄不馁，见贤思齐，发扬大协作的精神。这样，让一九六〇年在科学战线上带来一个更全面的大跃进！"（郭沫若纪念馆藏）

12月

6日 晚，与朱德等应邀出席芬兰驻华大使瓦尔万尼为庆祝芬兰共和国成立42周年举行的招待会。(7日《人民日报》)

◎ 作诗《奉和舍予原韵》："诗人与会更无前（借用毛主席句），硬语盘空云汉边。二十年来镰革命，九重霄外箭冲天。万方弦管歌鸣凤，四海壎篪谢泣鹃。秋实春花欣满苑，相期载酒泛星舡。"（郭沫若纪念馆藏）

7日 晚，与吴有训等往苏联大使馆出席苏联科学院授予李四光金质奖章授勋仪式。讲话希望中国科学工作者努力向苏联科学家学习，祝贺中苏两国科学技术工作和两国科学家之间的合作进一步加强。(8日《人民日报》)

8日 会见日本经济学家大塚金之助教授和他的夫人。(9日《人民日报》)

13日 为儿童影片《暑假的礼物》主题歌作词《三面红旗万万岁》。收入《中国革命歌曲选》。(《中国革命歌曲选》，北京出版社1964年版；手迹存郭沫若纪念馆)

17日 致函李欣。以古代文献典籍的史料，从文书处理、档案工作、文书档案的管理三个方面，回复了李欣请教文书史的有关问题。（郭沫若纪念馆藏抄件）

李欣，中央机要室工作人员。致信郭沫若，请教"文书史的发展状况"、档案管理的历史等有关文书工作的问题。

23日 作《永恒的春天》。讲述新中国建立以来科学事业的发展。（郭沫若纪念馆藏）

29日 晚，与薄一波等出席国务院举行的迎新年宴会，招待前来帮助我国建设的外国专家及其家属。(30日《人民日报》)

30日 题成都川剧院成立一周年。"日新又日新，跃进再跃进。实事求是，努力推陈，鼓足更大的干劲。"手迹发表于1960年1月15日《成都日报》。

31日 晚，设宴招待各国科学家，迎接1960年新年，并致辞。（1960年1月1日《人民日报》）

◎作《〈弭叔簋〉及〈訇簋〉考释》。发表于《文物》1960年第2期。对本年6月陕西蓝田寺坡村新出土的弭叔簋、訇簋二器进行考释。认为，弭叔簋"器出于蓝田，可知弭邑即在蓝田一带"；"《訇毁》与弭叔之器同出，当是同族之器"；"訇所管者［夷仆］较多"，"证明西周末年奴隶制尚在发展"。

初收人民出版社1961年1月初版《文史论集》，现收《郭沫若全集·考古编》第6卷。

本月 《沫若选集》第2卷由人民文学出版社出版，收历史剧《棠棣之花》《屈原》《虎符》和《蔡文姬》。

◎《骆驼集》由人民文学出版社出版，收《新华颂》《百花齐放》《长春集》《潮汐集·潮集》中的部分作品。

本 年

◎担任《甲骨文合集》编辑委员会主任委员兼主编。强调"这样大型的学术资料工作，一定要集思广益，取得全国古文字学家及有关单位的支持，尽可能集中丰富的资料，经过科学地整理和编纂，使之成为一部比较完整的学术资料的汇编"。（尹达《〈甲骨文合集〉前言》，《甲骨文合集》第1册，中华书局1982年版）

◎为朱琳"演蔡文姬能传神，特书赠五绝一首"。"辨琴传早慧，不朽是胡笳。沙漠风沙烈，吹放一奇花。"（手迹见《郭沫若遗墨》，河北人民出版社1980年版）

◎书录旧作七绝一首赠张瑞芳。（手迹见《郭沫若遗墨》，河北人民出版社1980年版）

◎书录《观龙门石窟斥美帝摧残盗窃文物》之一赠洛阳博物馆。（《郭沫若遗墨》，河北人民出版社1980年版）

◎书赠王廷芳《游三门峡》之一。（《郭沫若遗墨》，河北人民出版社1980年版）

◎为浙江建德日报社题名。（《郭沫若研究学会会刊》1982年第1集）

◎ 题"四川饭店"。

◎ 题"洪秀全故居"。

◎ 题"苏州博物馆"。

◎ 为峨眉山题"天下名山"。

◎ 为河南南阳张仲景墓祠题"医圣祠"。

◎ 题"晋阳饭庄"。

◎ 为力力食堂题七绝。"盘中粒粒皆辛苦,席上般般出火炉。食罢当思来不易,劲头鼓足莫踌躇。"(郭沫若纪念馆藏)

◎《洪波曲》经冈崎俊夫译成日文,由日本中央公论社出版,书名用《抗战回忆录》。(吕元明《战后日本开展郭沫若研究概况》,《郭沫若研究》第1辑,文化艺术出版社1985年版)

1960年(庚子)68周岁

7月16日 苏联政府突然照会我国政府,单方面决定撤走全部在华苏联专家、撕毁协定和合同,停止供应重要设备。

1月

1日 出席全国人大、国务院和政协举办的新年联欢晚会。(2日《人民日报》)

◎ 参加中国科学院团拜并致辞。(《竺可桢日记》,上海科技教育出版社2008年版)

4日 晚,与周恩来、陈毅等应缅甸驻华大使叫温邀请出席庆祝缅甸联邦独立12周年招待会。(5日《人民日报》)

6日 参观中国科学院动力研究室后题词。"国步日行千里,飞行试验适时,太阳蒸发水泵机,成绩近来可喜。煤力工艺简化,燃烧风动出奇,不言桃李自成蹊,竞向苏联看齐。"(郭沫若纪念馆藏)

10日 晚,出席李先念为欢迎以海因理希·劳总理为首的德意志民主共和国政府代表团举行的宴会。(11日《人民日报》)

◎ 五幕历史剧《武则天》初稿写成，发表于《人民文学》5月号。

12日 作《安阳圆坑墓中鼎铭考释》。发表于《考古学报》第1期。对1959年5月在安阳后冈圆形殉葬坑出土的戍嗣子鼎铭文进行考释。"这在殷彝中为铭文较长之器"，因有此器作为标准，至少可以断定两件时代不明的器皿宰椃角、父己殷"确是殷彝"。

收《文史论集》，现收《郭沫若全集·考古编》第6卷。

◎ 作《释应监甗》。发表于《考古学报》第1期。对1958年江西余干出土的应监甗铭文进行考释。"应国之器不应出于余干"，应系后埋；"周代有监国之制"，应监"可能是中央派往应国的监国者"。

现收《郭沫若全集·考古编》第6卷。

◎ 在家中接待邯郸东风剧团演员并在赠书《蔡文姬》封面题字：小朋友胡小凤，希望真象凤凰一样，在万里长空中飞舞。（王振国、王鹏、王鑫鲲《东风史话》，解放军出版社2009年版）

13日 致函李宇超。告以"齐白石章衹盖上立群和我的两枚，未能多搜求，乞谅"。（《郭沫若书信集》下，中国社会科学出版社1992年版）

◎ 为《中国淡水鱼类养殖学》作序。"本书内容相当丰富，从历史资料、自然条件说到养鱼、捕鱼、治病、运输、加工等，可以说是初步总结了几千年来的历史经验，特别是1958年大跃进以来的经验。"（郭沫若纪念馆藏）

14日 作《为"拍"字进一解》。发表于《文学评论》第1期。考释《胡笳十八拍》的"拍"字，不同意刘大杰说和"拍担"或者"拍弹"有关联，认为"蔡文姬《胡笳十八拍》的'拍'字不外是突厥语系的'首'字"。"蔡文姬在匈奴住了十二年，她不能不受到匈奴习俗和语言的感染。她的《胡笳十八拍》，据我看来，就是《胡笳十八篇》或者《胡笳十八首》"，"这一个字得到正确的解释，蔡文姬《胡笳十八拍》的年代问题似乎也可以得到解决了"。重申："我把蔡文姬同屈原、司马迁相提共论，说她的文艺造诣，在建安七子之上。我今天依然维系着这个见解。"

初收人民出版社1961年1月初版《文史论集》，现收《郭沫若全集·文学编》第17卷。

19日 观天津市越剧团演出《文成公主》后题诗，云："八千里路

赴罗些，巾帼英雄事可夸。"（手迹图片见冯锡刚《郭沫若集外佚诗三十二首辑注》，《郭沫若学刊》2015年第4期）

20日 上午，往中山堂公祭国防委员会副主席卫立煌。（21日《人民日报》）

卫立煌，原国民党高级将领，1955年率先从海外返回祖国大陆。

◎ 为日美"共同合作和安全条约"的签订，作致日本人民的公开信。以《郭沫若致日本人民公开信》为题，发表于23日《人民日报》。

21日 致电苏联科学院院长涅斯米扬诺夫，祝贺苏联20日发射多级弹道火箭成功。电文发表于23日《人民日报》。

◎《必须有深厚基础，才能向高层次突破》发表于《科大校刊》。

22日 下午，为祝贺苏联发射火箭成功，主持科学院与中苏友协座谈会，并发表谈话。（23日《人民日报》）

23日 下午，与廖承志等往政协礼堂出席首都各界反对日美军事同盟大会并发表讲话。以《坚决粉碎美日反动派的军事同盟》为题，全文发表于24日《人民日报》。

24日 下午，与周恩来、陈毅等往机场欢迎缅甸总理奈温将军一行来华访问。晚，出席周恩来总理为欢迎缅甸总理奈温将军一行举行的宴会。（25日《人民日报》）

◎ 作十六字令《普天同庆》四首。发表于28日《人民日报》。有小序，祝我国钢、煤、粮、棉超额完成第二个五年计划。

25日 致函李宇超。谓："承赠鼎堂牌，鼎堂多谢你。无鼎又无堂，敬藏在箧底。""水仙花瓷盘晚了半小时才看到，好得很。我立地挂在壁上，小斋顿生光彩。沫若又及。"（《郭沫若书信集》下，中国社会科学出版社1992年版）

26日 作五律《迎春》。发表于28日《北京日报》。咏"开门迎春节，旭日满堂红"。

初收作家出版社1963年11月初版《东风集》，现收《郭沫若全集·文学编》第4卷。

◎ 应中央档案馆负责人曾三之请，"春节前二日"题七律一首。发表于《档案工作》第3期。

初收作家出版社1963年11月初版《东风集》，题为《题为档案馆》；

现收《郭沫若全集·文学编》第4卷。

◎ 作七律《〈淮海报〉创刊二十周年题寄》。发表于3月24日江苏淮阴《淮海报》。

初收作家出版社1963年11月初版《东风集》，现收《郭沫若全集·文学编》第4卷。

◎ 晚，应印度大使馆临时代办康南皮之邀，出席庆祝印度共和国成立十周年招待会。(27日《人民日报》)

28日 晚，设宴招待在科学院和科技大学工作的外籍专家四十余人欢度春节。(29日《人民日报》)

29日 赴重庆。

本月 《沫若选集》第3卷由人民文学出版社出版。分三辑，收《我的童年》《北伐途次》《请看今日之蒋介石》《脱离蒋介石之后》和《洪波曲》。

◎ 为《考古》杂志题词，发表于《考古》第1期："国家建设的速度一日千里，科学技术的研究工作必须以更快的速度发展才能适应。让我们进一步贯彻执行总路线的精神，使一九六〇年的研究工作，在既得的基础上，获得更大的继续跃进！"

◎ 接待内蒙古大学化学系一学生来访，对其研究出的《公元干支互查盘》《公元回历速查盘》《中国历史纪年速查表》等多种历法互查工具给予肯定，并与竺可桢一起建议教育部将其调入南京大学天文系学习。(卢嘉锡、严东生《纪念老院长郭沫若同志》，1982年11月16日《人民日报》)

2月

3日 游南泉公园，作七律二首：《游南泉公园》《泛舟花溪》。辑入《重庆行十六首》发表于《诗刊》第2期。

初收作家出版社1963年11月初版《东风集》，现收《郭沫若全集·文学编》第4卷。

6日 由重庆回京。整理在重庆期间所作诗词，辑录为《重庆行十六首》。包括《飞过秦岭》《咏重庆人民礼堂》《看朝天门码头》《游北泉公园》《题红岩村革命纪念馆》三首、《参观曾家岩十八集团军办事处》

《访天官府寄庐》《黄山探梅》《题为重庆博物馆》《题为重庆市川剧院》《看川剧〈大红袍〉》《看川剧〈孔雀胆〉》《游南泉公园》《泛舟花溪》。作序谓："春节中飞到重庆去住了几天。旧地重游，新光弥满，多所感发，得诗十六首。爰辑为《重庆行》，以资纪念。"发表于《诗刊》第2期。

初收作家出版社1963年11月初版《东风集》，现收《郭沫若全集·文学编》第4卷。

7日 下午，与刘少奇、陈毅等接见中华全国学生第十七届代表大会全体代表。(8日《人民日报》)

8日 致郭翊昌信。写道：

"一月廿八日信接到。从像片看来，确很消瘦，望注意。

沙湾大发展，甚可贺。公路既通，铁路也将经过，将来还将有更大发展。兄等在此均好，请释念。前几天带着孩子们到重庆去了一趟，住了一星期，前天才回北京。

大嫂、五哥烦代问候。"（据手迹；蔡震《郭沫若生平文献史料考辨·与郭开运（翊昌）的书信》，社会科学文献出版社2014年版）

9日 任全国教育和文化、卫生、体育等方面社会主义建设先进单位和先进工作者代表大会筹委会副主任委员。陆定一为主任委员。(10日《人民日报》)

10日 致函翦伯赞。"我写了《武则天》一剧，送上一部，请提意见，以便修改定稿。"(《郭沫若同志给翦伯赞同志的信和诗》，《北京大学学报》1978年第3期)

◎ 下午，会见以亚力克山德鲁·科达尔查为首的罗马尼亚科学院代表团。(11日《人民日报》)

11日 为《我们爱科学》创刊号题词："人类智慧是不断发展的，科学也是不断发展的，科学是人类智慧发展的轨迹。我们不仅要攀登科学的最高峰，还要不断发展我们的智慧，创造科学的最高峰。毛泽东时代的少年必须具有这样的雄心：不断地学习科学、发展科学，不断地征服自然、征服宇宙，为社会主义和共产主义建设事业服务！"（手迹见《我们爱科学》1978年第1期）

12日 致电苏联科学院院长涅斯米扬诺夫，祝贺中苏友好同盟互助条约签订十周年。电文摘要发表于 14 日《人民日报》。

13 日 晚，与朱德，陈毅等会见以叶留金为首的苏中友好协会代表团全体成员。(14 日《人民日报》)

◎ 晚，与朱德、陈毅等出席政协全国委员会等部门为庆祝中苏友好同盟互助条约签订十周年举行的招待会。在会上讲话，讲话全文发表于 14 日《人民日报》。

14 日 晚，与刘少奇、朱德等应邀出席苏联驻中国大使契尔沃年科为庆祝中苏友好同盟互助条约签订十周年举行的宴会并致辞。(15 日《人民日报》)

16 日 晚，会见以普鲁司克院士为首的捷克斯洛伐克科学院代表团。(18 日《人民日报》)

18 日 出席中国科学院和捷克斯洛伐克科学院科学合作 1960 年执行计划签字仪式。(19 日《人民日报》)

◎ 为祝贺正在我国作访问演出的日本前进座剧团建团 30 周年，题七绝二首。第一首为《祝日本前进座剧团永远前进》一文所引，发表于 26 日《人民日报》。

两首诗初收作家出版社 1963 年 11 月初版《东风集》，题为《题赠日本前进座剧团——在北京庆祝建团三十周年》；现收《郭沫若全集·文学编》第 4 卷。

20 日 上午，会见日本禁止原子弹和氢弹协议会理事长安井郁和协议会事务局次长吉田嘉清。下午，与廖承志、包尔汉等应安井郁邀出席为招待我国各方面人士举行的酒会。

◎ 晚，往首都剧场观看日本前进座剧团演出的《俊宽》和《鸣神》。休息期间接见了剧团团长河原崎长十郎、副团长中村玩右卫门、宫川雅青以及主要演员，在演出结束后上台与演员们握手祝贺。(21 日《人民日报》)

22 日 与黄炎培、陈叔通、沈雁冰、张奚若等 546 人联名发表抗议书，抗议美帝国主义阴谋劫夺我国在台湾的珍贵文物。(23 日《人民日报》)

◎ 晚，与李先念、习仲勋等应邀出席阿拉伯联合共和国驻中国大使塔拉齐为庆祝阿拉伯联合共和国成立两周年举行的招待会。(23 日《人民日报》)

25 日 晚，往新侨饭店，与沈雁冰、阳翰笙、梅兰芳等出席对外文化协会、全国文联和戏剧家协会联合举行的庆祝日本前进座剧团成立30周年酒会并致辞。致辞以《祝日本前进座剧团永远前进》为题，发表于26日《人民日报》。

26日　《戴着"和平"面具的强盗》发表于《人民日报》。称："中国人民的历史文化遗产，决不允许劫夺，即使被劫到天涯海角，中国人民也一定把它们追回。"

27日　为邯郸东风剧团题词："曲闻天上春满寰中，群芳竞秀一片东风。"（王振国、王鹏、王鑫鲲《东风史话》，解放军出版社2009年版）

29日　下午，会见以柳鲍米尔·克雷斯坦诺夫通讯院士为首的保加利亚科学院代表团。（3月1日《人民日报》）

◎ 下午，出席中国和罗马尼亚两国科学院科学合作协定1960年执行计划签字仪式。（3月1日《人民日报》）

本月　格鲁吉亚文译本的郭沫若诗歌、小说选集，在庆祝中苏友好同盟条约签订十周年的活动中，由格鲁吉亚国家出版局出版。（16日《人民日报》）

3月

1日　为何香凝画《梅花图》题五绝一首载《人民画报》第5期。诗云："人人皆富贵，处处有梅花。耳勾耳勾此乐土，泱泱我中华。"（见王朝闻《革命老人画家何香凝》，《人民画报》第5期）

8日　致信钟黔宁。说："你的诗和《胡笳十八拍》试译接到了。""您的诗还可以作进一步的打磨。诗既有韵脚，有时突然失去韵脚是不熨贴的。用词要有选择，要使诗的意境成为一个完整的世界。"（龚明德《郭沫若三封集外书信》，《郭沫若学刊》2013年第2期）

◎ 晚，与周恩来、彭真、陈毅等出席首都各界妇女庆祝"三八"国际劳动妇女节50周年大会。（9日《人民日报》）

10日　下午，与周恩来、陈毅等应邀出席丹麦驻中国大使巴特森为庆祝丹麦国王斐德烈九世诞辰和丹麦王国国庆举行的招待会。（11日《人民日报》）

11日　下午，与周恩来、陈毅等迎接尼泊尔王国首相柯伊拉腊和夫人一行到京。（12日《人民日报》）

◎ 复函吴晗。说："《武则天》校改本已收到，谢谢您。""李孝逸是淮安王李神通之子，李神通是高祖李渊从父弟。李渊之祖为太祖李虎，故李孝逸为太祖曾孙，没有错。'宗室'二字不好用，听戏者会听成'忠实'，所以我在剧本中都避免了。京戏《海瑞》很想以先睹为快。二月初在重庆时看到川戏《大红袍》也写的是海瑞，觉得不错。"（郭沫若纪念馆藏资料）

12日 晚，与陈毅、习仲勋等出席周恩来总理为欢迎尼泊尔王国首相柯伊拉腊和夫人一行举行的宴会。（13日《人民日报》）

15日 出席中国科学院和保加利亚科学院科学合作1960年执行计划签字仪式。（16日《人民日报》）

◎ 下午，与周恩来、陈毅等往民族文化宫出席中国尼泊尔友好协会会长周建人为欢迎尼泊尔王国首相柯伊拉腊和夫人一行举行的酒会。晚，与周恩来、陈毅等陪同尼泊尔王国首相柯伊拉腊和夫人一行观看北京舞蹈学校和中央音乐学院演出的中国舞剧《鱼美人》。（16日《人民日报》）

16日 致信陈毅并转周恩来。写道：

"昨晚我曾告诉您：三天前苏联大使馆苏达利柯夫同志来访，当面交来了国际列宁和平奖金委员会主席的来电，邀我于四月二十日去参加会议。电文已译出，兹一并送上。电中提到奖金候选人六名。其中卡萨诺瓦是法共政治局委员，柯涅楚克是苏共中委，都是从事和运多年的人，1955年3月曾来北京见过总理。美国的依顿，估计是苏联组织上提出来的。其他几位都是从事和运的人。我对于人选没有什么意见。

四月二十日的会，我打算不去。（1）科学院的学部委员大会预定在四月中旬召开；（2）今年来，世和的几次会议，我都以'健康关系，不适于长途旅行'而请了假，如果四月二十日去莫斯科，会见的还是爱伦堡、贝尔纳那些人，实在不好说话。

电报是照例的通知。今年虽然是列宁九十周年的诞辰，但电报中并未提及。只由苏达利柯夫口头提了一下。

因此，我对于候选人拟予同意，而对于四月二十日的会议则拟请假。"（郭沫若纪念馆藏资料）

◎ 在家中接见邯郸东风剧团演员，将剧本《武则天》赠予剧团，希望移植改编成豫剧。（王振国、王鹏、王鑫鲲《东风史话》，解放军出版社

2009 年版）

17 日　作诗《六亿神州尽舜尧》。发表于 5 月 4 日《人民日报》。"十年来的英雄事迹可以写成二十五史，真正是'数英雄人物，还看今朝'"；"六亿人民心一条""可以使高山低头，江河让路，宇宙缩小"。

初收人民文学出版社 1977 年 9 月初版《沫若诗词选》，写作时间误为"1960 年 5 月"；现收《郭沫若全集·文学编》第 4 卷。

19 日　下午，与周恩来、楚图南等往人民大会堂出席首都各界人民为支援拉丁美洲人民暨庆祝中国拉丁美洲友好协会成立举行的集会，并发表讲话。讲话全文以《中国人民和拉丁美洲人民的友谊万岁》为题，发表于 20 日《人民日报》。

22 日　飞赴延安参观考察，成七律三首：《颂延安》《访杨家岭毛主席所住窑洞》《谒延安烈士陵园》。发表于 26 日《陕西日报》。又发表于《诗刊》4 月号，为《陕西纪行十首》之一至三。

初收作家出版社 1963 年 11 月初版《东风集》，现收《郭沫若全集·文学编》第 4 卷。

23 日　为"更多地接触武后的业绩"，到陕西乾县游览高宗与武后合葬墓乾陵。（《我怎样写〈武则天〉》）

◎ 作七律五首：《游乾陵三首》《吊章怀太子墓》《游顺陵》。发表于《诗刊》4 月号，为《陕西纪行十首》之四至八。《游乾陵》一、二和《游顺陵》，又为《访西安杂咏四首》之一至三，发表于《延河》4 月号。《游乾陵》咏"待到幽宫重启日，还期翻案续新篇"。《游顺陵》有句"历代是非淆黑白，一照得失论雌雄"。

初收中国戏剧出版社 1962 年 9 月初版《武则天》，现收《郭沫若全集·文学编》第 8 卷。

◎ 作七律《雨中游华清池》。为《访西安杂咏四首》之四，发表于《延河》4 月号。又为《陕西纪行十首》之九，发表于《诗刊》4 月号。

24 日　作七律《在西安参观工厂》。发表于 26 日《陕西日报》。又发表于《诗刊》4 月号，为《陕西纪行十首》之十。

初收作家出版社 1963 年 11 月初版《东风集》，现收《郭沫若全集·文学编》第 4 卷。

25 日　回到北京。

26日 致函四川省广元县政府："闻广元县有武则天庙，希望能得到一些照片，庙容和塑像之类。庙内想有碑记，希望能抄示。又县志中是否有记载？民间关于立庙之由及有关武则天的传说如何？这些都想知道，如能扼要叙及，至所盼祷。"又"武后毫无疑问生于广元。唐代诗人李商隐有《利州江潭作》一诗，题下注云'感孕金轮所'。金轮即武后，可见唐人是公认武后生于广元"。(原件存四川广元县)

29日 上午，往政协礼堂，出席政协第三届全国委员会第二次会议开幕式。上午休会后，与周恩来等会见来自各地的政协委员。(30日《人民日报》)

◎ 下午，往人民大会堂，出席第二届全国人民代表大会第二次会议预备会议，被选为第二届全国人民代表大会第二次会议主席团成员。(30日《人民日报》)

30日 就南非人民反对"通行证法"的斗争发表谈话，谴责南非当局奉行的种族歧视政策。谈话全文载4月2日《人民日报》。

◎ 下午，出席第二届全国人民代表大会第二次会议开幕式，与朱德、林伯渠等为大会执行主席。(31日《人民日报》)

本月 为延安大学题写校名。

◎ 书赠王黎夫《飞跃秦岭》(《重庆行十六首》之一)。(《郭沫若书法集》，四川辞书出版社1999年版)

4月

3日 晚，与朱德、董必武、陈毅、沈钧儒等会见以帕塔基·亚诺什为首的匈牙利中国友好协会代表团全体成员和匈牙利共青团中央艺术团团长瓦达斯·拉斯洛、副团长兼艺术指导哥雷格·彼得。并往政协礼堂出席首都各界人民为庆祝匈牙利人民解放15周年举行的集会。(4日《人民日报》)

4日 下午，出席第二届全国人民代表大会第二次会议，为大会执行主席之一。(5日《人民日报》)

◎ 致信楼适夷。(见《郭沫若学刊》2005年第4期)

6日 上午，出席第二届全国人民代表大会第二次会议，为大会执行主席之一。(7日《人民日报》)

7日　上午，出席政协第三届全国委员会第二次会议，与阿沛·阿旺晋美、张治中、徐冰、张奚若等主持大会讨论。(8日《人民日报》)

8日　出席第二届全国人民代表大会第二次会议，为大会执行主席之一。(9日《人民日报》)

◎ 作《为城市人民公社欢呼》，发表于10日《北京日报》。

3月9日，中共中央发出《关于城市人民公社问题的批示》，要求各地采取积极的态度建立城市人民公社，除北京、上海、天津、武汉、广州五大城市外，"其他一切城市则应一律挂牌子，以一新耳目，振奋人心"。

9日　下午，出席第二届全国人民代表大会第二次会议，与朱德、林伯渠、罗荣桓等为大会执行主席。(10日《人民日报》)

10日　下午，出席第二届全国人民代表大会第二次会议闭幕式，并与朱德、林伯渠、罗荣桓等为大会执行主席。(11日《人民日报》)

◎ 题诗赠桂剧演员尹羲："仿佛鸡雏犹在眼，光阴弹指廿三年。曾惊山水甲天下，又见云露泛日边。春满人间花更好，风行海内镯增圆。何时重棹漓江上，阳朔山头共饮泉。"跋云："二十三年前在桂林曾观尹羲同志验出《拾玉镯》。今来北京参加政协会议，索诗，书此以赠。"（郭沫若纪念馆藏）

11日　上午，与周恩来、沈钧儒、黄炎培、李维汉等主持政协第三届全国委员会第二次会议闭幕式。(12日《人民日报》)

◎ 主持中国文学艺术界联合会第四次全国委员会扩大会议。通过决议，5月间召开全国第三次文学艺术工作者代表大会。(12日《人民日报》)

13日　上午，与宋庆龄、董必武等欢送周恩来、陈毅赴缅甸等国访问。(14日《人民日报》)

15日　上午，会见以土岐善麿为首的日本考察中国文字改革学术代表团。(16日《人民日报》)

◎ 复函翦伯赞。"感谢您对于《武则天》的指点"，"《大云经》，我没有用上。因为我剧中的年代有所限制。武后出身微贱，这和她的政治措施，不无因缘。高宗能欣赏武后，是他的杰出处。因此，我推论到他也能欣赏僧肇。关于上官婉儿，我希望您有功夫时，翻阅一下张说的《上官昭容文集序》（见《全唐文》）。他称赞上官婉儿真是到了极点。武后和上官婉儿这两位女性，我看对唐代文化有大贡献"。(《郭沫若同志给翦伯赞同

志的信和诗》,《北京大学学报》1978年第3期)

◎ 被捷克斯洛伐克科学院第十一届大会选为该院外国院士。(21日《人民日报》)

17日 致信楼适夷。说:"《诗选》,我实在不能编。往年既由克家、徐迟同志编选,今年可仍旧贯,可以保持一贯的风格。倘使由我来选,那就有不少困难。我是主张极端严格的,但如此不仅与往年不一致,而与其他选集也不能平衡。因此我坚决辞退这个任务,请由徐迟主编。"(龚明德《郭沫若三封集外书信》,《郭沫若学刊》2013年第2期)

◎ 下午,与朱德、林伯渠、沈钧儒等出席首都各界为纪念万隆会议五周年暨庆祝中国非洲人民友好协会成立举行的集会,并发表讲话。讲话全文,以《万隆精神像早晨太阳照耀着亚非人民前进的道路》为题,发表于18日《人民日报》。

◎ 下午,与朱德、林伯渠、沈钧儒、陈叔通等会见蒙古、伊拉克、日本、印度尼西亚、锡兰等国家的外宾。(18日《人民日报》)

◎ 下午,与朱德、林伯渠、沈钧儒、陈叔通等会见阿尔及利亚青年代表团团长夏比·哈息米、学生代表团团员柴果谢·德拉齐等非洲外宾。(18日《人民日报》)

18日 到上海参加中国科学院第三次学部会议。

◎ 与李四光、吴有训等组成陶孟和先生治丧委员会。(19日《人民日报》)

陶孟和,中国科学院副院长。

19日 在中国科学院学部委员会第三次会议上作报告,题为《高举毛泽东思想红旗,更快地攀登科学高峰》。发表于《科学通报》第9期、30日《科学报》、5月13日《文汇报》。

20日 作诗《献给加勒比海的明珠》。发表于21日《人民日报》。称颂古巴人民的正义斗争。

初收作家出版社1963年11月初版《东风集》,现收《郭沫若全集·文学编》第4卷。

21日 应白杨等邀,往"洁而精"川菜馆。将《武则天》连同相关资料交白杨,请提意见。晚,一同观看电影《红旗谱》。(《艺苑史话一页——郭沫若致白杨的信和诗》,1981年3月4日《大公报》,于成《郭沫若赠白杨

诗》，1981年8月9日《新华日报》）

23日 致函白杨。"前天谢谢您们的招待"，"做了一首诗，另纸抄给您看看"。"关于《武则天》，请您看了提意见，待出单行本时加以删改。""《重要资料十则》，将来也打算附在单行本里面一道出版。"告知"决定十七日（原文如此——编者注）飞回北京，在离沪前希望能听到您关于《武则天》的意见"。所作七律："廿三年矣洁而精，一夕偶然接玉英。画里惊看来丽惹，诗中翻爱咏崔莺。香生芍药春增暖，影转梧桐月更明。纵涌波澜教不泛，谷陵相应同有声。"（《艺苑史话一页——郭沫若致白杨的信和诗》，1981年3月4日《大公报》）

25日 晚，观看上海戏曲学校演出的昆曲《盗仙草》和《挡马》，京剧《岳母刺字》和《百花赠剑》。（《竺可桢日记》，上海科技教育出版社2008年版）

26日 上午，在上海举行的中国科学院第三次学部会议闭幕式上作总结报告。（《竺可桢日记》，上海科技教育出版社2008年版）

27日 返回北京。

28日 下午，与彭真、林伯渠等往天安门出席首都各界人民支援南朝鲜人民爱国正义斗争大会。（29日《人民日报》）

◎ 读重庆工人技术革新诗选后作《新民歌的新动向》。说，"这些事都是从生产实践中流露出来的心里的声音，所以很感动人"。"这些是不仅表现了技术革新，而且也表现了诗歌革新。"（郭沫若纪念馆藏）

30日 作七律《"五一"颂》。发表于5月1日《北京日报》。初收作家出版社1963年11月初版《东风集》，现收《郭沫若全集·文学编》第4卷。

◎ 晚，与朱德、宋庆龄等出席国务院为庆祝"五一"国际劳动节暨招待来自世界各地外宾举行的宴会。（5月1日《人民日报》）

本月 诗《开足马力奋勇前进》发表于《北京文艺》4月号。纪念列宁诞辰九十周年而作。

5月

1日 出席首都人民为庆祝"五一"国际劳动节举行的集会游行，并

带领科学工作者队伍在海淀区中关村游行。(2日《人民日报》)

◎ 夜,与朱德、邓小平等在天安门城楼会见来自五大洲六十多个国家和地区的外宾。(2日《人民日报》)

2日 下午,与朱德等会见以克里姆·贝勒卡塞姆副总理为首的阿尔及利亚共和国临时政府代表团。(3日《人民日报》)

4日 下午,与胡耀邦、彭真等往天安门出席首都青年和各界人民支持土耳其人民爱国正义斗争大会。(5日《人民日报》)

6日 作诗《反帝斗争的连锁反应》。发表于10日《人民日报》。称颂:"反帝斗争的连锁反应传遍了四面八方",并为"彻底消灭殖民主义的人民的春天""全人类争取总解放的人民的春天"欢呼。

初收作家出版社1963年11月初版《东风集》,现收《郭沫若全集·文学编》第4卷。

◎ 参观"腰斩黄河画展"后题字,手迹载《山东文学》第8期。"枝柳枕,滚龙衣,廿二万人齐协力,驯服黄河把头低。工人作画,农民题诗,创业果然举世奇。黄龙笑眯眯,从此为人民谋利,灌溉发电养鱼,改变天气,听党的指挥,百事百遵依。"

7日 上午,会见以印度尼西亚和平委员会副主席苏基诺为首的印度尼西亚和平代表团。(8日《人民日报》)

8日 应上海鲁迅纪念馆之请,作《〈鲁迅诗稿〉序》。发表于1961年9月18日《人民日报》,《人民文学》1961年9月号,录入上海人民美术出版社1961年版《鲁迅诗稿》。写道:"鲁迅先生无心作诗人,偶有所作,每臻绝唱。或则犀角烛怪,或则肝胆照人。如'横眉冷对千夫指,俯首甘为孺子牛',虽寥寥十四字,对方生与垂死之力量爱憎分明,将团结与斗争之精神表现具足。此真可谓前无古人,后启来者。""鲁迅先生也无心作书家,所遗手迹,自成风格。融冶篆隶于一炉,听任心腕之交应,朴质而不拘挛,洒脱而有法度。远逾宋唐,直攀魏晋。世人宝之,非因人而奖也。""然诗如其人,书如其人,荟而萃之,其人宛在。荀子劝学篇有云'学莫便乎近其人,学之经莫速乎好其人。'鲁迅先生,人之所好也,情更好其诗,好其书,而日益近之。苟常手抚简篇,有如面聆謦颏,春温秋肃,默化潜移,身心获益靡涯,文笔增华有望。"

《鲁迅诗稿》据鲁迅1901—1935年三十多年所写旧体诗手稿影印。

陈毅题签，郭沫若作序。

9日 下午，往天安门，主持首都各界人民为支持日本人民反对日美军事同盟条约举行的集会，并发表讲话。讲话全文以《中日人民更加紧密团结，粉碎美日反动派战争阴谋》为题，发表于10日《人民日报》。

10日 上午，会见法国《回声报》社长埃米尔·塞文-希莱伯和他的夫人。(12日《人民日报》)

11日 上午，会见以吴昂丹为首的缅甸新闻工作者代表团全体成员。(12日《人民日报》)

13日 作七律《寄日本人民》四首。发表于15日《人民日报》。小序谓："日本人民正举行第十六次全国统一行动，以反对日美军事同盟条约。有四百六十万工人将先后举行罢工。声势浩大，如火如荼。成诗四首，以致声援。"

初收作家出版社1963年11月初版《东风集》，现收《郭沫若全集·文学编》第4卷。

15日 夜，为苏联成功发射卫星式宇宙飞船，作诗《为巨型的卫星飞船欢呼!》。发表于16日《人民日报》。

16日 致电苏联科学院院长涅斯米扬诺夫，祝贺苏联成功发射卫星式宇宙飞船。电文发表于17日《人民日报》。

17日 上午，与宋庆龄、朱德、邓小平等往机场迎接出访归来的周恩来总理和陈毅副总理。(18日《人民日报》)

◎ 作为中国人民保卫世界和平委员会主席发表谈话，支持苏联部长会议主席赫鲁晓夫在四国首脑会议预备会议上发表的声明。谈话摘要载18日《人民日报》。(18日《人民日报》)

18日 致电祝贺越南民主共和国胡志明主席七十寿辰。(19日《人民日报》)

◎《诗歌的萌芽》发表于《人民日报》。是为《孩子的诗》所作题头语："少年儿童的诗歌是诗歌的萌芽"，"萌芽是怕病虫害的，有了病虫害，萌芽便不能成长了。最严重的病虫害就是骄傲自满"。希望小朋友们"千万不要自满"。

19日 下午，与周恩来、陈毅、贺龙等出席中华人民共和国政府和阿尔及利亚共和国临时政府联合公报签字仪式。(20日《人民日报》)

◎ 晚，与陈毅、贺龙等出席周恩来总理为欢送以克里姆·贝勒卡塞姆副总理为首的阿尔及利亚共和国临时政府代表团举行的宴会。(20日《人民日报》)

20日 上午，与陈毅、贺龙等往机场欢送以克里姆·贝勒卡塞姆副总理为首的阿尔及利亚共和国临时政府代表团。(21日《人民日报》)

◎ 下午，与朱德、周恩来、邓小平等往天安门出席首都各界人民为支持苏联政府严正立场、谴责美国破坏四国首脑会议举行的集会。讲话以《美帝国主义是最凶恶的敌人，艾森豪威尔是头号战争贩子》为题，发表于21日《人民日报》。

22日 致函广元县人民委员会。说："广政年间的碑是很重要的，可惜下截被损，估计当缺十余字。又原有作尼状的武后像，明清时均有人题咏，而今已渺无踪迹，不知何时被毁。刘成厚所刻像，乃摹清康熙年间金古良《无双谱》，而亦失真，无多价值。现寺内所存武后石像头部，不知大小如何？定为武后像，是否确有根据？根据广政碑例，估计地下可能还有埋藏，尚希注意。"（原件存四川广元县）

24日 作诗《高举起毛泽东思想的红旗前进！——献给全国文教群英大会》。发表于6月1日《人民日报》。鼓励文教工作者们"在科学的基础上发扬三敢精神，／树立下大志，解放思想，破除迷信。／人所未曾做到的，我们不能坐等；／人所已曾做到的，我们决不后人"。

初收作家出版社1963年11月初版《东风集》，现收《郭沫若全集·文学编》第4卷。

◎ 致函日本朋友。以《争取胜利的明天》为题，发表于25日《人民日报》。声援日本人民将要发起的反对日美军事同盟第十七次全国统一行动。

25日 歌词《小人能做大事情》（马可谱曲），发表于《诗刊》5月号。

27日 上午，与朱德、邓小平等欢送周恩来、陈毅一行赴蒙古人民共和国访问。(28日《人民日报》)

◎ 上午，会见印度尼西亚和平委员会主席、国会议员韦多约夫妇和印度尼西亚井里汶和平委员会名誉主席沙菲伊。(28日《人民日报》)

◎ 下午，与贺龙、李先念等应邀出席阿富汗驻中国大使萨马德为庆

祝阿富汗王国独立纪念日举行的招待会。(28日《人民日报》)

◎ 作七律《喜闻攀上珠穆朗玛峰》。发表于28日《人民日报》。序谓："闻由北麓攀上珠穆朗玛峰，喜而赋此。奉赠爬山队全体同志。"诗云："英雄肝胆夷天险，集体精神旷代功。慷慨高歌传四海，弟兄携手抚苍穹。"

初收作家出版社1963年11月初版《东风集》，现收《郭沫若全集·文学编》第4卷。

28日 为庆祝"六一"国际儿童节，给全国少年题词，发表于30日《中国少年报》。"中国登山队，第一次从北麓登上珠穆朗玛峰，这是一件大喜事。这是在党领导下，全体队员们发挥了集体主义和爱国主义的精神，具有着不怕任何艰难的英雄气概，所以能做到前人所不能做到的事。我们要攀登科学技术上的世界最高峰，所有从事科学技术的人都是登山队员。要想获得成功，必须在党的领导下，同样发挥集体主义和爱国主义的精神，同样具有不怕任何艰难的英雄气概。这种精神和这种气概，最好是在少年儿童时代就把它养成起来！"

29日 下午，与邓小平、彭真等往北京医院向林伯渠同志遗体告别。(30日《人民日报》)

林伯渠，原名林祖涵，湖南临澧人。1921年加入中国共产党。中共中央政治局委员、全国人民代表大会常务委员会副委员长。

◎ 往帅府园美协展览馆参观上海美术片厂主办的美术电影制作展览会预展后，题诗《献给"美术电影展览"》。发表于31日上海《解放日报》《文汇报》。称"美术电影展览"是献给儿童节的鲜花与明珠。

初收作家出版社1963年11月初版《东风集》，现收《郭沫若全集·文学编》第4卷。

30日 作《读工人诗选》，发表于《中国工人》第12期。

31日 上午，会见以阿耶特·西米季乌为首的阿尔巴尼亚新闻工作者代表团。(6月1日《人民日报》)

本月 郑森禹代表郭沫若出席5月举行的世界和平理事会主席团斯德哥尔摩会议。(6月1日《人民日报》)

6月

1日 上午，与朱德、宋庆龄、邓小平等待机场迎接周恩来总理、陈毅副总理访问蒙古归来。（2日《人民日报》）

◎ 下午，与刘少奇、周恩来、朱德、宋庆龄等往人民大会堂出席全国教育和文化、卫生、体育、新闻方面社会主义建设先进单位和先进工作者代表大会开幕式，为大会主席团成员。（2日《人民日报》）

这是新中国成立以来文教战线上一次空前盛大的群英会，来自28个省、市、自治区和中央机关以及人民解放军各部队的六千多名代表参加大会。陆定一代表中共中央和国务院向大会致祝词，林枫作《大搞文化革命，实现工农群众知识化，知识分子劳动化》的报告。

2日 上午，与刘少奇、周恩来等往劳动人民文化宫出席首都各界人民公祭林伯渠同志大会。（3日《人民日报》）

◎ 下午，与刘少奇、朱德等往机场欢迎阿尔巴尼亚人民共和国人民议会主席团主席哈奇·列希一行。（3日《人民日报》）

◎ 晚，与宋庆龄、董必武等参加刘少奇主席同哈奇·列希主席的会见。（3日《人民日报》）

3日 下午，与习仲勋陪同哈奇·列希主席一行游览颐和园。（4日《人民日报》）

◎ 晚，与朱德、董必武等出席刘少奇主席为欢迎哈奇·列希主席举行的国宴。（4日《人民日报》）

4日 下午，与彭真、沈钧儒等往人民大会堂出席首都各界为欢迎哈奇·列希主席一行举行的集会。（5日《人民日报》）

5日 下午，与廖承志、李四光等出席陈毅副总理为欢迎刚果政党代表团举行的酒会。（6日《人民日报》）

◎ 下午，与刘少奇、董必武等往政协礼堂出席中国阿尔巴尼亚友好协会为欢迎哈奇·列希主席一行举行的招待会。（6日《人民日报》）

◎ 晚，与董必武、习仲勋等往政协礼堂出席对外文化联络委员会等单位为欢迎哈奇·列希主席举行的文艺晚会，观看上海实验歌剧院演出的舞剧《小刀会》。（6日《人民日报》）

6日 上午，与姬鹏飞等陪同哈奇·列希主席一行参观十三陵水库与定陵。(7日《人民日报》)

◎ 致函吴晗。送有关《武则天》剧本的史料。(郭沫若纪念馆藏)

◎ 晚，与刘少奇、董必武、周恩来等应阿尔巴尼亚驻中国大使帕里夫蒂之邀，往北京饭店出席为欢迎哈奇·列希主席一行访华举行的招待会。(7日《人民日报》)

7日 上午，与刘少奇、周恩来等到机场欢送哈奇·列希主席一行前往杭州、上海等地参观访问。(8日《人民日报》)

◎ 为伍必端、靳尚谊画《毛主席和亚洲、非洲、拉丁美洲人民在一起》题诗。发表于《解放军画报》第13期，题为《新生的太阳比火红》。"我们的要求是四海兄弟，种族平等"，"我们的信仰是出新推陈，齐放百花"，"要让阶级化为乌有"。

8日 游紫竹院公园，作五律《紫竹院观鱼》和七律《题紫竹院食堂》并小序。发表于《诗刊》7月号。

初收作家出版社1963年11月初版《东风集》，题为《紫竹院观鱼》二首；现收《郭沫若全集·文学编》第4卷。

9日 晚，会见并设宴欢迎以野间宏为首的日本文学家代表团全体成员。发表致辞，支持日本人民的正义斗争，祝日本人民的斗争取得更大胜利。(10日《人民日报》)

10日 复信许顺湛。说："您的信接到。《关于中原新石器时代文化几个问题》也读了一遍。我提不出什么意见。我是拥护百家争鸣的政策的，应该努力贯彻执行。我们应该有根据地大胆提出新意见，大破大立。田野考古工作在我国还进行得不够普遍，不够深入，不够系统化。要得出最后的定论，恐怕还须作大量的工作。"(郭沫若纪念馆藏资料)

◎ 下午，与廖承志、张奚若等往中山公园音乐堂出席首都各界人民为欢迎以阿力斯·马克巴万拉·卡松戈为首的刚果政党代表团暨支持刚果人民反殖民主义斗争举行的集会。(11日《人民日报》)

11日 上午，会见以塞尔乔·塞格莱为首的意大利新闻工作者代表团。(13日《人民日报》)

◎ 下午，与沈钧儒、周扬等出席全国文教群英大会闭幕式。大会号召高举毛泽东思想红旗，把文化革命推向新的高潮。(12日《人民日报》)

◎ 下午，应邀与外交部副部长罗贵波等出席英国驻中国代办施棣华为庆祝英国女王伊丽莎白二世诞辰举行的招待会。（12日《人民日报》）

12日 作七言诗《美帝末路走下坡》六首，署名"江耦"发表于13日《北京日报》。

现收《郭沫若全集·文学编》第4卷。

◎ 因移栽的白皮松一荣一枯，作七言诗《栽白皮松》。

初收作家出版社1963年11月初版《东风集》，现收《郭沫若全集·文学编》第4卷。

14日 上午，会见德意志民主共和国教育代表团团员、德国统一社会党中央科学部部长汉茨·哈涅克，就加强中德两国科学院的科学合作问题进行交谈。（15日《人民日报》）

◎ 与周扬往颐和园湖心亭出席中国民间文艺研究会举行的座谈会，会见来自全国各地、各民族参加全国文教先进工作者代表大会的民间诗人、歌手和画家。在中国民间文艺研究会赠送每位代表的《红旗歌谣》上签名。（15日《人民日报》）

◎ 致信菅野俊作。说："由冈本氏转来大函，已收到。谢甚。嘱为鲁迅纪念碑题字，题字内容如何？望见告。"另告以"有关鲁迅的写真五枚，将转有关方面保存"。（郭沫若纪念馆藏资料）

15日 作诗《艾森豪威尔独白》第一章。发表于18日《人民日报》。

16日 作诗《艾森豪威尔独白》第二章。发表于18日《人民日报》。

◎ 作七律《怒斥岸信介与艾森豪威尔》二首。发表于17日《光明日报》。

初收作家出版社1963年11月初版《东风集》，改题为《斥岸信介与艾森豪威尔》；现收《郭沫若全集·文学编》第4卷。

17日 上午，会见日本画家代表团团长前田青村、副团长白石凡和全体团员。（18日《人民日报》）

18日 下午，与陈叔通、楚图南等出席中国人民保卫世界和平委员会为反对美国侵略举行的集会，并发表讲话。讲话摘要以《美帝国主义的末日不远了》为题，发表于20日《人民日报》。

◎作诗《艾森豪威尔独白》第三章、第四章。发表于20日《人民日报》。

19日 作诗《艾森豪威尔独白》第五章。发表于23日《人民日报》。

21日 下午,与陈毅、罗瑞卿等往中国人民革命军事博物馆参观抗美援朝战争馆。参观休息时,与陈毅等接见志愿军英雄。参观后对记者发表讲话:中朝人民用鲜血结成的友谊是牢不可破的,是保卫亚洲和平的保证。讲话摘要载22日《人民日报》,《人民画报》第16期。

◎作诗《艾森豪威尔独白》第六章。发表于23日《人民日报》。

全诗初收作家出版社1963年11月初版《东风集》,现收《郭沫若全集·文学编》第4卷。

22日 上午,与邵力子、吴作人、华君武等往中央美术学院出席首都"反对美帝侵略、坚决解放台湾、保卫世界和平"美术展览会开幕式。(23日《人民日报》)

25日 下午,与陈毅、习仲勋、黄炎培等往人民大会堂出席首都各界人民为反对美国侵略朝鲜、支持朝鲜人民和平统一祖国斗争举行的集会,并发表讲话。讲话全文以《中国人民永远同朝鲜人民团结一致,坚决粉碎美帝侵略,保卫世界和平》为题,发表于26日《人民日报》。

◎作诗《一定要解放台湾》。发表于27日《人民日报》。"台湾同胞们,你们也进一步团结起来。""我们一定要解放台湾,让台湾归回祖国的怀抱!"

初收作家出版社1963年11月初版《东风集》,现收《郭沫若全集·文学编》第4卷。

◎作七律《忆台湾》。发表于27日《大公报》。咏道:"侵略台湾十载强,瘟神远渡太平洋。中华自古天无二,美帝于今命不长。万炮齐轰雷共怒,五星高举旭增光。五洲风雷生连锁,弦月波间渐渺茫。"跋谓:"美帝在西太平洋上对我构成一条所谓'新月形'的封锁线,我看不是'新月',而是下弦月。"

初收作家出版社1963年11月初版《东风集》,题作《亚洲风暴》,文字略有改动;现收《郭沫若全集·文学编》第4卷。

26日 下午,与董必武、贺龙等往工人体育场,出席首都各界人民

为庆祝中国登山队征服珠穆朗玛峰凯旋归来举行的集会。(27 日《人民日报》)

27 日 晨，与陈毅、罗瑞卿等往天安门出席首都五万男女民兵举行的反美示威大会，检阅民兵队伍。(28 日《人民日报》)

29 日 草成《瘟神死不认错》，又名《瘟神自己骗自己》。讽刺艾森豪威尔远东之行成"老鼠过街"。(郭沫若纪念馆藏)

本月 书毛主席词《浪涛沙·北戴河》，"奉（裴）丽生同志补壁"。(《郭沫若遗墨》，河北人民出版社 1980 年版)

7 月

3 日 上午，往政协礼堂，与廖承志、刘长胜等出席首都各界人民为庆祝非洲喀麦隆、多哥、马里联邦、马尔加什、刚果、索马里的独立和加纳共和国成立举行的集会，为大会主席团成员。(4 日《人民日报》)

6 日 晚，设宴欢迎法国著名社会活动家、巴黎大学法律及经济学系教授雷纳·加比唐和他的夫人。(7 日《人民日报》)

8 日 以中国科学院院长名义致函英国皇家学会。说："英国皇家学会成立三百周年之际，中国科学院谨以良好的祝愿，祝贺贵会繁荣昌盛，并愿科学为世界和平与人类幸福服务。"(郭沫若纪念馆藏资料)

11 日 下午，往新侨饭店，与朱德、陈毅等应邀出席蒙古人民共和国驻中国大使沙拉布为庆祝蒙古人民革命胜利 39 周年举行的招待会。(12 日《人民日报》)

12 日 《新民歌的新动向》发表于《中国青年报》。读《重庆工人技术革新诗选》后受到感动与鼓舞，建议精选 300 首，"来一个《全国工人技术革新诗选》"。

14 日 晚，往北京饭店，与董必武、陈毅等应邀出席伊拉克驻中国大使法迪尔为庆祝伊拉克共和国国庆日举行的招待会。(15 日《人民日报》)

22 日 下午，主持中国文学艺术工作者第三次代表大会开幕式，并致开幕词。开幕词发表于 23 日《人民日报》，《文艺报》第 13、14 期合刊，题为《为争取我国社会主义文艺事业的更大跃进而奋斗》。收入人民文学出版社 9 月出版的《中国文学艺术工作者第三次代表大会文件》。

◎ 下午，与刘少奇、周恩来、朱德等接见中国文学艺术工作者第三次代表大会主席团全体成员。(23日《人民日报》)

23日 上午，与周恩来、陈毅等会见刚果非洲团结党全国指导委员会委员、第二副总书记西奥多·本基拉、马里联邦苏丹和平运动秘书长迪亚洛·摩沙·萨内等在北京的非洲朋友，出席首都各界人民为支持刚果保卫民族独立正义斗争举行的集会。(24日《人民日报》)

◎ 下午，与毛泽东、刘少奇、朱德等国家和领导人一同接见出席中国文学艺术工作者第三次代表大会的全体代表。(24日《人民日报》)

◎ 晚，与周恩来、陈毅等出席国务院机关事务管理局为招待参加中国文学艺术工作者第三次代表大会全体代表举行的联欢会。观看民族舞剧《宝莲灯》、影片《风流人物数今朝》等节目。(24日《人民日报》)

24日 下午，会见以日中友好协会副会长、日本和平委员会理事长平野义太郎为首的日本"中国研究所"访华代表团。(25日《人民日报》)

月末 参观即将开放的中国人民革命军事博物馆。(8月2日《人民日报》)

中国人民革命军事博物馆在8月1日正式开馆，开馆前预展十个月。

本月 要求考古研究所人员，前往武则天出生地四川广元考察"武则天庙"皇泽寺并写出简报。(《考古》1960年第7期)

8月

4日 致电日本禁止原子弹氢弹协议会理事长安井郁并转第六届禁止原子弹氢弹和争取全面裁军世界大会，祝贺大会召开。电文摘要载5日《人民日报》。

◎ 致函楼适夷。"希望把东风剧团演出本的《武则天》，同话剧本一道刊出。""催问"刘继卣的插画"进行得怎样"。(《关于话剧〈武则天〉的书简》，《新文学史料》1980年第2期)

初旬 在北戴河观看邯郸地区东风剧团演出《武则天》，觉得剧本有不满意处，连夜加写了两场。但演出时间太长，接受剧团意见进行压缩。"删去了十五页左右，或许可以缩短半小时。唱词有所修改，请你们再仔细斟酌。"(《郭老和东风剧团》，《人民戏剧》1978年第8期)

12日 下午，会见日中文化交流协会理事长中岛健藏和他的夫人以及随行人员。（13日《人民日报》）

◎ 晚，在人民大会堂举行酒会，欢迎中岛健藏一行。发表讲话，称赞日本人民争取独立与和平的正义斗争。（13日《人民日报》）

13日 下午，主持中国文学艺术工作者第三次代表大会闭幕式。当选为中国文学艺术界联合会第三届全国委员会主席，茅盾、周扬、巴金、老舍等十五人为副主席。致闭幕词，以《高唱东风压倒西风的凯歌，塑造更多的革命英雄形象》为题，发表于14日《人民日报》。

◎ 晚，出席中国文学艺术界联合会为参加中国文学艺术工作者第三次代表大会代表举行的联欢会，用《刘三姐》曲调和柯仲平对歌。周恩来、陈毅等应邀和代表们一起联欢。（14日《人民日报》）

14日 上午，与宋庆龄、周恩来等往政协礼堂出席首都各界人民为庆祝朝鲜解放15周年举行的集会。（15日《人民日报》）

◎ 上午，与李先念陪同宋庆龄、周恩来会见以金钟恒为首的朝中友好协会代表团、以金汉奎为首的朝鲜电影代表团、以朴赞松率领的朝鲜国家排球队全体人员。（15日《人民日报》）

◎ 晚，与周恩来、朱德等往人民大会堂出席中朝友好协会为庆祝朝鲜解放15周年举行的联欢会。（15日《人民日报》）

15日 上午，与周恩来、李先念等为陈毅访问阿富汗送行。（16日《人民日报》）

◎ 晚，与刘少奇、周恩来等应邀往北京饭店出席朝鲜驻中国大使李永镐为庆祝朝鲜解放15周年举行的招待会。（16日《人民日报》）

16日 作《我怎样写〈武则天〉》。发表于1962年7月8日《光明日报》。追述创作《武则天》的取材与经过，分八个部分。写道："凡有关武则天的记载和她自己的著作，我大抵看过了。""我是把徐敬业的叛变作为中心，围绕着这个中心事件来组织了我所选择的时间和人物"，"因而把裴炎和骆宾王做了主要的反面人物"。"武后有好些特出的政治措施，我在剧本里，差不多都提到了。但为方便起见，有的我把年代提前了一些"。"她把唐太宗的'贞观之治'发展了，并为唐玄宗的所谓'开元盛世'奠定了坚实的基础。""她以一个女性的统治者，一辈子都在和豪门贵族作斗争，如果没有得到人民的拥护，她便不能取得胜利，她的政权是不能巩固的。""她有同情人民的思想，故她的政治措施有所依据"。"我根据尽可能占有的史料和心理分析，塑造了武则天的形象"，"我所写的武则天只写了她六十岁前后的六年，可以说是她最成熟的时代"。文章提出，"要'依据真实性、必然性'，总得有充分的史料和仔细的分析才行。仔细的分析不仅单指史料的分析，还包括心理的分析。入情入理地去体会人物的心理和时代的心理，便能够接近或者得到真实性和必然性而有所依据"。

初收中国戏剧出版社1962年9月初版《武则天》，现收《郭沫若全集·文学编》第8卷。

19日 为人民文学出版社出版胡志明《"狱中日记"诗抄》作《"现代诗中应有铁"》。发表于《文艺报》第15、16期合刊。称赞胡志明是"真正的革命家"，他的诗是"铁的诗歌"。

◎ 为邯郸东风剧团建团一周年，在邵宇画作《把共产党写在太阳上》上题诗。"太阳光芒万丈，东风驰宕万年。鼓足干劲上青天，把九州四海吹遍。"（王振国、王鹏、王鑫鲲《东风史话》，解放军出版社2009年版）

20日 致电苏联科学院院长涅斯米扬诺夫院士，祝贺苏联发射第二个宇宙飞船成功。电文载21日《人民日报》。

26日 晚，会见并设宴欢迎墨西哥著名社会活动家、墨西哥全国和平理事会主席埃里维尔托·哈拉将军以及随行的墨西哥《永恒》杂志编辑何塞·罗萨莱斯先生。(27日《人民日报》)

27日 晚，与楚图南、胡愈之等出席朱德委员长为招待哥斯达黎加议员代表团举行的宴会。(28日《人民日报》)

29日 下午，会见以乔弗雷·罗纳德·安德逊为首的澳大利亚出席第六届禁止原子弹氢弹和争取全面裁军世界大会代表团人员。(30日《人民日报》)

◎ 下午，会见西德和平人士、世界和平理事会理事华尔特·迪尔和西德反对原子武装行动委员会执行委员克尔脱·贝维尔斯道夫。(30日《人民日报》)

31日 在中国科技大学新生开学典礼上作《实事求是，自力更生，勤奋学习，大胆创造》的报告。(中国科学技术大学大事记)

本月 诗《宝石宫殿》二首发表于《诗刊》8月号，赞美人民大会堂。

◎ 到中国戏校看望邯郸东风剧团演员。（王振国、王鹏、王鑫鲲《东风史话》，解放军出版社2009年版）

9月

1日 上午，与周恩来、董必武等往政协礼堂出席首都各界人民为庆祝越南民主共和国成立15周年举行的集会。（2日《人民日报》）

◎ 上午，与周恩来、董必武、彭真会见以陈辉燎为首的越中友好协会代表团全体成员及越南民主共和国潮剧艺术团团长武秋、副团长高金典、越南文学院代表团团长怀青等。（2日《人民日报》）

◎ 参加毛泽东会见墨西哥著名社会活动家、墨西哥全国和平理事会主席埃里维尔托·哈拉将军、墨西哥《永恒》杂志编辑何塞·罗萨莱斯。（2日《人民日报》）

◎ 晚，与朱德、李先念等往人民大会堂出席首都各界人民为庆祝越南民主共和国成立15周年举行的联欢会。（2日《人民日报》）

2日 晚，与刘少奇、周恩来等应邀往北京饭店出席越南驻中国大使陈子平为庆祝越南民主共和国成立15周年举行的招待会。（3日《人民日报》）

3日 晚，会见并设宴欢迎以古巴保卫和平和各国人民主权运动书记约兰达·佩雷兹夫人为首的古巴和平运动代表团。（4日《人民日报》）

4日 作词《蝶恋花·题〈园林植物栽培〉》。发表于《诗刊》9月号，为《诗词七首》之一。

6日 作《十六字令·题国画插图版〈百花齐放〉》三首。发表于《诗刊》9月号，为《诗词七首》之二、三、四。

初收人民文学出版社1977年9月初版《沫若诗词选》，现收《郭沫若全集·文学编》第3卷。

7日 晚，与毛泽东、刘少奇、周恩来等往德意志民主共和国驻中国大使馆，吊唁威廉·皮克总统。（8日《人民日报》）

◎ 作歌词《劈山大渠歌》，发表于《怀来诗传单》第15期。（河北省怀来县文化局、县文联9月20日编）

初收作家出版社1963年11月初版《东风集》，现收《郭沫若全集·

文学编》第 4 卷。

8 日 中午，与周恩来等欢迎出访阿富汗归来的陈毅副总理。(9 日《人民日报》)

9 日 致电德意志民主共和国科学院院长维·哈克，对皮克总统的逝世表示沉痛哀悼。电文发表于 10 日《人民日报》。

10 日 下午，与刘少奇、朱德等欢迎以塞古·杜尔总统为首的几内亚共和国政府代表团。(11 日《人民日报》)

◎ 下午，与朱德、董必武等参加刘少奇主席会见几内亚共和国政府代表团全体成员。(11 日《人民日报》)

◎ 晚，与朱德、周恩来等出席刘少奇主席为欢迎几内亚共和国政府代表团全体成员举行的国宴。(11 日《人民日报》)

◎ 应吕集义请求，为其《忠王李秀成自述校补本》作卷首语。收录于广西人民出版社 1961 年版《忠王李秀成自述校补本》。写道："忠王李秀成自述是研究太平天国极其珍贵的史料"，原稿不知下落，所幸吕集义曾见原稿并摄下部分胶片，"对着原稿校补，使原书基本上恢复了本来面目，这是做了一件大好事"。根据照片和校补本，与已经出版的两种李秀成自述——罗尔纲《忠王李秀成自传原稿笺证》和梁岵庐《忠王李秀成自述手稿》进行对照，发现有些地方"并不完全符合"。用一半多的篇幅，比勘了三个本子中关于《天朝十误》中的第十误，认为"原文《十误》是只有'立政无章'四字。'误国误命'以下是十误的总结语。'命'字是民的别字，'性命无涯'应是'误民无涯'"。指出"这两句简单的总结语是很重要的，所谓语重心长，而表明了忠王李秀成是坚决地站在人民立场上的"。篇后附言，"此序写成后，得见罗书增订本一九五七年中华书局版，《十误》已删去曾国藩所窜改的十二字，而加入了'而性命无涯'句，特此附及"。

收《郭沫若全集·历史编》第 3 卷，改题为《〈忠王李秀成自述校补本〉序》。

◎ 为《忠王李秀成自述校补本》卷首语"缀诗两首以志感慨"。发表于《诗刊》9 月号，为《诗词七首》之六、七。其一为："误民当日叹无涯，含笑归阴恨也赊，遗海谆谆防鬼反，英雄碧血洒黄沙。"其二为："八日羁囚奋笔诛，满篇血泪跃玑珠。奴才自惜横于主，毁了忠王更毁书。"

12日 下午，往工人体育场，与刘少奇、彭真等出席首都各界人民为欢迎塞古·杜尔总统举行的集会。(13日《人民日报》)

◎ 作《邢燕子歌》。发表于17日《中国青年报》。赞邢燕子是榜样，自愿把青春献给农村的精神。

13日 上午，出席《中华人民共和国主席和几内亚共和国总统联合公报》《中国和几内亚友好条约》《中国政府和几内亚政府经济技术合作协定》和《中国政府和几内亚政府贸易和支付协定》的签字仪式。(14日《人民日报》)

14日 上午，与刘少奇等欢送以塞古·杜尔总统为首的几内亚共和国政府代表团赴上海参观访问。(15日《人民日报》)

17日 晚，与楚图南、阳翰笙、夏衍等往北京饭店出席中国人民对外文化协会和中国戏剧家协会为欢迎日本话剧团全体艺术家举行的宴会。(18日《人民日报》)

20日 晚，与陈毅等出席周恩来总理为欢迎以昂季准将为首的缅甸代表团举行的宴会。(21日《人民日报》)

◎ 晚，与陈毅等参加周恩来总理同昂季准将的会见。(21日《人民日报》)

24日 与吴有训等欢迎以波兰科学院院长塔德乌什·科塔宾斯基院士为首的波兰科学院代表团。(25日《人民日报》)

◎ 晚，与陈毅、陈叔通等往首都剧场观看日本话剧团访华的首场演出。演出休息时会见日本话剧团团长村山知义、副团长千田是也，以及泷泽修、山本安英、杉村春子等剧团负责人和主要演员。(25日《人民日报》)

25日 晚，会见以瑞典全国和平委员会主席团委员、世界和平理事会理事冈纳尔·英哲为首的瑞典和平代表团全体成员。并设宴欢迎瑞典和平代表团全体成员与新西兰和平理事会会长、世界和平理事会理事查尔斯·昌德勒教长，以及新西兰和平理事会理事凯瑟琳·霍尔女士。(26日《人民日报》)

◎ 诗《金田新貌》发表于《诗刊》9月号，为《诗词七首》之五。序云："人民大会堂广西厅中陈列《金田新貌》图，爰题长句其后，以志观感，明年一月即为金田起义一百一十周年，此为近代史上一件大事，殊足纪念也。"

初收作家出版社 1963 年 11 月初版《东风集》，现收《郭沫若全集·文学编》第 4 卷。

26 日 上午，与廖承志、阳翰笙、夏衍等参加陈毅副总理会见日本话剧团全体艺术家。中午，出席欢迎日本话剧团宴会。(27 日《人民日报》)

◎ 晚，会见并设宴欢迎以波兰科学院院长塔德乌什·科塔宾斯基院士为首的波兰科学院代表团全体成员。(28 日《人民日报》)

27 日 下午，与周恩来、陈毅等欢迎缅甸联邦国防军总参谋长奈温将军和夫人。(28 日《人民日报》)

◎ 晚，与廖承志等往首都剧场观看日本话剧团演出的多幕话剧《女人的一生》和朗诵剧《反对日美"安全条约"斗争的纪录》。演出休息时，会见日本话剧团团长村山知义，副团长千田是也、山本安英、杉村春子，编导木下顺二、尾崎宏次、成井市郎。演出结束后，登台祝贺演出的成功。(28 日《人民日报》)

◎ 作七律《欢迎缅甸"胞波"》。发表于 29 日《人民日报》。"中缅由来是'胞波'，而今肝胆照山河。""和平共处旗高举，原则五基永不磨。"

初收作家出版社 1963 年 11 月初版《东风集》，现收《郭沫若全集·文学编》第 4 卷。

28 日 下午，与周恩来总理等往机场欢迎缅甸联邦总理吴努和夫人以及缅甸政府代表团。晚，与陈毅等出席周恩来总理为欢迎缅甸联邦总理吴努和夫人、缅甸国防军总参谋长奈温将军和夫人以及缅甸联邦政府代表团举行的宴会。(29 日《人民日报》)

29 日 下午，与周恩来等往机场欢迎以阿尔及利亚共和国临时政府总理阿巴斯·费尔哈特为首的阿尔及利亚共和国临时政府代表团。晚，与陈毅、沈钧儒等出席周恩来总理为欢迎以阿巴斯·费尔哈特为首的阿尔及利亚共和国临时政府代表团举行的宴会。(30 日《人民日报》)

30 日 中午，与廖承志举行宴会欢迎应邀来我国访问并参加国庆典礼的以团长户叶武为首的日本阻止修改安全条约国民会议代表团、以团长柳田谦十郎为首的日本和平委员会代表团和以团长坂本德松为首的日本亚非团结委员会代表团，并发表讲话。讲话摘要发表于 10 月 1 日

《人民日报》。

◎ 观看日本话剧团演出《夕鹤》，题五律一首赠主演山本安英，咏其"幽玄情默默，温暖意融融"。又作七律《赠日本话剧团》《赠日本话剧团团长村山知义》《女人的一生》《朗诵剧三种》及五律《死海》。以《赠日本话剧团》为题，发表于10月5日《人民日报》。

初收作家出版社1963年11月初版《东风集》，现收《郭沫若全集·文学编》第4卷。

本月 书法作品参加由日中文化交流协会、日本书法文化联合会和每日新闻社联合举办的中国书法展览会。

展览会11日在东京闭幕。会上展出了郭沫若、老舍等人的作品63件。

10月

1日 上午，与毛泽东、刘少奇、周恩来、朱德等党和国家领导人往天安门，出席新中国成立11周年庆祝典礼。（2日《人民日报》）

◎ 下午，与刘少奇、朱德等往人民大会堂出席中缅边界条约签字仪式。周恩来总理和吴努总理分别代表两国在条约上签字。（2日《人民日报》）

◎ 晚，与朱德、周恩来等往人民大会堂出席刘少奇主席为欢迎吴努总理、奈温将军暨庆祝中缅边界条约签订举行的宴会。（2日《人民日报》）

2日 下午，与周恩来、陈毅等往工人体育场出席首都各界为庆祝中缅边界条约签订举行的集会。（3日《人民日报》）

◎ 与廖承志、楚图南、李颉伯举行酒会，招待来我国参加国庆观礼的日本各界访华代表户叶武、细井宗一、村山知义、前田稔等，并讲话表示我国愿同所有不同社会制度的国家实行和平共处。（3日《人民日报》）

3日 与周恩来、陈毅等往人民大会堂出席由文化部、对外文化联络委员会、中缅友好协会联合举办的缅甸联邦电影周开幕式。（4日《人民日报》）

◎ 与张劲夫等应邀出席波兰驻华大使耶日·克诺泰及夫人为欢迎以科塔宾斯基院长为首的波兰科学院代表团访问中国举行的招待会，并致

辞。(5日《人民日报》)

◎ 下午,与周恩来等往人民大会堂出席缅甸文化代表团首场演出开幕式。(4日《人民日报》)

◎ 晚,与周恩来等应邀往人民大会堂出席缅甸联邦总理吴努和夫人举行的告别宴会。(4日《人民日报》)

◎ 晚,与李维汉、陈叔通等出席政协全国委员会招待参加国庆观礼的归国华侨和港澳同胞晚会。晚会前接见各地侨胞和港澳同胞团体负责人,介绍祖国建设成就。(5日《人民日报》)

◎ 夜,与廖承志等分别代表中国人民保卫世界和平委员会等八个人民团体,与日本阻止修改日美安全条约国民议会访华代表团等十二个日本各界访华代表团,在共同声明上签字。(4日《人民日报》)

4日 上午,与周恩来、陈毅等往机场欢送缅甸联邦总理吴努和夫人一行。(5日《人民日报》)

◎ 下午,与周恩来、贺龙等往车站欢送缅甸联邦国防军总参谋长奈温将军和夫人一行赴我国南方各地访问。(5日《人民日报》)

◎ 晚,与周恩来、贺龙等往政协礼堂观看阿尔及利亚艺术团访华首场演出。演出休息时会见艺术团全体团员。(5日《人民日报》)

5日 下午,与刘少奇、朱德等出席中华人民共和国和阿尔及利亚共和国临时政府联合公报签字仪式。周恩来和阿巴斯·费尔哈特分别代表两国政府在联合公报上签字。(6日《人民日报》)

◎ 下午,会见委内瑞拉文化代表团团长艾克多尔·马尔加诺·古埃约和在京团员。(6日《人民日报》)

◎ 晚,与周恩来等往人民大会堂出席刘少奇主席为欢迎以阿巴斯·费尔哈特总理为首的阿尔及利亚共和国临时政府代表团举行的宴会。(6日《人民日报》)

◎ 晚,往人民大会堂出席拉丁美洲访华人士在京签署三个文件的签字仪式,并致辞祝贺。(6日《人民日报》)

三个文件是:《致中国人民的一封信》《关于古巴和中华人民共和国之间建立外交关系和关于支持古巴革命的声明》《关于拉丁美洲各国与中国之间的友好协会的声明》。

6日 上午,与周恩来等欢送以阿巴斯·费尔哈特总理为首的阿尔及

利亚共和国临时政府代表团。(7日《人民日报》)

◎ 晚，设宴欢迎印度尼西亚和平委员会主席之一、合作议会议员西拉朱丁·阿巴斯和夫人。(7日《人民日报》)

7日 会见日本历史学家井上清，中国科学院近代史研究所副所长刘大年等在座。(9日《人民日报》)

◎ 下午，参加周恩来对会见户叶武为首的日本阻止修改日美安全条约国民会议代表团、以柳田谦十郎为首的日本和平委员会代表团及日本历史学家、京都大学副教授井上清等日本朋友。(8日《人民日报》)

◎ 致电在巴格达召开的国际学生联合会第六届代表大会，祝贺大会成功。表示在保卫世界和平和争取人类进步的斗争中，进步的青年学生更是一支突击的力量。电文摘要发表于9日《人民日报》。

◎ 晚，往新侨饭店，出席首都文学艺术界人士与日本话剧团艺术家们的联欢，并致辞。书赠七律一首《赠日本话剧团》。咏道："周秦以来二千年，两国相交似管弦。纵有乌云遮皓月，终教红日出云渊。"又书七律一首《赠日本话剧团团长村山知义》云："纵有波澜横海岳，要将喉舌鼓人民。伫看赤帜迎风起，一扫乾坤万丈苍。"（两诗手迹与发表于5日《人民日报》之《赠日本话剧团》六首的文字略有异动——编者注）

老舍、许广平、阳翰笙、夏衍、田汉、欧阳予倩、梅兰芳、吕骥等，日本朋友村山知义、千田是也、泷泽修、山本安英、杉村春子和话剧团的艺术家们以及在京的日本和平人士西园寺公一等出席。(8日《人民日报》)

8日 下午，与张奚若、沈雁冰等往中山公园参加周恩来总理会见正在我国访问的九个国家外宾。(9日《人民日报》)

◎ 晨，接读魏绍昌来信及所编《养猪印谱》，为其题签书名并作《序诗》。后录入《读〈随园诗话〉札记》。(《破与立》1978年第6期)

9日 晚，与波兰科学院院长塔德乌什·科塔宾斯基分别代表两国科学院在科学合作协议和科学合作协议1961年执行计划上签字。随即举行欢送宴会。(10日《人民日报》)

◎ 复函裴竹君、周慰祖。说："来信及《武则天》淮剧剧本收到。我对于旧剧编写没有经验，请您们作主剪裁好了。能够缩短一些，恐怕比较好，有些不必要的历史事实的罗列可以删去。""专家们的见解自然值得重视，但历史真实与艺术真实有时不能完全同一分寸"，"不一定要全

凭人意转移"。(《文艺报》1979年第5期)

10日 与吴有训等往机场欢送以塔德乌什·科塔宾斯基为首的波兰科学院代表团。(11日《人民日报》)

11日 晚,与张奚若、楚图南等往人民大会堂出席周恩来为欢迎出席万隆会议的日本首席代表高碕达之助一行举行的宴会。(12日《人民日报》)

12日 致电日本社会党本部,吊唁浅沼稻次郎遇刺逝世。唁电摘要发表于13日《人民日报》。

浅沼稻次郎,日本社会党委员长。为促进中日友好和两国关系正常化作出贡献。10月12日在东京日比谷公会堂发表演说时被右翼分子刺杀。

19日 致电日本和平委员会并转阻止修改安全条约国民会议,坚决支持日本人民为抗议美日反动派纵容法西斯暴徒暗杀浅沼稻次郎、反对日美军事同盟条约而举行的第二十三次全国统一行动。电文摘要发表于20日《人民日报》。

23日 晚,与周恩来等出席陈毅副总理为欢送高碕达之助一行举行的宴会。(24日《人民日报》)

24日 晚,与周恩来、陈毅等应邀往北京饭店出席高碕达之助举行的告别宴会。(25日《人民日报》)

25日 下午,与周恩来、陈毅等往人民大会堂出席首都各界人民纪念中国人民志愿军抗美援朝十周年大会,发表题为《中朝人民打败了共同敌人——美帝国主义,扑灭了侵略战火,拯救了亚洲和世界和平》的讲话,发表于26日《人民日报》。

◎ 晚,与朱德、周恩来等应邀往北京饭店出席朝鲜驻中国大使为纪念中国人民志愿军抗美援朝十周年举行的宴会。(26日《人民日报》)

26日 晚,设宴招待印度数学家、世界和平理事会常务理事德·德·高善必教授。廖承志、刘宁一、华罗庚等出席。(27日《人民日报》)

27日 晚,与朱德、陈毅等出席朝鲜人民军协奏团访华演出开幕式,观看首场演出。演出休息时,与朱德等接见协奏团团长、副团长和主要演员。(28日《人民日报》)

29日 作诗和洪命熹副首相。道:"最喜国乘千里马,东风扫荡旧乾坤。"(郭沫若纪念馆藏)

5日，朝鲜民主主义人民共和国副首相洪命熹来函赋诗赞《百花齐放》与《潮汐集》。

◎ 晚，与周恩来等往首都剧场出席首都文艺界为纪念聂耳逝世25周年、冼星海逝世15周年举行的纪念音乐会。(30日《人民日报》)

纪念会上，吕骥作《伟大的革命战士、无产阶级革命音乐的先锋》报告，中央民族乐团等单位演出聂耳作曲的歌剧《扬子江暴风雨》，歌曲《义勇军进行曲》《开路先锋》和冼星海作曲的歌舞《生产大合唱》《怒吼吧，黄河》等歌曲。

31日 致周扬信。写道：

"我根据座谈会上的意见，把话剧《武则天》又改了一遍。主要把谈到均田制和强调人民性的地方尽量删去了。你提到的关于'名垂不朽'的上官婉儿的矫情话以及容易引起联想到目前的辞句，注意到的，都改削了。此外，也删节了一些冗赘的地方。

特别值得向您提出的，是第四幕第一场的修改。我把上官婉儿这一角色改成为郑十三娘。那种阴暗面的事，让郑十三娘去做要更适合些。加多了郑十三娘的戏，减少了上官婉儿的戏，因而使人物的活动得到比较上的平衡；也使上官婉儿对武则天不至过分地喧宾夺主。这主要是根据您的提示所想出来的方案，我要特别感谢您。"

"以上所述，是初步的改削，我都用红笔写在本子上了。我希望您能够审阅一遍。如果您认为可以的话，请您阅后交齐燕铭同志参考，这对删改小组的五位同志，或许可以节省些宝贵的劳力和时间。

剧本删改定了，如果出版时原来的'序文'及'附录'决定全部删去。'豫剧改编本'也不准备附入了。"(郭沫若纪念馆馆藏资料)

11月

1日 上午，与楚图南等往中山公园出席中国拉丁美洲友好协会、中国美术家协会举办的"古巴版画展览"开幕式，并观看展出的版画。(2日《人民日报》)

2日 下午，与刘少奇、周恩来等欢迎应邀赴苏参加十月革命43周年庆祝典礼途经我国的越南民主共和国主席胡志明。(3日《人民日报》)

4日 上午，与周恩来、朱德等欢送胡志明主席赴苏。（5日《人民日报》）

5日 上午，与朱德、周恩来等欢送以刘少奇为首的中国党政代表团赴苏联参加十月革命43周年庆祝典礼。（6日《人民日报》）

◎ 晚，与包尔汉等出席中国人民外交学会会长张奚若为欢迎柬埔寨王国政府前首相黄意举行的宴会。（6日《人民日报》）

6日 晚，与朱德、周恩来等往中南海怀仁堂出席首都各界人民为庆祝十月革命43周年举行的集会。（7日《人民日报》）

◎ 晚，与陈毅、李富春等参加周恩来会见苏中友好协会代表团、苏联艺术家表演团领队冈察洛克。（7日《人民日报》）

7日 晚，与毛泽东、周恩来等应邀出席苏联驻中国大使契尔沃年科为庆祝十月革命43周年举行的招待会。（8日《人民日报》）

8日 晚，设宴欢送即将回国的朝鲜和平人士黄凤九。（9日《人民日报》）

12日 复函侯外庐。说："武后重用寒微，确是事实。""剧本在删改小节修改中，我也修改过一遍，主要是把关于均田制及强调人民性的地方删削了。迄今尚未定稿。"（《郭沫若书信集》下，中国社会科学出版社1992年版）

15日 复函侯外庐。写道："十一月十四日信所示材料甚好，武后的开明性是无可怀疑的。最近把《陈伯玉（子昂）文集》阅读了一遍。此公对武后颇推崇。文中多透露武后深得人心处"，"想不尽是面谀之辞。改稿，同志们尚未送来"。（《郭沫若书信集》下，中国社会科学出版社1992年版）

18日 晚，与陈毅等往人民大会堂出席周恩来总理为欢迎以古巴国家银行行长埃尔内斯托·切·格瓦拉为首的古巴革命政府经济代表团举行的宴会。（19日《人民日报》）

19日 上午，会见以槙枝元文为首的日本教职员工会访华代表团。（20日《人民日报》）

20日 晚，与李先念、包尔汉等出席中国拉丁美洲友好协会为欢迎古巴革命政府经济代表团举行的招待会。（21日《人民日报》）

25日 晚，与茅盾等出席世界文化名人列·尼·托尔斯泰逝世50周年纪念大会，并致开幕词。摘要发表于26日《人民日报》，全文发表于《人民画报》1961年第1期，题为《纪念列夫·尼·托尔斯泰》。

纪念大会是由中国人民保卫世界和平委员会、中国人民对外文化协会、中苏友好协会总会、中国文学艺术界联合会和中国作家协会联合举办。

28日 下午，与陈毅等往政协礼堂出席首都各界支持刚果和非洲人民争取和维护民族独立的正义斗争大会。(29日《人民日报》)

◎ 出席中、苏、朝、越、蒙五国太平洋西部渔业研究委员会第五次全体会议闭幕式。(29日《人民日报》)

◎ 晚，出席中国科学院和水产部为招待出席太平洋西部渔业研究委员会第五次全体会议的苏、朝、越、蒙四国代表团暨祝贺本次会议胜利闭幕联合举行的宴会，致辞，祝太平洋西部渔业研究委员会今后获得更加光辉的成就。(29日《人民日报》)

29日 晚，与毛泽东、周恩来等应邀往北京饭店出席阿尔巴尼亚驻中国大使帕里夫蒂为庆祝阿尔巴尼亚解放16周年举行的招待会。(30日《人民日报》)

30日 为欢送支援农业生产第一线的同志们，作诗《中国的大地在呼唤》。发表于12月3日《人民日报》。写道："这是承担了光荣的战斗任务，有如当年解放军去解放中原，有如人民志愿军赴朝鲜作战。你们是农业现代化的尖兵团。"

初收作家出版社1963年11月初版《东风集》，现收《郭沫若全集·文学编》第4卷。

12 月

2日 致电苏联科学院院长涅斯米扬诺夫，祝贺苏联再一次成功地发射第三个卫星式宇宙飞船。电文发表于3日《人民日报》。

4日 题写碑文的鲁迅纪念碑于日本仙台市青叶城建成。(7日《人民日报》)

5日 晚，设宴招待以福岛要一为首的日中友好协会学术代表团，并致欢迎词。(6日《人民日报》)

6日 上午，与周恩来、朱德等欢送以越南民主共和国主席胡志明为首的越南党政代表团离京回国。(7日《人民日报》)

◎ 晚，与周恩来、陈毅等应邀出席芬兰驻中国大使瓦尔万尼为庆祝芬兰国庆节举行的招待会。(7日《人民日报》)

◎ 在日本京都大学人文科学研究所所长桑原武夫来信上作批语："信和附件都看了。该代表团主要是到中国来搜集文物资料的。这是一种片面的采集，而不是所谓'交流'。望与哲学社会科学部、特别是考古所和文化部文物局商量后，请示决定。"（中国社会科学院档案）

11月20日，日本京都大学人文科学研究所所长桑原武夫致函中国科学院院长郭沫若，希望派一考古美术史学术使节团于1961年3月中旬或5月中旬来华访问一个月。12月14日，科学院联络局三处根据郭沫若批示，用郭沫若名义复信，以1961年上半年研究工作计划业已安排，大部分人员不在北京，很难在此期间安排接待，答复对方。

9日 下午，与毛泽东、周恩来等往机场欢迎以刘少奇为首的中国党政代表团访苏归来。(10日《人民日报》)

◎ 作七律《题〈向农村大进军〉》二首。

初收作家出版社1963年11月初版《东风集》，现收《郭沫若全集·文学编》第4卷。

上旬 接读金灿然送来陈寅恪《论再生缘》。"陈寅恪的高度的评价使我感受到高度的惊讶。我没有想出，那样渊博的、在我们看来是雅人深致的老诗人却那样欣赏弹词，更那样欣赏《再生缘》"，"于是我以补课的心情，来开始了《再生缘》的阅读。当然，我也是想来检验一下：陈教授的评价究竟是否正确"。"我开始读到的版本，可能和陈教授所听人诵读的版本相同，是道光三十年（1850）三益堂的翻刻本，错落很多。"（《序〈再生缘〉前十七卷校订本》，1961年8月7日《光明日报》）

12日 上午，会见以石黑寅龟为首的日本群马县和平代表团全体成员。(13日《人民日报》)

15日 上午，与刘少奇、董必武、朱德、周恩来等往车站欢迎柬埔寨诺罗敦·西哈努克亲王一行来我国进行友好访问。(16日《人民日报》)

◎ 下午，与朱德、董必武等参加刘少奇主席与诺罗敦·西哈努克亲王会谈。(16日《人民日报》)

◎ 晚，与陈毅、李先念等出席周恩来总理和夫人为诺罗敦·西哈努克亲王一行洗尘举行的便宴。（16日《人民日报》）

16日 晚，与陈毅、黄炎培等往人民大会堂出席刘少奇为欢迎诺罗敦·西哈努克亲王一行举行的宴会。（17日《人民日报》）

17日 下午，与刘少奇、周恩来等往中南海勤政殿参加毛泽东主席会见诺罗敦·西哈努克亲王和夫人。（18日《人民日报》）

18日 晚，与刘少奇、朱德等应邀往人民大会堂出席诺罗敦·西哈努克亲王举行的宴会。（19日《人民日报》）

19日 下午，与周恩来等参加刘少奇主席同诺罗敦·西哈努克亲王会谈。（20日《人民日报》）

◎ 下午，与朱德、董必武等出席《刘少奇主席和诺罗敦·西哈努克亲王联合声明》《中华人民共和国和柬埔寨王国友好和互不侵犯条约》签字仪式。（20日《人民日报》）

◎ 下午，与彭真等出席首都各界人民为欢迎诺罗敦·西哈努克亲王暨庆祝中柬友好互不侵犯条约签订举行的集会。（20日《人民日报》）

◎ 晚，与刘少奇、周恩来等出席中国柬埔寨友好协会和全国妇女联合会为欢迎诺罗敦·西哈努克亲王及夫人暨庆祝中国柬埔寨友好协会成立举行的酒会。（20日《人民日报》）

20日 上午，与刘少奇、董必武等往车站欢送诺罗敦·西哈努克亲王往我国南方各地参观访问。（21日《人民日报》）

23日 下午，应邀率中国访问古巴友好代表团飞赴哈瓦那，参加古巴革命胜利二周年庆典，并对古巴进行友好访问。代表团副团长夏衍、秘书长赵沨。（24日《人民日报》）

30日 下午，到达古巴首都哈瓦那。古巴总统多尔蒂克斯等在机场迎接。（1961年1月2日《人民日报》）

31日 上午，由中国驻古巴大使申健陪同向古巴民族英雄何塞·马蒂纪念碑敬献花圈。（1961年1月2日《人民日报》）

◎ 中午，与应邀参加古巴革命胜利二周年纪念活动的世界各地一千多名外宾一起在里奥克里斯塔耳公园里举行午餐会，代表中国人民向取得了革命胜利的古巴人民表示祝贺和敬意。讲话摘要发表于1961年1月2日《人民日报》。

◎ 晚，通过电视台向古巴人民发表新年祝词。全文发表于《人民日报》1961年1月2日。说："1960年是英雄的古巴人民在菲德尔·卡斯特罗总理的英明领导下进一步巩固革命的胜利、以全国团结一致的精神从事国家的建设事业、并且克服各种困难而走向更大胜利的光荣的和辉煌的一年，是中国和古巴在新的基础上建立外交关系、为中古两国人民悠久的友好历史开辟了新阶段的光荣的和辉煌的一年，是世界形势的发展有利于反对帝国主义和争取世界和平的斗争、不利于以美国为首的帝国主义阵营的侵略和战争政策的光荣的和辉煌的一年。""中国和古巴人民有过同样的命运，目前我们又担负着同样的任务，我们必须共同为反对帝国主义侵略、保卫世界和平以及改善人类的福利和更好地保障人类的安全而斗争。"

本月 在中国科学院哲学社会科学部学部委员会第三次扩大会议上致开幕词。

据新华社讯，中国科学院哲学社会科学部学部委员会第三次扩大会议最近在北京举行，出席会议的有学部委员、哲学社会科学部及其所属各研究所的负责人、中国科学院各地分院哲学社会科学研究机构的负责人等共一百余人。会议总结了几年来我国哲学社会科学工作的成绩和经验；讨论了当前我国哲学社会科学工作的任务和进一步贯彻百花齐放、百家争鸣方针的问题。(1961年1月12日《人民日报》)

冬

作诗，咏山本宣治："红旗劳捍卫，孤垒信非孤。民葬怀三五，血誓满江湖。业显园丁贵，名胜花屋敷。义同生永在，万古姓名朱。咏山本宣治同志书赠山本たね老伯母惠存。"（郭沫若纪念馆藏）

山本宣治，1889年出生于日本京都。因反对日本军国主义推行对中国的侵略政策而被捕。出狱后，仍毫不畏惧地进行政治活动，被选为众议员。1929年3月5日被日本反动当局暗杀。

本 年

◎ 以中国人民抗美援朝总会会长名义为"抗美援朝纪念馆"题写馆

名："安东抗美援朝纪念馆。"

抗美援朝纪念馆位于辽宁省丹东市（原名安东），于1958年9月正式成立。该馆现名"抗美援朝纪念馆"。

◎ 为邯郸东风剧团新建剧场题名"东风剧场"。（王振国、王鹏、王鑫鲲《东风史话》，解放军出版社2009年版）

◎ 指导历史研究所、近代史所几位青年组成太平天国研究小组，鼓励他们破除迷信、解放思想，努力探索、勇于创新，坚持实事求是的科学态度，注意做史料的考订和辨伪工作。（中国社科学院历史研究所《永远激励我们前进的榜样》，1978年6月27日《人民日报》）

◎ 书写册页作为中国科学院代表团赴英国参加英国皇家协会成立300周年纪念的礼物。（冯德培等《深切怀念郭老》，1978年6月28日《光明日报》）

◎ 复函藤森成吉。谓："惠赠大作《悲歌》上、下二卷，已拜读，谢甚。日前日本新剧团访华，有人谈及令夫人已去世，先生已续弦，想《悲歌》中所叙述者殆系切身经验也。大作用意当系化悲歌为新生，舍小己而营大我，其教育意义在此。如有机会时，请在令夫人墓头，代酹一勺清泉。"（郭沫若纪念馆藏）

◎ 作《读步辇图》。讲解《步辇图》的历史背景。（郭沫若纪念馆藏）

◎ 观看东风剧团演出《虎符》后，书赠七绝一首。"当年为斥蒋光头，近日翻成反现修。看汝魏王遗臭远，如姬虽逝足千秋。"（《郭老和东风剧团》，《人民戏剧》1978年第8期）

1961年（辛丑）69周岁

1月14日至18日　中国共产党第八届九中全会在北京召开，鉴于国民经济面临的严重困难，决定从1961年起采取"调整、巩固、充实、提高"的方针。

3月15日至23日　中央工作会议召开，讨论和通过了《农村人民公社工作条例（草案）》（即"农业六十条"）。

4月4日至14日　世界乒乓球锦标赛（第26届）首次在我国举行。

中国乒乓球队获得男子团体世界冠军，男、女单打世界冠军。

6月1—28日　中共中央召开全国文艺工作座谈会，通过《关于当前文学艺术工作若干问题的意见（草案）》。

8月23—9月16日　中共中央召开庐山工作会议，通过《关于当前工业问题的指示》、《国营工业企业工作条例（草案）》（通称"工业七十条"）、《教育部直属高等学校暂行工作条例（草案）》（通称"高教六十条"）。

1月

2日　率中国友好代表团往哈瓦那西维卡广场参加庆祝古巴革命胜利二周年群众大会。(4日《人民日报》)

3日　作诗《何塞·马蒂在欢呼——古巴革命二周年纪念会素描》。发表于8日《人民日报》。

4日　与夏衍、赵沨拜会古巴总统多尔蒂克斯。说到2日参加群众大会"受到古巴人民革命热情的鼓舞""写了一首诗"，多尔蒂克斯当即表示："对古巴人民说来，发表郭沫若的诗是个好消息。"(6日《人民日报》)

5日至6日　参观松树农业合作社、人民商店和比那尔德里奥省的农民新住宅，接受古巴农民赠送的纪念品。在留言簿留言，祝古巴人民幸福。(9日《人民日报》)

6日　晚，出席古巴和平委员会为参加古巴革命二周年庆典的全体和平战士举行的宴会。(9日《人民日报》)

◎ 作七律《哈瓦那郊外即景》《游松树河谷有怀》。发表于2月6日《人民日报》，为《访问古巴》五首之一、之二。

初收作家出版社1963年11月初版《东风集》，现收《郭沫若全集·文学编》第4卷。

7日　参观马坦萨斯省著名避暑胜地伐腊德罗海岸。作七律《游马汤热斯省所见》。发表于2月6日《人民日报》，为《访问古巴》五首之三。

初收作家出版社1963年11月初版《东风集》，现收《郭沫若全集·文学编》第4卷。

◎ 晚，设宴招待古巴革命政府领导人。古巴总统多尔蒂科斯、外交

部长劳尔·罗亚、内政部长何塞·纳兰霍等出席。(9日《人民日报》)

8日 往"中华会馆"出席古巴各界华侨三百多人举行的欢迎会。代表中国政府和祖国的同胞向他们致以亲切的慰问,并介绍了祖国建设所取得的成就。为"中华会馆"题词:"体现爱国主义精神,加强中古人民友谊。"(10日《人民日报》)

9日 晚,出席中国驻古巴大使申健和夫人为中国访问古巴友好代表团举行的招待会。(11日《人民日报》)

10日 率代表团离开哈瓦那。(12日《人民日报》)

代表团回国分成南北两路,郭沫若率部分人员走南路回国。

11日 致信人民出版社编辑部。请将排印中之《文史论集》的两处引文的两个错字改正。(蔡震《郭沫若生平文献史料考辨·一纸信函,两个未改的字》,社会科学文献出版社2014年7月版)

13日 为杜国庠同志治丧委员会委员。陶铸为主任委员。(14日《人民日报》)

杜国庠,哲学家、历史学家。1928年加入中国共产党。中国科学院哲学社会科学部学部委员、中国科学院广州分院院长兼广州哲学社会科学研究所所长、中国科学院中南分院副院长。

17日 作诗一首,以《飞渡大西洋》为题,为《访问古巴》五首之五。发表于2月6日《人民日报》。

初收作家出版社1963年11月初版《东风集》,略有修改;现收《郭沫若全集·文学编》第4卷。

19日 率中国访问古巴友好代表团走南路的七人到达仰光,李一氓大使在机场迎接。(22日《人民日报》)

20日 上午,拜会缅甸联邦总理吴努。晚,与夏衍等应邀出席缅甸财政部长德钦丁代表吴努举行的宴会。(22日《人民日报》)

21日 上午,与夏衍、赵沨等离开缅甸。下午到达昆明。(22日《人民日报》)

22日 下午,参观昆明植物所,游黑龙潭。为植物所题四言八句。"奇花异卉,有色有香。怡神怡目,作衣作粮。调和气候,美化风光。要从地上,建筑天堂。"(郭沫若纪念馆藏)

23日 游昆明西郊汉代黑水祠遗迹,作七律一首以纪其事。发表于2

月1日《光明日报》，题为《游黑龙潭》，有小序。又载《诗刊》1月号、《边疆文艺》2月号，为《昆明杂咏》九首之一。

初收作家出版社1963年11月初版《东风集》，现收《郭沫若全集·文学编》第4卷。

◎ 书《游黑龙潭》赠国芳同志。(《郭沫若书法集》，四川辞书出版社1999年版)

25日至26日 游览名胜，得诗八首：七律《游安宁温泉》《题翠湖宾馆》，七绝《咏茶花》四首，五律《登大观楼》《游铭凤岭》。发表于《诗刊》1月号、《边疆文艺》2月号，为《昆明杂咏》九首之二至之九。前二首、后二首歌有小序。

初收作家出版社1963年11月初版《东风集》，现收《郭沫若全集·文学编》第4卷。

◎ 在昆明期间，为《边疆文艺》题词。手迹发表于《边疆文艺》3月号。"普及为基础，提高作指针，百花齐放蕊，万众一条心。"

27日 下午，与夏衍等回到北京。(28日《人民日报》)

◎ 作诗《古美绝交前后所见》。为《访问古巴》五首之四。发表于2月6日《人民日报》。

初收作家出版社1963年11月初版《东风集》，现收《郭沫若全集·文学编》第4卷。

28日 晚，与周恩来、陈毅等会见古巴芭蕾舞团团长费尔南多·阿隆索和主要演员阿丽西亚·阿隆索等，并在首都剧场观看古巴芭蕾舞团首场演出《吉赛尔》。演出结束后，出席古巴驻中国大使奥斯卡·皮诺·桑托斯为古巴芭蕾舞团访问中国举行的酒会。(29日《人民日报》)

29日 上午，会见日本社会党国民运动委员会委员长、日本和平委员会常任理事田中稔男和日本社会党国会议员、日本和平委员会常任理事冈田春夫等日本朋友。(30日《人民日报》)

30日 上午，在第二届全国人民代表大会常务委员会第三十五次会议上作访问古巴的报告。(31日《人民日报》)

31日 往政协礼堂出席首都各界欢迎访问古巴代表团归来举行的集会，并以《英雄的古巴人民一定胜利》为题讲话。讲话全文发表于2月1日《人民日报》《光明日报》。

本月 《文史论集》由人民出版社出版第 1 版。收入文章 49 篇、附 2 篇，分为三组：理论性文章 15 篇，文史专题文章 22 篇、附 1 篇，考释出土文物文章 12 篇、附 1 篇。图版 39 幅。

《出版说明》写道："这个集子收辑了作者自建国以来到一九六〇年三月为止的部分论著。除了有关历史研究的理论和专题述作以外，也选辑了一些讨论文学理论和文学遗产方面的文章。已经编在专集里的文章，如《奴隶制时代》中的各篇，则未收入本书。本书在付印前，经过作者的校阅，有些文字作了一些修改。"

◎ 访问古巴途中，随身带着《再生缘》，"作为路上消遣的读物"，"一面看，一面校改"。(《〈再生缘〉前十七卷和它的作者陈端生》，5 月 4 日《光明日报》)

2 月

2 日 听取郁文关于中国科技大学工作的汇报。下午，为全校师生作访问古巴报告。(中国科技大学大事记)

3 日 中午，接受捷克斯洛伐克社会主义共和国驻华大使约·赛迪维代表捷克斯洛伐克科学院授予的捷克斯洛伐克科学院院士证书，表示 1949 年在布拉格曾接受过卡尔大学名誉博士学位，现又接受捷克斯洛伐克科学院院士称号，这双重的荣誉，不仅鼓舞自己，也鼓舞中国的科学界(4 日《人民日报》)

◎ 作七律《挽杜国庠同志》二首。发表于 11 日《羊城晚报》。回忆与杜国庠"生死交游五十年"，"东游共席推心腹，西狩同舟沥胆肝"。赞其"尽瘁成风臣善斲，郢人不作抚斤叹。""墨名绝学劳针指，马列真诠费火传。"

初收作家出版社 1963 年 11 月初版《东风集》，现收《郭沫若全集·文学编》第 4 卷。

◎ 作七言诗《校场口事件十五周年》。发表于 10 日《重庆日报》。

初收作家出版社 1963 年 11 月初版《东风集》，现收《郭沫若全集·文学编》第 4 卷。

4 日 上午，应莫文骅邀请，赴解放军政治学院作报告。

◎ 下午，与周恩来、陈毅、沈雁冰等出席对外文化联络委员会和文化部为招待古巴芭蕾舞团举行的酒会。(5日《人民日报》)

◎ 晚，与周恩来、陈毅、习仲勋等出席锡兰驻中国大使高伯拉瓦在北京饭店举行的庆祝锡兰独立13周年招待会。(5日《人民日报》)

5日 作七律《在归途中闻古巴解严》。发表于11日《人民日报》。初收作家出版社1963年11月初版《东风集》，现收《郭沫若全集·文学编》第4卷。

◎ 复函翦伯赞。说，"《文史选集》题签奉上"，在政协礼堂所作访问古巴的报告已全文发表，"北大作报告事，似无必要"。(《郭沫若同志给翦伯赞同志的信和诗》，《北京大学学报》1978年第3期)

6日 上午，会见日本社会党顾问黑田寿男和日本社会党国会议员冈田春夫。(7日《人民日报》)

◎ 致电苏联科学院院长涅斯米扬诺夫，祝贺苏联成功地发射重型地球卫星。电文发表于7日《人民日报》。

7日 致信寺田熊雄、稻垣武，并冈山县平和连络协议会。写道："黑田寿男先生来华访问，交来大札，已拜悉。诗碑想已建立，在中日友好上能作一里程碑，诚感欣幸。从古巴回京不久，匆匆奉复。""'冈山县平和连络协议会'成立对于和平事业作了种种贡献，甚佩。望贵会事业，日益发展。蒙邀重游冈山，良所深愿。唯因国内事务缠身，恐难如愿，乞谅。"

1959年10月中华人民共和国成立十周年之际，冈山成立了一个诗碑建设委员会，准备将郭沫若重游后乐园所赋的诗镌刻为诗碑，置放于丹顶鹤徜徉的后乐园，以寄托日中和平友好的愿望。前冈山医科大学校长、六高同学会会长田中文男任诗碑建设委员会会长。寺田熊雄市长是该委员会的顾问。"冈山县平和连络协议会"是该委员会的发起社会团体之一，其事务局长稻垣武任委员。1961年初，诗碑建成在际，寺田熊雄、稻垣武因以致信郭沫若。(蔡震《郭沫若生平文献史料考辨·致日本友人信与后乐园诗碑》，社会科学文献出版社2014年7月版)

◎ 复信冈山"郭沫若先生诗碑建设委员会"事务局局长中西宽治。写道："惠寄潘纯局长的各种剪报与写真，已拜阅，冈山县诸友先生对此事如此郑重，良为欣佩。该诗碑实一中日友好之里程碑也。"(蔡震《郭沫

若生平文献史料考辨·致日本友人信与后乐园诗碑》，社会科学文献出版社 2014 年 7 月版）

此前，中西宽治通过中国科学院外事局长给郭沫若寄送了有关建立诗碑的一些剪报、照片等资料。

◎ 晚，与廖承志、张奚若、李德全等出席日本社会党顾问黑田寿男在北京举行的辞行招待会。（8 日《人民日报》）

8 日 致函翦伯赞："您的《文史选集》的命题，同志们看了，觉得有类选辑前人的文章和史料的意思。可否改为《史文论选》？请斟酌。另我写了一个题签，以备采用。"（《郭沫若同志给翦伯赞同志的信和诗》，《北京大学学报》1978 年第 3 期）

此指翦伯赞的论文选集，最后定名为《历史问题论丛》。

◎ 偕于立群及子女赴海南岛。（3 月 19 日致翦伯赞信，《北京大学学报》1978 年第 3 期）

10 日 抵达广西柳州。（王廷芳提供）

◎ 作《访柳州公园》。发表于 1962 年 4 月 11 日《北京日报》。

初收作家出版社 1963 年 11 月初版《东风集》，改题《访柳侯祠》；现收《郭沫若全集·文学编》第 4 卷。

11 日 抵达湛江市，参观堵海工程、港口、热带植物试验站。（王廷芳提供）

◎ 作诗《堵海工程》《港口》。发表于 3 月 30 日《光明日报》，为《颂湛江》五首之一、之二。

初收作家出版社 1963 年 11 月初版《东风集》，现收《郭沫若全集·文学编》第 4 卷。

◎ 作七律《参观热带植物试验站》。"木瓜累累结株头，初见油棕实甚稠。茅草香风飘万里，橡胶浆乳创千秋。咖啡粒别大中小，玫瑰茄供麻饵油。玛美一枚劳种植，他年硕果望丰收。"（郭沫若纪念馆藏）

12 日 参观青年运河及水库。（王廷芳提供）

◎ 作七律《雷州青年运河》。发表于 3 月 30 日《光明日报》，为《颂湛江》五首之三。

初收作家出版社 1963 年 11 月初版《东风集》，现收《郭沫若全集·文学编》第 4 卷。

◎ 晚，观看粤剧《寸金桥》。作七律《看演〈寸金桥〉》。发表于 3 月 30 日《光明日报》，为《颂湛江》五首之四。

初收作家出版社 1963 年 11 月初版《东风集》，现收《郭沫若全集·文学编》第 4 卷。

13 日 上午，赴湖光岩参观，后到达三亚，住椰庄。（王廷芳提供）

◎ 作五律《游湖光岩》，有小序。发表于 3 月 30 日《光明日报》，为《颂湛江》五首之五。

初收作家出版社 1963 年 11 月初版《东风集》，现收《郭沫若全集·文学编》第 4 卷。

◎ 致电苏联科学院院长涅斯米扬诺夫，祝贺苏联成功地发射新的重型地球卫星并从卫星上发射飞往金星的自动行星际站。电文发表于 14 日《人民日报》。

15 日 作五律答谢李绍珊："海角逢春节，天涯得好音。新诗多隽句，美贝尽奇琛。我是诗行者，君真公腹心。南疆劳捍卫，红豆满榆林。"

李绍珊，时任海军榆林基地俱乐部主任。14 日为农历除夕，将海贝、红豆和三首新诗赠郭沫若，表达水兵的敬意。（陈波等编注《郭沫若海南诗文注》，南海出版公司 1992 年版）

◎ 为庆祝中苏同盟条约签订 11 周年，代表中国科学院致电苏联科学院院长涅斯米扬诺夫。（15 日《人民日报》）

16 日 参观归国华侨开垦的海南岛兴隆农场。题赠七律一首，勉励归侨"归来重做主人翁"，"自力更生创业雄"。

初收作家出版社 1963 年 11 月初版《东风集》，题为《海南岛兴隆农场》；现收《郭沫若全集·文学编》第 4 卷。

◎ 参观兴隆农场种植的蕉麻、胡椒、可可等热带作物，成五律三首。其一："蕉麻如芭蕉，叶柄可抽丝。素丝细而长，用以织罗衣。其质轻且密，乘风可凌虚。伞兵如降落，此物不可离。"其二："胡椒分黑白，成熟有早迟。早者如老翁，迟者如幼儿。老翁头发白，幼儿头发黑。胡椒亦类此，非因种有别。"其三："可可实三色，青黄红色皮。红者质最佳，黄次青为卑。叶似枇杷叶，果比香橼肥。用作巧克力，童叟皆好之。"（郭沫若纪念馆藏）

◎ 致信刘大年："《通史意见》全部看了一遍,有一条似可删,有一条当改一字。秦汉以后的历史,我无深入研究,没有把握。第十二页背面谈甘蔗棉花一条,说得很具体,不知确有根据。据我研究《管子》的所见,书中已有可以定为'蔗饴'的证迹。甘蔗如果在三国时都只'生长在岭南',那就相隔得太远了。提出那条意见的朋友,最好能够写得稍微详细一些。"(郭沫若纪念馆藏资料)

17日 由兴隆返回榆林。作七律《咏油棕》。发表于4月1日《人民日报》,为《海南纪行》(十首)之一。

初收作家出版社1963年11月初版《东风集》,为《海南纪行》(八首)之四;现收《郭沫若全集·文学编》第4卷。

◎ 作诗《鹿回头》。发表于4月1日《人民日报》,为《海南纪行》(十首)之一。

初收作家出版社1963年11月初版《东风集》,为《海南纪行》(八首)之五;现收《郭沫若全集·文学编》第4卷。

◎ 作诗《吃仙人掌实》。"遍地仙人掌,权椰出素沙。葩冠红映日,果肉赤凝霞。味比番茄永,色教玫瑰差。食之唇齿染,不用口红搽。"(陈波等编注《郭沫若海南诗文注》,南海出版公司1992年版)

18日 参观榆林军港,题诗以赠:"海水色青青/旭日光皎皎//遥望南沙有群岛/海盗绝不饶//虎头追兔尾/碧波迎人笑//海员个个尽英豪/西风被压倒。"(郭沫若纪念馆藏)

"虎头追兔尾",指港口左右对峙的两座山,左为虎头岭,右为兔尾岭。

◎ 作七绝《登西瑁洲》。"小豆夹花树树黄,珊瑚处处砌为墙。榆林港内东西瑁,睁大眼睛固国防。"(陈波等编注《郭沫若海南诗文注》,南海出版公司1992年版)

19日 游览"天涯海角",与渔民同拉网,成七律《游天涯海角》,有小序。发表于4月1日《人民日报》,为《海南纪行》(十首)之一。

初收作家出版社1963年11月初版《东风集》,为《海南纪行》(八首)之六;现收《郭沫若全集·文学编》第4卷。

◎ 参观海洋水声站。应邀题写四句赠言:"外来敌况要分明/捍卫东南仗水声/开拓海洋为国用/十年之内定超英。"(郭沫若纪念馆藏)

20日 作七律《颂海南岛》，赠中共崖县县委。发表于4月1日《人民日报》，为《海南纪行》（十首）之一。

初收作家出版社1963年11月初版《东风集》，为《海南纪行》（八首）之一；现收《郭沫若全集·文学编》第4卷。

◎ 书《游天涯海角》赠冯白驹。有跋："冯白驹阖家六人，与我家八人同游天涯海角，为渔舟牵缆者久之，书此以为纪念。"（郭沫若纪念馆藏）

◎ 题邵宇画黎族姑娘并小序。以《过通什》为题，发表于4月1日《人民日报》，为《海南纪行》（十首）之一。"雕题劗面传闻有，今到海南始见之。黎族衣缁成习尚，妇容黥黑足惊奇。虽云古道徵民俗，想见奴徽剩孑遗。幸喜小姑逢解放，玉颜含笑报春晖。"后改题为《咏黎族姑娘》，以《咏海南诗四首》为题，再次发表于1962年2月22日《人民日报》。

初收作家出版社1963年11月初版《东风集》，现收《郭沫若全集·文学编》第4卷。

21日 作七律二首，分送解放军驻榆林第21师和海军榆林军港。其一："南溟奇甸卫南垓，祖国干城仰迅雷。藐视困难还重视，剪裁布局费心裁。东风压倒西风日，一岁培储百岁材。路线光辉昭九域，作风三八畅雄哉。"其二："大艇呼风鼓浪游，登临直上白沙洲。榆林眼目东西瑁，中国干城文武俦。万众一心遵纪律，三言八字赋同仇。春光先到旌旗暖，雄镇南疆岁月遒。"（郭沫若纪念馆藏）

◎ 应冯白驹请，为天涯海角游览区题写"天涯海角游览区"七字。（黎绍铭《天涯海角诵遗篇》，《语文月刊》1983年第9期）

24日 复信北京师范大学团委会、学生会。发表于《中国青年》1962年8月第15、16期合刊。总题为《给青年的几封信》。写道："立志作人民教师的青年是我所特别尊敬的。这样的青年是培养新生力量的原动力。""教师要有高度的自我牺牲精神，目的不必在使自己登上科学的最高峰，但要使更多的青年登上科学的最高峰。这样的教师自然也就登上了教育科学的最高峰了。"

26日 致函尹达。谓，"在榆林把《中国历史初稿》第二册《奴隶社会》看了一遍，写得很好"，并"就注意所及，想初步提出一些意见，供编写组的同志们参考"。总共提出41条58则需要修改之处。如：第8页有"商朝在当时世界上已经是一个仅有的文明大国了"句，指出"'仅有'二字值得斟酌。'当时世界上'有埃及、巴比伦等国已有相当高度的文明，商代似乎不能说为'仅有'"。第19、26页两处叙商代征兵情况，说从甲骨卜辞中看到一次征集"至万余人"，指出"有数万的例子"，"《殷契粹编》中似乎有三万"。第24页同两处将"邦伯"断开为"邦、伯"，指出应改为"邦伯"。第38页引《尚书·康诰》"于罚之行"，建议"在'于'字注一'与'字，即'于（与）罚之行'。这样使读者易懂"。第39页叙周公制礼乐，说"它们是本来存在的东西，周公加以整理固定下来"，建议改为"周公可能制作了一部分，而同时对于现存的东西加以整理、补充而固定下来"。第67页对暴力的表述为"暴力是孕育着新社会的旧社会的产婆"，拟改为"暴力是新社会从旧社会的母胎中诞生时的产婆"。（《郭沫若研究》第10辑，文化艺术出版社1992年版）

与1962年6月出版的《中国史稿》第一册《奴隶社会》部分比较，除有5条5则意见未按信中所提改动外，其余36条53则意见都程度不同地被采纳并作出相应的改动。（晒姝、应吉《郭沫若与〈中国史稿〉》，《郭沫若研究》第10辑，文化艺术出版社1992年版）

27日 作七律《赠崖县歌舞团》。发表于4月1日《人民日报》，为《海南纪行》（十首）之一。

初收作家出版社1963年11月初版《东风集》，为《海南纪行》（八首）之二；现收《郭沫若全集·文学编》第4卷。

◎ 作七律《咏五指山》。发表于4月1日《人民日报》，为《海南纪行》（十首）之一。

初收作家出版社1963年11月初版《东风集》，为《海南纪行》（八首）之三；现收《郭沫若全集·文学编》第4卷。

◎ 作七律《将离榆林留题》。"昔年曾比鬼门关，今日翻成吉乐园。游泳倍欣春气暖，飞行顿觉岛天宽。盐田万顷鹦哥海，铁矿无穷石碌山。遍地橡胶林茂密，琼崖名实两相联。"（陈波等编注《郭沫若海南诗文注》，南海出版公司1992年版）

◎ 题诗赠冯白驹。"云看有奇鹰，清晨化为石。待到黄昏后，雄鹰看又活。"（陈波等编注《郭沫若海南诗文注》，南海出版公司1992年版）

◎ 作七言诗《宿通什》。"斩山湮谷近三年，纵贯海南一线牵。北上岭随车首转，回看路在日边旋。陵峦郁郁多乔木，峡谷清清满稻田。"（陈波等编注《郭沫若海南诗文注》，南海出版公司1992年版）

本月 以河北民歌《主席走遍全国》为李琦所作毛泽东像题画。手迹发表于《人民画报》第2期。

3月

2日 往海口凭吊海瑞墓，作七言诗《访海瑞墓》。发表于4月1日《人民日报》，为《海南纪行》（十首）之一。咏海瑞，"我知公道在人心，不违民者民所悦"。

初收作家出版社1963年11月初版《东风集》，为《海南纪行》（八首）之七；现收《郭沫若全集·文学编》第4卷。

3日 到儋县那大参观。作七律《访那大》。发表于4月1日《人民日报》，为《海南纪行》（十首）之一。

初收作家出版社1963年11月初版《东风集》，为《海南纪行》（八首）之八；现收《郭沫若全集·文学编》第4卷。

4日 参观儋县华南热带科学研究所，题七律一首。"先秦典籍传儋耳，现代宏图奠永基。一统四包三结合，多才并举五门齐。远偕六省同趋步，近与全区互询咨。宝岛开花还结实，沙河库上树红旗。"（郭沫若纪念馆藏）

华南热带科学研究所，今中国热带农业科学院。

◎ 参观华南热带科学研究所和华南热带作物学院。见萧三所题半副对联"生产产诗歌，诗歌歌生产，热带作物区里作诗，诗情最热"。旁注："希望有后来高明者对下联"。即应师生请求，续写下联："劳动动教研，教研研劳动，红旗照耀光中施教，教益通红。"（白启寰《郭沫若联语萃谈》，《集萃》1982年第4期）

华南热带作物学院，今华南热带农业大学。

◎ 致电拉萨罗·卡德纳斯将军转拉丁美洲争取国家主权、经济解放与和平会议，祝贺会议胜利召开。（5日《人民日报》）

6日 为海南橡胶园题词："以橡胶为纲，油棕称王，以利民用，以

固国防。"（郭沫若纪念馆藏）

9日 根据话剧改编的京剧《武则天》由上海京剧院上演。（10日《人民日报》）

10日 致电苏联科学院院长涅斯米扬诺夫，祝贺苏联又一次发射卫星式飞船成功。电文发表于11日《人民日报》。

◎ 游柳州公园，谒柳宗元衣冠冢及遗像，作七律《访柳州公园》以纪其事。发表于4月11日《北京日报》。又载1963年3月30日《广西日报》、1963年12月24日《光明日报》。

初收作家出版社1963年11月初版《东风集》，改题《访柳侯祠》；又收广西壮族自治区人民出版社1965年3月初版《邕漓行》；现收《郭沫若全集·文学编》第4卷。

11日 到广州。

13日 与冯乃超一同拜访陈寅恪。

日记载："同（冯）乃超去看陈寅恪，他生于庚寅，我生于壬辰，我笑说今日相见是龙虎斗。伊左目尚能见些白光，但身体甚弱，今年曾病了好久。胃肠不好。血压不大高。不相信中药，自言平生不曾用过参。"谈及"钱柳因缘"事，陈寅恪提出"要原稿纸，另要在北京图书馆抄谢三宾的《一笑亭集》"。"将近一小时"，《再生缘》是话题之一。（据日记；谢保成《郭沫若与陈寅恪："龙虎斗"与"马牛风"》，《文坛史林风雨路——郭沫若交往的文化圈》，浙江人民出版社1999年版）

15日 到从化。作《浴从化温泉》。发表于4月11日《北京日报》。

初收作家出版社1963年11月初版《东风集》，现收《郭沫若全集·文学编》第4卷。

18日 上午，偕于立群到武汉，重访珞珈山旧居。下午游览东湖，重温往事，作七律二首。发表于21日《光明日报》，题为《诗二首》。其一，"游罢琼州来武汉，域中无处不新奇"。其二，"一别珞珈廿二年，旧庐寻觅费盘旋"。

初收作家出版社1963年11月初版《东风集》，改题为《回京途中》二首；现收《郭沫若全集·文学编》第4卷。

19日 回到北京。

◎ 复函翦伯赞。"我（二月八日）到海南去游览了甚久，今天才回来。读到您二月十一日的信，稽复，甚歉。尊著题签，恐怕已不及时了。如已过时，请扔去。"(《郭沫若同志给翦伯赞同志的信和诗》，《北京大学学报》1978 年第 3 期）

◎ 为迎接第二十六届世界乒乓球锦标赛将在北京举行，作诗《乒乓球开友谊花》。发表于 4 月 4 日《体育报》。

初收作家出版社 1963 年 11 月初版《东风集》，现收《郭沫若全集·文学编》第 4 卷。

20 日 作诗《亚非作家会议在东京开会》。发表于 28 日《人民日报》。"要用我们的笔，我们的血，我们的生命，我们的心脏，/使友谊的鲜花到处开放，使和平的白鸽普天翱翔！"

初收作家出版社 1963 年 11 月初版《东风集》，现收《郭沫若全集·文学编》第 4 卷。

21 日 与范文澜、翦伯赞、尹达、黎澍等在北京饭店就《中国历史初稿》交换意见。(晒姝、应吉《郭沫若与〈中国史稿〉》，《郭沫若研究》第 10 辑，文化艺术出版社 1992 年版）

23 日 复函翦伯赞。说："您的大作就用《历史问题论丛》，似乎很好。我感到可以不必想名字了。我赞成您就用它。""您关于《中国历史》的意见，很重要。这样的意见，对于执笔很有帮助。前天您们同尹达同志谈的结果，想来是很圆满的。我打算仔细把稿子读它一两遍，再同大家交换意见。"(《郭沫若同志给翦伯赞同志的信和诗》，《北京大学学报》1978 年第 3 期）

◎ 复函陈明远。以《给上海中学×××的信（三）》为题，发表于《中国青年》1962 年第 15、16 期合刊，总题为《给青年的几封信》。"一月三十一日和二月给我的两封信，我现在一口气读完了。祝贺您的成长，并预祝您的第三件大喜事。""我的一些未收进集子里面的文章，看来无关紧要。我自己目前还不想再看他们。事实上，我自己对于自己的作品是很少满意的。从前也有过相当大的雄心，结果看来是有点'画虎不成'。光阴过得真快，不知不觉地已接近七十了。能力和思想长进的速度，远远赶不上时间的速度。自己有点暗暗着急。""我现在把文集第十二册和《文史论集》寄给您，在您有工夫的时候，不妨翻阅。照样要请您提意见。"

25日 下午，参加首都各界在中山公园中山堂举行陈赓公祭大会。公祭大会由中共中央副主席、国务院副总理兼国防部长林彪主祭。（26日《人民日报》）

陈赓，原名陈庶康，湖南湘乡人。时任国防部副部长，大将军衔。

26日 致电苏联科学院院长涅斯米扬诺夫，祝贺苏联第五个卫星式飞船发射成功。电文发表于27日《人民日报》。

27日 作诗《献给第二十六届乒乓球锦标赛》。发表于《新体育》第7期。

31日 读郁曼陀遗墨，题七绝二首。有解题："郁曼陀为郁达夫之兄，弟兄同死国难。"第一首赞郁曼陀《富春江上图》"清新笔墨意萧舒"。第二首为"双松挺秀以何如？仿佛眉山有二苏。况复埙箎同殉难，天涯海角听相呼。"

初收作家出版社1963年11月初版《东风集》，题为《题郁曼陀画》，文字略有修改；现收《郭沫若全集·文学编》第4卷。

1939年，郁曼陀任上海特区法院刑庭庭长，刚正不阿，严惩敌伪凶顽，营救革命志士，遭敌伪枪杀。1947年4月，富阳地方人士在鹳山举行公祭，安葬烈士血衣。郭沫若撰写"墓志铭"叙其生平及殉职经过，马叙伦先生书写镌刻在墓碑上。横额位于右任题写。

本月 以《游冈山后乐园》手迹镌刻的诗碑，在日本冈山后乐园建成。（中国科学院档案）

春

◎ 应罗髯渔属题《游柳州柳侯祠》。（《郭沫若书法集》，四川辞书出版社1999年版）

◎ 书扇面《游天涯海角》。（《郭沫若书法集》，四川辞书出版社1999年版）

4月

1日 书录七律《飞渡大西洋》赠赵沨，作跋："近访古巴，往返均飞过大西洋，归时曾赋此诗，以纪其事。赵沨同志因同行之故，特喜之，盖以生活中共有一段经历也。书奉以为纪念。"（赵沨《回忆郭老的一些片

断》,《悼念郭老》,生活·读书·新知三联书店1979年版)

4日 下午,与周恩来、邓小平、陆定一等往北京工人体育馆出席第二十六届世界乒乓球锦标赛开幕式。(5日《人民日报》)

◎ 晚,与周恩来、彭真、陆定一、荣高棠等出席国务院副总理兼国家体育运动委员会主任贺龙在人民大会堂举行的盛大宴会,热烈欢迎参加第二十六届世界乒乓球锦标赛的各国朋友。(5日《人民日报》)

5日 题何香凝画《长松图》:"盘根错节,龙虬腾空。百花齐放,万紫千红。鹤立九皋,气充志雄。大同在望,奕代东风。"(郭沫若纪念馆藏)

◎ 致信何家槐:"三月廿三日信早接到。你叫我到高级党校去'讲一次古典诗词或毛主席诗词',题目太大了,我感觉着不好讲,故久久未复,乞谅。我想请您和同志们考虑一下:是否可以就古典诗词或毛主席诗词,提出些具体的问题来,让我研究一下。这样在三小时之内或许可以切实地解决一些问题。我这仅仅是一个建议。我目前还不能肯定回答您的提示。希望有具体问题提出来,让我研究有得之后,再说。"(郭沫若纪念馆馆藏资料)

◎ 为日本仙台鲁迅纪念碑揭幕所作贺词,刊载于《世界知识》10月号。(见许广平《为了永恒的纪念》)

6日 为"四八"烈士殉难15周年题词,发表于8日《中国青年报》。"'四八'烈士是牺牲了,但也是永生了。他们的献身精神,将永远活在人们的心里。我有一个小小的建议:黑茶山可以改为红茶山,烈士们的鲜血染红了大地,永远是一面大红旗!"

7日 在"加强国际和平"列宁国际奖金委员会关于授予奖金的决议上签字。

6日和7日"加强国际和平"列宁国际奖金委员会在主席德米特里·斯科贝尔琴主持下举行会议,决定把1960年"加强国际和平"列宁国际奖金授予古巴共和国的社会和国家活动家菲德尔·卡斯特罗·鲁斯,几内亚共和国的社会和国家活动家、几内亚民主党的奠基人之一塞古·杜尔,印度的社会活动家拉米希瓦里·尼赫鲁夫人,罗马尼亚人民共和国的作家和社会活动家米哈伊尔·萨多维亚努,黎巴嫩的建筑师和社会活动家安托万·若尔茹·塔伯特,波兰人民共和国社会活动家奥斯塔普·德乌斯基和

澳大利亚社会活动家威廉·莫罗，以表彰他们在维护和加强和平的斗争中所树立的卓越功绩。(5月3日《人民日报》)

8日 致信黄中通。回复其2月4日来信。写道：

"关于诗歌创作，我是偏于抒情说的。当然，抒情不仅是抒写个人的感情，要抒写时代的感情。把个人和集体打成一片，把作者和人民打成一片，那就有把握抒写时代的感情。这样的个人，才能体会出时代精神，突出狭隘的个体范围。当然也并不否定叙事，但叙事要通过感情的融炉。我们所需要的是抒情的叙事，或叙事的抒情。

这样能表现时代精神的诗，才具有大的吸引力，可以成为时代的纪念碑，受大众喜爱。作者与读者之间的连系，自然密切起来了。今天我们时代的高度精神就是要通过社会主义的建设，以建成共产主义社会。诗人应该教育自己，使自己成为胜任的时代歌手，并从而教育人民。施教者必须先是受教者，要好好向人民学习，了解人民的思想，希望，掌握人民的活语言，吸收本民族的一切民主性的精华。在这基础之上，用正确的观点（辩证唯物主义和历史唯物主义的观点）来加以剪裁、结构。"

"诗歌是语言文字的艺术，本民族的语言，本民族的历史是不能不重视的。所谓民族性，就是历史语言、生活、习惯等的总汇，然必须有批判地接受，即去其封建性的糟粕，吸收其民主性的精华，从而加以创造。这样的过程也就是今天建设社会主义的过程。这样的倾向，也就是今天的群众性。民族性与群众性，在我看来，是比较容易结合的。

外来的技巧、方法、经验，我们也必须学习。但不是照抄，而是融合，即灵活运用。要结合本国的实际来灵活运用。"（郭沫若纪念馆馆藏资料）

上旬 在北京图书馆协助下，从郑振铎捐献的藏书中发现《再生缘》抄本一部，认为"在目前恐怕是海内孤本了"。随即与已经读过的三益堂刻本"进行核读"，发现"虽然同是二十卷"，"只有陈端生原著的前十七卷是相同的，而后三卷的续作则完全不同"，决定"核校""只是陈端生原著的前十七卷"。(《序〈再生缘〉前十七卷校订本》，1961年8月7日《光明日报》)

12日 作诗《歌颂东方号》。发表于13日《光明日报》。赞苏联"载人的飞船东方号飞上了太空"。

◎ 致电苏联科学院院长涅斯米扬诺夫，祝贺苏联本日成功发射第一艘载人的卫星式宇宙飞船"东方号"。电文发表于13日《人民日报》。

14日 作《再歌颂〈东方号〉》并小序。发表于15日《人民日报》。序说："苏联外国文学杂志来电，征求我关于'东方号'的反应，我用韵文形式写出了回答。因12日已成《歌颂东方号》一诗，故题为《再歌颂东方号》。"

16日 与彭真等出席苏联大使契尔沃年科为庆祝苏联载人宇宙飞船飞往宇宙和胜利归来举行的酒会。(17日《人民日报》)

18日 作七律《大双喜》并小序。发表于《中国妇女》第5期。贺我国选手在第二十六届世界乒乓球锦标赛上获得团体冠军和男女单打冠军。

初收作家出版社1963年11月初版《东风集》，现收《郭沫若全集·文学编》第4卷。

◎ 下午，与陆定一、廖承志等往政协礼堂参加首都各界庆祝万隆会议六周年大会。晚，与周恩来、贺龙等往人民大会堂出席外交部举办的庆祝万隆会议六周年招待会。(19日《人民日报》)

◎ 致信柯灵。谓：

"四月四日信奉悉。《秋瑾传》看了一部分，觉得不错，但因有别的工作，不能在短期内仔细看完，甚为抱歉。

我对于电影是外行，要我提意见，很困难。夏衍同志对日本生活富有经验，想来他一定可以提供意见。关于日本方面的描写，我认为要真实一点才好。电影制成后，可能会输出日本的，能使日本观众也点头，似乎是必要的。"(郭沫若纪念馆藏资料)

19日 设宴招待英国和平人士、国际乒乓球联合会主席蒙塔古。(20日《人民日报》)

◎ 下午，会见以松田喜一为团长的日本部落解放同盟代表团。(20日《人民日报》)

◎ 作《打断侵略古巴的魔手》。发表于20日《人民日报》。

21日 下午，出席在工人体育场举行的首都各界人民支持古巴人民反对美帝国主义武装侵略大会，并讲话，题为《祝贺古巴人民取得重大胜利，预祝古巴人民取得更大胜利》。讲话全文发表于22日《人民日报》。

◎ "闻美国雇佣军侵入古巴,已被击溃",作七律《祝贺古巴胜利》并小序。发表于22日《人民日报》。

初收作家出版社1963年11月初版《东风集》,现收《郭沫若全集·文学编》第4卷。

◎ 晚,出席廖承志为欢迎参加在万隆举行的亚非人民团结组织理事会会议的几内亚、乌干达、塞内加尔、北罗得西亚、南非和约旦等国家的代表举行的宴会。(22日《人民日报》)

22日 上午,与廖承志参加首都各界人民在政协礼堂举行的集会,庆祝最近召开的全非人民大会和亚非人民团结组织理事会万隆会议的成就,欢迎出席万隆会议以后来中国访问的几内亚、南非、乌干达等非洲国家的代表。(23日《人民日报》)

◎ 下午,与周恩来、陈毅等欢迎应邀前来我国进行友好访问的老挝王国政府首相梭发那·富马亲王和老挝爱国战线党主席苏发努冯亲王。(23日《人民日报》)

◎ 晚,主持中苏友好协会总会、北京市中苏友好协会在政协礼堂举行的集会,纪念伟大的革命导师弗·伊·列宁诞辰91周年。(23日《人民日报》)

23日 下午,参加首都各界人民在人民大会堂的集会,欢迎老挝王国政府首相梭发那·富马亲王、老挝爱国战线党主席苏发努冯亲王和全体老挝贵宾。晚,出席周恩来总理举行的国宴,欢迎老挝贵宾。(24日《人民日报》)

◎ 作诗《肯尼迪自白》。发表于25日《光明日报》。

初收作家出版社1963年11月初版《东风集》,现收《郭沫若全集·文学编》第4卷。

24日 上午,欢送周恩来总理、陈毅副总理陪同老挝王国政府首相梭发那·富马亲王,老挝爱国战线党主席苏发努冯亲王以及全体老挝贵宾赴杭州等地参观访问。(25日《人民日报》)

25日 作五律《游览北京植物园》并小序。发表于29日《光明日报》。

初收作家出版社1963年11月初版《东风集》,现收《郭沫若全集·

文学编》第 4 卷。

26 日 下午，与陆定一等出席首都科学技术界纪念詹天佑诞生 100 周年大会。(27 日《人民日报》)

29 日 上午，会见由西托尔·西杜莫朗和尤巴尔·阿尤普率领的印度尼西亚作家代表团的全体作家。(30 日《人民日报》)

30 日 与中国科学技术大学师生共庆"五一"节，并讲话勉励大家向"思想好、身体好、学习好、作风好、工作好"的"五好"方向努力。(5 月 5 日《中国科学报》)

◎ 晚，出席在人民大会堂宴会厅举行的庆祝"五一"国际劳动节招待会。(5 月 1 日《人民日报》)

本月 负责主编的《甲骨文合集》开始编纂。(胡厚宣《沉痛悼念尊敬的郭沫若同志》，《悼念郭老》，生活·读书·新知三联书店 1979 年版)

◎ 作七绝一首，纪念河上肇逝世 15 周年。"丹砂粉碎丹仍在，铁链锻成铁愈铮。流水高山心向往，遥遥海外听钟鸣。"(郭沫若纪念馆藏)

5 月

1 日 在颐和园参加科学工作者举行的游园庆祝活动。(2 日《人民日报》)

◎ 在天安门城楼同各国来宾一道观看广场联欢和节日焰火。(2 日《人民日报》)

◎ 作《〈再生缘〉前十七卷和它的作者陈端生》，发表于 4 日《光明日报》。考察《再生缘》的版本，交代进行校改的情况，介绍前十七卷作者陈端生的身世以及《再生缘》的故事梗概，认为"《再生缘》比《天雨花》好。如果要和《红楼梦》相比，与其说'南花北梦'，倒不如说'南缘北梦'"，主张把《再生缘》重新印行，"但只保留陈端生的原著前十七卷，而割去梁楚生和其他作者们所续的尾巴"。提出："近年，陈寅恪有《论再生缘》一文，考证得更为详细，我基本上同意他的一些见解。"全文末尾这样写："陈寅恪说，他是'噤不敢发，荏苒数十年，迟至暮齿，始为之一吐'；他是'不顾当世及后来通人之讪笑'的。我不是所谓'通人'，因此我不仅不'讪笑'他，反而要为他的敢于说话而拍掌。""我也'不顾当世及后来通人之讪笑'，把《再生缘》前十七卷仔细核校了，并主张把它铅印出来。"

文章收郭沫若校订本《再生缘》（北京古籍出版社 2002 年版），按其生前校订清样编入卷首，改题为《〈再生缘〉和它的作者陈端生》。

◎ 在中国科学技术大学召开的庆祝国际劳动节大会上作国内外形势和学校工作报告，对同学们提出五点希望：思想好，身体好，学习好，作风好，工作好。（中国科学技术大学大事记）

2 日 晚，陪同周恩来总理会见前来参加中缅边界联合委员会第六次会议的缅方代表团首席代表、缅甸国防军副总参谋长昂季准将和代表团全体成员并出席欢迎宴会。（3 日《人民日报》）

3 日 晚，与陆定一、林枫在天桥剧场出席阿尔巴尼亚国家民间歌舞团访华演出开幕式并观看演出。（4 日《人民日报》）

4 日 上午，会见以宫崎世民为首的日中友协代表团、以西川宁为首的日本书法家代表团和以长宏为首的日本患者同盟代表团。（5 日《人民日报》）

6 日 致函裴书泰。讨论"地理环境对于人的物质生活和文化生活是有不可否认的关系"。（郭沫若纪念馆藏资料）

7 日 到山东泰安。作七律《咏普照寺六朝松》。发表于 14 日山东《大众日报》，为《访泰山杂咏》六首之一。

初收作家出版社 1963 年 11 月初版《东风集》，现收《郭沫若全集·文学编》第 4 卷。

8 日 参观岱庙。作七律《在岱庙望泰山》。发表于 14 日山东《大众日报》，为《访泰山杂咏》六首之二。

初收作家出版社 1963 年 11 月初版《东风集》，现收《郭沫若全集·文学编》第 4 卷。

9 日 登泰山，夜宿朝阳洞。作五律《万松亭遇雨》《登上泰山极顶》。发表于 14 日山东《大众日报》，为《访泰山杂咏》六首之三、之四。

初收作家出版社 1963 年 11 月初版《东风集》，现收《郭沫若全集·文学编》第 4 卷。

10 日 作五律《在极顶观日出未遂》。发表于 14 日山东《大众日报》，为《访泰山杂咏》六首之五。

初收作家出版社 1963 年 11 月初版《东风集》，现收《郭沫若全集·文学编》第 4 卷。

◎ 致函冯其庸。写道：

"您的长信，我昨晚反复读了两遍。陈云贞的《寄外书》又提供出了新的资料，谢谢您的帮助。

关于范荚遇赦之年恐怕还要推迟。在 1790 年乾隆八十岁时大赦后；在 1795 年乾隆禅位给嘉庆时又遇一次大赦。范荚遇赦当在后一次。陈端生则活到四十五、六岁了。

因有事在手，容后再仔细研究。

《评点女子古文观止》能假我一阅否？（仍请寄我一阅。）"

"此信又见《香艳丛书》第十一集，较《女子古文观止》所录更详。可知后书系节录。"（郭沫若纪念馆藏）

11 日 作五律《访经石峪》。发表于 14 日山东《大众日报》，为《访泰山杂咏》六首之六。手迹已刻成石碑，见 1979 年《山东画报》第 7 期。

初收作家出版社 1963 年 11 月初版《东风集》，现收《郭沫若全集·文学编》第 4 卷。

12 日 回到北京。

13 日 致函《辞海》编辑部。写道：

"在经学下边，对乾嘉学派的总评：'多数脱离实际，考据烦琐'，只这么两句否定语，把可以肯定的一方面完全抹煞了。六经诸子是古史资料，要研究中国古代历史，乾嘉学派的业绩是必须肯定的。请再加考虑。'学派'下所述虽然较详，但也偏于否定。'多数脱离实际'不能归罪于经学家，应归罪于当时的统治阶级。雍正的专制、乾隆时代的文字狱，把学者们逼得来不能不脱离实际。说明中根本未提到这一层。

经学家搞考据，在当时是对政治的消极反抗。应该用来和埋头于科举、终身陷于帖括之学而不能自拔的比一比。

要讲考据就不能嫌'烦琐'——占有资料。烦琐非罪，问题是考据的目的何在？但乾嘉时代人在高度的政治压力之下是不能更进一步有所作为的。但他们没有去歌功颂德。其后发展为公羊学派，带上了改革的色彩。有消极怠工进而为托古改制，这是历史发展的必然的逻辑。

您们的解说没有从发展来看问题，没有从比较来看问题，没有用历史唯物论的方法看问题，而是用五四时代的立场来侧重否定。这和今天强调调查研究的精神也不甚符合。

金文与古文之分没有说出一个所以然。古文中还有伪古文也应该提一提。

草拟写出这些意见，仅供参考。"(《辞海简报》第27期；郭沫若纪念馆馆藏资料）

◎ 为张德钧《关于编改弹词的女诗人侯芝》作前言和案语。发表于17日《光明日报》。前言说：张德钧写了一封信来，对《〈再生缘〉前十七卷和它的作者陈端生》"一文中的推测有所补正。我认为，在撰述文学史上，可能是有用的资料。因此，我节录了出来，以供读者参考"。案语说："侯芝具有一定的叛逆精神是可以肯定的"，"她尽管是贤妻良母主义者，而在她所做的《再造天》的第一回里，却在大大地颂扬武则天"，"在我看来，比司马光那样的正统史学家要高明得多"。"她巧妙地冲犯了一下封建时代的森严壁垒，的确可以肯定：她是有一定的叛逆性"。

收郭沫若校订本《再生缘》（北京古籍出版社2002年版）时，以张德钧文为"卷首"附之二，同时保留前言和案语。

15日 题江苏画展："真中寻画画中真，笔底风云倍有神。西北东南游历遍，山河新貌貌为新。"（郭沫若纪念馆藏）

16日 题董寿平山水画："深松长青，危崖挺秀。拔地参天，永垂不朽。"（郭沫若纪念馆藏）

此画当时准备赠送刘胡兰纪念馆。

◎ 致函英国皇家学会会长弗洛瑞，告知中国科学院接受邀请，决定派以竺可桢为团长的中国科学代表团访问英国。（中国科学院档案）

20日 下午，会见日本禁止原子弹和氢弹协议会代表团。（21日《人民日报》）

◎ 为吴镜汀扇面题词《游天涯海角》。（手迹见21日《人民日报》）

21日 复函冯祖东。说："您的《百花齐放》剪纸接到了。我仔细对看了一遍。您是费了很大的苦心的。在花之外又加上鸽子的限制，要剪出一百种不同的鸽子姿态很不容易。""如您只有一份，我可以奉还您。"（郭沫若纪念馆藏）

22日 被选为蒙古共和国科学院院士。致蒙古共和国科学院院长锡迪林布，表示"热烈地祝贺您当选为蒙古科学院院长。贵院选举我为正式院士，使我感到这不仅是我个人的光荣，同时也是对中国科学界的鼓舞。在这里特向您和蒙古科学院表示衷心的感谢"。(中国科学院档案)

23日 作《题湘君》。"风卷洞庭波，湘君今若何？眼前春意满，应唱采莲歌。"(郭沫若纪念馆藏资料)

25日 作《武则天生在广元的根据》，发表于28日《光明日报》。"武则天究竟生在什么地方？这个问题本来是由我而引起的。""因此我有责任来申述几句。"文章根据李义山诗《利州江潭作》题下自注"金轮感孕所"，根据新旧《广元县志》以及考古研究所专人就地考察所得资料（发表在《考古》1960年第7期）等史料，肯定了"武则天生于广元"的观点。并就史料问题说："史料不仅限于书本上的东西，还有物质上的文物和民间保留的传说。"

初收中国戏剧出版社1962年9月初版《武则天》，现收《郭沫若全集·历史编》第3卷（《文学编》第8卷辑为"附录"）。

30日 下午，会见以大谷莹润为团长的日本"中国殉难烈士名单捧持代表团"成员。(31日《人民日报》)

31日 在中国科学院礼堂观看梅兰芳演出《穆桂英挂帅》。

这是梅兰芳生前的最后一次演出。此次演出是应中国科学院之约特为科学家们演出。也是梅兰芳为庆祝中华人民共和国成立十周年献礼而改编创演的。郭沫若在观看演出后与梅兰芳合影留念，并说："中关村的礼堂实在太小了，但有你在台上演出，使那小小的礼堂成为了无限大的宇宙。在那儿真是充满了光辉，充满了快乐，充满了肃静，充满了自豪，充满了生命，充满了美。"还说穆桂英的台词"我不挂帅谁挂帅，我不出征谁出征？"念出就像是"冲破原子核的回旋加速器，使人们发生着责任感的连锁反映。你真真地鼓舞了我，并通过我鼓舞了大家，大家的掌声不是把中关村礼堂都要震破了吗？"(梅葆玖纪念梅兰芳逝世40周年文章——人民网)

◎ 致函阿英。"读了《绘声集》，发现陈长生称端生为'春田家姊'。长生字'秋谷'，与'春田'相应。则陈云贞恐是端生改名。"问及"戴佩荃（蘋南）的《蘋南遗草》，你处有否？急望一阅"。(《关于〈再生缘〉研究郭沫若与阿英的通信》，《文教资料简报》1980年第5期)

◎ 上午，会见以阿里亚达萨为首的锡兰迎奉佛牙代表团。中午，出席国务院宗教事务局、对外文化联络委员会、文化部为欢迎锡兰迎奉佛牙代表团举行的宴会。(6月1日《人民日报》)

◎ 赠大谷莹润五绝一首。"明月照中天，浮云倏往还。好风吹过后，月影更婵娟。"(郭沫若纪念馆藏资料)

◎ 赠西川景文五绝一首。"莲叶何田田，莲花何皎洁。鱐鱼戏水中，没教罗网密。"(郭沫若纪念馆藏)

下旬 阿英亲自送来所藏道光二年宝仁堂刊行的《再生缘》初刻本，核对的结果，证明不仅三益堂本完全是翻刻本，就连道光三十年以后的几种刻本也都只是辗转的翻刻。"初刻本实际也并不精，同样是错字连篇、脱叶满卷"。在得到抄本和初刻本之后，核校工作"便得到双重的保障"。(《序〈再生缘〉前十七卷校订本》，8月7日《光明日报》)

本月 越南出版《郭沫若诗集》。(中国科学院档案)

6月

2日 上午，与中国拉丁美洲友好协会会长楚图南同往机场欢迎应邀来我国访问的玻利维亚前副总统、共和国参议员费德里科·阿耳瓦雷斯·普拉塔。(3日《人民日报》)

4日 作《再谈〈再生缘〉的作者陈端生》。发表于8日《光明日报》。认为，《再生缘》的作者陈端生有三姊妹，端生居长，其次为庆生，又其次为长生。庆生早卒于一姊一妹出嫁之前。对于《织素图》中的"织素人"，肯定"陈寅恪作出了一个很犀利的推断，他认为'舍陈端生莫属'"。关于《再生缘》第十七卷的写作地点，不同意陈寅恪"可能是陈端生随父在云南任上所作的悬想"，并从第十七卷的音调、情绪和态度都有很大的转变来证明"看不出有什么写在云南的痕迹"，又从陈寅恪没有看到的《绘声阁初稿》中寻出多项证据，证明此卷是在乾隆四十九年冬完稿的，写在浙江，陈端生并未随父到云南。关于陈云贞与范秋塘，从阿英送来的《妆楼摘艳》中发现陈云贞《寄外》诗，认为陈云贞就是陈端生。以《寄外》与《再生缘》比较研究，从陈莲姐《寄外》题下附注"云贞会稽范秋塘室"句推论出，范秋塘即范菼，陈端生的丈夫应该是这个会稽范煅，而非陈寅恪所猜测的浙江秀水范璨之子那个范煅。

辑入郭沫若校订本《再生缘》（北京古籍出版社2002年版）。

5日 致函王戎笙。嘱其"看看"刚刚写成的《再谈〈再生缘〉的作者陈端生》一文，"看过之后，可带交张德钧同志过目，问他有没有什么资料可以补充"。（《文献》丛刊1980年第1辑）

◎ 会见印度尼西亚政府工会组织中央合作会议代表梭斯洛哈迪威约诺和马尔诺莫两位印度尼西亚工人统一代表团成员。（6日《人民日报》）

8日 下午，与朱德会见以古巴运输工人联合会组织书记拉斐埃尔·阿维拉·冈萨雷斯为首的古巴运输工人联合会代表团。（9日《人民日报》）

9日 晚，出席英国驻中国代办施棣华在代办处举行的庆祝英国女王伊丽莎白二世诞辰招待会。（10日《人民日报》）

上旬 开始中华书局编辑部校订《再生缘》的工作。"决定去取"，用三个本子合校，在编辑方面"真真是做到了严格、严密、严肃的地步"。

11日 复信熊十力"十老道鉴：奉来书，敬悉种切。目前纸张的确有些紧张，我自己在科学出版社印行的书也久未印出。我已把尊信送社，请他们抓紧些，将大著早日出版。乞释廑念，珍重不宣"。（《熊十力全集》（第八卷），湖北教育出版社2001年版）

12日 上午，与董必武、周恩来到机场欢迎越南民主共和国总理范文同和他率领的政府代表团。晚，出席周恩来总理为欢迎越南民主共和国政府代表团在人民大会堂宴会厅举行的国宴。（13日《人民日报》）

13日 上午，与刘少奇主席往机场欢迎印度尼西亚共和国总统苏加诺。晚，出席刘少奇主席为欢迎苏加诺总统举行的国宴。（14日《人民日报》）

14日 上午，出席在北京工人体育场举行的隆重集会，热烈欢迎苏加诺总统。（15日《人民日报》）

◎ 出席中华人民共和国和印度尼西亚共和国友好条约批准书签字仪式。（15日《人民日报》）

◎ 下午，出席印度尼西亚共和国总统苏加诺向刘少奇主席赠送印度尼西亚共和国一级勋章、向朱德委员长和周恩来总理赠予印度尼西亚共和国二级勋章仪式。（15日《人民日报》）

◎ 晚，出席印度尼西亚共和国总统苏加诺举行的盛大告别宴会。（15日《人民日报》）

15日 上午，到机场送别苏加诺总统。（16日《人民日报》）

◎ 下午，出席首都各界人民在人民大会堂举行的欢迎越南民主共和国政府代表团大会。（16日《人民日报》）

◎ 下午，与谭震林、张奚若等往机场欢迎应邀来访的日本共产党中央政治局委员志贺义雄率领的日本共产党国会议员访华代表团一行六人。（16日《人民日报》）

◎ 晚，出席越南民主共和国驻中国大使陈子平为范文同总理率代表团访问中国举行的盛大招待会。（16日《人民日报》）

16日 晨，到机场欢送越南民主共和国政府代表团离开北京前往朝鲜民主主义人民共和国访问。（17日《人民日报》）

◎ 为纪念中国共产党成立40周年，作五律《颂党庆》二首。发表于7月1日《人民日报》。序云："党庆四十将届，张云逸同志索诗纪念，因成五律二章奉赠，兼致颂祷。"

初收作家出版社1963年11月初版《东风集》，现收《郭沫若全集·文学编》第4卷。

19日 在程毅中13日来信前作《前言》，以《〈关于"崔徽"的出处〉的前言》为题，发表于27日《光明日报》。说："在《再谈陈端生》中，我把有关《崔徽传》出处，猜想错了。有好几位同志写信来指正，就中程毅中同志对此考察较为详细。因此我把他的信改为论文的形式，送请《光明日报》发表，以代更正我的错误。"

20日 致函冯其庸。"经过研究的结果，我所得出的结论是：陈云贞《寄外诗》是真的，《寄外书》是假的。将有文在报上发表。"（郭沫若纪念馆藏）

21日 下午，会见危地马拉文化代表团团长何塞·门德斯和代表团全体团员。（22日《人民日报》）

23日 复函陈明远。谈"您寄来的诗，我都看了。旧诗要讲格律，您的诗每每平仄不合。当然，要努力做，也会逐渐合辙的。恐怕要多费琢磨。把数学搞精通，也是很好的事。我劝您还是以专业为主，行有余力，则以学文"。（郭沫若纪念馆藏）

24日 作《陈云贞〈寄外书〉之谜》。发表于29日《光明日报》。《再谈〈再生缘〉的作者陈端生》发表后,得知陈云贞除《寄外诗》之外还有《寄外书》,又对《寄外书》出处、自身的种种矛盾以及假托等三个方面作出考证,结论是:"陈云贞《寄外诗》是真的,《寄外书》是掺了假的。"

辑入郭沫若校订本《再生缘》（北京古籍出版社2002年版），增补了［附录］《两种〈寄外书〉的对照》。

◎ 上午，会见以江口涣为首的日本作家访华团。（25日《人民日报》）

26日 上午，会见以河崎夏为首的日中友协妇女访华代表团和日本妇女团体联合会副主席小笠原贞子。（27日《人民日报》）

30日 晚，与毛泽东、刘少奇、周恩来、朱德等参加在人民大会堂举行的首都各界庆祝中国共产党成立40周年大会。（7月1日《人民日报》）

本月 为裴丽生书录毛泽东诗词《浪淘沙·北戴河》。（《郭沫若遗墨》，河北人民出版社1980年版）

◎ 为连贯题《颂党庆》纪念中国共产党成立40周年。（《郭沫若书法集》，四川辞书出版社1999年版）

◎ 书近作《咏普照寺六朝松》赠葛一虹。（《郭沫若遗墨》，河北人民出版社1980年版）

◎ 为广州鲁迅纪念馆录鲁迅联"横眉冷对千夫指，俯首甘为孺子牛"。（《郭沫若书法集》，四川辞书出版社1999年版）

7月

1日 致函冯其庸。"谢谢您送来的《铜琶金缕》。我已经看过了，送还您。文章已在《光明日报》上发表，想已见到。愿听听同志们的意见。"（郭沫若纪念馆藏资料）

3日 会见以龟井胜一郎为首的日本文学访华代表团。（4日《人民日报》）

7日 下午，与周恩来到机场迎接出席扩大的日内瓦会议的中国政府代表团团长、外交部部长陈毅一行归来。（8日《人民日报》）

◎ 题邹健东摄影："有笔在手，有话在口。以手写口，龙蛇乱走。目无钟王，胸无汉唐。老当益壮，兴到如狂。"（郭沫若纪念馆藏抄件）

亦曾书录于扇面。(见《郭沫若书法集》，四川辞书出版社 1999 年版)

9 日　下午，与陈毅、习仲勋等参加周恩来会见应邀来我国参加"中蒙友好旬"活动的蒙中友协代表团、蒙古电影工作者代表团、蒙古新闻工作者代表团。(10 日《人民日报》)

◎ 晚，出席首都各界人民庆祝蒙古人民革命胜利 40 周年集会。(10 日《人民日报》)

10 日　上午，与刘少奇、周恩来、邓小平等到机场欢迎朝鲜劳动党中央委员会委员长、朝鲜民主主义人民共和国内阁首相金日成率领的朝鲜民主主义人民共和国党政代表团。(11 日《人民日报》)

11 日　出席中国科学院第六次院务会议。

会议三个议题：1.关于中苏两国科学院谈判的报告；2.关于中国科学院赴匈牙利、捷克斯洛伐克、保加利亚、罗马尼亚科学合作谈判情况报告；3.干部任免事项。(中国科学院档案)

◎ 午，出席中华人民共和国和朝鲜民主主义人民共和国友好合作互助条约签字仪式。(12 日《人民日报》)

◎ 晚，出席蒙古人民共和国驻中国大使沙拉布为庆祝蒙古人民革命胜利 40 周年举行的招待会。(12 日《人民日报》)

12 日　上午，参加首都各界欢迎朝鲜党政代表团、庆祝中朝友好合作互助条约签订大会。(13 日《人民日报》)

13 日　晨，到机场欢送朝鲜党政代表团赴杭州等地参观访问。(14 日《人民日报》)

16 日　到北海团城参观福建工艺美术展览会，题赠四言诗一首。"八十六种，齐放百花。春来手下，香满天涯。"(《郭沫若闽游诗集》，福建人民出版社 1979 年版)

18 日　上午，会见印度尼西亚大学文学院院长曾祖心。(19 日《人民日报》)

21 日　往北戴河。

22 日　晚，出席波兰驻中国大使耶日·克诺泰举行的招待会，庆祝波兰人民共和国成立 17 周年。(23 日《人民日报》)

24 日　复函翦伯赞。谓："七月二十日的信，今天接到。谢谢您惠赠的大作《历史问题论丛》。我是二十一日到北戴河来的。今天在下雨，天气很凉，穿上毛线衣了。关于郑圃隐，承您和周一良教授作了详细的指示，谢谢。一九五八年访朝鲜时，在开城看到了关于他的纪念碑，曾有诗提到他。不意李君以为是中国人，故曾直接写信向洪命熹副首相请教。访朝时是洪副首相陪着我在各处游览的。现在算完全弄清楚了。"(《郭沫若同志给翦伯赞同志的信和诗》，《北京大学学报》1978年第3期)

25日 为张德钧《陈端生的母亲对她在文学成就上的影响》所作前言，发表于《光明日报》。说陈寅恪"早就注意到陈端生的母亲汪氏对于陈端生的影响，并涉及汪氏的父亲和兄弟。但因所接触的资料有限，陈先生的论证每出于猜想，而且有些猜得不大正确。张德钧同志对于这一个问题，作了进一步的搜索，有所弋获，特为介绍"。

辑入郭沫若校订本《再生缘》(北京古籍出版社2002年版)，张德钧文改题为《陈端生的母系及其他》，保留前言，作为"卷首"附之一。

◎ 作《关于范菼充军伊犁的经过》，作为《序〈再生缘〉前十七卷校订本》附录二，发表于8月7日《光明日报》。根据中央档案馆查出的两份案卷，一份《上谕档》，一份《刑部提本》进行考察，认为"范某、范菼、范秋塘是一个人的推断，在目前还是没有确凿的反证可以把它推翻"。同时认定嘉庆元年赦免范围很宽，范某的流放"过了十五年"，"这一年范某归，未至家而陈端生死，可见陈端生是死于嘉庆元年，四十五岁"，这和从陈长生《绘声阁初稿》的诗中所考证出的陈端生的年龄"两相符合"。

辑入郭沫若校订本《再生缘》(北京古籍出版社2002年版)。

◎ 下午，参加在政协礼堂举行的首都各界人民庆祝古巴7月26日革命节集会，作题为《中国人民永远是古巴人民最忠实的朋友》的讲话。讲话全文发表于26日《人民日报》。

26日 晚，与陈叔通、习仲勋、谢觉哉等出席古巴共和国驻中国大使奥斯卡·皮诺·桑托斯在大使馆举行的招待会，庆祝古巴人民武装起义八周年的光荣革命节日。(27日《人民日报》)

29日 作《序〈再生缘〉前十七卷校订本》。发表于8月7日《光明日报》。写道："《再生缘》之被再认识，首先应该归功于陈寅恪教授。陈教授在一九五四年写了《论再生缘》一文，他对于《再生缘》前十七卷的作者陈端生，作了相当详细的考察，对于《再生缘》的艺术价值评价极高。他认为弹词这种体裁，实事上是长篇叙事诗，而《再生缘》是弹词中最杰出的作品，它可以和印度、希腊的有名的大史诗相比。他很欣赏陈端生的诗才，认为是'绝世才华'，其功力不亚于杜甫。""我是看到陈教授这样高度的评价才开始阅读《再生缘》的。"关于校订本，说，"我所希望核校的也只是陈端生原著的前十七卷"。所用"三种本子是：我的初校本（按：即通行本三益堂翻刻本），郑（振铎）藏抄本和宝仁堂初刻本"。"从叙事的生动严密、波浪层出，从人物的性格塑造、心理描写上来说"，陈端生的本领比之英国的司各特、法国的司汤达和巴尔札克，"实际上也未遑多让"，甚至"更加难能可贵"。陈端生"是生在封建社会的铁桶山河里的一位女诗人，却敢于写作为上层人士所鄙视的民间文学——弹词，这本身就带有相当强烈的叛逆性"。"我还为陈端生写了一个《年谱》，把她的一生基本上弄清楚了"，并将《陈端生年谱》视为"对于陈端生的研究的总结"，作为附录一附在文后。

辑入郭沫若校订本《再生缘》（北京古籍出版社 2002 年版），改作全书《序》。

◎ 作为附录一的《陈端生年谱》，发表于 8 月 7 日《光明日报》。

辑入郭沫若校订本《再生缘》（北京古籍出版社 2002 年版），改作正文，排在《序》后。

月末 完成《再生缘》校订工作。

本月 尼泊尔艺术学院翻译和出版郭沫若著作《屈原》，包括屈原的生平和屈原的诗。

尼泊尔艺术学院副院长巴拉·夏尔马对新华社记者谈话时指出："屈原不仅是中国人民的伟大的诗人，而且也是尼泊尔人民和全世界的伟大的诗人。""我们出版这本关于屈原的书，是为了加强尼泊尔和中国之间的传统友谊和增进两国人民的相互了解。""这是尼泊尔第一次出版关于中国诗人的书。"（7 月 17 日《人民日报》）

8月

3 日 出席中国科学院本年第七次院务会议。

会议三个议题：1. 科学出版社 1960—1961 年工作总结；2. 决定 8 月

份召开院务扩大会议；3. 研究所机构调整名单。（中国科学院档案）

6日 致电苏联科学院院长凯尔迪什，祝贺苏联成功发射第二艘载人宇宙飞船"东方二号"。（7日《光明日报》）

7日 致电苏联科学院院长凯尔迪什，祝贺"东方二号"成功着陆。（8日《光明日报》）

8日 与周恩来、陈毅等61人组成梅兰芳治丧委员会。（9日《人民日报》）

梅兰芳，京剧表演艺术家。

◎ 致电将在日本举行的第七届禁止原子弹、氢弹和争取全面裁军世界大会，预祝大会召开。（10日《人民日报》）

◎ 晚，观看日本合唱团演出并会见合唱团团长井上赖丰和全体团员。（9日《人民日报》）

9日 作《在梅兰芳同志长眠榻畔的一刹那》。发表于10日《人民日报》。写道："你的一生是艺术活动的一生，是艰苦奋斗的一生，是为人民服务的一生，是美化社会的一生。""那一次，当我们上舞台向你和剧团的同志们谢幕时，你最后挽着我，让我和你并肩照了一张相。这是使我多么感到荣耀呀！你的左手紧紧握着我的右手，握得那么紧，让我深深感受到了穆桂英的精神。你虽然没有说话，但你的意思我是明白的。你是在说：让我们永远地握着手并肩前进吧！"

◎ 下午，会见加拿大著名地质学者朱宾博士。（10日《人民日报》）

◎ 作七绝《题赠日本合唱团》。"东方怒吼震鸿台，九域风雷曙色开，扫荡妖氛清衽席，新鲜生命结新胎。"

初收作家出版社1963年11月初版《东风集》，现收《郭沫若全集·文学编》第4卷。

10日 下午，应印度尼西亚共和国合作国会和缅甸联邦国会的邀请，率全国人民代表大会代表团乘专机离开北京，前往印度尼西亚和缅甸进行友好访问。（11日《人民日报》）

13日 晨，途经仰光，受到缅甸国会代表院副议长德钦山韦和我国驻缅甸大使李一氓等人的欢迎。下午，在缅甸总理官邸拜会吴努总理。（14日、15日《人民日报》）

14日 晨，率代表团乘专机离开仰光。下午，到达雅加达，受到印度尼西亚合作国会议长阿里芬等的欢迎。中国驻印度尼西亚大使姚仲明全程陪同。晚，代表团拜会印度尼西亚合作国会领导人，出席印度尼西亚合作国会议长阿里芬举行的欢迎宴会。(15日、16日《人民日报》)

15日 上午，应邀出席印度尼西亚合作国会成立以来的第二次全体会议1961—1962年会议。(16日《人民日报》)

◎ 晚，与李烛尘、包尔汉、沈兹九在印度尼西亚和平委员会总主席希达雅特夫人寓所同印度尼西亚著名和平人士会见，讨论世界和平问题。(17日《人民日报》)

16日 上午，印度尼西亚共和国总统苏加诺在独立宫会见中国人大代表团全体团员，代表团向苏加诺赠送礼物。随即，拜会印度尼西亚最高评议院副主席阿卜杜加尼。下午，会见印度尼西亚第二副首席部长兼外交部长苏班德里约。(17日《人民日报》)

◎ 晚，出席印度尼西亚合作国会议长阿里芬在国会大厦举行的盛大招待会并发表讲话。讲话全文发表于18日《人民日报》。

17日 率代表团应邀参加印度尼西亚独立16周年庆典。晚，观看印尼民族舞蹈。(18日《人民日报》)

◎ 与茅盾联名代表中国文学艺术界联合会和中国作家协会向古巴第一届作家艺术家代表大会致贺电。摘要发表于8月18日《人民日报》。贺电18日晚由中国驻古巴大使馆参赞方晓在大会上代为宣读。(22日《人民日报》)

18日 上午，拜会患病的印度尼西亚首席部长朱安达，由第一副首席部长莱梅纳代为会见。(19日《人民日报》)

◎ 上午，在合作国会副议长穆萨林陪同下，向烈士墓献了花圈。(19日《人民日报》)

◎ 中午，出席亚非作家会议印度尼西亚委员会、印度尼西亚人民文化协会和印度尼西亚民族文化协会联合举行的欢迎宴会。(20日《人民日报》)

◎ 晚，出席中国驻印度尼西亚大使姚仲明举行的招待会。(20日《人民日报》)

19日 上午，率中国全国人民代表大会代表团离开雅加达前往茂物、万隆和日惹访问。在万隆会见艾地，在日惹参加苏加诺总统在巴兰班南露天剧场举行的剪彩仪式，观看大型古典舞剧《腊玛亚纳》。(20日《人民日报》；《全国人民代表大会代表团访问印度尼西亚和缅甸的报告》，10月11日《人民日报》)

21日 晚，应邀出席印度尼西亚亚非人民团结组织和印度尼西亚—中国友好协会联合举行的欢迎晚会并致辞。(23日《人民日报》)

22日至23日 访问巴厘岛，向反对荷兰殖民主义游击队纪念塔敬献花圈。在合作国会副议长鲁克曼和巴厘地方军政官员陪同下，欣赏民族舞蹈和雕塑绘画艺术（25日《人民日报》）

25日 在日惹观看露天舞剧，作七绝一首。有"明月火山相映照，万人歌舞度凉宵"句。

初收作家出版社1963年11月初版《东风集》，题为《日惹即事》；现收《郭沫若全集·文学编》第4卷。

26日 晚，在雅加达举行告别宴会。(28日《人民日报》)

◎ 致函刘大年。说："八月廿一日信接到，谢谢您的关注。《中国史稿》第四册清样，火速看了一遍，写得扼要、明确、流畅，有吸引力。反帝、反封建的一条红线，象一条脊椎一样贯串着，这是所以有力的基本原因。我只在枝叶上加了一些小小添改。""手中无书，此外提不出什么意见。好在是《史稿》，将来可以不断琢磨、改润。谢谢您和执笔同志们的辛劳，并祝贺您们的成就。""朱永嘉同志一文也看了，对于郑氏的看法太偏于否定，特别是郑成功的反殖民主义斗争，在文章中只字未提，觉得有欠公允。"(《刘大年来往书信选》，中央文献出版社2006年版)

27日 在结束友好访问前夕发表广播讲话。说："印度尼西亚政府倡议召开的第二次亚非会议，如果能早日召开的话，必将进一步促进亚非人民的团结，以便展开反对帝国主义的共同斗争，使万隆精神发扬光大。"(29日《人民日报》)

◎ 在离开印度尼西亚领空时，从飞机上致电印度尼西亚合作国会议长阿里芬，表示谢意。(28日《人民日报》)

◎ 到达仰光，在机场发表讲话。(28日《人民日报》)

28日 晨，代表团全体团员向缅甸民族英雄昂山墓敬献花圈。上午，分别拜会缅甸联邦国防军总参谋长奈温将军、缅甸民族院议长藻昆基和代表院议长曼巴赛。参观瑞光大金塔、应邀出席国会代表院会议。下午，拜

会缅甸外交部长藻昆卓。晚，出席缅甸民族院议长藻昆基举行的欢迎宴会。(30日《人民日报》)

29日 晚，出席中国驻缅甸大使李一氓为欢迎中国人大代表团举行的招待会并讲话。讲话摘要发表于31日《人民日报》。

30日 上午，率中国人大代表团到达缅甸第二大城市曼德勒。下午，在缅甸联邦国会代表院副议长德钦山韦和曼德勒副专员吴巴昂陪同下，参观缅甸曼德勒大学、缅甸故宫遗址和佛教胜地曼德勒山。晚，会见在曼德勒的华侨代表。(9月2日《人民日报》)

◎ 作七律《曼德勒即事》。记其游览缅甸王朝最后都城曼德勒的观感。

初收作家出版社1963年11月初版《东风集》，现收《郭沫若全集·文学编》第4卷。

31日 上午，访问曼德勒附近的实皆，实皆专区专员吴貌礼设午宴招待中国代表团。晚，出席缅甸联邦曼德勒专区专员吴季今举行的欢迎宴会并致答词。(9月2日《人民日报》)

9月

1日 晚，在仰光举行招待会，招待奈温将军和夫人以及缅甸国会领袖和政府官员。(4日《人民日报》)

2日 拜会缅甸保卫世界和平委员会主席、缅甸著名作家、列宁和平奖金获得者德钦哥都迈并赠送诗集《百花齐放》。(4日《人民日报》)

◎ 下午，与代表团全体团员在联邦总统府受到缅甸总统吴温貌接见，并向吴温貌赠送了礼物。(4日《人民日报》)

◎ 晚，与副团长李烛尘和全体团员着缅甸民族服装出席缅甸代表院议长曼巴赛在联邦俱乐部大厅举行的欢迎宴会并讲话。(4日《人民日报》)

曼巴赛议长说："你们看，谁是中国人？谁是缅甸人？"郭沫若团长说："我们全都是胞波。"曼巴赛送给郭沫若一尊大的象牙雕刻，作为中缅友谊的象征。曼巴赛议长在宴会上致辞时风趣地说："缅甸是农业国，最宝贵的是雨，雨大兆丰年，今年雨水特别多，原来是'沫若'来到缅甸了。""沫若"是缅甸话"雷"的同音语。郭沫若团长随即回答说：

"不是雷——沫若带来了雨，而是雨带来了雷——沫若。"（17日《人民日报》《友谊万岁！——记我人大代表团访问印度尼西亚和缅甸》）

3日 下午，结束访问离开仰光。在机场致告别词，在飞机上致电缅甸民族院议长藻昆基和代表院议长曼巴赛，表示谢意。电文发表于4日《人民日报》。

◎ 回到昆明。作七律《回昆明》并序。发表于10月25日《人民日报》，为《昆明七首》之一。

初收作家出版社1963年11月初版《东风集》，现收《郭沫若全集·文学编》第4卷。

4日 去安宁温泉。晚，看话剧《武则天》。（王廷芳提供）

5日 由昆明去大理。途中宿楚雄。

6日 到大理。作七律《宿楚雄》二首之一，并小序。发表于10月25日《人民日报》，为《昆明七首》之六。

初收作家出版社1963年11月初版《东风集》，现收《郭沫若全集·文学编》第4卷。

7日 游洱海。

◎ 作七律《在昆明看演话剧〈武则天〉》。发表于10月25日《人民日报》，为《昆明七首》之二。又载《边疆文艺》10月号。咏道："金轮千载受奇呵，翻案何妨傅粉多？""毕竟无书逾尽信，丹青原胜素山河。"

初收作家出版社1963年11月初版《东风集》，现收《郭沫若全集·文学编》第4卷。

◎ 作七律《万人冢》。发表于11日《大理日报》，为《郭老游大理诗六首》之一。又载11月19日《人民日报》，为《游大理十首》之四。注谓："唐玄宗天宝年间，两次讨伐南诏，均大败，兵卒死者二十余万人。南诏收敛其骨为万人冢，今尚存。南诏清平官郑回有碑纪其事，文长三千余言，诉说被逼，不得已而臣吐蕃以自卫。碑石风化，存字已无几，但其全文，志书有著录。明将邓子龙有诗咏万人冢云：'唐将南征以捷闻，可怜枯骨卧黄昏。唯有苍山公道雪，年年披白吊忠魂。'所谓'以捷闻'者，乃指李林甫以败为胜，蒙蔽玄宗。相传万人冢畔旧常有冤鬼夜哭，自有邓诗后而哭声止。虽非实有其事，但民情可见。"

初收作家出版社1963年11月初版《东风集》，现收《郭沫若全集·

文学编》第 4 卷。

8 日　参观大理石厂、温泉、天生桥。

◎ 作五绝《洱海月》并小序，谓："九月八日参观大理石厂，蒙赠白色小圆石片一，上有黑痣如云。因得此诗。"发表于 11 日《大理日报》，为《郭老游大理诗六首》之一，又载 11 月 19 日《人民日报》，为《游大理十首》之一。

初收作家出版社 1963 年 11 月初版《东风集》，现收《郭沫若全集·文学编》第 4 卷。

◎ 作五绝《望夫云》。发表于 1i 日《大理日报》，为《郭老游大理诗六首》之一，又载 11 月 19 日《人民日报》，为《游大理十首》之二。注曰："千余年前，有南诏公主游点苍山玉局峰，遇一青年猎人，喜而爱之，遂为夫妇。公主山居，不能耐寒。青年遂往洱海东寺中取来罗全法师袈裟，以备公主御寒。罗全以法术摄取猎人，化为石骡，沉之于海。（此罗全与《白蛇传》中之法海同一恶劣）公主望夫不归，遂抑郁而死。尔后，每岁冬初，玉局峰头有彩云出现，洱海即波涛汹涌。人呼此云为'望夫云'云。"

初收作家出版社 1963 年 11 月初版《东风集》，现收《郭沫若全集·文学编》第 4 卷。

◎ 作五律《大理石厂》。发表于 11 月 19 日《人民日报》，为《游大理十首》之三。注"三塔矜高古，回思贞观年"句："大理石厂在三塔寺下。寺有砖塔三，乃南诏旧物，筑于唐太宗贞观年间。"

初收作家出版社 1963 年 11 月初版《东风集》，现收《郭沫若全集·文学编》第 4 卷。

《郭沫若全集》以《大理石厂》《天生桥》《大理温泉》作于 7 日，然据《洱海月》小序称"九月八日参观大理石厂"；王廷芳回忆亦为 8 日参观大理石厂、温泉和天生桥。

◎ 作七律《天生桥》，发表于 11 日《大理日报》，为《郭老游大理诗六首》之一。又载 11 月 19 日《人民日报》，为《游大理十首》之五。注释说："洱海西口，在山峡中，相距咫尺，水流湍激。有天然石架其上，名天生桥。北岸有城塞遗趾。南岸山头旧有碑，题'诸葛武侯七擒孟获处'，为旧时地方官所毁。踏寻不见，为惆怅者久之。"

初收作家出版社 1963 年 11 月初版《东风集》，现收《郭沫若全集·文学编》第 4 卷。

◎ 作七律《大理温泉》，发表于 11 日《大理日报》，为《郭老游大理诗六首》之一。又载 11 月 19 日《人民日报》，为《游大理十首》之六。注谓："大理有温泉，据云比昆明安宁温泉尤佳，可供饮用。泉在洱水南岸山间，离天生桥不远。九月七日夕往浴，见有小球藻车间，利用废水以养小球藻。诗言'利用'取自'利用厚生'成语，乃谓利民之用。"

初收作家出版社 1963 年 11 月初版《东风集》，现收《郭沫若全集·文学编》第 4 卷。

◎ 作七言诗《蝴蝶泉》。发表于 11 月 19 日《人民日报》，为《游大理十首》之七。

初收作家出版社 1963 年 11 月初版《东风集》，现收《郭沫若全集·文学编》第 4 卷。

9 日 由大理回昆明，途中再宿楚雄。作七律《宿楚雄》二首之二。发表于 10 月 25 日《人民日报》，为《昆明七首》之七。

初收作家出版社 1963 年 11 月初版《东风集》，现收《郭沫若全集·文学编》第 4 卷。

◎ 作《朝珠花》。发表于 11 月 19 日《人民日报》，为《游大理十首》之八。注云："周城乃大理上关附近地名。会稽钱三锡《妆楼摘艳》，载沈咏南《征诗咏滇南四景》。序中言及幼时回忆：'风花雪月，在滇南尤甲宇内。风曰清风驷，地无纤尘，人马飞渡，稍迟即吹去。花曰上官花（沫若案："官"应作关），每朵十二瓣，月开一瓣，迨冬时烂缦胜牡丹；遇闰月则开十三瓣；相传为仙家所栽云。若夫点苍山之雪，春夏不消；洱海底之月，朔望皆圆'云云。今到大理访问，知有'下关风，上关花，苍山雪，洱海月'之口碑，然均不如是夸诞。所谓朝珠花，则仅是传说而已。因知旧时幼女耳食之说，了不足信。"

初收作家出版社 1963 年 11 月初版《东风集》，现收《郭沫若全集·文学编》第 4 卷。

◎ 作《负石观音》，发表于 11 日《大理日报》，为《郭老游大理诗六首》之一。又载 11 月 19 日《人民日报》，为《游大理十首》之九。注曰："大理有观音堂，祀负石观音。据云：古时有外敌入侵，观音化一老母，负巨石迎敌。敌见老母犹有此大力，则兵勇可知，遂卷旗而退。此为'负石阻兵'之传说。"

初收作家出版社1963年11月初版《东风集》，现收《郭沫若全集·文学编》第4卷。

◎ 作《天子庙坡》，发表于11月19日《人民日报》，为《游大理十首》之十。说明："天子庙坡在楚雄与大理之间，为滇缅公路中最高地点。旧有天子庙，已毁，疑所祀乃晚明桂王，亦称永明王，年号永历。桂王逃入缅甸，被逮解回国，遇难。"

初收作家出版社1963年11月初版《东风集》，现收《郭沫若全集·文学编》第4卷。

10日 回到昆明。

11日 观看关鹔鹴演出京剧《白门楼》。

12日 作七律一首并小序。发表于10月25日《人民日报》，题为《赠关鹔鹴同志》，为《昆明七首》之三。又载《边疆文艺》10月号。

初收作家出版社1963年11月初版《东风集》，现收《郭沫若全集·文学编》第4卷。

◎ 作七律《题为云南省农业展览馆》二首。发表于10月25日《人民日报》，为《昆明七首》之四、之五。又载《边疆文艺》10月号。

初收作家出版社1963年11月初版《东风集》，现收《郭沫若全集·文学编》第4卷。

◎ 离昆明到重庆。

14日 离重庆乘船东下。晚，泊万县，上岸留宿。

◎ 作七律《宿万县》。发表于10月14日《人民日报》，为《再出夔门》七首之一。

初收作家出版社1963年11月初版《东风集》，现收《郭沫若全集·文学编》第4卷。

15日 午，船至奉节，因沙受阻，登岸夜宿奉节。

◎ 作五言诗《奉节阻沙》。发表于10月14日《人民日报》，为《再出夔门》七首之二。

初收作家出版社1963年11月初版《东风集》，现收《郭沫若全集·文学编》第4卷。

◎ 为纪念辛亥革命50周年筹备委员会副主任委员。

中国人民政治协商会议全国委员会常务委员会第二十一次会议通过纪念辛亥革命50周年的决定和办法，并成立辛亥革命50周年纪念筹备委员会。董必武为主任委员，宋庆龄、吴玉章、何香凝、沈钧儒、李维汉、程潜、黄炎培、班禅额尔德尼·却吉坚赞、包尔汉、郭沫若、陈叔通、张奚若、马叙伦为副主任委员，邵力子为秘书长。(21日《人民日报》)

16日 下午，离奉节，入瞿塘峡。作五律《过瞿塘峡》。发表于10月14日《人民日报》，为《再出夔门》七首之三。

初收作家出版社1963年11月初版《东风集》，现收《郭沫若全集·文学编》第4卷。

◎ 瞿塘过后至巫县，作五律《过巫峡》。发表于10月14日《人民日报》，为《再出夔门》七首之四。

初收作家出版社1963年11月初版《东风集》，现收《郭沫若全集·文学编》第4卷。

◎ 晚，船泊巴东，登岸游览。宿船上。

◎ 作五律《巴东即事》。发表于10月14日《人民日报》，为《再出夔门》七首之五。

初收作家出版社1963年11月初版《东风集》，现收《郭沫若全集·文学编》第4卷。

17日 晨，船入西陵峡。作七律《过西陵峡》之一。发表于10月14日《人民日报》，为《再出夔门》七首之六。

初收作家出版社1963年11月初版《东风集》，现收《郭沫若全集·文学编》第4卷。

18日 船经宜昌到武汉。即乘火车北上。

◎ 作七律《过西陵峡》之二。发表于10月14日《人民日报》，为《再出夔门》七首之七。《再出夔门》序谓："一九一三年秋，第一次乘长江轮船，东出夔门，经过三峡。尔来，往返均乘飞机，与三峡不见者四十又八年。今秋，九月十四日，由重庆乘江沪轮东下，再次经过三峡。因在奉节阻沙，十八日始抵汉口。五日间得诗七首，辑为《再出夔门》。"

初收作家出版社1963年11月初版《东风集》，现收《郭沫若全集·文学编》第4卷。

◎ 作诗《蜀道奇》。发表于 28 日《人民日报》。序曰："李白曾作《蜀道难》，极言蜀道之险，视为畏途，今略拟其体而反其意，作《蜀道奇》。"

初收作家出版社 1963 年 11 月初版《东风集》，又收重庆人民出版社 1963 年 11 月初版《蜀道奇》，现收《郭沫若全集·文学编》第 4 卷。

19 日 到邯郸。参观丛台、烈士陵园，观看东风剧团的演出。

20 日 作《在邯郸二首》：《西江月·谒晋冀鲁豫烈士陵园》、七律《登赵武灵王丛台》。发表于《诗刊》第 6 期。

初收作家出版社 1963 年 11 月初版《东风集》，现收《郭沫若全集·文学编》第 4 卷。

◎ 晚，回到北京。(21 日《人民日报》)

22 日 上午，与刘少奇、董必武、朱德、周恩来等到机场欢迎古巴共和国总统奥斯瓦耳多·多尔蒂科斯·托拉多来我国访问。下午，参加刘少奇会见古巴共和国总统奥斯瓦耳多·多尔蒂科斯·托拉多，并参加会谈。(23 日《人民日报》)

◎ 晚，应邀出席马里共和国驻中国大使科尼巴·普莱亚在北京饭店举行的庆祝马里共和国国庆一周年招待会。(23 日《人民日报》)

23 日 上午，与董必武陪同多尔蒂科斯参观中国革命博物馆。晚，出席刘少奇主席为欢迎奥斯瓦耳多·多尔蒂科斯·托拉多举行的宴会。(24 日《人民日报》)

24 日 上午，陪同多尔蒂科斯参观故宫博物院。(25 日《人民日报》)

◎ 晚，与刘少奇、董必武等出席文化部、拉美友协为欢迎多尔蒂科斯举行的歌舞京剧晚会。(25 日《人民日报》)

25 日 下午，与蔡畅、廖承志等到机场迎接应邀请前来中国进行友好访问的比利时伊丽莎白王太后。(26 日《人民日报》)

◎ 晚，在政协礼堂主持首都文学艺术界和其他各界人士纪念鲁迅八十诞辰大会，并致开幕词。周恩来等出席。开幕词以《继续发扬鲁迅的精神和本领》为题发表于 26 日《人民日报》《光明日报》，又载《文艺报》第 9 期。

26 日 上午，到车站欢送古巴总统多尔蒂科斯往天津参观访问。(27 日《人民日报》)

◎ 作《有关陈端生的讨论二三事》，发表于 10 月 5 日《光明日报》。反驳白坚《陈云贞及其〈寄外书〉》一文依据丁宴《山阳诗征》，认为陈云贞不是陈端生的观点。建议把"句山樵舍"改为陈端生纪念馆。论及陈寅恪最初也曾怀疑陈端生之夫"为乾隆年间才女陈云贞之夫，以罪遣戍伊犁之范秋塘。搜索研讨，终知非是"，以为这是陈寅恪"没有觉察到陈云贞《寄外书》是掺了水的二分真、八分假的赝鼎"。

辑入郭沫若校订本《再生缘》（北京古籍出版社 2002 年版）。

◎ 致函余鸿业。谓：

"九月九日信奉悉。

'句山樵舍'附近是否有白莲桥？樵舍的墙是否红色或以前是红色？

陈令甫的画像，如方便，可否寄来看看？

馀当缓图。"（郭沫若纪念馆藏）

◎ 晚，出席全国妇联主席蔡畅为欢迎比利时伊丽莎白王太后和其他比利时贵宾举行的宴会。（27 日《人民日报》）

27 日 下午，迎接从天津回到北京的古巴共和国总统多尔蒂科斯。（28 日《人民日报》）

◎ 致函冯其庸。"我的《有关陈端生的二、三事》已经写好了。发现了白坚先生的出奇的错误。不久当可见报。"（郭沫若纪念馆藏资料）

28 日 上午，与郑森禹、朱子奇、方明等会见以三岛一为首的日本民间教育家代表团。（29 日《人民日报》）

◎ 下午，出席中国人民对外文化协会欢迎比利时伊丽莎白王太后举行的酒会。（29 日《人民日报》）

◎ 书《蜀道奇》手卷。（《郭沫若书法集》，四川辞书出版社 1999 年版）

29 日 晚，出席刘少奇和夫人在人民大会堂为欢迎尼泊尔国王马亨德拉陛下和王后举行的国宴。（30 日《人民日报》）

30 日 晚，出席周恩来总理举行的国庆招待会，庆祝中华人民共和国成立 12 周年。（10 月 1 日《人民日报》）

秋

◎ 为中国驻瑞典大使馆题词补壁："实事求是"。（手迹存中国驻瑞典大

使馆)

◎ 题"蝴蝶泉"。

◎ 题"大理"。

◎ 为于立群书《咏武则天》。(藏郭沫若纪念馆;《郭沫若书法集》,四川辞书出版社1999年版)

◎ 书为和平画店《再出夔门·过西陵峡》。(藏北京荣宝斋;《郭沫若书法集》,四川辞书出版社1999年版)

◎ 书为上海荣宝斋《再出夔门·宿万县》。(藏上海朵云轩;《郭沫若书法集》,四川辞书出版社1999年版)

◎ 书为吴天笑《七律》一首:"玄奘师弟立山头,灯影联翩猪与猴;峡尽天开朝日出,山平水阔大城浮。已归东土清凉界,应悔西天火焰游;五十年来天地改,浑如一梦下荆州。"(史卫平《郭沫若送我岳父一幅字》,《苍梧晚报》2011年6月18日)

10 月

1日 在天安门参加首都50万人欢庆中华人民共和国成立12周年大会和游行。(2日《人民日报》)

2日 晚,参加《中华人民共和国主席和古巴共和国总统联合公报》签字仪式。(3日《人民日报》)

◎ 晚,出席古巴共和国总统奥斯瓦耳多·多尔蒂科斯·托拉多举行的告别宴会。(3日《人民日报》)

◎ 晚,应邀出席几内亚共和国驻中国大使卡马拉·穆萨·桑吉亚纳及夫人举行的招待会,庆祝几内亚共和国成立三周年。(3日《人民日报》)

3日 晨,与刘少奇、董必武、朱德、周恩来等前往机场欢送古巴共和国总统奥斯瓦耳多·多尔蒂科斯·托拉多回国。(4日《人民日报》)

◎ 下午,在政协全国委员会为欢迎回国观光华侨和港澳同胞举行的酒会上致欢迎词。讲话摘要发表于4日《人民日报》,全文载《侨务报》第5期。

4日 上午,与体育运动委员会副主任荣高棠和夫人陪同尼泊尔国王马亨德拉及其他尼泊尔贵宾到北京体育学院参观。(5日《人民日报》)

5日 上午,陪同尼泊尔国王马亨德拉以及其他尼泊尔贵宾参观北京

电子管厂。(6日《人民日报》)

◎ 下午，参加在人民大会堂举行的《中华人民共和国和尼泊尔王国边界条约》签字仪式。(6日《人民日报》)

7日 晚，会见并宴请日本社会党顾问、众议院议员、日中友好协会副会长黑田寿男率领的日中友好协会代表团。(8日《人民日报》)

◎ 作诗《题赠日中友好代表团》，刊出于11月10日《人民日报》所载《翻译鲁迅的诗》一文中。序云："鲁迅有《无题》诗云：'万家墨面没蒿莱，敢有歌吟动地哀。心事浩茫连广宇，于无声处听惊雷。'毛主席亲笔书此以赠日中友好代表团，并命为译出。译成，和韵一首。"诗云："迢迢一水望蓬莱，聋者无闻剧可哀。修竹满园春笋动，扫除迷雾唤风雷。"

初收作家出版社1963年11月初版《东风集》，现收《郭沫若全集·文学编》第4卷。

9日 晚，出席首都各界在人民大会堂纪念辛亥革命50周年大会。(10日《人民日报》)

10日 上午，在第二届全国人大常委会第四十四次会议上作《全国人民代表大会代表团访问印度尼西亚和缅甸的报告》。报告全文发表于11日《人民日报》。

◎ 夜，作《关于陈云贞〈寄外书〉的一项新材料》。发表于22日《光明日报》。通过查找《云贞曲》初刻本，论定其年代，考订其诗句，更加认定《寄外书》"二分真、八分假"，"陈云贞就是陈端生"。

辑入郭沫若校订本《再生缘》(北京古籍出版社2002年版)。

11日 下午，与周恩来等到机场迎接缅甸总理吴努访华。晚，出席周恩来总理为欢迎吴努总理举行的宴会。(12日《人民日报》)

◎ 书为于立群《国风》新解四则。"近阅闻一多及戴怀清对此诗之研究，惟所比拟殊不伦类。""与立群谈此，为书出。"(藏郭沫若纪念馆；《郭沫若书法集》，四川辞书出版社1999年版)

◎ 出席中国佛教协会副会长赵朴初为欢迎缅甸总理吴努所设的素宴。(13日《人民日报》)

12日 《译鲁迅的诗》完稿，将鲁迅《无题》一诗译为白话体。收录于11月10日《人民日报》载《翻译鲁迅的诗》一文中。附录注于

《郭沫若全集·文学编》第 4 卷所收《题赠中日友好代表团》一诗。

13 日 下午，参加中缅《关于两国边界的议定书》签字仪式。(14 日《人民日报》)

◎ 获德国洪堡大学荣誉博士称号。(14 日《人民日报》)

14 日 上午，与周恩来等到机场欢送吴努总理回国。(15 日《人民日报》)

15 日 致函余鸿业。谓："寄来的陈令甫画像已收到。破残太厉害，寄来时似又有些新的损坏。打算请陈叔老看看，他或许会知道好些其中题字的人。关于辟句山樵舍为陈端生纪念馆事，我已在光明日报上提出，想已见到。"（郭沫若纪念馆藏）

◎ 晚，与刘少奇等应邀出席马亨德拉国王和王后举行的告别宴会。(16 日《人民日报》)

16 日 下午，出席蔡畅为欢送比利时王太后伊丽莎白举行的酒会。(17 日《人民日报》)

◎ 晚，与朱德委员长会见印度尼西亚艺术团，并观看演出。(17 日《人民日报》)

17 日 书《再出夔门》赠于立群。(《郭沫若书法集》，四川辞书出版社 1999 年版)

18 日 在北京民族文化宫看浙江绍兴剧团演出《孙悟空三打白骨精》。(《"玉宇澄清万里埃"——读毛主席有关〈孙悟空三打白骨精〉的一首七律》)

21 日 致函徐孝穆。"刻竹留底，铁笔挥运自如，气韵生动，不可多得。外承瘦铁以所绘扇面及大作刻竹惠赠，谢甚谢甚，瘦铁处烦代致谢意。"并题"徐孝穆刻竹"。(《一封鼓励后学的信》，《郭沫若学刊》1987 年创刊号)

22 日 下午，与刘少奇主席和夫人等往机场迎接访问蒙古后途经北京回国的尼泊尔国王马亨德拉及王后。(23 日《人民日报》)

◎ 下午，出席《中日两国人民民间文化交流的共同声明》签字仪式。(23 日《人民日报》)

◎ 晚，出席中国对外友协为欢迎日中文化交流协会理事长中岛健藏举行的酒会。(23 日《人民日报》)

23 日 上午，到机场欢送尼泊尔马亨德拉国王和王后以及其他尼泊

尔贵宾回国。(24日《人民日报》)

◎ 下午，与朱德等到机场欢迎缅甸联邦国会代表院副议长德钦山韦率领的缅甸联邦国会代表团，并致欢迎词。晚，出席朱德委员长为欢迎缅甸联邦国会代表团举行的宴会。(24日《人民日报》)

25日 上午，会见墨西哥和平人士何塞·塞瓦略斯·马尔多纳多夫妇和吉列尔米娜·塞哈·瓦伦西亚女士，同他们进行亲切友好的谈话。(26日《人民日报》)

◎ 夜，作七律《看〈孙悟空三打白骨精〉赠浙江省绍剧团》。发表于11月1日《人民日报》。

初收作家出版社1963年11月初版《东风集》，现收《郭沫若全集·文学编》第4卷。

此诗送毛泽东主席后，毛泽东11月7日作《七律·和郭沫若同志》。

26日 下午，参加刘少奇会见缅甸联邦国会代表团。晚，应邀参加缅甸驻中国大使叫温为缅甸联邦国会代表团访华举行的宴会，并讲话。(27日《人民日报》)

◎ 为祝贺浙江湖州王一品斋笔庄创立220周年作七律一首。存王一品斋笔庄。手迹发表于11月21日《文汇报》。"湖笔争传一品王，书来墨迹助堂堂。蓼滩碧浪流新韵，空谷幽兰送远香。垂统已还二百二，求精当做强中强。宏文今日超秦汉，妙手千家写报章。"(《郭沫若书法集》，四川辞书出版社1999年版)

27日 陪同缅甸联邦国会代表团访问上海。(王廷芳提供)

29日 游上海豫园，作七律《游上海豫园》。

初收作家出版社1963年11月初版《东风集》，现收《郭沫若全集·文学编》第4卷。

◎ 为《人民日报》题签的《书法篆刻艺术》，载本日《人民日报》。

30日 作七律《游闵行》。

初收作家出版社1963年11月初版《东风集》，现收《郭沫若全集·文学编》第4卷。

◎ 登上海锦江南楼十八阶俯瞰，作五律《登锦江南楼十八阶》。"上海浑如海，宏涛荡碧穹。鲸翻常破浪，龙卷不因风。万事唯求实，三山一扫空。登楼纵高目，旭日满天红。一九六一年十月三十日登锦江南楼十八阶。"

初收作家出版社1963年11月初版《东风集》，现收《郭沫若全集·文学编》第4卷。

31日　观上海京昆实验剧团公演，作七律《赠上海京昆实验剧团》。发表于11月5日《解放日报》。跋谓："一九六一年秋观上海京昆实验剧团公演成诗一章书奉以作纪念。"

初收作家出版社1963年11月初版《东风集》，现收《郭沫若全集·文学编》第4卷。

◎ 到杭州。（王廷芳提供）

本月　《沫若文集》第13卷由人民文学出版社出版。收《沸羹集》《天地玄黄》和1946年至1948年的集外论文、评论等7篇。

◎ 致函祝贺"东京河上会"成立。

"东京河上会"由一些敬仰、学习河上肇的人组成。（《东京河上会会报》第1号）

11月

1日　游杭州西桐君山，到富阳登岸，寻郁达夫故居。（王廷芳提供）

◎ 作五律《溯钱塘江》。发表于8日《浙江日报》，为《溯钱塘江》三首之一。

初收作家出版社1963年11月初版《东风集》，现收《郭沫若全集·文学编》第4卷。

◎ 作七绝《登铜君山》并小序。发表于8日《浙江日报》，为《溯钱塘江》三首之三。"桐庐城外有铜君山，其上有庙宇，曾改为农业讲习所。神像已尽毁，讲习所结业后，神殿侧壁遗下劈山开渠泥塑像一具。进香者以为神而拜之。"诗曰："愚人不解劈山像，当作菩萨乱插香。"

初收作家出版社1963年11月初版《东风集》，现收《郭沫若全集·文学编》第4卷。

◎ 参观七里垄和富春江电站大坝，作七绝一首："横斩溪腰七里垄，半江大坝已凌空。阻拦水利磨成电，灌溉山田以利农。"（王恭甫《一江流碧玉　两岸点红霜》，《杭州日报》1979年11月4日）

2日 回杭州,到严子陵钓台访古。(王廷芳提供)

◎ 作七律《访严子陵钓台》。发表于8日《浙江日报》,为《溯钱塘江》三首之二。云:"西传皋羽伤心处,东是严光垂钓台。"

初收作家出版社1963年11月初版《东风集》,现收《郭沫若全集·文学编》第4卷。

3日 撰文《翻译鲁迅的诗》。发表于10日《人民日报》。记述了翻译鲁迅《无题》一诗的经过:

"今年国庆后不久,毛主席接见了以黑田寿男为首的日本朋友们,把亲笔写的鲁迅这首诗赠送了他们。主席还说:'这诗不大好懂,不妨找郭沫若翻译一下。'我因此曾经把它翻成了日本文,同时也翻成了口语。现在我把我的口语译文写在下边。

到处的田园都荒芜了,/普天下的人都面黄肌瘦。/应该呼天撞地,号啕痛哭,/但是,谁个敢咳一声嗽?//失望的情绪到了极点,/怨气充满了整个宇宙。/谁说这真是万籁无声呢?/听!有雷霆的声音怒吼!

主席写赠这首诗的用意,和鲁迅当年的用意大有不同。虽然同是一首诗,同是送给日本朋友的,而用意的不同却显示了二十几年来的天变地异。主席的用意是:日本人民在美帝国主义和日本垄断资本主义勾结的情形之下受着苦难,举行了轰轰烈烈的反对'日美安全条约'全国性的统一行动。即使运动有时在低潮时期,但要求独立自由、和平、民主的日本人民是在酝酿着更惊人的霹雳。

我体会主席的用意,在进行了翻译之外,还用鲁迅的原韵做了一首诗来送给以黑田寿男为首的那一批日本朋友。黑田是我的先后同学,他也是日本冈山第六高等学校毕业的,但比我要晚几年。我的和诗是这样:迢迢一水望蓬莱/聋者无闻剧可哀//修竹满园春笋动/扫除迷雾唤风雷。"

5日 参观陈端生出生地"句山樵舍",作五律一首以纪其事。序谓:"句山樵舍在杭州西湖柳浪闻莺,乃陈兆仑之旧居。《再生缘》作者陈端生,陈兆仑女孙,生于此。"并注:"西湖汽艇行驶甚速,湖鱼因空气稀薄,飞跃入空中,时而飞跃入船,此为前所未有之壮观。"

初收作家出版社1963年11月初版《东风集》,题为《访句山樵舍》;现收《郭沫若全集·文学编》第4卷。

6日 到广州。(王廷芳提供)

◎ 作《红色少年歌》。序谓："广州沙面复兴路小学将开展红色少年运动，同学们要我题词。因成《红色少年歌》一首，以作为十一月六日联欢晚会上的礼品。"诗云："好好学习，好好学习，红色少年，继承先烈。劳逸相结合，学成报祖国。天天向上，天天向上，一天百尺，十天百丈。百丈再百丈，攀到高峰上！"（郭沫若纪念馆藏）

◎ 晚，出席广东省副省长曾生招待缅甸联邦国会代表团的宴会。

7日 上午，在广州欢送以缅甸联邦国会代表院副议长德钦山韦为首的缅甸联邦国会代表团回国。(8日《人民日报》)

9日 在广东从化，作五律《流溪水电站即景》。发表于17日《羊城晚报》，为《诗三首》之一。

初收作家出版社1963年11月初版《东风集》，现收《郭沫若全集·文学编》第4卷。

10日 作五律《游凤院果树园》。发表于17日《羊城晚报》，为《诗三首》之一。

初收作家出版社1963年11月初版《东风集》，现收《郭沫若全集·文学编》第4卷。

11日 作《序〈杜国庠文集〉》。发表于1962年1月11日《羊城晚报》、《学术月刊》1962年第1期，收人民出版社1962年版《杜国庠文集》。追述杜国庠生平及其与自己"志同道合"的交往，"无论在做人和做学问上实际受了他的教益不少"。评价杜国庠"是党的优秀的儿子"。

现收《郭沫若全集·历史编》第3卷。

13日 作七律《从化温泉》。发表于17日《羊城晚报》，为《诗三首》之一。

初收作家出版社1963年11月初版《东风集》，现收《郭沫若全集·文学编》第4卷。

15日 午后，往中山大学访陈寅恪。

日记载："访陈寅恪，彼颇信云贞曲之枫亭为仙游县之枫亭。说舒四爷，举出《随园诗话》中有闽浙总督五子均充军伊犁事，其第四子即可谓舒四爷。余近日正读《随园诗话》，却不记有此人。我提到'句山樵舍'，他嘱查陈氏族谱。'壬水庚金龙虎斗，郭聋陈瞽马牛风。'渠闻此联解颐，谈约一小时，看来彼颇惬意。"（谢保成《郭沫若与陈寅恪："龙虎斗"

与"马牛风"》,《文坛史林风雨路——郭沫若交往的文化圈》,浙江人民出版社 1999 年版)

◎ 复信简坚。写道:

"'咒念金箍闻万遍'是指孙悟空第三次打白骨精的时候,唐僧毫不容情地念起金箍咒来,使孙悟空头痛欲炸,忍受难当。暗射反复指责阿尔巴尼亚,反复提'个人迷信',反复提'反党集团'。

'精逃白骨累三遭'是白骨精首次变村姑,二次变村妪,三次变老翁,都被唐僧让她逃掉了。纵容敌人三次,这'三'的数目妙在恰恰符合 20、21、22。

'猪犹智慧胜愚曹',猪是猪八戒,连他都反对唐僧过分谴责孙悟空,在唐僧遭难之后又是猪八戒到花果山去请孙悟空下山来把师弟等打救了的。结果是猪的智慧比唐僧那样不辨大是大非的和平主义者高明。我的意思是痛恨那些无原则的和平主义者是愚蠢到了极点,连猪也不如!"(《郭沫若学刊》2002 年第 2 期)

20 日　会见由杨秀峰陪同来广州参观访问的印度尼西亚共产党中央委员会主席艾地。(王廷芳提供)

21 日　上午,与杨秀峰等陪同艾地离开广州到深圳,欢送艾地离境回国。(22 日《人民日报》)

本月　《沫若文集》第 15 卷由人民文学出版社出版,根据 1954 年人民出版社《十批判书》改排本编入。

◎ 小说编入少年儿童出版社编选的 1921—1937 年革命儿童文学作品选《旗子的故事》。

书中选录有革命先辈写的各种体裁作品 14 篇。其中有彭湃、蒋光赤、柔石、萧三、蒲风等的诗,郭沫若、应修人的童话和洪灵菲的小说等。(2 日《人民日报》)

11、12 月间

致函英国皇家学会会长弗洛瑞,建议由生物学、数学、物理学几方面的学者组成的访华团于 1962 年 9 月 28 日至 10 月 12 日访华。(中国科学院档案)

12月

1日 作五律《流溪河即事》二首并小序。发表于22日《人民日报》。序云："12月1日乘汽艇游流溪河水库，适遇捕鱼队下网捕鱼。捕鱼队分乘两船，先相隔下网，然后相近合笼。网将离水面时，鱼在网中跃起，可高过人头。同游者中有广州歌舞团女同志三人，时时清歌助兴。因成即事诗二首。"

初收作家出版社1963年11月初版《东风集》，改题为《流溪河水库观鱼》；现收《郭沫若全集·文学编》第4卷。

3日 作五律《观百丈瀑布》二首并小序。发表于22日《人民日报》。序云："12月3日游百丈瀑，瀑在流溪河东岸崇山中。广州歌舞团同志多人负洋琴及其他乐器上山，在百丈瀑畔亭中演奏而歌唱。天籁人籁，相伴相和。诗句自来，因为录出。"又载31日《南方日报》，题为《结伴上崇山》《百丈叠三瀑》。

初收作家出版社1963年11月初版《东风集》，题为《观百丈瀑》；现收《郭沫若全集·文学编》第4卷。

5日 致函王戎笙。说："材料及阿英同志的信都收到了。《文汇报》清样的两篇稿子颇有价值。"特别强调"焦循《里堂诗集》（稿本藏北京图书馆）中的《云贞行》究竟作于何时，值得研究。我现在把敬堂的一篇剪下来寄回，想请张德钧同志研究一下"。"前接《人民日报》同志们来信，要我写些读书札记之类的文字。我目前在写《读〈随园诗话〉札记》，不久将写完，约六十则左右，都是短文。"寄回诗4首，问《人民日报》"是否可登"？"请查《说文》潮、汐二字的说解。汐是否为退潮？"（《文献》丛刊1980年第1辑）

◎ 复函阿英。写道："上月十七日一书及《文汇报》大样一纸，昨日始接读。《绘声阁续集》已借到否？甚望先睹。勉仲一文很好。敬堂一文，尚值得商榷。焦理堂《云贞行》是否作于乾隆56—57年，未见原稿本，不敢肯定。稿本不知是否焦之亲笔。如为别人所抄，则纪年未必可信。不然，何以刻本《雕菰楼》却无纪年的？"（《关于〈再生缘〉研究郭沫若与阿英的通信》，《文教资料简报》1980年第5期）

9日 作五律《远眺》。抒写自山顶观流溪周围景色。

初收作家出版社1963年11月初版《东风集》，现收《郭沫若全集·文学编》第4卷。

12日 《读〈随园诗话〉札记》脱稿并作序，连载于1962年2月28日，3月2日、14日、21日，4月4日、10日、18日，5月9日，6月10日，7月1日、8日、22日《人民日报》。序称："余少年时尝阅读之，喜其标榜性情，不峻立门户；使人易受启发，能摆脱羁绊。尔来五十有余年矣。""良由代易时移，乾旋坤转，价值倒立，神奇朽化也"，"其新颖之见已觉无多，而陈腐之谈却为不少"。"兹主要揭出其糟粕者而糟粕之，凡得七十七条。条自为篇，各赋一目。虽无衔接，亦有贯穿。贯穿者何？今之意识。"

作家出版社1962年9月出版单行本，现收《郭沫若全集·文学编》第16卷。

13日 致函黄允平。说："十一月廿四日信由北京转至，已奉阅。观武则天剧一诗乃九月在昆明时所作，曾在《人民日报》上发表。第三句本为'姚崇宋璟'，因在从化写时笔误。孟子有'尽信书则不如无书'语，在人民日报上曾加注。"（郭沫若纪念馆馆藏资料）

14日 致函徐迟。说："关于司汤达和巴尔扎克，近来我倒读了他们好些著作，我比较更喜欢司汤达，他们两位都是有名的现实主义者，但在我看来，其实也是伟大的浪漫主义者。""他们的小说情节，每每出人意表，但他们的方法是有科学性的，很合乎逻辑，他们很可以说是把现实主义和浪漫主义结合起来了。""我现在由于一个偶然的机会在看《再生缘》"，"这部书在北京旧书店里买不到了"。"武汉不知能购得否？我要请您帮帮忙"。"版本希望是道光年间的，如有抄本当然更好。"（《郭沫若致徐迟的信》，《人民文学》1982年第1期）

17日 题赠华南歌舞团五言诗一首。发表于31日《南方日报》，题为《看〈牛郎织女〉舞剧》。

初收作家出版社1963年11月初版《东风集》，现收《郭沫若全集·文学编》第4卷。

21日 到肇庆。作五律《游端州七星崖》四首：《登阆风岩》《游水月宫》《游碧霞洞》《宿天柱岩》。发表于1962年1月6日《羊城晚报》。

初收作家出版社 1963 年 11 月初版《东风集》，现收《郭沫若全集·文学编》第 4 卷。

22 日 作七律《题桂花轩》并序、《登鼎湖山》。发表于 31 日《羊城晚报》。

初收作家出版社 1963 年 11 月初版《东风集》，《登鼎湖山》改为《游鼎湖山》；现收《郭沫若全集·文学编》第 4 卷。

◎ 在尹达 21 日关于《中国史稿》编写情况向上汇报的来函上作批语："同意就用四位的名义。"

尹达信中提到"《中国历史》的编写已进入一个新的阶段，过去的工作有必要向领导上作一次汇报"，"是否先用我们四位的名义（外庐、大年、家英和我）？等三改三印时，用郭老的名义向领导上汇报？请指示"。（中国社会科学院档案）

26 日 作《读了〈绘声阁续稿〉与〈雕菰楼集〉》。发表于 1962 年 1 月 2 日《羊城晚报》。认为，《文汇报》刊出仲勉《关于陈端生二三事》、敬堂《陈端生是"陈"云贞吗？》，提出《绘声阁续稿》和焦循《雕菰楼集》两部书，又为研究陈端生提供了"重要的新资料"。《绘声阁续稿》中《哭春田大姊》诗两首"透露了陈端生死前的一些真实情况"；焦循《雕菰楼集》中所改古乐府体《云贞行》一首并序，从内容推断：焦循"见到的是真的《寄外书》"。"《绘声阁续稿》和《云贞行》的出现，对于陈云贞即陈端生之说不仅毫无抵触，反而为《寄外书》的写作和传播的年代提出了佐证。"

辑入郭沫若校订本《再生缘》（北京古籍出版社 2002 年版）。

◎ 为张德钧《由〈里堂诗集〉抄本说到〈云贞行〉的年代》作前言。发表于 1962 年 1 月 4 日《文汇报》。"这是张德钧同志给我的一封信，是我托他对焦循《里堂诗集》抄本进行研究的结果。他的看法和敬堂同志在《陈端生是"陈"云贞吗？》中的看法，大有距离。用为介绍，以供商讨。"

27 日 作《咏梅有怀梅兰芳同志》。发表于 1962 年 8 月 7 日《人民日报》，题作《咏梅二绝有怀梅兰芳同志——题传记纪录片〈梅兰芳〉》。（郭沫若纪念馆藏）

初收作家出版社 1963 年 11 月初版《东风集》，署写于 1962 年 3 月 8

日；现收《郭沫若全集·文学编》第4卷。

28日 致函王戎笙。"送回《读随园诗话札记》第二三条'古刺水'最后一节'古刺疑是希腊……'请删去，加入附注如次。"（《文献》丛刊1980年第1辑）

◎ 题赠广州图书馆五绝一首："蠹鱼成脉望，学海问津梁。卷破神如有，人文蔚耿光。"（《图书馆工作》1978年第3期）

31日 诗《登阅江楼怀叶挺及独立团诸同志》发表于《羊城晚报》。初收人民文学出版社1977年9月初版《沫若诗词选》，现收《郭沫若全集·文学编》第5卷。

本月 在广州邀商承祚、容庚、刘节等史学界人士座谈，交换学术工作意见。由《再生缘》谈到甲骨文、金文和《中国历史》一书的编撰，强调学术研究一定要坚持百家争鸣。（1962年1月7日《文汇报》；广州《学术研究》1962年第1期）

冬

为宁波市文联题诗："蚕吃桑而吐丝，蜂采花而酿蜜。牛食草而出奶，树吸肥而产漆。破其卷而取神，挹其精而去粕。熔宇宙之万有，凭呕心之创作。"（手迹见谢枋撰《回忆郭老的一幅字》，《浙江文艺》1978年8月号）

本 年

◎ 致信鲁迅纪念馆。谓："鲁迅诗稿序拟稍加修改，打算另写一通，唯手中存书，被人借去，一时不能索还。贵馆如尚有存书，请寄下一册，改好后奉还。"（郭沫若纪念馆馆藏资料）

◎ 书"岳阳楼"匾，撤换原何键书写的字匾。（百度网—百科）

◎《在极顶观日出未遂》赠区棠亮。（《郭沫若书法集》，四川辞书出版社1999年版）

◎ 为内联升鞋店题匾"内聯陞"。（内联升鞋店提供）

◎ 题宫扇面《咏五指山》《鹿回头》。藏北京中国画院。（《郭沫若书法集》，四川辞书出版社1999年版）

◎ 抄录东坡井铭。（郭沫若纪念馆藏）

东坡井位于海南儋县坡口。

1962年（壬寅）70岁

1月11日至2月7日 中共中央召开扩大的工作会议（即七千人大会），总结经验，统一认识，强调加强民主集中制，切实贯彻调整国民经济的方针，以迅速扭转国民经济困难的局面。

2月15日至3月10日 国家科委在广州召开全国科学技术工作会议（简称"广州会议"）。广州会议原定的主题是研究讨论1963—1972年十年科学技术发展规划制定的有关问题。科学院建议能借此会议进一步了解贯彻《十四条》的情况，听取科学家的意见。聂荣臻决定给会议再加一个主题：进一步贯彻《十四条》，突出调整与知识分子的关系。

4月30日 文化部党组、全国文联党组《关于当前文学艺术工作的意见》经中宣部修改，由中共中央批转，简称《文艺八条》。文件反映了社会主义文艺的发展规律，对纠正"左"的错误，繁荣和发展社会主义文艺起到了重要指导作用。

5月22日 中国影协举办首届《大众电影》"百花奖"颁奖大会。这是第一次全国群众性的电影评奖活动。

9月24日至27日 中共八届十中全会召开。会议把社会主义社会一定范围内存在的阶级斗争进一步扩大化和绝对化，强调阶级斗争必须年年讲、月月讲、天天讲。

1月

1日 致函王戎笙。云："《再生缘》校看了七卷，先行寄回，请交前途。唱辞，我也加了标点，以求全书划一。因为是诗的形式，标点只好按节奏标出，与散文不同，我想可无妨碍。有不妥处，请编辑部酌改。我看得相当草率。卷首所附资料，尚未收全。在《关于陈云贞〈寄外书〉的几项资料》之前，我还写过一篇长文（此文在家里有，请查出带来），未收入，不知何故。又在此写了一篇《读了〈绘声阁续稿〉与〈雕菰楼集〉》，将由《羊城晚报》发表，发表后也要收入。上海出版的《鲁迅诗稿》，有我的序，也请检出带来。吕集义来信，提到请您撰文，附上一阅。"信末又写道："在办公室您座对面的抽屉内有陕西博物馆寄来的拓片，请检出带来。高履芳同志曾答应关于该拓片的详细资料，有下文否？"（《文献》丛刊，1980年第1辑；谢保成《更正〈郭沫若书信选〉、〈再生缘〉校订本注释的几则失误》，《郭沫若学刊》2004年第2期）

3日 致函王戎笙。"《读随园诗话》第十则'才、学、识'后请加上'补白'如次。"（《文献》丛刊，1980年第1辑）

6日 在广州看到康生抄示的毛泽东1961年11月17日所作《七律·和郭沫若同志》，"受到了很大的启发"，"当天曾经用主席的原韵，又和了一首"："赖有晴空霹雳雷，不教白骨聚成堆。九天四海澄迷雾，八十一番殄大灾。僧受折磨知悔恨，猪期振奋报涓埃。金睛火眼无容赦，哪怕妖精亿度来！"（《"玉宇澄清万里埃"——读毛主席有关〈孙悟空三打白骨精〉的一首七律》，1964年5月30日《人民日报》）

此诗经康生转送毛泽东。毛泽东12日回复康生："请告诉郭沫若同志，他的和诗好，不要'千刀当剐唐僧肉'了。对中间派采取了统一战线政策，这就好了。近作咏梅词一首，是反修正主义的，寄上请一阅，并请送沫若一阅。"（《毛泽东年谱（1949—1976）》第5卷，中央文献出版社2013年版）

◎ 与罗培元前往广州市郊的萝冈洞观看梅花。在萝冈洞的玉嵒书院看到壁上有看门老人钟踏梅的题诗，听说老人还健在，"很惊异，当时就想去访问他。但因天色已晚，有事须赶回城，未能如愿"。（《再访萝冈洞》，3月11日《南方日报》）

◎ 致函王戎笙。"《札记》中'才学识'一项，近又有所弋获。前所寄回补白不要。请改用现在所寄上的。"（《文献》丛刊，1980年第1辑）

7日 作《孺子牛的变质》，发表于16日《人民日报》。考证鲁迅诗句中"孺子牛"一词系"借用"了洪稚存（亮吉）《北江诗话》中的"饭饱甘为孺子牛"之句。"这一典故，一落到鲁迅的手里，却完全变了质。在这里，真正是腐朽出神奇了。"

◎ 作五律《访萝冈洞》四首，发表于9日广州《南方日报》。描述前一日往萝冈洞的所见所想，赞美了萝冈洞的美景：

其一："雪海香潮退，寻踪我到迟。萝冈半梅树，书院尽荔枝。冬令方交腊，山桃已染枝。青青多学子，握手笑迷迷。"其二："名洞原非洞，合村人姓锺。梅稠留萼绿，荔茂射枝红。果树收成好，菜蔬灌溉同。文风今更蔚，闻道有诗翁。"其三："梅荔代桑麻，人呼社作家。四山生返响，万亩缀余花。柑橘蒙投赠，琼琚敢报嘉？还思崖上曝，无奈夕阳斜。"其四："半日游殊畅，归来夕已黄。泉甘余齿颊，香韵满衣裳。乐与田园共，诗因梅荔忙。几枝瓶内笑：此债足相偿。"

初收作家出版社1963年11月初版《东风集》，现收《郭沫若全集·文学编》第4卷。

8日 游览佛山石湾，参观石湾窑并题诗。

◎ 访佛山民间艺术研究社，题社名并题诗。(见《郭沫若学刊》2008年第1期)

9日 下午，与罗培元再往萝冈洞，"专诚访问"锺踏梅老人。老人81岁，"却丝毫也不隆钟"，"人很朴实，没有多的话"，一同拍照后，就告辞了。(《再访萝冈洞》，3月11日《南方日报》)

10日 作七律《题广州听雨轩》，以《题听雨轩》为题发表于22日《羊城晚报》。赞道："水上楼台摩北斗，人间星宿舞东风。茶余试依栏干望，宁不雄飞上月宫？"

初收作家出版社1963年11月初版《东风集》，现收《郭沫若全集·文学编》第4卷。

◎ 致函王戎笙。"《读随园诗话札记》第二则'批评与创作'中关于金圣叹的地方，请改如另纸。"附言："明日到海南岛去。来信寄'海南岛榆林鹿回头椰庄。'"又"喉部的发炎仍然拖着，未断根"。(《文献》丛刊，1980年第1辑)

11日 由广州赴海南。(《天涯海角》，2月20日《羊城晚报》)

◎ 读1月8日《羊城晚报》登载的《川中文化古城——乐山》一文有感，作散文《我的故乡——乐山》。发表于1月16日《羊城晚报》。记叙故乡乐山的地理位置和山川风景；为自己"不曾登过峨眉山"而抱憾；又为家乡通了铁路而欣喜，颇想"去体验这个解放以来的真正的伟大奇迹"。

12日 重访天涯海角。以"旧地重游，山海虽无殊，而人事却有小异，因复成诗一首"："海日曾相识，重逢已隔年。字蒙刀作笔，诗累石为笺。红豆春前熟，青山天际燃。临风思往事，犹有打渔船。"(《天涯海角》，2月20日《羊城晚报》)

14日　《游佛山诗三首》发表于广州《南方日报》。其一《题地委招待所》："清洁人推第一流，民间艺术足千秋。石湾窑变光增彩，秋色剪工巧绝俦。祖庙辉煌雕塑好，农田肥沃稻粱稠。红旗三面光芒远，四化还须上一楼。"其二《游祖庙公园后访佛山民间艺术研究社留题》："评将秋色千张纸，夺取乾坤万象春。神以人灵神已废，而今百姓尽为神。"其三《参观石湾窑》："陶瓷尊独创，何用仿元均？艺与道俱进，品随岁更新。求精培国粹，服务为人民。天地凭开拓，钻研要认真。"

16日　在鹿回头椰庄读《崖州志》，"对于地方掌故，获得知识不少"，"县委有意加以重印，为方便读者，嘱余点订，余慨然应之"。"县委仅有一部"，"蠹蚀糜烂处亦颇不少"，"幸得罗培元同志协助，由海口市委借来一部"，"后又由广州市委统战部借来一部抄本，乃中山图书馆藏"。(《序重印〈崖州志〉》，《郭沫若全集·历史编》第3卷；《天涯海角》，2月20日《羊城晚报》)

◎　见《崖州志》中记有"海判南天石刻"和"天涯石刻"两条，"往天涯海角目验"。又遇渔民，笑谈去年帮拉网事，以"此乃绝好诗料，因复成诗一首"："去年助曳网，今年来何迟？访古字方显，得鱼人正归。点头相向笑，举手不通辞。有目甜愈蜜，惠予以此诗。"(《天涯海角》，2月20日《羊城晚报》)

◎　作散文《天涯海角》，发表于2月20日《羊城晚报》。记述1961年2月19日，1962年1月12日和16日，三次游历天涯海角的经过和见闻。案"天涯海角"者，"殆指中国领土之尽头，实则海南岛之南尚有西沙群岛、南沙群岛等。故我有意翻案，谓天涯既非天之涯，而海角亦非海之角。若再扩而充之，则远可至南极大陆探险，高可作宇宙飞行，更无所谓涯或角"。

18日　作七律《郑成功光复台湾三百周年纪念》，与《咏椰子树》以《诗二首》为总题，发表于2月1日广州《南方日报》。

初收作家出版社1963年11月初版《东风集》，又收人民文学出版社1977年9月版《沫若诗词选》，现收《郭沫若全集·文学编》第4卷。

19日 致函王戎笙。"由华罗庚教授回京之便，托他带回《天涯海角》一文，阅后请投《人民日报》。又《读随园诗话札记》第37则《佳士轩》中揭示'天地犹憾'为'盖指天不满东北，地不满西南'，有失原意。请改为：'天地犹憾'乃据《中庸》'天地之大，人犹有所憾'。"（《文献》丛刊，1980年第1辑）

20日 为邵宇画《黎族姑娘》题写1961年旧作《过通什》于其上，跋："邵宇同志作此画，为题此诗。一九六二年一月廿日同在榆林。"改诗题为《咏黎族姑娘》。又为邵宇画《椰树》作"咏椰树七律一首"，题为《咏椰子树》。（《郭沫若题画诗存》，山西教育出版社1997年版）

《咏椰子树》首尾四句与《郑成功光复台湾三百周年纪念》以《诗二首》为总题发表于2月1日广州《南方日报》，只有四句；2月22日在《人民日报》再次发表，扩充为八句，与《南海劳军》《咏黎族姑娘》《看渔民出海》组成《咏海南诗四首》。手迹发表于《新华月报》3号。

初收作家出版社1963年11月初版《东风集》，现收《郭沫若全集·文学编》第4卷。

21日 致电拉丁美洲各国人民代表会议，预祝会议胜利召开。电文摘要载23日《人民日报》。

◎ 修订《咏黎族姑娘》，发表于2月22日《人民日报》，为《咏海南诗四首》之三。

初收作家出版社1963年11月初版《东风集》，现收《郭沫若全集·文学编》第4卷。

最初发表于1961年4月1日《人民日报》，为《海南纪行》组诗之一，题作《过通什》，有小序："通什，今为保亭县治，多黎族，纪所见。"

24日 应中共崖县县委之请，开始整理《崖州志》。县委派来二人协助"抄补残缺，由我进行全书标点"，"工作仅费十日"。（《序重印〈崖州志〉》，《郭沫若全集·历史编》第3卷）

崖县《崖州志》整理工作组《出版说明》这样写："郭沫若同志不惮烦琐，抛却休假之时光，悉心于校订工作，循文标点，常为印证史实而广与各方联系，搜求佐证；甚至亲自踏查鳌山之滨，跳石摩崖，缘藤觅径，模索七百多年前久经风化之'海山奇观'石勒，以勘正原书。"（《崖州

志》，1963年广东人民印刷厂）

25日 致函阳翰笙："送上《武则天》清样本一册，请您审阅，并请提意见。"（《关于话剧〈武则天〉的书简》，《新文学史料》1980年第2期）

◎ 作七律《南海劳军》，发表于2月1日广州《南方日报》，又载2月22日《人民日报》，为《咏海南诗四首》之一。

初收作家出版社1963年11月初版《东风集》，又收人民文学出版社1977年9月版《沫若诗词选》，现收《郭沫若全集·文学编》第4卷。

30日 于海南岛崖县鹿回头作七绝《东风吟》四首，发表于2月8日广州《羊城晚报》。每首诗都以"东风"为主要内容："春节到来加倍乐，东风送暖遍天涯。""东风吹遍人间后，紫万红千满地开。""东风本在胸怀里，何日迎春春自归。""松柏森森气更豪，东风长在朔风逃。"

初收作家出版社1963年11月初版《东风集》，又收人民文学出版社1977年9月版《沫若诗词选》，现收《郭沫若全集·文学编》第4卷。

◎ 作《卜算子·咏梅》。有"曩见梅花愁，今见梅花笑。本有东风孕满怀，春伴梅花到"句。

初收作家出版社1963年11月初版《东风集》，又收人民文学出版社1977年9月版《沫若诗词选》，现收《郭沫若全集·文学编》第4卷。

此词系步毛泽东《卜算子·咏梅》原韵。毛泽东12日就郭沫若关于《孙悟空三打白骨精》的诗词唱和复信康生时，录"近作咏梅词一首"，嘱"送沫若一阅"。

本月 为《羊城晚报》附刊《花地》题词："五羊跃进，金城凌空。百花齐放，遍地东风。"手迹发表于2月4日《羊城晚报》。

2月

1日 为厦门郑成功纪念馆书1月18日作《郑成功光复台湾三百周年纪念》。"台湾自古属中华，汉族高山是一家。岂许腥膻蒙社稷，不容蟊贼毁桑麻。千秋大业驱荷虏，一代英雄赐姓爷。三百年来民气盛，教他纸虎认前车。"（《郭沫若书法集》，四川辞书出版社1999年版）

2日 作《序重印〈崖州志〉》。刊于《崖州志》卷首（1963年广东人民印刷厂）。交代现存《崖州志》纂修、分卷、版本情况，认为此书

"于疆土沿革，气候潮汐，风土人物，典制艺文，纂集颇详，颇有史料价值。在地方志中尚属佳制"。指出原书校刊"不甚谨严，错落处不少"，特举一例，以示其概。卷十九"艺文一"收有海瑞《平黎疏》，称"宏治十四年征儋州昌化县黎，嘉靖二十九年征感恩县崖州黎，凡三大举矣"，仅举两事而言"三大举，可知文有夺落"，从下文叙述可知"所夺乃嘉靖二十年事"，指出"嘉靖二十年"与"嘉靖二十九年"只一字之差，排校忽略，"故致跳夺"。又知嘉靖二十年"大举"是"有关崖州"的大事，本志卷十三、卷十四"黎防"中亦缺载，因以"载之颇详"的《琼州志》"以补本志之缺"。强调："地方志书，旧者应力加保存，而新者则有待于撰述。从糟粕中吸取精华，从沙碛中淘取金屑，亦正我辈今日所应有事。"原书22卷，在卷四、卷五、卷十四、卷十七、卷二十一、卷二十二等6卷，作"沫若案"29则，涉及舆地（"沫若案"5则）、建置（"沫若案"2则）、黎防（"沫若案"1则）、宦绩（"沫若案"4则）、艺文（"沫若案"3则）、小洞天记（"沫若案"2则）、小洞天（"沫若案"1则）、五指山（"沫若案"1则）、珠崖杂兴（"沫若案"3则）、唐李卫公德裕（"沫若案"1则）、到崖（"沫若案"1则）、望阙亭（"沫若案"1则）、回风岭（"沫若案"1则）、杂志（"沫若案"3则）等门类。

收《郭沫若全集·历史编》第3卷。

3日 登崖县鳌山。（《游崖县鳌山》小序，2月25日广州《南方日报》）

◎ 作七律《看渔民出海》，表达"童心喜入金银岛，鹤眼惊看宝石花"的心情。发表于2月22日《人民日报》，为《咏海南诗四首》之四。初收作家出版社1963年11月初版《东风集》，现收《郭沫若全集·文学编》第4卷。

4日 致函王戎笙。"寄回史稿序，及致尹达同志信，请您转达。序文写得不错。""《崖州志》已校毕，在历史方面获得了一些知识。""李德裕、赵鼎均窜死于此。李之后人已化为黎族。""孙权曾遣聂友、陆凯略定海南，颇足与魏武平乌桓，诸葛服孟获比美。"（《文献》丛刊，1980年第1辑）

◎ 作五言诗《游崖县鳌山》，有小序，记录3日登临鳌山所见所闻和所感。与《重访那大学院》《题海口东坡祠》，以《诗三首》为总题发表于25日广州《南方日报》。

初收作家出版社 1963 年 11 月初版《东风集》，现收《郭沫若全集·文学编》第 4 卷。

5 日 回复广东省作协《作品》杂志主编萧殷 1 月 17 日信，回答所提问题，云："这封信拖延了很久，如可用，请标题为《诗歌漫谈》。"

《诗歌漫谈》一文，发表于《作品》新 1 卷第 3 期，又载《文艺报》第 5、6 期合刊。由古典诗歌与新诗孰优孰劣的问题谈到优秀诗作的"必要条件是：内容与形式起了有机的化合。内容要有正确的思想，纯真的感情，超越的意识。形式要使韵律、色彩、感触都配合得适当"。随后从诗歌发展史角度探讨新诗的前途，认为："新诗到底要怎样才能做好？民歌固应该学习，古典诗歌也应该学习，其实外国的诗歌和各种姊妹艺术在可能范围内也应该学习。可以利用旧形式来盛纳新内容，也可以为新内容而铸造新形式。后者恐怕更重要一些。"

7 日 作七绝《赴崖城道中》、七律《莺歌海》，为《海南岛西路纪行六首》之一、二，发表于 18 日广州《南方日报》。

初收作家出版社 1963 年 11 月初版《东风集》，又收人民文学出版社 1977 年 9 月版《沫若诗词选》，现收《郭沫若全集·文学编》第 4 卷。

8 日 作七言诗《马伏波井》，有小序，记述井名由来，为《海南岛西路纪行六首》之三，发表于 18 日广州《南方日报》。

初收作家出版社 1963 年 11 月初版《东风集》，现收《郭沫若全集·文学编》第 4 卷。

9 日 作五绝《东方县途中口占》、五律《石碌》，为《海南岛西路纪行六首》之四、五，发表于 18 日广州《南方日报》。

初收作家出版社 1963 年 11 月初版《东风集》，现收《郭沫若全集·文学编》第 4 卷。

◎ 作五律《重访那大学院》，发表于 25 日广州《南方日报》。

初收作家出版社 1963 年 11 月初版《东风集》，现收《郭沫若全集·文学编》第 4 卷。

10 日 致函吴晗。"《武则天》一册，送请审阅。请务必不客气地提意见，以便修改定稿。"（《关于话剧〈武则天〉的书简》，《新文学史料》1980 年第 2 期）

◎ "循海南道西路北归，路经那大，因驱车往访（儋县）。"（《儋耳

行》序）

◎ 作七言诗《白马井港》，有小序，记述港名由来，为《海南岛西路纪行六首》之六，发表于18日广州《南方日报》。

初收作家出版社1963年11月初版《东风集》，现收《郭沫若全集·文学编》第4卷。

11日 作七言诗《儋耳行》，有小序，记"前往儋城访东坡"事，发表于3月10日《人民日报》。

初收作家出版社1963年11月初版《东风集》，现收《郭沫若全集·文学编》第4卷。

◎ 致函阳翰笙。告知《武则天》剧本"主要照着陈白尘同志的意思，有所添改"，"请您嘱文联同志制一份《勘误表》，印它几十份"，"举行座谈会时可将《勘误表》每人送一份"，"希望同志们多多提意见，以便更进一步修改"。末附"请提意见的同志们的名单"，有邵荃麟、田汉、光未然、吴晗、严文井、翦伯赞、陈白尘、王戎笙、曹禺、李伯钊、焦菊隐、阳翰笙、阿英、夏衍。（《关于话剧〈武则天〉的书简》，《新文学史料》1980年第2期）

◎ 修订七律《题海口东坡祠》，发表于2月25日广州《南方日报》。

初收作家出版社1963年11月初版《东风集》，又收人民文学出版社1977年9月版《沫若诗词选》，现收《郭沫若全集·文学编》第4卷。

最初发表于1961年4月1日《人民日报》，为《海南纪行》组诗之一，即《访那大》之二。《南方日报》发表时，改名为《题海口东坡祠》。

12日 下午，由海南回广州。（《再访萝冈洞》，3月11日《南方日报》）

◎ 晚，罗培元来访，交来萝冈洞玉喦书院看门老人钟踏梅题赠的七律一首，遂以原韵和之回报。（《再访萝冈洞》，3月11日《南方日报》）

◎ 应罗培元的邀请，到广州泮溪酒家用餐，餐后为酒家题诗："盘中粒粒皆辛苦，槛外亭亭入画图。齐国易牙当稽颡，随园食谱待杷疏。隔窗堆就南天雪，入齿回旋北地酥。声味色香都具备，得来真个费工夫。"（《泮溪酒家名人墨宝展出》，2007年11月21日《广州日报》）

13日 晚，张劲夫、吴有训、竺可桢、杜润生、于光远等来东山招待所会晤。其间问及去年10月竺可桢访英情况。（《竺可桢全集》第16卷，

上海科技教育出版社2009年版）

14日 到中山大学向容庚借书。(15日致王戎笙函)

◎ 致函容庚。谈及《金文编》八卷四叶有某字，见殷毁盘。询问"盘铭全文如何，乞录示"。"'盾生皇化内'，从皇声之字，仍请帮忙查考。如有从革从韦而日声之字，则问题解决矣。"（《郭沫若书简（致容庚）》，广东人民出版社1981年版）

15日 致函王戎笙："聂总所召集的科学家会议在此地开会，须得参加，要三月初才能回京"；"尹达同志寄来的铜器铭文（按：指'长安张家坡铜器群铭文'），在考虑中。昨天到中山大学去向容庚借了一些书来。铭文中有些新东西，不容易了解"；"寄回诗《儋耳行》，阅后请转《人民日报》审阅。如无登出必要，望将原稿掷回，留在家中"。（《文献》丛刊，1980年第1辑）

17日 作《长安县张家坡铜器群铭文汇释》，发表于《考古学报》1962年第1期，编入《长安县张家坡铜器群》（文物出版社1965年3月单行本）。认为1961年长安张家坡出土的11种有铭文的西周青铜器，"器非作于一时……有的早在周初成王时，有的在西周中叶或以后"；"器非作于一家"，"器群的主人不仅与姬姓通婚，又与姞姓族通婚"；"器群的主人是周朝的卿士……历代都是军事上的人物，地位颇高"；"器之窖藏，当以幽王时遭犬戎之祸为宜"。又说："三年之丧为孔丘所创制，彝铭中亦可得到证据"；"在官制、器制、文字上也有新的发现"。

辑入文物出版社1965年3月版《长安县张家坡铜器群》单行本，现收《郭沫若全集·考古编》第6卷。

◎ 作诗《题为广州泮溪酒家》："南北东西四海人，色声香味一园春。如何能辨咸酸客，只解诙谐不认真。"（手迹图片见冯锡刚《郭沫若集外佚诗三十二首辑注》，《郭沫若学刊》2015年第4期）

18日 致函王戎笙。考证《秦风·小戎》"蒙伐有苑"，认为"蒙当是动词，犹冒也。饰杂羽于盾上，故为蒙伐。盾上且有画文也"。附"戎笙同志：送回《长安器群汇考》一文师方史簋（乙）中有关'蒙伐有苑'句的解释，原引'朱传'云云，请删改如上"。（《文献》丛刊，1980年第1辑）

◎ 任庄长恭先生治丧委员会主任。(18日《人民日报》)

庄长恭，中国科学院数理化学部副主任、中国科学院有机化学研究所所长，15日逝世。

21日 复函王戎笙。"二月十五日信接到。《天涯海角》我尽量把它简化了，已在此间《羊城晚报》上登出。使《人民日报》白费了工夫，抱歉。""近来对于李德裕感到兴趣，关于他的研究，除《中国六大政治家》外，史学界有人注意否？有无值得注意的研究成果？希望帮忙查一下。"（《文献》丛刊，1980年第1辑）

◎ 致函《晚会》编辑组，就20日《羊城晚报》刘百先《关于"祊"的风俗》一文发表观点，载26日《羊城晚报》。认为"祊"为生殖崇拜无疑。说明刘文只找到了"彭"源于"祊"的根据，但未探求"祊"的起源。文中引用旧作《甲骨文字研究》中《释祖妣》对"祖""社""方（祊）"字形的解释，再次说明"祖妣、社祊之祀始于生殖崇拜之大略"。

◎ 复函夏鼐。谓："李德裕祭韦执谊文，情辞恳切，不似伪作。'四年'颇疑亦非伪加。盖德裕于大中三年末病稍有起色……拟于明年祭事，故月日无定期。特未及祭奠而逝世耳"，"至贬潮州司马系元年抑二年，未深考。李到潮阳在二年冬，恐以二年为较妥"。（中国社会科学院考古研究所档案）

22日 游览广东南海县西樵白云洞。兴之所至，作五绝五首、七绝一首，录入3月9日《羊城晚报》发表的《西樵白云洞》一文。

《咏"白玉堂"》："玉兰花正放，满树吐芬芳。挺立云泉馆，尊称白玉堂。湖光增皎洁，山影倍青苍。客致逢时会，春先二月长。"

《提试剑石》："奇崖谁试剑？崩坠出天然。吕祖何能为，惰夫既是仙。女娲亦傅会，神话途空传。开辟天和地，人民始有权。"

《咏白云洞》："危石凌空立，飞泉山上来。珠帘垂五丈，玉磬响千槌。径曲青流转，洞幽静室开。崖分天一线，诗境足徘徊。"

《题龙涎瀑》："天湖山上水，落下化龙涎。胜境人无识，清泉自浩然。远亲千顷稻，近接九重天。不厌出山浊，飞奔起急湍。"

《题云外瀑》："云外飞泉响，离天三尺高。我来上千仞，水落下重霄。峻险无人问，登临足自豪。白云脚下涌，含笑望归樵。"

《咏郁李蔷薇》："破瓦残砖满地堆，养云庐内暂徘徊。题诗壁上人何在，郁李蔷薇自在开。"

24日 作《李德裕在海南岛上》。发表于3月16日《光明日报》。分七个部分：第一，在整理《崖州志》中，"发现了一些有关李德裕谪贬到海南岛的问题"。第二，"《崖州志》卷五古迹门中列有'望阙亭'"，比较了不同版本的《望阙亭》诗句。第三，张之洞在两广总督任内，指示崖州知州咨询乡绅"以确定李德裕谪贬地点"，形成两种看法："究竟是在海南岛北部的琼山，还是在南部的崖县，是早就成为悬案，而未得到解决。"第四，"解决问题的关键就在李德裕的《望阙亭》那首诗上。'青山似欲留人住，百匝千遭绕郡城'，这只能是海南岛南部崖城的情况，而决不是海南岛北部海口附近的情况"。第五，"李德裕死后，他的子弟留在崖县州，其后人化为了黎人"，"可以断定：李德裕的谪贬地断然是今之崖县而非琼山"。"他的后裔不愿重返中原"，"李德裕后人倒可算是开发海南岛的前驱者了"。第六，附带着解决韦执谊的问题。韦执谊在"永贞改革"失败后遭谪贬，"遭遇与李德裕十分类似"，"他们的谪贬地是完全相同的"。第七，考证李德裕在崖州的著述。《穷愁志》"明明是作于崖州，而非作于潮州"。《贬崖州司户道中》一诗在《李卫公别集》中题为《谪岭南道中作》，是谪贬地"在崖州的又一证据"。

收《郭沫若全集·历史编》第3卷。

◎ 致函容庚："复函及《齐家村铜器简介》一文均接到。'生皇'生字即新鲜之意。古有生栋、生色等熟语。在足下处借来各书，离穗时将璧赵。"（《郭沫若书简（致容庚）》，广东人民出版社1981年版）

◎ 为纪念广州文化公园建园十周年题诗七律二首，与《从化温泉三首》《题品石轩》共同发表于本日《羊城晚报》，有小序记录写作缘由。其一为："群贤如海去还来，老者安之少者怀。歌舞传神千载盛，园林入画百花开。多门游艺交名手，众馆珍陈福教材。摘下天星域不夜，人民宫殿胜蓬莱。"其二为："歌舞楼台逐岁新，万民同乐四时春。园林花卉阴阳燮，体育文娱劳逸均。列馆骈开增智慧，周年轮展益精神。上游直上探星宿，十载重交戒旦辰。"第二首手迹发表于6月4日《羊城晚报》。

◎《题品石轩》发表于本日《羊城晚报》，未入集。有小序，言及"品石轩依新式读法当为'轩石品'"。诗文内容为："莫道人品石，当教石品人。有石号七贤，有石号花神。花神散花画满林，顿使绿林添新韵。后尤有品人岂无？友石拜石德不孤。此轩新名轩石品，石在品人能慢乎？"

26日 为羊城音乐花会题词，手迹发表于3月3日《羊城晚报》。"音乐花会是体现音乐艺术中的百花齐放、百家争鸣。社会主义的新音乐，将从这里开放出无数千朵牡丹那样的大红花，鼓舞社会主义的建设步骤。"

◎ 作《扶风齐家村器群铭文汇释》，刊文物出版社1963年1月单行本《扶风齐家村器群》。认为1960年扶风齐家村发现的铜器群，与长安张家坡器群一样，窖藏的时间只能是"周室东迁"。至于12种有铭文铜器的年代，"由其文体、字体，以及器制、花文等观之，均属西周中叶以后之器"。还说到，"几父壶"的"同仲"，"当是朝廷的重臣，在畿甸内有封邑的上卿，故能以臣仆金物等赏赐其臣属几父"；所锡"仆四家"，即"上等奴隶四家"，"家数虽少，而恩典却很隆重"。

收《郭沫若全集·考古编》第6卷。

◎ 致函王戎笙，寄回两篇文章，一是《李德裕在海南岛上》，一是《扶风齐家村铜器群铭文汇释》。第一篇，"有一处要请北京的同志们帮帮忙"，查对《崖州志》所引《宾退录》中的一段有关李卫公的逸事，"如能查出，即请将文字改正。如一时查不出，也就只好暂时寄放在那儿了。原稿可送《人民日报》审阅，如不好登，可交《光明日报》或其他适当刊物"。第二篇，"连带着西安博物馆的《简介》，请一并交文物社高履芳同志。文中涉及前次尹达同志寄来的一批器群，我记得是'长安张家坡'，不知有无错误，请核。又前寄回的文稿中也提到扶风齐家村器群，但没有说清楚，也请查出写上。""原稿用后请退还。前寄尹达同志的稿子也同样。"（《文献》丛刊，1980年第1辑）

28日 作《说儋耳》，发表于4月11日《人民日报》。指明"儋耳即今海南岛儋县"。"儋与珠崖是一音之变"，"本出于一名者"。"儋耳之名，在《吕氏春秋》中凡两见"，"南北地望，实为《吕氏春秋》纂辑者所弄错"。《山海经·大荒北经》"也是把儋耳的地望搞错了，足证《山海经》成书是在《吕氏春秋》之后"。又考《海内南经》离耳国，称郭（璞）注"即儋耳也，在朱崖海渚中"，"以地望而言，其说近是"。

收《郭沫若全集·历史编》第3卷。

◎《读〈随园诗话〉札记》开始在《人民日报》上发表，当日发表章节为《序》、第一节至第二十节，即《性情与格律》《批评与创作》《风骨与辣语》《评白居易》《剪彩花》《谈林黛玉》《抹杀音乐天才》《论秦始皇》《"泰山鸿毛之别"》《才、学、识》《解"歌永言"》《释"采采"》《唐太宗与武则天》《"见鬼莫怕，但与之打！"》《以诬证诬》《"累于画"》《哭父母》《月口星心》《风不读分》《糟汉粕宋》。

收作家出版社 1962 年 9 月初版《读〈随园诗话〉札记》，现收《郭沫若全集·文学编》第 16 卷。

本月 书法作品在东京日中文化交流协会、日本书法文化联合会等团体举办的中国现代书法展览会上展出。(4 月 12 日《光明日报》)

◎ 定经周扬等审阅的《〈中国史稿〉前言》，编入人民出版社 1962 年 6 月版《中国史稿》第 1 册卷首。扼要叙述编写经过和应付高校历史教材急需而匆促付印的情况。强调把"具有正确的思想体系、严密的结构和独创的风格"作为"长远的目标，不断地继续共同努力"。"关于古史分期问题，我们基本上采用了郭沫若的观点。""尽管这样，我们同时也尽可能吸收了各方面的研究成果"，"和本书观点基本一致或部分一致的研究成果"，"是编写时的素材"；"即使不完全一致的意见，我们也进行了认真的、必要的探索，从而也获得了不少的教益"。"作为待增删修订的《中国史稿》"，"希望进一步集合全国史学界的力量来加以琢磨，使它能够成为比较可以满意的定本"。

3 月

1 日 致函容庚。"《金文编》、《两周金文辞大系》及其他，已用毕，谨奉还。谢谢。"(《郭沫若书简（致容庚）》，广东人民出版社 1981 年版)

2 日 下午，往东山达道路军区礼堂听周恩来总理谈知识分子改造问题的报告。(《竺可桢全集》第 16 卷，上海科技教育出版社 2009 年版)

周恩来在广州向出席全国科学工作会议及全国话剧、歌剧和儿童剧创作座谈会的代表作《论知识分子问题》的报告，重新肯定我国知识分子的绝大多数已经是劳动人民的知识分子，而不是属于资产阶级的知识分子，强调在社会主义建设中要发挥科学和科学家的作用。

◎《读〈随园诗话〉札记》第二十一则至第二十三则在本日《人民

日报》上发表，即《诗人正考父》《由合金说到诗文》《古剌水》。

收作家出版社1962年9月初版《读〈随园诗话〉札记》单行本，现收《郭沫若全集·文学编》第16卷。

3日 作散文《西樵白云洞》，记2月间游西樵白云洞之经历。发表于9日《羊城晚报》。

4日 原计划与竺可桢往深圳一行，但因故取消。(《竺可桢全集》第16卷，上海科技教育出版社2009年版)

5日 上午，到中山图书馆，找到陈寅恪有关李德裕的死亡岁月的考辨，查到"李卫公帖"见《容斋续笔》卷一。(《日记》)

◎ 复函王戎笙。告知《李德裕在海南岛上》一文中"崖州志引宾退录"的问题"查出来了"，"不是《宾退录》而是《容斋随笔》"，"请将文中所标《崖州志》改为《容斋续笔》，加（注二）。引文括弧中文字亦请改"。并附（注二）文字。对于文中提及的李德裕《祭韦相执谊文》，嘱为增加一节。同时提到，"关于祭文的这一条是根据陈寅恪文所征引的，在此查了几种《云溪友议》，均无。中山图书馆无'涵芬楼影印的铁琴铜剑楼本'，请在北京查一下，如无此条，也可能陈寅老误引。若然，文字就不必添改。如果有，就请照加"。"《读诗话札记》已看两日份，小有错误。"(《文献》丛刊，1980年第1辑)

6日 致函阳翰笙。见《关于话剧〈武则天〉的书简》。送上《武则天》修改本，告知"是根据座谈会上大家的意见修改的，主要是把武则天加强了，把她的政治措施和思想立场，在前三幕中，由正面、反面来加以突出"，"第五幕有了较大的修改，由殿前朝会改为殿内朝会，觉得处理较妥贴一些"。

收《郭沫若全集·文学编》第8卷。

◎ 作散文《再访萝冈洞》，记1月于萝冈洞拜访钟踏梅老人的经过。发表于3月11日广州《南方日报》。和钟踏梅题赠诗原韵作诗一首："萝冈风物桃园似，遍地梅花颂有年。公社为家多俊杰，诗翁有笔一神仙。传声空谷田园乐，握手夷门翰墨缘。羡为人民持木铎，春风日日坐尧天。"

7日 晨，应邀出席中国作家协会广东分会组织的诗歌座谈会。就中国诗歌"新"与"旧"的区分，如何向民间歌谣学习，旧诗词形式与内容分析等问题作了长谈。指出："诗及其他样式的文学作品，都是应该有时代性的。古人就用他们的词汇,来表达他们的感情;今天我们就要用新的词汇,来表达新的感情,新的思想,新的内容。"经《羊城晚报》记者根据记录整理,以《郭老谈诗》为名发表于15日《羊城晚报》。

◎ 致函邵荃麟。见《关于话剧〈武则天〉的书简》。送一册《武则天》修改本,告知"修改本主要把武则天加强了,对第五幕作了相当大的修改"。对于"加一幕减一幕之说",表示"经过仔细考虑,有困难","同翰笙、吴晗同志等也谈过,都说没有一定的必要。因此,仍保存了原来的结构,而在内容上大有增改"。

收《郭沫若全集·文学编》第8卷。

7日至9日 "由广州经顺德,前往中山,访孙先生故居。往返三日,得诗四首,词一首。"分别为七律《题顺德清晖园》、五律《在顺德遇"三八"节》、词《卜算子》、七律《访翠亨村二首》。有总序,除第二首外各篇皆有小序,以《访孙中山先生故乡》为总题发表于30日《人民日报》。

初收作家出版社1963年11月初版《东风集》,现收《郭沫若全集·文学编》第4卷。

8日 访翠亨村孙中山故居,题赠《访翠亨村二首》之二:"酸豆一株起卧龙,当年榕树已成空。阶前古井苔犹活,村外木棉花正红。早识汪胡怀贰志,何期陈蒋叛三宗。百年史册春秋笔,数罢洪杨应数公。"(手迹现藏广州省中山县孙中山故居)

◎ 为中国新闻电影制片厂传记纪录片《梅兰芳》题写片名,书录1961年12月作《咏梅二绝有怀梅兰芳同志》并为朗诵,手迹和朗诵录音辑入纪录片片首。

9日 返回广州。(《访孙中山先生故乡》小序)

10日 由广州返北京。

中旬 捷克斯洛伐克科学院院长尼耶德利于本月9日逝世,致电吊唁。(14日《人民日报》)

14日 录1961年11月10日在《人民日报》发表的《翻译鲁迅的诗》中所译鲁迅的七绝"到处的田园都荒芜了,普天下的人都面黄肌瘦。应该呼天撞地号啕痛哭,但是,谁个敢咳一声嗽?失望的情绪到了极点,怒气充满了整个宇宙。谁敢说这真是万籁无声呢?听!有雷霆的声音怒

吼"，赠上海鲁迅纪念馆。（手迹现藏上海鲁迅纪念馆）

◎《读〈随园诗话〉札记》第二十四则至第二十九则在本日《人民日报》上发表，即《瓦缶不容轻视》《咏棉花诗》《"神鸦"》《百尺粉墙》《断线风筝》《"潭冷不生鱼"》。

收作家出版社1962年9月初版《读〈随园诗话〉札记》单行本，现收《郭沫若全集·文学编》第16卷。

16日 下午，会见索马里共和国教育部语言委员会主任穆萨·加拉尔。（17日《人民日报》）

20日 作《拟〈盘中诗〉的原状》，发表于24日《光明日报》。谈《玉台新咏》卷九中《盘中诗》，由末句"当从中央周四角"推测"盘为方盘，诗在盘中当作螺旋式的回旋，由中央及于四角"，"加以恢复，如图"。"原诗一六八字，可列为十三之乘方一六九字，而却少一字，故于'姓为苏'下加一氏字以足之。""诗绕有古趣"，"当系东汉时作品"，"三言诗而能如此生动，实为仅见。且为女子所作，排列亦见巧思，可与前秦窦滔妻苏蕙《璇玑图》的回文诗比美。特惜此女子仅知其为苏伯玉之妻，而未著其姓名耳"。

21日 《读〈随园诗话〉札记》第三十则至第三十四则在本日《人民日报》上发表，即《返老还童》《泰山》《群盲评瞽》《谈改诗》《评曹操》。

收作家出版社1962年9月初版《读〈随园诗话〉札记》单行本，现收《郭沫若全集·文学编》第16卷。

22日 下午，往人民大会堂，出席第二届全国人民代表大会第三次会议预备会议。在会上当选为第二届全国人民代表大会第三次会议主席团成员。（23日《人民日报》）

◎作《师克盨铭考释》，发表于《文物》第6期。指出：陕西省博物馆藏师克盨盖，与北京故宫博物院藏师克盨之器，应原本合为一件，"肯定盨乃盛羹之器"，"确是西周末年之物"；克器"有克壶、克盨、克钟、大克鼎、小克鼎等。此人当事夷历二王……曾任善夫及乍册尹（史官长）之职，为王左右之近臣，并兼处理军事"。又着重对"赤币五黄"句的"五黄"，作详细的说解。重申"珩若衡在金文则作黄"，"乃玉佩之象形"，五黄"言其色似吾之青白"，而不赞成唐兰谓衡非佩玉、为大带的新解。

收《郭沫若全集·考古编》第 6 卷。

23 日　下午，往人民大会堂，出席中国人民政治协商会议第三届全国委员会第三次会议开幕式。陈叔通在会上作了政协全国委员会常务委员会的工作报告。(24 日《人民日报》)

◎ 晚，往北京饭店，与陈毅、习仲勋等应邀出席巴基斯坦驻华大使馆临时代办阿尔塔夫·胡·汗为庆祝巴基斯坦国庆举行的招待会。(24 日《人民日报》)

24 日　在王世民致尹达函眉端所作三条简短批复。(1)"蒙清抄代改，谢谢您。"(2)"陈说，采纳了一部分，谢谢他。"(3)"同意作为附录。数目字是 53 还是 54，请核定。请将拙稿中'54'亦加以核定。"(黄淳浩《郭沫若书信集》下册，中国社会科学出版社 1992 年版)

王世民清抄《长安县张家坡铜器群铭文汇释》一文时，发现几处笔误，代为改正后交陈梦家核对，陈梦家又写了几条意见。同时，考古研究所又提供一份器群出土情况说明，准备作为文章附录。王世民致函尹达转郭沫若过目，郭沫若便有了以上批复。——编者注

26 日　上午，携由故宫博物院借出的清代高士奇旧藏砚至夏鼐处，请考古研究所技工魏善臣协助墨拓，亲自观看椎拓过程。

◎ 晚，往北京饭店，与陈毅等应邀出席几内亚共和国驻华大使卡马拉·穆萨·桑吉亚纳为庆祝阿尔及利亚共和国临时政府同法国政府达成停火协议举行的招待会。(27 日《人民日报》)

27 日　下午，往人民大会堂，出席中华人民共和国第二届全国人民代表大会第三次会议开幕式，并与朱德、罗荣桓、沈钧儒等任大会执行主席。(28 日《人民日报》)

29 日　晚，往民族文化宫礼堂，与周恩来、陈毅等出席西藏自治区筹备委员会为招待出席第二届全国人民代表大会第三次会议代表举行的晚会，观看由上海戏剧学院藏族表演班毕业学员演出的藏语话剧《文成公主》。(30 日《人民日报》)

30 日　为纪念毛泽东在延安文艺座谈会上的讲话 20 周年，作七律《纪念毛泽东主席〈在延安文艺座谈会上的讲话〉二十周年》，发表于 5 月 10 日《诗刊》。

初收作家出版社 1963 年 11 月初版《东风集》，现收《郭沫若全集·文学编》第 4 卷。

本月 为重庆市戏曲工作委员会编《周慕莲舞台艺术》一书题诗一首。手迹见《周慕莲舞台艺术》（上海文艺出版社 1962 年 12 月版）。"前有青莲，后有慕莲，一为诗仙，一为剧仙。纵横九域，上下千年，春风风人，桃李满川。"

春

◎ 为中华书局成立 50 周年题词："五十年间天地改，中华文运更辉煌。梯航学海通今古，鼓扇雄风迈宋唐。一九六二年春书为中华书局五十周年。"（手迹见《中华书局九十周年纪念》，中华书局 2002 年版）

中华书局 1912 年 1 月 1 日成立。1962 年 1 月 4 日，北京举行中华书局成立 50 周年纪念会，文化部副部长齐燕铭、胡愈之出席。

◎ 为罗培元录近作《观百丈瀑》。（手迹见《郭沫若书法集》，四川辞书出版社 1999 年版）

◎ 为康务学书《赴崖城道中》。（康务学《亲切的教诲和激励》，1979 年 2 月 18 日《甘肃日报》）

◎ 为张荣书《东方县途中口占〈海南岛西路纪行六首〉其一》。（手迹见《郭沫若书法集》，四川辞书出版社 1999 年版）

◎ 春末夏初，接到于听、周艾文收集、编订的《郁达夫诗词钞》稿本。通读后，修改了 1959 年 10 月所写序文。（于听《怀念尊敬的郭老——〈郁达夫诗词钞〉付梓》，《西湖》1979 年第 9 期）

◎ 题词一幅："孙诒让为近世一大学人，周礼义疏可称渊博。其金文研究成绩最大，甲骨文文字研究亦为开山，王国维深受其影响者也。"（现藏温州市图书馆）

◎ 为郭汉英书八字执笔要诀："回锋转向，逆入平出。"（手迹见《郭沫若遗墨》，河北人民出版社 1980 年版）

◎ 为江苏启东东南中学题字："东风永健"。（《郭沫若学刊》2005 年第 2 期）

4 月

1 日 晚，与陈毅等应邀出席印度尼西亚驻华大使苏卡尼·卡托迪维

亚和夫人为庆祝印度尼西亚中国友好条约和两国文化合作协定签订一周年举行的招待会。(2日《人民日报》)

4日 致信日本冈山市日本中国友好协会冈山连合会纪念诗碑建设委员会。谓:"去岁蒙托邓岗先生带来纪念诗碑除幕式影片及录音各件,已妥收,感谢之至。因在广东滞留四月,最近始返京,迟复,乞谅。"(现藏冈山市日本中国友好协会)

◎《读〈随园诗话〉札记》第三十五则至第三十八则在《人民日报》上发表,即《评王安石》《丝、蜜、奶、漆》《"佳士轩"》《关心农家疾苦》。

收作家出版社1962年9月初版《读〈随园诗话〉札记》单行本,现收《郭沫若全集·文学编》第16卷。

7日 《再谈〈盘中诗〉》发表于《光明日报》。第一,坚持"当中一个字不能空,原诗照道理应该是一百六十九字"。第二,解释"何故补为'姓为苏氏'"。第三,考证"诗的作者到底是谁",有把作者弄成晋初人傅玄的,指明"此诗非傅玄所作"。第四,论证《盘中诗》"是别人的补遗,并非六朝陈代人徐陵(孝穆)所选《玉台新咏》所原有"。第五,对于作者是何时人,主张东汉说。但同时表示:"如果有坚决的证据"证明"确是晋人而非汉人,我也并不固执己见"。

8日 访大觉寺、妙高峰、林学院,途遇少先队员请作诗,"便口占了这诗的开头四行","归途,把这诗补足成了十六行"。题为《玉兰和红杏》,有小序,发表于20日《人民日报》。

初收作家出版社1963年11月初版《东风集》,现收《郭沫若全集·文学编》第4卷。

9日 范政来看望,题赠七绝一首:"一曲洪波越海山,旅行小友忆新安,东风欢送人忘老,远望长春为破颜。"(1979年9月2日《吉林日报》)

◎ 为四川宜宾赵一曼纪念馆题馆名,并题七律一首,附跋语:"赵一曼烈士生于宜宾,在抗日战争中牺牲于东北珠河。一九六二年四月九日为宜宾抗日民族英雄赵一曼纪念馆书此。"手迹发表于7月5日《四川日报》,现藏四川省宜宾赵一曼纪念馆。(《郭沫若书法集》,四川辞书出版社1999年版)

初收作家出版社1963年11月初版《东风集》,题为《"赵一曼纪念馆"》；又以《赵一曼》为题，收重庆人民出版社1963年11月版《蜀道奇》；现收《郭沫若全集·文学编》第4卷。

诗由路由谱曲，题为《万民永忆女先锋》，发表于1964年《音乐创作》5月号。

10日 《读〈随园诗话〉札记》第三十九则至第四十三则在《人民日报》上发表，即《败石瓦砾》《饕餮和尚》《金陵山川之气》《椰珠》《家常语入诗》。

收作家出版社1962年9月初版《读〈随园诗话〉札记》单行本，现收《郭沫若全集·文学编》第16卷。

11日 致电苏联科学院院长凯尔迪什院士，祝贺苏联第一个载人宇宙飞船"东方号"发射一周年。（12日《人民日报》）

12日 作七律《闻博白有绿珠里次韵奉和方子同志》，手迹载6月26日《广西日报》。

初收作家出版社1963年11月初版《东风集》，改题为《闻广西博白有绿珠里》；现收《郭沫若全集·文学编》第4卷。

15日 为"故宫所藏猫蝶砚"拓本题跋："在故宫得见此砚，属江村居士旧藏。镌刻甚为精巧，砚质乃端石，利用二鸲鹆眼以为猫眼，灵活有神。砚面蝶翅诸眼亦为石眼，可谓天造地设。砚工惜不知名耳。"6月17日又题："考古研究所魏善臣同志拓制。吴祖谦不知何许人。考有清一代丁酉年内无闰三月者，待考。"（《郭沫若书法集》，四川辞书出版社1999年版）

16日 出席第二届全国人民代表大会第三次会议闭幕式。（17日《人民日报》）

17日 中午，会见并在四川饭店宴请参加中苏研究黑龙江流域生产力问题联合学术委员会第四次终结会议的苏联代表团全体成员。（18日《人民日报》；《竺可桢全集》第16卷，上海科技教育出版社2009年版）

◎ 晚，往政协礼堂，主持世界文化名人、中国伟大诗人杜甫诞生1250周年纪念大会。在致开幕词中说："杜甫对人民的灾难有着深切的同情，对国家的命运有着真挚的关心；他的诗歌真实而又生动地反映了当时的现实，思想性和艺术性得到了高度的结合……诗歌的接力棒又在我们的手里了，我们要无愧于李白和杜甫。"致词摘要载18日《人民日报》。

18日 下午，往政协礼堂，与陈毅等出席首都各界人民纪念万隆会议七周年大会。在致开幕词时指出："万隆会议是标志被压迫民族和人民要求解放的我们这个伟大时代的产物。它反映了亚非地区十七亿人民要求友好团结、独立、和平的共同愿望，把争取和维护民族独立、反对帝国主义与殖民主义的共同斗争推进到一个新的阶段。"（19日《人民日报》）

◎ 下午，出席中国人民治协商会议第三届全国委员会第三次会议闭幕式。（20日《人民日报》）

◎ 晚，会见福冈县废除日美"安全条约"共同斗争会议代表团。（19日《人民日报》）

◎《读〈随园诗话〉札记》第四十四则至第四十八则在《人民日报》上发表，即《草木与鹰犬》《石棺与虹桥》《甘苦刚柔》《"一戎衣"解》《"撒羹"与"麻姑刺"》。

收作家出版社1962年9月初版《读〈随园诗话〉札记》单行本，现收《郭沫若全集·文学编》第16卷。

19日 晨，于人民大会堂河北厅和竺可桢、张劲夫谈学部会议开会程序。9时开始第四次学部会议，作简短报告。（《竺可桢全集》第16卷，上海科技教育出版社2009年版）

◎ 上午，与陈毅、周扬等出席中国亚非学会成立大会，并发表讲话。与竺可桢、季羡林等被选为中国亚非学会理事会理事。（20日《人民日报》）

中国亚非学会的宗旨是组织和推动学术界进行亚非各国政治、经济、历史、哲学、语言、文学、艺术、宗教、社会状况等的研究，促进中国和亚非各国的文化学术交流。首任会长为周扬。

◎ 下午，往人民大会堂福建厅，与朱德、陈毅、周扬等以诗人和诗歌爱好者的身份，同五十多位诗人一起举行诗歌座谈会，探讨繁荣现代诗歌创作的问题。发言谈道："诗总是在发展的。特别是诗的形式，更是发展的。""（诗）不能从形式上来看新旧，而应从内容、思想、感情、语汇上来判断新旧……将来的发展可能是新旧加起来再加以创造。""不管是写诗还是搞其它文艺，首先要紧的还是做人。"谈话内容由《诗刊》记者根据记录整理为《诗座谈记盛》，发表于《诗刊》1962年第3期，5月25日《光明日报》转载。

诗歌座谈会是由中国作家协会《诗刊》编辑部召集。参加座谈会的有柯仲平、臧克家、萧三、常任侠、袁水拍、谢冰心、冯至、饶孟侃、卞之琳、田间、张光年、阮章竞、李季、魏巍、闻捷、纳·赛音朝克图等。(20日《人民日报》)

◎ 跋陈鹏年自书诗卷："正气传吹鬼，青天德在人，一时天下望，万古吊中珍。"（郭沫若纪念馆馆藏资料）

20日 复函"石竹"（马凌霜）："您的信和《钗头凤》接到。油印稿，字太小而又漫漶，我的眼力有限，无法拜读。'后记'，用放大镜勉强看了一页多，也感觉吃力，没有看完。""您所提出的四个问题，我只能回答第一个，有关《钗头凤》的三个，我就无法回答了。""写历史剧与写历史教科书不同。写历史剧只要基本上不违背历史事实就行了，其它细节和人物是容许虚构的。历史故事，往往只有一个简单的轮廓，艺术家就应该用想象和其它方法来把它充实起来。甚至可以允许虚构一些插曲。写历史剧在用语上要受到一定限制，太近代化的语言不能用。总之要着重照顾到艺术的真实，也不要完全忽略历史的真实。"（《关于历史剧的一封信》，《战地》1980年第5期）

22日 上午，往车站，与邓小平等欢送以彭真为首的全国人民代表大会代表团赴朝访问。(23日《人民日报》)

◎ 受《人民文学》编辑部的邀请，拟为即将发表的毛泽东《词六首》写一篇诠释文章。收到《词六首》打印稿后致信陈白尘："主席词一首中的'一枕黄梁'，梁字应作粱，我想是打字的错误。又三首中'此行何去'下应打问号，应该也是打字的错误。此致 敬礼 郭沫若 四、二十二。"（手稿现藏中国现代文学馆；照片见许建辉《诗书如人足风流——文学馆馆藏郭沫若诗书作品述略》，2011年6月8日《文艺报》）

23日 致函王戎笙，请查毛主席《词六首》中的典故："'军阀重开战'，大概是指蒋桂之战吧？1929年军阀之战颇多。'直下龙岩上杭'，此项如决定，便可决定前者。第三首，'过大关'，是否大庾岭？'下吉安'在何时？'捉了张辉瓒'是何时何处捉着的？第五首，'白云山'是何处的山？'八百里驱十四日'是何时？""第六首，关于黄公略的牺牲有无更详细的记载。六首看来是攻占长沙事。""以上请您帮忙查考一下。革命博物馆或许有资料。"（《文献》丛刊，1980年第1辑）

◎ 在前日所写致陈白尘信后补道："谢谢您廿三日的来信。初稿大可作为研究的线索，很有帮助。润色过的地方实在太好了。"（手稿现藏中国现代文学馆；照片见许建辉《诗书如人足风流——文学馆馆藏郭沫若诗书作品述略》，2011年6月8日《文艺报》）

24日 复信侄郭培谦，说道："你既是政协无党派的副主席，就尽力做好团结工作……这一次人大和全国政协的大会，把知识分子的地位抬得很高……但作为知识分子，自己还要更加努力，务要使名实相符。"谈及中央"以前有些偏差和错误，以加以改正或正在改正，错误是在所难免的，有错误就即时改正，这正是党的伟大处"。并表示"近来倒有心回乐山和沙湾去看看"。（1982年2月《四川大学学报丛刊·郭沫若研究专刊》第3集）

25日 下午，出席新技术局报告各所工作状况的会议，会议由张劲夫召集科学院各副院长、相关学部主任召开。（《竺可桢全集》第16卷，上海科技教育出版社2009年版）

◎ 下午，与贺龙、罗瑞卿等应邀出席朝鲜驻华大使韩益洙为纪念朝鲜人民抗日游击队创建30周年举行的招待会。（26日《人民日报》）

27日 参加中国科学院院务会议。（《竺可桢全集》第16卷，上海科技教育出版社2009年版）

◎ 为37年前所译爱尔兰作家约翰·沁孤剧本《骑马下海的人》重新发表作前言，评价约翰·沁孤本质上是一位诗人，作品"朴素，不矜持，但很精练"，剧中人物"都是下层社会的人。作者是同情这一阶层的，这一阶层的生活情调，在他看来好像是一种宿命性的悲剧。他体会到了这种悲剧，但不知道如何来消灭这种悲剧的根源。这也就是旧现实主义的局限性"。与《骑马下海的人》剧本译文一起发表于《剧本》6月号。

下旬 作为列宁国际和平奖金委员会副主席，在1961年"加强国际和平"列宁国际奖金授予奖金的决议上签名。（5月2日《人民日报》）

◎ 为弄清毛泽东"词六首"的写作情况，数往中央档案馆查阅有关文献资料。（齐得平《诚挚的友谊》，《郭沫若研究》1985年第1辑）

本月 为纪念内山完造逝世三周年作四言诗一首："东海之上，西海之花。生于冈山，葬于中华。万邦友好，四海一家。消灭侵略，幸福无涯。"（手迹藏日本内山书店）

5 月

1 日 上午，往政协礼堂门前广场，出席"五一"劳动节庆祝大会。会后，与李四光、包尔汉等率领游行队伍上街游行。(2 日《人民日报》)

◎ 晚，往天安门，与毛泽东、刘少奇等在天安门城楼观看广场上的大联欢和节日的焰火，共庆"五一"国际劳动节。(2 日《人民日报》)

◎ 作《喜读毛主席的〈词六首〉》，对毛泽东的《清平乐·蒋桂战争》《减字木兰花·广昌路上》《采桑子·重阳》《蝶恋花·从汀江到长沙》《渔家傲·反第一次大围剿》《渔家傲·反第二次大围剿》六首词作阐释、介绍背景，发表于《人民文学》1962 年 5 月号，略作修改后载 12 日《人民日报》。称赞毛主席诗词是"革命的诗史，这诗史不是单纯用言语文字记录出来的，而是用生命和鲜血凝铸出来的。要这样的诗词才真正值得称为创造性的革命文艺"。

3 日 下午，出席全国政协为欢迎"五一"劳动节回国观光的华侨和来北京的港澳同胞举行的酒会，并在会上致祝酒词。(4 日《人民日报》)

4 日 下午，往火车站，与朱德、邓小平等欢迎以彭真为首的全国人民代表大会代表团出访朝鲜归来。(5 日《人民日报》)

7 日 回复七妹郭葆贞 4 月 24 日来信。云："你能定居在乐山洙泗塘，是统战部的照顾，希望你好好住下去。""五哥么弟有来京看我的意思，我已去信阻止。远道来京，既劳累，又费钱，千万不要这样做。我倒想争取一个机会，回乐山看大家。"（手迹见《郭沫若书信集》上，中国社会科学出版社 1992 年版）

9 日 致函毛泽东，告知："我应《人民文学》的需要，写了一篇《喜读毛主席的〈词六首〉》。因为《人民文学》要在十二日出版，今天才送了小样来，没有来得及先送给主席看看，恐怕有不妥的地方。闻《人民日报》将转载，如主席能抽得出时间披阅一过，加以删正，万幸之至。"（《郭沫若研究》第 1 辑，文化艺术出版社 1985 年版）

◎ 复函陈明远，告之 4 月 29 日、5 月 1 日和 5 月 5 日的信和《诗的新形式探讨》都已读过。谈及 4 月 19 日诗歌座谈会，说道："我倒感觉着诗人与诗学家应该分分工。荷马有诗而无诗学，亚里士多德有诗学而无诗。老是叫诗人来谈诗，恐怕只能说出那些老套……科学家和艺术家是宜分工合作，古今中外能兼长者实在很少。"关于《沫若文集》的"勘误表"，认为"是有搞的必要，但似乎还值不得让你费去宝贵的休假时间来搞。我这倒不是和你客气。我是希望你更好地利用时间来促进身体和精神两方面的发展"。(郭沫若纪念馆馆藏资料)

◎《读〈随园诗话〉札记》第四十九则至第五十五则在《人民日报》上发表，即《太低与太高》《马粪与秧歌》《枫叶飘丹》《脉望与牡丹》《"五云多处是京华"》《所谓"诗谶"》《"诗佛"之自我宣传》。

收作家出版社1962年9月初版《读〈随园诗话〉札记》单行本，现收《郭沫若全集·文学编》第16卷。

10日 晚，往北京饭店，与贺龙、陈毅等出席朝鲜驻华大使韩益洙为招待访朝归来的我全国人民代表大会代表团举行的宴会。(11日《人民日报》)

上旬 在《大众电影》编辑部观看海默编剧的影片《洞箫横吹》。(沈基宇《郭老与电影》，《大众电影》1979年第6期)

12日 《喜读毛主席的〈词六首〉》在《人民日报》上发表。

文章发表后，毛泽东将文中介绍《忆秦娥·娄山关》写作背景的一段全部删去，另替郭沫若改写了一段："我对于《娄山关》这首词作过一番研究，初以为是写一天的事。后来又觉得不对，是在写两次的事，头一阕一次，第二阕一次。我曾在广州文艺座谈会上发表了意见，主张后者（写两次的事），而否定前者（写一天），开始我错了。这是作者告诉我的。一九三五年一月党的遵义会议以后，红军第一次打娄山关，胜利了，企图经过川南，渡江北上，进入川西，直取成都，击灭刘湘，在川西建立根据地。但是事与愿违，遇到了川军的重重阻力。红军由娄山关一直向西，经过古蔺、古宋诸县打到了川滇黔三省交界的一个地方，叫做'鸡鸣三省'，突然遇到了云南军队的强大阻力，无法前进。中央政治局开了一个会，立即决定循原路反攻遵义，出敌不意，打回马枪，这是当年二月。在接近娄山关几十华里的地点清晨出发，还有月亮，午后二三时到达娄山关，一战攻克，消灭敌军一个师，这时已近黄昏了。乘胜直追，夜战遵义，又消灭敌军一个师。此役共消灭敌军两个师，重占遵义。词是后来追写的，那天走了一百多华里，指挥作战，哪有时间和精力去哼词呢？南方有好多个省，冬天无雪，或多年无雪，而只下霜，长空有雁，晓月不甚寒，正像北方的深秋，云贵川诸省，就是这样。'苍山如海，残阳如血'两句，据作者说，是在战争中积累了多年的景物观察，一到娄山关这种胜利和自然景物的突然遇合，就造成了作者自以为颇为成功的这两句话。由此看来，我在广州座谈会上所说的一段话，竟是错了。解诗之难，由此可见。"（《毛泽东年谱1949—1976》第5卷，中央文献出版社2013年版）

14日 从北京鲁迅博物馆借来《寰宇贞石图》存稿，"穷一日之力""检阅一遍"后，题签书名并作序："鲁迅先生有《寰宇贞石图》之作，久所知悉，今始得见其稿本，大快私意。""以一人一手之烈，短期之内，得观其成，编者之毅力殊足惊人。全书系依年代先后编定，井井有条。研究历史者可作史料之参考，研究书法者可瞻文字之演变，裨益后人，实非浅鲜。"（手迹见《鲁迅研究资料》第5辑，天津人民出版社1980年版）

16日 致函人民文学出版社："朱总的诗词选读了一遍。书名另纸题就，以备用。""《登尔雅台怀人》一诗中的'四位英雄'，我只记得有一位是汤恩伯，其余三位不知是谁。""蒋军在整个战役中，遗弃国土二十多万平方公里，沦陷大小城市一百四十六座，丧师六十万左右。六十万人合当二十个军的人数，故诗中云'丧廿军'。""'东邻陨越可先闻'，是朱总的科学预言。'东邻'即指日本，'陨越'就是垮台。日寇在一九四五年八月果然无条件投降了。"（收入《朱德诗选集》，人民文学出版社1963年版）

19日 晨，录3月30日所作七律《纪念毛泽东主席〈在延安文艺座谈会上的讲话〉二十周年》，发表于22日《光明日报》。手迹现藏北京中国画院。（《郭沫若书法集》，四川辞书出版社1999年版）

21日 下午，往人民大会堂福建厅，会见以山田正平为首的日本书法代表团。同日本的书法家们畅谈两国的书法艺术和悠久的文化关系。宾主在亲切友好的交谈中，都表示要加强两国书法艺术和其他方面的文化交流，促进两国人民的友谊。（22日《人民日报》）

◎ 作《凯歌百代》，发表于6月29日《人民日报》。叙述了应黄继光纪念馆筹备委员会之约，在黄继光牺牲十周年前夕为烈士纪念碑撰写对联、为纪念馆照壁题字的经过。题字"凯歌百代"，对联："血肉作干城，烈概在火中长啸；光荣归党国，英风使天下同钦。"手迹现藏四川省中江

县黄继光纪念馆。(《郭沫若书法集》，四川辞书出版社 1999 年版)

22 日 晚，应邀往政协礼堂，与周扬、谢觉哉、齐燕铭等出席中国电影工作者协会举行的 1960—1961 年影片评选"百花奖"授奖大会和电影工作者联欢晚会。并在授奖仪式上发奖。(23 日《人民日报》)

为获奖影片、演员题词如下：

题为《红色娘子军》："海南岛上碧血凝出的琼花，在东风中开遍了泱泱中华。红色的气韵真正壮美无瑕，众口同声说：最佳、最佳、最佳。"发表于 5 月 23 日上海《文汇报》，手迹见《大众电影》第 5、6 期合刊。

初收作家出版社 1963 年 11 月初版《东风集》，现收《郭沫若全集·文学编》第 4 卷。

题赠谢晋同志："导演才算得是真正的创造者，他躲在幕后部署出万象分拏。只是一个蓝图不能算是大厦，只是一个概念不能算是真正的花。"手迹发表于《大众电影》第 5、6 期合刊。

题赠祝希娟同志："出死入生破旧笼，海南岛上啸东风。浇来知是英雄血，一朵琼花分外红。"发表于 5 月 23 日上海《文汇报》，题为《为百花奖赠给最佳电影女演员祝希娟同志》。

初收作家出版社 1963 年 11 月初版《东风集》，现收《郭沫若全集·文学编》第 4 卷，题为《赠祝希娟同志》。

题赠陈强同志："反面教员大有教育意义，何况有意识的担当反面教员。有了比较谁也知道孰优孰劣，更鲜明的看得出光明在前面。"手迹发表于《大众电影》第 5、6 期合刊。

23 日 出席全国剧协为纪念《在延安文艺座谈会上的讲话》发表 20 周年举行的话剧工作者座谈会。发表讲话指出："主席的《讲话》是从自己的创作实践和革命实践中总结出来的，是从实践到理论。而我们学习《讲话》，则是从理论到实践……要真正掌握革命文艺理论，必须通过自己的生活实践和创作实践才能完成。"在谈到文艺批判时指出："要使文艺创作真正达到繁荣和百花齐放，文艺批评也要更健康地发展起来。""我着意提到这一点，是因为在中国不知何时形成了一个不太好的见解：把批评看成是责骂。搞创作的人神经是比较纤细的，经不起批评，有时一句话说得很轻也看成很重。批评能推动创作，起好作用，但有时的确也会起消极影响。要使批评家的好心肠起好作用，大可不必那么急躁粗暴。"附带说明在解释毛主席《词六首》文中对"枯木朽株"的解释不妥。讲话发表于《剧本》第7期，题为《实践·理论·实践》。

◎ 晚，往政协礼堂，与茅盾、周扬、老舍等出席文化部和中国文学艺术界联合会为纪念毛泽东主席《在延安文艺座谈会上的讲话》发表20周年联合主办的联欢晚会。(24日《人民日报》)

◎ 作诗《在纪念会上》。

初收作家出版社1963年11月初版《东风集》，现收《郭沫若全集·文学编》第4卷。

◎ 作《"枯木朽株"解》，发表于6月8日《人民日报》。纠正《喜读毛主席的〈词六首〉》一文中对毛主席词《渔家傲》中"枯木朽株齐努力"一句的错解，说"枯木朽株"四字出司马相如《谏猎疏》。"有参加过当时战役的同志告诉我：当时红军是在白云山上，敌军在山下，由三路进攻。红军从山头攻下，以高屋建瓴之势，粉碎了敌人，真犹如飞将军自天而降。"了解到当时的客观形势，才把真正的意义弄清楚了。"古人说：'学然后而知不足'，的确是至理名言。'足'是没有止境的，'学'也是没有止境的。一息尚存，我愿不断学习。"

25日 题赠"百花奖"最佳男演员崔嵬："普兰店的古莲子，埋在地底一千多年；同时被埋人的杂草已成泥炭。但莲子经过适当处理，种在水池里依然开花。"(沈基宁《郭老与电影》，《大众电影》1979年第6期；中国嘉德2011年春季拍卖会拍品0902号)

31日 下午，会见日中友好协会副理事长宫崎世民和常务理事兼事务局局长谷川敏三。(6月1日《人民日报》)

◎ 复函北京大学中国美学史资料组：告之来信已收到，针对收到的《美学史资料》目录，提出"开头的《尚书》四篇""都是伪古文尚书，不宜入选，要选只能选入晋代"，"《周礼》的二、三两项也值得考虑。《周礼》是经过刘歆窜改编制的，至少似应用案语注明，保留余地"。"陆机《文赋》、孙过庭《书谱》，都是好文章，似可以通录。王安石的《上人书》等，我觉得可以保留。""王氏能文并深知为文之甘苦，如《题张司业诗》云'看似寻常最奇崛，成如容易却艰辛'，不是个中人，不能说出这样的话。"(《郭沫若研究》第2辑，文化艺术出版社1986年版)

下旬 接受《中国青年》几位编辑的访问，回答青年提出的有关天才方面的一些问题。谈话分为"什么是天才""形成天才的因素"两部分。认为："凡是对人类社会、历史、文化的发展有重要贡献，为一般人所公认的伟大的历史人物，我们才可以称之为天才。""形成天才有多方面的因素……值得特别强调的还是个人的勤奋努力。"讲话由《中国青年》编辑根据记录整理，发表于 6 月《中国青年》第 12 期，题为《天才与勤奋》。

本月 书赠焦菊隐五律一首："代谢新陈易，谁为万世师。工农兵服务，真善美兼圻。形象春秋在，絃歌老少宜。喜闻还乐见，努力辅明时。"（手迹见《郭沫若书法集》，四川辞书出版社 1999 年版）

◎ 应八一电影制片厂之约，准备写电影文学剧本《郑成功》，开始搜集资料。（《学习，再学习》，《剧本》1963 年第 1 期）

◎ 历史剧《屈原》再次由河原崎长十郎在日本东京读卖大厅演出十余日。（《郭沫若先生和〈日本与中国〉》，《日本朋友悼念郭沫若》，吉林师范大学外研所日本文学研究室 1978 年版）

◎ 作《内蒙古自治区成立十五周年纪念》。发表于《草原》月刊 1962 年第 5 期。

◎ 书赠傅锦华："桃李三秀才，都是大书呆。遇见刘三姐，顿教口不开。"（手迹图片见冯锡刚《郭沫若集外佚诗三十二首辑注》，《郭沫若学刊》2015 年第 4 期）

6 月

1 日 复函陈明远，告之："你费那么多的时间给我写信，翻译我的旧诗，我总有些感觉着不安。""'诗文'我赞成写，但是赞成你写自己的生活，不必悬想别人的生活。"（郭沫若纪念馆馆藏资料）

3 日 复函李少一："您的信和《关于郑圃隐》一文已早收到。我曾直接寄往朝鲜，向副首相洪命熹同志请教。现蒙他回信，得以证明郑圃隐字梦周，是我注为了'隐圃'。但洪老说：郑确为高丽朝忠臣，明洪武年间曾两次出使中国，并非中国使臣出使朝鲜。您提及的两首残诗，他把全文也抄给了我。他还说，郑梦周书院南北各地有十多处。他将来如路过苔

滩时，当采访，如碑尚在，当录寄。"（《郭沫若研究》第1辑，文化艺术出版社1985年版）

4日 作《西江月》，赠竺可桢。（据手迹）

7日 晚，代表中国人民保卫世界和平委员会和日本和平委员会会长平野义太郎在共同声明上签字，呼吁各国人民团结起来共同行动，粉碎美国在远东的侵略活动。之后设宴接待平野义太郎和日本国际法律家联络协会常任理事石岛泰等日本友人。共同声明载8日《人民日报》。

9日 《诗歌史中的双子星座》发表于《光明日报》。称赞杜甫的诗歌"是当代的一面镜子。他所反映的现实，既真实而又生动，沉痛感人，千古不朽。实在的，艰难玉成了我们的诗人"。"我们今天在纪念杜甫，但我们相信，一提到杜甫谁也会连想到李白。李白和杜甫是像兄弟一样的好朋友。他们在中国文学史上的地位就跟天上的双子星座一样，永远并列着发出不灭的光辉。""李白和杜甫的结合，换一句话说：也就是浪漫主义和现实主义的结合。"文末加注："这篇东西本来是纪念杜甫诞生一千二百五十周年会上的开幕词。《光明日报》希望全文发表，我同意了。我对于原文略略有所删改，而另外安上了一个题目。"

10日 与李四光、邓子恢等组成涂长望同志治丧委员会。（10日《人民日报》）

涂长望，中国科学院学部委员、中央气象局局长，9日在北京逝世。

◎《读〈随园诗话〉札记》第五十六则至第六十三则在《人民日报》上发表，即《同声相应》《猫有权辩冤》《状元红之蜜汁》《天分与学力》《黄巢与李自成》《不佞佛者如是》《儿童子放风筝》《马夫赴县考》。

收作家出版社1962年9月初版《读〈随园诗话〉札记》单行本，现收《郭沫若全集·文学编》第16卷。

11日 晚，与陈毅应邀往北京饭店出席尼泊尔驻华大使凯谢尔·巴哈杜尔为庆祝尼泊尔王国马亨德拉·比尔·比克拉姆·沙阿·德瓦国王诞辰举行的招待会。（12日《人民日报》）

13日 作诗《由古莲子想起的》，发表于《科学大众》8月号。"一千多年前的古莲子呀，／埋没在普兰店的泥土下。／尽管别的杂草已经变成泥炭，／古莲子的果皮也已经硬化，／但只要你稍稍砸破了它，／种在水池里依然进芽开花！／／这令我想到古代的诗歌，／文字高古，音韵也有了传讹，/有时好像天书，不知在说些什么。/但只要你细心地把它砸破，/你便听到几千年前的心声，/一抑一扬地应和着自己的脉搏。//这令我想到受到压迫的人民，/无论是被本族的奴隶主、封建主，/或是被殖民主义者虎狼成群，/长久地镇压着没有一点声音。/但一朝觉醒了，睁开了眼睛，/全世界横卷着风暴和雷霆。//生命的火，谁能够压灭了它？/不仅古莲子留下了它的生命，/就是煤炭也能放出大红的火花！/燃吧，燃吧，把纸老虎通同火化，/烧毁一切脚镣、手铐和颈枷，/使全世界成为人民的天下！"

16日 上午，往车站，与朱德、邓小平等欢迎以朴金喆为首的朝鲜最高人民会议代表团。(17日《人民日报》)

◎ 上午，往中央气象局礼堂，出席涂长望同志公祭仪式，并担任陪祭。邓子恢担任主祭。(17日《人民日报》)

◎ 下午，参加朱德委员长会见以朴金喆为首的朝鲜最高人民会议代表团全体成员，并出席朱德举行的欢迎晚宴。(17日《人民日报》)

17日 上午，往人民大会堂，与朱德、邓小平等出席首都各界人民为欢迎以朴金喆为首的朝鲜最高人民会议代表团举行的集会。(18日《人民日报》)

◎ 下午，参加刘少奇主席会见以朴金喆为首的朝鲜最高人民会议代表团，并出席刘少奇主席为欢迎该代表团举行的宴会。(18日《人民日报》)

17日 为"故宫所藏猫蝶砚"拓本补跋："吴祖谦不知何许人"；"有清一代丁酉年内无闰三月者，待考。"(《郭沫若书法集》，四川辞书出版社1999年版)

18日 晚，往人民大会堂，与刘少奇、朱德等观看朝鲜国立艺术剧团的歌舞演出。演出休息时，随刘少奇等会见艺术团的负责人和主要演员。(19日《人民日报》)

◎ 作《"温故而知新"》，发表于7月12日《人民日报》。纠正《"枯木朽株"解》一文以为"枯木朽株"四字出司马相如《谏猎疏》的错误，查知"邹阳《自狱中上梁孝王自明书》中已有此四字"。解释毛主席《渔家傲》中"枯木朽株齐努力"一句，"不必拘泥于邹阳和司马相如的用法如何，而应当追求毛主席写那首词的战役形势"，"把'枯木朽株'解为腐恶的敌人"。

19日 七律《挽涂长望同志》发表于《人民日报》，称赞涂长望"肝胆照人风洒脱，心胸涵物韵容休"。

初收作家出版社1963年11月初版《东风集》，现收《郭沫若全集·文学编》第4卷。

20日 上午，往机场，与陈毅等欢送以朴金喆为首的朝鲜最高人民会议代表团赴武汉等地参观访问。(21日《人民日报》)

◎ 作《〈武则天〉序》。发表于7月8日《光明日报》。"自初稿写出到现在，快两年半了。在这期间，接受了不少同志们的意见，进行了很多次的修改。目前的这个本子，基本上可以作为定稿了。""历史学和历史剧的关系，至今还有争论"，"我是想把科学和艺术在一定程度上结合起来，想把历史的真实和艺术的真实在一定程度上结合起来"，"说得更明显一点，那就是史剧创作要以艺术为主、科学为辅；史学研究要以科学为主、艺术为辅"。

收中国戏剧出版社1962年版《武则天》，现收《郭沫若全集·文学编》第8卷。

中旬 致函竺可桢，询问主席诗词《忆秦娥·娄山关》是否描述的是阳历二月现象。(《竺可桢全集》第16卷，上海科技教育出版社2009年版)

22日 作短跋感谢傅学苓为《卜辞通纂》全书编制索引，赞其"忘我劳动"，"对于阅者和研究者会增加不少便宜"。收《郭沫若全集·考古编》第2卷。

23日 晨，作诗《吃水不忘开井人》，发表于28日《中国青年报》，有小序，有照片。记江西瑞金沙洲坝群众保护1932年毛主席所挖水井一事。

初收作家出版社1963年11月初版《东风集》，又收人民文学出版社1977年9月版《沫若诗词选》，现收《郭沫若全集·文学编》第4卷。

◎ 往中南海国务院礼堂和张劲夫等召集科学院研究员级人员谈时局问题，就最近蒋介石和美国两方情况谈了我国外交方面的问题。(《竺可桢全集》第16卷，上海科技教育出版社2009年版)

◎ 致电东京河上肇学会："纪念河上先生，应把先生的精神移诸实践。愿共同努力，消除战争根源的帝国主义。"(《东京河上会报》第4号；一海知义《河上肇中国诗人》，筑摩书房1979年8月版)

24日 下午，往机场，与陈毅等欢迎以朴金喆为首的朝鲜最高人民会议代表团访问武汉、杭州等城市后回到北京。(25日《人民日报》)

25日 上午，与夏衍、蔡若虹等陪同以朴金喆为首的朝鲜最高人民会议代表团参观全国美术展览会。(26日《人民日报》)

◎ 复函陈明远，告之所发现的诗，的确为自己日本留学时所作。关于陈欲转学中国科技大学，答复："同校内同志谈过。接示四年级等高年级的学生不能转学"，毕业后，可考虑来科学院数学所研究。又就陈明远欲改名"海英"表示，"只要你自己高兴，是可以的。但'明远'，我觉得也好，反正姓名不过是符号而已"。(影印件见陈明远《劫后诗存》，世界知识出版社1988年版；又见王戎笙《郭沫若书信书法辨伪》，兰州大学出版社2005年版)

◎ 晚，往工人体育馆，与朱德、邓小平等出席首都各界纪念朝鲜祖国解放战争12周年大会。(26日《人民日报》)

28日 作《〈读随园诗话札记〉后记》。表示从1962年2月28日《人民日报》陆续刊登《札记》以来半年多了，接到不少读者的来信，是"很可宝贵的收获"，列举了若干实例。对杜甫的认识，表示"前人之所以圣视杜甫，主要是因为他'每饭不忘君'。我们今天之认识杜甫杰出，是因为他能同情人民"。杜甫所发展和擅长的排律"在封建时代虽然是试帖诗的楷模。但在今天却没有多么高的价值了"。"把杜甫看成人，觉得更亲切一些。"最后说："我写出这七十七则《札记》的用意，是想借此学写点短文章。"

收作家出版社1962年9月初版《读〈随园诗话〉札记》，现收《郭沫若全集·文学编》第16卷。

29日 作《关于"椰珠"》。摘录自韩槐准《椰语》(《南洋学报》第3卷第1辑，1945年)。"沫若按"指出，"以上所述二种'椰珠'，一为天然结石，一为人工旋壳而成，判然有别"，"此可以补第四二则'椰珠'之不逮"。

收作家出版社1962年9月初版《读〈随园诗话〉札记》，现收《郭沫若全集·文学编》第16卷。

◎ 历史剧《武则天》于本日起在北京人民艺术剧院上演。由导演过《虎符》、《蔡文姬》的焦菊隐和梅阡合作导演。(7月2日《人民日报》)

30日　上午，往车站，与朱德、邓小平等欢送以朴金喆为首的朝鲜最高人民会议代表团。（7月1日《人民日报》）

◎ 临兮甲盘，有短跋云："久不作篆书矣，立群临池，鼎堂学写于大院胡同"。（手迹见《郭沫若遗墨》，河北人民出版社1980年版）

本月　主编《中国史稿》第一册由人民出版社出版。为原始社会、奴隶社会，从中国历史的开端，到春秋时代。前言之后，有《中国史稿》第一、二、三册编辑工作说明。

夏

◎ 书扇面《海南岛西路纪行六首》其一《赴崖城道中》，现藏北京中国画院。

◎ 为郭庶英书《访孙中山先生故乡五首》其二。（手迹见《郭沫若书法集》，四川辞书出版社1999年版）

◎ 为张帆书旧作《游大理十首》其一《天生桥》。（手迹见《郭沫若书法集》，四川辞书出版社1999年版）

◎ 为徐一兀题香宋山水小幅。（手迹见《郭沫若书法集》，四川辞书出版社1999年版）

◎ 书扇面《访萝冈洞四首》。（手迹见《郭沫若书法集》，四川辞书出版社1999年版）

◎ 为浙江湖州一品斋笔庄专题印集《湖颖谱》题签书名，并在引首处题四言诗一首："银钩铁画，刚出于柔。何况刀笔，纸是石头。阴阳辟阖，岳崎风流。以赞湖颖，洵足千秋。"9月20日发表于《光明日报》时首句改为"铁画银钩"。（费在山《郭老与"王一品"》，《书来墨迹助堂堂——郭沫若同志浙江题咏》，《西湖》文艺编辑部1979年6月版）

◎ 为舞蹈《五朵红云》题七绝一首："五指山上五云红，五角红星在抱中。众手擎天红五指，翻天复地破牢笼！"（手迹见1978年《舞蹈》第6期）

◎ 为《蔡文姬》一剧曹丕扮演者董行佶书："王船山对曹丕评价甚高，称之为诗圣，而对于曹植则深加贬斥，先得我心。"（手迹见《郭沫若书法集》，四川辞书出版社1999年版）

◎ 为长谷川敏三题字："古莲子埋藏在地底千年。一经出土，依然要

开花。"（据手迹）

◎ 以近作书奉钱瘦铁："喜见木棉花放蕊，水田初稻已分秧。沿途乳犊雄于虎，玉宇无垠涨海苍。"（据手迹，载《乐山市志资料》1984年第1、2期合刊）

7月

1日 主持全国性人民团体负责人大会，讨论并通过了出席即将在莫斯科召开的争取普遍裁军与和平世界大会中国代表团名单。（2日《人民日报》）

◎《读〈随园诗话〉札记》第六十四则至第六十九则在《人民日报》上发表，即《咏梧桐》《蜘蛛不会领情》《奸猾哉，袁子才！》《青衣之诗》《如皋紫牡丹》《言诗》。

收作家出版社1962年9月初版《读〈随园诗话〉札记》单行本，现收《郭沫若全集·文学编》第16卷。

2日 为张德钧《关于袁枚的生年》加按语。因《读〈随园诗话〉札记》序中"标出袁枚生于一七一六年"，而北大中文系所编《中国文学史》定袁枚生于一七一五年，有读者来信"问当以何者为可靠"，便"请张德钧同志帮忙查考了，当以一七一六年为是"将"原信照录如下"，加此按语。

张德钧《关于袁枚的生年》及按语作为附录，收《读〈随园诗话〉札记》。

3日 复信徐迟："六月二十五日信和《长江大合唱》都接到了。祝您获得丰收。可惜我对于乐谱是外行，不能从纸上欣赏。孩子们有搞音乐的，我要教他们弹奏合唱一下。《祁连山下》尚未拜读，因发表当时，我在广东。我要找出来读读。您要写小说，我很赞成。用诗的形式来写作品，认真说太束缚人。改用散文的形式也未尝不是诗。旅行是最好的事，我一在外旅行，便可以有些创作，一停顿在京里，就像化了石一样，因此我十分羡慕您。祝您抓着时机，大胆落墨，认真写些东西出来。"（《人民文学》1982年第1期）

5日 下午，往政协礼堂，与廖承志、习仲勋等出席首都各界庆祝阿

尔及利亚独立大会。(6日《人民日报》)

6日 晚，在首都剧场观看北京人民艺术剧院演出《武则天》。(7日致焦菊隐函)

7日 致函焦菊隐："昨晚看了《武则天》，对于剧本的不完备处，我再提些小意见。"总共11条，第6条加上一些台词，以显示"十三娘心理转换的量变过程"；第9条强调"武则天应尽量表现出大人物的风度，出以自然，不要矜持。除掉必要的地方，不要太动声色"。(《关于话剧〈武则天〉的书简》，《新文学史料》1980年第2期)

收《郭沫若全集·文学编》第8卷。

8日 中央美术学院学生范曾画毕业作《文姬归汉图》索题，遂作五言诗《题〈文姬归汉〉》，有小序，发表于12日《光明日报》。

初收作家出版社1963年11月初版《东风集》，现收《郭沫若全集·文学编》第4卷。

◎《读〈随园诗话〉札记》第七十则至第七十四则在《人民日报》上发表，即《松堂养猪》《"全家诛产禄"》《地主与农民》《诗人无常识》《九天玄女》。

收作家出版社1962年9月初版《读〈随园诗话〉札记》单行本，现收《郭沫若全集·文学编》第16卷。

10日 下午，往政协礼堂，与周恩来、邓小平等出席首都各界庆祝"中朝友好合作互助条约"签订一周年大会。讲话指出："中朝友好合作互助条约的签订，是我们两国人民的伟大友谊进入新阶段的重要标志。"讲话全文载11日《人民日报》。

◎ 下午，与周恩来总理接见朝鲜国立艺术剧团团长辛道善和主要演员。(11日《人民日报》)

12日 晚，往北京饭店，与陈毅等应邀出席朝鲜驻华大使韩益洙为庆祝朝中友好合作互助条约签订一周年举行的宴会。(13日《人民日报》)

14日 晚，往北京饭店，与周恩来等应邀出席伊拉克驻华大使阿卜杜勒－哈克·法迪尔为庆祝伊拉克共和国国庆四周年举行的招待会。(15日《人民日报》)

15日 为纪念史可法诞辰360周年，题诗一首赠扬州史可法纪念馆："国存与存亡与亡，巍峨庙貌甚堂堂。梅花岭上遗香在，铁炮何时返故

邦？"（手迹现藏扬州史可法纪念馆，书录时第一句缺最后一个"亡"字）

16日 上午，往机场，与周恩来等欢送陈毅赴日内瓦参加关于老挝问题的日内瓦会议。(17日《人民日报》)

17日 作《纪念"八一"建军节三十五周年》，发表于28日《光明日报》、29日《解放军报》。

初收作家出版社1963年11月初版《东风集》，又收人民文学出版社1977年9月版《沫若诗词选》，现收《郭沫若全集·文学编》第4卷。

18日 复函陈明远，就其最近来信与文稿写道："你写得相当猛，使我吃惊。但可惜，你写的差不多都是我的陈迹，我觉得你是有点枉费力气的。你为什么不写你自己呢？""作为研究我的评传，也是一个办法。但目前太早，为生人写评传，有类于标榜，我们中国没有这个风气，特别是目前。""不是我替你泼冷水，你是有点像信徒一样了。"告知已把《留学日本初期的诗》一文加以删改，连同陈的情况和住址"寄给了《上海文学》的编辑部叶以群同志，请他斟酌。如不拟采用，请他直接寄还你。……你寄《诗刊》社的两篇东西，他们未寄来，我也不好替你催。"陈明远请求将几年前寄来的诗寄还，因一时较难找到，故告之"日后在清理积件的时候，如果清理出，我寄还你。"（郭沫若纪念馆馆藏资料；影印件见王戎笙《郭沫若书信书法辨伪》，兰州大学出版社2005年版）

另附便条："海英：信接到。剪报退还你。祝你好。"（影印件见陈明远《劫后诗存》，世界知识出版社1988年版）

◎ 阅夏鼐为《红旗》杂志所写《新中国的考古学》一文。(《夏鼐日记》，华东师范大学出版社2011年版)

19日 下午，与廖承志等出席首都各界支持越南人民反美爱国正义斗争大会并讲话。强烈谴责美国变本加厉侵略南越是对印度支那和东南亚和平和安全的严重挑衅，指出中越两国的安全不能分割。在反美爱国斗争中，中国人民永远和越南人民紧紧地站在一起。讲话全文载20日《人民日报》。

21日 赴北戴河。(24日致翦伯赞函)

22日 《读〈随园诗话〉札记》第七十五则至第七十七则，即《紫姑神》《两个梦》《考据家与蠹鱼》，以及《后记》在《人民日报》上发表。

收作家出版社1962年9月初版《读〈随园诗话〉札记》单行本，现收《郭沫若全集·文学编》第16卷。

24日 复函翦伯赞，感谢对郑𰻃隐其人"作了详细的指示"。告知1958年访朝时，"在开城看到了关于他的纪念碑"并赋诗提到他。"曾直接写信向洪命熹副首相请教"郑是否是中国人。(《北京大学学报》1978年第3期)

25日 与李四光、吴有训等组成朱洗同志治丧委员会，任治丧委员会主任。(26日《人民日报》)

朱洗，中国科学院生物学学部委员、中国科学院实验生物研究所所长，24日在上海逝世。

31日 作为中国人民保卫世界和平委员会主席致电第八届禁止原子弹氢弹和阻止核战争世界大会，向大会致以热烈的祝贺，并向坚决反对核武器、坚持反美爱国斗争的日本人民表示崇高的敬意。电文摘要载8月1日《人民日报》。

◎ 复函《四川日报》编辑，写道："歌颂赵一曼同志，我联想到了秦良玉"。秦良玉以"一位女性，出于爱国热情，能够万里请缨，抗击侵略，这行动是可以令人感动的"。"她标榜着'保境安民'，也和张献忠打过。这些是她最不名誉的污迹，新史学家们大多因此而否定了她。""从这具有民族意识和爱国热情而能反抗侵略、死不投降这一个角度来看，我认为秦良玉这个人物是不好完全抹杀的。"[附白]秦良玉在《明史》中有传，进一步肯定"象她这样不怕死，不爱钱的一位女将，在历史上毕竟是很少见的"。

发表于8月26日《四川日报》，题为《关于秦良玉的问题》；收《郭沫若全集·历史编》第3卷。

◎ 复函王戎笙："清人入关并统治二百多年，的确是件奇事。清人到处，明兵纷纷迎降。待一掉头，又誓死效命。同一明兵明将，前如驯羊，后如猛虎，不是奇异吗？因为研究郑成功，我想郑成功也可能感到此奇事。"附言"请送《潮汐集》一册来"。(《文献》丛刊，1980年第1辑)

8月

3日 致函王戎笙，询问北宋少年诗人邢居实有《呻吟集》，请问一下北京图书馆是否可以找到。"他有一篇《明妃曲》，是十四、五岁时作的，一说是八岁时作的。我很想看一看它的全文。""如北京图书馆没有，也可问一问中国书店或来薰阁，在宋诗总集中或许可以查出。"(《文献》丛刊，1980年第1辑）

7日 下午，参加毛泽东主席同正在我国访问的拉丁美洲国家的朋友们的会见。(9日《人民日报》）

◎ 晚，设宴招待正在我国访问的拉丁美洲国家的朋友们。致辞感谢各国朋友带来了拉丁美洲人民的友谊，同时也请他们把中国人民的友谊带给拉丁美洲各国人民。(9日《人民日报》）

12日 致电苏联科学院院长凯尔迪什院士，祝贺苏联成功发射载人宇宙飞船"东方三号"和"东方四号"。电文载13日《人民日报》。

20日 为《人民教育》题词，发表于9月19日《光明日报》，《人民教育》9月号。说："培养中小学生写好字，不一定要人人都成为书家，总要把字写得合乎规格，比较端正、干净、容易认。这样养成习惯有好处，能够使人细心，容易集中意志，善于体贴人。草草了事，粗枝大叶，独行专断，是容易误事的。练习写字可以逐渐免除这些毛病。但要成为书家，那是另有一套专门的练习步骤的，不必作为中小学生的普遍要求。"

22日 致函陈明远，告之自己已于7月21日到北戴河，秋凉后可能有机会前往上海。(郭沫若纪念馆馆藏资料）

25日 作七律《咏北戴河》二首。发表于1963年《河北文学》第2期，有小标题《看鲨鱼》《诵〈北戴河〉》。

初收作家出版社1963年11月初版《东风集》，删去诗题；现收《郭沫若全集·文学编》第4卷。

26日 为建立在沈阳抗美援朝烈士陵园中的抗美援朝烈士纪念碑作诗《题沈阳抗美援朝烈士纪念碑》，发表于9月20日《光明日报》。

初收作家出版社1963年11月初版《东风集》，又收人民文学出版社1977年9月版《沫若诗词选》，现收《郭沫若全集·文学编》第4卷。

◎ 作七律《题天福山抗战起义纪念碑二首》，皆有小序。发表于9月20日《光明日报》。其一，为纪念胶东文登天福山抗战武装起义25周年暨天福山中学建校十周年，树碑刻石而作；其二，诗咏领导天福山起义，在雷神庙之役中牺牲的胶东特委书记兼司令员理琪。

初收作家出版社 1963 年 11 月初版《东风集》，现收《郭沫若全集·文学编》第 4 卷。

◎ 致函刘大年。谓"八月廿一日信接到"。"《中国史稿》第四册清样火速看了一遍，写得扼要、明确、流畅，有吸引力。反帝反封建的一条红线，像一条脊椎一样贯穿着，这是所以有力的基本原因。我只在枝叶上加了一些小小的添改。""谢谢您和执笔同志们的辛劳，并祝贺您们的成就。"另提"朱永嘉同志一文也看了。对于郑氏的看法太偏于否定。特别是郑成功的反殖民主义斗争，在文章中只字未提，觉得有欠公允"。（《刘大年来往书信选》，中央文献出版社 2006 年版）

本月 在北戴河受贺龙、廖承志、刘宁一、曹禺、金山等鼓励，开始创作电影文学剧本《郑成功》。10 月完成初稿。（《学习，再学习》，《剧本》1963 年第 1 期）

◎ 应《中国青年》杂志社请求，将给北京师范大学团委会、学生会的回信（1956 年 2 月 24 日），给清华大学任健的一封信（1956 年 9 月 11 日），给陈明远的三封信（1956 年 9 月 14 日、1957 年 4 月 17 日、1961 年 3 月 23 日），合辑为《给青年的几封信》，发表在杂志第 15、16 期合刊。给个人复信均掩去上款姓名。

9 月

3 日 与陈毅、陈伯达等组成李亚农同志治丧委员会。（4 日《人民日报》）

李亚农，中国科学院哲学社会科学部学部委员、上海社会科学院历史研究所所长，2 日在上海逝世。

6 日 作七绝《北戴河一夕即景》。

初收作家出版社 1963 年 11 月初版《东风集》，又收人民文学出版社 1977 年 9 月版《沫若诗词选》，现收《郭沫若全集·文学编》第 4 卷。

9 日 为香港《文汇报》14 周年纪念题词"民之喉舌"发表于香港《文汇报》。

10 日 作七绝《游鸽子窝》，有小序。

初收作家出版社 1963 年 11 月初版《东风集》，现收《郭沫若全集·

文学编》第4卷。

11日 从北戴河返京。(谢德铣《郭沫若同志 1962 年绍兴之行述略》,《郭沫若学刊》1996 年第 4 期)

◎ 复函绍兴鲁迅纪念馆:"今天才从北戴河回来,来不及写字,请放大使用。郭沫若,九,十一。"信中另附小纸一页为绍兴鲁迅纪念馆题写了馆名。(谢德铣《郭沫若同志 1962 年绍兴之行述略》,《郭沫若学刊》1996 年第 4 期)

1962 年 8 月 24 日绍兴鲁迅纪念馆曾致信郭沫若,请题写馆名匾额,并希望于 9 月上旬回信,以便于 9 月 25 日鲁迅先生 81 周年诞辰悬挂。此回函写于绍兴纪念馆致郭沫若信原笺纸空隙处。用此题字所制馆匾一直使用到 70 年代纪念馆拆除旧馆新建陈列大厅之时。

12日 致函陈明远,告之 11 日才从北戴河返京,来稿还来不及看,到上海的日期也不能确定。(郭沫若纪念馆馆藏资料)

13日 作《魔高十尺,道高千丈!》,祝贺我军击落美制 U-2 飞机,发表于 14 日《人民日报》。"任你战争魔鬼的黑色飞机能飞得多高多远,我们能够打下你,使你不能够再兴妖作怪。这就是社会主义的优越性,真正的保卫和平者的威力!"

15日 下午,往人民大会堂,与周恩来等出席首都各界为庆祝我军击落 U-2 飞机暨抗议美帝战争挑衅举行的集会。讲话全文发表于 16 日《人民日报》,题为《加强国防建设,保卫祖国,保卫世界和平。美国强盗从哪里来就一定把它消灭在哪里》。说:"这是对好战的美帝国主义的一个当头棒喝,是对它的战争政策和侵略计划的一个沉重打击。"

◎ 晚,与廖承志等出席周恩来总理和陈毅副总理为欢迎日本自由民主党顾问、众议院议员松村谦三举行的宴会。(16 日《人民日报》)

18日 上午,会见日本松村谦三和他的随行人员。(19 日《人民日报》)

19日 晚,与周恩来、陈毅等应邀出席松村谦三举行的告别宴会。(20 日《人民日报》)

20日 为纪念黄继光、邱少云烈士牺牲十周年,作七律《火中不灭凤皇俦——黄继光、邱少云二烈士逝世十周年》发表于《光明日报》。"火中不灭凤皇俦,国际英雄黄与邱。克敌敢将身作盾,护军甘以血为油。牺牲我作真豪杰,鼓舞人争最上游。谁道艰难唯一死?轩昂壮烈耿千秋。"

初收作家出版社1963年11月初版《东风集》，又收人民文学出版社1977年9月版《沫若诗词选》，现收《郭沫若全集·文学编》第4卷。

◎ 作《关于武则天的两个问题》，发表于26日《光明日报》。回应12日《光明日报》袁震《是谁杀死了李贤？》一文，分两部分：第一，"是谁杀死了李贤？"接受袁震的批评，承认自己看《旧唐书》"实在太疏忽"，但仍然"怀疑李贤不会是武后杀的"，强调自己"比较相信"《朝野佥载》中关于裴炎的记载，裴炎"谋杀李贤的可能性也就被引伸了出来"。第二，武则天的生年有问题。认为大多数学者采用的武则天生于武德七年说"有问题"，根据1955年出土的《利州都督府皇泽寺唐则天皇后武氏新庙记碑》以及《谭宾录》《攀龙台碑》，认定"武后当生于贞观初年，而决不是生于武德七年"，由此更表明"她总是生于利州的"。

收《郭沫若全集·历史编》第3卷。

21日 与茅盾、阳翰笙等组成欧阳予倩同志治丧委员会。(22日《人民日报》)

欧阳予倩，著名剧作家，21日逝世。

23日 下午，往机场，与廖承志等欢迎以阮文孝为首的越南南方民族解放阵线代表团，并在机场举行的欢迎仪式上致欢迎词。致辞全文载24日《人民日报》。

◎ 晚，在人民大会堂会见并宴请以英国皇家学会副会长布朗爵士为首的英国皇家学会代表团。(24日《人民日报》)

24日 上午，往首都剧场，出席欧阳予倩公祭大会，并担任陪祭。陆定一担任主祭。(25日《人民日报》)

◎ 晚，与彭真等出席中国人民保卫世界和平委员会和中国亚非团结委员会为欢迎以阮文孝为首的越南南方民族解放阵线代表团举行的宴会，并讲话。讲话摘要载25日《人民日报》。

◎ 签署中国科学院常务会议授权书，授权副院长吴有训为中国科学院全权代表和捷克斯洛伐克科学院签订中捷两院科学合作协议和1962—1963年执行计划。(中国科学院档案)

25日 参观黄山风景摄影展览，题诗一首，手迹发表于《中国摄影》第6期。"天工向人挑战，人工比天巧算。把你好处摄来，胜似画图好看。我未到过黄山，今来影上大观，仿佛身在云海，胸中涌出波澜。"

26日 上午，往中山公园音乐堂，与陈毅等出席首都各界欢迎越南南方民族解放阵线代表团大会。发表讲话指出：在反对共同敌人美帝国主义、争取和维护民族独立、保卫亚洲和世界和平的斗争中，中国人民永远同越南人民团结在一起、战斗在一起。讲话全文载27日《人民日报》，题为《中国人民永远同越南南方人民团结战斗在一起》。

27日 为庆祝中华人民共和国成立13周年，作七律《三面红旗更灿然》，发表于10月1日《人民日报》。"三面红旗更灿然，灾荒免胄在军前。陇头积粟堆成阜，幽二飞机打下天。战败地球须再厉，戳穿纸虎勿多言。胆如饴蜜薪如毯，三面红旗更灿然。"

28日 下午，会见日本生理学家柘植秀臣和哲学家芝田进午。（29日《人民日报》）

◎ 往机场，与丁西林等欢迎美国著名黑人学者、世界和平理事会理事杜波伊斯博士和夫人歇莉·格雷姆。（29日《人民日报》）

29日 晨，往机场，与邓小平等欢送以彭真为首的全国人大代表团离京赴越南访问。（30日《人民日报》）

◎ 晚，往北京饭店，与陈毅等应邀出席越南驻华大使陈子平为欢迎以阮文孝为首的越南南方民族解放阵线代表团访华举行的招待会。讲话预祝越南南方人民在今后的斗争中取得新的、更大的胜利。讲话摘要载30日《人民日报》。

30日 与吴有训等出席中国科学院和捷克斯洛伐克科学院1962—1966年科学合作协议和1962—1963年执行计划的签字仪式。并设宴招待捷克斯洛伐克科学院代表团的全体成员，庆贺中捷两国科学院科学合作协议和执行计划的签订。（10月1日《人民日报》）

◎ 晚，往人民大会堂，与刘少奇等出席周恩来总理为庆祝新中国成立13周年举行的国庆招待会。（10月1日《人民日报》）

本月 《读〈随园诗话〉札记》由作家出版社出版。包括序、七十七则札记、后记，以及附录五篇：一、关于袁枚的生年（张德钧），二、古剌水（马坚），三、从《栽竹诗》说起（黄诚一），四、关于"椰珠"（韩槐准），五、"悬棺葬式"疏略（李瑾）。现收《郭沫若全集·文学编》第16卷。

◎ 历史剧《武则天》由中国戏剧出版社出版。包括序一则，剧本正文，附录四则：《我怎样写〈武则天〉?》、《重要资料十四则》、《诗五首》（《游乾陵三首》《弔章怀太子墓》《游顺陵》）、《武则天生在广元的证据》，插图三幅：唐代张萱作《唐后行从图》、傅抱石作彩色插图二幅。人民文学出版社1979年10月再版，删去插图补入照片四幅。收入《郭沫若全集·文学编》第8卷时，补入附录五：《书简三函》（《致阳翰笙》《致邵荃麟》《致焦菊隐》）。

◎ 为沈阳科技馆题词。（辽宁档案信息网 http://www.lndangan.gov.cn/lns-daj/lndsj/content/4028eaa228fb517a0128fb54a26d0ff5.html）

秋

◎ 为四川省中江县特级英雄黄继光纪念馆题写9月20日所作七律"火中不灭凤皇俦——纪念黄继光邱少云二烈士逝世十周年"。（手迹现藏四川省中江县特级英雄黄继光纪念馆）

◎ 为中国科学院图书馆题写"火中不灭凤皇俦"一诗。（《郭沫若书法集》，四川辞书出版社1999年版）

◎ 题钱瘦铁作《鲁迅故乡揽胜》图，手迹发表于1963年4月3日《北京晚报》。"山水清幽，文章峻峭；人杰地灵，各级其妙。一代宗师，千秋景铄；美不胜收，入山阴道。"

◎ 应田方、于蓝索求，书赠近作《咏北戴河》之一。（《郭沫若遗墨》，河北人民出版社1980年版）

10月

1日 上午，往天安门广场，出席新中国成立13周年庆祝典礼，并检阅群众游行队伍。（2日《人民日报》）

◎ 作诗《国庆节大游行速写》发表于2日《人民日报》。"百花齐放，五采缤纷。/毛主席的周围，六亿尧舜！/万鼓雷轰，万旗浪涌，万象云屯。/哦哦，红领巾，红领巾，红领巾，/象长江，黄河，黑龙江，珠江……/在天安门前波涛滚滚。/万只鸽子向空中飞腾，/万颗葡萄向空中飞腾，/万朵星火向空中飞腾。哦哦，海海海，公社的海！/哦哦，海海海，学生的海！/哦哦，海海海，民兵的海！/葵花在捧日，孔雀在开屏，/乳牛在追火箭，麦穗在闪黄金，/一万朵红莲在吐放着香韵。/这不就是总路线的精神？/这不就是大跃进的象征？/这不就是人民公社的美满前程？/三面红旗在发出震天撼地的声音，/澄清了九天四海的迷雾，/'毛主席万岁'不断地不断地高飞入云。"

◎复信南京药学院学生黄怀庆。应其要求，在寄来的杜甫纪念邮票上签名，并在李时珍小型张上题六言诗一首："采药不辞艰苦，登山不怕猛虎。志在治病救人，牺牲在所不顾。人能利用自然，人能改造自然。人间化为乐土，首在掌握必然。"信中告诫黄怀庆课余集邮"不要太多太滥，不要抛荒了自己的专业"。赠书两册。（黄怀庆《郭老与集邮爱好者》，《集邮》1980年3月第2期）

3日 下午，往政协礼堂，与陈叔通、包尔汉等出席全国政协为欢迎国庆节回国观光的华侨以及港澳同胞举行的酒会。讲话介绍祖国建设的成就，并号召侨胞们为发展华侨文教福利事业而努力，为支援祖国社会主义建设做出更多的贡献。讲话摘要载4日《人民日报》。

4日 晚，设宴招待锡兰商业、贸易、粮食和航运部部长、锡兰和平理事会主席特·勃·伊兰加拉特尼。（5日《人民日报》）

5日 下午，往人民大会堂，出席中国人民保卫世界和平委员会、中国亚非团结委员会和越南南方民族解放阵线代表团联合声明的签字仪式，并作为中国人民保卫世界和平委员会主席在联合声明上签字。（6日《人民日报》）

◎晚，与陈毅等出席中国人民保卫世界和平委员会和中国亚非团结委员会为欢送越南南方民族解放战线代表团举行的宴会。发表讲话高度评价越南南方人民的正义斗争，表示六亿五千万中国人民将永远同兄弟的越南南方人民站在一起，并肩前进；在斗争中越战越强的越南南方人民，必将战胜前进道路上的各种困难，取得驱逐美国侵略者、争取民族解放和实现祖国统一的伟大胜利。讲话摘要载6日《人民日报》。

6日 晨，往机场，与廖承志、陈叔通等欢送以阮文孝为首的越南南方民族解放阵线代表团离京赴上海等地参观访问。（7日《人民日报》）

◎上午，会见以山田丈夫为首的日本岐阜县各界代表团。（7日《人民日报》）

7日 发表致古巴和各国人民友好协会电文，祝贺协会成立二周年。（7日《人民日报》）

9日 上午，参加支援农业办公室座谈会，听取过兴先报告生物学部各所支援农业题目的统计及相关问题。（《竺可桢全集》第16卷，上海科技教育出版社2009年版）

◎ 晚，出席中国人民对外文化协会和日本中国文化交流协会关于中日两国人民间文化交流的共同声明的签字仪式。中国人民对外文化协会会长楚图南和日本中国文化交流协会理事长中岛健藏分别在声明上签字。随后出席了庆祝酒会。（10日《人民日报》）

12日 下午，往人民大会堂，与廖承志等出席中国人民对外文化协会和日本中国友好协会访华代表团共同声明的签字仪式。（13日《人民日报》）

◎ 晚，与廖承志等出席中国人民对外文化协会会长楚图南为欢送日中友好协会访华代表团举行的酒会。（13日《人民日报》）

13日 中午，往机场，与朱德、邓小平等欢迎以彭真为首的全国人民代表大会代表团出访越南归来。（14日《人民日报》）

15日 离开北京。（见1962年12月17日郭沫若致王世民函，黄淳浩编《郭沫若书信集》下卷，中国社会科学出版社1992年版）

16日 在上海，致函翦伯赞："承赠橡木古椅，谢甚谢甚。顷来上海，立群亦同来。温度尚是摄氏25度，真是舒服。"（《郭沫若同志给翦伯赞同志的信和诗》，《北京大学学报》1978年第3期）

《郭沫若同志给翦伯赞同志的信和诗》此件无年份，仅署"十，十六"，被拟作"1956年？10月16日"。据"顷来上海，立群亦同来"句及《学习，再学习》，为修改电影文学剧本《郑成功》，出京南下江浙，时在1962年10月中旬至12月初，此函当系1962年10月16日。

19日 作七律《题上海延安饭店》，为《江海行》之一，发表于1963年1月12日《光明日报》。

初收作家出版社1963年11月初版《东风集》，现收《郭沫若全集·文学编》第4卷。

◎ 复函陈明远，写道："我想你如果好好休养，同样是会好的，不要过于悲观。你的转学事，我在京替你活动过，但无济于事。毕业后，可由研究所指名挑选，未毕业前高年级生是不能转学的。国家计划委员会并不管学生转学或研究等事。"（郭沫若纪念馆馆藏资料；影印件见王戎笙《郭沫若书信书法辨伪》，兰州大学出版社2005年版）

21日 上午，偕于立群访湖滨路杭州书画社，看西泠印社所藏印章。晚间在杭州饭店书近作《咏北戴河》，为杭州西泠印社补壁。（王树勋《郭老题诗光照西泠》，《西湖丛书》第3辑《书来墨迹助堂堂》，1979年6月）

22日 经大榭岛、大猫岛、摘箬岛等处抵舟山，参观古迹、海防哨所，在解放舟山群岛的陆海军烈士墓前献花。为烈士牌坊题"海山增辉"四字。（周成文《海山增辉》，《西湖丛书》第3辑《书来墨迹助堂堂》，1979年6月）

◎ 作《如梦令》二首，为《江海行》之二、三，有小序，发表于1963年1月12日《光明日报》。

初收作家出版社1963年11月初版《东风集》，又收人民文学出版社1977年9月版《沫若诗词选》，现收《郭沫若全集·文学编》第4卷。

23日 在舟山视察国防施工现场，看望洛阳营指战员。参观洛阳营营史陈列室，看战士表演节目。题词鼓励洛阳营指战员："洛阳营，许昌连，人人学习陈金合，个个继承安保全。彻头彻尾的共产主义英雄，革命战争的指导员。而今东海镇前线，光辉更灿然。忠实服从党，坚决听毛主席的话，随时准备着，戳穿纸老虎，解放台湾。"（姚彩勤《郭老在战士中》，《西湖丛书》第3辑《书来墨迹助堂堂》，1979年6月）

◎ 往普陀山，慰问高山哨所上的战士，参观云雾之中的"战士之家"。作七律一首，25日修改后以《访普陀山》为题，作为《江海行》之五发表于1963年1月12日《光明日报》。

初收作家出版社1963年11月初版《东风集》，现收《郭沫若全集·文学编》第4卷。

◎ 观看海防文工团和洛阳营战士演出队的演出，为海防文工团题《西江月》一首，有云："高歌漫舞啸东风，战斗精神酣纵。身在舟山群岛，心驰北极天空。"（叶文艺《战斗精神酣纵》，《西湖丛书》第3辑《书来墨迹助堂堂》，1979年6月）

◎ 作七律《看舟山集艺越剧团演〈双阳公主〉》，为《江海行》之四，发表于1963年1月12日《光明日报》。

初收作家出版社1963年11月初版《东风集》，现收《郭沫若全集·文学编》第4卷。

◎ 致函捷克斯洛伐克科学院院长索尔姆，告之中国科学院院务会议已批准与捷克斯洛伐克科学院的合作协议1962—1963年执行计划。（中国科学院档案）

26日 到达宁波，访天一阁藏书楼。翻阅珍藏明代地方志——正德《琼台志》《云南志》，嘉靖《贵州通志》以及清乾隆所赐《平定回部得胜图》等。（邱嗣斌等《忆郭老访天一阁》，《西湖丛书》第3辑《书来墨迹助堂堂》，1979年6月）

27日 继续访天一阁，题诗《访宁波天一阁》，为《江海行》之六，发表于1963年1月12日《光明日报》。

初收作家出版社1963年11月初版《东风集》，现收《郭沫若全集·文学编》第4卷。

◎ 题对联："好事流芳千古，良书播惠九州。"（邱嗣斌等《忆郭老访天一阁》，《西湖丛书》第3辑《书来墨迹助堂堂》，1979年6月）

◎ 致函王戎笙。（1）"学部会议，望您能每日参加。我给导生同志写了一信，请面交他。"（2）"《历史研究》送来戴续《试谈漳州军饷》一文，我已送交施嘉幹同志审阅，请他提意见。我请他写（好）交给您。意见送到后，请抄一份付（副）本留下，原稿并意见交历史研究编辑部。"（黄淳浩《郭沫若书信集》下卷，中国社会科学出版社1992年版）

◎ 傍晚，抵绍兴，宿于城内卧龙山北麓人委交际处。（《访沈园》，12月9日《解放日报》）

◎ 在于立群倡议下，与全体随行人员举行文娱晚会。席间为大家讲故事。（姜旭《永久的记忆》，《西湖丛书》第3辑《书来墨迹助堂堂》，1979年6月）

28日 上午，参观绍兴鲁迅纪念馆，再次为纪念馆题写馆名。（谢德铣《郭沫若同志1962年绍兴之行述略》，《郭沫若学刊》1996年第4期）

70年代鲁迅纪念馆拆除旧馆，新建陈列大厅后，才启用此次题字制作馆匾悬挂。

◎ 为鲁迅纪念馆题诗："古人深憾不同时，今我同时未相晤。廿六年来宇宙殊，红旗三面美无度。三味书屋尚依然，摘花欲上腊梅树。"后为七律："古人深憾不同时，今我同时未相晤。廿六年来宇宙殊，红旗三面美无度。我亦甘为孺子牛，横眉敢对千夫指。三味书屋尚依然，摘花欲上腊梅树。"以《题绍兴鲁迅纪念馆》为名，发表于1963年1月12日《光明日报》，为《江海行》之七。

初收作家出版社1963年11月初版《东风集》，现收《郭沫若全集·文学编》第4卷。

◎ 下午，往绍兴东湖览胜，赋诗一首："箬篑东湖，凿自人工。壁立千尺，路隘难通，大舟入洞，坐井观空。勿谓湖小，天在其中。"之后又游览了兰亭、越王台、青藤书屋等处。（谢德铣《郭沫若同志1962年绍兴之行述略》，《郭沫若学刊》1996年第4期）

29日 晨，游沈园，巧遇沈家后人，获赠齐治平著《陆游》一书。具体经历写入《访沈园》一文，发表于1962年12月9日《解放日报》。

◎ 上午，出发去杭州。（谢德铣《郭沫若同志1962年绍兴之行述略》，《郭沫若学刊》1996年第4期）

◎ 作七律《登钱塘六和塔》，为《江海行》之八，发表于1963年1月12日《光明日报》。

初收作家出版社1963年11月初版《东风集》，现收《郭沫若全集·文学编》第4卷。

◎ 晚，赴浙江军区领导组织的欢迎宴，同席者有军区司令钱钧、政委周贯五以及潘天寿、傅抱石等。饭后，为画家张介民画《试马》作题画诗"平生爱壮士，驰骋在疆场，鱼跃鸢飞意，塞云千里黄"。（张介民《鱼跃鸢飞意 塞云千里黄——记郭老赠予的题画诗》，《西湖丛书》第3辑《书来墨迹助堂堂》，1979年6月）

月底 偕于立群与成仿吾夫妇、傅抱石夫妇、潘天寿夫妇乘汽船同游西湖。与成仿吾不禁无限感慨地回忆起1921年4月那次"壮游"西湖的往事。（成仿吾《怀念郭沫若》，1982年11月24日《文汇报》）

本月 《乐山的风物与变迁》一文发表于《人民画报》第10期，系为何世尧所拍一组乐山风物照片所作的说明。

◎ 主编《中国史稿》第四册由人民出版社出版。为半殖民地半封建社会（上），从鸦片战争到五四运动前夕。卷首有《中国史稿》第4册编辑工作说明。

◎ 作七绝《途次上饶》："内战内行纪上饶，江南一叶恨难消。茅家岭上英雄血，染遍红旗万代飘。"

初收作家出版社 1963 年 11 月初版《东风集》；又收人民文学出版社 1977 年 9 月版《沫若诗词选》，写作时间作 10 月；现收《郭沫若全集·文学编》第 4 卷。

11 月

1 日　到达福建武夷。作《游武夷泛舟九曲》，为《咏福建二十二首》之一，发表于 12 月 16 日《福建日报》。

初收作家出版社 1963 年 11 月初版《东风集》，现收《郭沫若全集·文学编》第 4 卷。

月初　作《游武夷》二首，为《咏福建二十二首》之二、三，发表于 12 月 16 日《福建日报》。

初收作家出版社 1963 年 11 月初版《东风集》，现收《郭沫若全集·文学编》第 4 卷。

3 日　以中国科学院院长名义致电苏联科学院院长凯尔迪什院士，祝贺苏联首次向火星方向发射火箭。(4 日《人民日报》)

4 日　作《寓言两则》，即《一位牧羊人》和《大象与苍蝇》。发表于 1978 年 6 月 18 日《人民日报》，有 1977 年 12 月所作《附记》。收入四川人民出版社 1978 年 9 月初版《东风第一枝》。

6 日　参观福州博物馆，作词一首，发表于 12 月 16 日《福建日报》，题为《如梦令·一九六二年十一月六日参观福建省博物馆》，为《咏福建二十二首》之九。

初收作家出版社 1963 年 11 月初版《东风集》，现收《郭沫若全集·文学编》第 4 卷。

8 日　作《游鼓山》二首，为《咏福建二十二首》之七、八，12 月 16 日发表于《福建日报》。

初收作家出版社 1963 年 11 月初版《东风集》，现收《郭沫若全集·文学编》第 4 卷。

上旬　由武夷经南平抵福州。先后作五律《咏南平》二首、《自南平至福州》，为《咏福建二十二首》之四至六，12月16日发表于《福建日报》。

初收作家出版社1963年11月初版《东风集》，现收《郭沫若全集·文学编》第4卷。

◎ 参观福州脱胎漆器厂，题赠四言诗《题赠福州脱胎漆器厂》："漆从西蜀来，胎自福州脱。精巧叹加工，玲珑生万物。或细等毫芒，或巨逾丘壑。举之一羽轻，视之九鼎兀。繁花着手春，硕果随意悦。天下谅无双，人间疑独绝。勿以地为牢，精进不可辍。日新又日新，时空两超越。"（《郭沫若闽游诗集》，福建人民出版社1979年版）

12日 至莆田。作七律《途次莆田》，为《咏福建二十二首》之十，12月16日发表于《福建日报》。

初收作家出版社1963年11月初版《东风集》，现收《郭沫若全集·文学编》第4卷。

◎ 参观宋代水利工程木兰陂，作七绝四首，12月16日发表于《福建日报》，题为《题莆田木兰陂》。后经修改重新发表。

◎ 作七律《题东圳水库》。（《郭沫若闽游诗集》，福建人民出版社1979年版）

13日 到泉州，访开元寺、郑成功父亲郑芝龙旧邸五里桥，并观看了高甲剧团演出的《连升三级》。先后作七律《咏泉州》《咏五里桥》。

初收作家出版社1963年11月初版《东风集》，现收《郭沫若全集·文学编》第4卷。

15日 抵厦门，住在日光岩下鼓浪屿干部招待所。（杨云《日光岩下的怀念——忆郭老在厦门的日子》，《郭沫若闽游诗集》，福建人民出版社1979年版）

16日 上午参观郑成功纪念馆，得见"郑成功大元"。即席题赠五绝一首："故垒想雄风，海天一望中。漳州军饷在，二字署成功。"（《由郑成功银币的发现说到郑氏经济政策的转变》，《历史研究》1963年第1期；诗文手迹现藏厦门郑成功纪念馆）

17日 再次参观郑成功纪念馆，继续研究"郑成功大元"。为纪念馆书写馆匾，题赠对联："开辟荆榛千秋功业，驱除荷虏一代英雄"。（手迹见《郭沫若闽游诗集》，福建人民出版社1979年版）

21日 参观高集海堤，题五律一首，为《咏福建二十二首》之十七。

发表于 12 月 16 日《福建日报》，题为《咏高集海堤》。（对联手迹见《郭沫若闽游诗集》，福建人民出版社 1979 年版）

初收作家出版社 1963 年 11 月初版《东风集》，改题为《咏厦门高集海堤》；又收人民文学出版社 1977 年 9 月版《沫若诗词选》；现收《郭沫若全集·文学编》第 4 卷。

◎ 参观集美学校和陈嘉庚先生故居"归来堂"，题赠对联一副："鳌园博物大观百闻不如一见，鹭江集美中学万人共仰千秋"。（《郭沫若闽游诗集》，福建人民出版社 1979 年版）

22 日 访厦门大学，听学校领导介绍厦门大学历史，参观厦门大学鲁迅纪念室和人类博物馆。（李海谛《郭老访问厦门大学》，《福建文艺》1979 年 4、5 月号合刊）

23 日 乘炮艇访问厦门前线。作七律《访问厦门前线》二首，为《咏福建二十二首》之十九、二十，发表于 12 月 16 日《福建日报》。

初收作家出版社 1963 年 11 月初版《东风集》，又收人民文学出版社 1977 年 9 月版《沫若诗词选》，现收《郭沫若全集·文学编》第 4 卷。

◎ 作《题赠某炮艇》。（《郭沫若闽游诗集》，福建人民出版社 1979 年版）

◎ 再访厦门大学，和文史方面的教师座谈。说："郑成功收复台湾，有着重大的历史和现实意义，这是中华民族反抗外族侵略的一个壮举。如果把它写成剧本，其情节之生动，气魄之大，当不亚于《甲午海战》。"关于"郑成功大元"，闻陈文松副教授解释"那个花押应该是'朱成功'三字的合书"，"大喜过望"，一再表示"谢意"。为福建省历史学会、厦门大学人类博物馆、《郑成功研究论文集》等题字。（李海谛《郭老访问厦门大学》，《福建文艺》1979 年 4、5 月号合刊；《由郑成功银币的发现说到郑氏经济政策的转变》，《历史研究》1963 年第 1 期）

◎ 题赠厦门大学《西江月》一首："冠冕东南学府，课堂邻近战场。移山填海不寻常，劳动英雄榜样。缔造艰于鼎革，还须奋发图强。红旗招展气轩昂，攀到更高峰上。"（《郭沫若闽游诗集》，福建人民出版社 1979 年版）

◎ 晚，应邀参加厦门大学举办的欢迎晚会，在会上发表讲话，赞扬厦门大学师生"发扬前线大学的光荣传统，一手拿书，一手握枪，文武双全，美名天下扬"。（李海谛《郭老访问厦门大学》，《福建文艺》1979 年 4、5 月号合刊）

24 日 游南普陀寺，题五律一首："我自舟山来，普陀又普陀。天然林壑好，深憾题名多。半月沉江底，千峰入眼窝。三杯通大道，五老意如何。"将南普陀寺"五老如意（点头）"和"半月沉江"两道素食佳肴融入诗句。（《郭沫若闽游诗集》，福建人民出版社 1979 年版）

30 日 上午，参观厦门文物商店，书赠《纪念毛泽东主席〈在延安文艺座谈会上的讲话〉二十周年》。参观结束上车回招待所时，路上被一群天真活泼的孩子认出、包围，久久不忍离去。（杨云《日光岩下的怀念——忆郭老在厦门的日子》，《郭沫若闽游诗集》，福建人民出版社 1979 年版）

下旬 参观云顶岩哨所，书赠哨所战士毛主席诗词一首。回到招待所，又作七律《登云顶岩访问前线部队》："人来云顶索题诗，振笔连书领袖词。大小金门天落叶，浅深坑道地连枝。山头炮垒声威壮，海畔田园蔬菜肥。战士荷戈还顾曲，高吟令我乐忘归。"（《郭沫若闽游诗集》，福建人民出版社 1979 年版）

◎ 作七律《登日光岩》，为《咏福建二十二首》之十八，发表于 12 月 16 日《福建日报》。

初收作家出版社 1963 年 11 月初版《东风集》，又收人民文学出版社 1977 年 9 月版《沫若诗词选》，现收《郭沫若全集·文学编》第 4 卷。

◎ 从厦门大学副校长张玉麟同志处借来一册彭信威《中国货币史》，有一节所叙述的情况"和'郑成功大元'有密切的关联"，一种是"曾"字币，曾国荃所铸，一种是"左"字币，左宗棠所铸，却"没有关于这些银币的插图"，都"还有待于进一步研究"。（《由郑成功银币的发现说到郑氏经济政策的转变》，《历史研究》1963 年第 1 期）

本月 《沫若文集》第 16 卷由人民文学出版社出版，收《青铜时代》《石鼓文研究》及其他论文 8 篇。

◎ 在鼓浪屿观看龙溪专区木偶剧团演出，作诗《题赠布袋戏剧团》。（《郭沫若闽游诗集》，福建人民出版社 1979 年版）

◎ 撰文并书《金鸡水利工程记》，由晋江县人民委员会立石。（手迹见《郭沫若书法集》，四川辞书出版社 1999 年版）文章最后赞歌部分，以《金鸡水利工程歌》为题，发表于 12 月 16 日《福建日报》，为《咏福建二十二首》之二十一。

初收作家出版社 1963 年 11 月初版《东风集》，又收人民文学出版社

1977年9月版《沫若诗词选》，现收《郭沫若全集·文学编》第4卷。

◎ 在福建省福州市省政协礼堂会见东京第一高等学校预科班同学郑贞文。两天后，又偕夫人于立群专程到郑府拜访。欣赏郑贞文所收藏的字画、古钱时，欣然命笔题下"烬余双碗斋"一幅横匾相赠。（http://www.ihome99.com/viewthread.php? action = printable&tid = 472099）

12月

月初 始由厦门返京，途经三都澳、黄岐、福州。作七律《重游三都澳》《在三都澳水警区》和五律《乘炮艇由三都澳赴黄岐》，及七律《在黄岐》。《在黄岐》发表于12月16日《福建日报》，为《咏福建二十二首》之二十二。

初收作家出版社1963年11月初版《东风集》，又收人民文学出版社1977年9月版《沫若诗词选》，现收《郭沫若全集·文学编》第4卷。

5日 到上海，因治牙，停留几日。（《由郑成功银币的发现说到郑氏经济政策的转变》，《历史研究》1963年第1期）

6日 作《有关郑成功资料的备忘录》。（见《中国现代文艺资料丛刊》第8辑）

7日 下午，在一家古玩店探访，发现两枚军饷银币。一枚花押是厦门所见"朱成功"三字合书，一枚花押第一次见到，不能认识。又立即访问上海博物馆，见到一枚"朱成功"合文的真币和其他两枚"谨慎"币。在回住宿处途中，把所谓"曾"字币花押"想通"了，"认为那是'国姓大木'四字的合书"。（《由郑成功银币的发现说到郑氏经济政策的转变》，《历史研究》1963年第1期）

9日 夜，回到北京。（《由郑成功银币的发现说到郑氏经济政策的转变》，《历史研究》1963年第1期）

◎《访沈园》发表于《解放日报》。解说陆游《钗头凤》一词的故事，记录自己访问沈园的经历，最后仿《钗头凤》作词一首："宫墙柳，今乌有，沈园蜕变怀诗叟。秋风袅，晨光好，满畦蔬菜，一池浮萍。草，草，草。沈家后，人情厚，《陆游》一册蒙相授。来归宁，为亲病。病情何似？医疗有庆。幸，幸，幸。"

11日 下午，到琉璃厂找到施嘉幹《中国近代铸币汇考》，看到插图,"对于漳州军饷银币的认识算更加丰富了"。(《由郑成功银币的发现说到郑氏经济政策的转变》,《历史研究》1963年第1期)

15日 致信蔡大燮。为同游福建致谢。(郭沫若纪念馆藏)

16日 《咏福建二十首》发表于《福建日报》。其中《题莆田木兰陂》四首,后补入两首,以《木兰陂》为题发表于22日《人民日报》。收《东风集》时,组诗作了相应改动,篇名调整为《咏福建二十二首》。

17日 致函王世民并考古研究所列同志。后经删改,以《跋江陵与寿县出土铜器群》为题,发表于《考古》1963年第4期。认为:"江陵的一批比较古,当是西周初年的东西。北国器在江陵出土,可能是经过曲折的经历,为楚国所俘获。"寿县出土的蔡侯产剑,"确是蔡声侯之器","墓当是蔡声侯之墓,蔡声侯死于公元前457年"。吴王寿梦的太子诸樊之剑、吴王夫差之戈"出于蔡墓之由,可以有各种解释:(一)吴未亡之前由吴赠予,(二)吴亡之后由蔡趁火打劫,或(三)由吴之逃亡者携带入蔡"。

现收《郭沫若全集·考古编》第6卷。

19日 下午,往政协礼堂,与陈毅、廖承志等出席首都各界人民庆祝越南南方民族解放阵线成立二周年暨坚决支持越南南方人民反美爱国斗争大会。(20日《人民日报》)

20日 作诗《把笑声响彻宇宙》,发表于26日《中国少年报》。

初收作家出版社1963年11月初版《东风集》,又收人民文学出版社1977年9月版《沫若诗词选》,现收《郭沫若全集·文学编》第4卷。

21日 晨,往车站,偕夫人于立群与包尔汉等欢送印度尼西亚合作国会副议长阿鲁季·卡塔威纳塔和夫人离京。(22日《人民日报》)

◎ 修改11月12日所作《题莆田木兰陂》,补七绝二首,改题为《木兰陂》,发表于22日《人民日报》,为《咏福建二十二首》之十一至十六。小序曰:"1962年11月12日道次莆田,特往陂上瞻览,工程确可赞美","爰成诗六首,以纪观感"。诗云:"清清溪水木兰陂,千载流传颂美诗。"

初收作家出版社1963年11月初版《东风集》,现收《郭沫若全集·文学编》第4卷。

1963年国庆前,应莆田县人委所嘱重书此诗相赠,横额"木兰陂诗碑"由于立群题写。收入《郭沫若闽游诗选集》时改题为《木兰陂诗碑》（六首）。

24日 作《公社的前途光芒万丈——看了电影〈槐树庄〉》，发表于1963年1月2日《人民日报》。

初收作家出版社1963年11月初版《东风集》，现收《郭沫若全集·文学编》第4卷。

25日 作《由郑成功银币的发现说到郑氏经济政策的转变》。发表于《历史研究》1963年第1期。分八个部分，第一、二、三部分，探访银币的经过。第四部分，将施嘉幹、彭信威两家说法"综合起来叙述"，并将施嘉幹书中的"图板复制出来"。朱成功合书币与国姓大木币，"最为简朴"，"无疑是最早的阶段"；所谓"谨慎"字币"也应该属于第一阶段"；两种聚宝盆币，"无疑是第三阶段"；"同治寿星是仿道光寿星而铸的，可以作为第四阶段"。结论是："郑成功大元""无疑中国自铸银币的始祖"。第五部分，中国自铸银币的历史可以从道光年间推前将近两百年，"在中国货币史上应该说是一个划时代的事件"，"联带着叙述到郑成功的财政经济的政策转变"。郑成功的境遇，"一面要用军事力量来对付内外的敌人，另一面要从财经政策上来作长远的打算"，"从这里出发，对于郑成功收复台湾的意义才可以获得比较深入的了解"。第六部分，"他的战略转换乃至政略转换，是有双重意义的。一方面他想突破清荷联盟的军事封锁，在台湾建立一个新的军事基地；另一方面更重要的是想突破由海陆两面而来的经济封锁，是想从初期的商业经营转换为从事农业生产，这样来解决更基本的经济问题"。"要从这个角度来看问题，才能更准确，更全面地看取郑成功这位历史人物的杰出处。"

收《郭沫若全集·历史编》第3卷。

◎ 作七律《喜看电影〈槐树庄〉》。

初收作家出版社1963年11月初版《东风集》，现收《郭沫若全集·文学编》第4卷。

28日 下午，与陈毅、彭真等出席首都各界举行的集会，谴责美国导演"韩日会谈"并坚决支持朝鲜反对"韩日会谈"的正义斗争。讲话指出：美帝国主义导演的"韩日会谈"，是它在远东推行侵略政策和战争政策的一个具体步骤。这是对朝鲜人民和日本人民的挑衅，也是对中国人民和全世界人民的挑衅。讲话全文发表于 29 日《人民日报》。

◎ 与老舍、丁西林、曹禺等往政协礼堂，出席全国剧协举行的北京老剧作家与各地来京学习的青年剧作者新年联欢会。发表讲话，谈到自己写话剧五十年的体会只有一点："没有生活就写不出东西来"。而"写剧本最重要的是多改……要不辞辛苦，千锤百炼，把作品改到尽可能满意为止"。最后介绍电影剧本《郑成功》的创作经过。讲话记录经整理，以《学习，再学习》为题发表于《剧本》1963 年第 1 期。

30 日 往政协礼堂，与陈毅、彭真等出席首都各界人民庆祝古巴革命胜利四周年和中国古巴友协成立大会。(31 日《人民日报》)

◎ 下午，接见以米泽嘉圃为首的日本研究中国美术史学术代表团。(1963 年 1 月 1 日《人民日报》)

31 日 中午，往机场，欢迎锡兰总理班达拉奈克夫人。晚，偕于立群出席周恩来总理为欢迎锡兰客人举行的宴会。(1963 年 1 月 1 日《人民日报》)

◎ 晚，参加在科学院礼堂举行的联欢会。特地请严寄洲、王晓棠、王心刚、张良、崔嵬、谢添、谢芳等文艺界朋友到场表演节目。会后在小餐厅招待文艺界朋友吃年夜饭，并给每人题字。给严寄洲题的是："创业良难继亦难，坚夫接胜战狂澜。既收水利丰年乐，更树戡天世界观。"(严寄洲《"创业良难继亦难"——郭老为我写条幅》，《郭沫若学刊》1998 年第 2 期，手迹见《郭沫若遗墨》，河北人民出版社 1980 年版；徐国腾《"我怎么能有那么大的架子"》，1981 年 12 月 13 日《北京日报》)

月底 作七律《慰劳国防战士》，歌颂"英雄肝胆卫和平，血肉长城子弟兵"。(据手迹，《解放军画报》1978 年第 8 期)

冬

书《游武夷山泛舟九曲》为荣宝斋补壁。(手迹见《郭沫若书法集》，四川辞书出版社 1999 年版)

本 年

◎ 为上海闵行区人民委员会题赠"实事求是"。(手迹见《郭沫若书法

集》，四川辞书出版社1999年版）

◎ 书赠朱琳"辨琴传早慧，不朽是胡笳。沙漠风沙烈，吹放一奇花"。（手迹见《郭沫若书法集》，四川辞书出版社1999年版）

◎ 为山东淄博市蒲松龄故居题写对联："写鬼写妖高人一等，刺贪刺虐入骨三分。"（手迹现藏蒲松龄纪念馆）

◎ 为辽宁省安东县孤山中学（现辽宁省丹东市东港市第一中学）题写校名。（郭沫若纪念馆馆藏资料）

◎ 为诗集《凤吹》题词："凤吹诗集　吴研因为夫人江晓因逝世五周年纪念编定"。（《凤吹》，吴研因1962年11月自费出版；http：//book.kongfz.com）

◎ 题诗："一衣带水一苇航，潜力毫毛千吨强。尽有乌云遮皓月，凯风着力好重光。"（《中日友协代表团分路访问友情洋溢》，1973年4月28日《人民日报》）